新编21世纪金融学系列教材

金融工程

冯建芬 邓 军 余 湄 主编

Financial
Engineering

中国人民大学出版社
· 北京 ·

致读者

一、教学指南

（一）教学目标与学习要求

金融工程是理论与实践并重的学科，本书可以作为金融工程或者金融衍生工具的授课教材。

编者建议教学总体目标为：以具备良好职业道德、建立社会责任感、树立正确的价值观和服务国家经济发展战略为价值引领，以自主学习、专业创新、服务社会作为能力培养方向，以金融工程核心理论、技术和思维方式作为知识学习重点。具体可细分为价值目标、知识目标和能力目标：

（1）价值目标：树立社会主义核心价值观；具有正确的人生观、价值观和世界观；具备从事金融工程工作的良好职业道德；具有强烈的社会责任感；具备服务国家经济发展战略的意识。

（2）知识目标：掌握衍生产品的基本特点、交易机制和风险管理特征；掌握金融工程的定价原理及其在衍生产品估值中的应用；掌握结合无套利原理为衍生产品设计套利策略的方法；掌握不同衍生产品的套期保值策略的设计原则；掌握金融工程结构化创新的技术与方法。

（3）能力目标：具备可持续自主学习能力，能够自主学习国内外专业前沿研究成果；具备通过创新或者设计金融产品解决实际金融问题的专业能力；具备使用金融工程技术服务实体企业风险管理的社会服务能力；具备在金融市场中理性地进行交易策略设计和实施的市场实践能力。

若将本书作为金融衍生工具的教材，可以在一定程度上弱化对金融工程定价原理的掌握要求，侧重金融衍生工具市场机制、创新思维、交易策略设计、套期保值应用、实体企业风险管理应用等方面的内容，提升市场认知要求和应用实践能力。

（二）预修课程

本书以概率论与数理统计为主要数学理论基础，需要学生具备股票、债券、外汇、利息理论等基本金融市场的知识，因此建议学生在阅读本书前先学习概率论与数理统计、金融市场学或者固定收益证券等课程。如果希望自主完成期权定价模型的理论推导，并能够灵活应用金融工程的数值方法，即掌握第十三～十五章的内容，则学生还需要掌握随机过程或者随机分析的相关知识，以及编程软件 MATLAB 的应用。当然，缺乏这些知识不影响了解第十四～十六章期权定价模型和期权套期保值的应用内容。

（三）教学方法

本书细致讲解了期货、期权和互换的市场机制，对于产品应用配备了丰富的案例，这些内容有些可以通过自学掌握，有些可以通过课堂研讨提升主动学习能力。同时本书也配备了通俗易懂的慕课课程，教师可以根据课程进度需要，有选择地对部分知识点采取线上线下混合教学的方式来提升学生主观能动性，提高课堂效率。本书设置的实验都配备了详细的网络实验指导手册，不需要安装任何编程软件，通过 Excel 软件或者网页操作就可以完成，还配备了实验方法的文字介绍和指导视频，教师可以根据学生情况选择部分实验和部分实验中的个别实验任务指导其完成。

为体现课程理论与实践并重的特色，教师可以采取理论讲授、案例教学、案例研讨、实验教学、线上线下混合教学的教学方法，同时可以根据不同章节对学生提出不同的学习要求，选择客观测验、纸质作业或者小组实验报告等方式进行教学过程评价。学有余力的读者还可以通过拓展阅读和本书数字资源进行拓展学习。

（四）教学计划

一般金融衍生工具为 2 学分或者 3 学分，而金融工程则为 2～4 学分，教师可以根据课程学分不同，对不同章节进行讲授时间和内容侧重的调整。下表给出了不同课程不同学分下的教学计划参考。

章	节	金融衍生工具		金融工程		
		2 学分	3 学分	2 学分	3 学分	4 学分
第一章　金融工程引论				√	√	√
第二章　金融衍生产品市场简介		√	√	√	√ *	√
第三章　远期合约	第一节　远期合约简介	√	√	√	√	√
	第二节　远期利率协议	√	√	√	√	√
	第三节　远期外汇协议		√			√
第四章　期货市场简介	第一节　期货合约简介	√	√		√	√
	第二节　期货的交易机制	√	√		√ *	√
	第三节　利率期货		√		√	√
	第四节　期货与远期的区别与联系	√	√	√	√	√
第五章　金融工程定价原理			√	√	√	√
第六章　远期与期货定价	第一节　已知现金收益资产的远期和期货定价		△	△	√	√
	第二节　已知收益率资产的远期和期货定价		√	√	√	√
	第三节　远期和期货定价的其他问题		√	√	√	√

续表

章	节	金融衍生工具		金融工程		
		2 学分	3 学分	2 学分	3 学分	4 学分
第七章　远期与期货应用	第一节　远期与期货的套利策略	√	√		√ *	√
	第二节　远期与期货的套期保值策略	●	●	√	√	√
	第三节　远期和期货在企业运营中的应用	√	√		√ *	√
第八章　互换的定价与应用	第一节　互换简介	√	√	√	√	√
	第二节　互换的定价			√	√	√
	第三节　互换的应用	√	√		√ *	√
第九章　期权市场简介	第一节　期权产品简介	√	√	√	√	√
	第二节　期权产品的创新与应用	√	√		√	√
	第三节　期权的交易机制	√	√			√
第十章　期权价格的无套利关系	第一节　期权价格的影响因素分析	√	√	√	√	√
	第二节　期权价值的构成	√	√	√	√	√
	第三节　期权价格的上下限		√	√	√	√
	第四节　看涨看跌期权平价关系	√	√	√	√	√
第十一章　期权交易策略	第一节　积木分析法简介	√	√		√	√
	第二节　与基础资产组合的策略	√	√		√	√
	第三节　期权的趋势交易策略	√	√		√	√
	第四节　期权的波动性交易策略	√	√		√	√
第十二章　期权的二叉树定价模型	第一节　二叉树模型简介		√	√	√	√
	第二节　单步二叉树模型		√	√	√	√
	第三节　多步二叉树模型			√	√	√
	第四节　期权的动态套期保值与套利				√	√
	第五节　二叉树模型的实际应用		√	√	√	√
第十三章　随机积分与资产价格建模	第一节　布朗运动与伊藤公式					√
	第二节　几何布朗运动					√
第十四章　Black-Scholes-Merton 期权定价模型	第一节　标的资产价格建模			√	√	√
	第二节　Black-Scholes-Merton 期权定价公式		√	√	√	√
	第三节　波动率的概念和计算				√	√
	第四节　Black-Scholes-Merton 期权定价模型的扩展应用			√	√	√

续表

章	节	金融衍生工具		金融工程		
		2 学分	3 学分	2 学分	3 学分	4 学分
第十五章　期货期权定价模型及其应用	第一节　Black 模型简介				√	√
	第二节　Black 模型在现货期权定价中的应用				√	√
	第三节　BAW 模型及其应用					√
第十六章　期权的套期保值策略	第一节　期权在风险管理中的应用	√	√		√	√
	第二节　期权希腊字母		√	√	√	√
第十七章　金融工程综合应用案例		可选	可选	√	√	

注："√ *"表示可指导学生进行线上学习；●表示可以略讲公式的证明过程；△表示可以忽略。

二、教辅资源

（一）师生共享数字资源

（1）实验资源均可访问：https://fe. uibe. edu. cn/qflab 获取，具体二维码如下：

二叉树模型实验　　希腊字母实验　　期权价格特征实验　　多情景期权交易虚拟仿真实验

（2）本书相应慕课资源《金融工程概论》可以扫描二维码获取。

（3）每个章节补充的案例和拓展阅读可以扫描相应章节的二维码了解。

慕课课程

（二）教师教学辅助资源

（1）本书对应的课件、章节知识结构图可以联系出版社获取。

（2）部分案例分析任务的参考解答可以联系出版社获取。

前言

金融工程是运用各种数理、计算机信息技术和工程手段创新性地解决金融问题的学科，金融产品和工具的创新、资产定价、风险度量和风险管理是金融工程的主要任务。

习近平总书记指出，“建设金融强国需要长期努力，久久为功。必须加快构建中国特色现代金融体系”①，其中需要建设多样化、专业性的金融产品和服务体系，加强对重大战略、重点领域、薄弱环节的优质金融服务。金融工程的产品创新和对金融问题的创新性解决在我国历史上发挥过重要作用。1972 年白糖期货助力我国解决购糖困境，2006 年认沽权证促进了我国股份制改革，2008 年之后人民币双边本币互换提升了人民币国际化水平，2016 年之后大连商品交易所等金融机构积极探索农业帮扶振兴乡村的“保险+期货”、助力企业稳健经营的基差贸易和含权贸易等金融衍生产品服务实体经济的新模式。在金融高质量发展的道路上，金融工程也正在应用其创新思维开拓绿色金融、普惠金融、养老金融的发展道路和发展模式。因此，在学习金融工程理论、方法和技术的同时，以丰富的中国实践案例将“讲好中国故事”贯穿始终，将中国市场最新的应用动态纳入其中是本教材的一大亮点。

本教材按照认识事物的逻辑思维习惯，以“总—分—综”的整体化设计，展现金融工程的概念、工具和历史发展，金融工程定价分析理论，以及金融工程理论在产品创新、衍生工具定价、交易策略设计和套期保值方面的应用，最后通过一个综合应用案例展现如何使用金融工程解决现实问题。

教材具有如下特色：

(1) 强调中国特色，本土化正向应用。本教材强调金融工程理论在中国的正向实践，包括中国衍生产品市场交易机制介绍、定价模型和理论的中国应用、实体企业经营模式改变、中国市场推出产品的政策背景和发展初衷等。全部案例力求贴近生活，在唤起读者切身感受的同时也使读者更有可能对案例事件进行深入的调查研究，从而在案例环节搭建起

---

① 习近平在省部级主要领导干部推动金融高质量发展专题研讨班开班式上发表重要讲话强调　坚定不移走中国特色金融发展之路　推动我国金融高质量发展．人民日报，2024-01-17.

从理论走向实践的桥梁。

（2）主次鲜明，知识拓展与内容简洁并融。对于章节延伸内容、知识点巩固习题、教辅资源、不方便在正文中展开的案例研讨或者难度较大的证明通过二维码方式展现为数字资源，既保证了教材主体内容的难度适中，又保证了教材内容的前沿性和可拓展性。

（3）强调实验和实践特色。借助编者团队开发完成的数值实验和虚拟仿真实验资源，本教材提供了丰富的开放共享的实验资源，提升了理论学习的具象化程度和读者自主探索的兴趣。

（4）教材使用具有针对性。教材内容针对本科层次金融工程相关课程设计，可以支撑3～4学分的课程学习，授课中可以将第十三章、第十五章、延伸学习模块的BAW模型作为自我提升内容。2学分课程可以略讲部分重复的推导细节，借助本教材相关慕课课程组织学生自主学习认知性内容。研究生可以将部分章节作为自学内容，本科层次以下学生可以选择数理性要求不高的章节阅读。

本教材由对外经济贸易大学金融工程课程组骨干教师在国家一流线上线下混合课程、国家一流虚拟仿真课程成果基础上编制完成，其中，冯建芬负责总体章节设计，以及第一～二章、第八～十一章、第十八章的撰写及全书修订和统稿工作；余湄负责第三～七章的撰写工作；邓军负责第十二～十六章及延伸学习模块的初稿撰写工作；2023年金融工程学选课学生参与了全书的修订助研工作；李一骋协助完成了第十五章BAW模型相关内容的撰写工作；刘欣雨协助完善了延伸学习模块有关有限差分方法的内容；第十七章案例来自中粮期货、中粮祈德丰和编者团队指导陈甜、王润东、易仁杰、张孟婷等本硕博同学完成的大连商品交易所实践案例大赛项目，由冯建芬和邓军修订为教材案例。

书中难免有不足之处，还望读者谅解。如有任何完善修订建议，欢迎读者通过出版社进行意见反馈。在此先行感谢，您的关注是我们前进的动力。

冯建芬

目录

第一章

金融工程引论

本章导读

金融工程是20世纪80年代发展起来的新兴交叉学科，金融的数量化促进了其诞生，它综合应用现代金融理论、系统工程方法、计算机信息技术等，基于市场需求，开发、设计新型金融工具和策略，体现了金融产业的科技化和工程化，借助工程化的思维产生大规模的经济效益和社会效益。希望通过本章的学习，学生能够了解金融工程是什么、金融工程干什么和金融工程怎么干的问题，并对金融工程学科的发展有初步的了解。

知识结构图

学习要求

通过丰富的金融工程应用案例研讨引导学生形象地理解金融工程的定义，了解金融工程的任务，以及完成任务所需要的人才培养要求，进而让学生理解金融工程人才需要的理论基础和技能要求。

第一节　金融工程是什么

一、思维应用案例

案例 1-1　法国 Rhone-Poulenc 公司的员工持股计划 I

为提升企业竞争力，提高市场效率，减少国家负担，弥补高额赤字，20世纪80年代，全球掀起了公司私有化浪潮，法国在1993年决定私有化21家大公司，Rhone-Poulenc公司作为法国最大的化工企业在此之列。为了提升公司员工参购公司原始股的积极性，法国政府给予员工10%的折扣来购买公司股票，公司除了允许在12个月之内付款之外，还额外给予员工15%的折扣。尽管如此，只有不到20%的员工参与购买，分配给员工的配额也只认购了75%。1993年底，该公司在全面私有化时发现难以进一步推进员工持股计划。

后来，美国信孚银行为其设计了金融工程方案：员工持股者可以以20%的折扣购买股票，并按照1∶9的比例融资购买股票，即以20%的折扣本金购买1股，贷款购买9股，在4.5年后，员工可以获得25%的本金最低收益保证加上2/3的股票超额收益；作为交换，在此期间持股者不可出售股票，但拥有公司股东投票权，4.5年后可选择保留股票或将股票偿还给信孚银行。

根据条款，具体到期收入为：

$$V_T=(1+25\%)\times 本金+2/3N\times \max(S_T-S_0，0) \tag{1-1}$$

换算为收益率为：

$$\frac{V_T-本金}{本金}=25\%+0.8375N\times \max(R_{4.5}，0) \tag{1-2}$$

其中，本金$=0.8S_0$，$R_{4.5}=\frac{S_T-S_0}{S_0}$，$T=4.5$ 年，N 表示股票超额收益。

表 1-1 给出了该方案的损益分析，图 1-1 给出了该方案下持股员工的收益。

表 1-1　信孚银行方案下员工的损益分析（设初始股价为 100 美元）

初始时刻	股价（美元）	支付本金（1股）	融资（9股）		
	100	80	720		
4.5 年后		保底收入 1.25×本金	超额收益 $2/3\times10\times\max(S_T-S_0，0)$	收益率（%） [（保底收入+超额收益）/本金−1]	$25\%+0.8375\times$ $\max(R_{4.5}，0)$
上涨情景	150	100	335	443.75	443.75%
下跌情景	60	100	0	25	25%

该案例中信孚银行的方案和 Rhone-Poulenc 公司有何不同？

（1）将折扣改为未来保底收益，更迎合投资者的心理偏好。

（2）增加信孚银行作为收益的第三方担保，起到了信用风险转移和信用增信的效果。

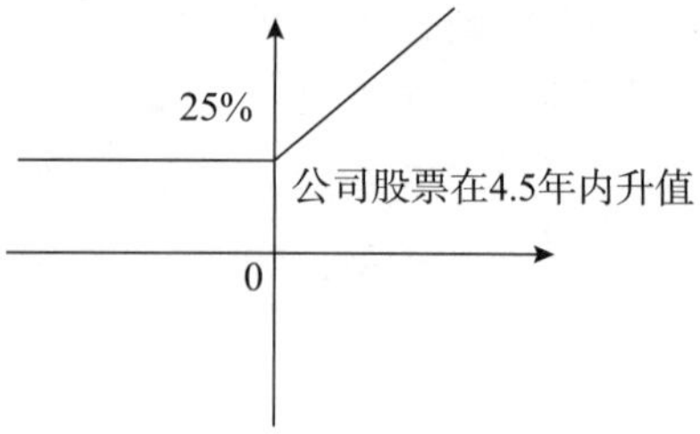

图 1-1　持股员工的收益

风险转移是金融工程进行风险管理的一种重要方式，而第三方担保也是目前常用的增信方式，金融工程的这种解决问题的方式是仅靠投资分散化做不到的。

案例 1-2 电动汽车与传统汽车之争

有研究表明电动汽车可以有效降低碳排放，考虑到电力来源不同，在瑞典和法国，电动汽车的平均排放量比汽油汽车低 70%，在英国大约低 30%；但也有研究表明考虑到电动汽车产业链的全过程，包括电动汽车的生产与拆解、电池的生产与报废处理、电力发电与运输等，电动汽车相对于传统汽车的总排放量反而增加了，因此电动汽车拯救地球是空话。对这一问题，我们应如何看待？

如果我们了解金融工程的理论，那么从金融工程的视角更容易解释上述存在争议的观点。

首先，从金融工程视角来理解我国的电动（新能源）汽车政策。不可否认，现在如果发电手段还停留在煤炭发电阶段，那么电动汽车短期内可能比传统汽车总排放量更多。但从**风险分散和转移**的角度看，即使短期内总排放量在增加，由于发电公司、电池制造和处理公司、电动汽车运营城市等完全可以分散在不同的地区，这就带来了排放区域的分散化，从而使得短期内空气质量改善明显。这就类似于将 1 斤盐放入 1 杯水中的咸度和将 1

斤盐放入湖中的咸度比较。

其次，从长期看，无论是我国还是其他国家，都在致力于探索开发洁净能源。比如在瑞典和法国，之所以电动汽车的平均排放量比汽油汽车低70%，就是因为其大部分电力来自可再生能源和核能。由此我们可以理解，相对于传统汽车减排过度依赖石油等能源开发减排技术的提升，电动汽车减排速度更快，因为其减排渠道是多元化的：可以通过洁净能源改革发电原料，通过材料研发降低电能运输损耗，通过提升科学技术提升电能运用效率和延长电池使用期限。电动汽车减排更依赖新科技的发展速度，而有目共睹的是科技发展速度远远快于传统能源减排的速度。也就是说，电动汽车在碳减排方面**具有更多的隐含期权，而这些期权之间相互独立，可以并行执行。**

因此，我们利用金融工程的辩证思维更容易理解电动汽车的优势和潜力，从可持续发展的视角理解我国推动电动汽车应用的政策。

二、创新产品案例

案例 1-3 利率风险管理案例

1. 案例情景

假设现在是2016年3月，你已经在2015年7月成功获得银行A的按揭贷款，当时基准利率是4.85%，在2015年10月24日，我国贷款基准利率已经降到了4.35%的历史低位。但进入2016年后，我国一线城市房地产价格开始暴涨，市场预期贷款利率会进一步上涨。你会担心什么风险？又该如何规避你担心的风险？

2. 案例解析

作为购房者，你已经购买了房屋，因此并不担心房价上涨，但由于进行了住房抵押贷款（简称“房贷”），而房贷通常是浮动利率贷款，每年会根据市场利率进行调整，因此在利率上涨时，购房者更担心房贷成本的增加，而这一点除了提前还贷，购房者很难通过人为操作进行风险管理。那么如何规避利率波动带来的风险呢？

金融工程通过创新金融产品可以提供多种风险管理方式。

其一，如果有银行B可以提供**利率互换**业务，那么你可以和银行B签订一个利率互换合约，向银行支付固定利率，从银行收入浮动利率，由此当浮动利率上涨时，可以使用收入的浮动利率抵补按揭贷款利率成本的上涨，由此将浮动利率贷款转换为固定利率贷款，锁定你的贷款成本。如图1-2所示，其中虚线框住的部分表示利率互换的现金流。利率互换业务自2006年开始在我国银行间市场推出。

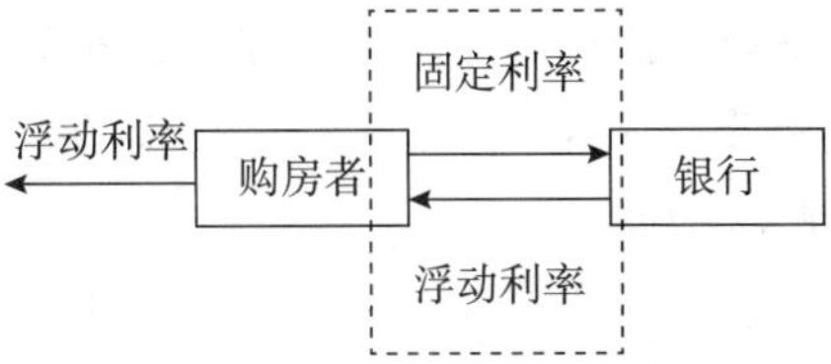

图1-2　使用利率互换管理浮动利率风险

当然，这种方式也存在利率风险，比如当未来浮动利率下降时，由于已经转换为固定利率，此时就无法享受利率下降带来的成本下降的好处了。

其二，如果有投行可以提供利率期权业务，那么你可以购买一个**利率上限**。当贷款利率上涨时，你可以通过这款产品弥补贷款成本的增加，而当利率下降时，你可以继续使用低利率水平偿还按揭贷款，享受低贷款成本，合成之后的成本如图1-3所示。

在此简单示意图中，横轴代表贷款利率的变化，纵轴代表贷款成本，虚线表示原来的贷款成本。可以看到，原贷款成本会随着贷款利率的增加而增加，但加入利率上限产品后，合成贷款成了成本有封顶的贷款，此时我们不会担心利率上涨，也可以继续享受贷款利率下降带来的成本节约的好处。这款产品于2020年3月23日在我国银行间市场推出。

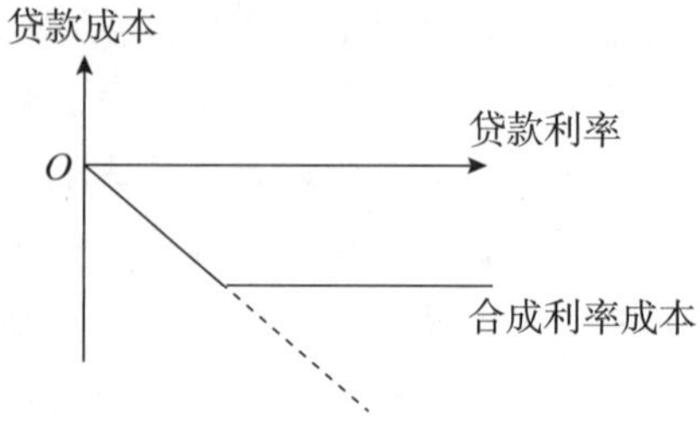

图1-3 利用利率上限合成的贷款成本

3. 案例小结

因此，金融工程可以通过创新金融产品，解决使用传统手段无法解决的金融风险管理问题。除此以外，金融工程也可以通过创新交易机制、交易手段等方式提升金融市场的流动性，增强金融市场的价格发现作用。

三、解读产品案例

虽然设计金融产品、革新交易机制、丰富服务实体经济的手段并非个体投资者能决定的，但是掌握金融工程原理和技术对于个体投资者理解实践中的结构化产品，做出合理的投资决策是非常有用的。比如2008年我国深圳南山热电股份有限公司（简称“深南电”）与高盛签订对赌合约的案例。

案例1-4 深南电与高盛对赌案例

1. 案例背景

中国证监会于2008年10月17日对公司下发《关于责令深圳南山热电股份有限公司限期整改的通知》，指出深南电在2008年3月12日与美国高盛集团有限公司全资子公司杰润（新加坡）私营公司（简称“杰润公司”）签订的期权合约未按规定履行决策程序、及时披露信息及涉嫌违反国家法律法规的强制性规定，要求深南电限期整改。

2. 案例详情

事情缘于2008年3月，杰润公司找上深南电，与深南电签订了一纸合约，为深南电做480万桶头寸的套期保值。深南电全年发电耗油约629万桶，做了套期保值之后，如果未来国际油价大涨，它就可以通过套期保值合约创造的盈利来弥补石油涨价带来的购买成本上升。从本意上来讲，这是为了减少企业经营的风险，但在国际投行的手里却变成了一场刺激的赌局。

杰润公司与深南电签订的期权合约确认书主要分为两个时间段。

第一份确认书：有效期为2008年3月3日—12月31日，共10个月。双方规定，当浮动价（每个决定期限内纽约商品交易所当月轻质原油期货合约的收市结算价的算术平均数）高于63.5美元/桶时，深南电每月可获30万美元的收益；当浮动价低于63.5美元/桶且高于62美元/桶时，深南电每月可得（浮动价－62美元/桶）×20万桶的收益；而当浮动价低于62美元/桶时，深南电每月则需向杰润公司支付与（62美元/桶－浮动价）×40万桶等额的美元。

第二份确认书：有效期为2009年1月1日—10月31日，共10个月。双方规定，当浮动价高于66.5美元/桶时，深南电每月可获34万美元的收益（20万桶×1.7美元/桶）；当浮动价高于64.8美元/桶、低于66.5美元/桶时，深南电每月可获（浮动价－64.8美元/

桶)×20 万桶的收益；当浮动价低于 64.8 美元/桶时，深南电每月需向杰润公司支付与(64.8 美元/桶－浮动价)×40 万桶等额的美元。

对于第二份确认书，杰润公司在 2008 年 12 月 30 日 18 点前有是否执行的选择权。

根据两份确认书的损益条款，我们可以绘制出每份确认书中，深南电每期的偿付损益图，如图 1－4 所示。

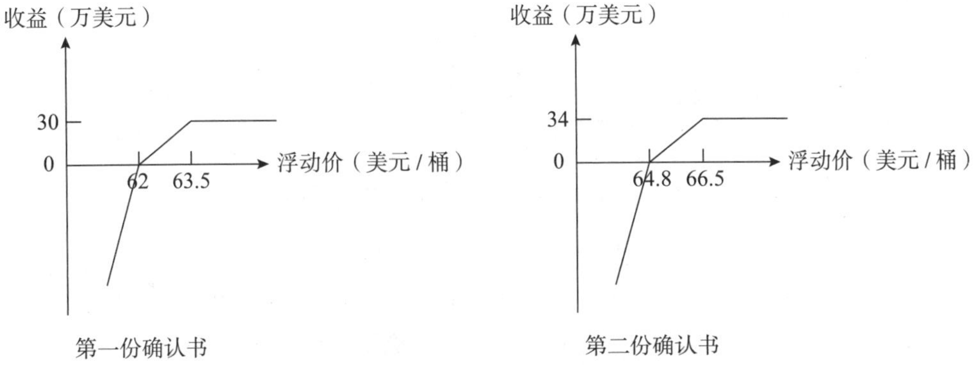

图 1－4 深南电在对赌协议中的每期损益

显然，这两份确认书的损益结构是类似的，深南电在协议中收益有封顶而损失无下限，显然存在较大的亏损风险。但结合深南电全年的生产用量，其协议规模在现货覆盖范围内，因此深南电确实存在套期保值的动机。该产品也是投行惯用的累购期权产品，其欺诈的点不在于上述合约的损益，而在于额外附加的违约免责条款，即杰润公司在 2008 年 12 月 30 日 18 点前有是否执行的选择权。这一权利意味着对于第二份合约，杰润公司可以根据市场行情选择更有利的执行方式，而深南电如果不执行则需要缴纳巨额违约金。

如果合同如期执行，情况如何呢？图 1－5 是原油价格在 2007—2010 年的行情，图 1－6 则是根据协议条款计算的原油价格月均值曲线和深南电在两份合约期间的累计损益情况。

图 1－5 纽约商品交易所轻质原油期货连续合约结算价

资料来源：美国能源署官网。

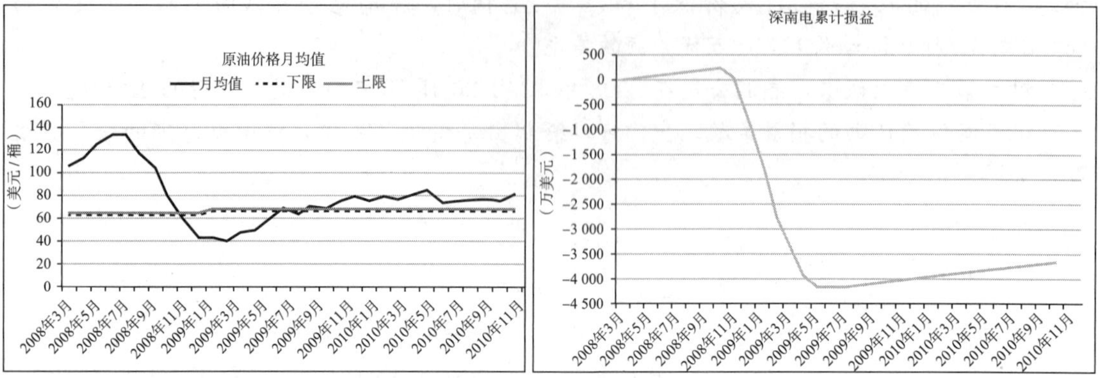

图 1-6 原油价格月均值与深南电累计损益

资料来源：根据美国能源署原油价格行情计算所得。

从图 1-5 可以看到，2008 年 3 月签约时，原油价格高达 104.52 美元/桶，并且当时高盛预测未来油价可能突破 200 美元/桶大关，在此环境下，深南电签署上述合同不足为奇。但后期的油价极端下跌是深南电没有想到的，油价甚至跌至 34 美元。根据图 1-6，在合约期间，深南电共有 9 个月的亏损，其中第一份合约亏损 2 个月，第二份合约亏损 7 个月，更大的损失显然来自第二份合约。

也是在此行情下，深南电与高盛的对赌协议披露，带来了深南电的整改，之后事情进展如下：

2008 年 10 月 22 日，深南电被中国证监会深圳证管局限期整改。

2008 年 11 月 6 日，杰润公司来函，认为深南电违约并宣布终止交易。

2008 年 11 月 10 日，深南电复函杰润，认为杰润公司拒绝支付 10 月应付款项并明确终止交易，构成违约，故宣布终止交易。

2008 年 12 月 2 日，深南电披露，宣布将深南能源持有的香港兴德盛公司 100%股权卖给深业集团旗下的深业投资公司，议案获股东大会高票通过。此举被外界认为目的在于转移海外资产，降低对赌协议偿付成本，对于深南电来说，付出的代价可能是国际信用破产。

2009 年 12 月 29 日，《中国证券报》披露，杰润公司近日致函深南电，要求深南电支付损失 7 996.294 3 万美元及利息 373.695 8 万美元。为表“善意”，杰润公司提出分 13 期付款、免除利息、只支付 7 996.3 万美元的和解方案。对此，深南电回应，对杰润公司所主张的损失及利息不予认可。深南电认为，由于西方投行在亚洲广为推销的金融衍生产品一般涉及大量复杂的计算公式和艰深的行业术语，很难完全理解，故由杰润公司计算出的损失公司无法确认。

后续进展由于缺乏公开披露，暂时不再追踪。

3. 案例小结

了解了事情的来龙去脉，我们自然会疑惑：(1) 深南电在油价高企时，用一个止盈的策略来套期保值，是真的套期保值吗？(2) 合约条款对深南电而言是否公平？(3) 若不慎签订了这样的合约，该如何应对极端行情？这些问题都是可以通过金融工程的分析方法得到理性答复和解决的，这也是学习金融工程的重要意义。

四、金融工程的定义

通过上述丰富的案例，我们对金融工程有了模糊的理解，那么金融工程到底是什么？我们引用被广泛接受的美国金融学教授约翰·芬纳蒂（John Finnerty）在1998年给出的定义。

金融工程是综合运用各种工程技术方法（主要有数学建模、数值计算、网络图解、仿真模拟等），设计、开发和实施具有创新意义的金融工具和金融手段，并且对金融问题构造创造性、结构化的解决方案的一门科学。

总的来说，金融工程就是通过工程化方式解决金融问题的科学。从定义中可以拆分出金融工程的目的、任务、工具和技术。为各种金融问题提供创造性的解决方案是金融工程的根本目的；设计工具、定价产品与管理风险是金融工程的主要任务；基础资产与金融衍生产品是金融工程的主要产品工具，现代金融学理论、工程方法与信息技术则是金融工程的主要技术支持。

第二节　金融工程干什么

一、金融工程的主要任务

如上节所指出的，金融工程的根本目的是解决金融问题，其重要途径是设计金融工具、金融手段和金融产品，由此形成创新性的解决方案。方案实施的可行性需要依赖合理的产品定价和风险管控，因此为产品合理定价是金融工程自然而然需要完成的工作，而风险管理则成为金融工程保证方案顺利实施的核心任务。这也形成了金融工程解决金融问题的模块化思路和完整的流程性操作（见图1-7）。

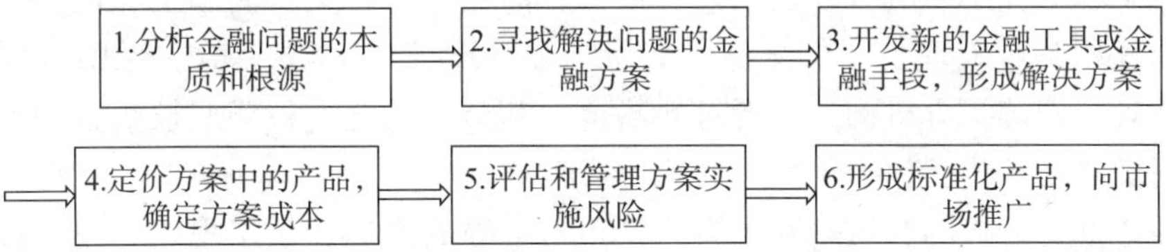

图1-7　金融工程解决金融问题的任务流程

如在案例1-1中，信孚银行在为法国Rhone-Poulenc公司提出解决方案时，金融工程部门需要了解员工的顾虑和需求、政府能够提供的优惠力度、公司本身能够给出的优惠条款，以及公司本身的信用质量，然后设计出具有吸引力的解决方案；进一步，需要通过定价确定方案具体的条款设计和实施成本，避免收益无法覆盖成本的问题，通过风险度量确保方案实施后的风险可控，通过风险管理保证方案未来的顺利实施。

类似地，对于深南电与高盛的对赌协议，我们也不能简单因为深南电因协议产生亏损就认为是企业投机或者投行欺诈，而是需要结合深南电主营业务的现货风险敞口、协议在其中能够发挥的作用，以及套期保值的定义和判定标准综合评判。

因此，实践中金融产品设计（包括金融工具和金融手段）、资产定价（基础资产定价、衍生产品定价、结构化产品定价、投融资项目估值）、金融风险的度量与管理、投资策略的设计与实施（投资组合优化、套期保值、高频交易、量化投资、统计套利等）都被认为是典型的金融工程任务。

二、金融工程的职业发展

直观理解金融工程，很多人会聚焦于金融工程的技术手段，因此总是将其与数学、计算机、量化分析联系起来，简单地把金融工程与量化分析师画上等号，但其实并不是所有从事金融工程的人都精通数学、计算机等量化工具，仍有很多金融工程的相关岗位并不要求太深的数学功底。在2007—2008年全球金融危机之前，国际金融工程师协会（IAFE）对金融工程专业本科毕业生进行的一份调查显示，这些毕业生的职业目标有着惊人的一致性。在接受调查的毕业生中，有56%希望从事衍生产品定价或者交易方面的工作，21%希望从事风险管理方面的工作，也就是说，希望从事衍生产品和风险管理相关工作的毕业生达到了77%。乍一看，金融工程专业学生的兴趣选择与衍生产品交易密切相关，这很容易理解，毕竟衍生产品已经成为金融工程最典型的工具，我们几乎可以在每一个交易部门看到它们的身影。但是，金融工程的岗位并不仅限于此，金融工程课堂上所培养的技能不仅能应用到金融资产上，其强大的分析技能也是很多实体企业所需要的，因此金融工程才会不断吸引那些有着不同学科背景，但能够运用分析技能去解决金融问题的人加入。

图1-8是《金融工程：职业的演变》（*Financial Engineering*：*The Evolution of a Profession*）一书中根据金融工程职业规划的内容绘制的金融工程人才的就业方向。图形以技术为核心，就业领域覆盖了不同部门的前台、中台和后台，每一个同心圆都描述了企业或政府中有关金融工程的职能部门。

从图1-8可以看到，金融工程的从业领域很宽泛，既包括中央银行、投资银行、商业银行、保险公司、会计师事务所、券商、基金、信托、资产管理公司等金融机构，也包括政府监管部门、评级机构、数据服务机构、咨询机构、高校或其他学术研究机构等非金融机构。金融工程专业学生既可以任职投资银行、商业银行、交易商和全球性银行等卖方机构，也可以任职基金管理公司、交易所交易基金（ETF）、养老基金、保险公司、共同基金和投资管理公司等买方机构，或者对冲基金、基金的基金、私募股权基金和另类资产管理公司等另类投资机构。

技术核心部是行业的基石，并且为业界和学术界的发展提供了思路。技术核心部的岗位可能会涉及诸如理论模型检验、产品设计、新的应用方向、交易策略、业务扩展之类的工作。该部门也是金融工程师最可能需要使用计算机编程或者与那些懂得计算机编程的人共事的部门。

再比如中央银行的基本工作涉及货币存量、流动性、借贷成本和外汇的管理。中央银行通过政府债券的买卖、经常性地执行公开市场操作业务，在必要时会干预外汇市场，或者参与商品市场和非政府债券市场［例如，美国不良资产救助计划（Troubled Asset Relief Program，TARP）］。因此，中央银行同样需要活跃在市场中的私人部门参与者所具备的专业知识和技能。

还有信息服务商，指的是一大批围绕金融公司需求发展而来的支持性公司，其典型业务包括提供信息服务或者打包好问题解决方案和金融分析工具。如彭博（Bloomberg）、路透（Reuters）、万得（Wind）、同花顺、聚源锐思等数据服务商向授权用户提供实时及历史数据，同时其业务扩展至提供大量分析工具（包括定价工具）以及交易服务。

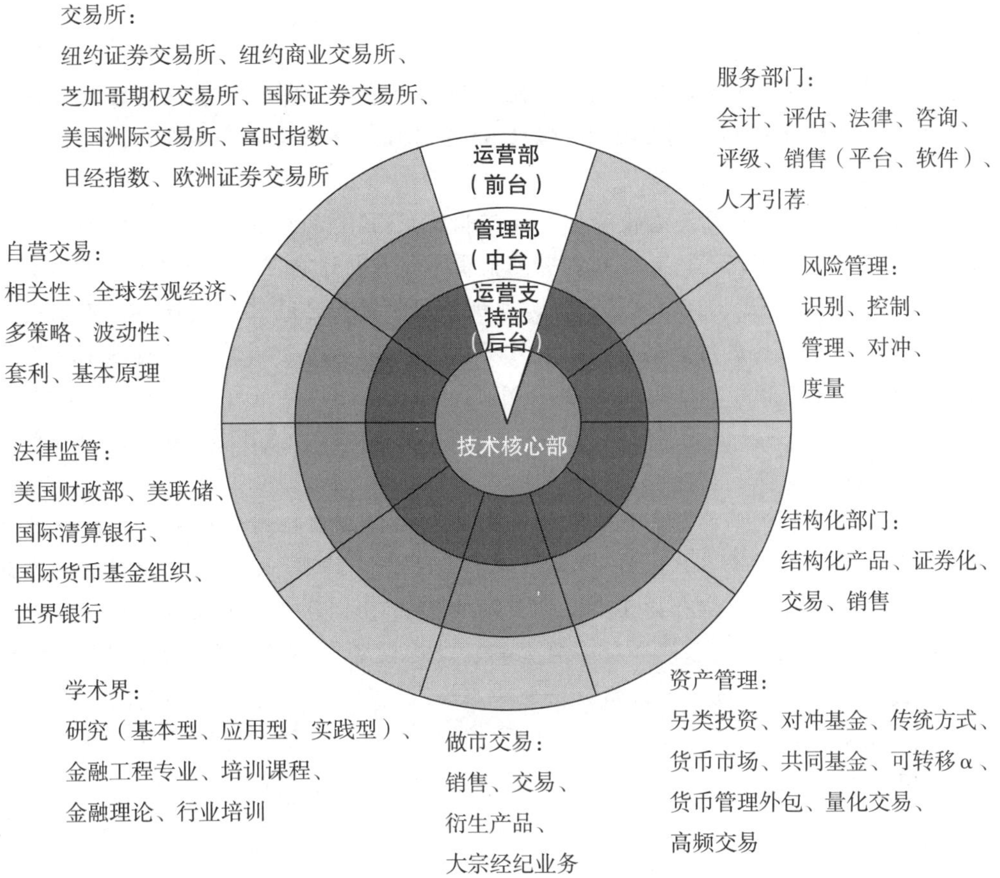

图 1-8　金融工程的职业圈

这些使用便捷的功能背后隐藏着大量代码开源的金融模型。例如，系统允许用户选择不同的预设收益率曲线，用户也可以使用系统中的自定义样条图和其他功能去绘制自己的曲线。在用户友好化的背后，是复杂的编程、金融工程的应用以及随市场动态不断调整的金融产品设计。这些服务机构中还有多种业务类型，如为信用衍生产品提供个性化数据解决方案（如 MarkIt）；从事财务报表分析（如 Capital IQ）；或者经营多个领域的业务（如汤森路透）。这些公司的作用不仅仅是提供市场数据，在将数据呈现给顾客之前，它们还在数据整合、分析和建模中做了大量工作，这些工作需要高水平技术专家来完成。

这里不再一一列举，扫描二维码可查看金融工程在各组织和机构的前、中、后台可以胜任的具体岗位。当然，列表并没有完全涵盖金融工程能够胜任的所有岗位。

> 拓展阅读
>
> 金融工程在各组织和机构中的岗位

三、金融工程的技能要求

从金融工程的定义看，创新金融工具和金融手段是金融工程的主要任务之一，但是否有了工具就一定可以解决金融问题呢？答案是否定的，我们来了解一下光大证券乌龙指的案例。

案例 1-5 光大证券乌龙指

1. 案例详情

2013 年 8 月 16 日，沪指惊天波动，在短短的几十秒内，多只大盘权重股股票被拉升至涨停，上证指数瞬间涨幅达到 5.96%，后又迅速回落。这一情况竟然源自光大证券程序化交易系统问题。

2013 年 8 月 16 日，公司策略投资部按计划开展 ETF 套利交易，部门核定的交易员当日现货交易额度为 8 000 万元，并在交易开始前由审核人员进行了 8 000 万元的额度设定。

9 点 41 分，交易员认为 180ETF 出现套利机会，于是及时通过套利策略订单生成系统发出第一组买入 180ETF 成份股的订单（即 177 笔委托，委托金额合计不超过 200 万元）。10 点 13 分，交易员发出第二组买入部分 180ETF 成份股的订单（即 102 笔委托，委托金额合计不超过 150 万元）。11 点 02 分，交易员发出第三组买入 180ETF 成份股的订单（即 177 笔委托，委托金额合计不超过 200 万元）。

这不到 550 万元的订单导致中国石化率先暴走，中国工商银行秒触涨停，包括光大银行、中国银行、金地集团等多只上证 50 板股票秒封涨停。到 11 点 06 分，上证指数亦开始飙升，在不到一分钟时间内飙升逾 100 点，最高冲至 2 198.85 点。沪深 300 成份股中，总共 71 只股票瞬间触及涨停，涨停个股多为金融、交运设备、公用事业，其中 22 只金融股触及涨停。图 1-9 给出了当时上证指数的分钟走势图。11 点 07 分，交易员通过系统监控模块发现成交金额异常，同时，接到上海证券交易所的问询电话，迅速批量撤单，并终止套利策略订单生成系统的运行，同时启动核查流程并报告部门领导。

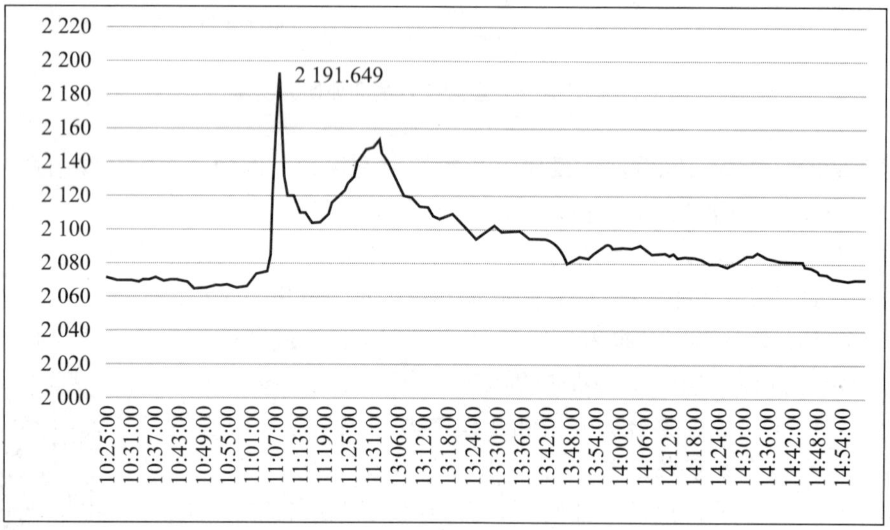

图 1-9　2013 年 8 月 16 日上证指数分钟走势图

截至 11 点 30 分收盘，股票成交金额约为 72.7 亿元！为了对冲股票持仓风险，策略投资部开始卖出股指期货 IF1309 空头合约，上午累计卖出用于对冲的股指期货 IF1309 空头合约 253 张，下午继续分别卖出 IF1309、IF1312 空头合约 6 727 张和 150 张，全天新增用于对冲的股指期货空头合约总计 7 130 张。

2. 案例后续进展

经初步核查，本次事件产生的主要原因是套利策略订单生成系统出了问题。由于对系统参数理解有误，下单金额超出设定额度，且系统监控预警系统失灵，造成系统程序紊乱，所使用的策略订单生成交易系统以 234 亿元的巨量资金申购 180ETF 成份股，实际成交 72.7 亿元。

虽然程序交易操作失误导致沪指惊天波动，但是证监会鉴于其利用操作失误带来的价格上涨，通过大量卖出股指期货获益，将其视为内幕交易，对相关决策责任人处以终身证券市场禁入，没收光大证券非法所得 8 721 万元，并处以 5 倍罚款，共计 5.232 6 亿元。

3. 案例小结

从光大证券的案例可以看到，仅仅拥有程序化交易系统这一新生手段，但不了解系统内部交易机制，缺乏必要的风险预警机制仍然是不够的。因此我们说，工具＋技术才能构成金融工程。

因此，金融工程既需要创新金融产品的思维，也需要分析金融产品价值和风险的现代金融理论，还需要量化计算的数理基础和计算机技能。

第三节　金融工程怎么干

理论、工具和技术是金融工程发展缺一不可的要素。本节我们介绍金融工程的理论基础、主要产品工具和主要技术工具。

一、金融工程的理论基础

作为金融的一个分支，现代金融理论和技术的发展是金融工程产生与发展的理论基石。现代金融理论以马科维茨（Markowitz）的投资组合选择理论作为开创节点，但金融工程的理论依据最早可以追溯到 1896 年。

1896 年，美国经济学家欧文·费雪（Irving Fisher）提出了资产的当前价值等于其未来现金流贴现值之和的思想。这一思想对后来的资产定价理论的发展起到了奠基石的作用。

1934 年，美国投资理论家本杰明·格雷厄姆（Benjamin Graham）的《证券分析》（*Security Analysis*）一书开创了证券分析史的新纪元。

1938 年，弗雷德里克·麦考利（Frederick Macaulay）提出了“久期”的概念和“利率免疫”的思想。二者成为资产或负债管理者管理利率风险的重要工具。

1952 年，马科维茨研究了不确定条件下的投资组合选择理论，首次提出利用证券收益率的方差度量证券投资的风险。1964 年，威廉·夏普（William F. Sharpe）提出资本资产定价模型（CAPM），使得金融市场上的任何资产都有一个均衡条件下的定价公式。这一理论与同时期的套利定价理论（APT）标志着现代金融理论走向成熟，构建了现代金融工程分析的理论基础。

CAPM 在投资组合分散理论下，得到风险资产的期望收益由无风险收益与风险溢价构成，而风险溢价只来源于系统性风险，具体模型如式（1-3）所示。

$$E(R_S)=r_f+\beta(E(R_m)-r_f) \tag{1-3}$$

其中，r_f 表示无风险收益，β 表示风险资产的系统性风险大小，而 $E(R_m)-r_f$ 表示市场组合的风险溢价。

CAPM 目前在证券市场上仍然是被广泛应用的资产定价模型，尤其是在股票组合的风险管理、股指期货套利策略设计、量化投资策略设计以及市场有效性检验中，后续 Fama-French 三因子模型、Fama-French 五因子模型等都是对 CAPM 的改进和推广。

尤金·法玛（Eugene Fama）在 1970 年提出有效市场假设，并用实际数据来检验金融经济学的可靠性，有效市场假设也成了现代金融理论基础性的市场假设。

斯蒂芬·罗斯（Stephen Ross）于 1976 年提出套利定价理论，为整个金融经济学提供了统一的基础，也在资产定价的实证分析上对 CAPM 做出了有力的补充。

1990 年，诺贝尔经济学奖被授予马科维茨 、米勒（Miller）和夏普。其中，米勒和莫迪利安尼（Modigliani）在 1958 年提出了作为公司理财理论基础的一系列 MM 定理，即研究了非确定条件下企业资本结构和企业价值的关系，并从中开创了用无套利均衡分析为资产定价的方法。

20 世纪 70 年代，美国经济学家罗伯特·默顿（Robert Merton）在金融学的研究中总结和发展了一系列理论，为金融的工程化发展奠定了坚实的数学基础，取得了一系列突破性的成果。1973 年，费希尔·布莱克（Fischer Black）和迈伦·斯科尔斯（Myron Scholes）利用随机分析方法成功推导出欧式期权定价的一般模型，为期权在金融工程领域的广泛应用铺平了道路，成为在金融工程化研究领域最具有革命性的里程碑式的成果。他们的贡献获得了瑞典皇家科学院的极高赞誉："他们在期权定价方面的研究成果是今后 25 年经济科学中最杰出的贡献。" 1997 年，因为期权定价理论方面的贡献，默顿和斯科尔斯获得诺贝尔经济学奖。

不夸张地说，Black-Scholes-Merton 期权定价公式是金融市场上使用频率最高的理论公式，因为所有场内期权的交易都会以此为参照进行报价。Black-Scholes-Merton 定价理论不但应用于期权定价，在资产配置如基于期权的投资组合保险（OBPI）、市场波动率预测、投融资项目估值、信用风险评估、存款保险定价、主权债务等方面也有广泛应用。

20 世纪 80 年代，达雷尔·达菲（Darrell Duffie）等人在不完全资本市场一般均衡理论方面的经济学研究为金融工程的发展提供了重要的理论支持，将现代金融工程的意义从微观的角度推到了宏观的角度。

20 世纪 90 年代，信用风险模型成为金融工程领域的最新发展趋势，结构模型源自 Merton（1974）的分析框架，而达菲、贾罗（Jarrow）、辛格尔顿（Singlton）等学者提出的简约模型被广泛应用于信用衍生产品的定价和分析，这也助力了信用衍生产品市场的迅速发展。但初期模型对违约传染的忽略导致了对复杂信用衍生产品风险度量的严重偏差，这也成为 2007—2008 年全球金融危机中信用衍生产品被诟病的原因之一。因此，金融危机之后违约传染理论和模型得到了长足发展，网络传染模型、神经网络模型、机器学习算法等被逐步引入，同时金融危机也凸显了主权信用风险管理的重要性，因此主权信用违约互换（CDS）等信用衍生产品以及主权信用风险度量也成为热门的金融工程理论研究领域。

总之，现代金融理论的发展一直遵循着一种趋势，就是尽快将工程技术领域和基础自然科学领域的最新进展应用于金融领域，解决最焦点的金融问题。这与其他基础学科明显不同，相对于基础学科理论先于实践的特点，金融工程是典型的实践先于理论的学科，因此金融工程的理论总是聚焦现实问题，解决当下问题。

同时，现代金融理论与西方主流经济学的基本分析方法也有显著不同，西方主流经济学的基础是供给与需求，而现代金融理论则聚焦收益与风险，因此创新性地提出了无套利分析方法。本书中介绍的套利定价理论、风险中性定价理论都包含在无套利分析框架内。

二、金融工程的产品工具

金融工程的产品工具包括基础资产和金融衍生产品两大类：基础资产主要包括股票、债券、外汇、利率、指数、贵金属、大宗商品、信用等，金融衍生产品则包括远期、期货、互换和期权四类基础衍生工具。当然，金融工程在此基础上基于客户的特定需求，通过基础资产和衍生工具复合而产生的结构化产品也可以作为金融工程进一步创新的工具。如可转债作为典型的结构化产品，我们可以利用它进一步创新可转债指数，作为可转债 ETF 的追踪标的，也可以将期货作为期权的标的推出期货期权。因此，广义而言，金融工程的产品工具可以是当前市场上存在的能够客观度量的所有产品或对象，如温度、降雨量、地震、碳排放权等都可以成为金融工程创新产品的基础工具，设计出诸如天气期货、巨灾债券、碳期货、碳期权等金融衍生产品，用于管理相应的天气风险、巨灾风险、碳排放带来的温室效应问题等。

由此我们可以看到经济问题的金融化解决方案最终演变为金融问题的产品化已经成为一种发展趋势，而创新产品设计正是金融工程的专长。本书将主要聚焦金融工程创新的主要成果——衍生产品，学习其市场交易机制、定价原理、风险管理技术和交易策略设计等内容。

三、金融工程的技术工具

金融工程的结构化分析技术、无套利定价技术、风险中性定价技术是金融产品设计、估值和策略设计的主要理论技术，数学、工程化方法和信息技术则是金融工程量化金融问题的主要数理技术。因此我们经常说金融工程的人才需要三条腿走路，既需要具备扎实的经济金融理论基础，又需要具备雄厚的数学知识如数学分析、概率论、数理统计、随机过程、数值计算等，还需要具备熟练的编程技能和信息技术，这样才能通过经济金融理论发现金融问题的本质，通过数学知识和系统工程方法为金融问题建立合理的量化模型，通过计算机编程实现复杂的难以手动实现的量化模型，通过信息技术推广模型在实践中的应用。所以，金融工程是集现代金融学、数理与信息技术于一体的交叉型学科。

四、金融工程的新发展

1. 金融工程的发展历史

金融工程是产生于 20 世纪 80 年代、兴起于 20 世纪 90 年代的一门交叉性综合学科。最早在古希腊、古罗马和古印度时期就已经有了衍生产品的记载，但金融衍生产品和现代金融工程技术直到 20 世纪 60 年代之后才进入一个空前发展的阶段。一些经济金融学家在 20 世纪 80 年代回顾前 20 年的证券市场时，认为他们不得不使用“革命”一词来形容发生在金融市场上的变化和创新，“几乎每一天证券报刊都会为我们带来一个里程碑式的广告，标志着一种新证券的诞生”。这些具有历史意义的产品创新和技术进步包括：20 世纪 70 年代，金融期货产生和发展；1973 年，美国芝加哥期权交易所（CBOE）开始交易世界上第一个标准化的期权产品；20 世纪 70 年代末 80 年代初，货币互换和利率互换诞生和发展；20 世纪 80 年代，越来越多的证券工具在上述创新基础上被设计和衍生出来，诸如货币期货期权、股指期权、互换期权（swap option）、奇异期权等；20 世纪 80 年代后期结构化产品出现，用以实现特定的风险收益特征；20 世纪 90 年代，信用衍生产品出现并快速发展，并在 2007 年发展至阶段巅峰，名义本金金额从 1997 年至 2007 年增长了 5 000 多倍。与此同时，以 VaR 为核心的市场风险度量技术和以度量违约概率为核心的信用风险度量技术开始发展起来。也就是在这一时期，统一的金融工程学科逐渐形成和出现，从北美迅速拓展到全球，金融工程成为金融学中最具吸引力的分支之一。我国的金融工程学科也就是在这一时期萌芽并发展起来的。2002 年，我国首批金融工程专业在武汉大学、中央财经大学、中国人民大学、西南财经大学、厦门大学展开试点，2003 年正式设立为本科专业。截至 2022 年，已有 80 多所高等院校开设了金融工程本科专业。

从金融工程的发展历史可以看到，金融工程技术与衍生证券市场的发展和繁荣具有高度的相关性。除此以外，从初期基础衍生工具的诞生到 20 世纪 90 年代结构化衍生产品和信用衍生产品的发展也是与信息技术的进步密切相关的。信息技术的进步为金融工程的发展提供了重要的研究手段、技术支持平台和新的发展空间。

首先，运用计算机技术开发出的各种工具为金融工程提供了开发和实施各种新型衍生产品的便利手段。比如，我们可以通过积木分析法将金融产品分解为相对简单的产品组合，然后利用计算机编程技术对简单产品进行估值编程，进一步通过组合获得结构化产品的估值，解决了金融产品开发和设计过程中的最大难题——定价问题。

其次，计算机和现代信息技术的应用降低了跨市场交易的成本，串联起了不同市场的用户，加快了新型金融工具和技术供求的结合，扩大了金融产品的推广范围，促进了金融市场的全球化，也带来了全球化的蝴蝶效应问题，由此带来了金融工程进一步创新的推动力。

2. 金融工程的新发展

如果说 2010 年之前还是随机过程、金融计量主导金融工程的发展，那么 2010 年之后，互联网技术、大数据技术、人工智能技术、区块链技术的飞速发展带来了金融工程的二次飞跃，衍生出金融系统工程、金融科技等新的交叉学科领域，神经网络、网络图谱、空间计量、机器学习、深度学习等通过数据分析挖掘不同市场、不同参与主体间互动信息的系统工程方法在金融问题的解决中大行其道，促进了数字金融、智慧金融等新鲜事物的产生和蓬勃发展。**"用数据说话，让数据说话"**成为现代金融工程解决金融问题的有力手段，如应用深度学习来进行各种信用风险的管理，通过网络图谱、神经网络建模信用风险动态传染，应用大数据优化方法来进行风险对冲，通过区块链技术推动产业链增信，提升企业信息透明度等。数字时代的到来使得金融系统工程、金融科技成为金融工程二次飞跃的热门领域，但值得一提的是，这正是金融工程不断采用新的技术手段、创新性解决金融问题的侧面体现。

可以预见，信息技术的发展提升了金融工程解决问题的广度、宽度和精准度，相信未来任何技术进步都会继续推动金融工程理论和技术的飞跃，金融工程的研究领域会进一步扩大，但金融工程的创新思维方式、定价理论基础和风险管理技术仍然是金融市场可持续发展的基石和准绳，毕竟数据只是人类活动的历史记录，不能代表未来所有可能，也不能解决未来所有问题，而理论虽然不能在短期内获益，却能够长期校准。

本章小结

本章通过法国 Rhone-Poulenc 公司的员工持股计划、电动汽车与传统汽车之争、利率风险管理等案例引出金融工程的定义，并通过深南电与高盛对赌案例了解金融工程在分析金融实践事件方面的应用，通过光大证券乌龙指案例理解为何金融工程需要更多的量化技术，通过分析金融行业的就职方向了解金融工程的职业发展，纠正金融工程学科要求和金融工程职业发展等同的理解误区，最后总结了金融工程的理论基础、产品工具和技术工具，形象生动地展现了金融工程的全貌和金融工程学科的发展。

本章术语

金融工程　金融工程的主要任务　金融工程的产品工具

思考题

1. 光大证券乌龙指事件带给你的启示有哪些？

2. 分析信孚银行的方案和 Rhone-Poulenc 公司的折扣销售有何不同。如果信孚银行的方案由公司提出，你认为会成功吗？

3. 结合深南电签约时点的原油历史数据，换位思考，你会签署这样的协议吗？理由是什么？

4. 你认为深南电与高盛对赌的案例中存在的不平等条款是什么？

5. 根据本章的案例，谈一谈你对金融工程的初步印象。

第二章

金融衍生产品市场简介

本章导读

金融衍生产品是金融工程的重要创新成果和工具，本章将对金融衍生产品的基本情况进行介绍，内容包括金融衍生产品的定义、分类和基本特点，金融衍生产品市场的参与者和市场功能，金融衍生产品的发展历史，以及我国衍生产品市场的发展，希望读者能够掌握金融衍生产品的定义、分类和基本特点，并理解不同市场参与者的作用，以及金融衍生产品的作用，了解金融衍生产品市场发展的动因以及我国衍生产品市场的发展情况。

知识结构图

学习要求

通过本章的学习，了解金融衍生产品的定义、分类、共同特征、市场参与者以及市场功能，并进一步从风险管理需求的角度，结合丰富的案例和数据资料了解全球和我国金融衍生产品发展的历史，知世情国情，纠正读者对金融衍生产品的认知偏差。

第一节　金融衍生产品的定义与特点

一、金融衍生产品的定义

金融衍生产品（financial derivatives），也叫衍生金融产品、金融衍生工具或者衍生金融工具，英文有时也简写为 derivatives，是 20 世纪七八十年代全球金融创新的重要产物。

经济合作与发展组织（OECD）对金融衍生产品的定义是：衍生交易是一份双边合约或交换支付协议，它们的价值是从基础资产或某些利率、指数上衍生出来的。衍生产品交易所依赖的基础资产可以是利率、汇率、商品、股票及指数等，衍生产品一词也包含具有上述价值衍生性或包含了选择权的债务工具，或者本息剥离产生的债务工具。

1994 年 8 月，国际掉期与衍生工具协会（ISDA）在一份报告中对金融衍生产品进行了如下描述：金融衍生产品是有关互换现金流和旨在为交易者转移风险的双边合约。合约到期时，交易者所欠对方的金额由基础商品、证券或指数的价格来决定。互换、远期、利率上限和利率下限是双方协议成交的，期货和认股权证则是在交易所交易的标准金融衍生产品。

在今天看来，这些定义并不够准确。事实上，并不是所有金融衍生产品都衍生于金融工具或商品，例如，气候衍生产品的基础是某个地区未来的气温状况或者降雨量；巨灾期权的标的是未来可能发生的自然灾害；信用违约互换的基础是某个实体信用事件的发生；碳期货的基础则是二氧化碳的碳排放当量。

因此，广义的金融衍生产品定义可以总结为：**金融衍生产品是其价值依附于某个或某些标的变量的双边金融合约。**这个标的变量我们称之为标的资产（underlying asset）。应该说，只要是可客观度量的事物就都可能成为衍生工具的标的资产，因此它可以是大豆、玉米、原油、黄金、白银等商品，也可以是股票、债券、外汇、基金等金融产品，或者利率、CPI、股票指数等公开发布的指标，甚至可以是不可交易但可客观度量的降雨量、温度、地震、飓风等天气指标，也可以是远期、期货、期权、互换等衍生产品本身。

既然称之为“合约”，金融衍生产品自然有一些共性的合约要素，其通常包含表 2-1 中的条款。

表 2-1　金融衍生产品的常见术语和含义

术语	含义
标的资产（挂钩资产）	金融衍生产品价值依附的资产
合约规模	标的资产的数量或名义金额
到期期限	合约持续生效的时间
结算方式	买卖双方了结合约的方式
协议价格	合约约定的买卖价格
买卖方职责	合约双方的权利和义务

例如，表 2-2 是我国黄大豆 2 号期货合约的条款，其中交易品种就是标的资产，交易单位即合约规模，合约月份即到期日，交割方式即到期结算方式。

表 2-2　大连商品交易所黄大豆 2 号期货合约条款（部分）

交易品种	黄大豆 2 号
交易单位	10 吨/手
涨跌停板幅度	上一交易日结算价的 4%
合约月份	1、2、3、4、5、6、7、8、9、10、11、12 月
交易时间	每周一至周五 9:00—11:30，13:30—15:00，以及交易所规定的其他交易时间
最后交易日	合约月份第 10 个交易日
最后交割日	最后交易日后第 3 个交易日
交割等级	大连商品交易所黄大豆 2 号交割质量标准（F/DCE B003—2017）
交割地点	大连商品交易所黄大豆 2 号指定交割仓库
最低交易保证金	合约价值的 5%
交割方式	实物交割
上市交易所	大连商品交易所

注：根据 2024 年 2 月 13 日，大连商品交易所官网条款绘制，最新条款请以大连商品交易所官网为准。

二、金融衍生产品的分类

金融衍生产品可以根据不同的标准进行分类。

1. 根据产品形态分类

根据产品形态，金融衍生产品可以分为远期、期货、期权和互换（掉期）四个基本类别，以及由衍生工具与基础资产复合形成的结构化工具。

远期（forward）是买卖双方约定在未来某一指定时刻以约定价格买入或卖出某一产品的合约。例如，粮食供应商可以在播种季节就与农户签订合约，约定在收获季节以 1 元/斤的价格收购农户的 1 000 斤小麦，这就是远期合约。远期合约与即期合约的区别在于即期合约所约定的交易会立即执行，而远期合约所约定的交易会在未来某一时刻发生。

期货（future）可以看作在交易所交易的标准化的远期合约，其条款和交易机制由交易所统一制定，只有价格是由交易者通过公开竞价方式确定。

期权（option）是类似保险的金融产品，期权给予持有者在未来约定时间或者未来某段时间，以约定价格买入或者卖出一定数量资产的权利而非义务。因此，就像投保需要支付保费一样，购买期权也需要支付期权费，而出售期权可以获得期权费，但必须履行期权卖方的义务，因此期权是权利和义务相剥离的金融产品。但期权与保险最大的不同在于期权是可公开交易和转让的金融产品。

互换（swap）是买卖双方约定在未来的一段时间内多次交换现金流的合约，可以看作多个到期期限不同的远期合约组合。互换合约的内容灵活，只要交易双方达成一致，任何形式的两个现金流序列都可以相互交换。常见的互换类型包括利率互换和货币互换。

结构化产品是用远期、期权、互换等衍生工具与基础资产复合构造的金融产品，如可转债就是包含转股期权的债券产品，巨灾债券是包含巨灾期权的债券产品等，这种复合品种在银行理财产品、信托产品、企业与投行签订的风险管理合同中是非常常见的。

2. 根据标的资产分类

根据标的资产不同，金融衍生产品可以分为股票（股指）衍生产品、利率衍生产品、外汇（货币）衍生产品、商品衍生产品、信用衍生产品及其他类别资产的衍生产品。

3. 根据交易场所分类

根据交易场所，金融衍生产品可分为场内衍生产品和场外衍生产品。

场内衍生产品即在证券交易所内交易的标准化衍生产品，如期货和标准化的期权产品，有固定的交易时间和交易场所。截至 2023 年，我国证券交易所包括上海证券交易所、深圳证券交易所、北京证券交易所等以股票、债券、基金等现券交易为主的交易所，一些以这些现券为标的的现货期权产品有时也在上述交易所交易，如个股期权、ETF 期权等，另外还包括大连商品交易所（简称“大商所”）、郑州商品交易所（简称“郑商所”）、上海期货交易所（简称“上期所”）、广州期货交易所（简称“广期所”）四个商品期货、期权交易所和中国金融期货交易所（简称“中金所”）这个金融期货、期权交易所。场内衍生产品一般由交易所统一制定合约标准、交易规则和风控制度，标准化的合约和交易规则使得合约的流动性更好、信息透明度更高、市场效率更高、违约风险更低，但合约无法根据投资者需求进行条款定制，因此合约灵活性较差。表 2-3 汇总了我国交易所及交易品种。

表 2-3 我国交易所及交易品种（截至 2023 年）

交易所	交易品种
上海证券交易所	股票、基金、债券等现券，个股期权如 50ETF 期权、沪深 300ETF 期权、中证 500ETF 期权等
深圳证券交易所	股票、基金、债券等现券，个股期权如沪深 300ETF 期权等
北京证券交易所	股票、基金、债券等现券，股票以中小企业为主
大连商品交易所	玉米、豆粕、鸡蛋、铁矿石等商品期货、商品期权
郑州商品交易所	棉花、白糖、红枣、PTA 等商品期货、商品期权
上海期货交易所（上海国际能源交易所）	铜、锌、黄金、原油等商品期货、商品期权
广州期货交易所	工业硅、碳酸锂等商品期货、商品期权，聚焦绿色低碳发展和商品指数相关产品
中国金融期货交易所	股指期货、国债期货等金融期货，沪深 300 指数期权等金融期权产品

场外衍生产品泛指在证券交易所以外交易的衍生产品，因为多是在银行柜台交易，英文为 over the counter，简称 OTC。我国的银行间市场交易的利率互换、利率期权、债券远期、外汇远期、货币掉期、外汇期权、信用风险缓释凭证、信用违约互换，大连商品交易所的互换平台交易的商品互换，各证券公司的场外期权交易都属于场外交易的衍生产品。场外衍生产品一般由合约买卖双方协商确定合约的具体条款，因此合约条款更符合个性需求，针对性强、灵活性较强，但这也意味着合约转让困难，即流动性较低。同样由于合约条款由双方协商确定，合约条款透明度较低，市场定价效率较低。同时，合约的顺利履约取决于买卖双方的履约意愿和信用资质，因此其对手风险较大。表 2-4 对场内衍生产品与场外衍生产品进行了对比分析。

表 2-4 场内衍生产品与场外衍生产品的对比分析

	场内衍生产品	场外衍生产品
交易场所	证券交易所	柜台交易（OTC）
合约条款	交易所制定、标准化	双方协商确定
流动性	流动性好	流动性差
违约风险	违约风险小	对手风险大
市场效率	市场效率高	市场效率低
信息透明度	信息透明度高	信息透明度低
合约灵活性	合约灵活性低	合约灵活性高
监管	监管严格	监管宽松

通过对比可以看到场内衍生产品确实存在更多优点，但场外市场的合约灵活性、交易灵活性、需求定制化以及更宽松的监管环境使得场外衍生产品品种更加丰富，客户需求更容易满足，因此其交易量其实远远高于场内市场。图 2-1 展示了全球场外衍生产品和场内衍生产品的名义规模，2023 年 6 月，全球场外衍生产品名义金额达 714 万亿美元，而场内衍生产品名义规模为 88 万亿美元，远远低于场外衍生产品。

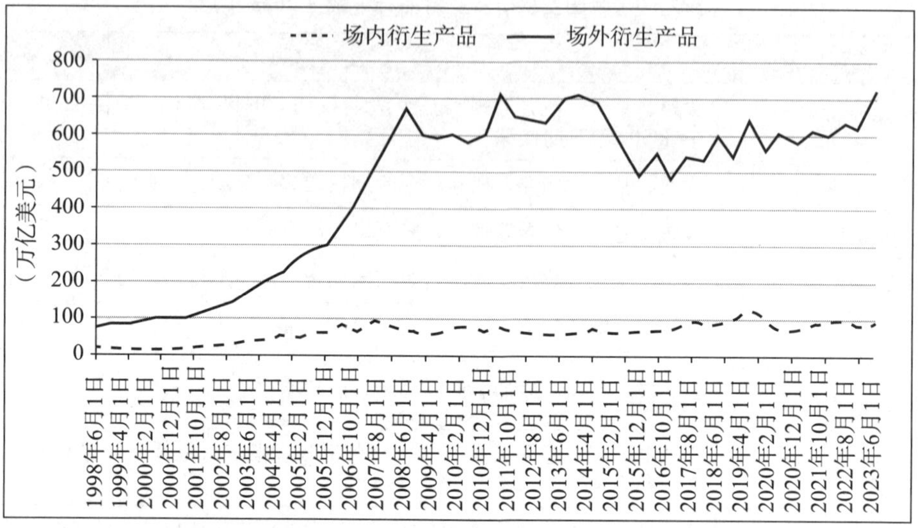

图 2-1　全球衍生产品名义规模（1998—2023 年）

资料来源：国际清算银行。

三、金融衍生产品的基本特点

1. 远期交易

什么是远期交易？我们来看一个例子。

【例 2-1】 假设你在北京工作，现在是 10 月，你想春节去三亚旅游，需要预订酒店和机票，那么预订酒店和预订机票，哪一个是远期交易？

一般情况下，预订酒店更符合远期交易的特征，因为预订酒店是现在确定未来入住酒店的价格，而住宿费用结算一般发生在入住之后。当然，由于三亚是春节的热门旅游地点，为了避免客户违约，有些预订会要求缴纳保证金，但也只是违约担保。而预订机票虽然也是现在确定未来的乘机权利，但预订机票的费用是当前立即支付的，且支付之后可以直接打印行程单，说明预订机票其实是即期交易行为，只是当前交易的“资产”在未来使用，这与我们提前购买火车票是类似的。

所以，**远期交易即当前确定未来的交易价格，交易的价格在当前确定，而交易是在未来发生的。**金融衍生产品作为管理标的资产风险的工具，风险是未来发生损失的不确定性，其功能决定了其具有远期交易的特点。

2. 零和交易

即合约交易的双方盈亏完全负相关，双方在合约中的损益之和为零，因此称零和交易。远期、期货、期权、互换都具有零和交易的特点，这也是股票、债券、基金等基础资产所不具备的，因为公司发行股票，所以当股票价格上涨时，持有股票的投资者和发行公司都是受益的。

3. 高杠杆性与高风险性

基础金融衍生产品都具有高杠杆性。在投资的概念里，杠杆性是指在不增加或只增加少量投资的情况下，提高收入或投资价值的特性。金融衍生产品通常采用保证金交易制度，即交易时不必交易合约的所有名义本金，只需支付名义本金的一定比例或权利金，就可以进行总金额相当于保证金几倍到几十倍甚至上百倍的标的资产的交易。

高杠杆性是金融衍生产品最主要的特征之一，也是金融衍生产品创新的目的。风险管理是金融衍生产品创新的主要动机，但风险管理对于投资者或者企业而言和资产投资是不同的。风险管理是为了规避未来可能出现的损失风险而支付的避险成本，企业希望用更少的成本管理更多资产的风险，就好像投保人买保险，他们自然希望保费越低越好。而高杠杆性恰恰可以降低风险管理的成本，迎合这种需求。比如不考虑对手违约风险，投资者可以零成本签订远期合约，在当前锁定未来 3 个月后借入 1 亿元的 6 个月期的借款利率，使得无论未来利率如何变化，投资者都可以约定利率借入 1 亿元，即以零成本管理了 3 个月后 1 亿元 6 个月期借款的利率风险。或者投资者也可以通过支付 1% 的看涨期权费用，保证未来购买 10 万股中国平安股票的价格不会高于当前股价，这无疑既是衍生产品可以低成本管理风险的原因，也是其高杠杆性的表现。正是因为高杠杆性，衍生产品市场的名义交易规模可以远远大于标的资产市场，比如次贷危机期间，信用衍生产品市场的名义本金规模达到了 62 万亿美元，但美国次级债市场的规模仅为 1.4 万亿美元。

高杠杆性能够带来风险管理成本的节约，但如果把衍生产品当作金融产品投资，像买卖股票一样进行裸投机交易，就会面临更高的投资风险，因此我们经常会听到某公司投机衍生产品导致巨亏的案例，或者投资者投机期货爆仓的信息，甚至还有衍生产品市场过度投机导致市场泯灭的历史，如“327”国债事件、荷兰郁金香事件、巴林银行事件、2022 年的青山镍事件等。

4. 低交易成本

衍生产品的交易成本较低与其高杠杆性密切相关，在标的资产规模相同的情况下，衍生产品本身的价值更低，交易成本自然也更低，比如 1 手黄大豆 2 号期货标的资产规模是 10 吨大豆，如果大豆当前价格为 8 000 元/吨，则 1 手期货的标的价值为 8 万元，而 1 手黄大豆期货的交易手续费仅为 4 元，显然远远低于 10 吨黄大豆的储存、运输等成本。

5. 可交易性

可交易性是金融产品区别于保险等产品的典型特征，虽然期权、信用违约互换经常被类比为保险，但保险产品是无法转让和交易的，而衍生产品作为金融产品通常具有可转让或可交易的特点。

6. 无发行方

无发行方也是很多独立交易的衍生产品的特征。诸如股票、债券、基金等基础金融产品，一般需要经过监管核准发行上市才可以在金融市场上公开交易，且其发行数量和规模都是提前确定的，发行者就是产品最初的卖方，其余投资者都是买方角色。而衍生产品如远期、期货、期权、期货等是不需要核准发行环节的，交易规模也完全由投资者的交易行为决定，不需要提前设定。虽然期货和标准化期权由交易所统一制定规则，其上市交易也需要监管部门批准，但一旦允许某个品种上市，对应的期货或者期权合约系列交易所仅仅发布允许交易者交易的通知，并不会限定交易规模和买卖双方，这与基础金融产品的发行显然不同。

7. 表外交易

金融衍生产品是对未来的交易，按照现有的财务规则，在交易结果发生之前，交易双方的资产负债表中都不会记录这类交易的情况，其潜在盈亏或风险无法在财务报表中体现。因此很多企业也会利用这一点，通过衍生工具的远期交易特点，延迟税费交纳，实现税收套利。

四、金融衍生产品市场的参与者

从交易目的来看，金融衍生产品市场的参与者主要可以分为三类，即套期保值者。套利者和投机者。除此以外，金融衍生产品市场常采用做市商制度，因此大部分衍生产品市场还有一类参与者就是做市商。

1. 套期保值者

套期保值者（hedger）也可称为对冲者。套期保值是指在一定时期内，根据风险管理目标，运用金融产品减少现有资产价格面临的风险的行为。套期保值者是金融衍生产品市场创新的最初动力，其参与衍生产品交易并非为了盈利，而是为了对冲市场波动带来的现货风险或者经营风险，因此套期保值者的典型特征是本身面临一定的风险敞口，然后通过衍生产品来管理这一风险敞口。

【例 2-2】 国内 A 公司预期将于 6 个月后收到一笔 1 000 万美元的货款。由于款项是用美元支付，为了防止美元兑人民币汇率下跌，该公司可以与银行签订期限为 6 个月、金额为 1 000 万美元的远期合约，这样就可以在将来人民币对美元升值时规避损失。这就是利用远期合约进行套期保值的例子。

期权同样可以用于对冲。例如，某投资者持有 1 000 股 A 公司的股票，他十分担心 3 个月后股价下跌，同时又希望继续持有该股票资产。为了对冲风险，投资者可以购买 3 个月期该股票的看跌期权合约。若到期股价下跌，投资者可以利用执行期权的获益弥补股票组合的损失。

2. 套利者

套利指的是当某种金融资产在相关联的市场或产品之间存在不合理价差时，交易者可以同时进入两个或更多个市场进行方向相反的交易，以期锁定一个无风险利润，理想境界就是“空手套白狼”。套利活动产生的原因来自市场价格对合理价格的短暂偏离，套利者（arbitrageur）通过低买高卖的套利行为可以矫正这种偏离，促使市场价格回归均衡，因此我们说，套利活动可以促进市场健康发展，提升市场价格的有效性。

3. 投机者

投机者（speculator）与套期保值者相反，他们参与衍生产品市场的目的不是规避风险，而是通过主动承担风险，预测未来价格的走势，进行趋势交易，换取高风险下的高收益可能。

投机者在金融衍生产品市场中有着重要的地位，为套利者和套期保值者提供了对手方，提升了市场的流动性和活跃度。但过度的投机会增加金融市场的风险，扰乱市场秩序。一些在外汇投机中非常著名的大事件甚至被称为金融市场上的“秃鹫”。例如在 1992 年英镑危机和 1997 年亚洲金融危机中，都是投机者大量做空一国货币，使得相关货币大幅度贬值，甚至影响国家经济。因此金融衍生产品市场的很多交易监管措施如大户报告制度、持仓限额、涨跌停制度、熔断机制等都是为了限制投机者的过度投机行为。

4. 做市商

做市商（market maker）是指在证券市场上，由具备一定实力和信誉的独立证券经营法人作为特许交易商。与上述三种交易者不同的是，做市商并不是以自身风险管理需求或者市场投机盈利为目标，而是承担着为市场注入流动性的义务。做市商不断向公众投资者报出某些特定证券的买卖价格（即双向报价），并在该价位上接受公众投资者的买卖要求，以其自有资金和证券与投资者进行交易。做市商的存在使得买卖双方无须等待交易对手出现，只要有做市商出面承担交易，对手方即可达成交易。因此做市商通过做市商制度来维持市场的流动性，满足公众投资者的交易需求。做市商通过买卖报价的适当差额来补偿所提供服务的成本费用，并实现一定的利润。做市商具备更丰富的交易经验、更高的交易技术和专业素质，因此除了提供市场流动性，他们还可以提升市场的价格纠偏能力，起到稳定市场运行、促进价格发现的作用。我国期权市场目前都存在做市商和做市商制度。

五、金融衍生产品的市场功能

1. 优化资源配置

市场经济的核心是价格机制，即通过竞争形成的价格信号配置资源。传统观点把实体经济抽象为理想化的完全竞争状态，但在现实世界中并非如此。外部性、信息不对称、交易费用、公共物品等都可能造成市场失灵。相比之下，金融市场是通过配置资金来调配实物资源的，因此可以突破实物商品市场在空间和时间上的局限性，实现资源跨时间和跨空间的合理配置。

金融衍生产品市场作为金融市场的组成部分，除了同样拥有一般金融市场跨时间和跨空间配置资源的功能外，还具有独特的优势。现货市场的价格反映的是当前的供求关系，以此为依据来制订下一期的生产计划，很可能造成资源配置的偏差。例如，在小麦和油菜的播种季节到来时，现货市场中小麦的价格偏高。由于农户根据当前现货价格来决定生产计划，因此所有的土地都被种上了小麦。到了收割季节，小麦由于播种量过多而价格急剧下跌，反而油菜的价格由于供给太少而居高不下。这种结果不仅给农户带来了损失，从宏观角度来看也会导致社会资源不能得到优化配置。

一方面，金融衍生产品市场比现货市场更趋向完全竞争，能形成更接近供求均衡的价格，这一价格信号用于配置资源，效果要优于即期信号；另一方面，金融衍生产品市场旨在约定未来标的资产的价格，能反映标的资产未来的供求关系。例如，小麦期货的价格反映的并不是当前小麦的供求关系，而是未来小麦的供求关系。因此当小麦的现货价格被炒作得过高时，小麦的期货价格就可能与之分离。而期货价格属于公开信息，具有充分的市场透明度，农户根据期货价格安排生产计划，也可以避免价格信息偏差。

2. 风险管理与风险配置

风险管理的方式包括风险分散、风险对冲和风险转移。

金融衍生产品最初源自企业、资产持有者规避风险的内在需求。当经济活动的范围越来越广、规模越来越大时，由各种不确定因素所导致的价格波动就会加大经济活动的风险，现实的需求刺激了制度创新。所以转移风险、套期保值是金融衍生产品市场最基本的功能，也是其赖以存在和发展的基础。远期、期货、互换这些基本衍生产品及其组合都是因避险需求而产生、存在和发展的。

相对于股票、债券、外汇和商品等基础资产的交易来讲，金融衍生产品还有配置风险的功能。对于套期保值者而言，他们厌恶风险，可以付出一定的费用通过金融衍生产品把自己面临的风险转移出去，实现低风险或无风险的要求。对于投机者而言，他们可以主动承担风险来赚取高额收益。尽管市场中的总风险没有发生变化，却按照个体不同的风险偏好发生了风险转移，优化了风险配置。

3. 价格发现

价格发现并不是对未来的价格做出准确的预期，而是能够迅速反映新信息对资产价格走势和波动性的影响，通常，远期、互换和期货市场是有关价格信息的重要来源，期权市场则可以提供关于市场波动性及现货资产风险方面的信息。金融衍生产品由于有相对宽松的买卖机制、当日买卖的灵活性和市场的透明度，更能够及时、公开反映新信息的影响，因此金融衍生产品市场繁荣发展可以促进行业形成统一的定价体系。比如我国目前发展的基差合同，就是通过约定期货和现货价格的差值，通过期货价格反映企业需求，将企业的现货购买成本转换为期货价格的确定，避免了买卖双方的合同纠纷。

另外，金融衍生产品市场的价格发现功能具有价格的合理预期性。衍生产品的价格也包含了交易者对未来供求状况的预期。由于衍生产品合约具有不同的交割月份，所以它们的价格可以动态、连续地反映供求关系，形成连续性的价格波动预期。

金融衍生产品市场的价格发现功能还具有价格的真实性。真正的市场价格的形成需要一系列条件，如供求的集中、充分的流动性、市场的秩序化、公平竞争等，以使信息集中、市场透明、价格真实反映供求，从而通过竞争形成公正的市场价格。衍生产品市场如期货市场能满足这些条件，期货市场中聚集了大量不同地点、不同目的的交易者，他们带来了大量的供求信息，使得衍生产品价格能客观地、充分地反映供求关系的变化。

第二节 金融衍生产品的发展历史与现状

一、远期与期货的发展

1. 远期合约的发展

远期合约是最早发展起来的衍生工具。在 19 世纪三四十年代，芝加哥利用地理优势成为美国重要的粮食集散地。但是由于粮食生产的季节性特点，粮食的供求矛盾经常带来剧烈的价格波动。在谷物收获的季节由于供给充足，粮食价格会明显下跌，而到了春天，青黄不接，价格又会大幅上涨，这种价格的剧烈波动给销售和加工企业带来了巨大的经营风险。

后来，芝加哥出现了粮食中间商。它们在交通要道旁设立商行和仓库，在收获的季节收购粮食，在来年青黄不接的时候将粮食发往外地，由此缓解了供应的不均衡。但是这种方式会带来资金的支付和收入时间不匹配的问题；同时如果粮食中间商增多，可能会在秋季带来需求的增加，而在来年春季带来供应的增加，由此产生价格倒挂，导致粮食中间商受损。

为了缓解这种筹资压力和价格波动的风险，粮食中间商在购入粮食的时候立即与当地的粮食加工商或者销售商签订第二年春季的供货合同，通过这个合同在购入时确定明年的供应价格，这种交易方式其实就是远期交易，而供货合同就是远期合约。

由于这种远期交易的存在，中间商就可以有稳定的应收账款，银行也就愿意以这种合约作为抵押物给中间商发放购买粮食的贷款，由此解决了中间商的筹资问题。这种远期交易的出现带来了与原来不一样的生产销售活动。交易过程如图 2－2 所示。

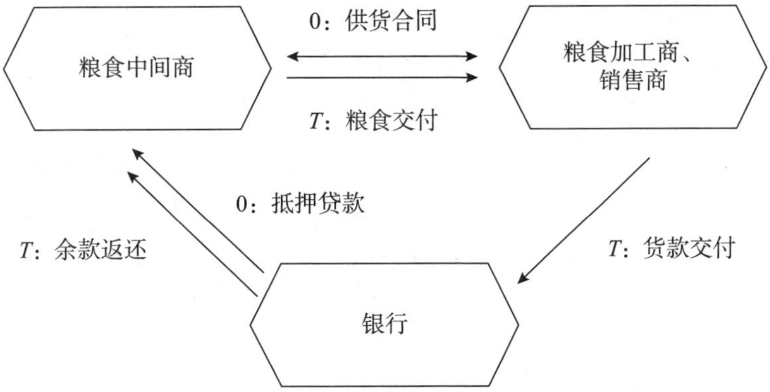

图 2－2　粮食中间商的购销过程

假设 0 时刻是粮食收获的季节，T 时刻是青黄不接的时候。中间商在粮食收获的季节与加工商或者销售商签订供货合同，然后中间商就可以拿着供货合同到银行获得抵押贷款，利用抵押贷款购买粮食。到了 T 时刻，中间商根据合同交付加工商粮食，加工商把粮食货款交付给中间商的银行，银行在扣除贷款本息之后，把剩余的金额返还给中间商。通过这种方式，中间商既缓解了自己购买粮食的筹资压力，又能够获得稳定的未来利润。

从以上案例中可以看到：首先，衍生产品的运用提升了未来生产销售的稳定性和可预测性，通过远期交易确定了未来的销售价格，而在当前时刻已经知道了购买成本，从而确定了经营利润。

其次，衍生产品的运用也增加了企业的应收账款，将应收账款进行抵押融资，就可以降低中间商的经营成本，提高资金的使用效率。

最后，这种交易方式缓解了粮食的供需矛盾，降低了粮食价格的季节波动性，为加工商和销售商带来了便利。

由于远期合约的灵活性，大部分交易在场外进行，因此远期合约的种类也不一而足，应用最为广泛的是外汇远期、远期利率协议（FRA）、股票远期及商品远期。由于互换可以看作一系列远期合约的组合，大部分合约在统计时会将远期及掉期协议一并统计。图 2－3 展示的是 FRA、外汇远期和外汇掉期，以及其他类远期合约（如股票远期和掉期、商品远期和掉期）的名义规模，自 1998 年 6 月至 2023 年 6 月，可以看到 FRA 及外汇远期和外汇掉期占据了大部分市场份额，FRA 的未平仓名义本金从 1998 年的 6.6 万亿美元增加到最高峰时期 2019 年的 95.65 万亿美元，增长幅度达到 1 349%。

2. 期货合约的发展

远期期货的产生是一种交易制度的变革。为了方便信息传递，1848 年，芝加哥的 82 个商人组建了芝加哥期货交易所（CBOT），将远期合约从场外引到了场内。但是这种由双方协商签订的远期合约仍然存在很多缺陷，不方便合约转让。所以在 1865 年，CBOT 对合约实施了标准化，通过这种方式便利合约转让，同时实施保证金制度来避免双方交易违约，此时的产品已经非常类似于现在的期货。

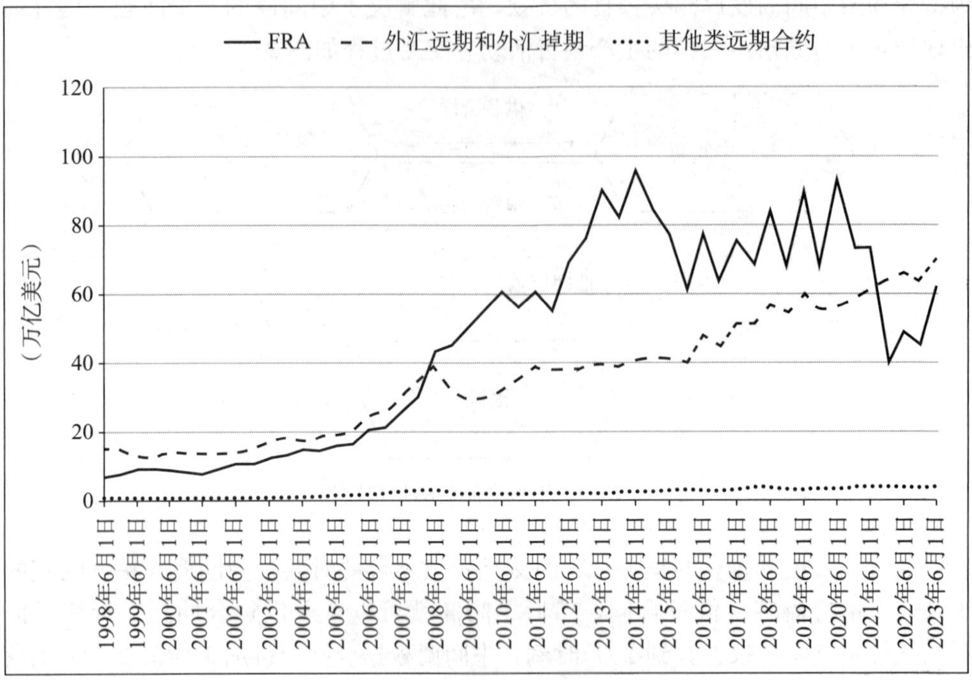

图 2-3　全球远期合约的名义规模

资料来源：国际清算银行。

但是这种早期产品还只能通过到期交割的方式了结。直到 1882 年，CBOT 才允许以对冲的方式提前了结头寸。即购买期货之后，如果合约持有者想要提前了结合约，那么他可以通过提交一个相反头寸的平仓订单完成。这种方式使得不需要实际商品的投资者也可以参与其中，大大增强了期货市场的流动性。在 1883 年 CBOT 进一步成立了结算协会，通过集中结算来提高交割效率。

期货合约的品种也经历了一个逐渐发展的过程。在 1865 年之后，农产品成为最先进入期货交易所的产品，包括小麦、玉米、大豆、棉花、咖啡等等。这些产品的产生使得美国的农民在农业生产中利用期货进行风险管理成为一种常识和习惯。随着现代工业生产的发展，1876 年伦敦金属交易所（LME）成立，开始金属期货的交易。同时 1893 年纽约商品交易所（COMEX）成立，开始黄金、白银等贵金属期货的交易。

之后在 20 世纪 70 年代，石油危机凸显了石油价格的风险，导致石油等能源期货的产生，这些产品主要在纽约商业交易所（NYMEX）、伦敦国际石油交易所（IPE）交易。同时布雷顿森林体系的解体产生了浮动汇率制度，利率和汇率的风险加大，此时芝加哥商品交易所设立了国际货币市场分部（IMM），推出外汇期货合约，金融期货由此登上了历史舞台。之后 CBOT 于 1975 年推出了利率期货。1982 年美国的堪萨斯期货交易所（KCBT）推出了股指期货。

案例 2-1 描述了美国农场主的种植过程，展示了远期合约和期货合约在农业生产中的应用。

案例 2-1　以美国农场主的农业生产为例

在播种前，期货公司的采购方向农场主订购了 6 个月之后才会成熟的小麦，订购的价格根据当时期货市场的价格确定。如果当时期货市场 6 个月之后的小麦价格是 1 元/斤，期货公司就会和农场主签订一份收购价格为 0.9 元的合同，这就是一个远期合约。在合同签订之后农场主就可以把这份合约交给银行，进行抵押贷款，获得农业生产资金。

这样，在需要播种的时候，农场主只须给种子公司打个电话，种子公司就会雇飞机把种子播撒完，农场主也不需要付钱，只须签单就可以了，种子公司可以凭确认单让农场主的银行开一张信用证（L/C)。种子公司拿到信用证之后就可以到自己的银行贷到现金，维持正常的运营。施肥、打药、除草的过程也可以通过类似方式完成。

期货公司可以从卫星上看到麦子的生长情况，等到麦子成熟的时候雇用几百辆收割机，把所有的麦子割完装袋拉走，农场主只要派人去确定产量就可以了。期货公司在麦子进仓之后，就可以按照合同约定的价格把麦子的货款打进农场主的银行。银行在扣除农场主所签的这些信用证费用之后，可以把差价返还给农场主。这样整个种植过程就完成了。所以，种植就变成了一个“喝着茶水打电话”的过程。上述种植过程可以通过图 2-4 形象地表示出来。

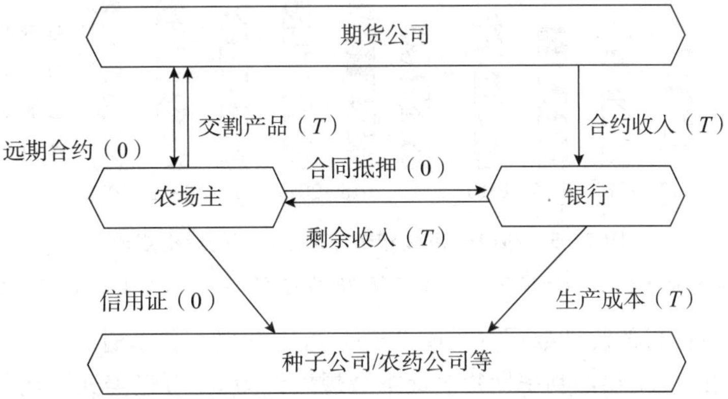

图 2-4 远期合约和期货合约在大规模生产中的应用

假设 0 时刻是农场主的播种前期，农场主可以跟期货公司签订一份远期合约，然后农场主将远期合约抵押给银行。通过这种抵押，农场主在后面的生产过程中就可以通过签订信用证的方式来完成种植。在种植结束（T）之后，农场主将收割的麦子交给期货公司，期货公司将合约的价款支付给银行，银行再将给种子公司、农药公司所签的这些信用证支付后，将剩余的收入返回给农场主，整个种植过程就完成了。

通过这种生产流程，农场主在播种的时候就能够预期自己未来的收入，同时市场也能够预计这种产品在市场上的供应规模。因此这就变成了一种有计划的生产，这种有计划的生产可以避免出现农产品大小年问题。小年的时候农产品价格上升导致来年种植该农产品的农民增加，进而引起市场的供应增加，使得来年的价格下跌。所以在小年，为了解决农民的生产销售问题，我们经常会看到爱心橙、爱心橘、爱心苹果的线上销售现象。如果我们能够采取这种在播种前期就已经知道未来的市场规模的种植方式，就可以使过量供应的情况有所改善。

通过这个案例可知，远期合约可以为农业生产降低未来价格的不确定性。在确定未来价格方面，期货又能够为远期合约的价格确定给出市场指导。同时远期和期货利用了这种远期交易的方式，在期初可以通过银行抵押的方式获得资金，解决了农业生产的投融资问题。远期和期货也可以促进农业的大规模生产，并大大降低农业生产的劳动力需求，提高生产效率，进一步促进农产品的标准化。由此可见，“现在确定未来”的远期交易方式在

信用社会可以发挥更大的作用。

与远期合约相反，期货合约都是在场内市场进行交易的，常见的品种有外汇期货、利率期货、商品期货、股指期货，还有较新的碳期货、天气期货、ETF 期货等等。图 2－5 展示了 2013—2022 年全球期货市场的成交规模。可以看到，2021 年，期货总成交量达到 292 亿手，其中股票类期货（包含个股期货和股指期货）一直都是期货市场的主力品种，而外汇期货与利率期货的成交量基本持平。

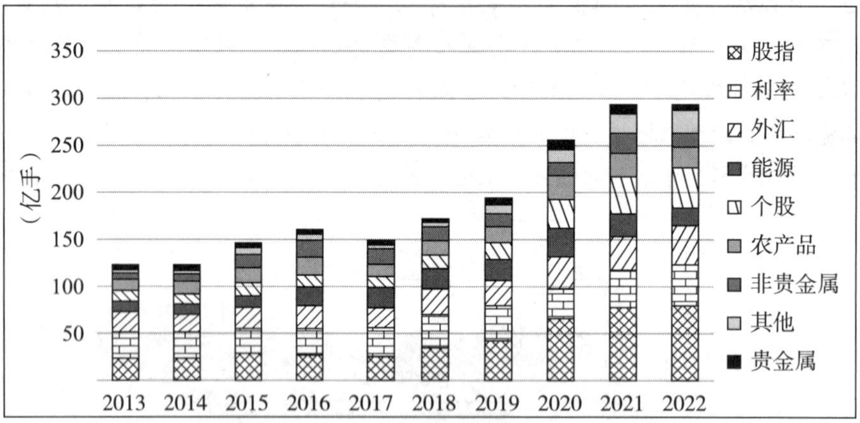

图 2－5　2013—2022 年全球期货市场的成交规模

资料来源：国际期货业协会；新兴市场发力及期权引领助推成交再创新高（上）. 期货日报网，2022－02－08.

但从国际清算银行的统计数据（见图 2－6）可以发现，利率期货的名义本金规模远远高于外汇期货。在 2021 年，利率期货名义本金规模约为 33 万亿美元，而外汇期货的名义本金规模仅约为 0.3 万亿美元。由此可见，外汇衍生产品更多活跃在场外交易市场。

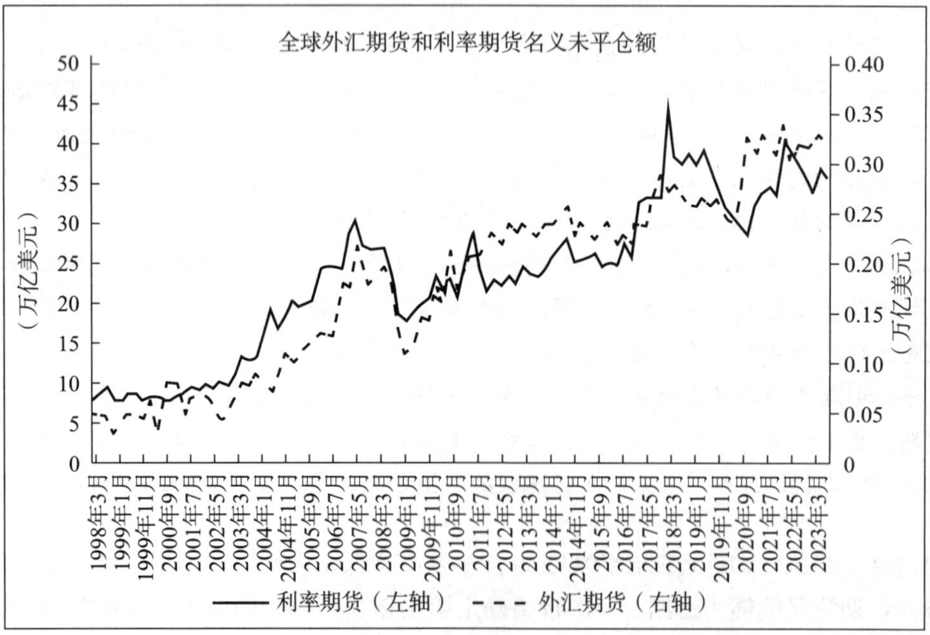

图 2－6　外汇期货和利率期货的全球名义本金规模

资料来源：国际清算银行。

二、互换市场的发展

互换市场的发展起源于背靠背贷款，通过例 2-3 了解互换的发展背景。

【例 2-3】 在 20 世纪 70 年代初，美元危机带来了国际收支的恶化，英国实行了外汇管制并采取了对企业对外投资征税的手段来惩罚资金外流。如果这时候有两家跨国公司，一家本部在英国，另一家本部在美国，而这两家公司分别在对方所在国拥有一家子公司，那么这两家公司势必都会遇到子公司融资的问题。最直接的解决方式就是两家母公司分别向各自的子公司提供贷款，如图 2-7 所示。

美国母公司向它在英国的子公司提供贷款，英国母公司向它在美国的子公司提供贷款。在这种情况下，美国母公司需要将经营收入中的美元兑换成英镑提供给在英国的子公司，而英国母公司也需要将英镑兑换成美元提供给在美国的子公司。此时会存在一个外汇兑换问题，这种外汇兑换在外汇管制的时代通常成本比较高，甚至无法执行。为了解决这种情况就产生了平行贷款，具体见图 2-8。

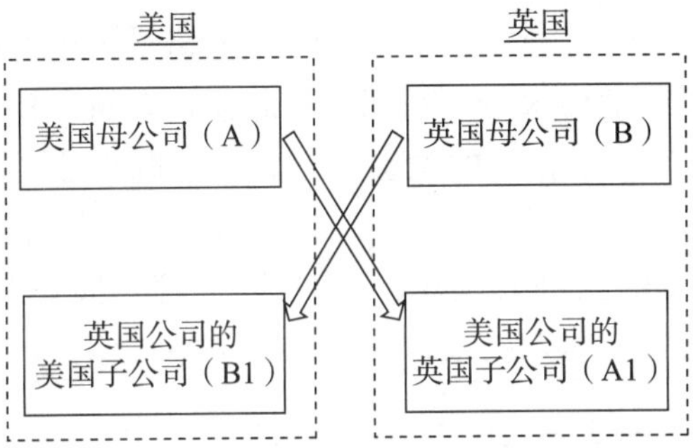

图 2-7　母公司分别向各自的子公司提供贷款

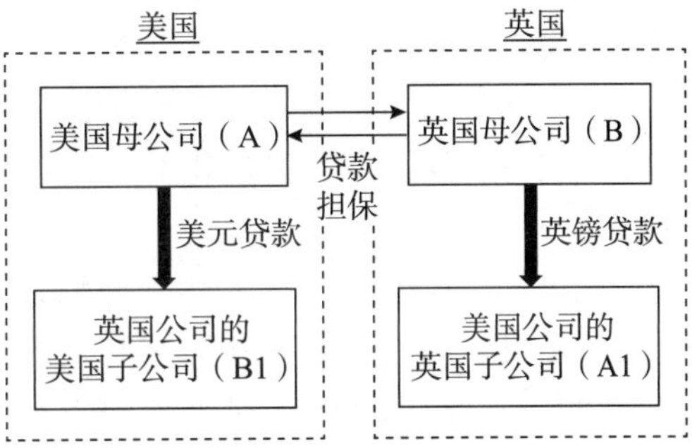

图 2-8　平行贷款

所谓平行贷款是指美国母公司和英国母公司签订协议，通过协议进行贷款的担保。在贷款方面，由英国母公司向美国母公司在英国的子公司提供英镑贷款，而美国母公司向英国母公司在美国的子公司提供美元贷款。可以看到，这种平行贷款避免了外汇兑换，同时美国子公司和英国子公司都获得了相应的融资。

平行贷款和背靠背贷款有何不同呢？在平行贷款中，两个国家的母公司各自向对方在本国境内的子公司提供等值的本币贷款，此时会涉及两个独立的具有法律效力的贷款合同。因此，即使其中一份合同违约，另一份合同也需要继续执行，两份合同之间缺乏制衡作用。如在例 2-3 中，如果美国母公司违约，不给英国母公司在美国的子公司提供贷款，英国母公司仍然需要继续履约向美国母公司在英国的子公司提供贷款，这明显会存在资金提供的不确定性。

在这种情况下就出现了背靠背贷款。背靠背贷款是指母公司双方达成同一份贷款协议，现金流的支付方式与平行贷款类似，其中规定了如果一方违约导致另一方遭受损失，则另一方有权不偿还贷款债务来弥补这种违约带来的损失。背靠背贷款降低了单边违约带来的未来资金支付的不确定性，此时的合约更接近常规意义上的互换产品。

真正意义上的互换产品产生于 1981 年，由 IBM 公司与世界银行签署了世界上第一笔货币互换合约，具体如图 2-9 所示。

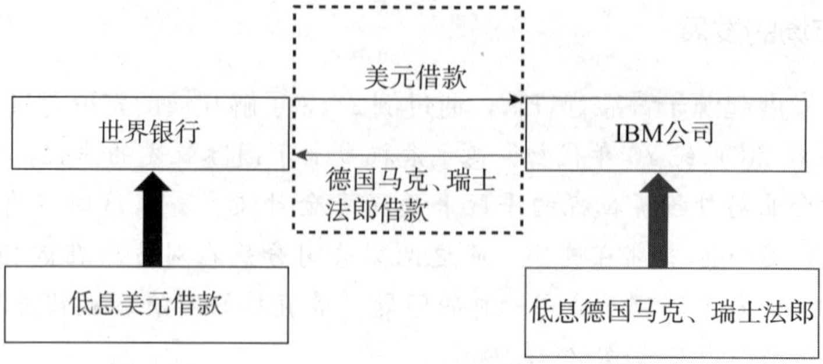

图 2-9　IBM 公司与世界银行签署的互换合约

当时世界银行借助其在欧洲美元市场的优势，可以低息获得美元的借款，但是需要德国马克和瑞士法郎。而 IBM 公司通过发债获得了低息的德国马克和瑞士法郎，但是在经营过程中需要将其转换成美元。

在这种情况下，由所罗门兄弟作为中介，世界银行和 IBM 公司签订了货币互换合约，世界银行将自己低息筹得的美元借款通过互换转移给 IBM 公司，而 IBM 公司将自己通过发债所获得的德国马克和瑞士法郎通过互换转移给世界银行。在期末的时候二者再互换本金。通过这种互换，世界银行和 IBM 公司不但满足了各自的融资需求，而且降低了融资成本。

由此可见，通过互换可以解决外汇管制带来的投融资困难，同时还可以降低融资成本。互换还可以促进一国货币在全球的流通，比如中国人民银行与其他国家签订的人民币本币双边互换合约就能够达到这一目的。

同远期合约类似，互换合约的形式也较为灵活，在场外市场进行交易，常见的有利率互换和货币互换。图 2-10 展示的是 1998 年 6 月—2023 年 6 月，货币互换与利率互换的未平仓名义本金。可以看到两种合约的规模自 1998 年以来有了较大幅度的增长，其中货币互换从 2.32 万亿美元增加至 34 万亿美元，利率互换由 32.94 万亿美元增长至 465.91 万亿美元。

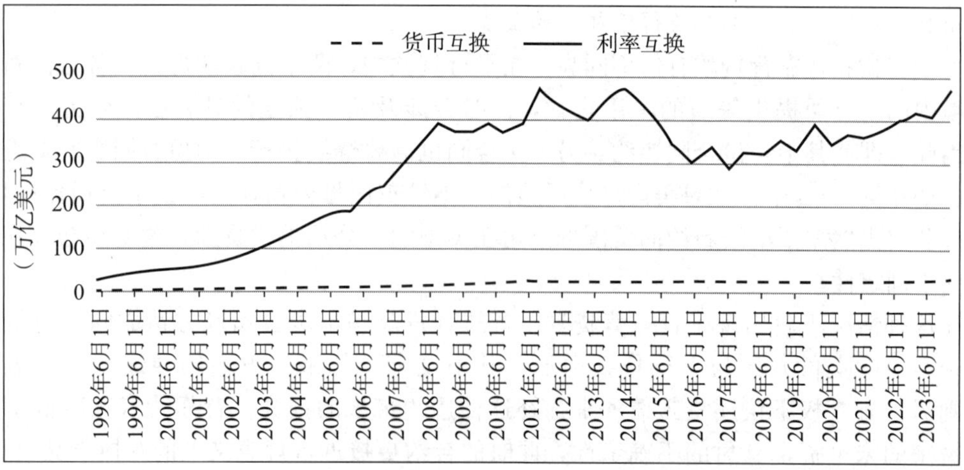

图 2-10　货币互换与利率互换的未平仓名义本金

资料来源：国际清算银行。

三、期权市场的发展

1. 荷兰郁金香事件

期权市场的发展有着更为漫长和曲折的历史，最早的期权交易出现在17世纪的荷兰郁金香市场。郁金香在荷兰是贵族的象征，由于市场炒作，郁金香的价格波动巨大。这种波动风险无法用远期合约来规避，因为远期合约中规定了协议价格，例如协议价格为每束花10元，那么无论未来现货市场的价格高于10元还是低于10元，批发商都需要向种植商支付10元来购买郁金香。若未来市场的价格跌幅较大，例如跌到了每束花5元，则批发商仍须支付10元来购买郁金香，然后以5元的价格在现货市场销售，从而承担巨额损失。

为了降低风险，许多批发商从种植商那里购买看涨期权来锁定未来购买郁金香的最高价格。通过期权，如果郁金香的价格上涨，批发商就可以用合约价格购买；如果郁金香的价格下跌，批发商就可以以更低的市场价格购买。

如果未来郁金香价格上涨，批发商通过执行期权就可以以固定的价格购买，再通过出售现货获得更高的收益；而如果未来价格下跌，则批发商只需要支付期权费成本，他仍然可以在市场上以更低的价格购买郁金香。由此看到，期权可以在价格上涨时进行风险规避，同时在价格下跌时节约成本。

随着价格飞速上涨，平民百姓都开始变卖他们的全部财产炒作郁金香。由于价格的稳定上涨，卖出看跌期权可以获得稳定的期权费收益，所以大批投机者开始进行卖出看跌期权的交易，期望在价格上涨时获得期权费收益。

在1637年初，郁金香的价格相比1636年时总涨幅高达5 900%！一株名贵的郁金香售价达到了6 700荷兰盾，当时荷兰人平均年收入只有150荷兰盾。但是1637年2月之后，荷兰经济开始衰退，2月4日郁金香市场突然崩溃，周跌幅达到了90%。这使得看跌期权的卖方大量违约，因为卖方必须以高昂的合约价格购买合约所规定数量的郁金香。针对这种情况，在1637年4月，荷兰政府决定终止所有的期权合约来禁止这种投机式郁金香交易，也彻底击破了这次空前的经济泡沫。

2. 期权的艰难发展历程

郁金香事件造成了非常严峻的后果。违约事件严重损害了期权的形象，进而导致在100多年后的伦敦，法律依然禁止期权的买卖。18世纪末美国出现了场外的股票期权交易，但是直到20世纪，由于期权价值评估的复杂性，期权市场仍然是缺乏监管的。所以在1929年股灾之后，美国证券交易委员会（SEC）建议国会取缔期权的买卖，原因是“由于无法区分好的期权同坏的期权，为了方便起见，我们只能把它全部予以禁止”。

针对这种情况，美国的期权经纪商和自营商协会邀请了经验丰富的期权经纪人菲勒尔（Feller）先生到国会作证。在辩论中SEC的成员们说：“如果只有12.5%的期权履约，那么，其他87.5%购买了期权的人不就相当于扔掉了他们的钱吗?”菲勒尔举出一个例子，他说：“如果你为你的房子买了火灾保险而房子并没有着火，你会说你浪费了你的保险费吗?”由此可以看到，购买期权类似于进行价格保险。通过激烈的辩论，菲勒尔成功说服了SEC，使得在加强监管的前提下，美国的期权业得以继续存在和发展。

即使如此，由于期权估值的复杂性，直到1973年期权定价模型的推出，芝加哥期权交易所才得以成立，期权才被引入场内，开始了有组织的场内股票期权的交易。而商品期权在19世纪曾经进入过芝加哥商品交易所，但在1921年被停止，直到1984年才重新恢复交易。

3. 期权市场的发展现状

与其他三类合约不同，期权合约在交易所及场外市场的交易都很活跃。图2-11展示了2013—2022年全球场内期权合约成交规模，图2-12则展示了1998年6月—2023年5月全球场外期权合约未平仓名义本金的情况。可以发现，金融期权仍然在场内占据了90%以上的市场份额，而在场外，利率期权居于主导地位，在2008年达到最大值67万亿美元。

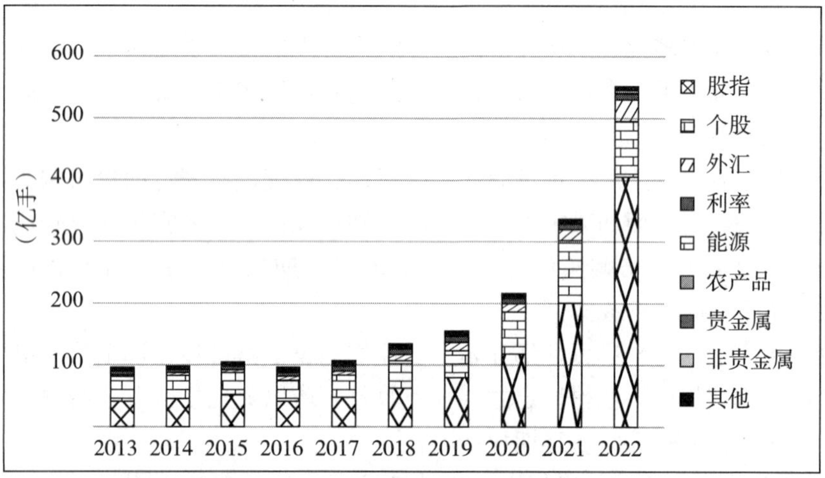

图2-11　场内期权合约成交规模

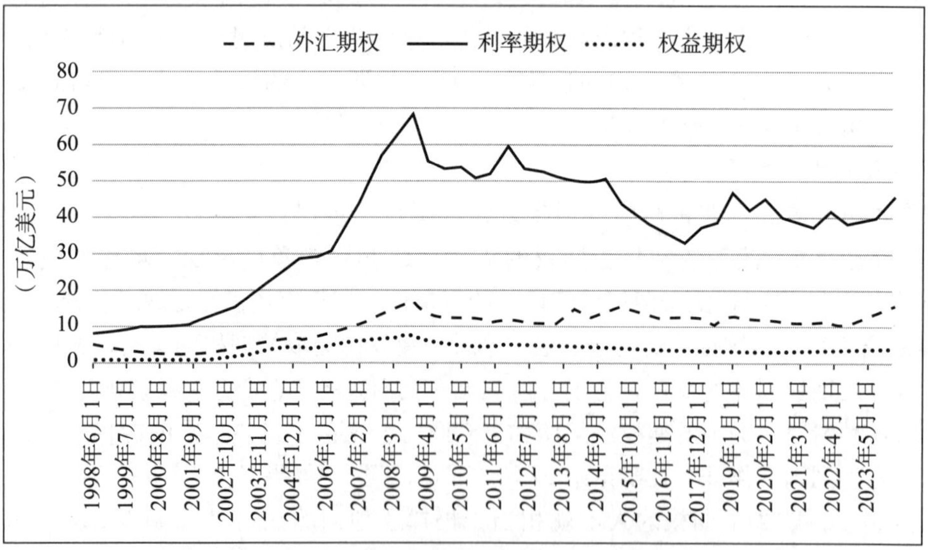

图2-12　全球场外期权合约未平仓名义本金

从远期、期货、互换以及期权的发展历史可以看到：衍生产品的诞生确实完全出于实际风险管理的需求，但是衍生产品又是一把双刃剑，过度投机会增加动荡甚至会毁灭市场，比如郁金香事件的例子。水能载舟，亦能覆舟，我们需要正确地认识衍生产品，合理地利用衍生产品，才能够使衍生产品成为管理风险的有效途径。

第三节　中国衍生产品市场发展

中国的衍生产品市场发展同样是基于风险管理的需求，是伴随着经济全球化带来的经济环境不确定性的增加，我国利率、汇率市场化进程加快带来的市场风险增加，以及我国金融市场开放带来的价格风险和信用风险加剧而逐步发展和繁荣起来的。

一、中国的风险管理需求

（一）利率变化

首先看我国的利率变化，图 2－13 展示了我国 2013—2022 年隔夜 SHIBOR 的波动行情。

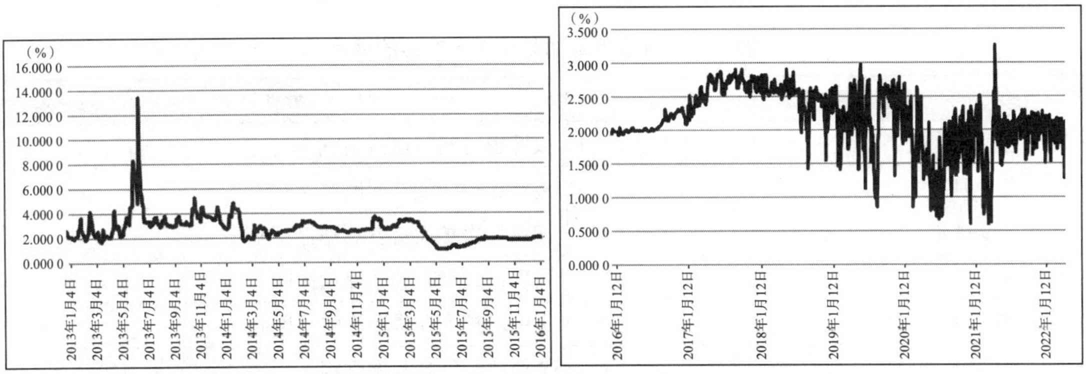

图 2－13　我国 2013—2022 年隔夜 SHIBOR 的波动行情

资料来源：Wind 资讯终端。

从图 2－13 中很明显地能够看到，在 2013 年的 5—6 月有一条异军突起的线。这条线就是因为当时银行间市场资金紧张，流动性枯竭带来了利率水平的飙升，此时银行与银行之间拆借一晚的利率水平在年化的情况下达到了将近 14%。而 2016—2022 年的隔夜 SHIBOR 虽然没有那么大的涨跌幅度，但很明显从 2018 年后半年至 2022 年初，利率每一天的波动剧烈程度有明显的增加，尤其 2021 年初，利率从 1 月 6 日的 0.616 0%上涨到 1 月 29 日的 3.29%，上涨了超过 400%。

另外，观察我国的定期存款利率的调整频率。如图 2－14 所示，我国一年期定期存款利率在 2006 年之前的变动频率很低，在 1999—2006 年总共调整了 3 次，但自 2006 年起，我国股市进入了一个牛市通道，为抑制股票市场过热，以一年期定期存款利率为代表的利率水平在 2006—2007 年连续做了 7 次调整，之后随着次贷危机、房地产市场过热等市场环境变化也进行了一系列调整，调整频率明显高于历史同期。这都体现了我国利率风险的增加。

为何 2015 年 6 月之后，定期存款利率不再公布了呢？这要从我国的利率市场化政策说起，表 2－5 汇总了我国利率市场化政策变动的进程。

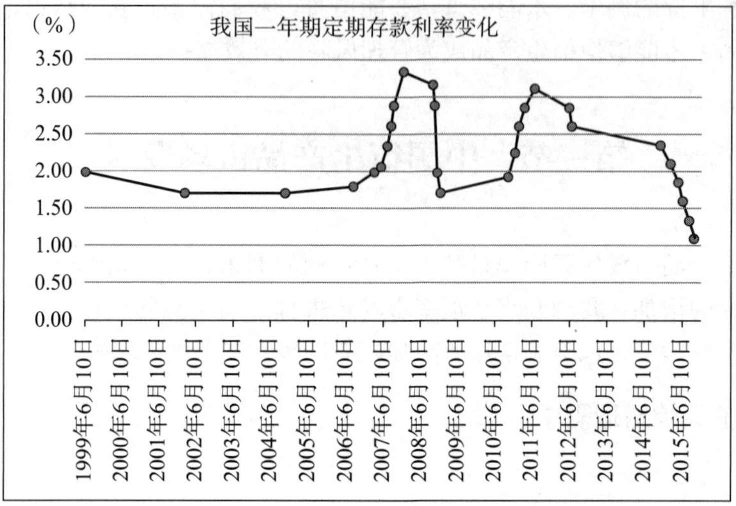

图 2-14　1999—2015 年我国一年期定期存款利率

资料来源：Wind 资讯终端。

表 2-5　我国利率市场化政策变动的进程

时间	事件
1996 年 6 月 1 日	放开银行间同业拆借利率
1997 年 6 月	放开银行间债券回购利率
1998—1999 年	连续三次扩大贷款利率浮动幅度
2004 年 1 月 1 日	再次扩大贷款利率浮动区间
2012 年 6 月	进一步扩大存贷利率浮动区间
2013 年 7 月 20 日	全面放开贷款利率管制
2014 年 11 月 22 日	存款利率浮动上限调整为 1.2 倍
2015 年 3 月 1 日	存款利率浮动上限调整为 1.3 倍
2015 年 5 月	存款利率浮动上限调整为 1.5 倍
2015 年 10 月 24 日	取消存款利率浮动上限

由表 2-5 可以看出，利率变动频率的增加与我国利率市场化政策变动的进程基本上是一致的。我国的利率市场化从 1996 年 6 月 1 日放开银行间同业拆借利率开始一直到 2015 年 10 月 24 日取消存款利率浮动上限，基本上在政策层面上完成了利率市场化进程。由于取消了对存款利率、贷款利率的限制，在 2015 年 10 月之后，就不再以存贷款基准利率变动作为货币政策传导信号了。

利率市场化对于以息差作为主要收入来源的银行有什么影响呢？由于利率市场化，银行的存贷款利率会通过市场的供需形成。银行为了吸储势必会提高存款利率，而为了吸引贷款客户势必会降低贷款利率，由此带来存贷利差的缩窄。存贷利差的缩窄会降低银行传统业务的利润。

这一点我们可以通过一些新闻报道看出端倪。2015 年 3 月 27 日，五大国有银行发布了 2014 年年报。年报显示：中国农业银行、中国银行的利润增速在 8%左右，中国建设银行的利润增速为 6.14%，而中国工商银行的利润增速只有 5.1%，相比其在 2013 年的利润水平基本上达到了“腰斩”。对于“腰斩”的原因，中国工商银行认为利率市场化是导致增速下滑的三个主要原因之一。

(二) 汇率变化

同样，通过图 2-15 显示的 2005—2023 年美元兑人民币的汇率变化可以看到 2005—2014 年人民币兑美元基本上属于单边升值通道，但这一趋势在 2014 年被打破了，2014 年之后的汇率变动更接近股市的波动图形，存在更大的不确定性。

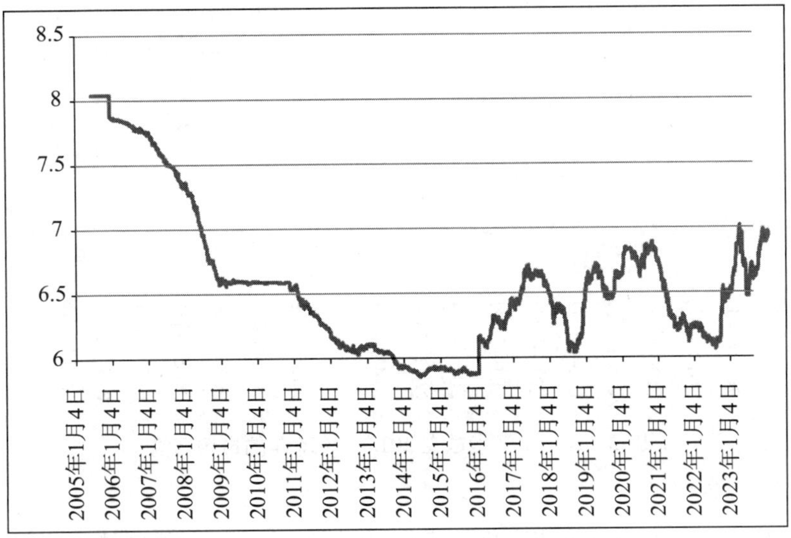

图 2-15　2005—2023 年美元兑人民币汇率（中间价）

资料来源：Wind 资讯终端。

这是因为，在 2005 年之前我国是盯住美元的固定汇率制度，而在 2005 年之后转变为参考一篮子货币的浮动汇率制度，开始了人民币汇率的市场化进程，也增加了汇率变动的不确定性。

汇率的变动对进出口企业的影响非常大。2013 年 5 月 17 日，中国经济网的一篇报道指出汇率的频繁变动对出口企业的影响很大。① 这种负面影响主要体现在：“有单不敢接”的现象更为突出，出口的订单多为短单多批，这种方式不利于企业的长期运营；企业出口的利润空间进一步缩小，其中 77.5%的企业在 2013 年前 4 个月的利润出现了明显的下滑；有一些中小企业表示经营难以为继，当时很多纺织企业倒闭也跟汇率的变动有关。

2018 年的一篇报道指出受人民币走弱和高油价的影响，摩根士丹利下调了中国三大航空公司的价格目标。② 机构研报显示，因为人民币的贬值，中国三大航空公司第三季度的利润都可能计入超过 20 亿元的净财务成本，也就是说，其利润会下降 16%～33%。

(三) 价格变化

价格变化既有商品的价格变化，也有金融资产的价格变化。金融资产以股票为例，2013—2015 年我国的股票市场从“熊冠全球”到“雄冠全球”，进行了再循环。2013 年全球股市整体上涨 21.3%，而我国股市跌幅达到 7%；而在 2014 年，我国股市涨幅达到

① 人民币汇率屡创新高　出口企业“有单不敢接”. 中国经济网，2013-05-17.

② 摩根士丹利：下调中国三大航空公司目标价，因油价上涨及人民币走弱 . 东方财富网，2018-10-16.

52%，排名全球第二；2015 年，我国股市的涨幅最高达到 154%，但在 2015 年 6 月之后，我国股市产生了异动，单日最大跌幅达到了 9.41%，超过了在 2007—2008 年全球金融危机期间我国的股市最大跌幅，创造了 2 000 股跌停的惨烈场景。由此可见我国股市价格变化的剧烈性（见图 2-16）。

图 2-16　上证指数在 2013—2016 年的市场行情

资料来源：Wind 资讯终端。

近期最有代表性的商品的价格变化是 2020 年的原油价格为负事件。美国时间 2020 年 4 月 20 日，芝加哥商品交易所集团旗下的纽约商品交易所 5 月交割的轻质原油期货合约（简称“WTI 原油期货”）结算价较前日下跌 55.90 美元/桶，为−37.63 美元/桶，跌幅达 305.97%，盘中最低达−40.32 美元/桶（见图 2-17），这是 WTI 原油期货历史上首次出现负价格，也是 1946 年美国有原油期货交易数据以来的最低值。

图 2-17　WTI 原油期货结算价行情

资料来源：Wind 资讯终端。

中国银行的“原油宝”产品由于当时未能及时平仓，承担了这一异常波动带来的巨额亏损。一位投资“原油宝”的客户晒出的结算单显示，由于其持有 2 万手 WTI2005 合约的“原油宝”产品，经此异动，其不但亏损了 380 余万元的保证金，还需要追加 500 多万元的保证金，累计亏损达 900 多万元。这一异动为客户带来的亏损也使得中国银行产生了大量诉讼纠纷。最后中国银行承担了所有负油价亏损，并赔偿客户 20%的本金，同时被中国银行保险监督管理委员会（简称“中国银保监会”）罚款 5 000 多万元。

（四）债券价格风险加剧

我国市场上债券违约的现象频频出现，从图 2-18 看到 2014 年之后违约债券的数量逐年攀升。2016 年全年违约 90 只债券；2018 年达到了 133 只，涉及违约主体 52 个，违约总金额高达 1 067.05 亿元，同比增长 161%；2019 年违约数量达到 196 只。同时还可以看到，不但违约债券的数量在增加，违约的金额也在逐年增加。单只债券的平均违约金额从 2014 年的 1.72 亿元持续增长到 2022 年的 11.14 亿元，说明原高评级的违约债券可能在增加。

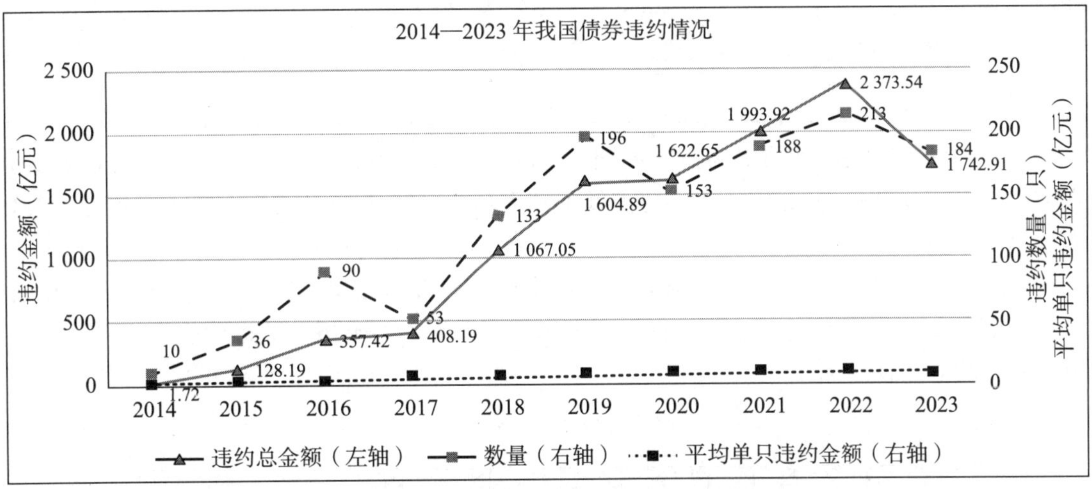

图 2-18　2014—2023 年我国债券违约数量与金额

（五）银行的信用风险变化

除了债券价格风险以外，银行的信用风险也在加剧。中国人民银行、中国银保监会联合发布公告①，鉴于包商银行股份有限公司出现严重的信用风险，为了保护存款人和其他客户的合法权益，中国银保监会决定自 2019 年 5 月 24 日起对包商银行实行接管，接管期限为一年。2021 年 2 月 7 日，北京市第一中级人民法院正式裁定包商银行破产，由这个案例可以看出中小银行的信用风险已经开始显现。这也体现出银行信用风险管理的重要性。

我们必须承认这样一个事实：上述风险无法通过传统的渠道规避，我国已经进入金融衍生产品时代。

二、中国的金融衍生产品发展现状

2005 年尤其是 2010 年以来，我国金融衍生产品市场有了长足的发展。

① 中国人民银行 中国银行保险监督管理委员会关于接管包商银行股份有限公司的公告. 中国人民银行网站，2019-05-24.

（一）利率风险管理工具

如表 2-6 所示，我国利率衍生产品从 2005 年开始推出，首先推出的是债券远期；然后在 2006 年推出利率互换；2007 年推出远期利率协议；2013 年 9 月国债期货作为场内的交易产品重新登上了我国历史舞台；2015 年 4 月为了提升场外远期类利率衍生产品的活跃度，银行间市场开始进行标准化利率衍生产品的交易；2020 年 3 月进一步推出了利率期权。

表 2-6　中国利率衍生产品推出时间表

品种	推出时间
债券远期	2005 年 5 月
利率互换	2006 年 2 月
远期利率协议	2007 年 10 月
国债期货	2013 年 9 月
标准化利率衍生产品	2015 年 4 月
利率期权	2020 年 3 月

具体的利率衍生产品的市场情况如图 2-19 和图 2-20 所示。从图 2-19 可以看到，在 2006 年推出利率互换之后，它迅速占领了利率衍生产品市场，成为市场上的主导品种，而远期利率协议在 2007 年推出后，交易行情一直比较冷清。另外，从利率衍生产品整个市场的交易量（见图 2-20）可以看到，利率衍生产品的市场规模在逐年扩大，从 2005 年的 178 亿元增长到 2023 年的 87.96 万亿元，市场规模上涨了上千倍。这也代表市场对于利率风险管理的需求在增加。

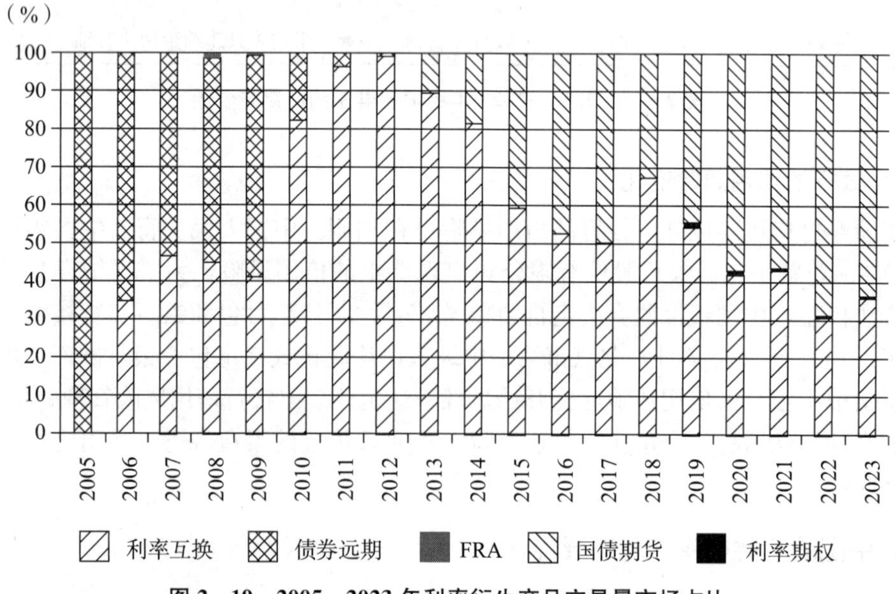

图 2-19　2005—2023 年利率衍生产品交易量市场占比

资料来源：根据《货币政策执行报告》和中国金融期货交易所市场统计整理。

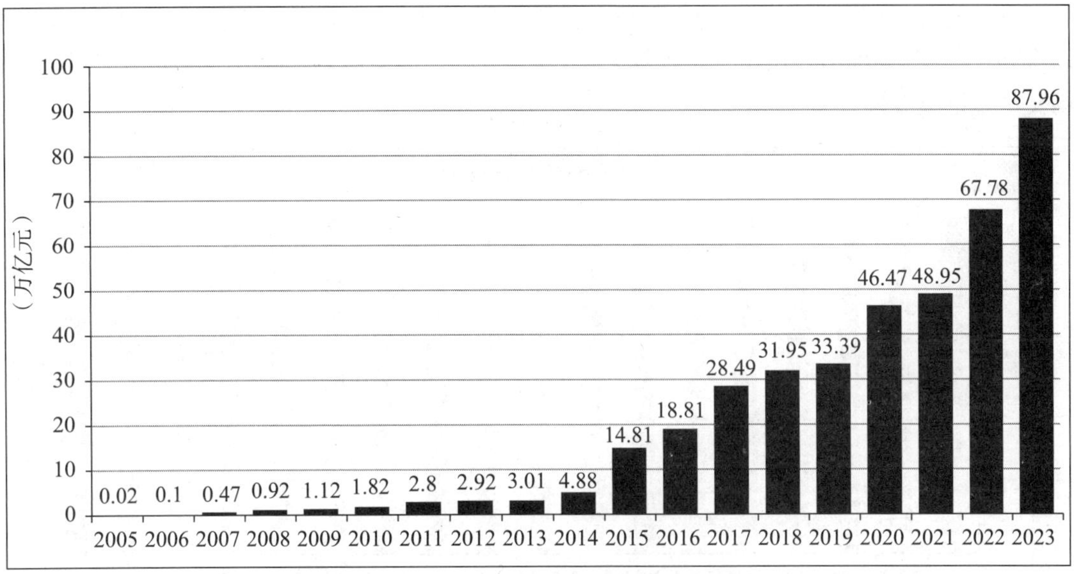

图 2-20　2005—2023 年利率衍生产品交易量

资料来源：根据《货币政策执行报告》和中国金融期货交易所市场统计整理。

利率期权的交易情况如表 2-7 所示，其在 2020—2023 年分别累计成交 907.5 亿元、756.2 亿元、718 亿元、1 606.8 亿元，交易标的也从贷款市场报价利率（LPR）扩展为 LPR 和银行间回购定盘利率（FDR）两个品种。

表 2-7　利率期权的交易情况

年份	2020	2021	2022	2023
交易标的	LPR	LPR，FDR	LPR，FDR	LPR
总交易笔数	484	390	525	1 007
总交易金额（亿元）	907.5	756.2	718	1 606.8
利率互换期权交易金额（亿元）	143.5	15.6	17	20
利率上/下限交易金额（亿元）	764	740.6	701	1 586.8

（二）汇率风险管理工具

我国的外汇衍生产品是在 2005 年汇率改革之后逐步推出的。首先推出的是外汇远期；我国在 2006 年推出了人民币外汇掉期；2007 年推出了人民币外汇货币掉期即货币互换；2011 年在银行间市场推出人民币外汇期权，同年 12 月又推出人民币外汇组合期权，这也是我国首推的一种将几只期权组合在一起进行交易的期权产品（见表 2-8）。

表 2-8　中国外汇衍生产品推出时间表

品种	推出时间
外汇远期	2005 年 8 月
人民币外汇掉期	2006 年
人民币外汇货币掉期	2007 年 12 月
人民币外汇期权	2011 年 2 月
人民币外汇组合期权	2011 年 12 月

具体的各个产品在市场上的交易量占比和交易量的增长如图2-21、图2-22所示。可以看到从2006年推出人民币外汇掉期之后，该产品同样迅速占领了市场，而外汇远期的市场交易量继续萎缩。

图2-21　2006—2023年人民币外汇衍生产品的交易量占比

资料来源：《货币政策执行报告》。

注：图中的外汇掉期包括人民币外汇掉期和人民币外汇货币掉期。由于中国人民银行的《货币政策执行报告》将二者汇总在一起，因此，2006年的数据只有人民币外汇掉期，2007年及之后的外汇掉期数据就包括人民币外汇掉期和人民币外汇货币掉期，可以将2006年的人民币外汇货币掉期规模看作0。

图2-22说明2006—2023年，我国外汇衍生产品市场的规模扩大了上百倍，体现了市场对外汇风险管理工具的需求增加。

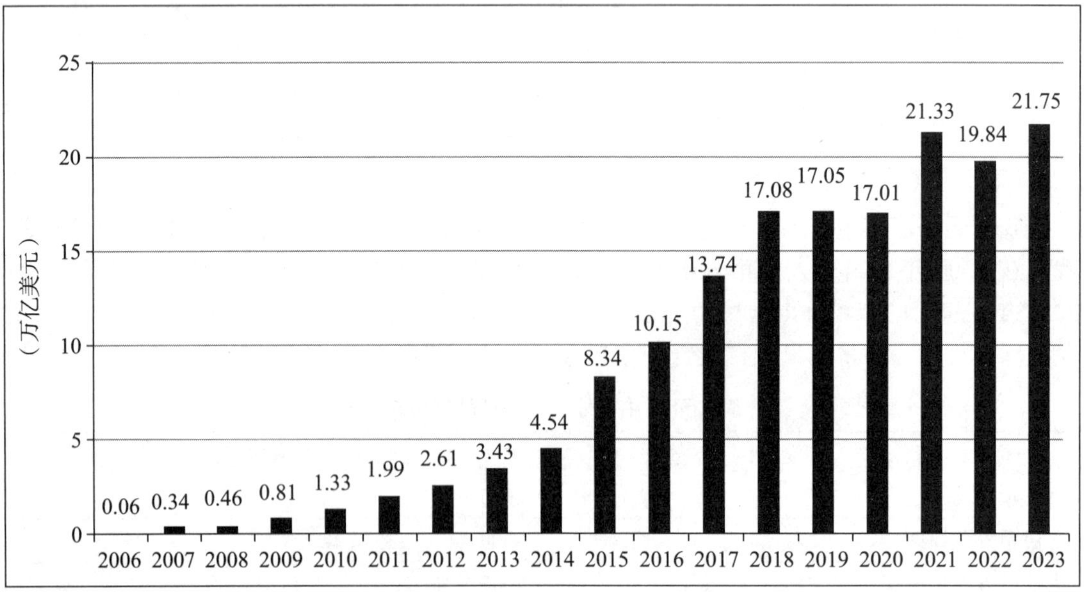

图2-22　2006—2023年中国外汇衍生产品交易量

资料来源：《货币政策执行报告》。

（三）价格风险管理工具

在价格风险管理工具方面，我国已经推出远期、期货、互换和期权全系列衍生产品。

在期货的层面上分为商品期货和金融期货。商品期货是以具体的商品为标的的期货品种。截至 2023 年 12 月，我国在上海期货交易所、大连商品交易所、郑州商品交易所以及广州期货交易所共推出 72 个品种的商品期货，其中在上海期货交易所主要交易的是能源和金属的期货品种，而在大连和郑州商品交易所主要交易的是农产品和化工产品，广州期货交易所于 2021 年 1 月批准设立，目前已经推出工业硅、碳酸锂两个期货品种。值得一提的是我国在 2018 年 3 月推出了以人民币计价的原油期货，体现了我国对于战略资源定价权的重视。而郑州商品交易所推出的苹果期货也是全球首个鲜果品种期货。商品期货市场的发展展示了商品的金融化趋势。

拓展阅读

我国已上市的期货品种

另外，我国的金融期货都是在中国金融期货交易所进行交易的。在股指期货方面，我国在 2010 年 4 月首次推出沪深 300 股指期货，2015 年 4 月又推出上证 50 股指期货和中证 500 股指期货，2022 年 7 月推出中证 1 000 股指期货。这样，我们的大盘股组合和中小盘股组合都有了风险管理工具。在国债期货方面，我国在 2013 年 9 月首先推出 5 年期国债期货，2015 年 3 月推出 10 年期国债期货，2018 年 8 月推出 2 年期国债期货，2023 年 4 月推出 30 年期国债期货。2 年期国债期货体现了短期的利率风险变动，5 年期国债期货体现了中期的利率风险变动，10 年期和 30 年期国债期货则体现了长期的利率风险变动。所以我国短中长期的利率风险都存在相应的风险管理工具。

在四种衍生产品中很重要也较复杂的一个工具就是期权。期权在我国推出较晚。2015 年 2 月 9 日在上海证券交易所上市的 50ETF 期权是我国历史上首个在交易所内上市的期权产品。因此 50ETF 期权的上市在我国金融衍生产品的发展史上具有里程碑式的意义。之后我国开始大力推出商品期权，截至 2023 年 12 月，我国已经推出了 40 个商品期权品种，而金融期权只有 12 个品种。金融期权不但涵盖了所有股指期货标的，还增加了创业板 ETF 期权，而商品期权产品趋于具备产业链的完整性，如在油脂油料方面有大豆、豆粕、豆油、棕榈油、菜籽油，既包括豆类上下游全品种，又包括食用油全部基本油品。而 2020 年大商所 LPG 期货和期权，2023 年郑商所烧碱、对二甲苯期货和期权，以及上交所丁二烯橡胶期货和期权都在同一日上市也意味着期货和期权组合进行商品风险管理的时代已经到来。

拓展阅读

我国上市的场内商品期权和金融期权品种

除了场内期权之外，我国更多的期权品种其实是在场外，我国于 2014 年就开始探索场外期权市场，目前所有的商品期货、个股、股指的期权产品都是可以在场外进行协商交易的。从图 2-23 中可以看到，截至 2023 年 8 月，证券公司场外期权名义本金存量总规模已超过 1.39 万亿元，风险子公司场外期权存续规模达 3 400 多亿元。

还有一个价格风险管理工具就是互换。商品互换于 2018 年 12 月在大商所推出，股权互换则可以追溯到 2014 年。从图 2-23 可以看到，股权互换规模一度超过场外期权，截至 2023 年 8 月，股权互换达到 9 000 多亿元，而商品互换的存量规模达到 900 多亿元。

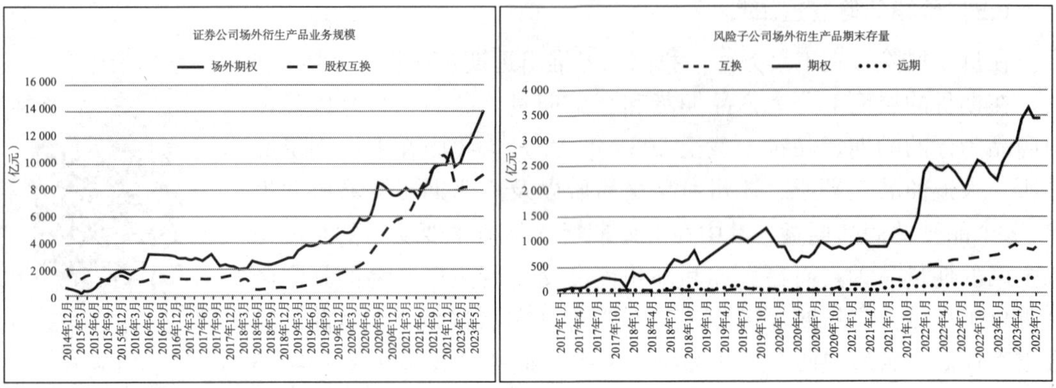

图 2－23　我国场外衍生产品市场规模统计

资料来源：Wind 资讯终端。

注：来源中缺少 2022 年关于业务规模的数据，但不影响分析。

（四）信用风险管理工具

我国信用风险管理工具在 2010 年首次推出，当时的产品包括信用风险缓释合约（CRMA）和信用风险缓释凭证（CRMW），也被称为第一版中国信用违约互换，这一版的产品是以某个债务作为标的来发行的。

真正意义上和全球接轨的信用衍生产品——信用违约互换在 2016 年 9 月上市，同时推出的还有信用联结票据（CLN）。表 2－9 给出了 CRMW 和 CDS 截至 2023 年的交易情况。

表 2－9　我国信用衍生产品的交易情况

	CRMW 交易情况		CDS 交易情况
年份	数量	实际发行金额（亿元）	成交金额（亿元）
2010	8	6.9	—
2011	1	0.5	—
2016	1	8	3
2017	0	0	7
2018	54	63.55	19
2019	108	126	2.8
2020	93	112.63	12
2021	181	248.28	17.4
2022	239	279	24
2023	249	347	25

资料来源：Wind 资讯终端，中国人民银行网站。

当然，除了这两个工具以外，我国从 2015 年允许民资投资银行之后就推出了存款保险制度，《存款保险条例》开始实施，为客户在银行中的存款提供保护，防止银行破产导致客户受损。这个条例在包商银行破产案件中得到体现。2020 年 4 月 30 日，存款保险基金向蒙商银行、徽商银行提供资金支持，并分担原包商银行的资产减值损失，促成蒙商银行、徽商银行顺利收购承接相关业务并平稳运行。

还有一种方式是资产证券化（ABS），通过资产证券化，企业可以提高固定资产的流动性。比如说航空公司要买飞机，此时，航空公司可以以飞机作为资产池发行债券，这种债券就是资产证券化的产品。通过发行债券，航空公司就能提前回收购买飞机的资金，未来的偿本付息就通过飞机在实际运营中产生的收入进行兑付，因此资产证券化可以提高固定资产的流动性。当然，万一飞机失事，债券的损失可能需要由资产证券化的持有者承担，因此它有一定的剥离信用风险的作用。资产证券化如果是企业发行的，则称为企业 ABS，如果是银行等信贷机构发行的，则称为 CLO，二者都是资产证券化的产品。资产证券化之后，有一部分产品的信用级别不是特别高，这时还可以通过再证券化的方式进一步管理信用风险。

如图 2－24 所示，截至 2023 年，我国资产证券化产品存续量为 2 993 项，其中 CLO 有 588 项，共 0.83 万亿元，企业 ABS 有 2 405 项，共 1.989 万亿元，资产支持票据（ABN）有 677 项，共 0.53 万亿元。

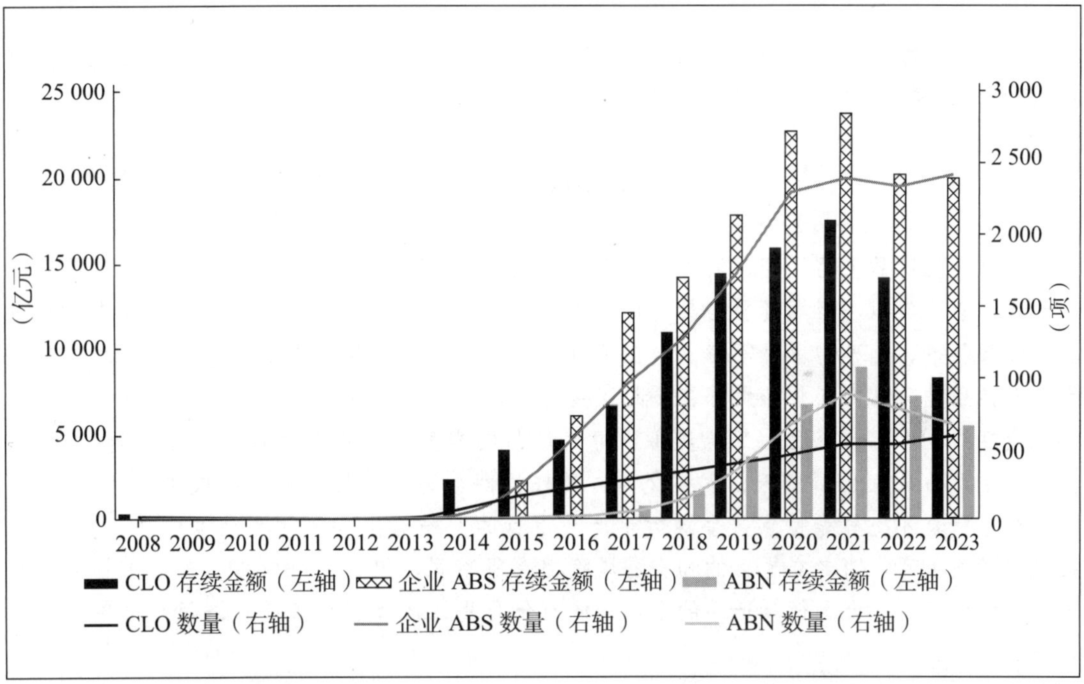

图 2－24 2008—2023 年资产证券化与资产支持票据存续情况

资料来源：Wind 资讯终端。

通过这个时序图可以看到，企业 ABS 的发行数量从 2015 年开始超过 CLO，规模逐渐扩大。至于资产证券化的抵押资产通常会是什么呢？我们可通过图 2－25 观察得到。

图 2－25 的左图表明 CLO 的抵押资产包括个人汽车贷款、企业贷款以及个人住房抵押贷款等，其中个人住房抵押贷款是 CLO 主要的一种抵押资产，所以通过资产证券化方式，银行可以提前收回个人住房抵押贷款（即按揭贷款）。右图是企业 ABS 的抵押资产占比情况，其中占比较大的是应收账款、商业房地产抵押贷款、租赁资产等。这说明企业和机构通过资产证券化既可以提前回笼资金，提升资产流动性，又可以达到转移信用风险的效果。

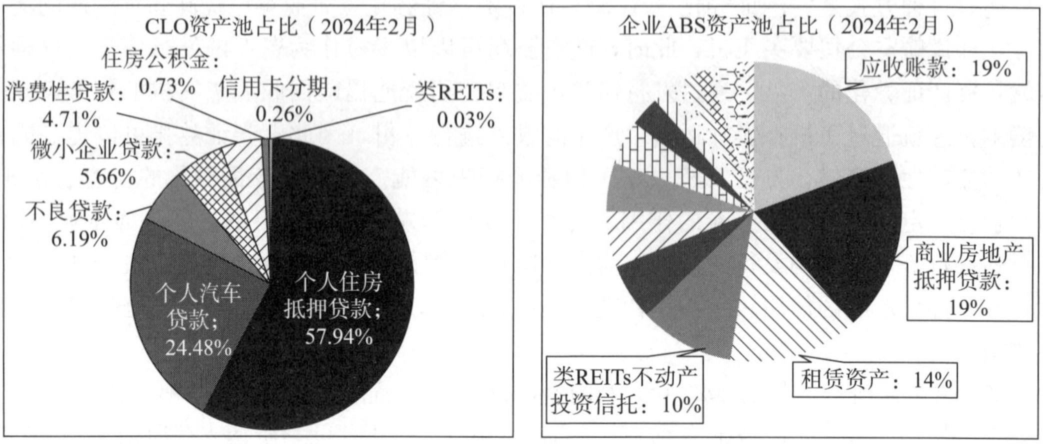

图 2－25　CLO 与企业 ABS 抵押资产占比情况

资料来源：Wind 资讯终端。

随着我国金融市场创新步伐的加快，相信会有更多的金融产品推出，以满足企业、金融机构以及个体投资者多元化的风险管理需求。

本章小结

金融衍生产品包括远期、期货、互换和期权四个基本类型，其中远期和期货虽然在合约形式上有所类似，但期货合约具有标准化特征，由交易所保证执行，具有需要支付保证金、逐日盯市、无违约风险等特点，在学习中应注意区分。在以上四个基本类型之外存在大量变异品种，其内涵和外延都在不断发展变化，使得对金融衍生产品的定义成了一件具有挑战性的事。与传统金融工具类似，衍生产品的交易市场也分为场外市场和场内市场。金融衍生产品具有远期交易、零和交易、高杠杆性与高风险性、低交易成本、可交易性、无发行方、表外交易等特点。金融衍生产品市场的交易者主要分为套期保值者、套利者、投机者和做市商，四者交易目的和交易风险都有所不同，但都是金融衍生产品市场中不可或缺的构成部分。金融衍生产品的市场功能有优化资源配置、风险管理与风险配置、价格发现等。

我国金融衍生产品市场的发展起步较晚，但近年来有了非常迅猛的增长，金融衍生产品可以有效增加金融市场的宽度和深度，同时促进资本形成。然而，国内相当一部分投资者对衍生产品缺乏正确的认识，对其交易规则、风险性没有足够了解。例如 2020 年 4 月发生的“原油宝”事件，恰恰体现了投资者相关知识的匮乏。这说明除了大力发展金融衍生产品市场，也不能忽视投资者的教育问题。

本章术语

金融衍生产品　远期　期货　互换　期权　结构化产品　资产证券化　价格发现　套期保值者
套利者　投机者　做市商　场内市场　场外市场　杠杆性　远期交易　零和交易

扩展阅读

思考题

一、名词解释

1. 金融衍生产品
2. 远期合约
3. 期货
4. 互换
5. 期权

二、问答题

1. 阐述远期合约的含义和特征。
2. 金融衍生产品市场的参与者可以分为哪几类？分别有什么特点？
3. 场外市场和场内市场的区别是什么？

三、讨论题

1. 结合我国衍生产品市场中各种利率衍生产品的市场占比数据（参考图 2－19），思考下列问题：

为何利率互换上市之后能够迅速替代债券远期，占据利率衍生产品的主导地位？为何远期利率协议上市后一直缺乏交易活跃度，难以受到投资者欢迎？

2. 市场实践，查找：

大连商品交易所网站（http://www.dce.com.cn/）；
郑州商品交易所网站（http://www.czce.com.cn/）；
上海期货交易所网站（http://www.shfe.com.cn/）；
广州期货交易所网站（http://www.gfex.com.cn/）；
中国金融期货交易所网站（http://www.cffex.com.cn/）；
上海证券交易所网站（http://www.sse.com.cn/）；
深圳证券交易所网站（http://www.szse.cn/）。

了解截至目前（这是一个动态的时间，视讨论时点变动而变动），我国已经推出了哪些商品期货品种、哪些金融期货品种、哪些场内交易期权品种。

第三章

远期合约

本章导读

远期合约是最基础的衍生产品，是实体企业在经营中最常用的衍生产品。人们依据交易平台或市场，运用远期合约或远期合约与其他金融衍生产品的组合，进行各种商业活动。本章将介绍远期合约的相关概念和市场机制，以远期利率协议和远期外汇协议为例学习远期合约相关的交割机制及具体应用，同时了解中国远期交易与远期市场的发展与新动向。

学习要求

理解远期合约的定义及相关概念、了解远期合约的种类和市场发展；了解我国远期交易与远期市场的发展和现状；了解远期外汇协议和远期利率协议的产生、定义与相关概念，了解这些合约的特点及应用；理解即期利率与远期利率的关系；掌握远期合约的到期损益分析；掌握远期利率协议的交割额计算。

知识结构图

第一节　远期合约简介

一、远期合约的定义

远期合约是指买卖双方约定在未来某一确定时刻按确定的价格购买或出售某项资产的协议。远期合约是一种特别简单的衍生产品，不在交易所内交易，通常由协议双方协商签订。

二、远期合约的相关概念

远期合约具有金融衍生产品常见的概念如标的资产、交割价格、合约规模、合约期限、多头和空头等。

1. 标的资产

合约中约定买卖的资产通常称为标的资产。标的资产可以是实物资产（如农产品、能源、金属等）、金融资产（如债券、股票、外汇等）、利率、汇率或各种综合价格指数等。

2. 交割价格

远期合约中约定的未来买卖标的资产的价格称为**交割价格**（delivery price），也称为**协**

议价格（strike price）。合约一旦签订，协议价格就确定下来了。

3. 合约规模

远期合约的规模是指合约中约定的可以以协议价格买卖标的资产的数量或金额，如农产品远期合约中的规模一般为买卖农产品的重量，而远期利率协议中的规模一般为合约借贷的名义本金。

4. 合约期限

远期合约的期限是指自合约签订至合约到期的时间。一般商品合约的到期日也是远期合约交割结算的日子，称为**交割日**（settlement date），但有些金融合约，如远期利率协议的交割日与到期日并不相同。远期合约中签约双方根据具体的情形来约定合约的期限，并没有统一的标准。一般情况下，远期合约的期限较短，在一年以内。

5. 多头和空头

在远期合约中，同意在交割日以协议价格买入资产的一方被称为多头（long position），即合约标的资产的买方；同意在交割日以协议价格卖出资产的一方被称为空头（short position），即合约标的资产的卖方。在远期合约到期时，签订远期合约的双方均有权利和义务执行合约。

多头一般预期标的资产价格未来会上升（看涨），空头则一般预期标的资产价格未来会下跌（看跌）。

三、远期合约的到期损益

设远期合约的交割价格为 K，到期时间为 T，远期合约到期时标的资产的即期价格为 S_T。根据远期合约的定义，远期合约多头在到期日（T）可以以价格 K 购买一单位标的资产，而一单位标的资产在合约到期日的市场价值为 S_T，故：

$$\text{远期合约多头的到期损益}(V_T)=S_T-K \tag{3-1}$$

相反，对于远期合约空头来说，由于执行了远期合约，空头需要出售一单位标的资产，获得收入 K，因此远期合约空头的损益为：

$$\text{远期合约空头的到期损益}=K-S_T \tag{3-2}$$

上述两种到期损益均可正可负，当 $S_T>K$ 时，多头获得正收益，当 $S_T<K$ 时，空头获得正收益，说明多空双方均有权利和义务执行合约，多空双方的到期损益图如图 3-1 所示。

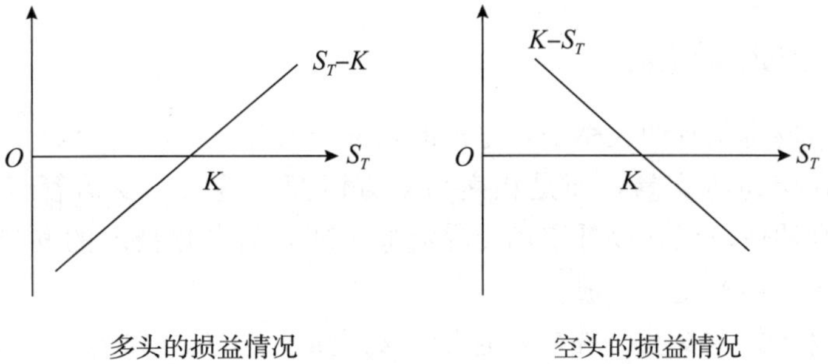

图 3-1　远期合约多头和空头的到期损益图

分析图 3-1 可以看出：

（1）远期合约多头和空头未来面临的风险是对称的，都具有无限损失和收益的可能。

（2）如果将多头和空头的到期损益相加，我们会发现在任何情形下，其和都等于零，即远期合约是零和博弈的产品，这也是衍生产品共有的特征。

【例 3-1】 某进出口公司预计 2023 年 9 月 2 日有一笔出口收汇款，于是 2022 年 9 月 2 日与某银行签订了一笔期限为 1 年、金额为 1 亿美元的远期结汇合约。该公司支付美元，收入人民币，协议价格为美元兑人民币 6.93。2023 年 9 月 2 日，外汇即期牌价为美元兑人民币 6.89。该公司远期外汇的到期损益情况是怎样的？

在 2023 年 9 月 2 日，该公司将从境外汇回 1 亿美元资金，而银行将按照远期合约约定的汇率办理结汇，该公司支付银行 1 亿美元，得到 6.93 亿元人民币，而美元兑人民币即期汇率为 6.89，因此该公司相对于直接在市场上出售美元，多获得 $(6.93-6.89)\times 10\,000=$ 400 万元人民币的收入。

即：该公司（空头）的到期损益 $=(K-S_T)\times 10\,000=69\,300-68\,900=400$ 万元人民币。

因此该公司持有的正是美元远期外汇合约的空头。

四、远期合约的种类

远期合约一般按照标的资产的类别进行分类，可以分为商品远期和金融资产远期两大类：

（1）商品远期：远期合约发展之初主要是商品远期，商品远期的标的资产为商品或商品指数，如能源产品、化工产品、农产品、航运指数等。

（2）金融资产远期：金融资产远期的标的资产主要是股票、股指、债券、外汇、利率等金融产品。进一步按照标的资产分类，与利率相关的远期金融合约有远期利率协议、债券远期（bond forward）等，以外汇为标的资产的远期金融合约有远期外汇协议（forward exchange agreement，FXA）、远期外汇综合协议（synthetic agreement for forward exchange，SAFE）等，以股票为标的资产的远期金融合约则有远期股票合约（equity forward）等。

其中，远期股票合约是指在将来某一特定日期按特定价格交付一定数量单只股票或一揽子股票的协议。债券远期是交易双方约定在未来某一日期，以约定价格和数量买卖标的债券的金融合约，是债券市场上规避利率风险的金融衍生产品。远期外汇协议和远期利率协议将在后面小节单独详细介绍。

五、远期合约的市场机制

远期合约的市场机制有两大特征：分散的场外交易和非标准化合约。

远期合约不在交易所交易，而是在交易双方协商后签订，受监管当局的监管较为宽松。已有的远期合约也可以在场外市场交易流通。随着信息化技术的发展，现代远期交易很多可以通过电子化场外交易完成。

由于不在交易所集中交易，在签订远期合约之前，双方可以就交割地点、交割时间、交割价格、合约规模、标的资产的品质等细节进行协商，以便尽量满足双方需要，因此很多远期合约是非标准化的。

总的来看，作为场外交易的非标准化合约，远期合约的优势在于灵活性强，可以根据交易双方的具体需要确定合约条款。但相应地，远期合约也有明显的缺点：首先，远期合约没有固定、集中的交易场所，不利于信息交流和传递，不利于形成和发展统一的市场价格，市场效率低；其次，每份远期合约千差万别，给远期合约的二级流通造成了较大不利，因此远期合约的流动性较差；最后，远期合约的履约没有保证，当价格变动对一方有利时，对方可能无力或无诚意履行合约，因此远期合约的违约风险较高。正是这些缺陷促成了期货市场的发展。

第二节 远期利率协议

一、远期利率协议的定义与相关概念

（一）定义

远期利率协议是指买卖双方同意从未来某一时刻起在后续的一定时期内按协议利率借贷一笔名义本金的协议。

远期利率协议业务在很大程度上在银行同业市场上进行，其协议利率即远期利率。

远期利率协议是用以锁定利率和对冲利率风险的利率衍生产品之一，它没有发生实际的贷款本金交付，而只进行利息差的交付，这使得远期利率协议不用反映在资产负债表上。

（二）远期利率协议的特点

首先，远期利率协议的买方即多头是名义借款人，他支付协议利率，获得参考利率，目的是避免利率上升的风险；协议的卖方即空头是名义贷款人，他支付参考利率，获得协议利率，目的是防范利率下降的风险。

其次，无论市场利率上升还是下降，远期利率协议的买方和卖方在约定的时间都按照协议利率进行支付，因此双方均具有执行合约的权利和义务。

最后，远期利率协议中所谓的本金是一个“名义”本金，借贷双方并不实际交换本金，只是在结算日根据协议利率和参考利率的差额以及名义本金金额来结算利差。

（三）相关概念

远期利率协议有以下几个核心概念，具体含义如图 3－2 所示。

名义本金（national amount）：名义上借贷本金的数额。

交割日：名义存款或贷款的开始日，也是结算日。

到期日：名义存款或贷款的到期日。

递延期（deferral period）：即期日和交割日之间的天数。

合约期限（contract period）：交割日和到期日之间的天数。

协议利率（strike rate）：协议中约定的利率。

参考利率（reference rate）：市场决定的利率，用以计算交割额。

交割额（settlement amount）：在交割日，协议一方支付给另一方的金额。

此外，在实际交易中通常还涉及以下几个概念：

交易日（trade date）：远期利率协议交易的执行日。

即期日（spot date）：协议正式开始计息的日期，日期计算的参考点。

基准日（fixing date）：决定参考利率的日期。

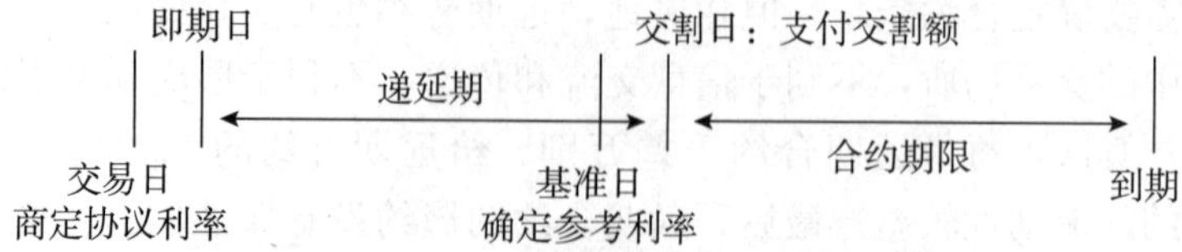

图 3-2　远期利率协议的相关概念示例图

图 3-2 展现了远期利率协议交易的全流程图。在交易日，远期利率协议双方商定协议利率，并且同意开始一个远期利率协议，即期日一般在交易日的后两天。基准日是在交割日的前两天，在基准日这一天给出的市场利率就是参考利率。在交割日这一天要支付交割额，交割额由在交易日商定的协议利率、基准日决定的参考利率，以及名义本金的数额来计算。

远期利率协议的表示方法为 $M\times N$，M 表示远期合约的递延期，$N-M$ 表示合约期限，从远期利率协议交割日算起，期限示例如图 3-3 所示。

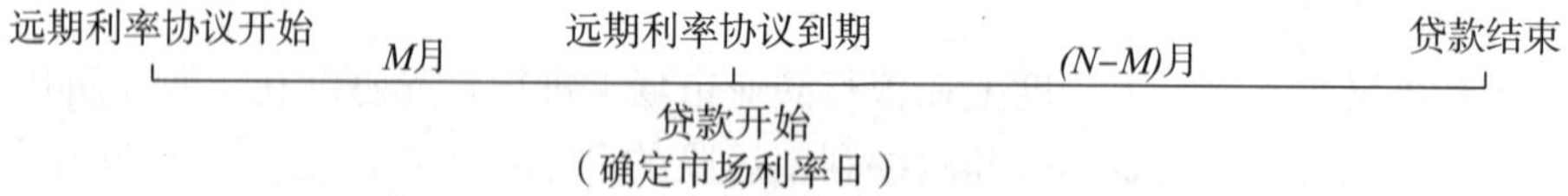

图 3-3　远期利率协议

注：此处忽略交易日和即期日的差距，以及到期日和交割日的差距。

若我们进行一个 3×9 的远期利率协议，3 指的是从即期日到交割日为 3 个月，9 指的是从即期日到到期日为 9 个月，中间从交割日到到期日这一段时间的 6 个月指的是名义贷款期限。

【例 3-2】 假定一公司预期在 3 个月后将借款 3 个月期的 100 万元，现在 3 个月期 SHIBOR 为 6%，该公司担心 3 个月后市场利率会上升，于是在今天向某银行购买了一份 3×6 的远期利率协议，名义本金为 100 万元，银行报价为 6.23/6.25，参考利率为 3 个月期 SHIBOR，则公司签订的远期利率协议条款具体情况如何？

3×6 表示递延期为 3 个月，到期期限为 6 个月后，故名义贷款期限为 3 个月。协议中名义本金为 100 万元。银行报价为 6.23/6.25，则公司作为协议买方，协议利率应为 6.25%。银行作为中介会同时报出银行的买价和卖价，以“买价/卖价”方式报出，也称为“bid/ask”。买价称为 bid price，是银行作为买方的协议价格，即银行支付的协议利率。卖价称为 ask price，是银行作为卖方的协议价格，即银行获得的协议利率。因为公司作为协议买方，银行就是协议卖方，故公司与银行签订的协议利率为 6.25%。

参考利率为 3 个月期 SHIBOR，参考利率的取值将会在基准日确定，协议买卖双方的交割额由参考利率、协议利率、名义本金和名义贷款期限的天数确定。

二、远期利率协议交割额计算

远期利率协议买方支付协议利率，卖方支付参考利率，因此当参考利率高于协议利率时，卖方支付交割额，即买方获得利息差；反之，买方支付交割额，卖方获得利息差。远期利率协议的交割额将在交割日支付，买方获得的交割额为：

$$多头交割额=\frac{(i_r-i_c)\times A\times\frac{Days}{Basis}}{1+i_r\times\frac{Days}{Basis}}=\frac{(i_r-i_c)\times A}{i_r+\frac{Days}{Basis}} \tag{3-3}$$

空头交割额就是多头交割额的相反数。式中，Basis 表示计息基准，Days 表示协议期的天数，A 表示名义本金，i_r 表示参考利率，i_c 表示协议利率。

常用的计息基准 Basis 有：A/A，$A/360$，$A/365$，30/360，这里分子表示计息期间天数的计算标准，分母表示一年天数的计算标准，A 表示实际天数，30 表示每个月都按照 30 天计算，不考虑实际的 2 月可能有 28 天，而 3 月有 31 天，因此：

A/A 表示计息期间和一年都按照实际天数计算；

$A/360$ 表示计息期间按照实际天数计算，一年按照 360 天计算；

$A/365$ 表示计息期间按照实际天数计算，一年按照 365 天计算；

30/360 表示计息期间每月按照 30 天计算，一年按照 360 天计算。

具体的远期利率协议的计息基准都会在合同条款中明确指出，一般美元的年计息天数取 360 天，英镑取 365 天，我国取一年的实际天数。

【例 3-3】 某公司买入一份名义本金为 1 000 万美元的 6×9 远期利率协议，协议利率报价为 5.6/5.8，基准日市场参考利率为 7.9%，协议计息基准为 30/360，请问：

(1) 合约交割日的结算金额是多少？

(2) 买方得到结算金额还是付出结算金额？

根据题目信息可知：市场参考利率 $i_r=7.9\%$，协议利率 $i_c=5.8\%$，名义本金 $A=$ 1 000 万美元，合约期 Days=90，年计息天数=360。

由于 $i_r>i_c$，该公司作为远期利率协议买方，支付协议利率 i_c，获得参考利率 i_r，因此公司将获得结算金额。根据式 (3-3)，结算金额为：

$$\frac{(7.9\%-5.8\%)\times 10\ 000\ 000\times\frac{90}{360}}{1+7.9\%\times\frac{90}{360}}=51\ 483\text{ 美元}$$

这样，公司使用 51 483 美元的利息差管理了 100 万美元资金的利率风险，体现了远期利率协议风险管理的杠杆效果。

表 3-1 是中国银行间同业拆借市场远期利率协议应急申请单的样例，可以看到计息基准、起息日、到期日等关键信息都会在合同中明确标示。

表 3-1 中国银行间同业拆借市场远期利率协议应急申请单（部分）

产品名称			
名义本金(万元)		期限	
固定利率(%)		参考利率（%）	
固定利率计息基准		参考利率计息基准	
起息日		参考利率确定日	
支付日		到期日	

续表

支付日营业日准则		贴现率	
计算机构			

资料来源：中国货币网。

三、远期利率协议的应用

远期利率协议在风险管理方面具有如下作用：

1. 通过固定将来实际收付的利息规避利率变动的风险

当参考利率上升时，这表明协议买方的资金成本增加，他可以从协议卖方处得到参考利率与协议利率的价差，正好弥补其增加的资金成本；而协议卖方则固定了他的资金收益，当参考利率下降时，参考利率与协议利率的价差可以弥补卖方减少的资金收益。

2. 银行可以利用远期利率协议防范利率变动风险

由于只交割利息差，本金没有真实的借贷，因此银行使用远期利率协议管理利率风险，不需要增加风险准备金，也不需要记录在资产负债表中。作为表外科目，远期利率协议可用来减少银行的“同业存放”和“存放同业”两科目的余额，不会使资产负债表膨胀，减少了利率风险管理的成本，同时还可减少对同业市场的依赖。

【例3-4】 假定某公司预期在3个月后将借款100万元人民币，借款的时间为6个月。假定该公司准备以6个月期SHIBOR获得资金。现在SHIBOR利率为5%，公司希望筹资成本不高于5.5%。为了控制筹资成本，该公司与某银行签署了一份远期利率协议，约定协议利率为5.25%，参考利率为6个月期SHIBOR，名义本金为100万元人民币，协议期限为6个月，递延期为3个月。

这样，在协议交割日，公司的交割额为：

$$\frac{(6\text{MSHIBOR}-5.25\%)\times 100\times \dfrac{\text{Days}}{\text{Basis}}}{1+6\text{MSHIBOR}\times \dfrac{\text{Days}}{\text{Basis}}}$$

获得交割额后，公司可以在市场上以6个月期SHIBOR借入6个月期100万元人民币资金，同时也可以将上述交割额按照市场利率投资6个月，因此，在合约到期日，即9个月后，公司合成的借款成本为市场借款本息+交割额累计值，即：

$$\frac{(6\text{MSHIBOR}-5.25\%)\times 100\times \dfrac{\text{Days}}{\text{Basis}}}{1+6\text{MSHIBOR}\times \dfrac{\text{Days}}{\text{Basis}}}\times\left(1+6\text{MSHIBOR}\times\frac{\text{Days}}{\text{Basis}}\right)$$

$$-100\times\left(1+6\text{MSHIBOR}\times\frac{\text{Days}}{\text{Basis}}\right)=-100\times\left(1+5.25\%\times\frac{\text{Days}}{\text{Basis}}\right)$$

因此，3个月后，无论市场利率变动为多少，公司都可以5.25%的成本借到6个月期100万元人民币，起到了当前确定未来借款利率成本的作用。

总之，远期利率协议的利差交易机制体现了金融衍生产品的杠杆性和低成本特征，也生动展现了金融衍生产品如何通过设计交易机制达到低成本管理风险的目标。

第三节　远期外汇协议

一、远期外汇协议的定义与相关概念

（一）定义

远期外汇协议是标的资产为一定数量的一国货币的远期合约，买卖双方在期初就交易的货币种类、数额、汇率及交割日期等达成协议，并用合约的形式确定下来，在规定的交割日双方再履行合约，办理实际的收付结算。协议中约定的汇率称为协议汇率，远期外汇协议中按照协议汇率支付本币、获得外币的一方称为多头，支付外币、获得本币的一方称为空头。

（二）交割

远期外汇协议的交割类似于商品远期的交割，可以分为实物交割和价差交割。实物交割多头按照协议汇率全额支付本币、获得外币，而价差交割依据协议汇率和到期日确定的即期参考汇率的差额计算交割额，此时，

$$\text{协议多头的价差交割额}=(S_T-K)\times A \tag{3-4}$$

$$\text{协议空头的价差交割额}=(K-S_T)\times A \tag{3-5}$$

其中，S_T 为协议到期日确定的市场参考汇率，K 为协议汇率，A 为协议约定的外币规模，此处汇率采取直接报价法。

（三）外汇远期合约的分类

外汇远期合约按照合约交割方式的不同，可以分为远期外汇协议、无本金交割远期（non-delivery forward，NDF）外汇协议和远期外汇综合协议。

其中，无本金交割远期外汇协议在到期日只须对价差进行交割清算，无须对本金进行交割；远期外汇综合协议则是从交割日开始的远期外汇协议，实质上是远期的远期外汇协议。对这些协议的深入了解可以参考王晋忠等（2019）。

（四）协议汇率的报价方法

远期外汇协议的协议汇率理论上等于**远期汇率**，即当前确定的，使得远期外汇协议价值为零的协议汇率水平。现在通常使用远期价差报价法对远期汇率进行报价。**远期价差**指的是某一时点远期汇率与即期汇率的差价，又叫汇差，通常称作互换点数或掉期率，一般以基点（base point，简称 bp，1 个基点＝万分之一）的倍数表示，因此也称掉期点，如“＋25bp”表示“远期汇率＝即期汇率＋0.002 5”。

在远期价差报价法下，银行会给出买价和卖价的基点数，基点数为负表示远期汇率低于即期汇率，基点数为正表示远期汇率高于即期汇率。

【例 3－5】　表 3－2 展示的是 2024 年 1 月 6 日我国外汇即期和远掉期的报价，表中“/”前的报价是报价商的买入价基点报价，“/”后的报价是报价商的卖出价基点报价。

表 3-2　我国外汇即期和远掉期的报价

人民币外汇即期报价		人民币外汇远掉期报价			
货币对	买/卖报价	货币对	1周	6个月	1年
USD/CNY	7.146 2/7.148 0	USD/CNY	−50.00/−50.00	−1 290.00/−1 289.00	−2 502.00/−2 493.00
EUR/CNY	7.827 9/7.830 2	EUR/CNY	−32.93/−32.90	−833.19/−826.42	−1 524.83/−1 444.20
100JPY/CNY	4.940 3/4.941 8	100JPY/CNY	19.38/19.78	473.09/484.20	883.76/885.31
HKD/CNY	0.915 09/0.915 36	HKD/CNY	−5.55/−5.53	−133.37/−132.99	−257.25/−253.63

资料来源：中国货币网。

注：表中 USD 表示美元，CNY 表示人民币，EUR 表示欧元，JPY 表示日元，HKD 表示港币。

以美元兑人民币（USD/CNY）6 个月的报价为例，在表 3-2 的左半部分可以看到其即期买卖报价为 7.146 2/7.148 0，而右半部分的远掉期买卖报价为−1 290.00/−1 289.00，这表示此时 6 个月的远期外汇协议中：

报价商作为买方的协议汇率为：

$$7.146\,2+(-1\,290.00)\times 1/10\,000=7.017\,2$$

报价商作为卖方的协议汇率为：

$$7.148\,0+(-1\,289.00)\times 1/10\,000=7.019\,1$$

因此其买卖价差相比即期汇率高了 1 个基点。

二、远期外汇协议的应用

（一）进出口商预先买进或卖出远期外汇以避免汇率变动风险

汇率变动是经常性的，在商品贸易往来中，时间越长，汇率变动所带来的风险也就越大，而进出口商从签订买卖合同到交货、付款又往往需要相当长的时间（通常为 30～90 天，有的更长），因此，它们有可能因汇率变动而遭受损失。进出口商为避免汇率变动所带来的风险，就要想尽办法在收取或支付款项时，按成交时的汇率办理交割。通过远期外汇协议，进出口商可以达到这一目的。

【例 3-6】　某年 6 月 15 日，一家中国进口商与一家英国出口商签订了一份价值 100 万英镑的进口合同，合同约定 9 月 15 日付款，当时英镑的即期汇率为 1 英镑=8.35 元人民币，3 个月远期英镑汇率为 1 英镑=8.37 元人民币。为了避免英镑汇率上升的风险，中国进口商买进 3 个月远期英镑。这样，在 9 月 15 日付款时，它就把英镑汇率固定在 1 英镑=8.37 元人民币上。

【例 3-7】　日本某机构对美国国库券的投资将于 12 月 20 日到期，到期时该机构将收回 1 000 万美元。当时（同年 6 月 20 日）美元即期汇率为 1 美元=120 日元，12 月 20 日到期的远期汇率为 1 美元=118 日元。该机构担心到时美元贬值，就卖出 12 月 20 日到期的 1 000 万美元远期，从而把汇率固定在 1 美元=118 日元上。

（二）外汇银行为了平衡其远期外汇持有额而交易

远期外汇持有额就是外汇头寸敞口（foreign exchange position）。进出口商为避免外汇风险而进行期汇交易，实质上就是把汇率变动的风险转嫁给外汇银行。外汇银行之所以有风险，是因为它在与客户进行了多种交易以后，会产生一天的外汇“综合持有额”（overall position）

或净头寸，在这当中难免会出现期汇和现汇的超买或超卖现象。这样，外汇银行会面临汇率变动的风险。为此，外汇银行需要再次通过期汇交易平衡它的外汇头寸，即要对不同期限、不同货币头寸的敞口进行抛售或补进，由此达到期汇头寸的平衡，降低敞口风险。

在出现期汇头寸不平衡时，外汇银行应首先买入或卖出同类同额现汇，再抛补这笔期汇。也就是说，用买卖同类同额的现汇来掩护这笔期汇头寸平衡前的外汇风险。其次，银行在平衡期汇头寸时，还必须着眼于即期汇率的变动和远期价差的大小。

中国金融实践

中国远期市场的发展

（三）短期投资者或定期债务投资者预约买卖期汇以规避风险

【例 3-8】 我国一投资者在美国有外汇债务 1 亿美元，为防止美元汇率波动造成的损失，他购买了 3 个月期汇，当时汇率为 1 美元＝7.172 1 元人民币，现汇变动为 1 美元＝7.272 1 元人民币。如果未买期汇，该投资者就要支付 7.272 1 亿元人民币才能兑换 1 亿美元，但购买了期汇，他只需花 7.172 1 亿元人民币，规避了汇率变动的风险。

本章小结

1. 远期合约是指买卖双方约定在未来某一确定时刻按确定的价格购买或出售某项资产的协议。

2. 远期合约作为场外交易的衍生产品，具有合约条款的灵活性和买卖双方需求的针对性，同时也有流动性差、市场效率低、违约风险大的特点。为了提升远期合约的市场效率，我国进行了利率远期和外汇远期衍生产品的标准化，并通过集中清算提升清算效率。

3. 远期利率协议是指买卖双方同意从未来某一时刻起在后续的一定时期内按协议利率借贷一笔名义本金的协议。远期利率协议的交易机制设计体现了金融衍生产品的杠杆性和低交易成本特征。

4. 远期外汇协议是指外汇买卖双方在期初就交易的货币种类、数额、汇率及交割日期等达成协议，并用合约的形式确定下来，在规定的交割日双方再履行合约，办理实际的收付结算。

本章术语

远期合约 多头 空头 协议价格 交割日 到期日 合约规模 商品远期 股票远期 远期合约的到期损益 外汇远期合约 远期外汇协议 无本金交割远期外汇协议 远期外汇综合协议 远期利率协议 债券远期 人民币外汇掉期 协议利率 参考利率 计息基准

扩展阅读

思考题

一、问答题

1. 简述远期合约的含义和特征。

2. 远期利率协议的交割额是如何决定的?

3. 一家中国公司准备在英国市场进行投资，投资金额为300万英镑，期限为3个月，该公司担心未来英镑贬值的风险，该公司应如何利用外汇远期防范汇率风险?

二、计算题

1. 某投资者进入一个3月期美元远期外汇协议空头，在该合约中投资者可以以USD/CNY=6.5卖出100万美元。

(1) 若3个月美元兑人民币即期汇率为6.42，则投资者合约损益是多少?

(2) 若3个月美元兑人民币即期汇率为6.56，则投资者合约损益是多少?

2. 假设某公司计划在3个月后筹集3个月短期资金1 000万元人民币，为避免市场利率上升带来的筹资成本增加的损失，公司作为买方参与远期利率协议。设银行报价为7.8/8.0，名义本金为1 000万元人民币，协议天数为91天，该年度实际计息天数为365天，参考利率为3个月期SHIBOR。若在协议交割日，3个月期SHIBOR为8.10%，则该公司需要进行怎样的交割?

3. 某公司预期在1个月后将投资100万元人民币，时间为3个月。公司在今天出售了一份远期利率协议，假定买方为银行，协议双方买卖1×4远期利率协议，协议货币为人民币，协议金额为100万元，银行的协议利率报价为6.25/6.28，参考利率为3个月期SHIBOR，协议天数为90天，实际年计息天数为365天。

(1) 若在交割日，参考利率为7%，试分析公司的风险管理效果。

(2) 若在交割日，参考利率为6%，试分析公司的风险管理效果。

4. 某纺织品制造商预期未来棉花价格会上涨，希望通过棉花远期订单锁定棉花成本，其应该签署何种头寸的棉花远期订单? 假设该制造商签订的棉花订单合同价格为2 000元/吨，标的资产为10吨棉花。若在订单到期日，棉花市场价格为2 100元/吨，棉花远期订单对该制造商的风险管理效果如何?

5. 某油脂油料加工厂预期未来3个月后需要购入500吨大豆原料，希望通过远期合约规避未来大豆价格上涨导致的成本上升风险，其应持有何种头寸的合约? 假设目前大豆现货价格为3 000元/吨，3个月到期的远期合约协议价格为3 100元/吨。若3个月后现货价格为3 500元/吨，该加工厂持有或不持有合约会导致怎样的成本差异?

第四章

期货市场简介

本章导读

期货作为典型的场内交易的金融衍生产品，无论是在实体企业经营中，还是在金融机构资产配置中都有重要的作用。本章将介绍期货合约的相关概念及市场交易机制，包括期货合约的标准化、保证金交易与杠杆性的关系，以及期货头寸的了结方式，并通过商品期货、利率期货、外汇期货、股指期货等期货产品的条款了解期货产品的设计逻辑。

学习要求

了解期货的分类和期货市场的交易机制，掌握期货的定义，理解中长期国债期货的相关概念如净价报价机制、卖方选择权、最便宜可交割债、转换因子等；掌握转换因子的计算和最便宜可交割债的确定方法，理解期货产品条款设计的逻辑，能够结合期货市场的交易机制进行期货模拟交易实践。

知识结构图

第一节　期货合约简介

一、期货的定义

期货合约是在交易所交易的标准化合约，它约定了合约持有人在未来某一时刻按照一定的价格买进或者卖出一定数量的特定商品或金融工具的权利与义务。

从期货合约的定义可以看出期货合约和远期合约主要在条款标准化和交易场所方面有所不同，但它们的风险管理特点基本一致，都是以当前确定未来价格的远期交易方式管理风险。

二、期货的分类

一般来说，期货根据标的资产的类型可以分为两大类，即商品期货和金融期货。

（一）商品期货

商品期货是最早发展起来的期货品种，历史悠久，种类繁多，可以根据商品种类的不同细分为农副产品期货（如玉米、小麦、大豆、生猪、栏牛、鸡蛋等）、金属期货（如铜、铝、锡、铅、铁矿石以及黄金、白银等贵金属）、能源化工期货（如原油、无铅汽油、PVC、焦炭、焦煤等）和林业期货（如木材、夹板等）。除此以外，为了规避农业生产经营中的自然灾害风险，还出现了气候期货（如芝加哥商品交易所的升温天数期货、降温天数期货等）；为了促进低碳经济发展，增强环境保护，出现了碳排放权期货等。商品期货除了具体商品的期货外，还有商品指数期货，如上海期货交易所上海国际能源交易中心推出的集运指数（欧线）期货。

一般而言，商品期货的投资者中有很大一部分是商品的生产供应商或客户，他们通过商品期货交易来管理未来的商品价格，从而规避商品价格波动的风险。

（二）金融期货

金融期货一般是以金融产品为标的的期货，包括利率期货、外汇期货、股票期货，其中股票期货包含股指期货和个股期货。下文仅对利率期货、外汇期货和股指期货进行简要说明。

利率期货是金融期货的重要组成部分，其标的资产是固定收益证券或直接借贷协议。根据标的资产期限长短的不同，利率期货可以分为短期利率期货和中长期利率期货。短期利率期货的标的债务期限一般在一年以内，包括短期国债期货、欧洲美元期货、SOFR 期货、欧洲银行间利率期货、短期存款期货、商业票据期货等，其中 SOFR 期货是美国芝加哥商品交易所 2018 年推出的短期利率期货，SOFR 是美国银行间担保隔夜融资利率的缩写，也是美国目前用以替代 LIBOR 的美元计价基准利率。中长期利率期货的标的债务期限一般在一年以上，包括中期国债期货和长期国债期货，如美国的 2 年期、5 年期、10 年期、超长期国债期货，我国的 2 年期、5 年期、10 年期和 30 年期国债期货等。

外汇期货是指买卖双方约定在未来某一特定时点（到期日），以事先约定的汇率（执行价格）买卖一定数量外币的标准化合约，又称货币期货。外汇期货是为适应世界各国从事对外贸易和开展金融业务的需要而产生的。

股指期货以股票的现货指数为标的，并以股价指数作为合约的价格尺度，是一种标准化的可转让协议。其中股指是跟踪某一特定的股票资产组合价值变化的指数。各只股票的权重依据股价、股票市值或者某种约定的方法确定，一般由开发这些指数的机构管理并发布。股指期货的合约价值等于股指期货报价乘以期货交易所规定的单位指数点价格。

第二节　期货的交易机制

一、期货合约的标准化

期货合约的标准化，是指期货合约的标的资产、数量、质量、等级、交货时间、交货地点等条款都由交易所统一制定，唯一的变量是期货价格，表 4-1 展示的是大连商品交易所的黄大豆 1 号期货合约。

表 4-1　黄大豆 1 号期货合约

交易品种	黄大豆 1 号
交易单位	10 吨/手
报价单位	元（人民币）/吨
最小变动价位	1 元/吨
涨停板幅度	上一交易日结算价的 4%

续表

合约月份	1月、3月、5月、7月、9月、11月
交易时间	每周一至周五 9:00—11:30，13:30—15:00，以及交易所规定的其他时间
最后交易日	合约月份第 10 个交易日
交割日期	最后交易日后第 3 个工作日
交割等级	大连商品交易所黄大豆 1 号交割质量标准（F/DCE A001—2018）
交割地点	大连商品交易所黄大豆 1 号指定交割仓库
最低交易保证金	合约价值的 5%
交易手续费	不高于成交金额的万分之二（含风险准备金）
交割方式	实物交割
交易代码	A
上市交易所	大连商品交易所

表 4-1 中的合约条款均由大商所制定，所有黄大豆 1 号的上市合约会按照上述条款进行设计。其中：

交易品种就是期货合约的标的资产。

交易单位就是合约的标的资产规模。

报价单位指期货交易的价格单位，是根据不同商品特性制定的。

最小变动价位指在期货交易所的公开竞价过程中，每次报价的最小变动数值必须是最小变动价位的整数倍。

每日价格最大波动需要依据结算价而非收盘价确定。

涨停板幅度是指期货合约在一定时间内价格上涨或下跌的最大幅度。

合约月份类似于远期合约的到期日，这里黄大豆 1 号合约从 1 月到 12 月每个月都有相应到期期限的合约，期货合约会滚动上市，如假设当前是 2024 年 3 月 14 日，是 2024 年 3 月到期的期货合约的最后交易日，则次一交易日会上市 2025 年 3 月到期的大豆期货合约。

最后交易日是指商品期货合约在交割月份中进行交易的最后一个交易日，过了最后交易日，合约就下市了，若存在未平仓合约则必须按照规定进行实物交割。

交割日期是商品期货集中交割结束的日子。

交割等级是指由期货交易所统一规定的、准许在交易所上市交易的合约商品的质量等级，拓展阅读展示了大连商品交易所中黄大豆 1 号的交割等级。

拓展阅读

黄大豆 1 号
交割等级

期货合约中的交割地点都由交易所规定。

最低交易保证金是交易所规定的期货交易者买入或卖出期货产品时，必须向期货公司缴纳的交易保证金。

交割方式是买方和卖方按照合约规定的条款和条件，完成交易并履行合约的行为。

交易代码由期货品种代码、交割月份代码、交割年份代码构成，表 4-1 中“A”代表黄大豆 1 号。

上市交易所就是买卖期货合约的场所，是期货市场的核心。

商品期货合约的条款和商品现货交易的习惯、商品市场的具体特征密切相关。表4-2展示了我国2018年推出的以人民币计价的原油期货合约。由于其标的资产主要靠进口，所以条款与国际接轨程度更高。首先，国际原油期货交割月份可以长达3年，我国原油期货最长也可以达到3年；其次，报价单位与国际惯例一致，按桶计数，因为原油运输一般通过桶装运输；最后，由于不同国家存在时差，以人民币计价的原油期货在我国推出时就设定了夜盘交易。

表4-2　中国原油期货合约的条款

交易品种	中质含硫原油
交易单位	1 000.00桶
报价单位	人民币元/桶
最小变动单位	0.1人民币元/桶
涨停板幅度	不超过上一交易日结算价的±5%
交割月份	最近1～12个月为连续月份以及随后8个季月
交易时间	09:00—10:15、10:30—11:30、13:30—15:00；每周一至周五21:00—次日02:30（夜盘）
最后交易日	交割月份前一个月的最后一个交易日，上海国际能源交易中心有权根据国家法定节假日调整最后交易日
交割日期	最后交易日后连续五个交易日
交割地点	上海国际能源交易中心指定交割仓库
最初交易保证金	合约价值的7%
交割方式	实物交割
交易代码	SC
上市交易所	上海期货交易所上海国际能源交易中心

表4-3所示为我国2013年9月推出的国债期货。为保证产品的可持续性，合约标的为名义中期国债，但为了达到服务债券现货市场的目的，交割方式仍为实物交割，因此合约设定了可用于国债期货交割的现货债券的范围。最后需要指出的是其交易开始时间为9:30，但2020年6月12日之前，交易开始时间为9:15，这表明交易所对期货合约的条款会根据市场的变化以及反馈信息做出调整。

表4-3　5年期国债期货规格

合约标的	面额为100万元人民币，票面利率3%的名义中期国债
报价方式	百元报价，净价报价，全价结算
最小变动价位	0.005元
合约月份	最近的三个季月
交易时间	9:30—11:30；13:00—15:15　最后交易日：9:30—11:30
最大波动限制	上一交易日结算价的±1.2%
最低交易保证金	合约价值的1%
当日结算价	最后一小时成交价格按成交量加权平均价

续表

最后交易日	合约到期月份的第二个星期五
交割方式	实物交割
可交割债	发行期限不超过7年，合约到期月首日剩余期限为4～5.25年的记账式附息国债
最后交割日	最后交易日后的第三个交易日
交割结算价	最后交易日全天成交量加权平均价
合约代码	TF

当然，不是所有的期货都会设定实物交割，表4-4所示为我国2010年推出的沪深300股指期货合约。沪深300股指期货以沪深300现货指数为标的，报价方式与沪深300指数类似，由于股票指数作为多只股票的价格加权，很难通过股票组合实物交割了结，因此股指期货采用现金交割方式，最终交割获益与期货结算价和现货指数的差异相关，同样通过价差交易将期货市场与现货市场关联起来。

表4-4 沪深300股指期货合约

合约标的	沪深300现货指数
合约乘数	每点300元
报价单位	指数点
最小变动价位	0.2点
合约月份	当月、下月及随后两个季月
交易时间	9:15—11:30；13:00—15:15
最后交易日交易时间	9:15—11:30；13:00—15:00
每日价格最大波动限制	上一交易日结算价的±10%
最低交易保证金	合约价值的12%
最后交易日	合约到期月份的第三个星期五，遇国家法定假日顺延
交割日期	同最后交易日
交割方式	现金交割
交易代码	IF
上市交易所	中国金融期货交易所

综合上述示例，我们可以看到标准化合约的设计促进了合约的同质化，因此不需要买卖双方协商，便于交易和转让；同时不同期货合约的条款设计会存在一定差异，体现了标的资产特征、市场需求和交易合理性。

二、期货的保证金制度

期货通过采取保证金制度防止违约风险，保证金制度由保证金交易制度、盯市结算制度和强制平仓制度三个制度共同构成。

保证金的规定在中美之间存在差异。在中国，从前面的期货合约示例中可以看到，保证金额度一般是期货合约价值的一定比例，如黄大豆1号的最低保证金是合约价值的5%，由此可知，保证金额度会随着期货价值变化而变化。但是在美国，保证金通常要求固定金额，不随期货价格发生变动，如每手黄金期货收取 6 000 美元的保证金。下面以我国为例，介绍期货的保证金制度。

（一）保证金交易制度

保证金一般分为开仓保证金、维持保证金和追加保证金三类。

开仓保证金，又称初始保证金，是交易者新开仓时所需缴纳的保证金，其中交易者先买入一个期货或者卖出一个期货称为开仓。开仓保证金的计算公式如下：

$$开仓保证金=成交价\times开仓量\times开仓保证金比率 \tag{4-1}$$

维持保证金，是在持仓期间保证金账户中需要维持的最低余额。在交易者开仓之后、平仓之前，即了结期货头寸之前这段时间叫作持仓。一般维持保证金的额度会小于开仓保证金，维持保证金的计算公式如下：

$$维持保证金=当日结算价\times持仓量\times持仓保证金比率 \tag{4-2}$$

追加保证金，是指当保证金账户余额低于维持保证金时，交易所会发出追加保证金通知，在第二天交易开始之前，交易者须增加保证金数量到初始保证金水平的过程。

（二）盯市结算制度

盯市结算，又称每日结算，是在每个交易日结束时，交易者保证金账户剩余金额都会根据当日期货结算价进行调整，来反映投资者持有期货头寸带来的全额盈亏的方法。盯市结算公式如下：

当买入期货即持有期货多头时：

$$每日结算金额=(当日结算价-昨日结算价)\times合约规模\times合约数量 \tag{4-3}$$

当卖出期货即持有期货空头时：

$$每日结算金额=(昨日结算价-当日结算价)\times合约规模\times合约数量 \tag{4-4}$$

随着未来期货价格的上涨，期货多头将会获益，而期货空头将会受损。相反，若期货价格下跌，此时期货多头将会亏损，期货空头将会获益。每日结算金额即体现为保证金账户余额的变化。通过图 4-1 可观察到保证金账户的变动情况。

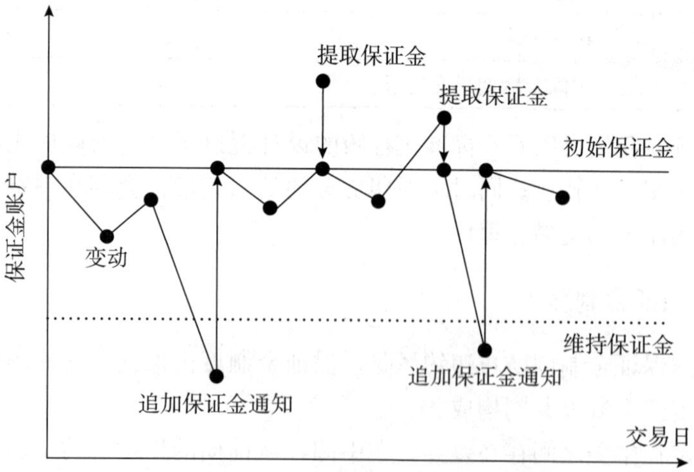

图 4-1 保证金账户变化与盯市结算

如图 4-1 所示，当保证金账户余额在维持保证金以上时即可继续持有期货。但是当保证金账户余额低于维持保证金时，就会收到交易所追加保证金的通知，这时需要将保证金账户余额追加到初始保证金水平。如果保证金账户金额超过初始保证金额度，则多出的部分可以直接提取。

下面通过例 4-1 来说明保证金账户余额的变动过程。

【例 4-1】 大连商品交易所黄大豆 1 号合约期货交易初始保证金比率为 5%，维持保证金比率为 4%。若某客户以 2 700 元/吨的价格买入 5 手黄大豆 1 号期货（每手标的资产为 10 吨），持仓后的第三天，大豆结算价下跌为 2 600 元/吨。请问此时是否需要追加保证金？

客户初始开仓必须向交易所支付的保证金为：

$$2\,700\times(10\times5)\times5\%=6\,750\text{ 元}$$

三日后累计每日结算金额为：

$$(2\,600-2\,700)\times50=-5\,000\text{ 元}$$

保证金账户余额为：

$$6\,750-5\,000=1\,750\text{ 元}$$

三日后的维持保证金要求为：

$$2\,600\times(10\times5)\times4\%=5\,200\text{ 元}>1\,750\text{ 元}$$

可见，此时的保证金账户余额小于维持保证金要求，客户需要追加保证金到初始保证金的水平，也就是达到 5%的保证金比率，即：

$$2\,600\times(10\times5)\times5\%=6\,500\text{ 元}$$

需要追加的保证金为：

$$6\,500-1\,750=4\,750\text{ 元}$$

通过上述示例可以看出，保证金要求从 6 750 元降到了 6 500 元，只下降了 250 元，但是投资者盯市结算亏损了 5 000 元，是保证金变动的 20 倍，是初始保证金 5%的倒数，即保证金杠杆倍数=1/初始保证金比率。所以保证金比率体现了期货的杠杆交易，即杠杆性。

不考虑其他因素，盯市结算制度并不会对期货远期交易特征造成影响。为说明这一点，以持有 1 手期货为例，并假设以下符号：

F_0：购买期货的成交价；

N：期货剩余期限为 N 天；

F_i：建仓后第 i 天的结算价；

$F_T(=F_N)$：期货到期结算价；

S_T：期货到期时，标的资产的现货价格。

在期货到期之前，多头通过盯市结算，累计盈亏额为：

$$\sum_{i=1}^{N}(F_i-F_{i-1})\times\text{合约规模}=(F_T-F_0)\times\text{合约规模}$$

累计盈亏额只与期初开仓价和到期结算价相关。若期货到期实物交割，则期货买方以到期结算价 F_T 购买大豆，支付成本为：

$$-F_T\times 合约规模$$

$$\begin{aligned}合成成本&=交割成本+累计盈亏额\\&=-F_T\times 合约规模+(F_T-F_0)\times 合约规模\\&=-F_0\times 合约规模\end{aligned}$$

因此，如果持有 1 手期货直到到期交割，投资者就相当于持有一个执行价格等于期货建仓价 F_0 的远期合约，同样起到期初确定未来交易价格的作用。

【例 4-2】 设某企业以 2 000 元/吨的价格购买了 1 手黄大豆 1 号期货，合约规模为 10 吨大豆，并计划持有期货直至到期交割。设期货到期结算价为 2 550 元/吨，不考虑交易成本（保证金利息、交易手续费、税收等）。

（1）企业最终购买大豆 1 号的成本是多少？

（2）假设期货到期时，黄大豆 1 号现货价格为 2 500 元/吨，则企业通过期货合约节约了多少成本？

根据分析，通过买入期货，企业将购买黄大豆 1 号的成本锁定在期初期货的成交价 2 000 元/吨。

若期货到期现货价格为 S_T，这就意味着企业通过购买期货，节约了（S_T-F_0）的成本，即 500(=2 500−2 000)元/吨。

因此，我们发现：

（1）期货仍然具有远期交易特点，建立期货头寸时的成交价（F_0）等同于远期合约的协议价格（K）。

（2）若持有期货到期，期货到期的累计损益（盯市结算+到期交割损益）类似于远期合约到期损益（S_T-F_0）。

（3）期货报价可以看成不同时点成交的远期合约的协议价格。

（4）期货报价可以为到期期限相同的远期合约的协议价格提供参考，因此企业若要签订远期订单来买卖商品，可以结合当时的期货报价确定订单的协议价格。

虽然盯市结算没有改变期货的风险特征，但它还是为交易所管理期货交易提供了便利。首先，通过盯市结算，持有期货给投资者带来的盈亏已经体现在保证金账户中，做到了每日零负债，为提前平仓制度的制定带来了便利。其次，盯市结算将 1 日作为结算周期，起到了化整为零的作用，将市场风险控制在一个相对小的时间单位内，降低了持仓者不追加保证金可能给交易所带来的损失，因此盯市结算制度和强制平仓制度极大地降低了违约给交易所带来的损失。

（三）强制平仓制度

配合盯市结算制度，为了保证客户能够及时追加保证金，交易所设立了强制平仓制度。当保证金账户余额低于维持保证金时，交易所通过代理机构向客户发出追加保证金的通知，并要求保证金余额满足：

$$保证金账户余额\geqslant 结算价\times 持仓量\times 初始保证金比率 \tag{4-5}$$

如果通知未被兑现，则在下一交易日，交易所或代理机构有权强行实施平仓了结客户头寸。所以，客户如果想继续持有期货就必须追加保证金。

（四）影响保证金比率变动的因素

需要注意的是保证金比率要求并不是一成不变的。保证金的主要目的是防止交易者违约，所以当违约风险增加时，保证金比率会发生变动。保证金比率通常会受到期货到期日、市场持仓量、市场波动、交易目的和交易策略的影响，交易所有权根据具体市场情况调整保证金比率。

（1）期货保证金会随着期货到期日临近发生变动。以大连商品交易所黄大豆 2 号期货合约的保证金要求为例，如表 4-5 所示。一般月份黄大豆 2 号期货合约的保证金要求是合约价值的 5%，但是到了交割月份的前一个月保证金比率开始提高，到交割月份的第一个交易日会提高到 30%。因为交割需要支付全部货款，所以到了交割月份，交割风险变大，交易所就会提高保证金比率，保证如果发生交割，能够顺利完成交易。

表 4-5　大连商品交易所黄大豆 2 号期货合约的保证金要求

	保证金收取条件	交易保证金（元/手）
临近交割期时（交易时间段）	一般月份	合约价值的 5%
	交割月份前一个月第一个交易日	合约价值的 10%
	交割月份前一个月第六个交易日	合约价值的 15%
	交割月份前一个月第十一个交易日	合约价值的 20%
	交割月份前一个月第十六个交易日	合约价值的 25%
	交割月份第一个交易日	合约价值的 30%
市场持仓量变化时（合约月份双边持仓总量为 N）	$N\leqslant 50$ 万手	合约价值的 5%
	50 万手$<N\leqslant 60$ 万手	合约价值的 8%
	60 万手$<N\leqslant 70$ 万手	合约价值的 9%
	70 万手$<N$	合约价值的 10%

（2）如果市场持仓量变大，保证金比率也会提高。在表 4-5 中，当市场持仓量 $N\leqslant 50$ 万手时，保证金比率是 5%，但如果市场持仓量达到 70 万手以上，保证金比率就提高到 10%。因为市场持仓量变大，说明市场上期货合约的数量增加，此时若发生市场异动，可能会给交易所带来更大损失。

（3）保证金比率会随着市场波动性变动而发生变动。若市场的波动性显著增强，此时交易所也会提高保证金比率。例如，在 2015 年 6 月 26 日，我国股市发生异动，上证指数下跌 7.4%，全市超过 2 000 股同日跌停。2015 年 6 月 12 日—9 月 2 日，上证指数从 5 178 点跌至 3 168 点，跌幅超过 2 000 点，针对这种市场风险的增加，中国金融期货交易所在 2015 年 9 月 2 日发布通知：自 2015 年 9 月 7 日（星期一）结算时起，沪深 300 股指期货、上证 50 股指期货、中证 500 股指期货各合约的非套期保值持仓的交易保证金标准，由目前合约价值的 30%提高到 40%；沪深 300 股指期货、上证 50 股指期货、中证 500 股指期货各合约的套期保值持仓的交易保证金标准，由目前合约价值的 10%提高到 20%。2015 年 8 月 25 日—9 月 2 日，中金所多次发布上调保证金比率的通知，保证金比率的变动如表 4-6 所示。

表 4-6　沪深 300 股指期货保证金比率变动

日期	保证金比率（%）
2015 年 8 月 25 日及之前	10
2015 年 8 月 26 日	12
2015 年 8 月 27 日	15
2015 年 8 月 28 日	20
2015 年 8 月 31 日	30
2015 年 9 月 7 日	40
2017 年 2 月 17 日	20

2015 年 8 月 26 日—9 月 7 日，保证金比率连续从 10%提升到 40%，而 40%的保证金比率则一直持续到了 2017 年 2 月。随着市场波动性的下降，从 2017 年 2 月 17 日开始，保证金比率重新回到 20%。保证金比率快速提升意味着即使在 2015 年 8—9 月交易者持有的期货盈利，如果盈利的幅度不如保证金比率变动的幅度大，交易者仍然会被要求追加保证金。

（4）保证金比率会随着交易目的变动。中金所于 2017 年 2 月 16 日发布公告：自 2017 年 2 月 17 日（星期五）结算时起，沪深 300 股指期货各合约非套期保值持仓的交易保证金标准，由目前合约价值的 40%调整为 20%，套期保值持仓的交易保证金标准仍为合约价值的 20%。

该公告表明 2015 年 9 月—2017 年 2 月，对于投机者或是套利者而言，保证金比率为 40%，但对于套期保值者而言保证金比率是 20%。这说明交易目的不同，保证金比率也不同。套期保值是期货发展的重要功能之一，套期保值者持有的现货头寸也能够对期货头寸起到履约保障作用，因此其保证金要求和持仓限额都更加宽松。

（5）保证金比率会随着交易策略不同而变动。中金所发布过一则通知：根据《中国金融期货交易所结算细则》的规定，自 2015 年 7 月 10 日 15:15 起对 5 年期国债期货和 10 年期国债期货的跨品种双向持仓，按照交易保证金单边较大者收取交易保证金。

跨品种双向持仓其实是一种跨品种套利的交易策略，按照交易保证金单边较大者收取，即如果同时持有两份合约，一份多头一份空头，则交易所只收取一份期货头寸保证金，给予了交易者一定的保证金优惠。

三、期货投机的风险性

案例

期货投机巨亏

通过保证金交易可以看出期货交易具有杠杆性，这意味着纯粹的期货投机会带来很大风险。

历史上投机扼杀市场的事件也层出不穷。20 世纪 90 年代我国商品期货市场非常火爆，当时也出现了很多类似的期货投机事件，感兴趣的读者可以搜索表 4-7 中的事件加以了解。

表 4-7　类似的投机扼杀市场的事件

时间	事件
1993—1994 年	上海“粳米”期货事件

续表

时间	事件
1995 年	海南棕榈油 M506 事件
1995 年 6—10 月	广东联合期货交易所“籼米事件”
1995 年 6 月—1996 年 1 月	苏州商品交易所红小豆 602 事件
1995—1996 年	上海胶合板 9607 事件
1995—1998 年	广东联合期货交易所豆粕 3 次逼仓事件
1995 年	大连玉米 C511 暴涨事件
1997 年 7 月	海南中商期货交易所天然橡胶 R708 事件

为什么期货投机会如此白热化？

首先，交易具有高杠杆性的特点。由于衍生产品的产生来自风险管理的需求，我们希望以更低成本进行风险管理，因此所有衍生产品都具有高杠杆性，期货保证金比率一般在10%以下，即具有 10 倍以上的杠杆，因此进行纯粹的投机交易会产生很大的亏损风险，过度投机甚至可能导致市场倒闭。因此我们需要监控投机，避免过度投机。

其次，期货没有卖空约束。即使手中没有期货也可以直接卖出，且买入期货和卖出期货风险对称。无论是远期、期货、期权还是互换，衍生产品都是通过双方交易产生的合约，交易所只制定了期货的交易规则，当衍生产品被允许上市后，市场上的交易量都是交易双方产生的结果，不需要像债券、股票等基本金融产品一样经过发行流程。在这种情况下，曾有人建议不允许期货卖空，但一旦限制卖空，也就消灭了衍生产品市场。

最后，期货实施 T+0 交易。我国股票属于 T+1 交易，即今天买入的股票，必须下一个交易日才可卖出。而衍生产品如期货、期权可以随时买入卖出，流动性更强，因此除了非常时期，我国高频交易策略更多应用于期货市场。

我国在 20 世纪 90 年代曾出现过金融期货，如表 4-8 所示，但最后都失败了，这种失败与期货投机不无关系。

表 4-8　我国历史上的金融期货

品种	持续时间	基础品种	结局
国债期货	1992 年 12 月—1995 年 5 月	1993—1994 年发行的 2 年期、3 年期、5 年期可流通国债	以“327”国债事件为代表的一系列恶性违规事件，导致正常交易无法进行，监管部门宣布暂停
外汇期货	1992 年 6 月—1996 年 6 月	美元、英镑、德国马克、日元、港币	因为缺乏需求，市场交易冷淡。1996 年 3 月 27 日，央行和外汇管理局宣布《外汇期货业务管理试行办法》无效
股指期货	1993 年 3—9 月	深圳综合指数和深圳 A 股指数	股价因股票供不应求处于相当高位，股指期货成为一种投机性极强的工具。1993 年 9 月，深圳平安保险公司福田证券部出现大户联手交易、打压股价指数的行为，监管部门宣布停止交易

对于外汇期货，在 2005 年汇率改革之前，我国施行的是盯住美元的固定汇率制度，在

这种制度下汇率波动很小，因此整个市场的交易非常冷淡。在这种情况下虽然没有产生大的事件，但市场的风险管理作用无处发挥，因此在1996年外汇期货市场也停止了交易。而股指期货市场与外汇期货市场停止交易的不同之处在于20世纪90年代我国的股票现货市场才刚刚起步，股票供不应求，在这种情况下再增加高杠杆的期货交易，会使得股指期货变成投机性极强的工具，最后巨额投机交易导致股指期货市场关闭。国债期货同样是由过度投机事件导致了市场关闭。

从我国历史上曾出现的金融期货产品停止交易的例子中可以看出，金融创新需要合适的条件：市场具有活跃度、市场具有有效性，还要有一定的市场规模，可容纳巨额交易的发生。同时我国国债期货在历史上的停滞也映射出产品设计需要有合理性，还需要防止对现货市场的操纵。

拓展阅读

“327”国债期货事件与我国国债期货条款设计

四、期货头寸的了结

期货开仓后，有三种方式结清期货头寸，分别是：提前平仓、到期交割和期货转现货。

（一）提前平仓

提前平仓指允许投资者针对已经持有的期货仓位，在最后交易日之前，通过提交一个相反头寸的平仓指令，结束期货持仓状态的一种制度。

如果投资者持有期货多头仓位，他就可以提交一个多头平仓指令，即卖出期货的平仓指令，了结期货多头持仓。平仓收益为：

$$\text{多头平仓收益}=(\text{平仓价}-\text{开仓价})\times\text{合约规模}\times\text{持仓量} \tag{4-6}$$

如果投资者持有期货空头仓位，他就可以提交一个空头平仓指令，即买入期货的平仓指令，了结期货空头持仓。平仓收益为：

$$\text{空头平仓收益}=(\text{开仓价}-\text{平仓价})\times\text{合约规模}\times\text{持仓量} \tag{4-7}$$

场内交易的衍生产品是可以提前平仓的，且适用T+0交易制度，即当天买，当天卖。

【例4-3】 一个交易者在2023年10月19日买入了10手大商所玉米期货2403合约，开仓价为2 482元/吨。2023年10月30日，该交易者将玉米期货头寸全部平仓，平仓价为2 547元/吨，则该交易者的平仓收益是多少？

交易者持有10手玉米期货多头，每手玉米期货标的是10吨玉米，平仓价为2 547元/吨，开仓价为2 482元/吨，因此交易者平仓收益为：

$$\text{平仓收益}=(2\,547-2\,482)\times 10\times 10=6\,500\text{ 元}$$

【例4-4】 一个交易者在2023年11月22日卖出了10手大商所玉米期货2403合约，开仓价为2 562元/吨。2023年12月5日，该交易者将玉米期货头寸全部平仓，平仓价为2 456元/吨，则该交易者的平仓收益是多少？

交易者持有10手玉米期货空头，每手玉米期货标的是10吨玉米，平仓价为2 456元/吨，开仓价为2 562元/吨，因此交易者平仓收益为：

$$\text{平仓收益}=(2\,562-2\,456)\times 10\times 10=10\,600\text{ 元}$$

95%以上的期货头寸都是到期之前通过平仓了结的，以避免交割风险。因此期货持仓量和交易量在最后交易日之前可以远远高于标的现货库存量。所以如果交易鸡蛋期货，并不需要扛着鸡蛋去交割。

提前平仓制度扩大了期货市场的参与者范围，提升了期货市场的活跃度。即使对于现货没有需求的交易者，比如个体投资者、金融机构等也可以参与到期货市场中。同时套利者的存在可以进一步提高期货市场的定价效率。

为了提升市场活跃度，有些产品还会通过缩小单位合约规模的方式来增加市场参与者。如美国的标准普尔500股指期货，合约乘数为250美元，即一个指数点是250美元。1998年，芝加哥商业交易所推出E-mini S&P500股指期货，采用电子交易，合约乘数为50美元，其规模仅为原来的1/5，目的是增加市场的参与者。

（二）到期交割

1. 期货交割机制

期货交割机制可以分为实物交割与现金交割。商品期货、个股期货、国债期货、外汇期货等一般采用实物交割。期货推出的主要目的是风险管理，所以为了满足企业的需求，能够进行实物交割的期货，一般不会采取现金交割。

期货交割机制又分为滚动交割和集中交割。

一般期货进入交割月，就允许交易者申请交割，在最后交易日之前一般采用滚动交割，在最后交易日之后，期货退市，所有未平仓合约会被集中交割。无论是滚动交割还是集中交割，考虑到交割的便利性，期货实物交割都由卖方选择交割仓库地点和交割品。

滚动交割，即在期货交割月份内，卖方将交割品存入交易所的交割仓库，形成标准仓单，就可以提出交割申请。提出交割申请的当天，交易所按照一定的匹配原则安排期货买方作为交割对手方，被安排的期货买方需要在规定时间内缴纳交割品的全款，并在规定时间内从交割仓库取走交割品，否则将由买方承担交割仓库的仓储费。滚动交割会一直持续到最后交易日，因此进入交割月份后，所有的未平仓合约都存在交割风险。由于个人客户可能不具备实物交割条件，因此为了避免交割风险，很多商品期货不允许个人客户持有期货到交割月份。如大连商品交易所规定：自交割月份第一个交易日起，交易所对个人客户交割月份合约的持仓予以强行平仓。

在最后交易日之后采用的集中交割，除了不需要提出交割申请外，其他流程类似于滚动交割的流程。表4-9给出了大商所黄大豆1号期货的滚动交割和集中交割的具体内容。

表4-9　黄大豆1号期货的滚动交割与集中交割

	滚动交割	集中交割
办理时间	交割月份第1个交易日至第9个交易日	最后交易日
配对日	卖方提出滚动交割申请当日	最后交易日闭市后
配对原则	筛选买卖双方原则：卖方优先；申报交割意向的买持仓优先，持仓时间最长的买持仓优先 配对买卖双方原则：对于选取的买卖双方，按照“最少配对数”原则进行配对	“最少配对数”原则
交割过程	配对日次日称为交收日，买方向交易所支付全款，交易所向买方提供仓单；配对日后第二日，交易所向卖方转交全款，交割完成	最后交易日次日，买方向交易所支付全款，交易所向买方提供仓单；配对日后第二日，交易所向卖方转交全款，交割完成

续表

	滚动交割	集中交割
结算价格	配对日结算价	交割结算价
主要特点	卖方优先原则：符合条件的卖方提出申请后保证当天配对成功，被配对买方要按期付款	最后交易日收市后配对，交易所集中办理交割

交割中买方支付的货款取决于交割日的期货结算价，滚动交割以卖方申请交割当日的结算价为准，集中交割以最后交易日的期货结算价为准。因此买方最后交割需要支付购买标的资产的成本为：

$$期货交割结算价\times合约规模\times持仓量 \tag{4-8}$$

若假设在期货交割日，标的资产现货价格为 S_T，期货交割结算价为 F_T，则通过交割，期货买方的获益为：

$$期货多头交割获益=(S_T-F_T)\times合约规模\times持仓量 \tag{4-9}$$

相应地，期货卖方的获益为：

$$期货空头交割获益=(F_T-S_T)\times合约规模\times持仓量 \tag{4-10}$$

【例 4-5】 假设某玉米加工企业持有 10 手 6 个月期的玉米期货多头，每手玉米期货标的为 10 吨玉米，开仓价为 2 500 元/吨。在期货交割日，期货结算价为 2 800 元/吨。当日，玉米现货价格为 2 900 元/吨，该企业进行了实物交割。试计算该玉米加工企业的交割损益和合成成本。

该玉米加工企业在期货交割日以 2 800 元/吨的价格购买玉米，玉米现货价格为 2 900 元/吨，因此通过期货交割，加工企业每吨玉米节约 (2 900－2 800)＝100 元。

考虑到期货的盯市结算，企业的合成玉米购买成本为：

$$交割成本+盯市盈亏=-2\,800+(2\,800-2\,500)=-2\,500 元/吨$$

因此，企业的合成成本为 2 500 元/吨，即初始的建仓价格，相对于现货价格节约了 400 元/吨。这里“—”表示现金流出。

由于指数期货的标的资产无法实现实物交割，所以指数期货如股指期货、商品指数期货一般采取现金交割。现金交割在最后交易日收市后进行，因此一般情况下现金交割的最后交易日和最后交割日是同一天，此时

$$期货多头交割收益=(现货指数-期货交割结算指数)\times单位指数点价值\times持仓量 \tag{4-11}$$

$$期货空头交割收益=(期货交割结算指数-现货指数)\times单位指数点价值\times持仓量 \tag{4-12}$$

【例 4-6】 沪深 300 股指期货的交割结算价为最后交易日标的指数最后 2 小时的算术平均价。设在期货到期日，沪深 300 指数在上交所的算术平均价为 3 300 点，沪深 300 股指期货在最后交易日的结算价为 3 280 点，则一份沪深 300 股指期货多头的交割额是多少？

这里沪深 300 股指期货 1 个指数点的价值为 300 元，现货指数为 3 300 点，期货指数

为 3 280 点，因此 1 手沪深 300 股指期货多头的交割额为：

(3 300－3 280)×300＝6 000 元

故多头通过交割获益 6 000 元，空头通过交割亏损 6 000 元。

2. 期货交割机制的影响

首先，通过上述例子可发现由于交割机制的影响，期货价格在到期时会收敛于现货价格。假设在股指期货到期日收市之前的瞬间，若期货价格低于现货价格，则只需买入股指期货在收市后就可获益；若期货价格高于现货价格，则只需卖出股指期货在收市后就可获益。这种套利行为的存在使得期货价格在到期时会收敛于现货价格，但是在到期之前，因为市场交易者不同，期货价格可能高于现货价格，也可能低于现货价格。若期货价格高于现货价格，则市场称为**正向市场**或者**升水市场**；若期货价格低于现货价格，则市场称为**反向市场**或者**贴水市场**（见图 4－2）。

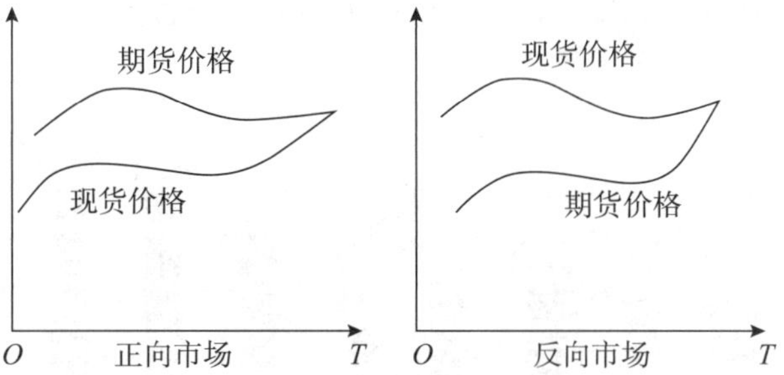

图 4－2　正向市场与反向市场

其次，由卖方选择交割地点和交割品种为实体企业带来便利。期货交易所的交割仓库并非交易所独立建造的，企业可以申请将自己的仓库作为交易所的交割仓库，这样产品不出库，企业就可以完成期货的交割，既节约了仓储成本，又降低了运输费用。如中粮佳悦（天津）有限公司就是大连商品交易所豆粕和豆油的交割仓库，其生产的豆粕和豆油可以直接形成标准仓单，申请期货交割。

再次，期货的交割方式还为企业带来了新的融资方式。在交割仓库形成的仓单称为标准仓单，标准仓单可以通过仓单质押的方式进行质押融资，解决企业的生产成本融资问题。相对于其他途径形成的非标准仓单，标准仓单作为质押标的，其可信度、流转度更高，也是目前仓单质押中被大部分企业和机构认可的仓单质押融资标的。

拓展阅读

仓单串换应用案例

最后，期货由卖方选择交割地点的交易方式也会给买方带来交割困难。由于买方需要到卖方指定的交割地点提货，有可能产生交割地点不确定、交割地点与生产经营地点距离较远、运输成本较高的问题。对此，期货交易所为更好地服务产业客户，解决买方接货地点不确定的问题，推出了**仓单串换**业务。如大商所在 2013 年就推出了仓单串换业务。仓单串换是指买方客户可以申请将交割买入的仓单串换至相应地点提货，这样就妥善解决了买方多点交割的不确定性难题，推动了期货市场标准化与现货市场个性化之间的矛盾消解。图 4－3 和图 4－4 展现了截至 2023 年仓单服务在我国服务实体经济的情况，仓单串换应用案例可扫描二维码了解。

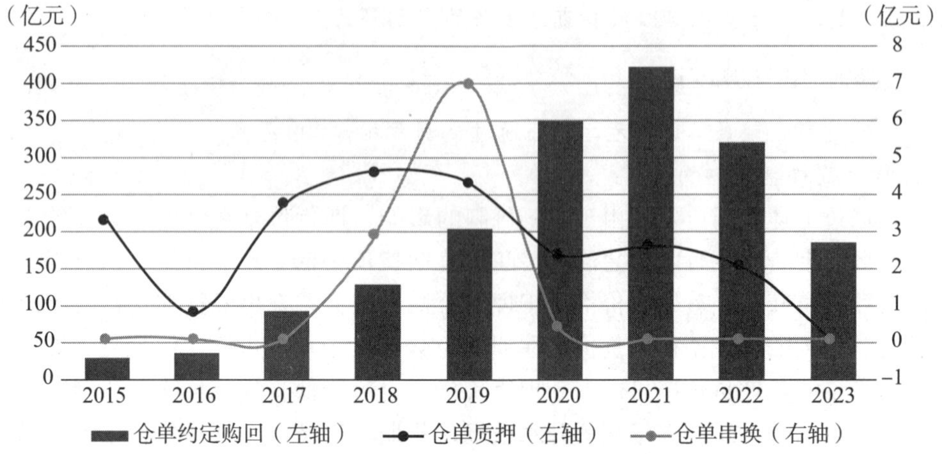

图 4－3　我国期货交易所仓单服务规模

资料来源：期货行业服务实体经济数据概览（2023 年 12 月）. 中国期货业协会，2024－02－02.

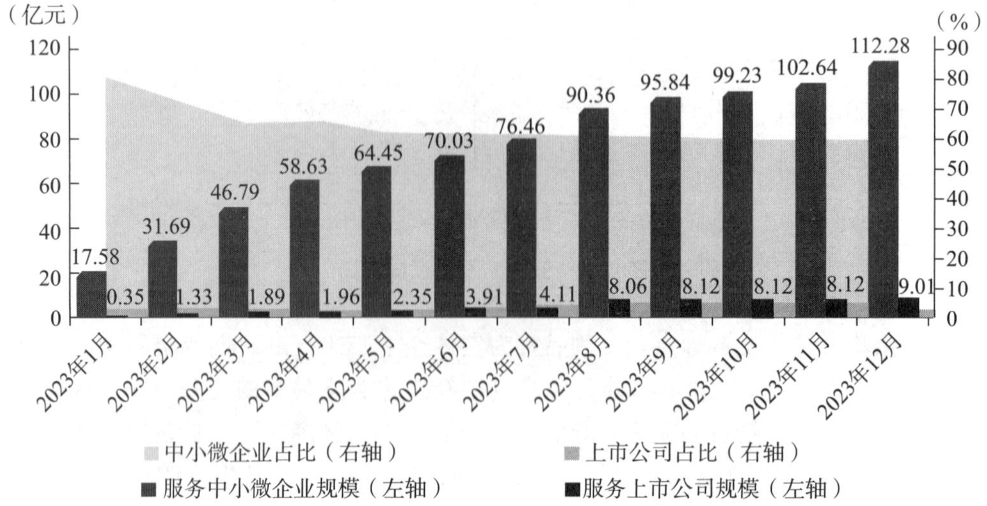

图 4－4　我国仓单服务中小微企业和上市公司的规模及占比

（三）期货转现货

期货转现货指两个既持有期货投资又有现货需求的交易者协商，通过现货交易结清双方持有的期货头寸的一种交易方式。

假如 A 与 B 希望进行相反的玉米现货交易，此时他们的交易过程如图 4－5 所示。

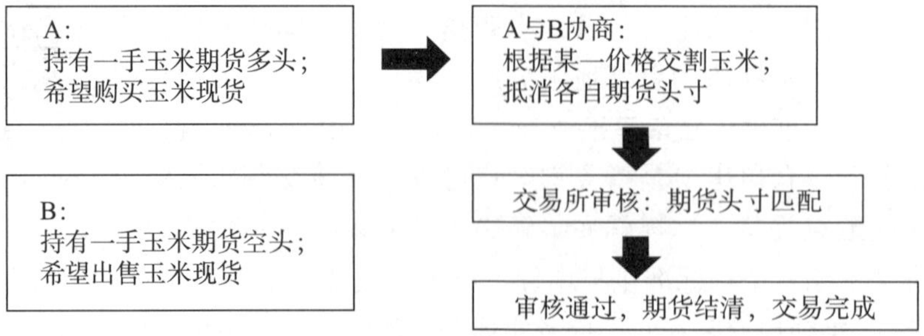

图 4－5　期转现的交易过程

虽然期货转现货的结果与提前平仓或实物交割类似，但它们又存在差异。相对于提前平仓，交易者事实上进行了实物的交割；相对于实物交割，现货交易的条款由双方协商确定；而且期货合约也不是通过交易所大厅的公开竞价方式来结清头寸。

五、期货品种介绍

（一）商品期货

商品期货可以以具体的商品作为标的资产，也可以以某个商品指数作为标的开发期货品种。商品期货作为商品现货市场的衍生工具，通过引导现货价格、避免价格风险，在服务实体经济发展方面发挥着重要作用。

商品期货的报价单位和规模根据商品现货的报价习惯和特征确定，如玉米在我国以吨为单位，在美国以蒲式耳为单位，而原油期货都是以桶为单位。大商所推出的生猪期货1手是16吨，因为生猪交割品要求每头猪平均体重为120公斤，1车生猪约133头，16吨大约就是1车生猪的重量。

影响商品价格的因素是复杂多样的，不同商品的供需影响因素千差万别。如农产品期货的影响因素包括天气因素、环境因素、宏观政策因素、航运价格因素、关税政策因素、地缘政治因素、市场供需因素、产业周期因素等等，因此对商品期货进行投机、套期保值或套利不但需要对期货价格走势进行技术分析，还需要对现货商品的生产、销售、产业链及天气等影响因素进行基本面分析。

期货公司对于不同的商品会按照类别分配专门的研究员，如黑色产业链研究员、棉花研究员、油脂油料研究员等，还会配备专门的宏观研究员，使得研究员对于某个商品体系能够有更加深入的分析和了解，可以结合具体商品的特征构建更丰富的交易策略。

（二）股指期货

股票和债券是资产管理公司进行资产配置不可或缺的金融资产，股指期货作为股票衍生产品的一种，被广泛用于股票投资组合的风险管理和量化投资策略设计。因此股指期货市场是我国成交量最大、最活跃的期货市场。根据中金所的统计，2023年，股指期货总成交额达77.1万亿元，总成交量达7 005万手，而利率期货总成交额为55.8万亿元，总成交量为4 567万手，股指期货成交量和成交额均高于利率期货。

表4-4给出了我国沪深300股指期货合约的条款详情，除此以外，我国还推出了上证50、中证500、中证1 000三个股指期货品种，具体条款可以登录中金所官网或扫描二维码了解。

拓展阅读

上证50、中证500、中证1 000股指期货的合约条款

（1）股指期货的报价。为便于观察，股指期货类似于股票现货指数，以指数点方式报价，1手合约的名义价值等于期货指数乘1个指数点的价值，因此其报价单位为指数点。我国目前推出的四个股指期货品种的最小报价单位均为0.2点，因此股指期货的价格一定是0.2点的整数倍。我们可以看到报价3 000.2点，但不会看到3 000.5点。

（2）股指期货的价值计算。沪深300股指期货和上证50股指期货1个指数点的价值为300元，中证500股指期货和中证1 000股指期货1个指数点的价值为200元，因此指数点的价值可以看作股指期货合约标的资产的规模。以沪深300股指期货为例，合约价值、盯

市结算额、平仓盈亏和交割额的计算公式如下：

1 手沪深 300 股指期货的价值＝期货报价×300 元 (4－13)

1 手沪深 300 股指期货多头的盯市结算额＝(今日结算价－昨日结算价)×300 元 (4－14)

1 手沪深 300 股指期货多头的平仓盈亏＝(平仓价－开仓价)×300 元 (4－15)

1 手沪深 300 股指期货多头的交割额＝(现货指数－期货交割结算价)×300 元 (4－16)

【例 4－7】 设 2024 年 2 月 6 日，沪深 300 现货指数为 3 230 点，沪深 300 期货 IF2403（2024 年 3 月到期的沪深 300 股指期货）报价为 3 200 点。某交易者买入 5 手沪深 300 股指期货，2024 年 2 月 8 日，该交易者将持有的头寸平仓，平仓价为 3 350 点。已知股指期货初始保证金比率为 10%，则该投资者持有的股指期货合约开仓时的价值是多少？其平仓时的持有收益率为多少？

根据题意，2 月 6 日，沪深 300 股指期货报价为 3 200 点，故 5 手沪深 300 股指期货的价值为：

$$3\,200\times300\times5=4\,800\,000\text{ 元}$$

根据股指期货的价值计算公式，投资者初始需要交纳的保证金为；

$$3\,200\times300\times5\times10\%=480\,000\text{ 元}$$

2 月 8 日平仓时，平仓价＝3 350 点，开仓价＝3 200 点，投资者持有股指期货多头，故其平仓盈亏为：

$$(3\,350-3\,200)\times300\times5=225\,000\text{ 元}$$

因此，该投资者持有收益率为：

$$\frac{225\,000}{480\,000}=46.88\%$$

（3）股指期货的交割。如前所述，股指期货采取现金交割。由于交割只涉及保证金账户余额变动，因此股指期货的交割过程非常简单。最后交易日当日就可以完成交割额的清算，因此股指期货的最后交易日和交割日相同。期货多头交割额的计算类似于式（4－16），期货空头交割额的计算则相反。

顺便提出的是，商品指数期货虽然属于商品期货，但也是指数期货，因此条款设计与股指期货相仿。我国上海期货交易所集运指数（欧线）期货在 2023 年 8 月 18 日上市，对其条款有兴趣的读者可以扫描二维码了解。

拓展阅读

上海期货交易所集运指数（欧线）期货条款

（三）外汇期货

外汇期货是管理汇率风险的重要工具，不过，由于外汇管制和汇率风险的复杂性，很多机构通常面临多个外币的汇率波动风险，因此在实践中，机构更偏好使用场外外汇衍生工具来管理汇率风险。

外汇期货的条款设计类似于商品期货，只是外汇期货以某种外币为标的，将外币对本币的汇率作为报价单位。

我国目前还没有再次推出外汇期货，只是在中金所进行欧元兑美元和澳元兑美元的外汇期货仿真交易。表 4－10 是芝加哥商品交易所国际货币市场分部（IMM）的外汇期货合约相关条款，所有货币均以美元报价，标的资产的数量是外币的规模，如 1 手英镑期货的标的是 6.25 万英镑，期货报价方式为英镑兑美元的价格。

表 4－10　国际货币市场分部（IMM）的外汇期货合约

合约币别	英镑	加元	澳元	欧元	日元	瑞士法郎
交易代码	BP	CD	AD	EC	JY	SF
交易单位	6.25 万英镑	10 万加元	10 万澳元	12.5 万欧元	1 250 万日元	12.5 万瑞士法郎
最小变动价位	0.000 2	0.000 1	0.000 1	0.000 1	0.000 001	0.000 1
最小变动值	12.5 美元	10 美元	10 美元	12.5 美元	12.5 美元	12.5 美元
合约月份	3 月、6 月、9 月、12 月					
交易时间	芝加哥时间上午 7:20—下午 2:00，到期合约在最后交易日于上午 9:16 收盘。具体细节可与交易所联系					
最后交易日	交割日前第二个营业日的上午 9:16					
交割日期	合约月份的第三个星期三					
交割地点	清算所指定的货币发行国银行					

表 4－11 是我国中金所 2014 年 10 月开始的欧元兑美元的外汇期货仿真合约的条款。

表 4－11　中金所欧元兑美元的外汇期货仿真合约

合约标的	欧元兑美元即期汇率（EUR/USD）
合约面值	10 000 欧元
报价方式	每 100 欧元的美元价格
最小变动价位	0.01 美元/100 欧元
合约月份	最近的三个连续月份及随后三个季月，季月是指 3 月、6 月、9 月、12 月
交易时间	9:00—11:30；13:00—15:15
最后交易日交易时间	9:00—11:30；13:00—15:00
每日价格最大波动限制	上一交易日结算价的±3%
最低交易保证金	合约价值的 3%
最后交易日	合约到期月份的第三个星期三，遇国家法定假日顺延
交割日期	同最后交易日
交割方式	现金交割
交易代码	EF
上市交易所	中国金融期货交易所

第三节 利率期货

一、短期利率期货

利率期货分为短期利率期货和中长期利率期货，欧洲美元期货是短期利率期货的典型代表，但随着2023年6月LIBOR利率退出历史舞台，欧洲美元期货也退出了金融市场。目前美国最活跃的短期利率期货是SOFR期货，包括1个月SOFR期货和3个月SOFR期货。

2017年6月22日，美国替代参考利率委员会（ARRC）指定SOFR为首选替代参考利率，SOFR是美国用以替代LIBOR的美元计价基准利率。2018年5月7日，CME推出两种SOFR的期货产品，分别挂钩1个月内SOFR的算术平均值和3个月内SOFR的几何平均值。2022年9月14日，CME宣布2023年4月14日将欧洲美元期货和期权持仓转换为相应的SOFR合约。2023年4月28日，CME称已于2023年4月成功将750万份欧洲美元期货和期权未平仓合约，以及4万亿美元清算型美元LIBOR掉期成功转换为对应的SOFR衍生产品，只有2023年5月和6月的合约不参与此转换，保留为欧洲美元期货和期权进行交易，并将于2023年6月30日美元LIBOR利率停用前自然到期。目前对于SOFR期货的介绍还比较少，我国目前还没有短期利率期货的交易。鉴于本书后续章节也没有涉及短期利率期货的应用，因此这里仅介绍中长期国债期货。对欧洲美元期货感兴趣的读者可以查阅王晋忠等（2019），对SOFR期货感兴趣的读者可以查阅CME网站了解具体信息。表4-12是CME 3个月SOFR期货合约的条款。

表4-12 CME 3个月SOFR期货合约的条款

合约规模	2 500美元×合约级IMM指数
报价单位	合约级IMM指数＝100－R R＝合约参考季度内年化营业日复合有抵押隔夜融资利率（SOFR） 参考季度：对于特定合约，从交割月份前第3个月的第3个周三起（含）间隔，截至交割月份的第3个周三（不含）
交易时间	CMEGlobex：美国中部时间周日下午5:00至周五下午4:00（美国东部时间周日下午6:00至周五下午5:00），每天下午4:00（美国东部时间下午5:00）开始休市60分钟 CME ClearPort：美国中部时间周日下午5:00至周五下午5:45，周一至周四下午5:45至下午6:00
最小价格变动	到最后营业日不超过4个月的所有合约月份：0.002 5个IMM指数点（每年1/4个基点）＝6.25美元 其他所有合约月份：0.005个IMM指数点（每年1/4个基点）＝12.50美元 最终结算价格最小变动：0.000 1个IMM指数点
产品代码	SR3
上市合约	季度合约（3月、6月、9月、12月），连续39个季度上市
交割方式	现金结算
参考利率	隔夜美国国债一般担保回购交易的每日交易价值加权利率中位数，基于纽约联邦储备银行（FRBNY）和纽约梅隆银行（BNY Mello）的数据
最后交易日	交易于合约交割月份第3个周三的前一个营业日

二、中长期国债期货的交易机制

中长期利率期货指期货合约标的债务期限在一年以上的各种利率期货，包括各种期限的中长期国债期货和市政债券指数期货等。

（一）美国中长期国债期货的条款设计

表 4－13 展示了美国芝加哥商品交易所 10 年期国债期货合约的条款。除此以外，芝加哥商品交易所还有 2 年期、5 年期和超长期国债期货合约，感兴趣的读者可以扫描二维码了解条款详情。

表 4－13　芝加哥商品交易所 10 年期国债期货合约

项目	内容
标的资产	面值 100 000 美元、息票率为 6%的名义美国国债
可交割债	剩余到期期限从交割月份第 1 天起不超过 10 年，且不低于 6 年 6 个月的美国国债
最小变动价位	一个百分点的 1/32 的 1/2，相当于合约价值最小变动 15.625 美元
交割月份	季度月份（3 月、6 月、9 月、12 月）
最后交割日	交割月份的最后一个营业日
最后交易日	合约月份倒数第 8 个营业日的中午 12:01（芝加哥时间）
交易时间	芝加哥时间周日下午 5:00 至周五下午 4:00
交割方式	实物交割

美国 2 年期国债期货以面值 200 000 美元、息票率为 6%的名义美国国债为标的资产，而 5 年期、10 年期、超长期国债期货均以面值 100 000 美元、息票率为 6%的名义美国国债为标的资产。

美国国债期货同样采用实物交割的方式，不同品种的美国国债期货有各自对应的可交割债。10 年期国债期货的可交割债为剩余到期期限从交割月份第 1 天起不超过 10 年，且不低于 6 年 6 个月的美国国债。

拓展阅读

芝加哥商品交易所
2 年期、5 年期和超长期
国债期货合约的条款

（二）中国国债期货的条款设计

在本章第一节，表 4－3 给出了我国中金所 5 年期国债期货合约的条款，表 4－14 给出了 2 年期国债期货合约的条款。除此以外，我国还有 10 年期和 30 年期国债期货合约，感兴趣的读者可以扫描二维码了解条款详情。

表 4－14　中金所 2 年期国债期货合约

合约标的	面值为 200 万元人民币、票面利率为 3%的名义中短期国债
可交割国债	发行期限不高于 5 年、合约到期月份首日剩余期限为 1.5～2.25 年的记账式附息国债
报价方式	百元净价报价
最小变动价位	0.005 元
合约月份	最近的 3 个季月（3 月、6 月、9 月、12 月中的最近 3 个月循环）

续表

交易时间	9:30—11:30，13:00—15:15
最后交易日交易时间	9:30—11:30
每日价格最大波动限制	上一交易日结算价的±0.5%
最低交易保证金	合约价值的0.5%
最后交易日	合约到期月份的第2个星期五
最后交割日	最后交易日后的第3个交易日
交割方式	实物交割
交易代码	TS
上市交易所	中国金融期货交易所

我国2年期国债期货的合约标的面值为200万元；5年期、10年期和30年期国债期货的合约标的面值均为100万元，所有国债期货的名义债的名义息票率均为3%。

拓展阅读

中国10年期国债期货和30年期国债期货的条款

不同品种的国债期货对应不同的可交割国债：2年期国债期货可交割国债为发行期限不高于5年、合约到期月份首日剩余期限为1.5～2.25年的记账式附息国债；5年期国债期货可交割国债为发行期限不高于7年、合约到期月份首日剩余期限为4～5.25年的记账式附息国债；10年期国债期货可交割国债为发行期限不高于10年、合约到期月份首日剩余期限不低于6.5年的记账式附息国债。

三种国债期货的报价方式均为百元净价报价，交割方式均为实物交割。

（三）中长期国债的报价

国际上中长期债券通常采用百元净价报价（clean price），我国的中长期国债同样采取这种报价方式。百元报价是指以债券面额100元为单位进行报价，净价是指债券的价值扣除结算日至上一利息支付日期间的应计利息之后的价格，使用净价报价方式可以防止债券价格在利息支付日发生跳跃，保持债券报价的连续性。在这种报价制度下，买方应支付的债券价格称为全价（dirty price）或者现金价格。现金价格和净价的关系为：

$$\text{现金价格}=\text{债券净价报价}+\text{应计利息} \tag{4-17}$$

其中：

$$\text{应计利息}=100\times\text{息票率}\times\frac{\text{距上一利息支付日的天数}}{\text{Basis}} \tag{4-18}$$

这里Basis表示计息基准。

【例4-8】 设现在是2022年10月31日，我国一个100元面值的国债息票利率为6%，2030年7月10日到期，报价为106.16元，半年付息一次，最近一次付息日是2022年6月30日，下一次付息日为2022年12月30日，2022年6月30日和2022年12月30日支付的利息都是3元。试计算2022年10月31日该债券的现金价格。

由于2022年6月30日—12月30日共计184天，2022年6月30日—10月31日共计124天，因此有：

现金价格＝106.16＋124/184×3＝108.18元

（四）中长期国债期货的报价

与中长期国债类似，中长期国债期货同样采用百元净价报价、全价结算的方式。在持有中长期国债期货时，投资者可进行盯市结算，也可持有至到期进行实物交割。若进行盯市结算，由于期货到期日应计利息必然完全相同，因此结算金额计算与商品期货、股指期货没有任何差异，无须考虑报价机制问题。

【例4-9】 假定某投资者在7月25日买入1张我国5年期国债期货合约，合约报价为101.875元，1张5年期国债期货合约的面值为100万元，此时投资者拥有的国债期货合约价值为：

101.875×10 000＝1 018 750元＝101.875万元

7月28日，该合约未到期，此时合约的报价为101.970元，不考虑交易成本，若投资者此时进行平仓，可获得收益为：

101.970×10 000－1 018 750＝950元

若将中长期国债期货持有到期，则需要进行实物交割。为保证价格可比性，交易所规定用转换因子（conversion factor）把国债期货的价格转换成不同可交割债的现金价格，以反映它们的市场价值的差异，我们稍后对相关概念和应用进行详细阐述。

（五）合约到期月份选择

国债期货常以季月作为到期月份，如我国国债期货合约的到期月份均为最近的三个季月，季月是指3月、6月、9月和12月。假设今天为2023年10月15日，则此时在中金所挂牌交易的5年期国债期货合约的到期月份为离9月最近的三个季月，即2023年12月、2024年3月和2024年6月。

（六）国债期货的交割

我国的国债期货在交割月内都可以交割，类似于商品期货，同样采用滚动交割和集中交割两种形式。在最后交易日之前提出交割申请的采用滚动交割，在最后交易日之后的所有未平仓合约进入集中交割。滚动交割同样由卖方主动提出交割申请，期货卖方在申请的第二天需要提交用于交割的实际国债，期货买方在第三天缴纳购买债券的资金，买方在第四天获得交割的债券，交割完成。滚动交割会一直持续到国债期货的最后交易日。在最后交易日之后进行的集中交割过程，除了不需要提出交割申请外，其他方面类似于滚动交割的流程。

三、中长期国债期货的特殊概念

以名义国债为标的，采用实物交割为国债期货带来流动性便利的同时，也带来了一系列问题。为了解决这些问题，国债期货的交易中多了一些概念，包括转换因子和最便宜可交割债。这两个概念对于了解国债期货价格影响因素、计算交割金额非常重要。

（一）转换因子

由于国债期货采用实物交割，交割所用债券与名义国债息票率和到期期限都有差距，这势必导致二者的价值不相等，为将名义国债的期货报价转换为等值的可交割债报价，就有了转换因子的概念。

1. 转换因子的定义与计算

交易所规定用转换因子把国债期货的价格转换成不同可交割债的净价价格，以反映它们市场价值的差异。计算方式是：1 元面值的可交割债，使用国债期货名义国债息票率作为到期收益率，在国债期货到期日计算得到的此可交割债的净价数值即为转换因子。

如何理解转换因子的这种计算方式呢？直观而言，为了使得两个债券资产等值，可以采用统一的到期收益率计算所有可交割债在期货到期日之后未来现金流的贴现值，减去应计利息，转换成净价，然后与相应名义国债的净值相比较，即：

转换因子＝可交割债净值/名义国债净值①

因为名义国债在期货到期日是整的付息间隔，因此没有应计利息。如果采用名义国债的息票率计算贴现值，名义国债净值就是面值，因此为方便计算，计算转换因子时通常使用的到期收益率就是名义国债的息票率。因此，转换因子可以理解为：

转换因子＝1 元面值的债券使用名义国债的息票率贴现到期货到期日的净价 (4－19)

在此基础上，我国国债期货中可交割债的转换因子计算公式如下：

$$CF=\sum_{i=1}^{n}\left[\frac{c}{f}\times\frac{1}{\left(1+\frac{r}{f}\right)^{\left(i-1+\frac{xf}{12}\right)}}\right]+\frac{1}{\left(1+\frac{r}{f}\right)^{\left(n-1+\frac{xf}{12}\right)}}-\frac{c}{f}\left(1-\frac{xf}{12}\right) \tag{4-20}$$

式中：r 为名义国债的息票率，我国是 3%，美国名义国债息票率为 6%；

x 为期货交割月到该可交割债下一付息月的月份数；

n 为期货交割月后该可交割债剩余的付息次数；

c 为可交割债的息票率；

f 为可交割债每年的付息次数。

公式中 $\sum_{i=1}^{n}\left[\frac{c}{f}\times\frac{1}{\left(1+\frac{r}{f}\right)^{\left(i-1+\frac{xf}{12}\right)}}\right]+\frac{1}{\left(1+\frac{r}{f}\right)^{\left(i-1+\frac{xf}{12}\right)}}$ 表示按照名义国债的息票率，将可交割债在期货到期日之后的现金流贴现到期货到期日的全价。$\frac{c}{f}\left(1-\frac{xf}{12}\right)$ 表示在期货到期日债券的应计利息。（全价－应计利息）表示的就是面值 1 元的可交割债的净价，也就是转换因子。公式中的时间轴如图 4－6 所示。

图 4－6 中，t 表示当前时刻，T 表示期货到期日，t_n 表示可交割债到期日，t_1，…，t_n 表示可交割债在国债期货到期日之后剩余的付息时间点，即假设该可交割债在国债期货到期后还有 n 次付息，本金将在 t_n 时刻支

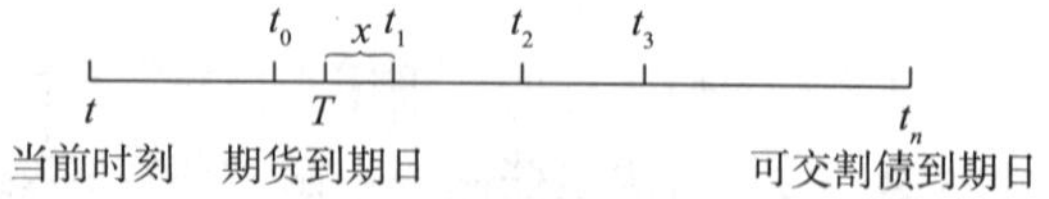

图 4－6 转换因子计算示意图

① 这里的净值不是债券的实际报价，而是指通过人为指定的到期收益率计算出来的债券净值。

付。由于国债期货到期日未必在可交割债的付息间隔上，因此设 t_0 为国债期货到期日之前可交割债的上一付息日，t_1 为国债期货到期日之后可交割债的下一付息日，x 表示 $[T, t_1]$ 的时间间隔，即国债期货到期日距离可交割债下一付息日的时间。转换因子就相当于 1 元面值的该可交割债在 T 时刻之后的现金流使用名义国债息票率 r 作为到期收益率贴现到 T 时刻的净值，即：

转换因子＝T 时刻之后的现金流贴现到 T 时刻的价值－$[t_0, T]$ 期间的应计利息。

将式（4-20）化简，得：

$$CF=\frac{1}{\left(1+\frac{r}{f}\right)^{\frac{xf}{12}}}\times\left[\frac{c}{f}+\frac{c}{r}\left(1-\frac{1}{\left(1+\frac{r}{f}\right)^{n-1}}\right)+\frac{1}{\left(1+\frac{r}{f}\right)^{n-1}}\right]-\frac{c}{f}\times\left(1-\frac{xf}{12}\right) \tag{4-21}$$

计算结果四舍五入至小数点后 4 位。这就是中国金融期货交易所网站给出的转换因子计算公式。在计算转换因子时，为简单起见，通常会将可交割债的剩余期限截尾到整月或者整的季月，如我国的国债期货取整到整月。

【例 4-10】 设我国 2023 年 6 月到期的 5 年期国债期货的某可交割债在国债期货到期日之后还剩余 4 年 7 个月零 25 天，该国债息票率为 4.5%，每年付息一次，试计算该债券的转换因子。

首先，计算转换因子时，剩余期限取整到整月，故设剩余期限为 4 年零 7 个月，债券每年付息 1 次，意味着期货到期日距离下一付息日还有 7 个月，距离上一付息日有 5 个月，在期货到期日后还有 5 次现金流，债券的息票率为 4.5%，故 1 元面值的该债券每次付息金额为 0.045 元，即：

$$c=0.045,\ f=1,\ r=0.03,\ n=5,\ x=7$$

直接代入式（4-21），

$$\begin{aligned}CF&=\frac{1}{(1+0.03)^{\frac{7}{12}}}\times\left[0.045+\frac{0.045}{0.03}\left(1-\frac{1}{(1+0.03)^{4}}\right)+\frac{1}{(1+0.03)^{4}}\right]-0.045\times\left(1-\frac{7}{12}\right)\\&=1.0632\end{aligned}$$

若按照式（4-20）分步计算，含义会更加直观，应用也更加便利。首先，计算债券在期货到期日的现值：

$$\frac{1}{(1+0.03)^{\frac{7}{12}}}\left[0.045+\frac{0.045}{(1+0.03)^{1}}+\cdots+\frac{0.045}{(1+0.03)^{4}}+\frac{1}{(1+0.03)^{4}}\right]=1.08194$$

其次，计算在期货到期日该债券的应计利息：

$$(1-7/12)\times0.045=0.01875\text{ 元}$$

故该债券的转换因子为：

$$1.08194-0.01875=1.06319\approx1.0632$$

结果完全相同。

美国 3 年期和 5 年期国债期货同样取整到整月，但 10 年期和 30 年期国债期货取整到季月。为了使数值整数部分更多一些，计算时也可以先计算 100 元面值的净值，再除以 100 得到转换因子。

【例 4-11】 设美国 10 年期国债期货的某可交割债息票率为 5%，每半年付息一次，该可交割债在期货到期后剩余期限为 9 年 3 个月零 15 天，10 年期国债期货标的国债息票率为 6%，每半年付息一次，试计算该可交割债的转换因子。

9 年 3 个月零 15 天按季月（3 个月）取整，即 9 年零 3 个月，故计算转换因子时假设剩余 9 年零 3 个月，每半年付息一次，因此期货到期日距离下一付息日还有 3 个月，期货到期日后剩余 19 次现金流，100 美元面值每次利息支付为 2.5 美元，故

$$c=5,\ f=2,\ r=0.06,\ n=19,\ x=3$$

代入式（4-20），100 元面值的债券在期货到期日的净值为：

$$CF=\sum_{i=1}^{19}\left[\frac{2.5}{(1+0.03)^{(i-1+0.5)}}\right]+\frac{100}{(1+0.03)^{18.5}}-2.5\times 0.5=92.970\ 38$$

因此，这只债券对应的转换因子＝92.970 38/100＝0.929 703 8≈0.929 7。

表 4-15 给出的是我国 5 年期国债期货可交割债的转换因子，其中第 1 列是可用于 5 年期国债期货交割的可交割债名称，第 2 列是可交割债的到期日，第 3 列是可交割债的息票率，第 4～6 列是可交割债对于不同期货合约的转换因子。如第 4 列第 2 行 0.985 6 表示 2023 年记账式附息（八期）国债作为 TF2403 期货合约的可交割债，其转换因子为 0.985 6，而 TF2403 表示 2024 年 3 月到期的 5 年期国债期货合约。

表 4-15　我国 5 年期国债期货可交割债的转换因子

可交割债名称	到期日	息票率（%）	转换因子		
			TF2403	TF2406	TF2409
2023 年记账式附息（八期）国债	20280415	2.62	0.985 6	—	—
2021 年记账式附息（七期）国债	20280513	3.01	1.000 3	—	—
2023 年记账式附息（十五期）国债	20280715	2.40	0.975 9	0.977 2	—
2023 年记账式附息（二十一期）国债	20280925	2.48	0.978 3	0.979 5	—
2021 年记账式附息（十三期）国债	20281014	2.91	0.996 1	0.996 3	0.996 6
2023 年记账式附息（二十二期）国债	20281015	2.55	0.980 9	0.981 9	0.982 9
2024 年记账式附息（一期）国债	20290115	2.37	0.972 0	0.973 3	0.974 7
2022 年记账式附息（六期）国债	20290324	2.80	—	0.991 2	0.991 6
2022 年记账式附息（十二期）国债	20290615	2.75	—	—	0.989 0

注：转换因子的数据来源于中国金融期货交易所官方网站。

2. 转换因子的作用

根据转换因子，我们可以计算空头方在期货到期日收到的现金：

空头方收到的现金＝国债期货报价×可交割债的转换因子＋可交割债的应计利息

【例 4－12】 某一债券期货合约交割面值为 100 万元的债券。假定报出的期货价格为 90 元，可交割债的转换因子为 1.38，在交割时，每一面值为 100 元的债券的应计利息为 3 元，则空头方交割时应收到多少现金?

空头方收到的现金＝(90×1.38＋3)×10 000＝1 272 000 元

3. 转换因子的特征

根据转换因子的计算公式，我们可以发现转换因子具有如下四个特征。

(1) 任何一只可交割债在国债期货的有效期间，其转换因子均是不变的。从转换因子的计算方法可以看出，因为转换因子只与期货的到期日和到期日之后该债券的票息相关，因此每只可交割债对于某个国债期货合约的转换因子在该期货有效期内是一个常数。

(2) 同样的可交割债对于不同的期货合约具有不同的转换因子。如表 4－15 所示，同一只国债可以是多只期货的可交割债。如 2023 年记账式附息（十五期）国债同时满足 TF2403 和 TF2406 两只期货的可交割债要求，因此其属于两只期货的可交割债范畴，但由于两只期货的交割日期不同，2023 年记账式附息（十五期）国债对应的转换因子也不同。

(3) 转换因子的大小与其息票率大小相关。由转换因子的计算公式（4－20）可以发现，当可交割债的息票率高于名义国债时，其转换因子大于 1，说明以此可交割债为标的的期货价格高于名义国债的期货价格；当可交割债的息票率低于名义国债时，其转换因子小于 1，说明以此可交割债为标的的期货价格低于名义国债的期货价格。在表 4－15 中，2023 年记账式附息（十五期）国债的息票率（2.4%）低于名义国债息票率（3%），因此其转换因子小于 1。

(4) 随着期货合约月份的推移，同一个可交割债的转换因子逐渐向 1 靠拢。即如果一只可交割债息票率高于国债期货基准利率，其转换因子大于 1，但近月合约（期限短的合约）的转换因子大于远月合约（期限长的合约）的转换因子。相反，如果一只可交割债息票率低于国债期货基准利率，其转换因子小于 1，但近月合约（期限短的合约）的转换因子小于远月合约（期限长的合约）的转换因子。如在表 4－15 中，2023 年记账式附息（十五期）国债用于 TF2403 合约的转换因子（0.975 9）要小于 TF2406 合约的转换因子（0.977 2）。

（二）最便宜可交割债

1. 最便宜可交割债的概念

国债期货进行交割时，期货空头方需要提交可交割债现券，收取如例 4－12 中计算出的现金收入。在忽略其他费用的前提下，空头方的交割成本为可交割债在期货到期日的全价，即：

空头方交割成本＝可交割债现货净价报价＋可交割债应计利息　　(4－22)

由于例 4－12 和式（4－22）中可交割债的应计利息是相同的，故期货空头方通过交割支付的净成本为：

空头方交割净成本＝交割成本－交割收入

＝可交割债净价－国债期货报价×可交割债的转换因子　(4－23)

即使通过转换因子进行了可比性的价格转换，由于每只可交割债市场价格存在差异，空头方用不同的可交割债进行交割，通过式（4-23）计算出的净成本也是不同的。由于国债期货最终的交割由期货空头方选择用于交割的债券，因此作为理性投资者，空头方必然选择使得净成本最低的债券。这就是最便宜可交割债（the cheapest to deliver，CTD），简称最廉券。因此，最便宜可交割债的概念来源于国债期货交割的机制安排，是由空头方的选择权引发的概念。

在这种机制下，了解一只国债期货的最便宜可交割债是非常重要的，因为国债期货的价格变动反映的正是最便宜可交割债价格的变动，即可以将国债期货的价格看作以最便宜可交割债为标的的衍生产品，只是报价时通过转换因子转换为名义国债的期货价格而已。

【例 4-13】 假定在某国债期货到期日，期货报价为 93.25 元。设有 3 只债券可以用于该期货的交割，每只债券的报价和转换因子如表 4-16 所示，确定哪只是最便宜可交割债。

表 4-16　期货的可交割债

债券	现货报价（元）	转换因子
1	99.50	1.038 2
2	143.50	1.518 8
3	119.75	1.261 5

首先，利用式（4-23）计算每只债券的交割成本：

债券 1：99.50－93.25×1.038 2＝2.69

债券 2：143.50－93.25×1.518 8＝1.87

债券 3：119.75－93.25×1.261 5＝2.12

显然，三只债券中，债券 2 的交割成本最低，因此，债券 2 为最便宜可交割债。

2. 最便宜可交割债的确定

例 4-13 给出了在**期货到期日**选择 CTD 的方法，但更多的时候，我们需要在期货到期前的任何时刻确定哪只可交割债是 CTD。只有确定了 CTD，才能确定期货当前的报价是否合理，是否存在套利机会。这里有三种在期货到期前选择 CTD 的方法：

（1）根据久期和到期收益率选择 CTD。当所有可交割债的到期收益率都相同时，可以通过久期大小选择 CTD。

久期是反映债券价格受收益率（利率）影响程度的一个指标，它对到期时间进行加权平均，权重等于各期现金流的现值占总债券现金流现值的比例。久期越短，说明收回投资的时间越短，面临的利率风险也就越小。

为了更好地反映收益率的影响，我们可以使用修正的麦考利久期。设某债券当前价格（全价）为 P，到期收益率为 y，支付频率为 f，剩余现金流次数为 n，距离下次利息支付的时间为 Δt，则该债券修正的麦考利久期为：

$$D_r = -\frac{\mathrm{d}P/P}{\mathrm{d}y} = \frac{1}{1+y/f} \times \sum_{t=1}^{n} \frac{PVCF_t}{P}\left(\Delta t + \frac{t-1}{f}\right) = \frac{D}{\left(1+\frac{y}{f}\right)} \tag{4-24}$$

这里 $PVCF_t$ 表示 t 时刻现金流的现值，D 表示麦考利久期。

一般而言，零息债券的久期就等于到期期限，附息债券的久期小于到期期限，浮息债券的久期是从当前开始到下一付息日之间的时间长度。

从式（4-24）中可以看出，久期反映了债券价格关于利率的敏感程度，久期越大，利率变动对其价格的影响越大。基于这一规律，CTD 基于债券到期收益率和久期可以按照如下规则确定：

当债券的到期收益率均等于名义国债的息票率时，所有债券是等同的，因此任何一只债券都是 CTD。

当债券的到期收益率均小于名义国债的息票率时，所有债券价格上升，此时久期越高的债券，价格上升幅度越大，说明购买这种债券成本越高，因此低久期债券是 CTD。

当债券的到期收益率均大于名义国债的息票率时，所有债券价格下跌，此时久期越高的债券，价格下跌幅度越大，说明购买这种债券成本越低，因此高久期债券是 CTD。

由于债券的价格每天都会变动，因此国债期货的 CTD 并不是一成不变的，而是经常会发生变化。

【例 4-14】 我国 5 年期国债期货设定 5 年期、息票率为 3%的中期国债为标的资产。假设目前 6 个月到期的国债期货仅有 3 种可交割债，如表 4-17 所示，表中也包括在当前时间 t 点的债券价格及到期日 T 点的转换因子。假定从今天到期货交割日的短期利率为年率 3.3%（6 个月按 1/2 年计算）。不通过计算，猜测哪一只债券是 CTD。

表 4-17　可交割债信息

国债	息票年率	到期年数	久期	到期收益率	净价报价	转换因子
X	5.6%	5 年	4.51	4.20%	106.20	1.107 73
Y	5.0%	6 年	5.35	4.20%	104.17	1.099 85
Z	4.4%	7 年	6.18	4.20%	101.19	1.081 41

当市场收益率高于名义国债息票率（3%）时，高久期债券更好；当市场收益率低于名义国债息票率时，低久期债券更好。由于 3.3%>3%，因此应该选择高久期债券为 CTD，故猜测债券 Z 是 CTD。

但这种方法具有很大的局限性。可交割债的到期收益率是通过可交割债的价格计算出来的，通常是不一样的，并且可能存在一部分可交割债的到期收益率高于息票率、一部分可交割债的到期收益率低于息票率的情形，因此很多时候这种方法无法使用。

（2）根据隐含回购利率（IRR）选择 CTD。 回购利率的概念来自债券回购交易。债券回购交易指债券交易的双方在进行债券交易的同时，以契约方式约定在将来某一日期以约定的价格，由债券的卖方向买方再次购回该笔债券的交易行为。而回购利率是指卖方先卖出国债，再在一段时间后买回国债所获差额与卖出时的国债全价之比，体现了通过国债变现的融资成本。债券回购交易通常发生在银行间同业拆借市场，而回购利率经常被当作无风险短期利率的代表。由于卖出国债现货的同时买入国债期货相当于在当前时刻卖出国债现货，在国债期货到期时，可以以约定的价格（买入国债期货时的期货报价）买入国债现货平仓现货空头，类似于债券回购交易，因此国债期货的价格隐含了债券的回购利率，称之为隐含回购利率。隐含回购利率的计算公式为：

$$\text{隐含回购利率}=\frac{\text{期货报价}\times\text{转换因子}+AI_T-\text{可交割债全价}}{\text{可交割债全价}}\times 100\% \qquad (4-25)$$

式中，AI_T 表示可交割债在期货到期日的应计利息。

隐含回购利率体现了买入国债期货完成债券回购的融资成本，相应地，也体现了卖出国债期货完成债券逆回购的投资收益，即买入国债现货，卖出对应的国债期货，然后持有到期把国债现货用于对应国债期货的交割所获得的理论收益率。该理论收益率越高，空头方通过卖出期货、买入现货得到的收益越高。由于国债期货的可交割债由期货空头方选择，空头方自然会选择隐含回购利率高的债券作为 CTD，因此，CTD 是隐含回购利率最高的可交割债。

【例 4-15】 接例 4-14，如果当前 6 个月到期的国债期货报价为 93.5 元，上述三只债券刚刚完成利息支付，试通过隐含回购利率确定哪一只债券是 CTD。

$$债券 X 的隐含回购利率=\frac{93.5\times1.107\,73+2.8-106.20}{106.20}\times100\%=0.16\%$$

$$债券 Y 的隐含回购利率=\frac{93.5\times1.099\,85+2.5-104.17}{104.17}\times100\%=1.12\%$$

$$债券 Z 的隐含回购利率=\frac{93.5\times1.081\,41+2.2-101.19}{101.19}\times100\%=2.097\%$$

由于债券 Z 的隐含回购利率最高，因此债券 Z 是 CTD。

(3) 根据无套利价格选择 CTD。这种方法需要依赖国债期货的定价模型，我们将在第六章具体介绍。

相对于久期方法，无套利价格方法和隐含回购利率方法可以适用于任何情况，因此适用范围更广。不过，隐含回购利率方法是通过期货报价和现货报价的比较选择 CTD，因此附加了期货的报价信息。不同方法使用信息的差异必然导致确定的 CTD 有时是不一致的。如果选择 CTD 的目的是通过国债期货进行期现套利，那么建议选择隐含回购利率方法，因为在这种方法下可以确定使用哪只债券 CTD 获得的利润最高。

3. 最便宜可交割债的作用

根据前面的讨论可以了解到，CTD 是国债期货交易中非常重要的概念。

首先，国债期货的报价是盯住 CTD 的，因此讨论国债期货的理论报价需要选择哪一个是 CTD。

其次，进行国债期货的期现套利通常使用 CTD 作为现货。

再次，进行国债期货的跨期套利和跨品种套利也需要利用 CTD 计算无套利区间。

最后，利用国债期货进行债券组合的久期套期保值，需要使用 CTD 的久期作为国债期货的隐含久期，计算套期保值比率。

当然，由于国债期货价格对 CTD 的依赖性，在国债期货的市场操纵案例中，投机者也会通过操纵 CTD 来操纵国债期货的现货市场，达到期货套利的目的。

（三）卖方选择权

在进行交割时，期货合约规定由卖方启动交割程序。国债期货的交割安排导致卖方拥有一系列选择权。

1. 交割品种的选择权（转换权）

用于交割的债券是由卖方选择的，因此卖方必然选择成本最低的现券用于交割，这就是 CTD 的由来，卖方也因此多了一种标的资产的选择权。

2. 交割时间的选择权（时间选择权）

这种选择权来源于国债期货交割制度的规定，以及期货交易时间与现货交易时间的差异。比如在美国，期货卖方同时拥有月末选择权和百搭牌期权。

如芝加哥期货交易所的 10 年期国债期货在其最后交易日后尚存在 7 个工作日可以用于交割，此时期货卖方可以在 7 个工作日内寻找国债现货价格下跌的机会。一旦国债现货价格下跌，卖方就可以更便宜的价格购买可交割债用于期货交割。这种权利被称为月末选择权。

同时，芝加哥期货交易所国债期货每天的收市时间为芝加哥时间下午 2 点，而美国国债现货的交易收市时间为下午 4 点。在交割月，期货卖方如果决定交割，只需要在下午 8 点之前通知交易所。交割债券的发票价是根据通知日当天的结算价（国债期货收市前的最后一笔交易的价格）计算的。从下午 2 点到下午 4 点，如果可交割国债的价格下跌，空头方可以选择交割，这样他的实际交割利润略大于式（4－23）计算出来的结果；如果可交割国债的价格上涨，空头方可以选择暂时不进行交割，等待第二天以后的更好机会。这种权利被称为百搭牌期权。

当然，交易制度的差异使得这些权利不是在所有的国家都存在。如我国国债期货市场存在交割债券选择权，但不存在百搭牌期权。因为中金所国债期货滚动交割意向申报结束时间在期货交易结束时间之前，且我国债券现货每日交易结束时间在期货每日交易结束时间之前。同时，我国国债期货的月末选择权价值要小得多。以 5 年期国债期货为例，中金所 5 年期国债期货合约的最后交易日与最后交割日之间只间隔 3 个交易日，真正可以行使该期权的时间仅为期货最后交易日下午半天，因为期货在最后交易日只交易上午半天。表 4－18 汇总了中美国债期货卖方选择权的差异。

表 4－18　中美国债期货卖方选择权的差异

	美国	中国
交割债券选择权	存在	存在
百搭牌期权	存在	不存在
月末选择权	存在 7 个可选工作日	仅为最后交易日下午半天

由于这些卖方选择权的存在，国债期货的实际报价通常低于国债期货的理论报价。当然还有一个原因是，利率与国债价格负相关，利用第三章的结论，这使得期货价格低于远期价格，也导致国债期货的实际报价低于国债期货的理论价格。

第四节　期货与远期的区别与联系

通过前面的介绍，可以发现期货合约和远期合约都是用当前确定未来价格的远期交易方式来规避风险，但是它们在交易机制上有很多差异。表 4－19 对期货合约和远期合约做了一个对比分析。

表 4－19　期货合约与远期合约的差异

远期合约	期货合约
场外交易	场内交易
私下约定	公开竞价

续表

远期合约	期货合约
非标准化	标准化
流动性差	流动性强
到期结算	每日结算
实物交割	多数提前平仓
违约风险大	违约风险小

可以看出，远期合约通常是在场外由交易双方达成，而期货合约是在交易所内达成，价格是通过公开竞价的方式来确定的。

远期合约的所有条款都是通过私下约定的方式确定的，因此相对来说远期合约比较灵活，且通常是一种非标准化的合约。而期货合约因为由交易所统一制定，所以都是标准化的合约，这种标准化可以增强市场的流动性。远期合约相对于期货合约来说流动性较差，因此我们很难在到期之前将远期合约转让出去。在这种情况下，持有远期合约时，只能通过到期结算的方式来了结。而期货合约可以通过每日结算来结清每日账户的盈亏。

远期合约最终的交割方式基本上都是实物交割，而期货合约除了实物交割以外，95%的期货合约都是通过提前平仓来了结的。

因为远期合约由双方私下约定，如果一方在到期的时候因为市场的不利发展而违约，此时无法保证另外一方的获益，所以违约风险比较大。而期货合约有一系列避免违约风险的制度，违约风险比较小。

本章小结

期货是金融衍生产品在场内交易规模最大、最活跃的产品，在企业风险管理、金融机构交易策略设计和资产配置中具有重要作用。本章首先介绍了期货作为场内交易衍生产品的交易机制，包括以商品期货、利率期货、股指期货的条款为例介绍了期货的标准化条款设计的逻辑，通过举例介绍了期货的保证金制度，以及由此衍生的期货投资的杠杆性，进一步介绍了期货的三种头寸了结方式，以及如何计算期货头寸的收益。

在具体期货品种方面，本章重点介绍了利率期货的相关概念和计算，尤其是中长期国债期货的报价、盯市结算和交割，并对转换因子、最便宜可交割债、卖方选择权等特殊概念进行了细致介绍。需要注意的是，由于国债期货特殊的交易机制，为国债期货进行套利时，通常会使用最便宜可交割债，而最便宜可交割债的数量需要通过转换因子进行调整，这与其他商品期货不同。

本章术语

期货的分类及相关概念：商品期货　金融期货　股指期货　利率期货　外汇期货　正向市场　反向市场

期货的交易制度及相关概念：期货的保证金制度　保证金比率　开仓保证金　维持保证金　追加保证金　强制平仓　盯市结算　实物交割　现金交割　滚动交割　集中交割

期货转现货 期货开仓 期货持仓 提前平仓 仓单串换

国债期货相关概念： 欧洲美元期货 SOFR 期货 中长期国债期货 可交割债 转换因子 最便宜可交割债 隐含回购利率 久期 净价 全价 名义国债 卖方选择权 百搭牌期权 月末选择权

扩展阅读

思考题

一、简答题

1. 期货市场有哪些功能?
2. 期货通过哪些制度来降低违约风险?
3. 简述期货的分类。
4. 国债期货名义国债的设计带来了哪些特殊概念?
5. 最便宜可交割债的作用有哪些?
6. 转换因子的特征有哪些?

二、计算题

1. 设沪深 300 股指期货保证金比率为 10%。假设 2023 年 9 月 3 日，IF2312 合约报价为3 250 点，此时某投资者买入 10 手 IF2312。

(1) 投资者的开仓保证金是多少?

(2) 9 月 4 日，IF2312 结算价为 3 300 点，9 月 5 日 IF2312 结算价为 3 230 点。设维持保证金比率为 10%，试计算投资者在 9 月 4 日和 9 月 5 日的保证金变动，以及保证金追加的情况。

2. 某一投资者在期货经纪公司开了一个交易账户，打入资金 50 万元。在 2022 年 2 月初，他以 2 200 元/吨的价格买入 250 手大连商品交易所玉米期货 2209 合约，玉米期货每手合约是 10 吨玉米。

(1) 若 2 月中旬，玉米期货结算价下跌到 2 085 元/吨，请计算该交易盯市结算的浮动盈亏。

(2) 根据浮动盈亏确定是否追加保证金。如果追加，需要追加多少保证金?

(3) 在 3 月下旬，玉米期货价格上涨，该投资者以 2 280 元/吨的价格全部平仓，试计算该交易者这一交易的结果。(注：玉米期货的初始保证金和维持保证金都假设为 5%，期货经纪公司收取单边手续费 30 元/手，即只收开仓手续费，不收平仓手续费。)

3. 某交易者以 101.5 元的价格买入 10 份 2024 年 3 月到期的 5 年期中国国债期货合约，以 103.2 元的价格平仓了上述多头头寸，试计算交易者的损益情况。(我国 5 年期国债期货 1 份的面值为 100 万元)。

4. 假定某投资者在8月9日买入5张我国10年期国债期货合约，合约报价为101.075元，次年3月到期。同年9月1日，该合约报价为101.260元。若投资者此时进行平仓，不考虑交易成本，请计算投资者获得的收益。

5. 假定在期货到期日，期货报价为92.125元，空头方决定交割，可供选择的债券见下表。最便宜可交割债是哪只？

空头方可选择的债券

债券	现货报价（元）	转换因子
1	98.31	1.036 2
2	142.15	1.508 5
3	116.02	1.261 5

6. 现有2023年9月到期的我国5年期国债期货的一只可交割债，息票率为3.22%，其到期日为2027年12月6日，每年付息一次。已知我国5年期国债期货名义国债的息票率为3%，试计算该可交割债的转换因子。

三、讨论题

1. 如何选择最便宜可交割债？
2. 探讨为何由卖方选择交割债券。
3. 探讨最便宜可交割债在国债期货交易期间是否会发生变化。
4. 债券报价为何采取净价报价？

第五章

金融工程定价原理

本章导读

无套利定价和风险中性定价是金融工程中两个重要的定价原理，无套利定价不但可以用于金融产品的定价，还可以用于策略设计。本章将介绍金融产品的定价原则和连续复利的概念，并通过远期价格的简单计算学习金融工程的两种定价原理，最后探讨定价的目的与用途。

知识结构图

学习要求

理解绝对定价法与相对定价法的差异；了解衍生产品定价的基本假设；了解利息的度量方法；理解连续复利的概念，掌握利率的等价换算，理解金融工程的无套利定价原理和风险中性定价原理的核心思想和应用技巧。

第一节　金融产品定价原则

一、绝对定价法与相对定价法

绝对定价法就是根据金融工具未来现金流的特征，运用恰当的贴现率将这些现金流贴现成现值，该现值就是用绝对定价法计算得出的价格，即资产的当前价格等于其未来现金流贴现值之和。

比如债券定价就是使用绝对定价法，以每年附息债券为例。假设 C_k 是面值为 100 元的债券在第 k 年获得的利息，r 为该债券的贴现率，则 n 年期面值为 100 元的债券当前的价格为：

$$P=\frac{C_1}{1+r}+\frac{C_2}{(1+r)^2}+\cdots+\frac{C_n+100}{(1+r)^n} \tag{5-1}$$

相对定价法则是利用待定价产品与已知价格产品的关系，基于一定的公平原则确定待定价产品价值的方法。金融衍生产品定价基本上采用的是相对定价法，它利用标的资产价格与衍生产品价格之间的内在关系，直接根据标的资产价格求出衍生产品价格。

二、衍生产品定价的基本假设

任何定价模型都以一定的市场简化假设作为前提，本节的定价模型的基本假设包括：

（1）市场不存在摩擦，即没有交易成本、没有保证金、没有卖空限制。

（2）市场参与者不承担对手风险，即合同没有违约问题。

（3）市场是完全竞争的。

（4）市场参与者厌恶风险，且希望财富越多越好。

（5）市场不存在套利机会。

（6）所有市场参与者都能够以无风险利率进行借贷。

其中无套利假设是金融衍生产品定价理论生存和发展最重要的假设。该假设并不是要求市场在任何时刻都是无套利的，而是表明当市场出现套利机会时，市场参与者会积极利用他们发现的套利机会进行套利活动，从而使套利机会很快消失，因此市场价格应该是无套利机会出现时的价格。

需要指出的是，现实中的市场并非如此完美，市场存在交易成本、税收、借贷利差、卖空限制等摩擦。因此上述假设在现实世界中并不能完全满足，基于此假设的定价结论和风险管理等会出现一定的偏差。后续很多学者对上述假设结合市场实际进行了放松，包括允许市场存在交易成本、税收等交易摩擦，限制卖空，借贷利率存在差异等，拓展了无套利定价理论的应用场景，但所有拓展都不会放松市场无套利的基本假设。

第二节　利息的度量

一、利息及相关概念

利息是指在一个借贷关系中，借款人为了取得一定数量的资金在一定期限内的使用权，而支付给贷款人的报酬。其实质是一定期限内资金延迟使用的成本。

在本书中我们会涉及与利息相关的如下概念：

现值（present value，PV)：指未来某个时刻的资金折算到当前时刻的价值。

终值（future value，FV)：指当前时刻的资金在未来某个时刻的价值。

单利（simple interest)：指仅以本金计息的方式，利息为本金、利率与时间的乘积。如果你向银行借了 1 万元，同意在 2 年后以年利率 10%的单利还款，那么 2 年后需要还给银行 1.2 万元（1 万元本金+0.2 万元利息)。这里的利息是根据最初的 1 万元本金计算的，并且在还款时不会再次产生利息。

复利（compound interest)：指在每期满时，将应得利息加入本金再计息的方式，因计息周期不同而产生差异，如年复利、半年复利、季度复利。如果你有 1 000 元投资，且年利率为 10%，第一年末你将获得 100 元的利息，总额变成 1 100 元。第二年末，你将在 1 100 元的基础上再获得 110 元的利息，而不仅仅是在原始的 1 000 元上获得利息。这种复利效应可以使资金增长速度加快，因为每次投资收益都会成为下一次计算收益的基础。

名义年利率（nominal annual interest rate)：无论是按年计息还是按月计息，无论是复利计息还是单利计息，习惯上都会转化成以年利率的形式表示。年利率就是以 1 元本金的周期利息乘以年付息频率。如一个按每月 1%计复利的存款，其名义年利率为 $1\%\times12=12\%$。

贴现因子（discount factor，DF)：指未来某个时刻的资金在当前时刻的价值折算系数，它表示未来面值为 1 元的零息债券在当前时点的价值。例如，若半年计息一次，名义年利率为 10%，则 1 年期的贴现因子为：

$$DF(0, 1)=\frac{1}{(1+5\%)^2}$$

累计因子（accumulation factor，AF）：指当前时刻的资金在未来某个时刻的价值增长系数，它表示当前 1 元面值按照既定的计息方式累积到未来的价值。例如若半年计息一次，名义年利率为 10%，则 1 年期的累计因子为：

$$AF(0, 1)=(1+5\%)^2$$

无论是单利还是某种频率的复利计息，贴现因子或者累计因子的表达都会涉及累乘或者累加的表达式，公式比较烦琐。为了更直观、简便地展示衍生产品的定价过程，在衍生产品定价中经常会用到连续复利的概念。

二、连续复利

（一）连续复利的定义

连续复利（continuous compounding）是指在年付息频率趋于无限大的极限情况下对应的利率。

假设在银行存入 1 元，年利率为 R，投资 t 年。如果利息按每一年计一次复利，则上述投资的终值为 $(1+R)^t$。

如果每年计 m 次复利，年利率为 R，则 t 年后账户金额为：

$$\left(1+\frac{R}{m}\right)^{mt}$$

若计息频率 m 趋于无穷大，利用数学的极限计算，我们可以得出将 1 元投资 t 年后账户余额为：

$$\lim_{m\to\infty}\left(1+\frac{R}{m}\right)^{mt}=e^{Rt} \tag{5-2}$$

这就是当利率为连续复利时，一年后能从银行获得的金额。

【例 5-1】 单利、复利和连续复利差距。求唐朝的 1 元历经 1 300 年，按年利率 5%计算，1 300 年后的本息和。分别按照单利、复利和连续复利的计息方式计算。

单利：$FV_1=P\times(1+R\times n)=1\times0.05\times1\,300+1=66$ 元

复利：$FV_2=P\times(1+R)^t=1.05^{1\,300}=3.52\times10^{27}$ 元

连续复利：$FV_3=P\times e^{rt}=e^{0.05\times1\,300}=1.69\times10^{28}$ 元

由此可以看到，单利情况下将 1 元存 1 300 年只能得到 66 元，还不如去古玩市场上卖出1 元古币的价值高，但如果上述复利方式真的发生，那么当存款人于 1 300 年后醒来，银行就算把全球的 GDP 总量都给他，也无法偿还 1 元的债务，因为 2022 年全球 GDP 的总量也只有将近 100 万亿美元，按照 2022 年美元兑人民币平均汇率 6.726 1 换算为 672.61 万亿元人民币，即 6.73×10^{14} 元人民币，远远低于还款金额。

通过对比上述三种计息方式，我们可以直观地感受到单利、复利以及连续复利的差距。实践中，一个国家经济的发展，一个企业的价值增长都属于复利的范畴，因为下一年

国家的经济发展速度一定基于当年已经累计的价值，也就是复利的概念。例 5－1 的对比告诉我们，虽然一年 5%的增长率并不高，但要维持 1 300 年的稳定增长几乎是不可能的，因此获得长期稳定收益比短期暴富更难能可贵。

巴菲特之所以被称为“股神”，就是因为他实现了 60 多年的财富稳定增长，而中国经济的发展也体现了稳定增长的奇迹，感兴趣的读者可以扫描二维码了解详情。

拓展阅读

长期稳定收益与中国 GDP 增长

连续复利还可以用微分的方法来定义。假设在 t 时刻，账户中有 $M(t)$的资金，经过很短的时间，如在 $t+\mathrm{d}t$ 时刻再次查询账户，设账户中有 $M(t+\mathrm{d}t)$的资金，我们可以合理假设在 $[t, t+\mathrm{d}t]$ 时间内资金的变化与 t 时刻的账户金额 $M(t)$、在 $[t, t+\mathrm{d}t]$ 时间内的利率 r_t、时间长度 $\mathrm{d}t$ 成比例，此处假设 R 为常数，则满足：

$$M(t+\mathrm{d}t)-M(t)=r_tM(t)\mathrm{d}t$$

即：

$$\mathrm{d}M(t)=r_tM(t)\mathrm{d}t \tag{5-3}$$

此时，

$$\mathrm{d}\ln(M(t))=\frac{\mathrm{d}M(t)}{M(t)}=r_t\mathrm{d}t$$

等式两边在 $[0, t]$ 上进行积分，可得：

$$\ln(M(t))-\ln(M(0))=\int_0^t r_s\mathrm{d}s$$

$$M(t)=M(0)\mathrm{e}^{\int_0^t r_s\mathrm{d}s} \tag{5-4}$$

在上述求解过程中，若每个时刻的利率 r_s 都相同，记为 R_c，我们就有：

$$M(t)=M(0)\mathrm{e}^{R_ct} \tag{5-5}$$

R_c 正是前文提到的连续复利。从式（5－3）可以看出，r_t 体现的就是 $[t, t+\mathrm{d}t]$ 时间内货币价值在单位时间的成本，称为时间强度，因此连续复利更体现了利率作为货币时间价值的本质特征。若假设在每个时间点货币的时间价值都会发生变化，则常数利率水平 R_c 就变成了$\{r_t\}$。

（二）连续复利的优点

连续复利相对离散的复利计息方式具有如下优点：

首先，通过式（5－3）至式（5－5）的推导可以看出连续复利更能反映利率的本质特征，且便于对利率的连续变动进行建模。

其次，在衍生产品定价中，采用连续复利可以简化价值表达式。如同样计算 n 年的贴现因子，如果用年复利表示，为 $DF=\frac{1}{(1+R)^n}$，如果用连续复利表示，则为 e^{-R_cn}。

三、利率的等价换算

在定价模型中我们常常使用连续复利，但实践中我们在市场中获取的一般是离散计息的复利，如何将实践中的利率换算为等价的连续复利呢？

如果两种利率对于同样的本金，在相同时间内可以获得相同的本息额，我们就称之为**等价利率**。

利用等价利率的定义，我们可以进行不同计息频率下的利率换算。设 R_m 表示 1 年计 m 次复利的名义年利率，R_c 为年化的连续复利。若二者为等价利率，则意味着将 1 元用两种利率投资 1 年，得到的本息和应该相等，即：

$$e^{R_c}=\left(1+\frac{R_m}{m}\right)^m \tag{5-6}$$

利用上述等式关系，我们很容易通过连续复利 R_c 计算其他计息频率的利率，也可以反过来求解等价的连续复利。

$$R_c=m\ln\left(1+\frac{R_m}{m}\right) \tag{5-7}$$

$$R_m=m\left(e^{\frac{R_c}{m}}-1\right) \tag{5-8}$$

【例 5-2】 设每年计息一次的复利为年利率 8%，试计算与之等价的连续复利。

根据式（5-7），$m=1$，$R_m=8\%$，故

$$R_c=\ln(1+8\%)\approx 7.70\%$$

【例 5-3】 设已知连续复利的年利率为 6%，试计算与之等价的半年计息一次的复利年利率。

根据式（5-8），$m=2$，$R_c=6\%$，故

$$R_2=2\left(e^{\frac{0.06}{2}}-1\right)\approx 6.09\%$$

第三节　金融工程的定价原理

一、无套利定价原理

（一）套利

套利（arbitrage）是指在某项资产的交易过程中，交易者可以在不需要期初投资支出的条件下获得无风险利润。即在零投资的情况下，未来可能获得正收益，但不会产生负债。

如果市场是有效的，则市场价格必然由于套利行为做出相应的调整，重新回到均衡状态。这就是无套利定价原理。根据这个原理，在有效的金融市场上，任何一项金融资产的定价都应当使得利用该项金融资产进行套利的机会不复存在。

根据以上阐释，如果用数学表达式来表达套利的定义，我们会得到套利的数学定义。若市场上某投资策略满足：

$$V_0=0,\ P(V_T\geqslant 0)=1,\ P(V_T>0)>0 \tag{5-9}$$

或者

$$V_0>0, P(V_T=0)=1 \tag{5-10}$$

则这种情况就称为市场存在套利机会。式（5－9）表示期初 0 投资，期末获得套利利润。式（5－10）则表示期初获得套利利润，期末无负债。其中，V_0 表示该投资策略的初始价值，V_T 表示该投资策略的期末价值，$P(\cdot)$ 表示事件发生的概率。

因此，若市场不存在套利机会，则与上述关系相反的是：

$$若\ V_0=0，且\ P(V_T>0)>0，则\ P(V_T<0)>0 \tag{5-11}$$

若我们能设计出满足式（5－9）或者式（5－10）的策略，则说明市场存在套利机会；若我们针对某个策略能够举出满足式（5－11）的情形，则该策略不是套利机会。

（二）无套利定价原理的主要特征

无套利定价的关键技术是“复制”技术，即用一组证券来复制另外一组证券。要点是使复制组合的现金流特征与被复制组合的现金流特征完全一致，复制组合的多头（空头）与被复制组合的空头（多头）之间应该完全实现头寸对冲。

这样由复制组合和被复制组合共同组建的投资组合就满足了零投资组合的要求，进一步根据组合满足的条件判断市场是否存在套利机会，由此确定其中涉及的产品价值是否合理。

显然，在套利活动中，投资者可以通过多个市场或多个资产之间的价格差异来实现无风险利润，而且不需要实际投入资金或资产。因此，无风险的套利活动从即时现金流看是零投资组合。由于套利活动经常涉及两个组合的一买一卖，故而允许卖空是构建套利组合的一个重要特征。

拓展阅读

ETF 套利

（三）无套利定价的实施过程

根据上述套利的定义及特征，我们可以得到两种无套利定价的实施思路：

1. 无风险情况下的无套利定价思路

在无风险情况下，如果市场不存在套利机会，则一个投资组合期初价值为 0，其未来价值也应该为 0。如果我们将这个组合拆分成两个具有复制特性的组合，则上述结论可以改为：

如果两个投资组合期初的价值相同，并且投资期间的现金流也完全一致，则它们期末的价值也应该相等。即：

$$V_1(0)=V_2(0)\Rightarrow V_1(t)=V_2(t) \tag{5-12}$$

其中，0 表示当前时刻或定价时刻，t 表示未来时刻。

2. 有风险情况下的无套利定价思路

在有风险情况下，结合式（5－11），我们很难根据当前价值相等，在无套利的条件下推出未来价值相等，但可以根据无套利的定义得到下面的推论在市场无套利时一定是成立的。

推论： 在市场无套利情况下，如果两个投资组合期末的收益相同，并且投资期间的现金流也完全一致，则这两个投资组合期初的价值也相等，即：

$$若\ V_1(t)=V_2(t)，\forall t>0，则\ V_1(0)=V_2(0) \tag{5-13}$$

证明（反证法）：假设在市场无套利时，$V_1(0) \neq V_2(0)$。不妨设 $V_1(0) > V_2(0)$，在 0 时刻买入 V_2 组合，卖出 V_1 组合，则期初获得 $V_1(0) - V_2(0) > 0$ 的收益。未来由于 $V_1(t) = V_2(t)$，$\forall t > 0$，因此整个投资组合未来价值恒等于零，没有任何负债，故投资者可以在期初获得正收益。而未来无负债，说明存在套利机会，与市场无套利矛盾。

故在市场无套利时，若 $V_1(t) = V_2(t)$，$\forall t > 0$，则 $V_1(0) = V_2(0)$，证毕。

对于风险资产，可以用此推论构建复制组合，倒推定价，如确定股票远期的协议价格、商品期货的理论报价等。

（四）无套利定价应用 1——远期利率的计算

1. 远期利率和即期利率的概念

无风险的即期利率和远期利率是金融产品定价的重要利率工具。利率与时间的关系形成了利率期限结构，即期利率期限结构和远期利率期限结构是利率期限结构常见的研究对象。这里先给出即期利率和远期利率的概念。

即期利率（spot rate）：指在当前时刻计算当前开始计息的、一定期限内的利率水平，我们通常所说的零息债券的到期收益率就是即期利率。设当前时刻为 t，计息结束时刻为 T，则 $[t, T]$ 内的即期利率记为 $R(t, T)$。

远期利率（forward rate）：指在当前时刻确定的未来某时刻开始计息的、未来一定期限内的利率水平。设当前时刻为 t，计息开始时刻为 T，计息结束时刻为 $T'(t < T < T')$，则 t 时刻计算的 $[T, T']$ 内的远期利率记为 $F(t, T, T')$。

2. 远期利率的确定

远期利率可以看作基于当前的市场信息对未来一段时间（$T' - T$）的即期利率水平的无套利预期。我们知道，远期利率协议同样可以在当前确定未来一段时间的利率水平，远期利率正是 FRA 理论上的协议利率。

因此，远期利率涉及三个时间点，即计算利率的时间点、开始计息的未来时间点和计息结束的未来时间点。即期利率与远期利率的时间关系可以用图 5－1 表示。

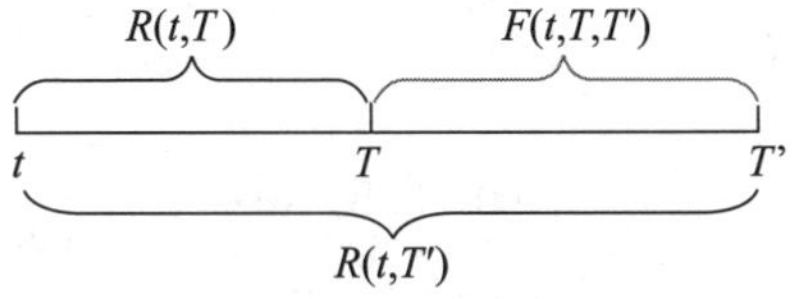

图 5－1　即期利率与远期利率示意图

图 5－1 中，$R(t, T)$，$R(t, T')$ 分别表示 T 时刻到期和 T' 时刻到期的即期利率。现在对于 1 元资金考虑两种投资方案：

方案 1：按照 $R(t, T')$ 的利率投资到 T' 时刻。

方案 2：先按照 $R(t, T)$ 的利率投资到 T 时刻，同时签订一份 FRA，协议规定该交易者可以按 $F(t, T, T')$ 的价格继续投资 $T' - T$ 时期，FRA 的名义本金为 T 时刻获取的本息和。

设所有利率均为连续复利，则在 T' 时刻：

$$\text{方案 1 的价值} = e^{R(t,\,T')(T'-t)}$$

$$\text{方案 2 的价值} = e^{R(t,\,T)(T-t)} e^{F(t,\,T,\,T')(T'-T)} = e^{R(t,\,T)(T-t) + F(t,\,T,\,T')(T'-T)}$$ ①

两种方案都是在 t 时刻投资 1 元，到 T' 时刻结束，所有利率水平都是在当前时刻确定

---

① 虽然 FRA 是利息差交易，但其风险管理效果相当于当前确定了未来时间的利率水平，因此这里我们忽略 FRA 利息差交易带来的操作过程调整，设通过卖出 FRA 可以将名义本金以协议利率投资到到期日 T'。

的。显然这是两个无风险的投资组合，根据无套利定价原理，两种投资方式在 T'时刻的投资获益应该相等，即：

$$e^{R(t,T)(T-t)+F(t,T,T')(T'-T)}=e^{R(t,T')(T'-t)} \tag{5-14}$$

故

$$F(t,T,T')=\frac{R(t,T')(T'-t)-R(t,T)(T-t)}{(T'-T)} \tag{5-15}$$

同理，若上述利率为单利，式（5-14）可改为：

$$(1+R(t,T)(T-t))(1+F(t,T,T')(T'-T))=1+R(t,T')(T'-t) \tag{5-16}$$

此时

$$F(t,T,T')=\frac{R(t,T')(T'-t)-R(t,T)(T-t)}{(1+R(t,T)(T-t))(T'-T)} \tag{5-17}$$

【例 5-4】 FRA 的协议利率计算。某借款人从 1 月 1 日起借入一笔浮动利率、期限为 1 年的资金，利率为 6 个月的 SHIBOR，即每半年确定一次利率。由于不知道6 个月后的 SHIBOR 是多少，为了防范利率上升的风险，该借款人买进一份 6×12 的 FRA。设在 1 月 1 日，6 个月 SHIBOR 为 10.10%，12 个月 SHIBOR 为 9.75%，均为单利，则作为 FRA 交易商的银行如何确定 FRA 的买入价和卖出价？

根据单利情况下远期利率与即期利率的关系及式（5-16），得：

$$(1+10.1\%\times0.5)(1+F(0,0.5,1)\times0.5)=1+9.75\%$$

故：

$$F(0,0.5,1)=\frac{9.75\%-10.1\%\times0.5}{(1+10.1\%\times0.5)\times0.5}=8.95\%$$

此时，交易商为了赚取买卖价差，可以报出 8.9%～9.0%，此时该借款人买入的 FRA 的协议利率为 9.0%。

无套利定价原理不但可以确定远期利率，在利率不满足无套利关系时，也可以方便地制定套利策略。

【例 5-5】 假设现在 6 个月即期年利率为 10%（连续复利，下同），1 年期的即期利率为 12%。如果有人把今后 6 个月到 1 年期的远期利率定为 11%，试问这样的市场行情能否产生套利活动？

能产生套利活动。因为通过连续复利下的计算公式（5-15）可以知道理论远期利率为：$F(0,T,T')=\dfrac{R(0,T')\times T'-R(0,T)\times T}{T'-T}=\dfrac{12\%\times1-10\%\times\frac{1}{2}}{1-\frac{1}{2}}=14\%>11\%$。

故远期利率被低估，对应的方案 2 的投资收益低于理论值，可以以方案 2 借入资金，以方案 1 投资进行套利，具体套利过程如表 5-1 所示。

表 5-1　具体套利过程

	$t=0$	$t=6$ 个月	$t=1$ 年
策略实施	1. 按 10%的利率借入一笔 6 个月资金。+1 000 万元 2. 签订一份 6×12 的 FRA，协议利率为 11%，本金为 1 051 万元。0 元 3. 按 12%投资 1 年资金。−1 000 万元	1. 按照 FRA 规定价格，在市场上按 11%的价格借入资金。+1 051 万元 2. 偿还 6 个月的借款本息和。−1 051 万元	1. 收回 1 年期贷款，得本息 +1 127 万元 2. 偿还 FRA 的 6 个月的债务。−1 110 万元
净现金流	1 000−1 000=0	1 051−1 051=0	1 127−1 110=17 万元

3. 远期利率协议的价值计算

远期利率协议一旦签订，协议利率就确定了，但远期利率会随着时间的变化而发生变化。此时，远期利率协议本身的价值如何计算呢？

【例 5-6】 接例 5-4，设例 5-4 中协议利率为 9.0%，名义本金为 100 万元。若 3 个月后，市场上 3×9 的远期利率报价为 13.8%，9 个月即期利率为 13.5%，均为单利，则原远期利率协议的价值为多少？

设原远期利率协议的价值为 f_t，则构造如下两个组合：

组合 A：1 份原远期利率协议多头+1 份新远期利率协议空头；

组合 B：将 f_t 的无风险资产投资 9 个月。

设 3 个月后，6 个月即期利率为 i_r。根据远期利率协议交割额的计算公式，在 3 个月后将远期利率协议的交割额均投资到到期日，即 9 个月后，则

$$V_A(T')=(i_r-9\%)\times100\times\frac{1}{2}+(13.8\%-i_r)\times100\times\frac{1}{2}$$

$$=(13.8\%-9\%)\times100\times\frac{1}{2}$$

$$V_B(T')=f_t\left(1+13.5\%\times\frac{9}{12}\right)$$

显然，组合 A 和组合 B 未来都是无风险组合，又因为新的远期利率协议签约时价值为 0，所以在当前 t 时刻，

$$V_A(t)=f_t=V_B(t)$$

由无套利定价原理，对于无风险组合，其当前价值相等，未来价值也必然相等，故：

$$f_t\left(1+13.5\%\times\frac{9}{12}\right)=(13.8\%-9\%)\times100\times\frac{1}{2}$$

即：

$$f_t=\frac{(13.8\%-9\%)\times100\times\frac{1}{2}}{\left(1+13.5\%\times\frac{9}{12}\right)}=2.179\text{ 万元}$$

若设 t 时刻远期利率为 $F(t, T, T')$，T'时刻到期的即期利率为 $R(t, T')$，原远期利率协议的协议利率为 K，名义本金为 A，则原远期利率协议多头的价值 f_t 可表示为：

$$f_t=\frac{(F(t,T,T')-K)\times A\times(T'-T)}{(1+R(t,T')(T'-t))} \tag{5-18}$$

（五）无套利定价应用 2——远期价格的计算

1. 远期价格计算

为了叙述简便，我们引入一些变量符号，如表 5-2 所示。

表 5-2 变量符号和含义

T	远期合约到期时间
S_t	标的资产在 t 时刻的价格
K	远期合约中的交割价格
f_t	t 时刻远期合约的价值
$F(t, T)$	资产在 t 时刻确定的，到期日为 T 的远期价格
r	连续复利下的无风险利率

远期价格（forward price）：资产的远期价格是指当前确定的使得相应到期时间的远期合约价值为零的协议价格。

我们可以根据有风险情况下的无套利定价思路，通过复制待定价资产的思路确定资产的远期价格。

【例 5-7】 考虑一个基于不支付红利的股票的远期合约多头，3 个月后到期。设当前股价为 40 元，无风险连续利率为 5%，试求使得该远期合约价值为 0 的协议价格。

假设远期合约的协议价格为 K，则远期合约多头的到期损益为：

$$S_T-K$$

因此，如果在远期合约多头的基础上增加一个 T 时刻价值为 K 的无风险资产，则组合的损益为 $S_T-K+K=S_T$，即 1 单位股票的价格，也就是 1 份远期合约多头＋终值为 K 的无风险资产可以复制 1 单位股票，由此我们构造两个组合：

组合 A：1 份远期合约多头加上 1 笔数额为 Ke^{-rT} 的无风险资产；

组合 B：1 单位股票。

则在远期合约到期日：

$$V_A(T)=S_T-K+K=S_T$$
$$V_B(T)=S_T$$

因此，$V_A(T)\equiv V_B(T)$，并且两个组合中间没有任何现金流，故根据无套利定价原理的推论可得：

$$V_A(0)=V_B(0)$$

其中，0 时刻代表远期合约签约时刻，此时若远期合约价值 $f_0=0$，则

$$V_A(0)=f_0+Ke^{-rT}=Ke^{-rT}$$
$$V_B(0)=S_0$$

因此，$Ke^{-rT}=S_0$，即：$K=S_0e^{rT}$

代入例题中数值，得：

$$K=40e^{5\%\times 3/12}=40.5\text{ 元}$$

例 5-7 中，组合 A 和组合 B 就是未来价值完全相等的投资组合。由于组合 A 和组合 B 在远期合约到期之前都没有任何现金流发生，这意味着组合未来的价值都体现在到期价值中，因此可以通过比较到期价值的关系确定当前的价值关系，由此确定远期合约的协议价格。

这里 K 使得 3 个月到期的股票远期合约价值为 0，因此也就是该股票的 3 个月远期价格，即：

$$F(0,T)=S_0e^{rT} \tag{5-19}$$

例 5-7 中的推导过程对于任何不支付红利的标的资产的远期合约都是成立的，因此我们得到不支付红利的标的资产在 T 时刻的远期价格表达式就是式（5-19）。

2. 套利策略设计

如果远期合约的协议价格不等于远期价格，是否存在套利机会？

【例 5-8】 接例 5-7。若远期合约的协议价格为 43 元，是否存在套利机会？

根据例 5-7，股票 3 个月的远期价格为 40.5 元，而远期合约协议价格为 43 元，说明通过远期合约可以以更高的价格在未来出售股票，获得更高的收益，因此，针对组合 A 和组合 B，我们可以卖出组合 A，买入组合 B，即借入资金，买入股票，卖出远期合约。具体实施过程如表 5-3 所示。

表 5-3　套利策略过程（以 1 单位标的资产为例）

	初始时刻（0）	到期日（T）
策略实施	1. 借入 40 元资金，$+S_0$ 2. 买入 1 单位标的资产，$-S_0$ 3. 出售 1 单位标的的远期合约，0	1. 执行远期合约出售资产 2. 获益 $+K$ 3. 偿还借款本息 $-S_0e^{rt}$
净现金流	$S_0-S_0=0$	$K-S_0e^{rt}=43-40.5=2.5$ 元

该策略需要期初借入资金买入标的资产持有到期，故可被称为“持有成本策略”。

在上述策略设计中，我们没有借入 Ke^{-rT} 的资金，而是仅仅根据策略的成本需求借入了对应的资金，达到期初零投资、期末正收益的效果。当然，类似于前面对套利策略的表述，也可以设计策略，达到期初获益、期末无负债的效果。

【例 5-9】 接例 5-7。若远期合约的协议价格为 39 元，是否存在套利机会？

根据例 5-7，股票 3 个月的远期价格为 40.5 元，而远期合约协议价格为 39 元，说明通过远期合约可以以更低的价格在未来买入股票，节约成本，因此，远期合约价值被低估，可以买入组合 A，卖出组合 B，即卖出股票，买入远期合约。具体实施过程如表 5-4 所示。

表 5-4　具体套利策略（以 1 单位标的资产为例）

	初始时刻（0）	到期日（T）
策略实施	1. 卖出 1 单位标的资产，获益 $S_0=40$ 2. 买入 1 单位标的的远期合约，0 3. 将 $Ke^{-rt}=38.52$ 所得收益投资于无风险资产	1. 取出无风险资产投资获益 K 2. 执行远期合约买入资产，支付 K 3. 平仓资产空头
净现金流	$S_0-Ke^{-rt}=40-38.52=1.48$ 元	$K-K=0$

该策略需要期初卖出标的资产，获得卖空收益，故可被称为“反向持有成本策略”。

在该策略中，我们采取了期初正收益、期末无负债的策略，其实套利效果是类似的，不同之处在于远期价格与协议价格的价差在期末获得还是在期初获得。若在期初获得，则为二者价差的贴现值。

3. 远期价格的作用

在第四章我们提到，期货报价可以看作远期合约的协议价格，而合理的远期合约的协议价格就是远期价格，因此远期价格一方面是远期合约理论上的协议价格，另一方面也是期货的理论报价。图 5 - 2 展示了远期价格、期货价格与远期合约协议价格在实践中的关系。

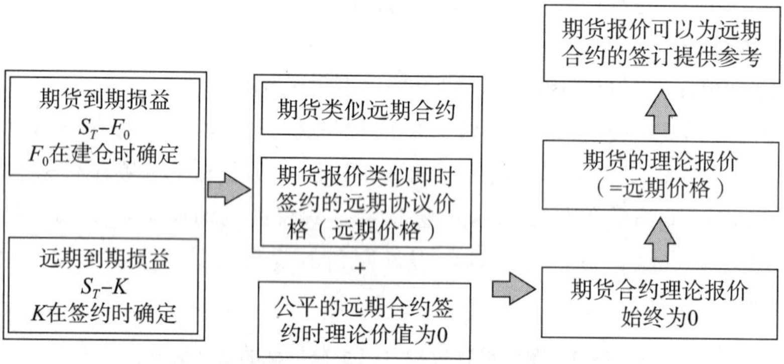

图 5 - 2　远期价格、期货价格与远期合约协议价格的关系

除此以外，远期价格也是远期合约价值的计算依据。由于在签订远期合约时，除了保证金，双方不需要支付任何其他现金流，故合约双方所选择的交割价格会使合约的价值为零。而随着时间的推移，标的资产现货的价格会发生变化，这会导致合约的价值对多头而言可能为正，也可能为负，对空头亦如此，此时合约价值可能不再为零。

【例 5 - 10】 接例 5 - 7。若 1 个月后股票价格涨到 42 元，原远期合约的协议价格为 40.5 元，则此时原远期合约多头的价值是多少？

设远期合约多头的价值是 f_t，t 表示当前时间。根据式（5 - 19），此时股票 2 个月期的远期价格为：

$$F(t,T)=S_t e^{r(T-t)}=42\times e^{0.05\times 2/12}=42.35\ \text{元}$$

设新的 2 个月期远期合约的协议价格为 $F(t,T)$，构建两个组合：

组合 A：1 单位原远期合约多头＋1 单位新远期合约空头；

组合 B：f_t 的无风险投资，投资 2 个月。

则在远期合约到期日，即 $T-t=2$ 个月后：

$$V_A(T)=S_T-K+F(t,T)-S_T=F(t,T)-K$$
$$V_B(T)=f_t e^{r(T-t)}$$

因此，组合 A 和组合 B 的到期日价值均为确定值，均为无风险组合。由于新远期合约价值为 0，故 $V_A(t)=f_t=V_B(t)$。根据无套利定价原理，二者期末价值相等，即：

$$f_t e^{r(T-t)}=F(t,T)-K$$

$$f_t=(F(t, T)-K)e^{-r(T-t)} \tag{5-20}$$

将 $F(t, T)$ 的表达式代入也可得到远期合约价值与标的资产价格间的关系：

$$f_t=S_t-Ke^{-r(T-t)} \tag{5-21}$$

就例 5-10 而言，

$$f_t=(42.35-40.5)\times e^{-0.05\times 2/12}=42-40.5\times e^{-0.05\times 2/12}=1.83 \text{ 元}$$

二、风险中性定价原理

（一）风险中性定价原理的定义

在风险中性环境下，我们假定所有证券的预期收益率都等于无风险利率，因此所有现金流都可以通过无风险利率进行贴现求得现值，这就是风险中性定价原理。

风险中性假定仅仅是为了定价方便而做出的人为假定，但通过这种假定所获得的结论不仅适用于投资者风险中性情况，也适用于投资者厌恶风险的所有情况。

（二）风险中性定价原理的应用——远期价格的确定

根据风险中性定价原理，任何产品的未来收益率预期都是无风险利率，因此当前价值应该等于未来现金流期望的无风险贴现。

我们知道远期合约到期的价值为：$f_T=S_T-K$，所以可以得到当前远期合约的价值为：

$$\begin{aligned} f_0&=E^*(f_T)e^{-rT}=E^*(S_T-K)e^{-rT} \\ &=E^*(S_T)e^{-rT}-Ke^{-rT} \end{aligned}$$

其中，E^* 表示在风险中性概率下的数学期望。

由于远期合约在初始时刻没有价值，即 $f_0=0$，故：

$$K=E^*(S_T)$$

进一步利用风险中性定价原理，在风险中性环境下，标的资产当前的价格也应该等于它未来价值期望的无风险贴现。若标的资产在有效期内没有产生现金流，则：

$$S_0=E^*(S_T)e^{-rT}$$

故

$$E^*(S_T)=S_0e^{rT}$$

因此，

$$F(0, T)=K=E^*(S_T)=S_0e^{rT} \tag{5-22}$$

由此可见，风险中性定价原理的定价结果式（5-22）和无套利定价原理的结果式（5-19）是完全一致的，这也验证了风险中性定价原理的合理性。

三、无套利定价与风险中性定价的关系

实际上，风险中性定价原理是在市场无套利情况下，利用数学理论获得的一种简便的

定价技巧，风险中性定价方法的基本前提也是市场不存在套利机会和资产可复制，因此风险中性定价和无套利定价是内在一致的。

风险中性定价作为一种便捷的定价方法，其在定价方面可以化繁为简，大大简化过程，相对于无套利定价具有明显的优势。

但风险中性定价无法给出在价格不合理时如何设计套利策略、利用套利机会。而无套利定价虽然需要通过策略设计和复制组合分析完成定价过程，计算烦琐，但同时也给出了价格不合理时套利策略设计的启示。

另外，风险中性定价作为一种数学技巧，是严格依赖市场假设的。一旦加入市场摩擦如借贷利率的差异、交易成本、卖空限制，风险中性定价原理就无法直接套用，需要利用数学理论重新塑造风险中性环境的相关结论，而此时无套利定价原理仍然可以继续应用，因此无套利定价适用的情景更加广泛。

第四节　定价的目的和用途

金融产品的风险管理、策略设计都与估值密切相关。金融工程定价原理不仅可用于为金融产品进行定价，也可用于发现金融产品价值的影响因素，还可用于设计针对这些因素变动带来的影响的风险管理手段。因此，对于定价的目的和用途，我们需要从多个角度来理解。

（1）**估值依据**。对于交易双方协商的产品，定价模型可起到估值作用，如通过计算理论价格来判断债券发行及衍生产品的报价是否合理，从而帮助投资者和交易员在市场中进行交易时做出决策并进行资产配置。

（2）**风险度量的基础**。通过定价模型可计算出金融工具的风险敞口，进行敏感性分析以衡量衍生产品价格对标的资产价格变动的敏感程度。除此之外，还可以通过定价原理进行情景分析、VaR 计算以及信用风险的度量等。

（3）**隐含参数的计算**。通过定价模型可以发现参数与产品价值的关系，这样可以通过产品的市场价值反推难以计算的参数取值。如通过期权的市场价值，使用期权定价模型可以反推资产的波动率，这对于投资者了解市场参与者的波动预期有着重要意义。

（4）**利率期限结构的预测**。利用定价模型可以通过债券价格、利率衍生产品价格等反推出不同期限的利率水平，预测未来的利率期限结构，解释市场对于未来利率变动的预期。

（5）**套利活动依据**。通过比较定价原理计算出的理论价格与市场价格，可以发现套利机会，设计套利策略，进而增强市场的价格发现功能。

本章小结

1. 金融衍生产品的价值依赖于标的资产的价格，因此对于金融衍生产品定价采用的是相对定价法。无套利定价和风险中性定价都属于相对定价法。

2. 连续复利可以简化金融产品定价表达式，更直观地体现定价模型的影响因素，因此在衍生产品定价中使用广泛。虽然现实中很难看到连续复利，但我们可以通过利率的等价换算得到连续复利。

3. 无套利定价方法的定价思路有两种：在无风险情况下，如果两个投资组合期初的价值相同，并且投资期间的现金流也完全一致，则它们期末的成本也相等。即：$V_1(0)=V_2(0)\Rightarrow V_1(t)=V_2(t)$；在有风险情况下，如果两个投资组合期末的收益相同，并且投资期间的现金流也完全一致，则它们期初的价值也相等。即：$V_1(t)=V_2(t)\Rightarrow V_1(0)=V_2(0)$。

4. 我们可以通过无风险情况下的无套利定价原理获得远期利率的计算公式和远期利率协议价值的计算公式，以及远期合约价值的计算公式，通过无风险情况下的复制组合计算资产的远期价格。

5. 通过无套利定价原理还可以在发现套利机会时设计套利策略，持有成本策略是卖出远期合约买入标的资产的策略；反向持有成本策略是买入远期合约卖出标的资产的策略。

6. 风险中性定价与无套利定价是内在一致的，它们都为定价提供了便利途径。

本章术语

绝对定价法　相对定价法　连续复利　套利　无套利定价原理　风险中性定价原理　远期利率　即期利率　远期价格　远期合约的价值　持有成本策略　反向持有成本策略

扩展阅读

思考题

一、简答题

1. 阐述无套利定价原理。

2. 阐述风险中性定价原理。

3. 阐述绝对定价法与相对定价法的区别。

4. 衍生产品定价的基本假设有哪些？

二、计算题

1. 每季度计一次复利的年利率为14%，请计算与之等价的每年计一次复利的年利率和连续复利年利率。

2. 银行希望在6个月后对客户提供一笔6个月的远期贷款。银行发现金融市场上即期利率水平是：6个月期利率为9.5%，12个月期利率为9.875%。假设按年计息，则按照无套利定价原理，银行为这笔远期贷款索要的利率是多少？给出推导过程和计算结果。

3. 假设一种不支付红利的股票目前的市场价格为20元，无风险连续复利为10%，求该股票3个月远期价格。

4. 某股票的价格现在是100元。如果签署一年的远期合约，一年的无风险利率为5%，请问一年的股票远期价格按无套利定价原理如何确定？空头方认为该股票的预期收益率为

10%，所以价格为 110 元，你同意吗？如果市场中给出的远期价格是 110 元，套利机会（策略）是什么？如果远期价格是 102 元，套利机会又如何？

三、讨论题

1. 无套利定价方法与风险中性定价方法是金融衍生产品的两种重要定价方法。请简述二者的区别与联系。

2. 远期价格的作用是什么？

3. 连续复利有哪些优势？

4. 使用无套利定价原理进行定价的方式有哪些？

第六章

远期与期货定价

本章导读

本章在第五章的基础上，将对远期与期货定价和套利策略设计进行更详细的介绍，应用无套利定价原理，进行已知现金收益资产的远期和期货定价及套利策略设计，如国债期货的定价，以及已知收益率资产的远期和期货定价及策略设计，如外汇期货的定价。然后介绍风险中性定价原理下的定价过程，进一步给出风险中性定价带来的便利和无套利定价更广泛的使用场景，同时本章还会探讨期货价格、远期价格和现货价格的关系。

学习要求

知识结构图

理解不同情形下的远期和期货无套利定价的思路与套利策略设计思路，掌握不同情形下的定价公式，能够应用股指期货、国债期货、外汇期货、商品期货的定价公式计算不同期货的理论价格，设计价格不合理时的套利策略，了解期货价格、远期价格和现货价格的关系。

第一节　已知现金收益资产的远期和期货定价

一、已知现金收益资产的远期价格

支付现金收益资产的特征是在远期（期货）有效期期间，标的资产会产生完全可预期的确定性现金流，如股票发放的现金红利、债券支付的固定票息、商品存储支付的仓储成本等。

应用无套利定价原理时，相较于不支付红利的资产，为已知现金收益资产确定远期价格需要考虑有效期期间产生的现金流的对冲问题。

由于有效期期间产生的现金流都是已知的，因此可以通过在组合中增加相反头寸的无风险资产的方式对冲产生的现金流，使得组合在有效期期间产生的净现金流为 0，这样就可以继续通过比较期末价值进行倒推定价。

【例 6－1】　考虑购买一份附息债券的远期合约，债券面值为 1 000 元，当前价格为 900 元。假定远期合约期限为 1 年，债券在 5 年后到期。假设 6 个月后债券会支付 40 元的利息，其中第二次付息日恰恰是远期合约交割日的前一天。6 个月与 1 年期的无风险年利率分别为 9%和 10%，求该远期合约的协议价格。

远期合约的有效期为 1 年，在此期间，标的债券会在 6 个月和 12 个月交割前发放两次利息，每次支付利息 40 元，因此相比第五章的股票，持有面值 1 000 元的债券将多出两次利息收入，为此可以在债券组合中增加两个相应时间点的无风险负债，对冲掉中间产生的现金流，从而只需要考虑组合的期末价值。故设远期合约的协议价格为 K，构建两个期末价值相同的组合：

组合 A：1 份债券远期多头 $+Ke^{-0.1}$ 的现金投资 1 年；

组合 B：1 单位面值 1 000 元的债券 $+40e^{-0.045}$ 的 6 个月期负债 $+40e^{-0.1}$ 的 1 年期负债，负债偿还日与债券付息日相同。

两个组合在不同时点的价值和现金流如表 6-1 所示。

表 6-1 组合 A 与组合 B 的价值和现金流

	当前时刻（t）价值	6 个月后净现金流	1 年后现金流
组合 A	$f_t+Ke^{-0.1}$	0	债券远期损益：S_T-K 现金投资本息：K 合计价值 $V_A(T)=S_T$
组合 B	$900-40e^{-0.045}-40e^{-0.1}$	获得债券利息收入，$+40$ 偿还 6 个月负债，$-40(=40e^{-0.045}e^{0.045})$ 净现金流 $=40-40=0$	债券价值：$+S_T$ 债券利息收入：$+40$ 1 年期负债本息偿还：-40 合计价值 $V_B(T)=S_T$
		组合 A 与组合 B 净现金流相同	$V_A(T)=V_B(T)$

结合表 6-1 的分析，组合 A 和组合 B 期末价值相同，在有效期内净现金流相同。由无套利定价原理可得 $V_A(t)=V_B(t)$，即：

$$f_t+Ke^{-0.1}=900-40e^{-0.045}-40e^{-0.1}$$

若令债券远期的价值 $f_t=0$，则使得债券远期价值为 0 的协议价格，即债券 1 年期的远期价格为：

$$F(t,T)=K=(900-40e^{-0.045}-40e^{-0.1})\times e^{0.1}=912.39\text{ 元}$$

对于一般情况，设当前时刻为 t，标的资产当前价格为 S_t，$[t, T]$ 期间标的资产产生的现金收益的现值为 I_t，无风险利率为 r，则 T 时刻到期的标的资产的远期价格为：

$$F(t,T)=(S_t-I_t)e^{r(T-t)} \tag{6-1}$$

在例 6-1 中，$S_t=900$，$I_t=40e^{-0.045}+40e^{-0.1}$，$r=0.1$，$T-t=1$。

二、定价不合理的套利策略设计

若远期签约时执行价格不等于远期价格，或者期货报价不等于远期价格，就会产生套利机会，利用上述组合的一买一卖就可以构建套利策略。

若 $K>F(t,T)$，套利者可以卖出远期合约，买入资产，即实施持有成本策略；若 $K<F(t,T)$，套利者可以买入远期合约，卖出资产，实施反向持有成本策略。

【例 6-2】 接例 6-1。若实际市场中，债券远期的协议价格为 930 元，试问是否存在套利机会？

由于 912.39<930，故债券远期的协议价格被高估，可以卖出债券远期、买入债券现货构建持有成本策略，具体策略如表 6-2 所示。

表 6-2　债券远期的持有成本套利过程

时间	0 时刻	6 个月	12 个月
市场操作	1. 借入 900 元，+900，其中：38.24 元以 9%的年利率借入 6 个月 861.76 元以 10%的年利率借入 1 年 2. 购买一份债券现货：−900 元 3. 卖出债券远期：0 元	1.6 个月期 38.24 元贷款的本息和：−40 元 2. 债券在 6 个月后收到利息：40 元	1. 偿还 861.76 元贷款的本利和： $-861.76e^{0.1\times1}=-952.39$ 元 2. 债券在 12 个月后收到利息：+40 元 3. 执行远期合约，出售债券：+930 元
净现金流	0 元	0 元	17.61 元

【例 6-3】 接例 6-1。若实际市场中，债券远期的协议价格为 905 元，试问是否存在套利机会？

由于 912.39>905，故债券远期的协议价格被低估，可以买入债券远期、卖出债券现货构建反向持有成本策略，具体策略如表 6-3 所示。

表 6-3　债券远期的反向持有成本套利过程

时间	0 时刻	6 个月	12 个月
市场操作	1. 卖出债券现货：+900 元 2. 以 38.24 元做 6 个月期的无风险投资：−38.24 元 3. 以 861.76 元做 1 年期的无风险投资：−861.76 元 4. 买入一份债券远期	1.38.24 元投资 6 个月的本息：40 元 2. 支付 6 个月后的债券利息：−40 元	1.861.76 元投资 1 年的本息：952.39 元 2.40 元用来支付一年后的债券利息：−40 元 3.905 元用来交割到期的远期合约：−905 元 4. 所得的债券用来平仓现货空头
净现金流	0 元	0 元	7.39 元

三、国债期货的定价

由于国债的所有可交割债通常选择固定利息支付的债券，因此，国债期货的价格可以采用已知现金收益资产的远期价格计算方法进行定价。

期货的理论价格在不考虑交易费用和利率不确定因素的情况下应该等于远期价格。但国债期货以名义国债为标的，而现实中不存在名义国债，同时采取净价报价，应该如何计算呢？

（一）可交割债的无套利价格

设当前时刻为 t 时刻，国债期货的到期日为 T，当前百元报价为 F_t。对于国债期货的任意可交割债，设其当前**全价**为 S_t，可交割债在期货有效期内支付的现金收益的现值为 I_t，可交割债在期货到期日的应计利息为 AI_T。设存在该可交割债的远期合约，远期合约的到期日同样为 T，协议价格 K 等于该债券到期日 T 的远期价格。根据式（6-1），$K=F(t, T)=(S_t-I_t)e^{r(T-t)}$，其中 r 为 $[t, T]$ 期间的无风险连续复利。

以百元面值的国债期货和债券为例，构造如下两个组合：

组合 A：1 份百元面值的可交割债远期合约空头＋等面值的可交割债＋I_t 负债；

组合 B：**1 份百元面值的国债期货空头**＋等面值的可交割债＋I_t 负债。

则有效期期间可交割债产生的现金流均被 I_t 负债对冲，净现金流为 0，而在到期日 T：

组合 A 通过债券远期合约空头出售可交割债，获得收益为债券远期的协议价格 K，即 $F(t, T)$，故 $V_A(T)=F(t, T)$。

组合 B 通过交割国债期货空头出售可交割债，结合国债期货盯市结算制度和国债期货交割额的计算公式，得：$V_B(T)=F_t\times CV+AI_T$，其中 CV 为该可交割债的转换因子。

因此，组合 A 和组合 B 未来现金流和到期价值均可以在当前时刻确定，即均为无风险组合。

由于协议价格为远期价格的债券的远期价值为 0，国债期货在任何时刻价值均为 0，故

$$V_A(t)=S_t-I_t=V_B(t)$$

由无套利定价原理可知，在无风险情况下，期初价值相等，期末价值必然相等，因此：

$$F_t\times CV+AI_T=F(t, T)$$

即：

$$F_t\times CV+AI_T=(S_t-I_t)e^{r(T-t)} \tag{6-2}$$

若进一步考虑债券现货采用净价报价机制，设 t 时刻可交割债的净价为 P_t，应计利息为 AI_t，则式（6-2）可变为：

$$F_t\times CV+AI_T=(P_t+AI_t-I_t)e^{r(T-t)} \tag{6-3}$$

因此，

$$F_t=\frac{(P_t+AI_t-I_t)e^{r(T-t)}-AI_T}{CV} \tag{6-4}$$

图 6-1 清楚显示了式（6-4）中的符号的含义。

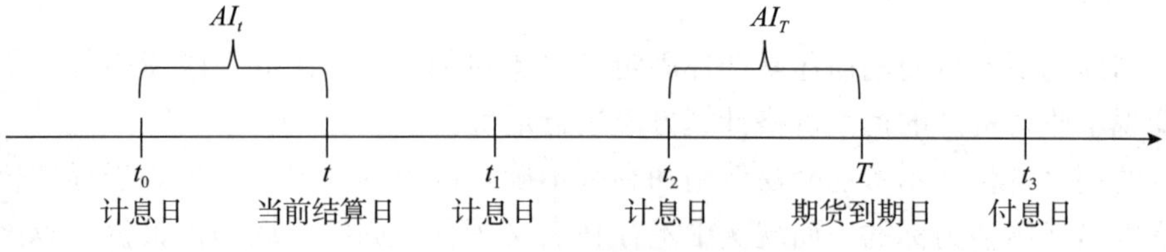

图 6-1　两个应计利息的时间点

其中，t 为当前结算日，即当前时刻；t_0 为可交割债在当前时刻的上一计息日；$[t_0, t]$ 期间的利息为可交割债在 t 时刻的应计利息 AI_t；t_2 为距离期货到期日 T 最近的前一计息日；t_3 为可交割债在期货到期日之后的最近付息日；$[t_2, T]$ 期间的利息为可交割债在期货到期日的应计利息 AI_T。在图 6-1 中，$[t, T]$ 期间可交割债分别在 t_1 和 t_2 发生了利息支付，因此 I_t 就是 t_1 和 t_2 时刻支付利息贴现到 t 时刻的现值加总，P_t 是可交割债在 t 时刻的净价报价，r 为 $[t, T]$ 期间的无风险连续复利。

任意可交割债通过式（6-4）计算的价值称为**该可交割债的无套利价格**。

需要指出的是，由于国债期货的交易制度，1 份百元面值的国债期货直接持有到交割，并不能完全锁定可交割债的交割价格，因此组合 B 中的**1 份百元面值的国债期货空头**是结合盯市结算制度调整的头寸，感兴趣的读者可以扫描二维码了解。

拓展阅读

如何利用国债期货锁定到期日可交割债的交割价格

（二）基于无套利价格选择最便宜可交割债

显然，利用国债期货的每一只可交割债都可以计算出一个理论期货报价。由于可交割债的价格由市场交易行为形成，这些理论报价不可能完全相同，那么哪一个价格可看作国债期货的理论报价呢？

结合第四章关于利率期货的讨论，卖方会选择成本最低的债券作为可交割债，因此我们自然选择使得 F_t 最低的债券作为最可能用于交割的债券，这就是基于无套利价格选择最便宜可交割债的方法。

因此，我们得到到期前选择最便宜可交割债的第三种方法：具有最低无套利价格的可交割债是最便宜可交割债。

目前为止，我们在到期前就可以通过久期判别法、隐含回购利率法和无套利价格法三种方式选择国债期货的最便宜可交割债。

【例 6-4】 接例 4-14，我国国债期货设定 5 年期、息票率为 3%的国债为标的资产。假设目前 6 个月到期的国债期货仅有 3 只可交割债 X、Y、Z。如表 6-4 所示，表中也包括在当前时间 t 点的债券价格及各债券的转换因子和无套利价格。假设 1 年期连续无风险利率为 4%，所有三只债券每一年支付利息，最后一期的息票刚支付。

表 6-4　可交割债信息

国债	息票年率	到期年数	久期	到期收益率	净价报价	转换因子	无套利价格
X	5.6%	5 年	4.51	4.20%	106.20	1.107 73	?
Y	5.0%	6 年	5.35	4.20%	104.17	1.099 85	94.35
Z	4.4%	7 年	6.18	4.20%	101.19	1.081 41	93.43

（1）通过式（6-4）计算表 6-3 中债券 X 的无套利价格。

（2）根据无套利价格确定哪只债券是该国债期货的最便宜可交割债。

（1）债券 X 的剩余期限为 5 年，刚付完息，故债券 X 全价要加的应计利息为 0，期货 6 个月后到期，故在期货到期后，债券 X 的剩余期限为 4.5 年，期货有效期内并未支付利息，说明其间没有现金收益，期货到期时的应计利息为 $100\times5.6\%\times1/2=2.8$ 元，故当前债券 X 的现金价格为 $P_t+AI_t=106.20$。$I_t=0$，$AI_T=2.8$，故

$$\text{X 的无套利价格}=(106.20\times e^{0.04\times0.5}-2.8)/1.107\,73=95.28\text{ 元}$$

（2）因为具有最低无套利价格的债券为最便宜可交割债，X 的无套利价格为 95.28>Y 的无套利价格 94.35>Z 的无套利价格 93.43，因此 Z 为最便宜可交割债。这一判定结果与例 4-14 的久期判别结果和例 4-15 的隐含回购利率判定结果完全一致。

（三）国债期货理论报价与最便宜可交割债的关系

结合用式（6-4）和无套利价格确定 CTD 的结论，我们得到国债期货的报价与 CTD 相关联：

国债期货理论报价=(CTD的远期价格$-AI_T$)/转换因子 (6-5)

结合债券的净价报价制度，进一步得到

期货报价=[(CTD净价报价$+AI_{\text{CTD},t}-I_{\text{CTD},t})e^{r(T-t)}-AI_{\text{CTD},T}$]/转换因子 (6-6)

(四) 国债期货的套利策略设计

当国债期货的理论报价偏离式（6-6）的取值时，就可以利用CTD和国债期货之间的价差进行套利。

【例6-5】 持有成本套利。假设当前是2023年5月3日，2023年6月到期的我国5年期国债期货（TF2306）的报价为100.83元（剩余期限为41天，一年按照365天计算），而TF2306的CTD为一个10年期的附息国债，息票率为3.46%，剩余期限为4.19年，该债券净价报价为102元，当前应计利息为2.8元，在TF2306到期日的应计利息为3.21元，期货在到期期限内CTD没有利息支付，CTD的转换因子为1.017 4。假设无风险利率为2.13%（连续复利），在不考虑交易成本和允许卖空的情况下，上述价格是否存在套利机会？如果存在，应如何套利？给出具体的套利策略和最终的套利收益情况。

假设在到期前，国债期货的CTD不会发生改变，根据式（6-6）：

S_t=CTD净价报价$+AI_{\text{CTD},t}=102+2.8=104.8$，$AI_{\text{CTD},T}=3.21$，$I_{\text{CTD},t}=0$，$r=0.0213$，$T-t=41/365$，$CV=1.0174$

$$\text{CTD对应国债期货的无套利价格}=\frac{(S_t-I_{\text{CTD},t})e^{r(T-t)}-AI_{\text{CTD},T}}{CV}$$

$$=\frac{104.8\times e^{\left(0.0213\times\frac{41}{365}\right)}-3.21}{1.0174}=100.099<100.83$$

国债期货的价格被高估，可卖出期货，买入债券，构造持有成本策略，如表6-5所示（以100元面值为例）。

表6-5 持有成本策略实施过程

初始时刻	期货到期时刻
1. 借入104.8元，+104.8元 2. 买入1单位CTD（面值100元），−104.8元 3. 卖出1.017 4单位国债期货	1. 平仓了结0.017 4单位国债期货，获益$0.0174\times(F_0-F_T)$ 2. 以原CTD券交割1单位国债期货，获益$F_0-F_T+1.0174\times F_T+AI_T$ 3. 偿还借款 $104.8\times e^{(0.0213\times41/365)}=105.051$元
净现金流=0元	净现金流 $=1.0174F_0+AI_T-105.051$ $=1.0174\times100.83+3.21-105.051$ $=0.7434$元

因此我们的套利锁定了期货市场价格（100.83元）与理论价格（100.099元）之间的差额。注意，此处考虑到名义国债与CTD的差别，由于转换因子的存在，单位国债期货的每日结算金额与单位CTD的价值变化不均等，此处我们没有考虑交易成本。

【例6-6】 接例6-5。如果期货的市场价格为99元，该如何套利呢？

因为市场价格低于理论价格，我们可以买入期货，卖空债券，构造反向持有成本策略来把握套利机会。表 6－6 给出了反向持有成本策略实施过程（以 100 元面值为例）。

表 6－6 反向持有成本策略实施过程

初始时刻	期货到期日
1. 卖空 1 单位 CTD（面值 100 元），＋104.8 元 2. 买入 1.017 4 单位国债期货，0 元 3. 将所得收入 104.8 元投资于无风险资产，－104.8 元	1. 平仓了结 0.017 4 单位国债期货，获益：$0.0174\times(F_T-F_0)$ 2. 交割 1 单位国债期货，获得 CTD，平仓 CTD 空头，获益：$F_T-F_0-(1.0174\times F_T+AI_T)$ 3. 投资收入：$104.8\times e^{(0.0213\times 41/365)}=105.051$ 元
净现金流＝0 元	净现金流$=105.051-(1.0174F_0+AI_T)$ $=105.051-1.0174\times 99-3.21$ $=1.1184$ 元

理论期货价格与观察到的市场价格的差额再次通过套利被锁定，此处假设 CTD 没有发生改变。

需要指出的是，现实中对国债期货实施反向持有成本策略存在更大的困难和不确定性。首先是卖空限制的影响。由于该策略中需要卖空国债现货，卖空限制可能使得上述策略无法实施。其次是 CTD 的变动。由于卖方选择权，CTD 未来有可能发生变动，因此未来的交割对手未必使用策略实施者手中的债券进行交割，此时策略实施者会面临两种债券的平仓风险。最后是卖方选择权。卖方选择权使得国债期货价格理论上应该低于 CTD 对应的无套利价格，因此有可能并不存在套利机会。

四、商品期货的定价

股票或者股指的现金红利和债券的票息，都是持有标的资产时获得的现金流，因此式（6－1）中的现金红利贴现值 I_t 为正值，但对于存在存储成本或者便利收益的商品而言，若存储成本或者便利收益也是完全确定的现金流，由于便利收益是持有商品流入的现金流，而存储成本是持有商品需要支付的，因此便利收益可以看成现金红利，存储成本可以看作负的现金红利，故对于商品期货而言，

$$
\begin{aligned}
F(t,T)&=(S_t-\text{便利收益的现值}+\text{存储成本的现值})\times e^{r(T-t)}\\
&=S_t e^{r(T-t)}-\text{便利收益的终值}+\text{存储成本的终值}
\end{aligned}
$$

若令 U_t 为商品在期货有效期期间的存储费用现值，D_t 为便利收益现值，S_t 为商品当前的价格，则

$$F(t,T)=(S_t+U_t-D_t)\times e^{r(T-t)} \tag{6-7}$$

故

$$|S_t-F(t,T)|=|S_t(e^{r(T-t)}-1)+U_t e^{r(T-t)}-D_t e^{r(T-t)}| \tag{6-8}$$

其中，$S_t(e^{r(T-t)}-1)$ 可以理解为持有商品的资金成本，$U_t e^{r(T-t)}$ 表示存储成本的终值，$D_t e^{r(T-t)}$ 表示便利收益的终值，因此很容易理解为何业界经常说：现货价格与期货价格的差异来源于资金成本、存储成本和便利收益。

【例 6－7】 考虑黄金的一年期期货合约。假设当前现货价格为 450 美元，无风险连续复利为 7%，每盎司黄金的存储成本为 2 美元，期末支付存储成本。试计算一年期黄金期

货的理论价格。

$S_t=450$，$r=7\%$，到期日黄金有存储成本 2 美元，故一年期黄金期货的理论价格为：

$$F(t,T)=(450+2\mathrm{e}^{-r(T-t)})\times \mathrm{e}^{r(T-t)}=450\times \mathrm{e}^{0.07}+2=484.63 \text{ 美元}$$

第二节　已知收益率资产的远期和期货定价

已知收益率资产的远期价格计算适用的产品包括远期外汇协议和股指期货，其典型特征是资产在未来支付的收益与资产未来的价格成一定的比例，我们能够在当前确定这个比例值，但无法确定收益的确定价值。例如某只股票按照 1∶0.1 发放股票红利，即如果投资者持有 1 股股票，就将为他配发 0.1 股股票，因此现在能够确定持有股票的红利收益与发放时的股价的比例，但无法确定具体价值。又比如，在美元兑人民币远期合约中，我们知道 1 美元在 1 年到期后可以获得 1.05 美元的本息，但无法知道 1.05 美元的人民币价值是多少。这些都是已知收益率资产。

一、已知收益率资产的远期价格

（一）红利再投资

本节的远期价格计算需要使用红利再投资的概念。所谓红利再投资，是指将资产所得收益立即投资到该资产中的投资行为。通过红利再投资，我们虽然不知道资产未来获得的红利收益的具体价值，但可以将收益转换为确定数量的资产，由此取消红利价值的不确定因素。

【例 6-8】 假设一只股票在 6 个月内将发放一次股票红利，发放比例为 1∶0.1，即红利率为 $q=10\%$，则考虑红利再投资，期初持有多少股股票，在 6 个月后可以拥有 1 股股票？

若假设期初持有 a 股股票，则通过红利再投资，6 个月后投资者可以获得：

$$a(1+q)=1.1a=1$$

故

$$a=\frac{1}{1+q}=\frac{1}{1.1}$$

【例 6-9】 若假设美元连续复利年利率为 $q=5\%$，则期初持有多少美元，3 个月后可以得到 1 美元？

若假设期初持有 b 美元，$q=5\%$，计算期限 $T-t=0.25$ 年，故

$$b\mathrm{e}^{q(T-t)}=b\mathrm{e}^{0.05\times 0.25}=1$$

因此

$$b=\mathrm{e}^{-q(T-t)}=\mathrm{e}^{-0.0125}$$

通过上述例题可以看到，红利再投资之后的资产数量与货币的累计终值计算方式类

似，而资产当前数量也与货币的贴现价值类似。

（二）已知收益率资产的远期价格

根据前面两种情形下无套利定价原理的应用，我们结合红利再投资更改标的资产所在组合的操作，就可以处理资产支付收益率的问题。

【例 6-10】 考虑一个 6 个月期股票远期合约，股票预期提供年利率为 4%的连续红利收益率，无风险连续复利为 10%。当前股价为 25 元，试求股票 6 个月期的远期价格。

构建两个有效期内净现金流为 0，期末价值相同的组合：

组合 A：一份股票远期多头加上一笔数额为 $Ke^{-r(T-t)}$ 的现金；

组合 B：$e^{-q(T-t)}$ 单位股票，其间所得红利都再投资于该股票，其中 q 为股票的红利率。

则在到期日 T：

$$组合 A：V_A(T)=S_T-K+(Ke^{-r(T-t)})e^{r(T-t)}=S_T$$
$$组合 B：V_B(T)=S_T(e^{-q(T-t)})e^{q(T-t)}=S_T$$

故 $V_A(T)=V_B(T)$，由无套利定价原理，在当前时刻：$V_A(t)=V_B(t)$，即：

$$f_t+Ke^{-r(T-t)}=e^{-q(T-t)}S_t$$

令 $f_t=0$，则使得远期合约价值为 0 的协议价格，即远期价格为：

$$F(t,T)=K=S_te^{(r-q)(T-t)}=25e^{0.06\times0.5}=25.76 元$$

因此，对于一般情况，已知收益率资产在 T 时刻的远期价格为：

$$F(t,T)=S_te^{(r-q)(T-t)} \tag{6-9}$$

二、定价不合理的套利策略设计

套利策略的构造类似于前述两种情形。若远期签约时执行价格不等于远期价格，或者期货报价不等于远期价格，就会产生套利机会。利用上述组合 A 和组合 B 的一买一卖就可以构建套利策略：

若 $K>F(t,T)$，套利者可以卖出远期合约，买入资产，即实施持有成本策略；

若 $K<F(t,T)$，套利者可以买入远期合约，卖出资产，实施反向持有成本策略。

【例 6-11】 接例 6-10，若在实际市场中，股票远期的协议价格为 28 元，试问是否存在套利机会？

由于 25.76<28，故股票远期的协议价格被高估，可以卖出股票远期，买入股票现货，进行红利再投资，构建持有成本策略，具体策略如表 6-7 所示。

表 6-7　持有成本策略的构造（交割价格=28 元）

0 时刻	T 时刻
1. 以利率 10%借入 $25e^{-0.06\times0.5}$ 元 6 个月：+24.5 元 2. 购买 0.98($=e^{-0.04\times0.5}$) 份股票现货：−24.5 元 3. 卖出 1 单位股票的 6 个月期远期合约：0 元	1. 通过红利再投资获得 1 单位股票 2. 用 1 单位股票现货交割到期的远期合约：+28 元 2. 偿还 6 个月期 24.5 元贷款的本息和：−25.76 元
合计：0 元	合计：28−25.76=2.24 元

【例 6-12】 接例 6-11。若在实际市场中，股票远期的协议价格为 28 元，试问是否存在套利机会？

由于 25.76>23，故股票远期的协议价格被低估，可以买入股票远期，卖出股票现货，进行红利再投资，构建反向持有成本策略。具体策略如表 6-8 所示。

表 6-8 反向持有成本策略的构造（交割价格=23 元）

0 时刻	T 时刻
1. 卖空 0.98 份股票现货：24.5 元 2. 按利率 10%进行期限为 6 个月的投资：-24.5 元 3. 购买 1 单位股票的 6 个月期远期合约：0 元	1. 24.5 元投资 6 个月的本息和：25.76 元 2. 交割远期合约获得 1 单位股票支付：-23 元 3. 平仓股票空头头寸（此时需要偿还 1 单位股票）
合计：0 元	合计：25.76-23=2.76 元

三、外汇期货和股指期货的定价

【例 6-13】 远期汇率的计算。假设一个在商业银行工作的远期外汇交易员被一美国客户要求报出欧元兑美元的远期汇价，1 年后交割。客户希望从该银行恰好购买 1 100 000 欧元，以清偿到时须偿还的一笔账；银行将卖出 1 100 000 欧元，收进美元。假设欧元兑美元的即期汇率为 1.5，欧元 1 年期的利率为 10%，美元 1 年期的利率为 6%，均为按年计息的复利，银行最终每欧元要赚取 0.01 美元的价差费用。试求银行应对客户给出什么样的报价。

根据题意，设欧元为外币，美元为本币，则 $S_t=1.5$，$q=0.1$，$r=0.06$，$T-t=1$，故由式（6-9），红利率为贴现因子计算变量，无风险利率为累计因子计算变量，因此欧元兑美元 1 年期的远期汇率为：

$$F(t,T)=\frac{S_t(1+r)^{T-t}}{(1+q)^{T-t}}=\frac{1.5\times1.06}{1.1}=1.445$$

银行作为欧元远期的卖方，增加 0.01 美元价差费用，因此报卖价为 1 欧元=1.455 美元。

【例 6-14】 股指期货定价。考虑一个沪深 300 指数的 3 个月期期货合约。假设用来计算指数的股票的红利收益率为每年 2%（连续复利），指数现值为 3 000 点，连续复利的无风险利率为 3%。请计算沪深 300 股指期货的理论报价。

根据题意，$S_t=3\,000$，$r=3\%$，$q=2\%$，$T-t=0.25$，由式（6-9），沪深 300 股指期货的理论报价为：

$$F(t,T)=Se^{(r-q)(T-t)}=3\,000\times e^{(3\%-2\%)\times0.25}=3\,007\text{ 点}$$

第三节 远期和期货定价的其他问题

一、远期合约的价值计算

远期合约的价值即买卖远期合约需要支付的费用（不考虑手续费）。

由于盯市结算，期货可实现每天零负债，期货每一时刻的报价理论上都等于远期价格，因此期货在任何时刻的价值理论上都应该为零。而远期合约在签约时刻，价值应该为零；远期合约协议价格一旦确定，就不会再发生变动，而标的资产价格会发生变动，因此远期合约本身的价值可能就不再为零。

例 5－10 的推导对于任何一种情形下的远期合约的价值计算都是成立的，因此远期合约的价值与远期价格以及执行价格之间的关系为：

$$f_t=(F(t,T)-K)e^{-r(T-t)} \tag{6-10}$$

考虑到远期价格 $F(t,T)$ 在不同情形下与标的资产即期价格的关系不同，将式（5－15）、式（6－1）、式（6－9）代入式（6－10）可得：

无收益资产的远期合约价值：$f_t=S_t-Ke^{-r(T-t)}$　(6－11)

已知现金收益资产的远期合约价值：$f_t=S_t-I_t-Ke^{-r(T-t)}$　(6－12)

已知收益率资产的远期合约价值：$f_t=S_te^{-q(T-t)}-Ke^{-r(T-t)}$　(6－13)

其中，f_t 均表示远期合约多头的价值。如果为远期合约空头，则其价值为 $-f_t$。

【例 6－15】 债券远期合约的价值计算。一只债券价格为 900 元。假设 1 年期债券远期的协议价格为 910 元，债券在 6 个月和 12 个月都会有 60 元付息。第二次付息日正好在债券远期交割日之前。6 个月和 12 个月无风险连续复利分别为年利率 9%和 10%。求远期合约的价值。

此时，$S_t=900$，$K=910$，$r=0.10$，$T-t=1$，且有：

$$I_t=60e^{-0.09\times0.5}+60e^{-0.10\times1.0}=111.65\text{ 元}$$

所以，由式（6－12），债券远期合约多头的价值为：

$$f_t=900-111.65-910e^{-0.1\times1.0}=-35.05\text{ 元}$$

【例 6－16】 已知收益率资产远期合约价值计算。设股票远期为 1 年期合约，执行价格为 27 元，剩余期限还有 6 个月，当前股票即期价格为 25 元，则此时远期合约多头的价值是多少？

由式（6－13），远期合约多头的价值 f_t 为：

$$f_t=25e^{-0.04\times0.5}-27e^{-0.1\times0.5}=-1.18\text{ 元}$$

二、期货价格、远期价格与现货价格的关系

（一）期货价格与远期价格的关系

考克斯（Cox）等人分析了期货价格与远期价格的关系，指出：在利率确定的情况下，到期日相同的远期价格和期货价格理论上是相等的；但当利率无法预测时，远期价格和期货价格就不相等。① 二者的关系取决于标的资产价格与利率的相关性。当标的资产价格与利率呈正相关时，期货价格高于远期价格；相反，当标的资产价格与利率呈负相关性时，远期价格就会高于期货价格。

约翰·赫尔（John C. Hull）在《期权、期货及其他衍生产品》（*Options, Futures and Other Derivatives*）一书的技术注解②中，在利率为常数的情况下，结合期货的盯市结

---

① Cox, J. C., J. E. Ingersoll, and S. A. Ross, “The Relation between Forward Prices and Futures Prices”, *Journal of Financial Economics*, 1981 (9): 321－346.

② 技术注解参见网址：www-2. rotman. utoronto. ca/～hull/TechnicalNotes。

算对期货价格与远期价格的关系进行了证明，而保罗·威尔莫特（Paul Wilmott）在《数量金融》（*Quantitative Finance*）一书中在利率随机的情况下，结合盯市结算机制对期货价格与远期价格差异的影响进行了解释。

1. 利率不确定时，期货价格与远期价格的关系的直观解释

从直观上分析，考虑**标的资产价格与利率高度正相关的情形**：若利率上涨，则标的资产价格上涨，相应地，期货价格上涨，此时期货多头通过盯市结算可以获得收益，而所有收益的再投资利润因为利率的上涨也会进一步增加，因此相对期初存储一定现金等待未来到期交割，期货盯市结算会带来更多收益；相反，若利率下跌，则标的资产价格下跌，相应地，期货价格下跌，此时期货多头通过盯市结算发生亏损，但亏损资金的使用成本由于利率的下跌而降低，相对期初存储现金，期货盯市结算反而会降低亏损成本。因此只要标的资产价格与利率正相关，期货相比远期就会处在更有利的位置，因此期货价格应该高于远期价格。

考虑**标的资产价格与利率高度负相关的情形**：若利率上涨，则标的资产价格下跌，相应地，期货价格下跌，此时期货多头通过盯市结算发生亏损，而亏损资金的使用成本因为利率的上涨会进一步增加，因此相对期初存储一定现金等待未来到期交割，期货盯市结算会增加资金使用成本；相反，若利率下跌，则标的资产价格上涨，相应地，期货价格上涨，此时期货多头通过盯市结算获得收益，但所有利润的再投资收益因为利率的下跌而降低，因此期货的收益反而低于远期的收益。因此只要标的资产价格与利率负相关，期货相比远期就会处在更不利的位置，因此期货价格应该低于远期价格。

2. 国债期货理论价格与国债期货实际价格的关系

我们通过国债的远期价格计算国债期货的理论价格，这种计算方式既没有考虑卖方选择权的影响，也没有考虑利率的影响。在第四章我们知道由于卖方选择权的存在，国债期货的实际价格应该低于国债期货的理论价格，这里我们发现还有另一个层面的原因使得国债期货的实际价格低于国债期货的理论价格，那就是利率的不确定性。由于债券价格与利率是典型的强负相关关系，因此国债期货的价格应该低于远期价格，也就是国债期货的实际价格应该低于国债期货的理论价格。

（二）期货价格与当前现货价格的关系

根据三种情形下远期价格与当前现货价格的关系［式（5-13）、式（6-1）、式（6-9）］，可以发现，理论上期货价格与当前现货价格的高低关系与标的资产的收益密切相关。若标的资产的已知现金收益较大，或者已知收益率大于无风险利率，则期货价格在到期前可能低于现货价格，即

$$F(t,T)=(S_t-I_t)e^{r(T-t)}<S_t$$
$$F(t,T)=S_t e^{(r-q)(T-t)}<S_t$$

若标的资产无收益或者期货在有效期内收益较小，则期货价格在到期前可能高于现货价格，但无论何种情形，在到期日，理论上期货价格都会收敛到现货价格。

（三）期货价格与未来现货价格的关系

设标的资产当前价格为 S_t，实际的期望收益率为 k，无风险利率为 r，以该资产为标的的期货价格为 $F(t,T)$，期货到期日为 T，标的资产在 T 时刻的价格为 S_T，$E(S_T)$ 表示标的资产未来价格的预期值。以标的资产无收益为例，若标的资产的期望收益率为 k，则

$$S_t=E(S_T)e^{-k(T-t)}$$

因此，$F(t, T)=S_te^{rT}=E(S_T)e^{(r-k)(T-t)}$。

若 $k<r$，则 $e^{(r-k)(T-t)}>1$，此时期货价格高于未来现货价格的预期；

若 $k=r$，则 $e^{(r-k)(T-t)}=1$，此时期货价格就是未来现货价格的无偏估计；

若 $k>r$，则 $e^{(r-k)(T-t)}<1$，此时期货价格低于未来现货价格的预期。

在实际市场中，对于风险资产我们总是期望存在风险溢价，即期望收益率 k 高于无风险利率，$k>r$，因此一般情况下，期货价格并非未来现货价格的无偏估计，所以"期货价格是对未来现货价格的预期"这一说法并不完全正确。

三、远期（期货）的风险中性定价

在第五章我们看到风险中性定价方法可以大大简化远期价格的计算过程，这一点在其他情形的远期价格计算中同样得到体现。

根据第五章的推导，我们知道远期合约到期的价值为 $f_T=S_T-K$。

由此可以得到当前 t 时刻远期合约的价值为：

$$\begin{aligned}f_t&=E^*(f_T)e^{-r(T-t)}=E^*(S_T-K)e^{-r(T-t)}\\&=E^*(S_T)e^{-r(T-t)}-Ke^{-r(T-t)}\end{aligned}\tag{6-14}$$

其中，E^* 表示在风险中性概率下的数学期望。

远期价格是使得远期合约价值为零的协议价格，即 $f_t=0$，故：

$$F(t, T)=K=E^*(S_T)\tag{6-15}$$

进一步利用风险中性定价原理，在风险中性环境下，标的资产当前的价格也应该等于它未来现金流的无风险贴现。

若标的资产在远期（期货）有效期内有已知现金收益，则：

$$S_t=I_t+E^*(S_T)e^{-r(T-t)}$$

故

$$E^*(S_T)=(S_t-I_t)e^{r(T-t)}$$

因此，

$$F(t, T)=E^*(S_T)=(S_t-I_t)e^{r(T-t)}\tag{6-16}$$

结合式（6-14），

$$f_t=E^*(S_T)e^{-r(T-t)}-Ke^{-r(T-t)}=(S_t-I_t)-Ke^{-r(T-t)}$$

若标的资产在远期（期货）有效期内有已知收益率，由于未来 1 单位资产的价值是由当前 $e^{-q(T-t)}$ 单位资产产生的，所以未来价值 S_T 在风险中性环境下的贴现值应该等于 $e^{-q(T-t)}$ 单位资产在当前的价值，即：

$$e^{-q(T-t)}S_t=E^*(S_T)e^{-r(T-t)}$$

故

$$E^*(S_T)=S_t e^{(r-q)(T-t)}$$

因此，

$$F(t, T)=E^*(S_T)=S_t e^{(r-q)(T-t)} \tag{6-17}$$

结合式（6-14），

$$f_t=E^*(S_T)e^{-r(T-t)}-Ke^{-r(T-t)}=S_t e^{-q(T-t)}-Ke^{-r(T-t)}$$

由此可见，风险中性定价原理的结果和无套利定价原理的结果在标的资产符合任何情形时都是一致的。

同时由式（6-15）可以看到，远期价格或者期货价格虽然不是未来现货价格实际的预期值，但确实是风险中性环境下的预期值，我们称之为无套利预期，因此期货价格可以看作未来现货价格的无套利预期。这个预期值是基于当前的信息，在市场无套利假设下推导出来的，体现了当前信息对于未来价格的影响。

因此关于期货的价格发现作用，我们很少检验期货价格是否能预期现货价格，而是比较新信息在期货市场和现货市场的反应速度。因为相对于现货市场，期货的 $T+0$ 交易、买卖权利对称的建仓交易、标准化的合约条款、统一的交易市场和实时公开透明的交易行情都会使得期货可以更快地反映新信息对资产价格的影响。

诸多实证研究也表明，期货市场确实与现货市场存在强相关性，且期货市场价格对新信息的反应速度更快，体现为期货价格对现货价格具有引导作用，**但据此认为“期货市场是导致现货价格下跌的原因”是错误的**。利空消息的出现才是现货价格下跌的根源，只是期货市场可以更快地反映信息的影响，因此期货市场可能由于利空消息先行下跌，现货市场反应滞后，故滞后下跌而已。如果能够更好地监测期货市场的变动，监管部门就更有机会在现货市场做出反应前做好调控措施，借此对冲利空消息的影响，这才是更好地应用期货市场的方式。

四、考虑交易摩擦的定价问题

在第五章提到无套利定价原理不但可以应用于简化的市场假设情景，也可以应用于市场存在交易摩擦的情况。在考虑交易摩擦时，我们很难得到唯一的期货价格，更有可能得到的是在市场无套利的假设下，期货价格取值存在合理的区间，我们称之为期货价格的无套利区间。

这里我们以允许市场存在交易费用、佣金等交易成本，允许借贷存在利差为例，尝试通过无套利定价原理分析远期价格的无套利区间。

放松后的市场假设如下：

（1）买卖现货有交易成本，假设买入现货和卖空现货的成本存在差异。

（2）实际借贷利率可能不同，允许借贷利率存在差异。

（3）允许买、卖期货头寸存在交易成本，但假设交易成本相同，期货收取单边交易费用，即假设只收取开仓交易费用，不收取平仓交易费用。

（4）考虑保证金，以及保证金的利息成本。

其他假设如允许卖空、市场无套利、市场可以连续交易、证券无限可分、投资者可以无限制借贷等与第五章相同，同时此处不考虑交割成本。

根据前文所述，我们知道市场存在的套利机会无非期货价格被高估或者期货价格被低估。如果期货价格高于理论价格，可以通过卖出期货、买入标的资产的持有成本策略套利，因此利用持有成本策略无法套利可以得到期货价格的上限；如果期货价格低于理论价格，可以通过买入期货、卖空标的资产的反向持有成本策略套利，因此利用反向持有成本策略无法套利可以得到期货价格的下限。如果两个策略都无法获得确定的无风险收益，我们可以说此时市场不存在套利机会。

总的来看，考虑交易摩擦时，我们通过下面的方式确定期货的无套利价格区间：

(1) 期货价格的上限：期初零投资，期末持有成本策略收益≤0；

(2) 期货价格的下限：期初零投资，期末反向持有成本策略收益≤0。

由此，我们得到

$$\frac{S_t(1-c_s)e^{r_i(T-t)}}{(1+(c_F+M_F)e^{r_i(T-t)}-M_F)}\leqslant F_t \leqslant \frac{S_t(1+c_b)e^{r_b(T-t)}}{(1+M_F-(c_F+M_F)e^{r_b(T-t)})} \tag{6-18}$$

拓展阅读

考虑交易摩擦的期货价格的无套利区间计算

式中，F_t 表示 T 时刻到期的当前时刻（t）的期货价格，S_t 表示标的资产在 t 时刻的价格，c_s 表示卖空标的资产的交易成本，c_b 表示买入标的资产的交易成本，c_F 表示一单位标的资产的期货的买卖交易成本，M_F 表示保证金比率，r_i 表示投资无风险资产的利率，r_b 表示借入无风险资产的利率。

具体推导过程可以扫描二维码了解。

本章小结

首先，本章在第五章的基础上，基于无套利定价原理，介绍了已知现金收益资产的远期价格计算和套利策略设计、已知收益率资产的远期价格计算和套利策略设计。

其次，本章对于商品期货的基差来源结合定价公式进行了讨论；对国债期货的定价和基于无套利价格选择最便宜可交割债问题进行了讨论；对股指期货和外汇期货的定价问题进行了讨论。

另外，本章同时还给出了风险中性定价原理下远期价格和远期合约价值的计算，讨论了期货的价格发现功能的合理理解，以及期货价格与远期价格、当前现货价格、未来现货价格的关系。

最后，本章对放松市场假设下的期货定价问题进行了探讨。

本章术语

已知现金收益资产　已知收益率资产　远期价格　远期合约的价值　远期汇率　可交割债的无套利价格　持有成本策略　反向持有成本策略　红利再投资　存储成本　便利收益

扩展阅读

思考题

一、简答题

1. 解释国债期货的实际报价通常低于其理论报价的原因。
2. 阐述红利再投资的概念。
3. 说明期货的价格发现功能。
4. 阐述期货价格与远期价格的关系。
5. 阐述期货价格与现货价格的关系。

二、计算题

1. 假设你签订了一份不支付红利股票的 6 个月期的远期合约。现在股票价格为 25 元，无风险利率为每年 10%（连续复利计息）。远期价格为多少？

2. 考虑一个沪深 300 指数的 3 个月期期货合约。假设指数红利收益率为每年 3%（连续复利），指数现值为 4 000 点，连续复利的无风险利率为 8%，请计算 3 个月期沪深 300 股指期货的理论报价。

3. 当一种不支付红利股票的价格为 40 元时，签订一份 1 年期的基于该股票的远期合约，无风险利率为每年 8%（连续复利计息）。

（1）远期合约合理的协议价格为多少？远期合约的初始价值为多少？

（2）6 个月后，股票价格为 50 元，无风险利率仍为 8%。远期价格为多少？远期合约的价值为多少？

4. 设无风险利率为每年 8%（连续复利计息），某股票预计在 3 个月后每股支付 2 元红利，股票当前价格为 50 元，试计算 6 个月期该股票期货的理论价格。

5. 假设无风险利率为每年 8%（连续复利计息），某股票的红利收益率为每年 4%。现在股价为 40 元，4 个月后交割的股票期货合约价格为 39 元。请问存在什么样的套利机会？如果有套利机会，请设计套利策略并给出套利利润。

6. 瑞士和美国按连续复利计息的 2 个月期的利率分别为每年 3%和每年 8%。瑞士法郎兑美元的即期汇率为 0.65。2 个月后交割的瑞士法郎外汇期货报价为瑞士法郎兑美元 0.70。试问是否存在套利机会？如果存在，是什么样的套利机会？

7. 设白银的现货价格为每盎司 8 美元。存储成本为每盎司每年 0.24 美元，每季度初支付一次。假设所有期限的利率均为每年 8%（连续复利），计算 6 个月期白银期货的理论价格。

8. 一只股票当前价格为 50 元，预计在 2 个月和 5 个月后各支付 1 元红利。设无风险利率为每年 8%（连续复利），一位投资者刚刚签订了一份 6 个月期股票远期合约空头，标的为 1 股股票。

（1）试计算该合约合理的协议价格。

（2）若股票远期的协议价格就是（1）所计算的价格，3 个月后，股票价格变为 45 元，其他条件不变，试问投资者持有的远期合约头寸价值为多少？

9. 假设 2023 年 12 月到期的我国 5 年期国债期货当前报价为 101 元，剩余期限为 6 个月，期货的最便宜可交割债为某 6 年期的附息国债，息票率为 4%，剩余期限为 4.75 年，该债券净价报价为 105 元，每年计息一次，当前应计利息为 1 元，在期货到期日的应计利息为 3 元，期货到期期限内最便宜可交割债没有利息支付，最便宜可交割债的转换因子为 1.05，无风险利率为 2.5%（连续复利）。

（1）试计算最便宜可交割债隐含的国债期货报价。

（2）在不考虑交易成本和允许卖空的情况下，上述价格是否存在套利机会？如果存在，如何套利？给出具体的套利策略和最终的套利收益情况。

10. 假设有两只具有相同标的资产、到期日不同的期货，其执行价格分别记为 F 和 F^*，相应到期期限记为 T 和 T^*（$T<T^*$），相应的即期无风险利率（连续复利）记为 r_T 和 r_{T^*}，T 到 T^* 的远期利率（连续复利）记为 $f(0, T, T^*)$。设标的资产初始价格为 S，其间无红利支付，试推测 F 和 F^* 之间的关系。

11. 假定 F_1 和 F_2 是同一商品上不同到期期限的两只期货，合约到期日分别为 t_1 和 t_2 并且 $t_2>t_1$。设利率期限结构是水平的，r 为无风险连续复利。在考虑存储成本的情况下，证明：$F_2>F_1 e^{r(t_2-t_1)}$。

三、案例讨论题

查阅资料，陈述 2020 年中国银行“原油宝”事件始末，并对下列问题进行讨论。

（1）2020 年 4 月，WTI 原油期货价格出现负值的原因是什么？

（2）无套利定价原理可以解释 WTI 原油价格为负的问题吗？

（3）我国在 2018 年上市了以人民币计价的原油期货，会发生原油期货价格为负的情况吗？

提示：案例可用参考资料

（1）彭红枫，冯林．金融学类专业课程思政教学案例集．北京：经济科学出版社，2021.

（2）WTI 原油期货负价格的原因及启示．中国期货业协会网站，2021－03－19.

第七章

远期与期货应用

本章导读

自远期和期货在我国推出以来，其交易市场一直在不断发展壮大。同时，远期和期货的作用不再局限于单纯的套期保值和价格发现，投资者也可以通过不同的交易策略来实现其多样化的交易目的。本章将介绍远期和期货的各种应用，包括期货的基差套利策略和套期保值策略、如何优化期货的套期保值策略，以及远期和期货在企业运营中的应用。通过本章的学习，读者将会更深入地了解远期和期货在实践中的丰富应用。

学习要求

了解期货的基差套利策略，能够基于基差预期设计期货的基差套利策略。理解套期保值的目的，掌握应用期货进行套期保值的原则和优化期货套期保值的方法，理解基差和基差风险的概念，了解基差风险的来源；掌握商品期货、股指期货、国债期货的最优套期保值比率的计算方法；理解期货的动态套期保值思想。

知识结构图

第一节　远期与期货的套利策略

一、远期合约的套利策略

由于远期合约流动性差，因此其套利活动主要是持有套利，即当发现合约定价不合理时，通过对远期合约和标的资产做相反头寸的操作，以及到期交割远期合约进行套利。在第五章和第六章中给出的持有成本策略和反向持有成本策略就是远期合约套利的典型代表。

如果 $K>F(t, T)$，套利者可以买入标的资产同时卖出远期合约；

如果 $K<F(t, T)$，套利者可以卖出标的资产同时买入远期合约；

这里 K 表示远期合约的执行价格，$F(t, T)$ 表示标的资产的远期价格，此处不再赘述。

二、期货的基差套利策略

期货由于交易的灵活性，其套利方式比远期合约要丰富得多。既可以利用期货价格与现货价格的不合理价差进行套利，称之为“期现套利”；也可以利用远期价格的期限结构进行不同期限的期货合约间的套利，称之为“跨期套利”；还可以利用不同标的资产间的相关性进行不同品种的期货套利，称之为“跨品种套利”；另外，利用不同市场中同种标的资产的期货也可以套利，称之为“跨市套利”；最后利用期货 T+0 的交易机制，还可以进行日内套利，即所谓的“高频交易”，发掘瞬时的套利机会，获取无风险利润，避免隔夜风险。无论哪种套利方式，在期货套利中，基差都是一个非常重要的概念。

（一）基差与基差交易

简言之，基差是现货价格和期货价格的差值，即

$$\text{基差}=\text{现货价格}-\text{期货价格} \tag{7-1}$$

若期货以式（7-1）中的现货为标的，利用第四章的讨论，我们知道期货价格在到期日会收敛到现货价格，基差为零，但在到期前，考虑到存储成本、红利收益、债券息票或便利收益的影响，以及期货和现货市场交易者行为差异，基差可正可负。

虽然基差不是常数，但在无套利假设下，理论基差大小存在规律性，现货和期货的基差主要来源于期货到期前的便利收益、现货存储成本以及资金使用成本。当现实的基差与理论基差存在一定程度的差异时，可以通过现货和期货的反向交易进行套利，这就是所谓的期现基差交易。当然，不同期货合约间也会存在理论上的价差，同样可以利用实际价差和理论价差的不一致进行套利。期现基差交易和期货与期货之间的价差套利统称为期货的基差交易策略。

（二）期现套利

当套利在期货市场与现货市场上同步进行，方向相反时，称之为期现套利。商品的期现套利一般来自实体企业或者贸易商，它们本身具有对商品现货的需求，同时利用商品期货进行增益。金融机构或者个体投资者通常在金融期货市场上进行期现套利，如外汇期货、股指期货、国债期货等。因为购买商品现货需要考虑商品存储、运输等实际问题，金融机构或者个体投资者不进行商品现货的经营，因此通常不交易商品现货。

自 2010 年我国推出股指期货以来，指数期货的期现套利非常活跃，我国量化投资目前主要集中在股票市场，量化投资策略多为期现套利策略，如股票的 alpha 策略、beta 策略等。

所谓 alpha 策略，是指利用股指期货对冲掉股票组合的市场风险后剩余的超额收益部分，它源于夏普的 CAPM。

$$R_s-r=\alpha+\beta(R_m-r)+\varepsilon \tag{7-2}$$

式（7-2）就是 CAPM，其中 R_s 表示股票组合的持有收益率，r 表示无风险利率，(R_s-r) 表示股票组合的风险溢价，R_m 表示市场组合的持有收益率，β 体现了股票组合系统性风险的大小，α 则体现了股票组合可以获得的系统性风险之外的超额收益。若 CAPM 成立，则 $\alpha=0$，即股票组合的期望收益率等于无风险利率（r）+系统性风险带来的风险溢价$[\beta(R_m-r)]$。

拓展阅读

CAPM 简介

alpha 策略的关键技术是通过因子分析，寻找能够获得稳定超额收益 α 的市场因子，如股票规模、市盈率、换手率等，根据因子确

定股票组合，同时为降低系统性风险，可以通过股指期货对冲股票组合面临的市场风险 β。因此 alpha 策略又称为择股策略。

所谓 beta 策略是指在大盘上涨时，通过追踪指数获得市场收益，可以结合股指期货进行 β 的放大或者缩小。因此 beta 策略又称为择时策略。

基于期货和现货的基差变化趋势也可以构造期现套利策略。首先分析基差变化对策略收益的影响。

1. 基差变化对持有成本策略的影响

设 S_0 和 S_T 分别表示策略构建初期和策略结束时的现货价格，F_0 和 F_T 分别表示策略构建初期和策略结束时的期货价格，则卖出期货、买入现货的持有成本策略期末损益为（不考虑利息成本）：

$$\begin{aligned}\text{期末损益}&=(S_T-S_0)+(F_0-F_T)\\&=(S_T-F_T)-(S_0-F_0)\\&=\text{期末基差}-\text{期初基差}\end{aligned}\tag{7-3}$$

可以看到，持有成本策略在期末基差高于期初基差，即基差扩大时获益，而在基差缩小时亏损。如果投资者预测未来市场会下跌，但期货价格下跌幅度大于现货价格下跌幅度，或者预测未来市场会上涨，但期货价格上涨幅度小于现货价格上涨幅度，这就预示着基差会扩大，可以采取持有成本策略套利。

2. 基差变化对反向持有成本策略的影响

相应地，买入期货、卖出现货的反向持有成本策略期末损益为（不考虑利息成本）：

$$\begin{aligned}\text{期末损益}&=(S_0-S_T)+(F_T-F_0)\\&=(S_0-F_0)-(S_T-F_T)\\&=\text{期初基差}-\text{期末基差}\end{aligned}\tag{7-4}$$

因此，如果未来基差扩大，即期初基差小于期末基差，则期末损益为负，表示策略亏损，如基差从−40 变为 0，此时策略损失 40；如果未来基差缩小，即期初基差大于期末基差，则期末损益为正，表示策略获益，如基差从−40 变为−80，此时策略获益 40。

因此，反向持有成本策略在基差扩大时亏损，而在基差缩小时获益。如果投资者预测未来市场会下跌，但期货价格下跌幅度小于现货价格下跌幅度，或者预测未来市场会上涨，但期货价格上涨幅度大于现货价格上涨幅度，这就预示着基差会缩小，可以采取反向持有成本策略套利。

【例 7-1】 设当前的沪深 300 指数为 2 200 点，30 天后到期的沪深 300 股指期货合约报价为 2 240 点，基差为−40 点。套利者认为到期日基差一定会收敛到 0，即未来基差会扩大，因此决定采用持有成本策略，卖出 1 手股指期货合约，同时买进与股指期货规模相等的一篮子股票。设每个指数点乘数为 300 元。

若假设最后的期货指数与现货指数相同，即 $F_T=S_T$，则套利利润为：

$$\text{套利利润}=(S_T-F_T)-(S_0-F_0)=-(S_0-F_0)=40\times300=12\,000\text{ 元}$$

买进现货、卖出期货的套利通常也被称为正向套利，而卖出现货、买入期货的套利被称为反向套利。由于反向套利涉及先在现货市场卖出的问题，其难度远高于正向套利。如在 2015 年 6 月至 2016 年初，我国股市出现了连续急剧下跌的行情，股指期货市场和股票现货市场同时下跌，期货下跌幅度明显大于现货下跌幅度，导致沪深 300 股指期货价格远远低于沪深 300 现货指数，出现明显的反向套利机会，如图 7-1 所示。但由于现货市场对场外配资的管理和对融券的限制，现货市场流动性枯竭，因此套利者无法在现货市场卖空，导致反向套利无法实施，形成了期货指数和现货指数的长期倒挂。

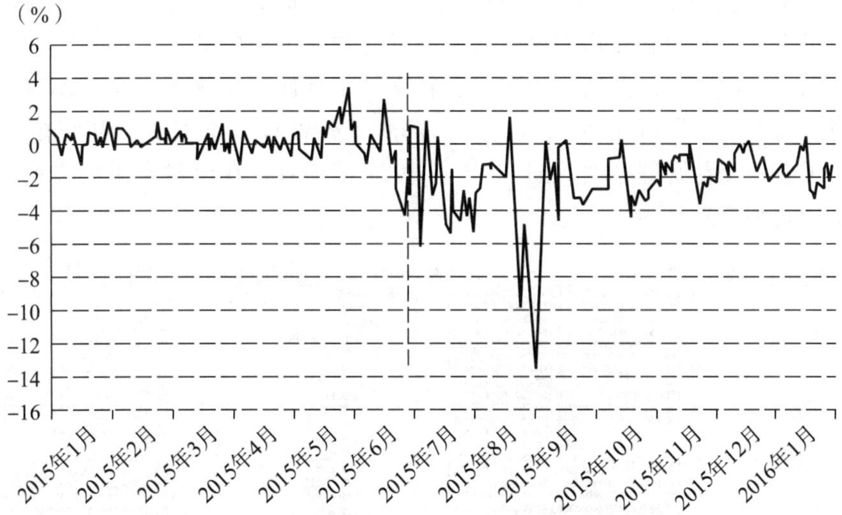

图 7-1 沪深 300 指数期货与现货基差（期货－现货）

（三）跨期套利

跨期套利是套利交易中最普遍的一种，是利用同一商品但不同交割月份的期货价格之间的价差变化进行交易的套利策略，其中交割月份离当前时点较近的称为近月合约，较远的称为远月合约。在正向市场（期货价格＞现货价格）中，远月合约价格一般高于近月合约价格，二者价差仅限于持仓费，包括持有现货商品的存储费用、保险费及利息。定义跨期价差为：

$$跨期价差=远月合约价格-近月合约价格 \tag{7-5}$$

假设跨期套利策略开始时刻为 0 时刻，结束时刻为 T 时刻，则买入远月合约、卖出近月合约的策略损益为：

$$\begin{aligned}跨期策略损益&=F_{T,远}-F_{0,远}+F_{0,近}-F_{T,近}\\&=(F_{T,远}-F_{T,近})-(F_{0,远}-F_{0,近})\\&=平仓时价差-开仓时价差\end{aligned} \tag{7-6}$$

因此，若预期跨期价差会扩大，可以买入远月合约、卖出近月合约，即当市场上涨时，若远月合约的上涨幅度大于近月合约，或者市场下跌时，若远月合约的下跌幅度小于近月合约，都可以采用此策略。

相反，卖出远月合约、买入近月合约的策略损益为：

$$\begin{aligned}跨期策略损益&=F_{0,远}-F_{T,远}+F_{T,近}-F_{0,近}\\&=(F_{0,远}-F_{0,近})-(F_{T,远}-F_{T,近})\\&=开仓时价差-平仓时价差\end{aligned} \tag{7-7}$$

因此，若预期跨期价差会缩小，可以买入近月合约、卖出远月合约，即当市场上涨时，若远月合约的上涨幅度小于近月合约，或者市场下跌时，若远月合约的下跌幅度大于近月合约，都可以采用此策略。

实践中，很多交易所都有针对跨期套利或者跨品种套利交易的交易指令或者保证金优惠。如大连商品交易所2013年7月8日就发布了《大连商品交易所套利交易管理办法》，并对该办法实施的相关事项进行了明确，这是国内首部针对套利交易制定的业务管理办法。单个期货交易所的套利是指在该交易所期货合约间进行的套利，因此只包含跨期套利和跨品种套利。大商所在该办法中指出，套利交易享有保证金优惠，交易所仅收取单边保证金较大者。另外，上期所在2014年3月、郑商所在2017年3月、广期所在2022年6月也相应制定了套利交易管理办法。图7-2是2024年3月，在金融资讯终端中显示的大商所和郑商所的套利交易合约。

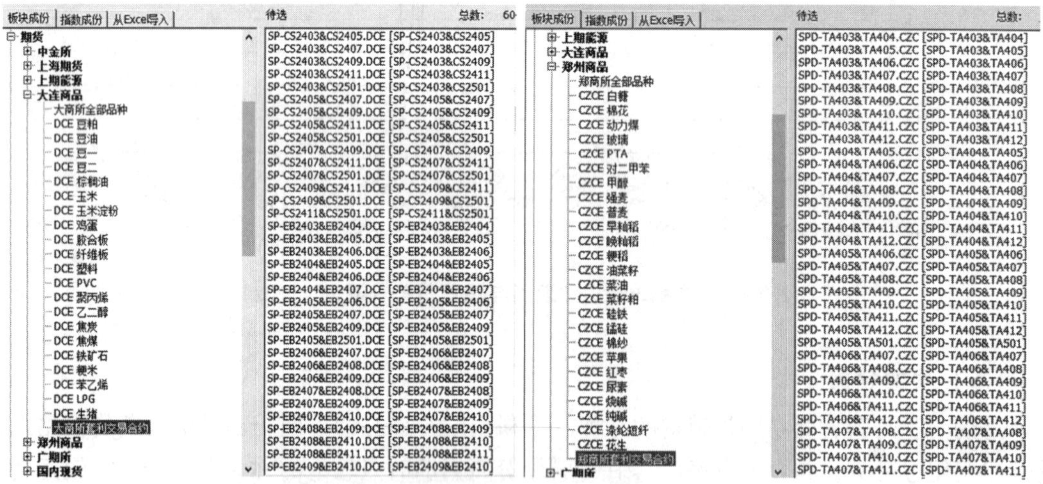

图7-2 大商所和郑商所的部分套利交易合约

拓展阅读

牛市套利　　熊市套利　　蝶式套利　　郑商所的白糖跨期套利

（四）跨市套利

许多商品的期货在多家期货交易所进行交易，例如芝加哥期货交易所、大连商品交易所都进行大豆期货交易，伦敦金属交易所、上海期货交易所和纽约商业交易所都进行铜、铝等有色金属交易等等。跨市套利就是指在某个交易所买入（或卖出）某一交割月份的某一标的资产的期货，同时在另一个交易所卖出（或买入）同种标的资产的期货，以期未来利用有利的价差变动分别在两个交易所同时平仓获利。

【例7-2】 2009年2月中旬，受国家即将出台振兴有色金属产业规划和国储收储的利好消息影响，上期所的铜期货走强，导致上期所和伦敦金属交易所的铜期货价差持续走高。到 2 月 23 日，两市的 3 月铜期货合约价差，按照人民币计算升至 8.73 元/吨。某投资者预期未来价差会缩小，决定进行跨市套利。投资者卖出上期所铜期货合约 5 手（1 手 5 吨），价格为 26 520 元/吨，买入伦敦金属交易所铜期货合约 1 手（1 手 25 吨），价格为 3 190 美元/吨。3 月 11 日，两市比值达预期目标，投资者对套利头寸进行平仓。上期所铜期货合约平仓价为 29 120 元/吨，伦敦金属交易所铜期货平仓均价为 3 660 美元/吨。当日，美元：人民币＝1：6.834 7。投资者收益为：

$$(3\ 600-3\ 190)\times25\times6.834\ 7-(29\ 120-26\ 520)\times5\times5=5\ 055.68 \text{ 元}$$

具体过程如表 7－1 所示。

表 7－1　铜期货跨市套利过程

	上期所铜期货	伦敦金属交易所铜期货	
2 月 23 日	开 5 手空仓，价格为 26 520 元/吨	开 1 手多仓，价格为 3 190 美元/吨	
3 月 11 日	空头平仓 5 手，价格为 29 120 元/吨	多头平仓 1 手，价格为 3 660 美元/吨	
盈亏	(26 520－29 120)×5×5＝－65 000 元	(3 600－3 190)×25×6.834 7＝70 055.68 元	即期汇率＝6.834 7
净盈利＝70 055.68－65 000＝5 055.68 元			

由于跨市套利要在两个交易所进行，所以应该了解不同交易所的交易机制和报价机制，确定价格差异的来源。一般影响价格差异的主要因素有以下几个方面：

第一，运输费用。运输费用是决定同种商品在不同交易所之间价格差异的主要因素。一般来说，距离产地越近的交易所的期货价格越低，距离产地越远的交易所的期货价格越高，两者期货价格的正常差额应该包括两地间的运费。

第二，交割等级的差异。不同交易所对于交割商品的品质级别和替代品升水贴水的规定可能存在差异。这种交割等级的差异在一定程度上造成了同种商品在不同交易所的期货价格的差异。

第三，交易单位和报价体系。不同交易所对于同一商品的期货合约的资产规模或者报价体系可能不同。例如，郑州商品交易所的白糖期货合约规模是 10 吨/手，以人民币报价。而伦敦国际金融期货期权交易所（LIFFE）的白糖期货规模是 50 吨/手，以美元报价。所以，在进行跨市套利时，套利者应该掌握不同交易所合约规模的换算方式，从而保证其买卖的期货合约对应着同样规模的现货。

第四，汇率。跨市套利涉及在不同国家的交易所进行交易，同种商品的期货合约在不同国家交易时会采用不同货币。比如在我国交易所交易期货合约需要用人民币交易，而在芝加哥商品交易所交易期货合约则需要用美元交易。不同币种的交易会给投资者带来汇率风险，汇率的不利波动会使投资者蒙受损失。所以，在进行套利交易前，投资者应该将汇率波动可能带来的损失纳入考虑，以全面地估计可能出现的损失。

（五）跨品种套利

跨品种套利是指在两个不同但相关联的期货品种之间，通过相反的头寸操作进行套利。因为有些期货的标的资产虽然不同，但价格具有强相关性。如玉米和小麦，它们都是农产品，都可用于食品加工及用作饲料，具有较高程度的替代性；大豆和豆油、豆粕属于原材料和制成品的关系，同样受到大豆产量和库存等因素影响；沪深300股指期货和上证50股指期货同属于大盘股指数期货；5年期国债期货和10年期国债期货同样反映了利率期限结构的变化；等等。因此，这些期货价格也具有相对稳定的价差，当实际价差偏离均衡值时同样可以进行套利。

【例7-3】 设3月5日，大连商品交易所交易的7月到期的豆一期货价格为4 520元/吨，7月到期的豆粕期货价格为3 100元/吨，价差为1 420元/吨，达到历史低位。根据历史经验，二者平均价差为1 600元/吨。套利者认为未来二者的价差会扩大，因此买入1手7月到期的豆一期货合约，卖出1手7月到期的豆粕期货合约。豆一期货和豆粕期货每手均为10吨。在3月28日，豆一期货价格为4 800元/吨，豆粕期货价格为3 150元/吨，此时，套利者平仓所有头寸。具体套利过程如表7-2所示。

表7-2 跨品种套利策略的实施情况

时间	豆一期货的操作	豆粕期货的操作	价差水平
3月5日	买入1手7月豆一期货，价格为4 520元/吨	卖出1手7月豆粕期货，价格为3 100元/吨	1 420元/吨
3月28日	平仓1手豆一期货多头，价格为4 800元/吨	平仓1手豆粕期货空头，价格为3 150元/吨	1 650元/吨
套利结果	获利280元/吨	亏损50元/吨	扩大230元/吨
	净获利：10×(280−50)=2 300元（不计交易手续费）		

（六）更复杂的套利策略——统计套利

统计套利是将套利建立在对历史数据进行统计分析的基础之上，根据市场价格和模型预测的理论价格的偏差来构建套利策略的多头或者空头，在市场价格趋向于理论价格后获利。这种策略需要更多复杂的量化技术，如神经网络、机器学习等数据挖掘技术都是常用的技术，这种套利一般会设定出入市标准和止损线，风险较小，而且收益相对稳定，适合稳健型机构投资者。

（七）期货套利的注意事项

（1）期货的基差套利策略是风险套利策略，即上述策略仍然是在一定的市场预期下进行的，当预期与实际相违背时，基差套利策略同样会面临巨额亏损。如在图7-1中，如果投资者在2015年6月沪深300指数期货价格刚刚低于现货指数时进行反向套利，那么后来基差的进一步扩大将会使其产生巨亏。

（2）套利策略需要同时进行相同数量、相反方向的头寸操作，两个头寸应该同时进行策略的开仓和平仓，防止套利变成投机，增加单边风险。

（3）不要因为套利的低保证金和低风险而超额套利。对于套利交易来说，各个交易所对套利交易都有一定的保证金优惠来鼓励套利。比如大连商品交易所对于套利交易只收取单边保证金。投资者如果因此盲目扩大套利规模，那么当未来价差与预期有偏差时，这种超额套利将给其带来巨额亏损。

拓展阅读

基差变动对股指期现套利的影响案例

（4）不要在陌生的市场做套利交易。不同市场、不同标的资产的期货，其影响因素差别较大，因此如果套利者不了解这个市场，其对价差趋势的估计可能是不合理的，从而给套利交易带来风险。

第二节　远期与期货的套期保值策略

企业在经营过程中面临着各种各样的风险，例如汇率风险、价格风险、信用风险、操作风险等。企业在风险管理的过程中，可以采取分散风险、对冲风险、转移风险等多种手段。利用衍生产品进行套期保值更多是以对冲风险和转移风险的方式来管理风险。

一、套期保值的目的和原则

（一）套期保值的目的

套期保值（hedge）是利用衍生产品进行风险管理的一种重要手段，也是我国不断推出新的衍生产品的主要目的。**套期保值的作用**是帮助企业转移和管理风险，企业通过衍生产品如期货、期权、互换等的盈利来弥补现货市场亏损，或者用现货市场的盈利弥补期货市场的持仓亏损，使企业经营不受原材料和产品价格波动影响。

因此套期保值的目的并非增加收益，而是**熨平风险**（见图 7-3）。这一点在实践中经常会带来误解。如使用期货管理企业的风险，期货在对冲现货亏损的同时，也会对冲现货的盈利，经常被解读为"期货投机导致亏损"。

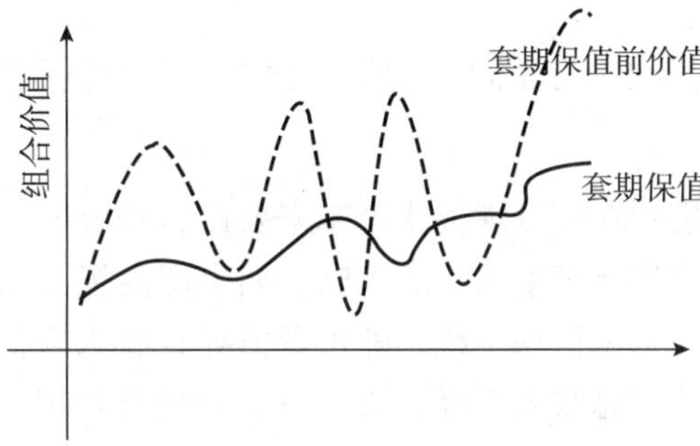

图 7-3　套期保值的目的

因此，关于是否使用期货等衍生产品对冲风险一直存在争议。有人认为：企业应该将精力放在主营业务上，因此有必要对利率风险、汇率风险等非主营业务风险通过套期保值进行规避，但也有人认为当整个行业都不进行套期保值时，最好的经营方式就是跟随行业不进行套期保值，特别是当套期保值的期货头寸导致亏损时，很难向管理层解释，因为现货经营的亏损容易被原谅，而期货套期保值头寸的亏损经常被误认为是投机。因此，正确认识套期保值的作用，结合行情制定合适的套期保值策略至关重要。

（二）套期保值的原则

根据第五章和第六章的分析，我们发现远期的协议价格以及期货价格与标的现货价格之间具有很强的正相关性，在实践中经常体现为价格走势趋同，并且在到期日，期货价格会收敛于现货价格。基于这种关系，在使用远期和期货进行套期保值时，我们一般遵循以下原则：

（1）头寸方向相反。用于套期保值的期货头寸与待套期保值资产的头寸方向相反，这样可以使用期货头寸的盈利对冲现货头寸的亏损。

（2）数量相当。期货头寸包含的标的资产的数量与现货需要管理风险的资产数量相同，以保证风险敞口的匹配性。

（3）品种相关。期货标的资产与待套期保值资产的品种密切相关，以保证价格变动的趋同。

（4）建立和解除的时间大致相同。当现货资产到位时，套期保值头寸应该同步平仓，避免单方向投机风险。

（5）盈亏相抵。套期保值头寸的盈利能够抵补现货头寸的亏损。

远期和期货的套期保值一般都是基于以上原则进行策略设计，但由于交易场所和交易机制的差异，远期和期货在套期保值方面也会存在操作差异。远期合约一般用于静态套期保值，通过期末交割了结套期保值头寸；而期货合约由于其交易机制的灵活性，可以根据对未来市场的预测灵活地调整套期保值头寸，实施动态套期保值。

二、远期合约的套期保值策略

远期合约由交易双方协商签订，因此企业可以根据自己的风险管理需求制定精确的套期保值策略，但远期合约一般通过到期交割了结，因此经常用于 1：1 的简单静态套期保值，即如果企业需要管理 1 单位产品的风险，可以签订 1 单位产品的远期合约进行套期保值，锁定未来的成本或者收益。

根据套期保值需要的远期合约头寸不同，套期保值可以分为空头套期保值和多头套期保值。

（一）空头套期保值

所谓空头套期保值，是指企业拥有现货或者未来要出售现货时，担心未来现货价格下跌的风险，通过卖出远期合约进行套期保值的策略。如生产商担心未来产成品价格下跌导致销售收入降低，出口商担心未来汇率下跌、外币贬值导致收入降低，进行浮动利率贷款的银行担心未来利率下跌导致利息收入下降，买入股票的投资者担心未来价格下跌、股票受损等，这些情况都适合于空头套期保值。

【例 7-4】 假设现在是 5 月 15 日，公司 A 预计在 8 月 15 日可以开采出 100 万桶原油，该公司担心未来原油价格下跌，应如何对冲风险？

公司 A 可以与原油购买方签订一份 8 月 15 日到期的 100 万桶原油的远期合约。若假设当前原油价格为 19 美元/桶，其签订的远期合约协议价格为 18.75 美元/桶，则无论未来原油价格如何变化，在不考虑其他费用的情况下，公司 A 都可以将 8 月开采出的原油价格锁定在 18.75 美元/桶。

【例 7-5】 假设现在是 2023 年 6 月，我国某出口企业与美国一个客户签订了一份在 2023 年 12 月到期的产品出售合同，在 2023 年 12 月将收到 100 万美元的货款，该企业担心美元兑人民币汇率下跌，应如何对冲这一风险？

为了规避美元贬值的风险，企业可以作为卖方，与银行签订一份 100 万美元、2023 年 12 月到期的外汇远期合约。如果银行对美元兑人民币的远期报价为 6.65～6.68，则企业在到期时可以以 6.65 美元/元人民币的价格将 100 万美元出售给银行，锁定未来的人民币收益。

在上述例子中，需要注意到使用远期合约进行空头套期保值时，其套期保值策略有以下特征。

（1）当企业拥有现货时，为了对冲现货价格下跌的风险，它可以直接与买方签订实物交割的远期合约来锁定产品收益，也可以签订现金交割的远期合约来对冲产品价格风险。

（2）若企业已经签订了市场订单，即约定在未来某时间，买方可以以市场价格购买规定数量的商品，此时不适宜使用实物交割的远期合约，因为这样会使得卖方在合约到期时，在远期合约执行和市场订单执行两个方面同时出售产品，出售产品数量翻倍，达不到套期保值的效果。此时可以使用现金交割的远期合约来对冲市场订单的价格风险，也可以通过期货进行套期保值，最终通过期货平仓了结套期保值头寸。

（二）多头套期保值

所谓多头套期保值，是指企业目前卖出现货或者未来要买入现货时，担心未来现货价格上涨的风险，通过买入远期合约进行套期保值的策略。如生产商担心未来原材料价格上涨导致生产成本增加，未来需要支付外币的进口商担心汇率上涨、外币升值，发行浮动利率债券的银行担心未来利率上涨导致利息支出增加，卖空股票的投资者担心未来股价上涨等，这些情况都适合于多头套期保值。

【例 7-6】 假设在 1 月 15 日，某铜加工商预计在 5 月 15 日购买 1 万吨铜，其担心铜价格上涨，应如何对冲风险？

铜加工商可以作为买方与铜销售商签订一份 5 月 15 日到期的 1 万吨铜的远期合约。假设合约协议价格为 68 000 元/吨，则在 5 月 15 日，无论铜价格上涨还是下跌，铜加工商都可以将成本锁定为 68 000 元/吨。

【例 7-7】 某公司生产需要从日本进口大量的原材料，以日元支付货款，而公司的主要收入是人民币，公司需要将人民币兑换成日元后用于支付，而人民币兑日元汇率波动剧烈，这会给公司造成很大风险。如何解决这个问题？

为解决这一问题，公司决定与中国银行做远期外汇业务。根据进口合同确定的金额和付款日，按照目前人民币兑日元 3 个月远期市场行情 1 元人民币＝19.00 日元，买入日元，卖出人民币。这样无论 3 个月后人民币兑日元的市场汇率如何变化，到付款日时公司都将以人民币兑日元＝19.00 的价格买入日元，很好地规避了汇率风险。

使用远期合约进行多头套期保值时，同样需要注意以下两点：

（1）当企业卖空现货或者未来要买入现货时，为了对冲现货价格上涨的风险，可以直接与卖方通过签订实物交割的远期合约来锁定产品收益，也可以通过签订现金交割的远期合约来对冲产品价格风险。

（2）若企业已经签订了市场订单，即约定在未来某时间，需要以市场价格购买规定数量的商品，此时可以使用现金交割的远期合约来对冲市场订单的价格风险，也可以通过期货进行套期保值，最终通过期货平仓了结套期保值头寸。

（三）远期合约套期保值的不足

远期合约虽然能够为企业或投资者提供更符合需求的静态套期保值方式，但其头寸调控的灵活性较差，一旦未来价格走势与预测不符，很难及时调整，因此有可能使得套期保值头寸产生巨大损失。因此在签订远期合约时，一定要未雨绸缪，注意使用其他方式管理远期合约本身的风险。

三、期货的套期保值策略

（一）期货简单套期保值

如果存在需要套期保值的现货的期货品种，那么上述远期合约的套期保值策略都可以通过期货来实现。

案 例 7-1 中盛粮油公司套期保值

中盛粮油公司是年贸易量为60万吨的大型粮油综合企业集团，在2008年7月拥有豆油库存2万吨。为规避豆油价格下跌造成现货库存损失，该公司及时进入期货市场进行了针对库存的套期操作。

中盛粮油公司在2008年7月28日卖出豆油901期货合约2 000手（1手期货合约相当于10吨现货），价格为10 392元/吨，当日豆油的现货价格为10 300元/吨。到了10月24日，该公司将豆油现货销售完毕，销售价格降低为6 400元/吨。每吨损失3 900元，加上利息和存储费用，单位销售亏损4 128元/吨；公司同时将豆油901期货合约的空单平仓，平仓价为6 351元/吨，期货头寸盈利4 041元/吨，扣除要支付的交易成本和保证金利息，期货头寸盈利4 023.4元/吨。由于该公司进行了套期保值，最终使得亏损降低至104.6元/吨，2万吨仅损失了209.2万元，套期保值和不套期保值的效果相差38.5倍！具体套期保值过程见表7-3。

表7-3 中盛粮油公司的空头套期保值效果

	现货市场	期货市场
2008年7月28日	10 300元/吨	开豆油901合约空头，10 392元/吨
2008年10月24日	6 400元/吨	平豆油901合约空头，6 351元/吨
损益	价格损失：3 900元 利息支付：10 300×6.57%×82/360=154元 存储费用：1×0.9×82=74元 库存损失=价格损失+利息支付+存储费用=4 128元	价格盈利：4 041元/吨 手续费：1.6元/吨 利息支付：10 392×10%×6.57%×82/360=16元/吨 期货盈利=价格盈利－手续费－利息支付=4 023.4元/吨
套期保值净损益	(4 023.4－4 128)×20 000=－2 092 000元	
不套期保值损益	4 128×20 000=82 560 000元	

期货由于其交易机制的灵活性，在套期保值方面的策略更丰富，也更灵活，既可以到期交割，也可以通过提前平仓了结套期保值头寸，还可以及时地增加或者减少套期保值头寸。因此，期货的套期保值策略更多地根据市场环境的变化进行动态调整。

案例

Trilobyte公司的外汇套期保值

（二）期货套期保值的基差风险

正是因为期货的标准化，当投资者面临的现货风险和期货不完全匹配时，应用期货进行套期保值会存在基差风险，即基差的变动导致损失的风险。这种风险一般来源于以下三个方面：

（1）需要对冲风险的现货资产与期货合约的标的资产可能并不完全相同。包括需要对冲风险的现货与期货标的资产产地不同带来的价格差异；需要对冲风险的现货品质和期货标的资产的品质不同带来的价格差异；需要对冲风险的现货没有相应的期货品种；等等。这些都可能带来现货价格和期货价格的影响因素差异，导致基差呈现不稳定性和不可预测性。

（2）套期保值者可能无法确定购买或出售资产的确切时间，因此不能很好地匹配现货和期货的到期时间。

案例

青山公司镍交易

（3）套期保值可能要求期货合约在其到期日之前就进行平仓。在到期日之前，期货和现货的基差是不确定的。因此，基差的变化会影响套期保值的效果。

这种基差的不确定性变化有时会带来巨额损失。

（三）条式套期保值与滚动套期保值

利用期货进行套期保值的直观简便方式是采用条式套期保值，但考虑到期货合约的流动性差异、期货有效期的品种差异和期货交易规则的限制，有时也会采取滚动套期保值方式。

1. 条式套期保值

所谓条式套期保值，就是针对未来每个时点的风险敞口，使用相应时点的期货进行套期保值的方式。

【例 7-8】 假设在 2023 年 1 月 5 日，某食品生产企业预期在当年 5 月、9 月、11 月有购买白糖的计划，预计每次需要购入 100 吨，则该企业可以利用郑州商品交易所的白糖期货合约实施条式套期保值（白糖期货 10 吨/手），如表 7-4 所示。

表 7-4 条式套期保值策略

1 月 5 日	买入： 10 手 5 月白糖期货 10 手 9 月白糖期货 10 手 11 月白糖期货
5 月	平仓 10 手 5 月白糖期货多头
9 月	平仓 10 手 9 月白糖期货多头
11 月	平仓 10 手 11 月白糖期货多头

条式套期保值的优点是使用期货合约数量少，现货风险敞口时点与期货头寸一一对应，基差风险小，操作简单。但现实操作中会面临很多困难：首先，由于不同到期期限的期货流动性差异较大，远月合约有时很难保证成功建仓和及时平仓。其次，现货要求的时间点可能没有对应的期货合约，如白糖期货只有一年内到期的期货合约，如果现货要求管理 15 个月的价格风险，则无法找到对应的期货合约。再次，一些长期限合约会对参与者的资质提出要求，如在国际原油期货交易中，有些企业只允许交易短期期货合约，不允许交易长期期货合约，这也会导致期货头寸和现货头寸无法实现期限匹配。最后，一些企业可能不愿意使用条式套期保值，因为长期限期货合约与现货的价格差异往往比较大，价格发现功能较弱，提前用期货锁定长期限的现货价格可能无法达到好的风险管理效果。如鸡蛋期货由于鸡蛋本身的储存期较短，冷藏也只有 40 天，而蛋鸡 45 天就可以长成孵蛋，因此如果现在是 3 月，不但 9 月到期的鸡蛋期货的鸡蛋还没有上市，甚至可能连下蛋的鸡还没

有出生。因此，在3月规避9月鸡蛋的风险本身就存在比较大的不确定性。

2. 滚动套期保值

针对条式套期保值实施的困难和可能存在的问题，一种解决方式就是使用滚动套期保值。所谓滚动套期保值，就是用短期限合约不断转仓的方式来解决长期限的风险管理问题。这里**转仓**是指平仓即将到期的期货头寸持仓，开仓相同头寸相同方向的新期货合约，保持期货合约持仓量的行为。

【例7-9】 接例7-8，假设在1月5日，若企业针对5月、9月和11月的白糖购买需求，采用5月、9月、11月合约滚动的套期保值方式，则可以如表7-5操作（白糖期货10吨/手）。

表7-5 滚动套期保值策略

1月5日	买入30手5月白糖期货
5月	平仓30手5月白糖期货多头 买入20手9月白糖期货
9月	平仓20手9月白糖期货多头 买入10手11月白糖期货
11月	开仓10手11月白糖期货多头

从表7-5可以看出，5月白糖期货建仓数量是5月、9月和11月所有白糖的需求量，这意味着通过5月合约，先将9月和11月白糖保值到5月；在5月，5月白糖现货到位，平仓所有5月合约，针对9月和11月的白糖现货风险，通过9月合约保值到9月；在9月，平仓所有9月合约，此时11月合约已经是主力合约，就可以直接用11月合约将11月的白糖保值到11月。

因此整体看，11月的白糖现货风险是通过将5月合约转仓到9月、将9月合约转仓到11月的滚动方式进行管理的。

滚动套期保值的优势在于可以根据需求灵活调整期货合约头寸。如在例7-9中，若企业在5月决定扩大生产，新增8月白糖需求50吨，将9月白糖需求增加到150吨，同时次年3月的白糖需求为100吨，此时，企业只需要平仓30手5月期货后，开仓40手9月期货多头（包括8月、9月、11月和次年3月的风险管理需求）。需要注意的是，由于白糖期货没有8月到期的期货，为了避免现货风险，此时需要使用晚于8月且离8月最近的9月合约进行套期保值，在8月白糖现货到位时，提前平仓相应的9月合约头寸即可。

滚动套期保值的不足之处在于：一方面，滚动套期保值需要买卖更多的期货合约，增加了套期保值的交易成本，如在例7-8中共买卖了30手期货，而在例7-9中则买卖了60手期货。另一方面，还没有进行交易的期货价格是不确定的，在期货转仓时，到期的期货合约与新开仓的期货合约的价格差异也是不确定的，从而增加了额外的价差风险。所以在实施滚动套期保值的过程中要充分考虑其风险和收益。

四、期货套期保值策略的优化

既然期货套期保值的基差风险主要来自时间的不匹配和标的资产的不匹配，那么在合约的选择上可以基于以下原则：

首先，在时间方面，为了保证完全覆盖现货的风险敞口，一般原则是尽可能地选择到期日在资产购入或者卖出时间之后，同时最接近的期货合约。比如，企业在 10 月需要大量的油菜籽，此时郑州商品交易所有交割月份为 7 月、8 月、9 月、11 月的期货合约，按照晚于套期保值到期日的最近交割月份合约来选择，应该选择 11 月到期的期货合约。

其次，在标的资产方面，选择与待套期保值资产相关性最强的合约。如对于豆油现货的套期保值，大豆、豆油和豆粕都与其有强相关性，豆油期货与其相关性最强，因此豆油期货应该是套期保值的首要选择，除非豆油期货的流动性和活跃度无法满足条件，可以选择豆粕或者大豆等强相关品种。

最后，在资产无法匹配的情况下，应该对套期保值比率进行优化，以此降低基差风险。

（一）套期保值比率的概念

所谓套期保值比率（hedge rate，HR），是指投资者为了对冲现货市场上特定的风险敞口而持有的期货合约的头寸大小与待保值资产大小之间的比率，即：

$$h=\frac{NQ_F}{N_A} \tag{7-8}$$

其中，h 表示套期保值比率，N 表示期货的份数，Q_F 表示单位期货的规模，N_A 表示待保值资产的数量。直观解释，h 表示 1 单位待保值资产进行风险对冲需要多少单位标的资产的期货。如以大豆为例，若使用豆油期货为大豆现货进行风险对冲，$h=0.8$，则表示 1 吨大豆需要使用 0.8 吨豆油的豆油期货进行套期保值。

（二）基于最小方差的最优套期保值比率

变量的不确定性通常用方差来表示。同样，基差的不确定性引起的资产价值的变动程度也可以用方差来表示。如果我们将对冲风险后，期货和现货的投资组合价值变动的方差最小作为优化套期保值策略的基准，那么在此基准下获得的套期保值比率就称为基于最小方差的最优套期保值比率。该比率为：

$$h^*=\rho_{\Delta S\Delta F}\frac{\sigma_{\Delta S}}{\sigma_{\Delta F}} \tag{7-9}$$

其中，ΔS 表示套期保值期间现货价格的变化，ΔF 表示套期保值期间期货价格的变化，$\sigma_{\Delta S}$ 表示 ΔS 的标准差，$\sigma_{\Delta F}$ 表示 ΔF 的标准差，ρ 表示 ΔS 与 ΔF 的相关系数，h^* 表示最优套期保值比率。在此套期保值比率下，结合式（7-8），套期保值需要的期货合约的数量 N^* 为：

$$N^*=h^*\frac{N_A}{Q_F}=\rho_{\Delta S\Delta F}\frac{\sigma_{\Delta S}N_A}{\sigma_{\Delta F}Q_F} \tag{7-10}$$

拓展阅读

推导过程

由式（7-9）可以看出，只有在现货价格与期货价格变化的相关系数 ρ 绝对值等于 1，且二者标准差相等的情况下，最优套期保值比率才为 1。

【例 7-10】 某公司将在 3 个月后购买 5 000 吨汽油，3 个月内每吨汽油的价格变化的标准差为 0.025。公司决定购入上海期货交易所的燃料油期货合约进行套期保值，3 个月内每吨燃料油期货的价格变化的标准差为 0.03，且 3 个月内汽油的价格变化与 3 个月内燃料油期货的价格变化的相关系数为 0.7。试计算该公司应该采用的期货合约数量。

根据题意，$\sigma_{\Delta S}=0.025$，$\sigma_{\Delta F}=0.03$，$\rho_{\Delta S\Delta F}=0.7$。由式（7-9）可得，最优套期保值

比率为：

$$h^{*}=\rho_{\Delta S \Delta F}\frac{\sigma_{\Delta S}}{\sigma_{\Delta F}}=0.7\times\frac{0.025}{0.03}=0.58$$

1 手燃料油期货合约为 50 吨，则该公司用于套期保值的期货合约的最佳数量为：

$$N^{*}=\frac{h^{*}N_{A}}{Q_{F}}=\frac{0.58\times 5\ 000}{50}=58 \text{ 手}$$

由于公司未来需要购买汽油，担心汽油价格上涨，因此需要使用燃料油期货多头对冲价格上涨的风险，即公司需要购入 58 手期货合约来套期保值。当然，在很多时候我们计算出来的期货合约不是整数，就需要采取四舍五入的方法来决定最后的期货合约数量。

实体企业经常使用商品期货进行静态套期保值，且多涉及单个商品的价格变化，因此会直接使用上述公式确定最佳期货合约数量。

（三）尾随对冲与股指期货基于 beta 系数的套期保值

1. 使用价值变化表示的最优套期保值比率

上述套期保值比率在股票投资中很难应用，首先，股票投资经常是多只股票的组合投资，并且投资组合中的股票头寸经常随着市场行情的变化进行动态调整；其次，很难用个股期货对冲投资组合的价值变动，更多的是用股指期货进行风险管理。因此对于投资组合，相对于个股价格变动，我们更关心每日价值变动。针对投资组合每日价值变动的套期保值称为“尾随对冲”。先给出使用组合价值计算的最优套期保值比率，以单资产为例。

定义：

σ_{V_S} 为现货资产价值变化的标准差，$V_S=N_A S$，$\Delta V_S=N_A\Delta S$；

σ_{V_F} 为一手期货价值变化的标准差，$V_F=Q_F F$，$\Delta V_F=Q_F\Delta F$；

$\rho_{V_S V_F}$ 为现货价值与期货价值的相关系数；

S 为现货资产在套期保值期初的价格；

F 为期货在套期保值期初的价格。

则 $\sigma_{V_S}=N_A\sigma_{\Delta S}$，$\sigma_{V_F}=Q_F\sigma_{\Delta F}$，$\rho_{V_S V_F}=\dfrac{\mathrm{Cov}(\Delta V_S,\ \Delta V_F)}{\sigma_{V_S}\sigma_{V_F}}=\rho_{\Delta S\Delta F}$。

将 σ_{V_S}、σ_{V_F}、$\rho_{V_S V_F}$ 的关系代入式（7－9），得：

$$h^{*}=\frac{\rho_{\Delta S\Delta F}\sigma_{\Delta S}}{\sigma_{\Delta F}}=\frac{\rho_{V_S V_F}\sigma_{V_S}/N_A}{\sigma_{V_F}/Q_F}=\frac{\rho_{V_S V_F}\sigma_{V_S}}{\sigma_{V_F}}\times\frac{Q_F}{N_A} \tag{7-11}$$

故

$$N^{*}=h^{*}\frac{N_A}{Q_F}=\frac{\rho_{V_S V_F}\sigma_{V_S}}{\sigma_{V_F}}\times\frac{Q_F}{N_A}\times\frac{N_A}{Q_F}=\frac{\rho_{V_S V_F}\sigma_{V_S}}{\sigma_{V_F}} \tag{7-12}$$

2. 使用价值百分比表示的尾随对冲最佳期货合约数量

在每日的尾随对冲中，对于投资组合我们更喜欢用日价值变化百分比表示每日价值变化。若定义：

σ_{r_S} 为现货资产日价值变化百分比的标准差，$r_S=\dfrac{\Delta V_S}{V_S}$，

σ_{r_F} 为一手期货日价值变化百分比的标准差，$r_F=\frac{\Delta V_F}{V_F}$，

$\rho_{r_S r_F}$ 为现货价值变化百分比与期货价值变化百分比的相关系数，

则

$$\sigma_{r_S}=\frac{\sigma_{V_S}}{V_S}，\sigma_{r_F}=\frac{\sigma_{V_F}}{V_F}，\rho_{r_S r_F}=\frac{\mathrm{Cov}(r_S，r_F)}{\sigma_{r_S}\sigma_{r_F}}=\rho_{V_S V_F}$$

将上述表达式代入式（7－12），可得：

$$N^*=\frac{\rho_{V_S V_F}\sigma_{V_S}}{\sigma_{V_F}}=\frac{\rho_{r_S r_F}\sigma_{r_S}V_S}{\sigma_{r_F}V_F}=\rho_{r_S r_F}\frac{\sigma_{r_S}}{\sigma_{r_F}}\times\frac{V_S}{V_F}$$

因此，进行尾随对冲需要的最佳期货合约数量为：

$$N^*=\rho_{r_S r_F}\frac{\sigma_{r_S}}{\sigma_{r_F}}\times\frac{V_S}{V_F} \tag{7-13}$$

3. 股指期货基于 beta 系数的套期保值策略

股票指数经常作为股票市场组合的代表，股票指数的变化代表了股票市场的系统性波动，因此股指期货经常用于对冲股票组合的系统性风险。夏普提出的 CAPM 给出了个股或者股票组合的预期收益与市场组合收益间的关系。①

如果一个股票组合的构成与一个股票指数的股票组合具有较强的相关性，比如 50ETF 与上证 50 股指，则我们可以利用该股指期货为股票组合进行套期保值，此时将标的指数看作 CAPM 中的市场组合，假设股票组合的预期收益率和标的指数的收益率满足 CAPM：

$$r_s=r+\beta(r_m-r)+\varepsilon \tag{7-14}$$

其中，r_s 表示股票组合在套期保值期间的收益率，r_m 表示标的指数在套期保值期间的收益率，r 表示无风险利率，ε 表示随机干扰项。

在假设式（7－13）成立的情况下，我们可以将式（7－12）变形为：

$$N^*=\beta\frac{V_S}{V_F} \tag{7-15}$$

其中，V_S 表示股票组合套期保值初期的价值，V_F 表示一份股指期货合约套期保值初期的价值，β 表示股票组合相对于股指期货标的指数的 beta 系数，N^* 表示最优套期保值需要的期货合约数量，这里 β 与 r_s、r_m 的关系为：

$$\beta=\rho_{r_s r_m}\frac{\sigma_{r_S}}{\sigma_{r_m}} \tag{7-16}$$

与使用价值变化百分比表示的尾随对冲最佳期货合约数量公式相似。

【例 7－11】 假设一位投资者在 6 月 1 日持有我国 A 股市场的一个股票组合，预期收益率达 9%。投资者认为市场行情不明，下跌的可能性很大，于是决定利用沪深 300 股指

① Sharpe, W. F., "Capital Asset Prices: A Theory of Market Equilibrium under Conditions of Risk," *The Journal of Finance*, 1964 (3): 425－442.

期货进行套期保值。假定其持有的组合现值为100万元，经过测算，该组合与沪深300指数的beta系数为1.35。6月1日，沪深300指数为3 400点，12月到期的沪深300股指期货报价为3 588点，期货每点乘数300元。那么该投资者如何操作能够完全对冲系统性风险？

利用式（7－15），投资者可以卖出沪深300股指期货合约，数量为：

$$N^{*}=\beta\frac{V_S}{V_F}=1.35\times\frac{1\ 000\ 000}{3\ 588\times 300}=1.25$$

通过四舍五入，可知投资者应卖出1张沪深300股指期货合约。

假如到了12月1日，沪深300股指期货跌到3 308点，而沪深300指数跌到3 135点，两者都跌了约7.8%，但该股票组合跌了10.53%，这时候该投资者对卖出的1张股指期货合约平仓。股指期货盈利（3 588－3 308）×300＝84 000元，股票组合亏损1 000 000×10.53%＝105 300元，两者相抵亏损21 300元。

例如到了12月1日，沪深300指数和沪深300股指期货都上涨了5%，沪深300指数涨到3 570点，股指期货涨到3 767点，这时该股票上涨6.75%(＝5%×1.35)。股票盈利1 000 000×6.75%＝67 500元，股指期货亏损（3 767－3 588）×300＝53 700元，两者相抵盈利13 800元。

从上面的例子可以看出，投资者通过套期保值降低了价格波动带来的风险。但由于期货合约必须交易整数份数，因此四舍五入导致套期保值的结果不是期货和现货盈亏恰好相抵的状况。但是总的来说，套期保值依旧在很大程度上帮助投资者规避了风险。

除了对已有的股票组合进行套期保值，使用股指期货也可以提前锁定未来要购买的股票组合的成本。

【例7－12】 假设某机构在10月8日得到承诺，12月10日会有600万元资金到账。该机构看中A、B、C三只股票，现在价位分别是5元、10元、20元，打算每只股票各投资200万元，分别买进40万股、20万股和10万股。但该机构资金要到12月才能到位，在行情看涨的情况下等到资金到位时股价会上涨很多，面临踏空行情的风险，该机构应该怎么做来锁定成本？

该机构决定买进股指期货合约来锁定成本。

12月到期的沪深300股指期货为2 322点，每点乘数300元，三只股票的beta系数分别是1.5、1.2和0.9，因此该股票组合的beta系数为：

$$\beta=1.5\times 1/3+1.2\times 1/3+0.9\times 1/3=1.2$$

故该机构可以买进6 000 000/(2 322×300)×1.2＝10.34≈10张合约进行套期保值。假设保证金比率为8%，因此合约需保证金：2 322×300×10×8%＝557 300元。

到了12月10日，该机构如期收到600万元，但这时股指期货已经上涨15%，达到2 670点。A股票上涨15%×1.5＝22.5%，达到6.13元；B股票上涨15%×1.2＝18%，达到11.80元；C股票上涨15%×0.9＝13.5%，达到22.70元。如果分别买进40万股、20万股、10万股，则需资金：6.13×400 000＋11.8×200 000＋22.7×100 000＝7 082 000元，资金缺口为108.2万元。

由于该机构在股指期货上做了多头保值，12月10日当天将股指期货合约卖出平仓，收益为（2 670－2 322）×300×10＝1 044 000元，弥补了绝大部分资金缺口。

该机构用 55 万元左右的资金实现了对 600 万元资产的套期保值，避免了踏空行情的风险，收到了很好的保值效果。

在 beta 量化投资策略设计中，投资者还经常使用这种方法去调整投资组合的系统性风险头寸，以实现更好的投资收益。此时，投资者希望通过股指期货改变现有股票组合的 β 值并达到目标 β 值，以此实现风险管理的目的。如果我们假设投资者的目标 β 值是 β_T，原投资组合 β 值是 β_S，则要达到目标 β 值所需要的期货合约数量为：

拓展阅读

股指期货的 beta 套期保值比率的公式推导

$$N^*=(\beta_T-\beta_S)\frac{V_S}{V_F} \tag{7-17}$$

具体推导可以采用另一种思路，完整的证明过程可以扫描二维码了解。

【例 7-13】 假设投资者现在手中持有一个股票组合，组合的价值为 500 万元，beta 系数为 1.35。出于风险管理的目的，投资者希望通过沪深 300 股指期货将组合的 beta 系数进行调整。现在沪深 300 股指为 3 500 点，沪深 300 股指期货为 3 600 点。若投资者希望将组合的 beta 系数减小到 0.75，需要如何操作沪深 300 股指期货？

利用式（7-17），$\beta_T=0.75$，$\beta_S=1.35$，$V_S=5\,000\,000$，$V_F=3\,600\times300$，故投资者需要的沪深 300 股指期货的数量为：

$$N^*=(\beta_T-\beta_S)\frac{V_S}{V_F}=(0.75-1.35)\times\frac{5\,000\,000}{3\,600\times300}=-2.78$$

负号表示需要卖出股指期货，四舍五入，需要卖出 3 张股指期货合约。

需要指出的是，股指期货基于 beta 系数的套期保值策略并不是完全无风险，我们需要注意到：

第一，该策略假设 CAPM 在市场上成立，而在实际市场中，学者的研究结论对该模型的实证存在很多分歧，而股票量化投资策略正是利用 CAPM 不成立进行套利的，因此该策略存在模型风险。

第二，即使 CAPM 本身是成立的，我们对 beta 系数的计算经常是基于一段历史数据估计的，这种估计本身有误差，该误差也会给套期保值策略带来误差风险。

第三，为了能够对股票组合更好地进行套期保值，我们需要选择与其相关性较强的股指期货。因为股指期货的标的指数成份股有限，股指期货只能代表部分市场风险。若股票组合与标的股指相关性较低，股指期货很难起到对冲作用。因此，如果投资者持有大盘股组合，可以采用沪深 300 股指期货或者上证 50 股指期货；如果投资者持有小盘股组合，可以采用中证 500 股指期货或者中证 1 000 股指期货，因此，为了能够提供足够丰富的风险管理策略，我国股指期货市场正在不断推出新的期货品种。

（四）国债期货基于久期的套期保值策略

国债期货是管理利率风险的重要工具，而久期是反映利率变动对债券价格影响的指标，利用修正的麦考利久期的计算公式：

$$D_P=-\frac{\mathrm{d}P}{\mathrm{d}y}\frac{1}{P}$$

则利率的微小变动所带来的债券价格的变化可以近似为：

$$\Delta P=-D_P P\Delta y \tag{7-18}$$

类似地，如果我们知道国债期货的久期和一个债券组合的久期，则利率变动所带来的价值变化也可以用久期近似表示为：

$$\Delta V_F=-D_F V_F\Delta y，\Delta V_S=-D_S V_S\Delta y \tag{7-19}$$

其中，V_F 表示国债期货在套期保值初期的价值，V_S 表示债券组合在套期保值初期的价值。

国债期货基于久期的套期保值策略就是基于上述假设来完成的，在实施久期套期保值时，需要对市场做一个简化假设：

假设所有期限债券的到期收益率受同一因素影响，当该因素变化时，所有到期收益率变化相同的数量。即利率期限结构只发生平行移动，不发生形状变化和旋转。

在这一假设下，包含 N 份国债期货和一份债券组合的套期保值组合价值变化为：

$$\Delta V_P=\Delta V_S+N\Delta V_F=-D_S V_S\Delta y-ND_F V_F\Delta y \tag{7-20}$$

因此，如果要对冲掉利率变动对债券组合的影响，只需要：

$$-D_S V_S\Delta y-ND_F V_F\Delta y=0 \tag{7-21}$$

即

$$N=-\frac{D_S V_S}{D_F V_F} \tag{7-22}$$

当然，如果投资者不想对冲掉所有的利率风险，只是希望将债券组合的久期调整到一个目标值，设为 D_T，则套期保值组合价值因利率变动产生的变化为：

$$\Delta V_P=-D_T V_P\Delta y=-D_T V_S\Delta y \tag{7-23}$$

这里利用了国债期货在期初建仓时价值为 0 的特点。将式（7-23）代入式（7-20）可以得到：

$$\Delta V_P=\Delta V_S+N\Delta V_F=-D_T V_P(0)\Delta y=-D_T V_S(0)\Delta y$$
$$V_S=-D_S V_S(0)\Delta y$$
$$\Delta V_F=-D_F V_F(0)\Delta y$$

故

$$N^*=\frac{(D_T-D_S)V_S}{D_F V_F} \tag{7-24}$$

> **拓展阅读**
>
> 国债期货
> 隐含久期的计算

需要指出的是，我们知道国债期货一般都是基于虚拟债券报价，那么如何计算虚拟债券的久期呢？其实，由于 CTD 的存在，虚拟债券的价格是随着 CTD 的价格变化的，因此期货合约关于利率的变化就等同于 CTD 在期货交割日关于利率的变化，我们将 CTD 在期货交割日的久期称为国债期货的隐含久期。因此，国债期货的久期是用隐含久期来表示的，至于为何国债期货的久期等于 CTD 的久期，读者可以扫描二维码了解。

【例 7-14】 假设 7 月 1 日，投资者持有一个价值 1 000 万元的国债投资组合，为了避免随后两个月利率上升带来的债券价格下降的风险，投资者决定采用 9 月的国债期货对其进行套期保值。现在国债期货价格为 99.725，每份合约的债券总面值为 1 000 万元，所以期货合约的价格为 99 725 元。假设在随后的两个月内，债券组合的平均久期为 6.4 年。CTD 为 20 年期，票面利率为 10%。现在该种债券的年收益率为 7.8%，在期货合约到期时，该债券的久期为 9.8 年。于是，根据式（7－22），我们可以计算出所需的国债期货合约数量为：

$$N=-\frac{D_S V_S}{D_F V_F}=-\frac{10\ 000\ 000\times 6.4}{99\ 725\times 9.8}=-65.49$$

通过四舍五入，可知投资者应该卖出 65 份国债期货合约。

在实践中，除了久期，另一个常用于衡量债券组合利率风险敞口的概念是价值久期或者基点久期。

所谓价值久期，是指利率一定程度的变动幅度导致债券组合价值变动的幅度，用公式表示，Δy 的收益率变动导致债券组合价值变动的幅度可以近似用久期和债券组合的期初价值表示，即：

$$|\Delta P|=D_P P|\Delta y| \tag{7-25}$$

如针对 25 个基点的利率变动，某债券组合的价值久期为 100 万元，表示由于收益率变动 0.025%，债券组合的价值会变动 100 万元。

而基点久期是指 1 个基点变动导致的债券组合的价值变动，因此和价值久期是一个概念。

在美国，其价值久期用美元衡量，因此被称为美元久期。

若上述套期保值比率使用价值久期计算，则式（7－24）可以变为：

$$N^*=\frac{(D_T-D_S)V_S\Delta y}{D_F V_F\Delta y}=\frac{DD_T-DD_S}{DD_F} \tag{7-26}$$

其中，DD_T 表示目标的价值久期，DD_S 表示初始债券组合的价值久期，DD_F 表示一手期货的价值久期。

【例 7－15】 一名基金经理持有 1 亿美元的投资组合，平均久期为 8 年。假设他担心美联储会加息 25 个基点，他希望如果加息发生，能够将其价值久期缩小到 100 万美元以内。现有一份期货合约，对于 25 个基点的利率变动，其美元久期为 1 100 美元。

（1）该经理应该持有利率期货的多头还是空头？

（2）该经理应持有的利率期货的数量是多少？

债券组合原久期为 8 年，故针对 25 个基点的利率变动，债券组合的初始价值久期为 $DD_S=0.002\ 5\times 8\times 10^8=200$ 万美元。

根据题意，$DD_T=1\ 000\ 000$，$DD_F=1\ 100$

故

$$N^*=\frac{(DD_T-DD_S)}{DD_F}=\frac{(1\ 000\ 000-2\ 000\ 000)}{1\ 100}=-909$$

因此，需要 909 份国债期货空头，此处负值表示空头头寸。

当然，久期套期保值的市场简化假设与实际市场存在明显的差距，实际中短期利率和长期利率一般波动幅度是不相同的，同时利率期限结构不但会发生平移，还会发生旋转和形状变化，因此使用久期套期保值本身也存在模型风险。

第三节　远期和期货在企业运营中的应用

远期和期货的诞生源于农业生产和工业化发展的需求。随着技术的进步和投融资方式的创新，目前，远期和期货在实体企业生产经营中有了更多元化的应用。将远期和期货市场的功能与现货企业的生产经营全过程结合，企业就可以由被动地承受风险转变为主动选择与管理风险；也可以通过一系列的期货工具去锁定企业生产中的成本或者出售时的利润，保障企业的稳健经营。所以灵活运用远期和期货可以给企业带来新的经营理念和业务模式。

一、基差贸易

基差贸易，又称基差交易，是一种基于期货价格的贸易定价方式，它将传统的现货一口价订单方式转变为以期货价格为基础，加上双方约定的基差来确定最终买卖商品价格的交易模式，基差在贸易中也称为现货的升贴水。基差贸易的核心在于基差定价，这使得买卖双方能够更灵活地应对市场价格波动，降低交易成本，并规避价格风险。

与基差贸易相匹配的概念就是点价。所谓点价，是指在签订基差贸易订单后，在约定的有效期内，签约双方中有点价权利的一方可以根据订单约定的期货合约的盘面价走势，锁定参考期货价格的过程。结合点价，基差贸易中商品买卖价格为：

商品买卖价格＝点价确定的期货盘面价＋订单约定的基差　　(7－27)

基差贸易可以根据店家权利归属分为买方点价和卖方点价。买方点价即买方在点价期内有决定使用哪一日的期货价格的权利。

【例 7－16】 某贸易商于 1 月 15 日与一铜进口商签订了一份 10 000 吨铜采购基差贸易合同，确定了买方（贸易商）点价模式，即买方拥有点价权。现货交货期为 3 月 5 日，双方选择 4 月到期的铜期货合约价格作为基准价，进口商协商确定基差为 150 元/吨，点价期为合同签订之日至 2 月 15 日。

合同签订时的铜现货价格为 13 400 元/吨，铜期货价格为 13 450 元/吨。2 月 7 日，铜期货价格下跌到 13 100 元/吨，贸易商认为铜期货价格已经到了局部低点，因此在 2 月 7 日进行了点价，这样 3 月 5 日，贸易商通过订单购买铜的成本为：2 月 7 日点价确定的期货盘面价＋约定的基差＝13 100＋150＝13 250 元/吨

若 3 月 5 日到期时现货价格涨回 13 300 元/吨，则通过基差贸易，相对于期初购买铜现货，贸易商节约了 150 元/吨，10 000 吨铜节约了 150 万元；相对于期末直接购买铜，成本节约了 50 元/吨，10 000 吨铜可节约 50 万元。

从式（7－27）可以看出，通过基差贸易，企业就把未来面临的现货价格波动的风险完全转换为期货价格波动的风险，并且规避了期现价格波动不同步带来的基差波动的影响。这种转换可以带来以下优势。

（1）以期货价格作为**现货**定价基准，更加透明、公允，节约交易成本，提高交易效率。期货由于在场内交易，其交易方式更灵活，市场更活跃，价格更加公开、公允、透明，价格的实时性也更强，因此基差贸易的双方更容易达成交易意向。

（2）以基差确定供求关系，以期货实现个体差异，降低贸易双方的对抗性，有助于稳

定供需关系。通过点价交易，最终的合约价格能够体现点价方的个人意愿，相对于一口价订单和长协订单，不容易产生合同纠纷。

（3）更便于企业进行价格风险管理，助力企业经营和可持续发展。基差贸易将现货价格风险转换为期货价格风险，期货价格风险在衍生产品市场更容易管理。一方面，买卖双方直接使用期货对订单进行套期保值，不需要考虑基差风险；另一方面，商品的其他衍生产品如商品互换、商品期权大都以期货作为标的资产，因此期货价格可以有更丰富、直接的风险管理工具。

实际上，基差贸易双方在签订合约后，都会根据市场行情制定相应的套期保值策略。如在例 7-16 中，铜进口商作为基差贸易的卖方，若未来期货价格下跌，其收益会降低，因此在签约后，它会在期货市场进行卖出套期保值。在 2 月 7 日基差贸易买方点价后，进口商可以在期货市场买入平仓，这样虽然未来铜的贸易收入为 13 250 元/吨，但通过期货卖出套期保值，进口商可以获益：13 450－13 100＝350 元/吨，故进口商最终合成收入为：13 250＋350＝13 600 元/吨，与签约时的期货价格＋约定基差的收入相同（13 450＋150＝13 600 元/吨）。

对贸易商而言，如果点价失误，价格过高，他也可以进一步通过在期货市场上进行卖出套期保值，防止买入铜价成本过高。

基差贸易本质上是基差远期合约＋期货合约＋现货贸易的组合贸易手段，充分利用远期合约锁定未来基差，利用期货市场的公开、公允、透明和交易灵活性，最终达到优化现货贸易的目标。

二、基差贸易在中国的发展现状

为满足企业参与期货市场的个性化需求，促进期货定价功能发挥，大商所基差交易平台在 2019 年 9 月 25 日上线试运行，首期上市了铁矿石、聚乙烯、聚氯乙烯、聚丙烯四个品种。平台整体定位于通过推广以“期货价格＋基差”为定价方式的现货贸易，促进期货定价功能的有效发挥，探索企业在参与期货市场过程中的个性化现货需求解决方案，推动期现同频发展，解决期货市场服务实体经济的“最后一公里”问题。平台采用交易商认证制度，以交易商信用奠定平台运行发展的基础。平台交易由交易商一对一双边开展，交易达成后如果双方协商一致，基差贸易合同可以转让，最终以实物交收或回购的方式进行了结。平台聚焦个性化现货交易需求，交易商可以结合自身生产经营实际，通过基差贸易合同自定义交易要素；可以选择协商或挂牌两种交易方式；既可以线下自行结算，也可以委托平台结算，提升了交易的灵活性和自由度。在平台建设和运行过程中，大商所则可以作为中介为交易商提供定价、风险管理、融资、仓储、物流等“一站式”服务。大商所基差交易平台的基差贸易流程见图 7-4。

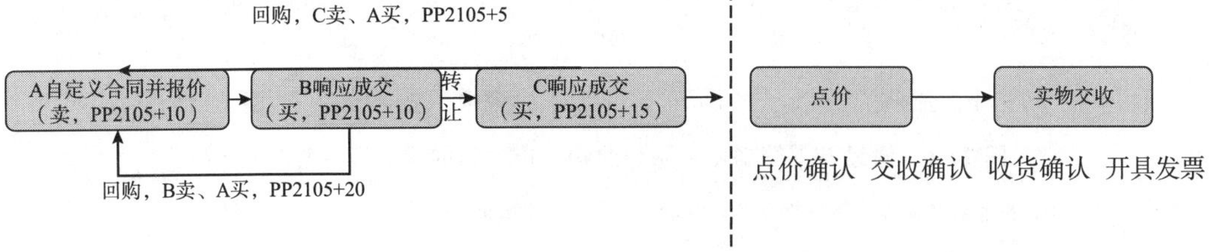

图 7-4 大商所基差交易平台的基差贸易流程

截至 2024 年 2 月，大连商品交易所基差交易平台已经推出了 18 个商品的基差贸易，同时，基差贸易方式也已经得到了全国性推广。截至 2023 年底，大商所、郑商所、上期所三大商品期货交易所都开发了基差交易平台。

截至 2023 年，根据中国期货业协会的统计，基差贸易成交规模已达 5 102 亿元（见图 7－5），其中基差贸易服务中小微企业贸易额在 2023 年 12 月达 2 362.53 亿元，占比达 50%以上（见图 7－6）。

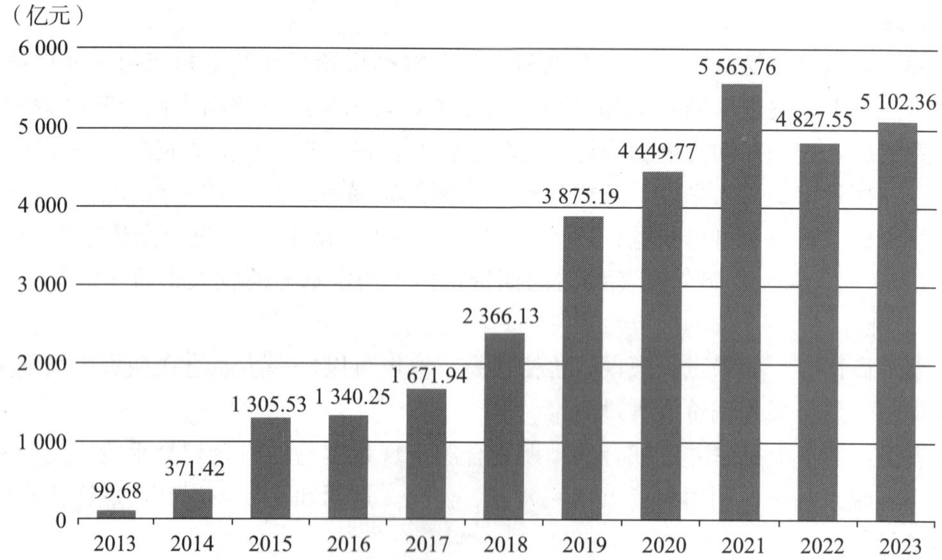

图 7－5　我国的基差贸易成交规模

资料来源：期货行业服务实体经济数据概览（2023 年 12 月）. 中国期货业协会，2024－02－02.

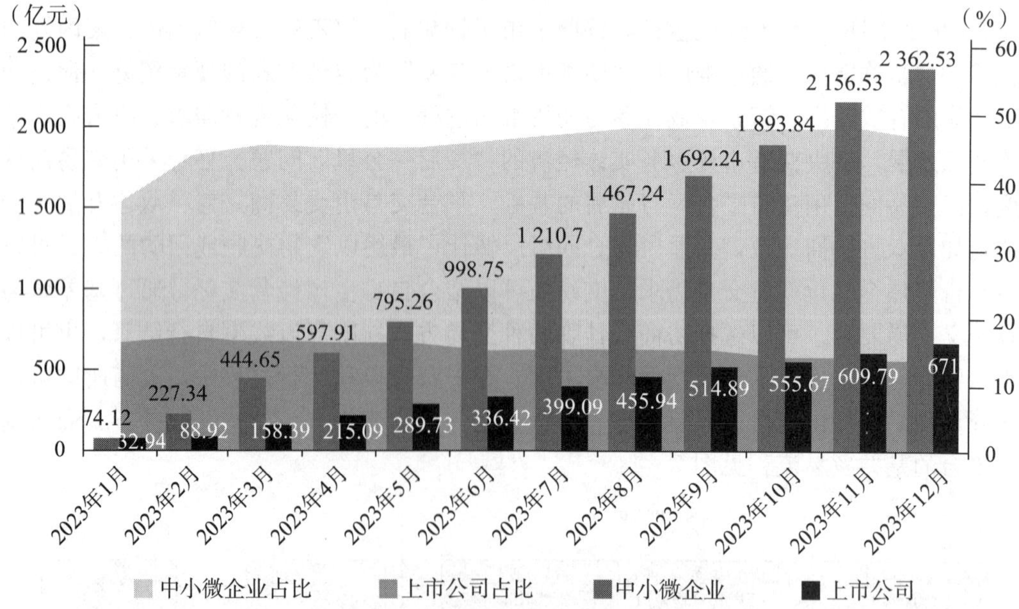

图 7－6　基差贸易服务中小微企业和上市公司的累计贸易额和占比

资料来源：期货行业服务实体经济数据概览（2023 年 12 月）. 中国期货业协会，2024－02－02.

合理利用期货还能在经营方面为企业带来哪些增益呢？感兴趣的读者可以扫描二维

码，了解某棉花企业上市之路的案例。

案例 基差贸易实践案例

案例 江西铜业的期货应用案例

案例 某棉花企业利用期货提升经营效益的上市之路

中国金融实践 我国20世纪70年代的期货交易

其实，我国对期货的应用实践时间并不长，在改革开放之前曾经通过白糖期货、棉花期货成功为我国计划经济时代的商品供应提供保障。

本章小结

1. 期货套利主要表现为基差套利，所谓基差是指现货价格和期货价格的差，利用基差的变化可以进行期现套利、跨期套利、跨市套利和跨品种套利。

2. 套期保值是指已面临风险的主体利用一种或者几种套期保值工具，将风险转移给交易对手方，从而抵消其所面临的风险的行为。

3. 期货套期保值可以结合滚动套期保值降低流动性风险，通过优化套期保值比率降低基差风险，从而进行策略优化。

4. 基于最小方差的最优套期保值比率是在风险对冲后，将期货和现货投资组合价值变动的方差最小作为优化套期保值策略的基准下获得的套期保值比率。股指期货基于CAPM的beta系数计算套期保值比率，国债期货基于久期计算套期保值比率。

5. 实体企业本身是商品的生产者和出售者，因此它们可以利用期货创造更多的经营方式，除了使用期货进行风险管理，还可以进行基差贸易、仓单串换、仓单质押融资、建立虚拟库存，达到控制风险、节约成本和提高投融资效率的效果。

本章术语

基差套利　期现套利　跨期套利　跨市套利　跨品种套利　多头套期保值　空头套期保值　静态套期保值　动态套期保值　基差风险　条式套期保值　滚动套期保值　套期保值比率　基差贸易　点价交易

扩展阅读

思考题

一、简答题

1. 跨期套利可以分为哪几种？分别说明各自的实施方法。
2. 简述期货套利的注意事项。
3. 简述套期保值的作用。
4. 简述实现期货套期保值需要满足的条件。
5. 简述期货套期保值中的基差风险。
6. 在什么情况下，最小方差套期保值组合根本就没有套期保值效果呢？

二、计算题

1. 当前国内大连商品交易所豆一 2309 合约的价格为 3 500 元/吨，豆一 2403 合约的价格为 3 625 元/吨，套利者认为远月合约和近月合约之间的价差不合理。若价差大于理论价差，投机者该如何进行套利操作？假设 1 个月后豆一远月合约和近月合约之间的价差为 120 元/吨，计算套利者的收益。

2. 投资者债券组合价值为 1 050 万元，久期为 4.5 年。最便宜可交割债的久期是 5.5 年，国债期货价格是 97 元，计算采用国债期货套期保值所需的国债期货数量。

3. 投资者持有一个股票组合，他决定利用沪深 300 股指期货进行套期保值。假定其持有的组合现值为 100 万元，经过测算，该组合与沪深 300 指数的 beta 系数为 1.4。沪深 300 股指期货现价为 3 500 点。投资者应该如何操作？

4. 某公司将在 3 月后购买 3 000 吨汽油，3 个月内每吨汽油的价格变化的标准差为 0.03。公司决定购入上海期货交易所的燃料油期货合约进行套期保值，3 个月内每吨燃料油期货的价格变化的标准差为 0.04，且 3 个月内汽油的价格变化与 3 个月内燃料油期货的价格变化的相关系数为 0.8。投资者应该如何操作？

5. 假设有 1 000 万元票面价值的国债现货，久期为 5.3 年，计划调整为 4.3 年。如果国债期货价格为 105.3 元，久期为 4.7 年，需要多少手期货合约？

6. 目前黄金价格为 250 元/克，1 年期远期合约价格为 350 元/克，无风险利率为 10%。不考虑其他成本，请问是否有套利机会？

7. 套利者认为铜期货 6 月的期货合约价格较低，为 47 000 元/吨；11 月期货合约价格较高，为 47 900 元/吨。于是套利者通过买入一手 6 月合约卖出一手 11 月合约来套利。3 个月后，6 月期货合约价格上涨至 47 300 元/吨，11 月期货合约价格上涨至 48 000 元/吨。铜期货合约每手 5 吨，计算套利者收益。

8. 设 2023 年 3 月，2306 铜期货合约价格为 68 000 元/吨，2309 铜期货合约价格为 69 000 元/吨，一个投资者认为铜市场将进入熊市。他的保证金账户余额为 100 000 000 元，为防止爆仓，他决定用 2/3 的仓位进行操作。已知铜期货的保证金比率为 4%（每份铜期货合约规模为 5 吨，铜期货保证金比率为 4%，跨期套利收取单边保证金较大者）。

（1）他应该构造什么样的价差交易策略？说明头寸和各头寸的数量，并说明这样做的原因。

（2）如果假设到 5 月 10 日该投资者将所有仓位平仓，此时 2306 铜期货合约价格为 66 000 元/吨，2309 铜期货价格为 68 000 元/吨，设分析其损益状况。

9. 每年 6 月、7 月新小麦上市，而 11 月、12 月新玉米上市。因此，每年 5 月左右价差会缩小到全年最低位置，每年 11 月到次年 1 月价差会扩大到相当高的位置。小麦、玉米价格的波动存在差异，但小麦价格总是比玉米高。假设现在是 11 月，次年 5 月交割的小麦期货价格是 4.5 美元/蒲式耳，玉米期货价格是 3 美元/蒲式耳，而 3 月时，5 月交割的小麦、玉米期货的平均价差为 1 美元/蒲式耳。(小麦和玉米一份期货合约的规模均为 5 000 蒲式耳。)

(1) 设一个投资者保证金账户可用余额为 1 000 000 美元，试讨论他应该采取的价差策略。

(2) 设 3 月时，5 月交割的小麦期货价格是 4 美元/蒲式耳，玉米期货价格是 3.2 美元/蒲式耳，试分析其损益状况。

10. 下表给出了某一商品现货价格和期货价格的月度变动。使用这一数据计算最小方差套期保值比率。

现货价格变动	+0.05	+0.61	−0.22	−0.35	+0.79
期货价格变动	+0.56	+0.63	−0.12	−0.44	+0.60
现货价格变动	+0.04	+0.15	+0.70	−0.51	−0.41
期货价格变动	−0.06	+0.01	+0.80	−0.56	−0.46

11. 一名基金经理持有价值为 5 000 万美元、beta 值为 0.87 的组合。基金经理担心组合未来 2 个月的市场表现，计划使用 3 个月期的标准普尔 500 指数期货对冲风险。当前指数为 1 250，合约规模为 250 倍的指数，无风险利率为年 6%，指数股利收益率为年 3%，均为连续复利。当前 3 个月期的期货价格为 1 259。

(1) 为消除未来 2 个月中所有的市场风险敞口，基金经理应持有何种头寸？

(2) 计算 2 个月后的即期市场水平分别为 1 000、1 100、1 200、1 300 和 1 400 时，你的策略对基金经理的收益率有何影响？假设 2 个月后 1 个月期的期货价格等于 1 个月期指数远期价格，资产组合的收益率与指数收益率之间满足 CAPM。

12. 一名经理计划使用长期国债期货合约在未来 3 个月中对债券组合进行套期保值，组合价值为 1 亿美元，债券组合的久期为 4 年，期货价格为 122 美元，每份合约的标的债券面值为 10 万美元，一份期货合约的久期为 9 年，所持有的期货头寸是什么样的？

(1) 如果 1 个月后，期货合约的久期变为 7 年，应对套期保值进行什么样的调整？

(2) 假设在未来 3 个月所有的利率都上升了，但长期利率上升的幅度小于短期和中期利率上升的幅度。这对套期保值的效果有何影响？

三、交易实践题

参考学生自主可以获得的信息（如证券分析师的分析报告、个人对市场走势的观察或预测或者其他能够获得的信息）。每个学生独立设计一个基差贸易策略（跨期套利、跨品种套利或者跨市场套利均可），在模拟交易中实施该策略，并在期货模拟交易结束日前完成开仓、持仓和平仓过程。结合策略实践撰写期货基差贸易策略设计与实践分析报告。分析报告内容要求（包括但不限于）：建仓情况；建仓时间，开仓情况（如买入×份×期货，卖出×份×期货）；建仓理由；平仓时间，平仓理由；基差套利损益情况；各期货头寸损益；组合损益；等等。还可以根据持仓期间的期货价格变动，计算持仓期间组合的标准差等绩效指标。

注意策略报告需要附上持仓记录截图以说明上述情况的真实性。

第八章

互换的定价与应用

本章导读

互换在创新方式上虽然仅仅等价于一组远期合约的组合，但其灵活的风险管理方式使其市场发展非常迅速，目前它是场外衍生产品市场中交易规模最大的产品。本章将介绍互换的定义、分类、定价及应用，比较互换和远期、期货在风险管理方面的联系和差异。在定价方面以常见的利率互换与货币互换为例，介绍两种套利定价方式的应用。在应用层面将通过丰富的案例介绍互换在风险管理、交易策略设计、套利策略设计方面的应用。

学习要求

通过本章的学习，理解互换管理风险的方式；理解互换市场快速发展的原因；掌握如何将利率互换或者货币互换拆分为远期合约组合；掌握如何将利率互换或者货币互换拆分为债券组合；掌握如何为利率互换和货币互换定价；了解互换定价需要考虑的其他因素及其对互换价值的影响；了解互换市场的新发展和创新方式，应用互换的思维灵活管理风险。

知识结构图

第一节　互换简介

一、互换概述

（一）互换的定义

互换是协议双方协商达成的，约定在未来一段时间内按照协议条款交换一系列现金流的合约。协议规定了现金流的支付时间和计算现金流的方式。现金流的计算涉及未来的利率水平、汇率水平或者其他市场变量。常见的金融互换有利率互换和货币互换。

与远期合约类似，互换也是一种场外交易的衍生产品，因此其协议条款可以根据双方的需求进行定制，条款相对灵活，但同时对手风险较大，流动性较差。为降低违约风险，提高产品的市场效率，互换通常以银行等金融机构作为中介来进行交易。

相对于远期合约，互换一般包括多个现金流，因此其期限较长，一般在 2 年以上，甚至可以达到 15 年。

（二）互换与远期、期货的区别

相比远期和期货，互换具有如下特征：

（1）互换虽然可以看作远期合约的组合，但在交割方面，远期合约多采用实物交割而互换更多采用现金交割，即每次支付一般是交换现金流，不交割实物，这为利用互换进行风险管理和套利提供了很大的便利。

（2）通过金融互换可在全球各市场之间进行套利，一方面降低筹资者的融资成本或提高投资者的资产收益，另一方面促进全球金融市场的一体化。

（3）相对于远期合约，利用利率互换、货币互换等金融互换，可以更灵活地管理资产负债组合中的利率风险和汇率风险。

（4）相对于远期合约，互换期限较长，因此可以管理更长期限内的风险，降低交易成本。

（5）互换为表外业务，不在交易所交易，相对于期货，其监管更宽松，可以在一定程度上合法规避外汇管制、利率管制或税收限制。

二、互换的分类

互换可以根据标的资产不同进行分类，常见的有利率互换和货币互换。当然，每种标的资产的互换依据现金流的计算方式不同还可以细分为很多类别，如普通的利率互换一般交换浮动利率和固定利率的利息差，除此以外还有本金增长型互换、本金减少型互换、滑道型互换、可延长互换等奇异的利率互换品种。

（一）利率互换

利率互换（interest rate swap，IRS）是一种最为常见的互换类型。普通利率互换①是买卖双方在未来的一定期限内根据同种货币的同样名义本金交换一系列现金流，其中一方的现金流根据浮动利率计算，而另一方的现金流根据固定利率计算，每次只交换利息差，不交换本金。互换合约中的固定利率称为**协议利率**，浮动利率通常以某个市场利率为参考加一定的基点。

由定义可以看到，普通利率互换具有如下几个特征：

（1）互换支付在事先确定的一系列未来日期进行。

（2）利息按照某一名义本金计算。

（3）双方所付款项为同一种货币。

（4）协议一方为固定利率的支付方，称为利率互换的买方（buyer）或者多头（long），另一方为浮动利率或者参考利率的支付方，称为利率互换的卖方（seller）或者空头（short）。

（5）交易双方不交换本金，只结算双方应付对方的利息差。

【例 8-1】 考虑一个开始于 2020 年 1 月 1 日的 3 年期利率互换，名义本金为 1 亿元，公司 B 同意向公司 A 支付 6 个月付、名义年利率为 3%的固定利率；作为回报，A 公司同意向 B 公司支付 6 个月付、利率为 6 个月期 SHIBOR 的浮动利率，利率支付如图 8-1 所示。

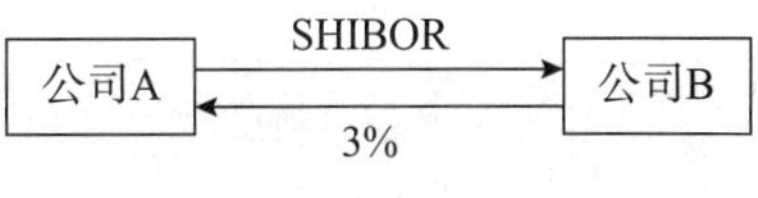

图 8-1　普通利率互换的利率支付

根据上述利率互换合约，固定利率 3%即互换的协议利率，6 个月期 SHIBOR 即互换

① 美国称之为大众型利率互换或香草利率互换（vanilla interest rate swap），因为香草在美国是最普遍的一种植物。

的参考利率，1亿元为计算利息差的名义本金，而此互换在未来3年内将交换6次现金流，每半年按照浮动利率与协议利率的差值确定现金流金额。

假设在未来3年内参考利率SHIBOR如表8-1所示，则公司B作为利率互换买方，其每次交换的现金流如表8-1所示，其中净现金流为正表示公司B获得利息差，净现金流为负表示公司B需要向公司A支付利息差。

表8-1 公司B的现金流

日期	SHIBOR（%）	浮动利息收入（百万元）	固定利息支付（百万元）	净现金流（百万元）
2020年1月1日	2.6	—	—	0
2020年7月1日	2.8	1.30	−1.5	−0.20
2021年1月1日	3.1	1.40	−1.5	−0.10
2021年7月1日	3.2	1.55	−1.5	0.05
2022年1月1日	3.4	1.60	−1.5	0.10
2022年7月1日	3.7	1.70	−1.5	0.20
2023年1月1日	4.0	1.85	−1.5	0.35

以2020年7月1日为例，因为通常浮动利息支付额以付息间隔初期的利率水平为准，故2020年7月1日浮动利息额取决于2020年1月1日的6个月期SHIBOR利率水平。根据表8-1，2020年1月1日，6个月期SHIBOR为2.6%，而协议利率为3%，二者均为年化利率，故2020年7月1日，公司B应支付150万元固定利息，获取130万元浮动利息，其净利息差为：

$$(2.6\%-3\%)\times 0.5\times 100\ 000\ 000=-20\text{ 万元}$$

因此，2020年7月1日，公司B应向公司A支付20万元。

可见，公司B通过签订利率互换，在参考利率上升超过协议利率时可以获益，在参考利率下跌低于协议利率时受损。

除了普通利率互换，还有很多其他类型的利率互换，可以是固定利率对固定利率的利率互换，如公司债票息与国债票息的互换；也可以是浮动利率对浮动利率的互换，通常称为基点互换（basis swap），如将1年期定存利率与6个月期SHIBOR进行互换。表8-2列出了利率互换的其他品种，这些产品的具体介绍参见二维码中的内容。

拓展阅读

奇异利率互换

表8-2 利率互换的其他品种

利率互换品种	举例
浮动利率-浮动利率	3个月期商业票据+10bp与3M LIBOR
本金摊还互换	针对房贷的利率风险
本金递增互换	贷款本金逐渐增加时
远期互换	目前确定协议利率，未来开始的互换
固定期限互换	LIBOR与10年互换利率之间交换

续表

利率互换品种	举例
固定期限国债互换	LIBOR 与 10 年期国债到期收益率互换
复合利率互换	双方的利率会以某种既定形式复合到互换的末端
隔夜指数互换	将 3 个月期隔夜拆借利率的几何平均值与固定利率互换

（二）货币互换

货币互换（currency swap）是指一种货币的本金和利息与另一种货币的等价本金和利息进行交换的协议。相对于普通利率互换，普通货币互换有以下几点不同：

（1）货币互换涉及两种不同货币的本金，本金在签订协议时是等值的。

（2）货币互换在期初和期末都要进行本金的交换。

（3）货币互换双方应交换相应币种的全部利息。

（4）两种货币的利率可以都是固定利率，也可以都是浮动利率，也可以一种是浮动利率，一种是固定利率。

因此货币互换的品种更丰富。

【例 8-2】 假设 2021 年 2 月 1 日，IBM 与英国石油公司之间签订了 5 年期的货币互换，一年互换一次现金流，IBM 支付英镑，利率为 5%，英国石油公司支付美元，利率为 6%，本金数量分别为 1 000 万英镑和 1 800 万美元。则在期初，IBM 向英国石油公司借出 1 800 万美元，英国石油公司向 IBM 借出 1 000 万英镑，之后 IBM 每年按照 5%的利率向英国石油公司支付英镑利息，按照 6%的利率收取美元利息，期末 IBM 收回美元本金，并偿还英镑本金，现金流如表 8-3 所示。

表 8-3　IBM 在货币互换中的现金流

交易日期	收到的现金流	支付的现金流
2021 年 2 月 1 日	＋1 000 万英镑	－1 800 万美元
2022 年 2 月 1 日	＋108 万美元	－50 万英镑
2023 年 2 月 1 日	＋108 万美元	－50 万英镑
2024 年 2 月 1 日	＋108 万美元	－50 万英镑
2025 年 2 月 1 日	＋108 万美元利息＋1 800 万美元本金	－50 万英镑利息－1 000 万英镑本金

上述货币互换忽略本金交换方向，可以使用利息支付的方向表示，如图 8-2 所示。

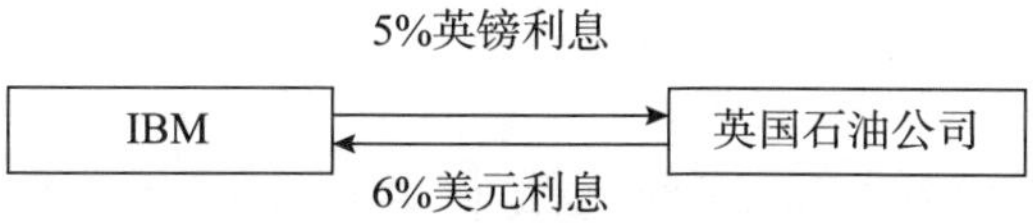

图 8-2　普通货币互换的利息支付

需要指出的是，国际上对于互换有两种解释：一种是外币掉期（forex swap），常与远期外汇产品合并统计；另一种就是我们上文定义的货币互换（也称为货币掉期）。如国际清算银行在统计外汇场外衍生产品时，分外汇远期和外汇掉期、货币互换、外汇期权、其他外汇衍生产品四类进行汇总统计，如图 8-3 所示。

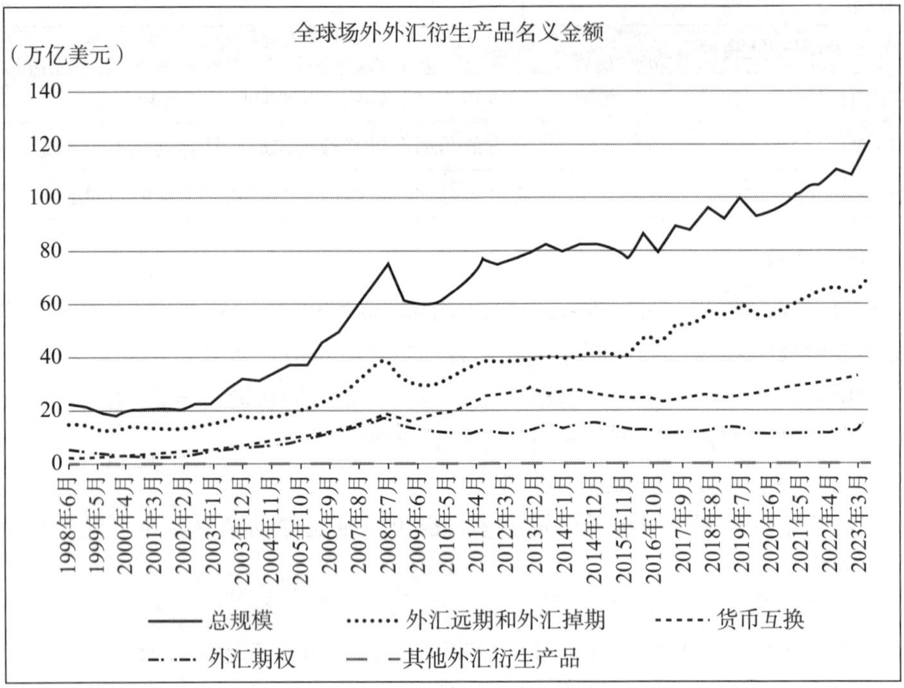

图 8-3　全球场外外汇衍生产品名义金额

资料来源：国际清算银行。

对应地，我国也有人民币外汇掉期和人民币外汇货币掉期。我国在 2006 年、2007 年在银行间市场相继推出了人民币外汇掉期和人民币外汇货币掉期交易业务。

人民币外汇掉期指交易双方约定在一前一后两个不同的时间点进行方向相反的两次本外币交换。在第一次货币交换中，一方按照约定的汇率用人民币交换外汇；在第二次货币交换中，该方再按照另一方约定的汇率用相同币种的外汇交换人民币，两个时间点可以是即期—远期，也可以是远期—远期，因此是一种不涉及利息交换的外汇交换业务。开市后的首笔交易由中国银行和中国进出口银行达成。截至 2021 年，我国人民币外汇掉期交易品种有美元/人民币、欧元/人民币、日元/人民币等 25 个品种。①

我国全国银行间外汇市场的外汇掉期交易报价采用国际通行做法，以掉期点（bp）来报价。正的掉期点指的是升水；负的掉期点指的是贴水。绝对成交价格为双方商定的即期汇率加上掉期点。如在图 8-4 中，USD/CNY 即期报价为 7.081 5/7.082 3，交易商现汇买入价为 7.081 5，现汇卖出价为 7.082 3，而 1 周的远掉期报价为 5.70/5.80，表示：

期限 1 周的 USD/CNY 外汇掉期交易商买入价为：7.081 5+5.7bp=7.082 07

期限 1 周的 USD/CNY 外汇掉期交易商卖出价为：7.082 3+5.8bp=7.082 88

这意味着一个投资者买入 1 周的美元兑人民币外汇掉期，协议汇率为 7.082 88，而卖出 1 周的美元兑人民币外币掉期，协议汇率为 7.082 07。

① 外汇交易中心网站。

人民币外汇即期报价　2020-04-24 23:30

货币对	买/卖报价
USD/CNY	7.0815 / 7.0823
EUR/CNY	7.6487 / 7.6508
100JPY/CNY	6.5874 / 6.5893
HKD/CNY	0.91362 / 0.91374
GBP/CNY	8.7314 / 8.7345
AUD/CNY	4.5103 / 4.5115
NZD/CNY	4.2476 / 4.2496

人民币外汇远掉报价　2020-04-24 23:30

货币对	1周	6月	1年
USD/CNY	5.70/5.80	135.00/135.00	310.00/310.00
EUR/CNY	18.52/18.63	481.19/492.24	1182.28/1187.43
100JPY/CNY	14.65/17.37	366.86/370.83	854.96/916.74
HKD/CNY	-0.86/-0.80	2.85/3.66	36.07/38.11
GBP/CNY	8.47/8.89	240.36/248.13	665.80/670.45
AUD/CNY	4.16/4.62	91.67/94.07	281.61/288.57
NZD/CNY	-0.09/4.48	12.11/49.89	141.31/179.82

图 8-4　全国银行间外汇市场的人民币汇率报价

注：GBP 表示英镑，AUD 表示澳元，NZD 表示新西兰元。

人民币外汇货币掉期就是常见的货币互换，指在约定期限内交换约定数量两种货币本金，同时定期交换两种货币利息的交易。人民币外汇货币掉期交易本金交换的形式包括：(1) 在协议生效日双方按约定汇率交换两种货币的本金，在协议终止日双方再以相同的汇率、相同的金额进行一次本金的反向交换；(2) 在协议生效日和终止日均不实际交换两种货币的本金；(3) 在协议生效日或终止日仅进行一次两种货币的本金交换；(4) 主管部门规定的其他形式。利息交换指交易双方定期向对方支付以换入货币计算的利息金额，交易双方可以按照固定利率计算利息，也可以按照浮动利率计算利息。目前国内人民币外汇货币掉期交易品种包括 USD/CNY、EUR/CNY、JPY/CNY、HKD/CNY、GBP/CNY、AUD/CNY 和 CNY/IDR（印度尼西亚盾）。

（三）其他互换产品

互换给出了一种以一种价格与另一种价格进行一系列现金交换来管理多期风险的产品，因此除了利率互换和货币互换，其他产品也可以使用互换进行风险管理，如商品互换、股权互换、宏观指数互换、波动率互换、方差互换、信用违约互换等。

1. 商品互换

商品互换是美国大通曼哈顿银行在 1986 年为了对冲商品价格风险而开发的。商品互换是指交易双方为了管理商品价格风险，同意交换与商品价格有关的现金流的交易。普通的商品互换是固定价格与浮动价格的互换。

【例 8-3】 假设某铜材制造商每月需要 1 000 吨的铜，铜价格波动剧烈导致其制造成本不稳定，那么该制造商可以以 1 000 吨铜作为标的进行铜互换，与互换交易商签订1 年的铜互换合约，设协议价格为 38 000 元/吨，参考价格为铜月平均市场价格，进行价差交易，流程如图 8-5 所示。

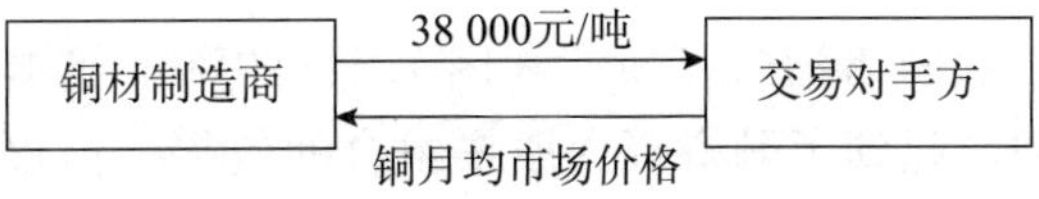

图 8-5　铜互换的现金流

若签订合约 1 个月后，合约参考价格为 40 000 元/吨，则此时该制造商可以通过铜互换获得的价差收益为：

$$(40\ 000-38\ 000)\times 1\ 000=2\ 000\ 000 \text{ 元}$$

但若签订合约 1 个月后，合约参考价格为 36 000 元/吨，此时该制造商需要支付的价差损失为：

(38 000－36 000)×1 000＝2 000 000 元

所以商品互换等价于具有不同期限但具有同一执行价格的商品远期合约组合。

2. 股权互换

股权互换是买卖双方约定在未来的一段时间内将某个权益性指数所实现的总收益与某固定利率或者浮动利率定期交换的协议，是一种重要的权益衍生工具交易形式。主要的股权互换方式包括三大类：固定利率—股票收益、股票收益—固定利率和股票收益—股票收益。

股权互换的特点是：(1) 场外协约成交，客户与证券公司一对一议价，签署协议即可达成交易，属于券商柜台产品；(2) 客户和证券公司之间只对收益进行现金流交换，一般不需要进行股票实物交割；(3) 交易要素灵活定制，可以根据客户需求灵活设计互换方向、挂钩标的、终止条件、收益条款等交易要素，满足客户融资、投资和风险管理的个性化需求；(4) 具有信用交易特点，客户可以以自身信用担保或提供一定比例的履约担保品，资金收益具有杠杆效果。

举一个简单的例子，设具有 100 万元市值的某股票组合的持有者担心未来市场下跌导致组合受损，他可以与一个互换交易商签订一个股权互换，将市值 100 万元的该股票组合的总收益交换为 100 万元本金的 6 个月期 SHIBOR 利率。

【例 8-4】 假设一个客户长期看好中证 500 指数的表现，与公司达成协议：以中证 500 指数为标的证券，互换名义本金 3 000 万元，客户支付固定收益，年利率为 7.5%，证券公司支付指数收益，期限为一年。设期初中证 500 指数为 3 000 点。互换的流程如图 8-6 所示。

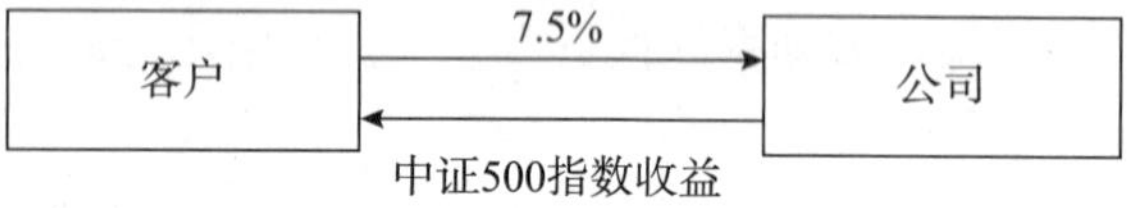

图 8-6 股权互换的现金流

(1) 若 1 年后指数为 2 700 点，即指数收益为－10%，则：

投资者损益＝3 000×(－7.5%－10%)＝－525 万元

(2) 若 1 年后指数为 3 300 点，即指数收益为 10%，则：

投资者损益＝3 000×(－7.5%＋10%)＝75 万元

从例题中可以看到，投资者通过互换，利用 7.5%的资金成本获得了中证 500 指数基于 3 000 万元资金的收益，起到了融资买入股票组合的效果，但仅交换现金流差额，同时不需要对 3 000 万元资金实施真实的借贷，因此交易具备一定的杠杆性。

3. 宏观指数互换

为管理宏观经济环境变化对企业或者地方政府带来的风险，在 2000 年后出现了宏观指数互换，包括以通货膨胀率、失业率、非农业就业人数、GDP 增长率、房地产指数等为标的的互换产品。2002 年 10 月，高盛与德意志银行签订了首单以非农业就业人数为标的的宏观指数互换。

【例 8－5】 宏观指数互换的应用。设某企业希望发行固定利率的债券进行融资，但市场债券投资者希望债券利率能够对通货膨胀率进行保护，使得市场的通货膨胀率上升时，可以通过债券获得一个更高的收益。这时就会存在债券发行公司和投资者之间需求的不匹配。通过宏观指数互换可以解决这个问题：

首先，债券发行公司跟宏观指数互换交易商签订宏观指数互换。通过互换，债券发行公司向宏观指数互换交易商支付固定利率 2%，交易商将 CPI 的变动率支付给债券发行公司。

其次，债券发行公司在市场上发行具有通货膨胀率保护作用的债券，如以 2.5%＋CPI 变动率来迎合投资者的需求。

如此，债券发行公司就合成了一个息票率为 4.5%的固定利息债券，具体如图 8－7 所示。

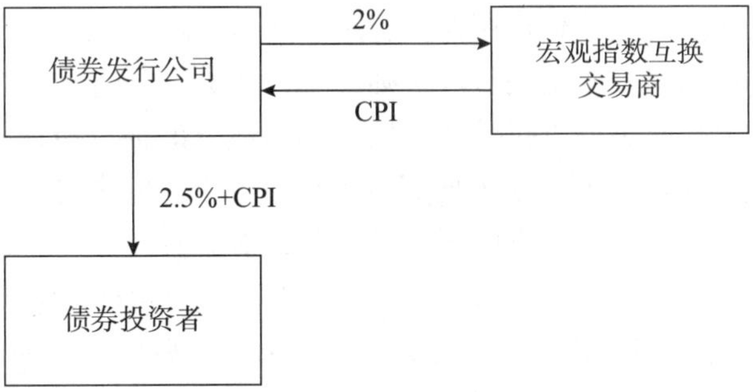

图 8－7　宏观指数互换的应用

4. 波动率互换和方差互换

波动率互换和方差互换类似，都是基于资产价格波动性的互换产品。波动率互换产品中首先要规定时间段价格序列。在每一个时间段，互换的一方支付协议中指定的波动率，另一方支付在这一时间段计算的历史波动率，称为已实现波动率，通常也是价差交易，协议规定了1 个百分点波动率的价值。方差互换则是通过协议方差和历史方差计算互换的价值，交易机制与波动率互换类似。

波动率互换买方损益＝名义金额×(已实现波动率百分点－协议波动率百分点)

方差互换买方损益＝名义金额×(已实现方差－协议方差)

【例 8－6】 考虑一个波动率互换，名义金额为 1 个百分点波动率 100 000 欧元，交割价格为 20(%)，期限为 3 年，每年进行一次支付。如果在第一个结算日，合约期间年化的已实现波动率为 21.5(%)，则第一次买方损益为：

买方损益＝(21.5－20)×100 000＝150 000 欧元

5. 信用违约互换

信用违约互换（credit default swap，CDS）是在 2004 年发展起来的，用于管理信用风险的衍生产品。CDS 是一方（保护买方）为获得约定期限内参考实体发生信用事件而导致的参考债券价值受损部分的补偿，向另一方（保护卖方）支付周期性费用的合约。CDS 更符合期权产品的特征，但因为有一系列现金流的特点，所以被称为“互换”。

保护买方向保护卖方支付的费用通常被称为“信用利差”，以合约名义价值的年基点表示，一般按季度支付。保护买方购买 CDS 的目的是获得信用保护，减少信用风险暴露。CDS 的现金流如图 8－8 所示。

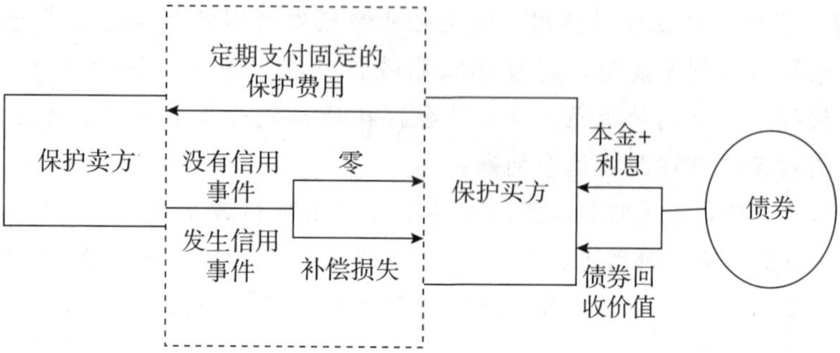

图 8-8　CDS 的现金流

保护买方定期向保护卖方支付信用保护费用（premium），直到合约规定的信用事件发生或合约到期。若合约期间发生信用事件，则卖方向买方赔付标的债务的损失；若没有发生信用事件，则卖方无须向买方支付任何费用。标的债务的损失有两种支付方式：一种是实物 CDS，即买方交付标的债券，卖方向买方支付债券应付的本息；一种是现金 CDS，根据合同约定的信用事件损失率，卖方向买方支付名义本金乘以损失率的金额。

【例 8-7】 2022 年 4 月 27 日，福特 5 年期的 CDS 合约报价为 160bp。这意味着如果你想为福特信用购买一个 5 年期的 1 000 万美元的保护，那么你需要每个季度支付 40bp，即 40 000 美元作为保护费用，直到信用事件发生或者合约到期为止，CDS 买方的现金流如图 8-9 所示。

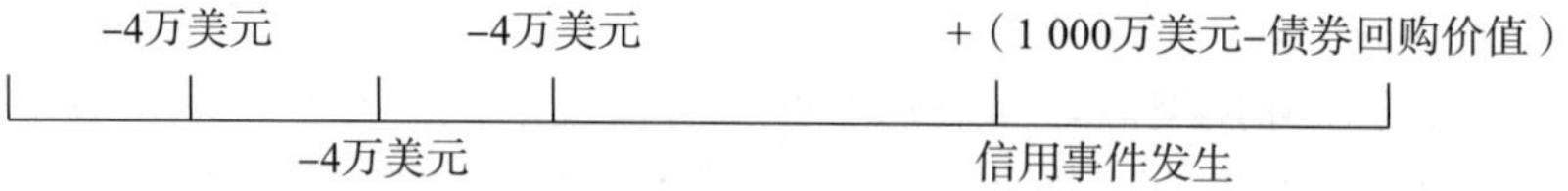

图 8-9　CDS 买方的现金流

自 CDS 产生之后其市场发展十分迅速，在 2008 年合约规模达到最高值，近 62 万亿美元。2008 年全球金融危机后，国际掉期与衍生产品协会禁止了复杂信用衍生产品的交易，合约规模也逐年缩小。在 2023 年 6 月，规模约为 9.9 万亿美元（见图 8-10）。

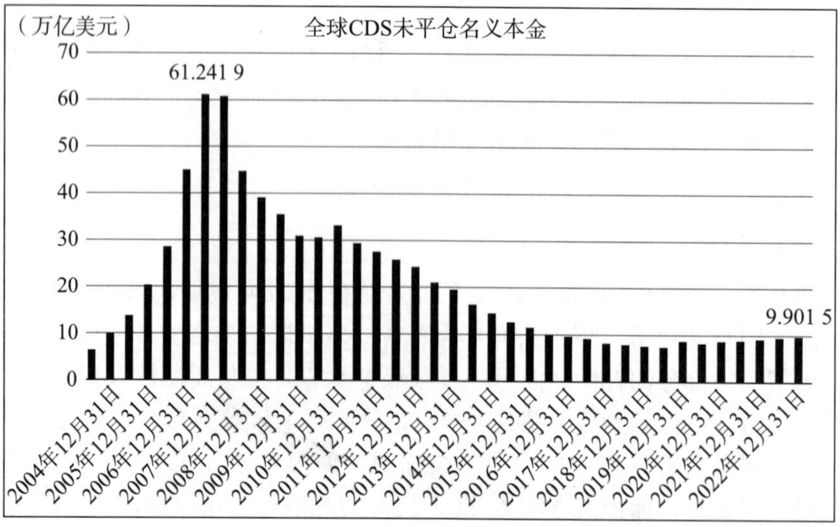

图 8-10　全球 CDS 未平仓名义本金

我国在2016年9月23日推出了CDS和信用关联凭证（CLN）。在此之前，2010年10月推出了类CDS产品——信用风险缓释合约（凭证）（CRMA/CRMW）。

CRMA和CRMW的作用和CDS类似，区别在于CDS一般以某个实体如某个发债公司的信用事件为标的，而CRMA和CRMW以某个发债公司的某只债券为标的，因此，如果发债公司发生了信用事件，实物CDS的持有者就可以使用该公司的任意债券进行交割，而CRMA或者CRMW的持有者未必可以获得赔付，只有合约规定的该公司的这只债券发生了违约，方可获得赔付，也因此被称为第一代中国版CDS。

而CRMA与CRMW的区别则在于可交易性，CRMA属于买卖双方私下协商，为实名制合约，无法在二级市场转让，而CRMW为保护卖方创设，债券持有者可以购买，也可以在二级市场转让。

但CRMA与CRMW两种工具在2010年推出之后市场一直比较冷清，直到2018年10月22日，中国人民银行发布了支持民营企业和小微企业融资的相关政策，其中关于设立民营企业债券融资支持工具、支持民营企业债券融资的一个条款激发了CRMW市场的活力。2018年全年发行53只，发行规模达63亿元，CRMW成为为民营企业债券违约提供避风港的可选工具。

CLN与上述三种工具不同的是，它属于含有信用风险的债务工具，一般由信贷机构发行，票据持有人将承担票据关联资产违约带来的损失，因此，相对于其他金融债等工具具有较高利息回报。

第二节 互换的定价

本节以普通利率互换和普通货币互换为例，介绍互换的定价方法。

一、利率互换的定价

在定价之前，我们先探讨普通利率互换与其他产品的等价关系。

（一）利率互换与其他产品的等价关系

普通利率互换既可以看作远期利率协议的组合，也可以看作两只债券的组合。

1. 利率互换与远期利率协议的等价关系

首先从现金流来看，假设利率互换的协议利率为K，第i个结算日使用的参考利率为R_i，则1元本金的利率互换买方每次的现金流为：

$$CF_i=(R_i-K)\frac{\text{Days}_i}{\text{Basis}} \tag{8-1}$$

其中，Days_i表示利率互换的现金流支付间隔天数，Basis是年基准天数。类似地，不考虑FRA交割机制的影响①，1元本金、协议利率为K、到期日同样在第i个结算日、协议期限相同的FRA，其FRA买方的交割现金流在协议结束时的取值为：

① FRA在交割方面选择在借款初期交割利息差，而不是在借款末期交割利息差，因此，交割额需要利用参考利率贴现。如果将FRA的交割额累积到借款期末，则其交割现金流与互换每次支付的现金流类似。

$$CF_i=(R_i-K)\frac{\text{Days}_i}{\text{Basis}} \tag{8-2}$$

因此，利率互换的每次现金流都可以等价于一个 FRA 产品，利率互换可以看作一组 FRA 的组合。

【例 8-8】 在例 8-1 中提到的公司 A 与公司 B 签订的 1 亿元的 3 年期利率互换中，B 公司同意支付给 A 公司年利率为 3%的利息，同时 A 公司同意支付给 B 公司 6 个月期 SHIBOR 的利息，利息每半年支付一次。

该互换在有效期内共发生 6 次利息差的支付，每次支付间隔为 6 个月，因此可以等价于 6 个延展期不同，但协议期限均为 6 个月的 FRA 的组合，协议利率均为 3%，参考利率均为 6 个月期 SHIBOR。这 6 个 FRA 分别为 0×6、6×12、12×18、18×24、24×30、30×36 的 FRA，即

$$\text{协议利率为 3\%，参考利率为 6 个月期 SHIBOR 的利率互换}=\begin{cases}0\times6\text{M FRA}\\6\times12\text{M FRA}\\12\times18\text{M FRA}\\18\times24\text{M FRA}\\24\times30\text{M FRA}\\30\times36\text{M FRA}\end{cases} \tag{8-3}$$

2. 利率互换与债券组合的等价关系

利率互换也可以等价于两只债券的组合。普通利率互换的固定利率支付方的现金流，可以等价于其在发行一只固定利率债券的同时，投资一只浮动利率债券，两只债券面值与互换的名义本金相同，付息日和到期日与互换现金流结算日和互换到期日相同，且固定利率债券的息票率等于互换的协议利率，浮动利率债券的息票率等于利率互换的参考利率。即

$$\text{利率互换的固定利率支付方}=\text{固定利率债券空头}+\text{浮动利率债券多头} \tag{8-4}$$

【例 8-9】 例 8-1 中提到的公司 A 与公司 B 签订的 1 亿元的 3 年期利率互换中，如果假设 B 公司向 A 公司购买了一份 1 亿元的浮动利率（SHIBOR）债券，同时向 A 公司出售了一份 1 亿元的息票率为 3%，每半年付息一次的固定利率债券。此时若两份债券期初价值相等，则公司 B 的现金流如表 8-4 所示。

表 8-4 公司 B 的现金流

日期	SHIBOR (%)	收入 (百万元)	支出 (百万元)	净现金流 (百万元)
2010 年 1 月 1 日	2.6	浮动利率债券价值	一固定利率债券价值	0
2010 年 7 月 1 日	2.8	1.30	−1.5	−0.20
2011 年 1 月 1 日	3.1	1.40	−1.5	−0.10
2011 年 7 月 1 日	3.2	1.55	−1.5	0.05
2012 年 1 月 1 日	3.4	1.60	−1.5	0.10
2012 年 7 月 1 日	3.7	1.70	−1.5	0.20
2013 年 1 月 1 日	4.0	1.85+100	−1.5−100	0.35

故公司 B 的净现金流与其持有的利率互换完全相同。

因此，根据无套利定价原理，利率互换的定价在不考虑信用风险的情况下，可以等价于 FRA 组合的价值，或者等价于债券组合的价值。

（二）利用债券组合为利率互换定价

假设我们不考虑对手违约风险，对利率互换进行定价的简单方法就是把它看成两种债券的组合，则

$$V_{fix}=B_{fl}-B_{fix} \tag{8-5}$$

$$V_{fl}=B_{fix}-B_{fl} \tag{8-6}$$

其中，V_{fix} 表示利率互换对买方，即固定利率支付方的价值，V_{fl} 表示利率互换对卖方，即浮动利率支付方的价值，B_{fix} 表示互换中拆分的固定利率债券的价值，B_{fl} 表示互换中拆分的浮动利率债券的价值。

根据债券的定价公式，固定利率债券的价值可以通过未来利息和本金的贴现进行计算。若定义 r_i 为 t_i 时刻的贴现率，假设为连续复利，则

$$B_{fix}=\sum_{i=1}^{N}k\mathrm{e}^{-r_it_i}+Q\mathrm{e}^{-r_Nt_N} \tag{8-7}$$

其中，N 表示债券的付息次数，t_i 表示第 i 次付息的时间，t_N 表示债券到期日，Q 表示债券的总面值，等于利率互换的名义本金额，k 表示每次付息金额。

而针对浮动利率债券，根据其性质，由于在整的付息间隔点上，支付完浮动利率债券利息的瞬时，浮动利率债券的价值会回归到面值 Q，因此，若当前时点为债券的付息时点，可以假设浮动利率债券价值等于面值。否则，假设下一支付日应支付的利息额为 k^*（对于期末支付的浮动利率债券而言，这是已知的），那么在下一利息支付日付息前，浮动利率债券的价值为 $B_{fl}=Q+k^*$，因此浮动利率债券在当前时刻的价值为：

> 拓展阅读
>
> 浮动利率债券在利息支付后瞬时价值等于面值的证明

$$B_{fl}=(Q+k^*)\mathrm{e}^{-r_1t_1} \tag{8-8}$$

其中，t_1 表示当前时刻距浮动利率债券下次付息的时间间隔，r_1 表示 t_1 时间段的连续复利贴现率。

【例 8-10】 假设在一笔互换合约中，某一金融机构支付 6 个月期的 SHIBOR，同时收取 8%的年利率（半年计一次复利），名义本金为 1 亿元。互换还有 1.25 年的期限。3 个月、9 个月和 15 个月期的 SHIBOR（连续复利率）分别为 10%、10.5%和 11%。上一次利息支付日的 6 个月期 SHIBOR 为 10.2%（半年计一次复利）。试计算该利率互换对金融机构的价值。

在该例中，$Q=100\ 000\ 000$，$k=4\ 000\ 000$，$k^*=Q\times\dfrac{10.2\%}{2}=51\ 000\ 000$，因此

$$B_{fix}=4\mathrm{e}^{-0.1\times0.25}+4\mathrm{e}^{-0.105\times0.75}+104\mathrm{e}^{-0.11\times1.25}=98\ 240\ 000$$

$$B_{fl}=(100+5.1)\mathrm{e}^{-0.1\times0.25}=102\ 510\ 000$$

故利率互换对金融机构的价值为：

$$V_{fl}=B_{fix}-B_{fl}=98\ 240\ 000-102\ 510\ 000=-4\ 270\ 000\text{ 元}$$

当然，在签订利率互换时，也可以使用这种办法计算合理的协议利率。因为签订利率互换时，合约价值应该为0，因此

$$B_{fix}=B_{fl} \tag{8-9}$$

而此时浮动利率债券必然是在整的付息间隔上，因此浮动利率债券价值为面值 Q，即 $B_{fl}=Q$，因此结合式（8-7），得：

$$\text{协议利率}=\frac{k}{Q}f=\frac{(1-\mathrm{e}^{-r_N t_N})}{\sum_{i=1}^{N}\mathrm{e}^{-r_i t_i}}f \tag{8-10}$$

其中，f 表示利率互换中的付息频率，如在美国，若利率互换每半年付息一次，则 $f=2$。

（三）利用 FRA 为利率互换定价

既然利率互换可以看成一组 FRA 的组合，那么只要我们知道组成利率互换的每笔 FRA 的价值，就可以计算出利率互换的价值。

【例 8-11】 例 8-10 中的利率互换，相当于由 0×3、3×9、9×15 的三个 FRA 构成的组合，三个 FRA 的协议利率均为 8%，参考利率为 6 个月期 SHIBOR。为计算每个 FRA 的价值，我们需要计算相应期限的半年计息的远期利率。

首先，0×3 的 FRA 的参考利率是已知的，即 10.2%，因此 FRA 对金融机构而言价值为：

$$0.5\times100\times(0.08-0.102)\mathrm{e}^{-0.1\times0.25}=-107\text{ 万元}$$

为了计算 9 个月后那笔现金流交换的价值，我们必须先计算从现在开始 3 个月到 9 个月的远期利率。根据远期利率的计算公式，3 个月到 9 个月的连续复利下的远期利率为：

$$\frac{0.105\times0.75-0.10\times0.25}{0.5}=0.107\ 5$$

10.75%的连续复利对应的每半年计一次复利的利率为：

$$2\times(\mathrm{e}^{0.107\ 5/2}-1)=0.110\ 44$$

所以，3×9 的 FRA 的当前价值为：

$$0.5\times100\times(0.08-0.110\ 44)\mathrm{e}^{-0.105\times0.75}=-141\text{ 万元}$$

类似地，9 个月到 15 个月的远期利率为：

$$\frac{0.11\times1.25-0.105\times0.75}{0.5}=0.117\ 5$$

11.75%的连续复利对应的每半年计一次复利的利率为：

$$2\times(\mathrm{e}^{0.117\ 5/2}-1)=0.121\ 02$$

所以，9×15 的 FRA 的当前价值为：

$$0.5\times100\times(0.08-0.121\ 02)\mathrm{e}^{-0.11\times1.25}=-179\text{ 万元}$$

那么，作为三个 FRA 的组合，这笔利率互换的价值为：

$$-107-141-179=-427\text{ 万元}$$

这个结果与运用债券组合计算出的利率互换价值一致。

上述定价过程也给我们带来一个启示：如果我们知道各种期限的利率互换的协议利率报价，那么利用利率互换与 FRA 之间的关系，我们可以递推出各种期限的远期利率，获得相应的远期利率曲线。因此，利率互换在利率曲线的预测和绘制方面有重要应用，很多交易商将互换曲线作为利率期限结构的建模样本。

二、货币互换的定价

货币互换的定价过程与利率互换类似，同样可以利用债券组合或者外汇远期合约组合进行定价。

（一）利用债券组合为货币互换定价

在没有违约风险的情况下，一笔货币互换可以被分解成两份币种不同、头寸相反的债券。对于货币互换中支付本币的一方而言，货币互换可以看作其发行了一只以本币计价的债券，同时投资了一只以外币计价的外币债券。若两只债券的面值按照合约签订时的汇率计算是等值的，则货币互换对于支付本币一方的价值为：

$$V_d=SB_f-B_d \tag{8-11}$$

对于支付外币一方的价值为：

$$V_f=B_d-SB_f \tag{8-12}$$

其中，V_d 表示支付本币一方的互换价值，V_f 表示收到本币一方的互换价值，B_f 表示以外币计价的外币债券在当前时刻的价值，B_d 表示以本币计价的本币债券在当前时刻的价值。为统一货币单位，使得两种债券的价值具有可比性，通过外币的即期汇率 S（直接标价，外币/本币）将外币债券价值转换为以本币计价的价值。B_f 和 B_d 的计算与利率互换固定利率债券或者浮动利率债券的价值计算类似，需要注意的是二者由于币种不同，其贴现率的期限结构不同，需要使用相应货币发行国的利率期限结构。

【例 8-12】 假设在美国和日本 LIBOR 利率的期限结构是平的，在日本是 4%而在美国是 9%（都是连续复利），某一金融机构在一笔货币互换中每年收入日元，利率为 5%，同时付出美元，利率为 9%。两种货币的本金分别为 1 000 万美元和 120 000 万日元。这笔互换还有 3 年的期限，即期汇率为 1 美元=110 日元。试计算该互换对金融机构的价值。

如果以美元为本币，那么

$$B_d=90e^{-0.09\times1}+90e^{-0.09\times2}+1\,090e^{-0.09\times3}=989.51\text{ 万美元}$$

$$B_f=6\,000e^{-0.04\times1}+6\,000e^{-0.04\times2}+126\,000e^{-0.04\times3}=123\,055\text{ 万日元}$$

则该金融机构持有的货币互换的价值为：

$$V_d=SB_f-B_d=\frac{123\,055}{110}-989.51=129.17\text{ 万美元}$$

当然，在签订货币互换时，互换的价值应该为零，即

$$SB_f=B_d \tag{8-13}$$

可以利用这个等式确定货币互换中公平的协议利率。

（二）利用远期外汇组合为货币互换定价

货币互换也可以分解成一系列远期外汇组合，货币互换中的每一次支付都可以用一笔远期外汇协议的现金流来代替。因此，只要能够计算出货币互换中分解出来的每笔远期外汇的价值，就可以知道对应的货币互换的价值。

【例 8-13】 如在例 8-12 中的货币互换，就可以分解为 4 份远期外汇协议。如果以美元作为本币，则该金融机构相当于持有 4 份远期外汇协议多头，这 4 份合约分别为：1 份 1 年期，标的外币为 6 000 万日元，协议汇率为 0.015 日元/美元（=90 万/6 000 万）的远期外汇协议；1 份 2 年期，标的外币为 6 000 万日元，协议汇率为 0.015 日元/美元的远期外汇协议；1 份 3 年期，标的外币为 6 000 万日元，协议汇率为 0.015 日元/美元的远期外汇协议；1 份 3 年期，标的外币为 12 亿日元，协议汇率为 0.008 333 3 日元/美元（=1 000/120 000，美元和日元的本金之比）的远期外汇协议。

因此，货币互换的价值就等于 4 份远期外汇协议的加总。对于每一份合约，可以根据第三章的定价公式进行计算。因为美元和日元的贴现率年利差为 5%，即期汇率 1 美元=110 日元，即 0.009 091 日元/美元，根据 $F=Se^{(r-r_f)(T-t)}$，可以计算出 1 年期、2 年期和 3 年期的远期汇率分别为：

$$0.009\ 091e^{0.05\times1}=0.009\ 557$$
$$0.009\ 091e^{0.05\times2}=0.010\ 047$$
$$0.009\ 091e^{0.05\times3}=0.010\ 562$$

因此，与货币互换等价的 4 份远期合约的价值分别为：

$$6\ 000\times(0.009\ 557-0.015)e^{-0.09\times1}=-29.85\text{ 万美元}$$
$$6\ 000\times(0.010\ 047-0.015)e^{-0.09\times2}=-24.82\text{ 万美元}$$
$$6\ 000\times(0.010\ 562-0.015)e^{-0.09\times3}=-20.33\text{ 万美元}$$
$$120\ 000\times(0.010\ 562-0.008\ 333\ 3)e^{-0.09\times3}=204.16\text{ 万美元}$$

所以这笔互换的价值为：

$$-29.85-24.82-20.33+204.16=129.16\text{ 万美元}$$

在忽略计算舍入误差的情况下，该方法与债券组合计算的价值相等。

三、信用风险对互换价值的影响

上述利率互换和货币互换都没有考虑信用风险，但在实际中信用风险对互换的价值和协议条款存在诸多影响。

首先，如果对手发生违约，则互换原本可以实现的风险管理功能将不复存在，因此签约时必须考虑对手风险。金融机构作为中介通常会通过签订两份相互抵消的互换合约来规避互换中的风险敞口，但这种方式不能对冲互换的信用风险。当互换合约对金融机构价值为正时，可能发生对手违约，金融机构会遭受损失；当互换合约对金融机构价值为负时，不会发生对手违约（即使对方破产）。因此，对手风险与互换合约的价值之间存在如图 8-11 所示的关系。

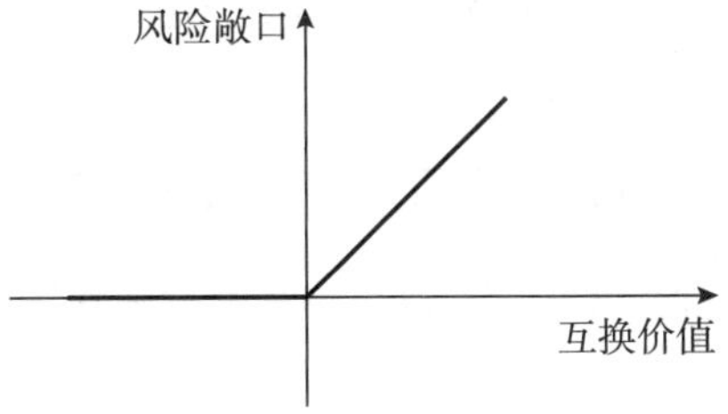

图 8-11　互换中的信用风险敞口

其次，由于签约双方信用风险不同，贴现因子也不再是无风险的即期利率，同时双方的贴现因子可能也不相同，这些都会影响互换的实际价值。

第三节　互换的应用

一、互换在风险管理中的应用

互换灵活管理风险的方式是其能够获得迅速发展的主要动力。互换管理风险的方式是转换风险的性质，如利率互换可以将固定利率的风险转换为浮动利率的风险，或者将浮动利率的风险转换为固定利率的风险；货币互换可以将一种货币的风险转换为另一种货币的风险。通过这种转换，可以灵活地管理企业或者机构所面临的风险敞口。

（一）利率互换的应用

【例 8-14】 接例 8-1，公司 A 和公司 B 签订了如下 3 年期利率互换，本金为 1 亿元，公司 B 同意向公司 A 支付 6 个月付、名义年利率为 3%的固定利息；作为回报，A 公司同意向 B 公司支付 6 个月付、利率为 6 个月期 SHIBOR 的浮动利息。

若签署互换时，公司 B 已安排以 6 个月期 SHIBOR+30bp 借入 1 亿元的 3 年期借款，A 公司已安排 3 年期 1 亿元的半年付固定利率借款，名义年利率为 3.1%，此时，现金流向如图 8-12 所示。

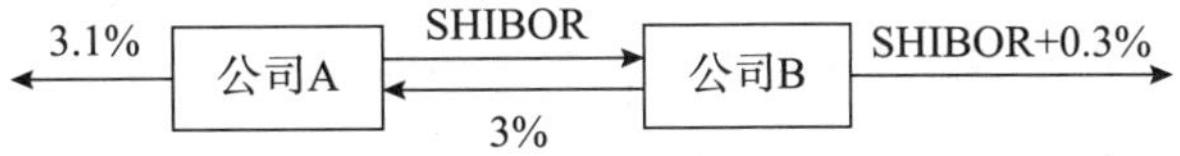

图 8-12　公司 A 和公司 B 的现金流向图

可以看出，公司 A 在签订互换后，每次利息偿付日，在每 1 元本金向市场支付年化 3.1%的利息的同时，可以通过互换获得（3%−SHIBOR）的收益，合成成本变为 SHIBOR+10bp，转换为浮动利率负债：

$$公司\ A\ 的合成利息=-3.1\%+(3\%-\text{SHIBOR})=-(\text{SHIBOR}+0.1\%)$$

类似地，公司 B 在签订互换后，利息成本从 SHIBOR+0.3%变为 3.3%[=(SHIBOR+0.3%)−SHIBOR+3%]，转换为固定利率负债。

同样的互换，若签订互换时，公司 B 已投资了 3 年期 1 亿元的固定利率债券，每半年付息一次，息票率为 2.8%，A 公司已投资了 3 年期 1 亿元的浮动利率债券，利息为 6 个月期 SHIBOR－10bp，此时，现金流向如图 8－13 所示。

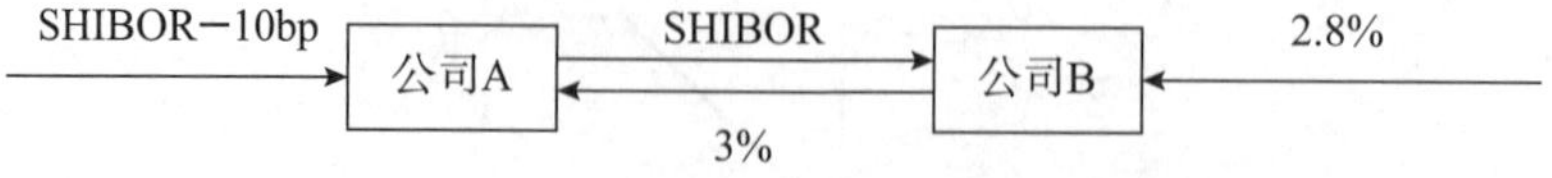

图 8－13 公司 A 和公司 B 的现金流向图

可以看出，公司 A 在签订互换后，每次利息偿付日，每 1 元本金可以获得投资收益 SHIBOR－0.1%，同时通过互换获得（3%－SHIBOR）的收益，合成收益变为 2.9%［＝SHIBOR－0.1%＋(3%－SHIBOR)］，转换为固定利率资产；公司 B 在签订互换后，投资收益从 2.8%，变为 SHIBOR－20bp(＝2.8%＋SHIBOR－3%)，转换为浮动利率资产。

通常，两个非金融公司并不是如例 8－14 一样直接接触来安排互换，而是通过金融中介交易，金融中介从中获得收益差价，以补偿它所承受的违约风险，这样可以降低违约风险，但仍然保留了互换转换风险性质的特征。比如，若在例 8－14 中，我们考虑金融中介的参与，则在转换负债时可能变成图 8－14，此时公司 A 从 3.1%的固定利率负债转换为（SHIBOR＋20bp）的浮动利率负债，公司 B 从（SHIBOR＋30bp）的浮动利率负债转换为 3.4%的固定利率负债，两公司的负债成本有所增加，但同样成功转换了风险的性质。

图 8－14 公司 A 和公司 B 的现金流向图

我国首笔利率互换就是基于风险管理的需求达成的。

（二）货币互换的应用

> 案例
> 光大银行与国家开发银行通过利率互换管理风险

货币互换通过将一种货币的资产或负债转换为另一种货币的资产或负债，达到管理外汇风险的目的。

【例 8－15】 接例 8－2，假设 2021 年 2 月 1 日，IBM 与英国石油公司签订了 5 年期的货币互换，一年互换一次现金流，IBM 支付英镑，利率为 5%，英国石油公司支付美元，利率为 6%，本金数量分别为 1 000 万英镑和 1 800 万美元。

若签订互换时，IBM 已发行了面值 1 800 万美元，息票率为 6% 的固定利率美元债券，英国石油公司已经发行了面值 1 000 万英镑，息票率为 6%的固定利率英镑债券，设发行价格均为面值，此时，利息现金流向如图 8－15 所示。

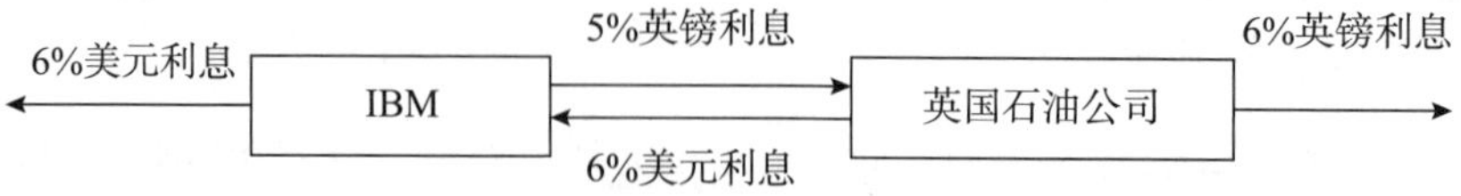

图 8－15 IBM 与英国石油公司的利息现金流向图

可以看出，IBM 在签订互换后：

期初：发行债券，获得债券发行融资 1 800 万美元，通过互换借出 1 800 万美元，借入 1 000 万英镑，合成 1 000 万英镑借款。

利息支付日：支付债券美元利息，通过互换获得美元利息，支付英镑利息，合成英镑利息。

期末：通过互换回收 1 800 万美元借款，偿还债券 1 800 万美元面值，偿还 1 000 万英镑，合成偿还 1 000 万英镑本金；同时合成最后一次英镑利息。

由此，IBM 将美元负债转换成英镑负债，类似地，英国石油公司将英镑负债转换成美元负债。当然，从利息流向可以看出，互换的英镑利息不足以抵补英国石油公司支付的债券利息，因此，英国石油公司在该案例中承担了一定的外汇风险。

如果加入金融中介，上述风险管理效果不会发生改变，只是双方的融资成本因为中介的利差收益而有所增加，示例如图 8－16 所示，不考虑汇率波动，IBM 合成 5.2%的英镑负债成本，而英国石油公司合成 7.2%的美元成本。

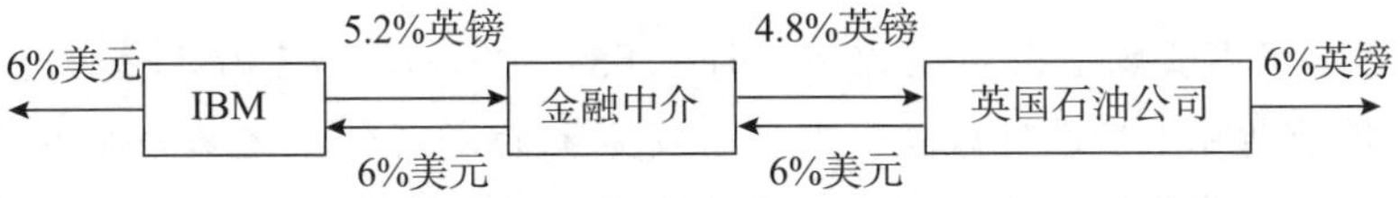

图 8－16 IBM 和英国石油公司的利息流向图（加入金融中介）

对于跨国公司而言，综合利用利率互换和货币互换灵活转换利率和货币可以达到降低融资成本、提高资产收益的效果。

由光大银行与国家开发银行的案例以及麦当劳的案例可看到，互换可以使企业用适当的方式进行低成本的融资，正确管理企业经营中自然产生的汇率和利率风险。互换确实具有其他融资方式所没有的风险，但这种风险可以管理，互换提供的收益无疑超过了风险。

案例

麦当劳的互换套利

（三）商品互换的应用

互换灵活管理风险的方式不但可以应用于利率风险和汇率风险，也可以应用于商品价格风险，案例 8－1 展示了如何通过商品指数互换为我国实体企业降低原材料购买成本。

案例 8－1 商品指数互换——永安资本创新服务浙江特产石化

随着产业链聚集度的提升，企业跨品种综合管理风险的需求不断增加，通过场内、场外相结合的方式为企业提供个性化的风险管理方案受到越来越多企业的欢迎，国内首个商品指数互换试点项目便在这种环境下应运而生。

2017 年底，浙江永安资本管理有限公司（简称“永安资本”）、浙江特产石化有限公司（简称“特产石化”）和浦发银行分别作为对冲方、产业客户和中间清算方参与试点，互换具体参与者如图 8－17 所示。

在此案例中，产业客户特产石化属于贸易流通企业，主要经营 PVC、PP、PE 等多种化工原料，其库存管理主要面临以下几个问题：（1）库存量大，占用资金多；（2）现货库存风险累积；（3）库存结构不合理，可用期货品种不足；（4）市场存在价格下跌风险。永安资本根据特产石化的这些问题，设计出如下风险管理方案：

2017 年 11 月 27 日，特产石化向永安资本卖出 10 手化工指数互换（损益＝协议价格－指数市场价格），名义金额为 450 万元。本次试点项目共收取客户两个指数点即 2×300×10＝6 000 元作为交易成本，其中浦发银行收取 0.42 个指数点，即 0.42×300×10＝1 260 元作为

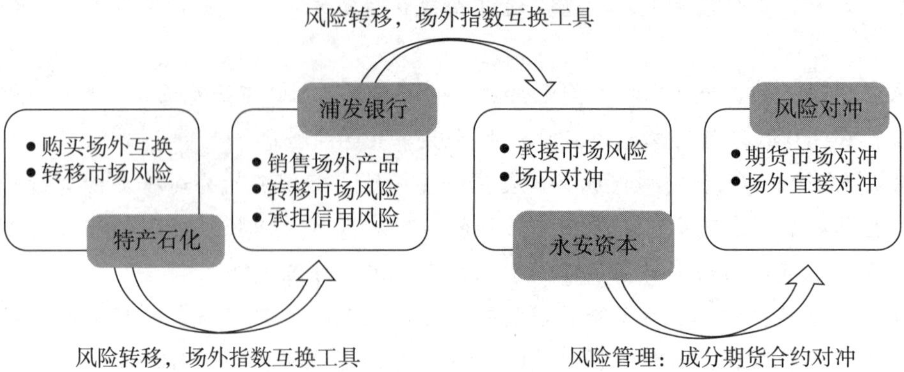

图 8-17 互换参与者及其作用

交易手续费，永安资本收取 1.58 个指数点，即 1.58×300×10=4 740 元作为交易成本。

永安资本借助期货市场进行风险管理。永安资本的成本包括交易手续费、冲击成本和对冲误差。其中，交易手续费共 1 300 元；冲击成本约为 2 140 元；对冲误差成本预估为 1 300 元，总计 4 740 元。图 8-18 展示了这一过程。

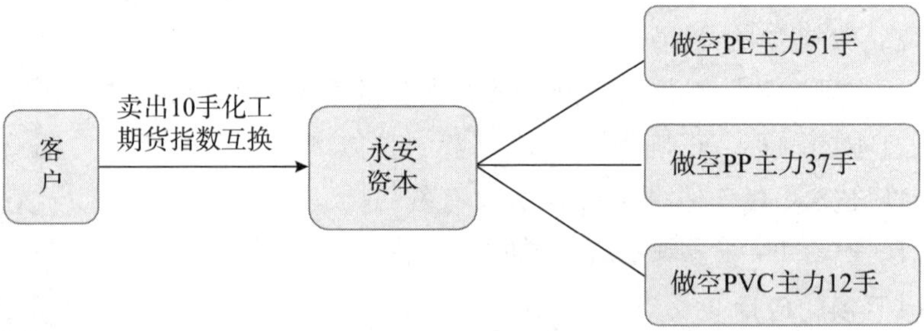

图 8-18 商品指数互换具体操作

2018 年 1 月 18 日，化工指数结束震荡，开始反弹，指数互换平仓，平仓点位为 1 545 点，其间最大下跌敞口为 70 个指数点，平仓浮亏 27 点。最终套期保值效果如表 8-5 所示。

表 8-5 商品指数互换的套期保值效果

	指数	现货		
		PVC	PP	PE
开仓（2017 年 11 月 27 日）	1 518 点	6 150 元/吨	9 100 元/吨	9 800 元/吨
平仓（2018 年 1 月 18 日）	1 545 点	6 600 元/吨	9 380 元/吨	9 830 元/吨
盈亏	−27 点	450 元/吨	280 元/吨	30 元/吨
配比系数	3 000	0.1	0.4	0.5
调整后盈亏	−81 000 点	45 元/吨	112 元/吨	15 元/吨
合计	−81 000 点	172 元/吨		
总盈亏（500 吨）	−81 000 点	86 000 元		

资料来源：中国期货业协会．期货服务实体经济案例集．北京：中国财政经济出版社，2018.

在上述案例中，企业使用互换产品相对于期货的优势为：（1）场外合约，灵活定制；

(2) 采用到期一次性清算，避免频繁的现金操作和盯市风险；(3) 保证金在企业自己的银行账户，资金不出表；(4) 银行参与清算，避免客户违约风险；(5) 允许客户提前平仓，避免误判风险；(6) 价差结算，资金占用少。

(四) 多品种互换的综合应用

应该说只要有转换价格风险性质的需求，就可以通过互换来满足。下面举一个综合利用互换增强企业的负债能力的案例来更加深入地理解互换在风险管理方面的应用。

案例 8-2 利用互换增强企业的负债能力

如果一个企业风险被有效地降低，它就能够承担更多负债，取得进入债务市场的通道，Mexicana de Cobre (简称 MexCobre) 公司就是通过这种方式在 20 世纪 80 年代成功获得了低成本的借款。MexCobre 是墨西哥集团公司出口铜的子公司。80 年代后期，由于银行担心其信用风险问题，MexCobre 公司一直被拦在国际资本市场之外。1989 年，公司从巴黎银行牵头的 10 家银行组成的银团处获得了 38 个月期 2.1 亿美元的借款，借款利率为 11.48%的固定利率，而当时墨西哥政府向其提供的借款利率为 23%。巴黎银行是如何构造公司贷款，以使交易中固有的信用和商品价格风险最小化的呢？图 8-19 可以很清楚地说明这个过程。

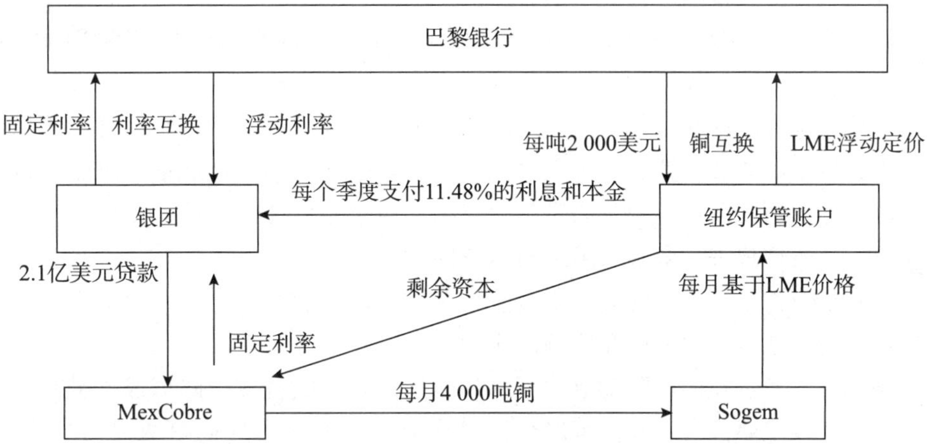

图 8-19　MexCobre 公司的贷款构成

图 8-19 中，10 家银团为 MexCobre 公司提供了固定利率的贷款。为了保证 MexCobre 公司能够按时归还本息，巴黎银行协助该公司找到了铜材的制造商 Sogem 公司，该公司每月从 MexCobre 公司按照伦敦金融交易所的市价购买 4 000 吨铜，这样就保证了 MexCobre 公司的正常经营和持续收入。同时为防止 MexCobre 公司将收入用作他途，这笔收入将存入第三方账户，即纽约保管账户，然后通过纽约保管账户向银团支付贷款的本息。但铜材市价波动剧烈，为了防止铜价下跌造成纽约保管账户无法按时支付本息，巴黎银行与纽约保管账户进行了铜互换的业务，由巴黎银行每期按照固定的铜价 2 000 美元/吨向纽约账户支付 4 000 吨铜的费用，而纽约保管账户将获得的铜市场价值支付给巴黎银行。这样，纽约保管账户每个月就有固定的现金收入，保证了银团贷款的还本付息，还本付息剩余的资金会返还给 MexCobre 公司，使其能够正常运营。

同时，银团的长期贷款与其浮动利率债务不匹配，形成了利率风险敞口。为协助其管理利率风险敞口，巴黎银行与银团签订了利率互换合约。巴黎银行支付浮动利率给银团，银团向巴黎银行支付固定利率。

该案例结合铜商品互换和利率互换巧妙地对冲了贷款中存在的铜价格风险和银团的利率风险，同时通过第三方托管账户降低了 MexCobre 公司的信用风险。当然，作为交易商，巴黎银行会通过反向交易对冲其面临的铜价格风险和利率风险。

正因为其灵活的风险管理方式，互换被中央政府、政府机关和地方政府、出口信贷机构、工商企业、金融机构，以及超国家机构和交易协会出于利率风险转换、融资需求、风险管理、保值等不同的目的在不同范围内广泛应用。

二、互换的套利交易策略

互换套利是以各种参与者在资本市场上不同融资来源的比较优势为基础的。在互换中，互换双方各自将其在某一市场的比较优势进行交换，以达到融资或投资的目的。

（一）比较优势套利

互换最初除了规避外汇管制、降低税收等目的外，还有一个重要的功能，就是通过比较优势原理实现在全球市场的套利活动。

比较优势原理是英国经济学家大卫·李嘉图 1817 年在其代表作《政治经济学及赋税原理》中提出的。根据比较优势原理，在两国间，劳动生产率的差距并不是在任何商品上都相等。处于比较优势的国家应集中力量生产优势较大的商品，处于比较劣势的国家应集中力量生产劣势较小的商品，然后两国通过国际贸易，互相交换，彼此都节省了劳动，得到了益处，即遵循“两利取重，两害取轻”的原则，两国都可以提升福利水平。

互换通过比较优势进行套利须满足两个条件：

第一，互换双方对于对方的资产或负债均有需求；

第二，二者在互换标的上存在比较优势。

在此条件下，通过互换，买卖双方可以共同达到提高收益或者降低成本的目的，二者的总收益正是比较优势部分。我们可以将比较优势套利的基本过程归纳为几个独立步骤：（1）建立成本或融资渠道矩阵；（2）确定各方的比较优势；（3）组织互换。

在确定互换套利之前，必须对不同借款者在某些市场的有关融资成本和融资渠道建立一个矩阵。矩阵建立起来后，互换双方的利息成本差异可通过识别比较优势来确定。对双方有关比较优势进行识别，是指对它们在不同市场的融资成本进行计算。在识别了双方各具比较优势的市场之后，便可组织互换。各方可以在其具有比较优势的融资市场筹资，然后通过互换，将其所筹资金的利率和货币转换为各自所希望的形式和种类。下面我们用一个例子对这一方法进行解释。

【例 8-16】 假设 A、B 两公司都希望借入期限为 5 年的 1 000 万美元，A 公司想按浮动利率借款，B 公司想按固定利率借款，表 8-6 展示了 A、B 两公司的借款利率。

表 8-6　A 公司和 B 公司的借款利率

公司名称	浮动利率借款	固定利率借款
A 公司	6 个月期 LIBOR+30bp	10%

续表

公司名称	浮动利率借款	固定利率借款
B公司	6个月期 LIBOR+100bp	11.2%
差值（A—B）	—0.7%	—1.2%

从表8-6可以看出，A公司在借款方面存在绝对优势，无论是浮动利率借款还是固定利率借款，其成本都低于B公司，但相对而言，A公司在固定利率借款方面优势更大，可以比B公司低1.2%借入资金，而B公司在浮动利率借款方面劣势更小，以比A公司高仅0.7%借入资金，因此我们说**A公司在固定利率市场有比较优势，B公司在浮动利率市场有比较优势**。A公司和B公司可以利用上述比较优势，结合互换达到自己的借款目的，同时降低彼此的借款成本。

假设A公司在市场上按固定利率借入1 000万美元，B公司在市场上按浮动利率借入1 000万美元，两公司签订一个互换，A公司作为卖方，支付B公司浮动利率6个月期LIBOR，B公司作为买方，支付A公司固定利率9.95%，均为每半年付息一次。利息流向如图8-20所示。

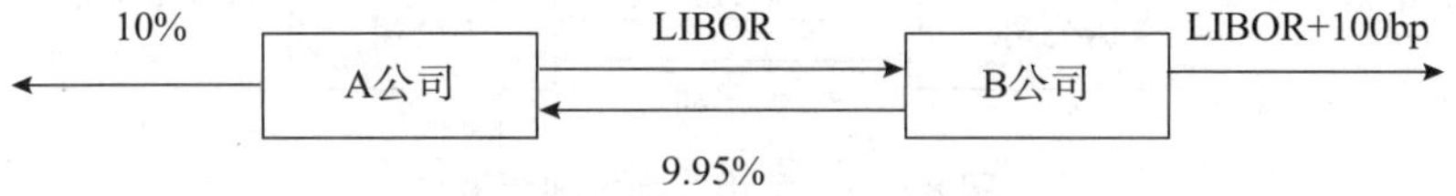

图8-20 A公司与B公司的利息流向

图8-20最左边的箭头表示A公司的市场借款成本，最右边的箭头表示B公司的市场借款成本，A公司和B公司之间的箭头表示互换的现金流。可以看到通过互换：

A公司将固定利率借款转换为浮动利率借款，最终借款成本为：

$$-10\%-\text{LIBOR}+9.95\%=-(\text{LIBOR}+0.05\%)$$

相比在市场上进行浮动利率借款（—LIBOR—0.3%），成本降低了0.25%。

而B公司将浮动利率借款转换为固定利率借款，最终借款成本为：

$$-(\text{LIBOR}+1\%)-9.95\%+\text{LIBOR}=-10.95\%$$

相比其在市场上进行固定利率借款（—11.2%），成本降低了0.25%。

因此通过互换，A公司和B公司都降低了0.25%的融资成本，我们称此互换对A公司和B公司具有同等的吸引力。同时我们发现，降低的总成本为0.25%+0.25%=0.5%，正是二者的比较优势部分（1.2%—0.7%）。因此比较优势部分就是通过互换能够获得的最大套利利润。

若A公司和B公司通过中介进行交易，则比较优势依然能够使其降低成本或者提高收益，只是比较优势的利润会在三者之间进行分配。在例8-16中，如果我们加入金融机构作为中介，现金流量图如图8-21所示。

图8-21 加入中介的互换现金流

在图 8－21 中，A 公司的合成借款成本为 LIBOR＋0.07％，B 公司的合成借款成本为 10.97％，各自降低成本 0.23％，同时金融机构获益 0.04％，因此三者的总收益为 0.5％。

类似地，通过比较优势，投资者还可以利用货币互换在全球市场进行套利。

【例 8－17】 假定英镑和美元即期汇率为 1 英镑＝1.5 美元。A 公司想借入 5 年期的 1 000 万英镑借款，B 公司想借入 5 年期的 1 500 万美元借款。市场向它们提供的固定利率如表 8－7 所示。

表 8－7　公司 A 和公司 B 的借款利率

公司名称	美元借款	英镑借款
A 公司	8％	11.6％
B 公司	10％	12％
差值|A－B|	2％	0.4％

A 公司在美元借款方面存在比较优势，B 公司在英镑借款方面存在比较优势，因此二者同样可以通过货币互换达到降低成本的目的，如图 8－22 所示。

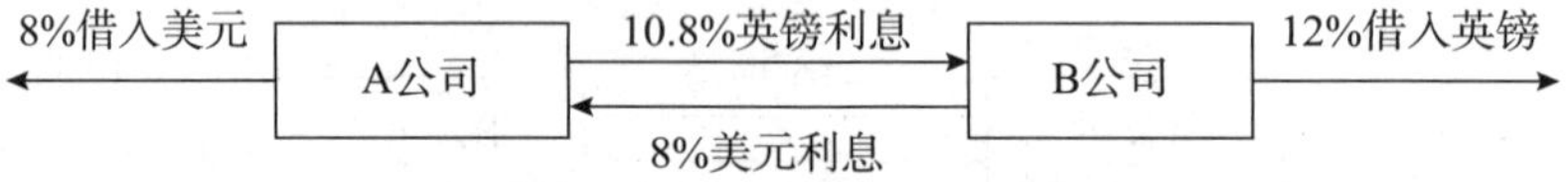

图 8－22　货币互换的现金流

通过互换，A 公司将美元借款转换为英镑借款，借款成本为 10.8％，而 B 公司将英镑借款转换为美元借款，借款成本为 9.2％，成本均降低了 0.8％，二者的总成本降低了 1.6％。

（二）市场环境套利

运用互换，投资者可以灵活地调整资产或者负债的性质，利用这一特征，结合市场环境的变化，投资者可以进一步降低成本或者提高收益。

1. 负债相关型互换

【例 8－18】 假设某公司两年前以固定利率 8.65％发行了 5 年期的固定利率债券，但它预期未来利率会下降，因此同时签订了一项 8.26％固定利率收入对 LIBOR 支付的 5 年期的利率互换合约，即公司在互换中收入固定利率 8.26％，支付浮动利率 LIBOR。利用互换，公司成功将初始负债成本转变为浮动利率 LIBOR＋39bp，即成本为 LIBOR＋0.39％。如图 8－23 所示。

假设市场真如预期一样利率下跌，此时 3 年期每半年互换一次的利率互换报价为 5.8％～5.85％，其中前者是银行中介的买价，后者是银行中介的卖价，即若银行在互换中是买方，支付固定利率，则为 5.8％，若银行是卖方，收入固定利率，则为 5.85％。此时，公司预期利率已经到了历史低位，因此希望将负债变回固定利率，使得负债成本能够锁定在历史低位上。

公司不需要取消已经签订的利率互换合约，一方面，取消合约无法享受到目前的低利率水平，另一方面，这也属于违约行为。可行的方法是公司再签订一个 3 年期的利率互换合约，支付固定利率，获得浮动利率，那么根据银行报价，公司需要支付 5.85％，获得 LIBOR。结合 2 年前的合成成本，此时的合成负债成本为：－(LIBOR＋0.39％)－5.85％＋

LIBOR＝－6.24%。相比 2 年前的债券发行息票 8.65%，节约了 2.41%的成本。最终的现金流如图 8－24 所示。

图 8－23　公司的融资成本

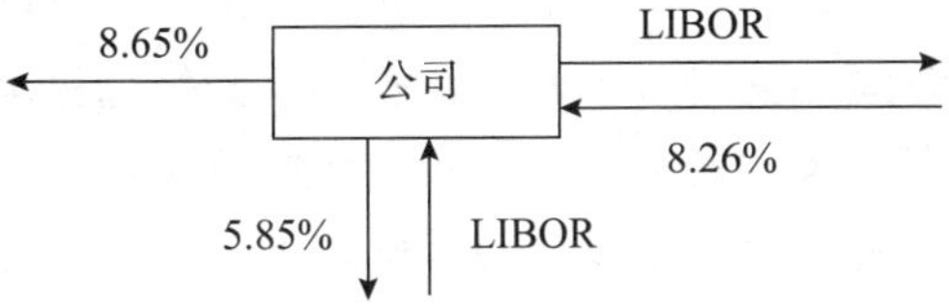

图 8－24　签订第二个 3 年期互换后公司的成本

2. 资产相关型互换

类似地，我们也可以利用市场环境的变化增加资产的收益。

【例 8－19】 假设某公司两年前以固定利率 6.55%投资了一个 5 年期的固定利率债券，但它预期未来利率会上升，因此同时签订了一项利率互换，互换交易商报价为 6.22%～6.28%，该公司作为买方进入利率互换，因此互换使用固定利率 6.28%，浮动利率假设为 LIBOR。该公司在互换中支付固定利率 6.28%，收入浮动利率 LIBOR。利用互换，该公司成功将初始资产收益转变为浮动利率 LIBOR＋27bp。如图 8－25 所示。

假设市场真如预期一样利率上升，此时 3 年期每半年互换一次的利率互换报价为 7.85%～7.92%。此时，公司预期利率已经到了历史高位，因此希望将资产变回固定利率，使得资产收益能够锁定在历史高位上。

公司可以再签订一个 3 年期的利率互换合约，收入固定利率，支付浮动利率。根据银行报价，公司需要支付 LIBOR，获得 7.85%。结合 2 年前的合成成本，此时的合成负债成本为(LIBOR＋0.27%)＋7.85%－LIBOR＝8.12%。相比两年前持有的债券息票 6.55%，增加了 1.57%的收益（见图 8－26）。

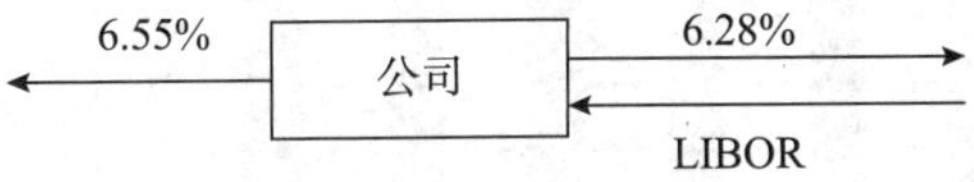

图 8－25　公司的投资收益率

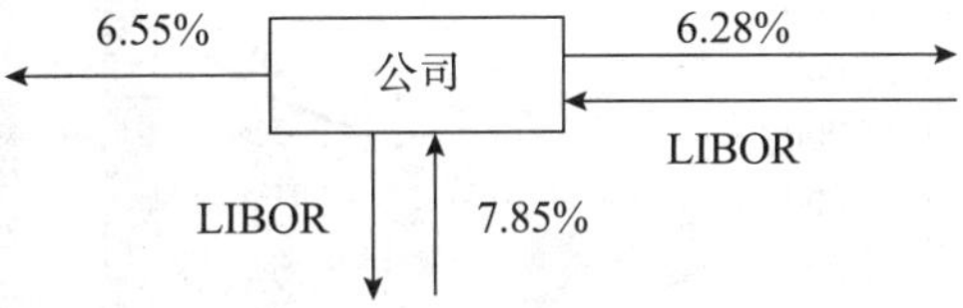

图 8－26　签署第二个 3 年期互换后公司的投资收益率

（三）税收套利

除此以外，我们还可以利用政策环境差异结合互换进行套利，如由于各国税收和监管要求的不同，运用互换可以规避税收与监管的特殊规定，降低成本，获取收益。

案例 8－3　日本与澳大利亚金融机构的货币互换

1984 年底，在日元兑换限制解除的背景下，澳元证券的高收益引起了日本投资者的极大兴趣。但是日本当局规定日本机构在外币证券方面的投资不应超过其证券组合的 10%。1985 年初，上述 10%的规定有所放宽，日本居民出于某些特殊原因发行的外币证券不在 10%的外币证券份额之内。一些日本金融机构运用货币互换对上述监管制度进行了套利。整个过程可以分为两步：

第一步，日本金融机构向日本投资者发行澳元证券。这些证券的利率水平较高，但仍低于澳大利亚境内的澳元证券。在当时的监管规则下，日本投资者无法大量投资于澳大利亚境内的澳元证券，而只能购买日本金融机构发行的澳元证券，因为这些证券被认定为不在10%的外币证券份额之内。

第二步，日本金融机构与澳大利亚国内机构进行货币互换。澳大利亚国内机构向日本金融机构支付澳元利息，而日本金融机构向澳大利亚国内机构支付美元利息。由于日本国内的澳元利息成本低，此互换中的澳元利息低于澳大利亚国内证券利息，澳大利亚机构因此愿意向日本金融机构收取比市场利率低的美元利息，从而实现了双方融资成本的降低。

除此以外，也可以利用互换价格间的差异进行套利，如利率互换可以利用不同期限的互换利率的利差进行套利。例如预期1年期和5年期的互换利率之差将要扩大，可以卖出1年期的利率互换，同时买入5年期的利率互换进行套利。

三、互换的其他应用

除了规避风险，利用互换还可以促进货币在其他国家的应用，比如我国在推进人民币国际化的过程中，通过货币互换大大增加了其他国家的人民币结算。2009年以来我国双边本币互换快速发展，截至2020年末，中国人民银行共与40个国家和地区的中央银行或货币当局签署双边本币互换合约，互换总金额超过3.99万亿元（如图8－27所示）。货币互换的签署可为响应国家人民币市场的进一步发展提供流动性支持，促进人民币在境外市场的使用，也有利于贸易和投资的便利化，如图8－28所示。

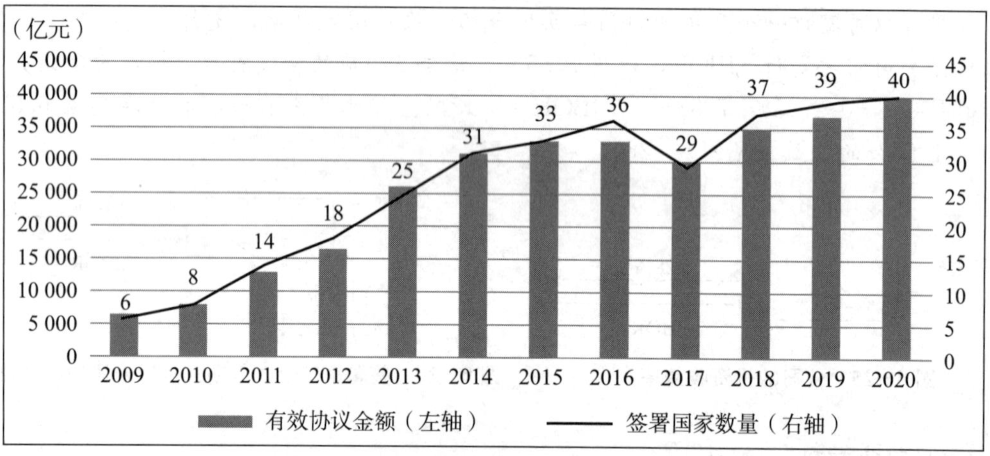

图8－27 中国人民银行人民币双边本币互换情况

资料来源：中国人民银行官网。

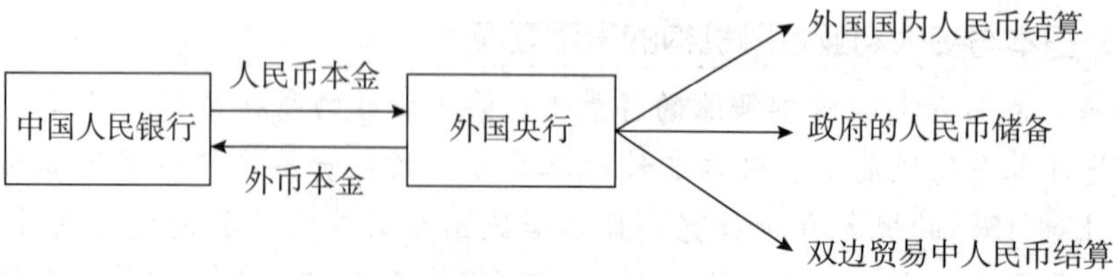

图8－28 央行货币互换

截至2024年末，人民币继续成为中国第二大国际收付货币、全球第四大支付货币、第三大贸易融资货币、第五大外汇交易货币、第五大储备货币。根据中国人民银行发布的2023年第四季度《货币政策执行报告》，截至2023年末，我国跨境人民币业务规模已经达到52.3万亿元，有效人民币双边互换合约总规模达4.16万亿元，展示了重要的国际货币地位。其中，几个重要的时点如下：

2015年8月，人民币首次超越日元成为全球第四大支付货币，市场份额升至2.79%，创历史新高，排名前三的美元、欧元、英镑所占份额分别为44.8%、27.2%、8.5%。

2015年12月1日，国际货币基金组织批准人民币加入特别提款权（SDR）货币篮子，2016年10月1日正式生效。人民币成为继美元、欧元、英镑和日元之后，加入SDR货币篮子的第五种货币，权重为10.92%，排名第三，超过日元。

2017年6月20日，摩根士丹利资本国际公司（MSCI）宣布，将中国A股纳入MSCI新兴市场指数，促进了中国境内市场与全球资本市场的进一步融合。

2018年3月，彭博将中国国债和政策性银行债券纳入彭博巴克莱全球综合指数，中国债券成为继美元、欧元、日元之后的第四大计价货币债券。

除此以外，其他互换如商品互换、股权互换在现实中也有很多应用。但需要注意的是，互换和远期、期货、期权同属于衍生产品，衍生产品都具有杠杆性。互换在签订时没有价值，不代表没有风险，简单的互换投机同样可能带来巨大的风险，同时利用互换不当也会带来巨亏。我国2015年底到2016年初的股市异动与股权互换的投机活动不无关系。

案 例 8-4　股权互换带来的股市异动

我们在前文提到，股权互换是基于股票的收益互换，是指券商与客户根据约定，在未来某一期限内针对特定股票的收益表现与固定利率进行现金流交换的协议。换种说法，股权互换相当于客户向券商借钱投资股票，这样客户需要向券商支付固定利率的利息，而券商将客户投资股票的收益返还给客户。因此股权互换变相为客户的股票投资增加了杠杆。

我国的股权互换业务在2012年启动试点，在2014年之前，股权互换业务主要由具备试点牌照的券商在其柜台市场进行。而在2014年机构间私募产品报价与服务系统（下称“报价系统”）建成后，具备报价系统参与资格的机构也被允许在系统内开展互换业务，自此股权互换迅速成为报价系统中业务规模最大的种类，这促进了2014年底股价的飙升，引发了场外配资潮。

如2015年，恒顺电气发布了公司部分董监高将增持公司股份的公告，在这次看似平常的增持动作中，多出了较陌生的两道环节。根据恒顺电气的公告，公司增持人员先以自筹资金2 300万元认购由深圳市华银精治资产管理有限公司（下称“华银精治”）成立的“领先六期基金”。而后，华银精治与国信证券签订收益互换合约，由国信证券在二级市场上买入处于公开交易中的公司股票，以此完成整个增持过程。恒顺电气在员工增持中启用了收益互换，最直接的影响来自国信证券在此次增持中提供了融资资金4 600万元。这意味着，此次增持中上市公司高管实际启用了1∶2的杠杆。3月17日，“领先六期基金”与国信证券完成了收益互换交易，在二级市场实际增持了恒顺电气241.42万股。

按照恒顺电气上述交易模式，股票增持买入当天均价为28.48元/股，至上市公司6月底停牌时收盘价为79.49元/股，股票涨幅已相当可观。若此幅度的价差仍持续，在协议约定的一年交易期限后，券商将对融出的4 600万元收取约定好的固定收益，而将所购全部股票的浮动收益结算给上市公司。

如果股票价格持续上涨，股权互换的买方，即获取股票收益的投资者不会违约，但一旦股票价格下跌，投资者就可能违约，不再向券商支付固定利率收益。为降低违约风险，股权互换一般会设置保证金，保证金金额通常是投资者的本金。当跌幅导致的股票损失超过保证金时，投资者需要追加资金，否则券商有权强制平仓。正是这一保证金制度导致在2015年6月之后，证监会清理场外配资时，市场出现异动，引发强制平仓，加剧了市场的震荡，导致很多股权互换投资者一夜之间倾家荡产。

无独有偶，2008年碧桂园也曾因股权互换导致巨亏。

因此，恰当地运用互换可以降低融资成本，提高投资收益，而过度投机互换同样会带来巨大的亏损风险。

本章小结

1. 互换是在逃避外汇管制的背景下产生的，其背景暗含了利用互换可以在全球范围内进行套利，降低融资成本，提高投资收益。

2. 利率互换和货币互换是两种主要的互换产品，除此以外，还包括商品互换、股权互换、宏观指数互换等产品。

3. 互换交换的是现金流，而非实物，这是其与远期合约不同的地方。

4. 互换定价的方法主要有两种：一种是将互换分解成债券组合来定价；另一种是将互换分解成远期组合来定价。在定价过程中我们没有考虑信用风险的影响。信用风险对互换定价包括两方面的影响：一方面是对手风险对互换价值的影响；另一方面是买卖双方的信用评级对互换现金流贴现率的影响。

5. 比较优势原理是利用互换进行套利的一个重要依据。

6. 相较于套利活动，互换更重要的功能体现在风险管理方面，利用互换可以灵活地进行资产和负债的管理。本章第三节展示了互换管理风险的示例和案例。

7. 除了了解互换管理风险的优势，还需要注意单独的互换投机同样存在杠杆风险。

本章术语

利率互换　货币互换　外汇掉期　商品互换　股权互换　信用违约互换　比较优势套利　市场环境套利

扩展阅读

思考题

一、简答题

1. 货币互换在我国人民币国际化进程中起到了什么样的作用？

2. 利率互换的应用相比通过债券的发行和赎回操作来管理利率风险具有哪些优势？

3. 简述利率互换与货币互换的区别与联系。

4. 利率互换和货币互换面临的对手信用风险有何不同？

5. 相比远期合约和期货，互换具有什么特征？

6. 简述比较优势原理。

二、计算题

1. 一个本金为10亿元的利率互换还有10个月的期限。这个互换规定以6个月期SHIBOR交换6%的年利率（每半年计一次复利）。市场上对6个月期SHIBOR的所有期限的利率的平均报价为5%（连续复利）。2个月前6个月期SHIBOR为4.8%。请问上述互换对支付浮动利率的那一方价值为多少？对支付固定利率的那一方价值为多少？

2. 一个货币互换还有15个月的期限。这个互换规定每年交换利率为14%、本金为2 000万英镑和利率为10%、本金为3 000万美元两笔借款的现金流，此处利率为年复利。美国和英国现在的利率期限结构都是平的，美元无风险利率为8%，英镑无风险利率为11%，均为连续复利。即期汇率为1英镑=1.650 0美元。请问上述互换对支付英镑利率的那一方价值为多少？对支付美元的那一方价值为多少？

3. 日本公司A想筹集5年期的浮动利率资金，按市场行情，它需要付的利率为6个月期LIBOR+37.5bp，公司A能以非常优惠的利率4.9%从银行B借到日元。公司A决定以其日元贷款能力优势换取美元利率债务。最后与银行C达成协议，公司A在互换中借出日元，收入4.9%的日元固定利率，借入美元，支付6个月期LIBOR+20bp的美元浮动利率。请算出公司A最后合成的借款货币和借款成本。

4. 根据以下资料设计一个利率互换，并收取10个基点作为手续费。假设潜在利润平均分配给两家公司。说明通过利率互换两家公司可分别节省多少利息成本。

信用等级：甲：AAA；乙：A。

固定利率借款成本：甲：10%；乙：10.7%。

浮动利率借款成本：甲：LIBOR－0.10%；乙：LIBOR＋0.30%。

财务需求：甲：需要浮动利率资金；乙：需要固定利率资金。

5. A公司与B公司如果要在金融市场上借入5年期本金为1 000万美元的贷款，需支付的年利率见下表：

公司	固定利率	浮动利率
A公司	10%	LIBOR+1%
B公司	12%	LIBOR+2%

A公司需要的是浮动利率贷款，B公司需要的是固定利率贷款。请设计一个利率互换，其中银行作为中介获得的报酬是0.1%的利差，而且要求互换对双方具有同样的吸

引力。

6. 不同年限的互换协议利率报价如下表所示，假设互换每年支付一次现金流。

年	1	2	3	4
互换中间利率	3.50%	3.00%	2.70%	2.50%
隐含即期利率（零息利率）	?	?	?	2.48%
贴现因子	?	?	?	0.906 53

试计算该表中1年期到3年期的隐含即期利率（零息利率）和贴现因子。

7. 假设你在X银行的金融产品部工作并提议进行一笔衍生产品交易。其中一个交易对手是跨国公司A。该公司希望以固定利率借入日元，期限是一年。另一个交易对手是跨国公司B。该公司希望以固定利率借入美元，期限也是一年。两个公司在市场上能基于下表所示的（年化）固定利率进行借款。回答问题时不用考虑税务的影响。

公司	美元	日元
公司A	6.0%	3.0%
公司B	5.7%	2.3%

(1) 公司A在美元市场上有比较优势，公司B在日元市场上有比较优势。用上表中的数字解释其原因。

(2) 假设公司A和公司B利用问题(1)中所述的比较优势，签订一个1年期的货币互换合约。请以基点为单位计算互换合约带来的年化总盈利率。

8. A公司未来3个月拟定采购3 000吨玉米用于加工生产，每月1 000吨。为了锁定原材料玉米的采购成本，A公司和B公司达成一笔以玉米2309期货合约为标的的商品互换交易，协议价格为开仓价2 560元/吨，浮动价格为C2309月均盘面价，名义本金为256万元（1 000吨玉米），期限为3个月，每月末支付一次价差。A公司作为互换的买方，支付协议价格，收取浮动价格。设1个月后，玉米期货2309合约当月均价为2 630元/吨，计算这笔商品互换这个月的交割额。A公司在此次交割中是获益还是亏损？

三、讨论题

1. 权益互换在我国有哪些应用？相比融资融券具有哪些优势？
2. 为何在我国利率互换比FRA、债券远期等合约更受市场欢迎？
3. 查阅资料，了解商品互换的实际应用。

第九章

期权市场简介

本章导读

期权是四类基本衍生产品中唯一权责分离的产品，这一特征使得期权具有非线性的损益结构、非对称的风险特征、更丰富的交易策略和更复杂的定价分析技术。同时期权也是唯一体现标的资产波动率的衍生产品，这是期权市场发展的重要作用。本章将详细介绍期权的定义、损益特征、产品分类和交易机制，以及期权产品的结构化创新和应用。

学习要求

掌握普通期权的定义和损益特征，理解期权管理风险的方式，熟悉期权的常见分类，理解期权产品的创新方式、创新逻辑和创新动机，理解期权与远期或期货的联系与差异，了解我国场内期权的品种、条款和基本交易机制，了解期权的保证金制度，以及期权保证金计算公式的设计逻辑，了解“保险+期货”农业帮扶模式的原理和期权的作用。

知识结构图

第一节　期权产品简介

期权最主要的一个特点就是它可以把有利的价格变动保留下来，去掉不利的风险。相对于期货，期权持有人的收益可以是无限的，但是其损失风险是有限的，仅限于期权费。这使得期权成为可以管理风险，又无须承担更多额外风险的工具，因此期权是金融衍生产品中很重要的避险工具。

一、期权的定义

（一）定义

期权是赋予持有者在未来某一天或某一时段内按照既定的价格买进（卖出）既定数量的某种资产的权利的合约。

根据期权的定义，期权的买方即期权持有者只有权利，没有义务；而期权卖方只有义务，没有权利，因此期权是买方和卖方义务与权利不对等的衍生产品合约。

为此，期权买方为获得权利要支付给期权卖方一定的费用。这个费用称为**期权费**

(premium)或者**期权价格**(option price)。

(二)期权合约的要素

期权根据赋予持有者的权利不同,可以区分为买权(call option)和卖权(put option)两种合约,而同一期权合约又有买方和卖方,不同的期权获得的权利大小则通过偿付条款来体现。期权合约的要素如表 9-1 所示。

表 9-1 期权合约的要素

协议要素	含义
标的资产	合约规定的买卖的资产
权利性质	期权合约赋予持有者权利的类型: 购买标的资产的权利(买权) 出售标的资产的权利(卖权)
合约双方	买方(多头),拥有权利的一方 卖方(空头),出售权利、承担义务的一方
到期日	合约生效截止的日期
执行价格	合约约定的标的资产的买卖价格
合约规模	执行合约可以买卖标的资产的数量或者名义本金额
执行方式	合约规定可以执行权利的时间点或者时间段
偿付条款	约定执行期权持有者可以获得的收益

买权和卖权:买权和卖权两种期权类型在一些书籍中或者习惯上有不同的称谓,但本质含义是完全等价的。买权也被称作**看涨期权**或**认购期权**;而卖权也被称作**看跌期权**或**认沽期权**。如我国 2015 年 2 月上市的 50ETF 期权在上海证券交易所的挂牌名字为 50ETF 认购期权和 50ETF 认沽期权,而大连商品交易所则将商品期权如豆粕期权称为看涨期权和看跌期权。为简便起见,我们统一称看涨期权和看跌期权。

另外,由于英文术语的统一性,看涨期权的产品代码经常会含有字母"C",看跌期权的产品代码经常会含有字母"P"。如大连商品交易所 M2407-C-2400,表示以 M2407 豆粕期货为标的的执行价格为 2 400 元/吨的看涨豆粕期权。习惯上我们用"C"表示看涨期权的期权费,用"P"表示看跌期权的期权费。

【例 9-1】 看涨期权示例。2023 年 9 月 1 日,某投资者在上交所购买了 1 手以华夏 50ETF 为标的、执行价格为 2.5 元/股、到期日为 2023 年 9 月 28 日的看涨期权,成交价为 0.235 9 元/股,1 手上证 50ETF 期权的资产规模为 10 000 股 50ETF。

该投资者作为看涨期权买方,拥有的权利是在 2023 年 9 月 28 日,可以以 2.5 元/股的价格买入 10 000 股 50ETF。如果投资者在到期日选择行权,则期权卖方必须以 2.5 元/股的价格出售 50ETF 基金。当然,如果在到期日 50ETF 价格低于 2.5 元/股,则投资者可以在市场上以更低的价格买入 50ETF,此时投资者就可以选择不执行期权。为了获得这个权利,投资者在 2023 年 9 月 1 日支付了每股 0.235 9 元的期权费,而 1 手期权包含 10 000 股 50ETF 的标的资产,因此期初投资者需要支付的期权费为:

$$0.235\ 9\times10\ 000=2\ 359\text{ 元}$$

从例 9-1 可以看出,期权的买方类似于保险投保人,保险投保人通过期初缴纳保费获得保险承诺的保护或者发生保险事件时的赔付，而期权持有者通过期初支付期权费获得未来购买或者出售标的资产的价格保护。

执行方式是指在期权有效期内可以执行权利的时间限制，交易所内交易的标准期权常见的有**欧式期权**（European option）和**美式期权**（American option）。**欧式期权只允许期权买方在期权到期日行权，而美式期权允许期权买方在期权有效期内任意交易日行权**。很显然，美式期权给予了期权持有者更灵活的行权选择。我国的现货期权如 50ETF 期权就是欧式期权，而我国的商品期权均为美式期权。

（三）期权的头寸

根据期权的定义，期权有 4 个基本的头寸：**看涨期权多头、看涨期权空头、看跌期权多头、看跌期权空头**，各个头寸相应的权责如表 9-2 所示。

表 9-2　期权的头寸及相应权责

	看涨期权	看跌期权
买方（多头）	支付期权费； 拥有未来按照执行价格买入标的资产的**权利**	支付期权费； 拥有未来按照执行价格出售标的资产的**权利**
卖方（空头）	获得期权费； 承担未来按照执行价格出售标的资产的**义务**	获得期权费； 承担未来按照执行价格买入标的资产的**义务**

二、期权的损益特征

期权的种类很多，不同期权的偿付条款也千差万别，我们以场内交易的标准期权为例来学习期权到期的损益，场内交易的标准期权也被称为香草期权。

（一）看涨期权的损益特征

【例 9-2】　2024 年 1 月 10 日，设有一只 6 个月期、以 50ETF 为标的、执行价格为 2.5 元的看涨期权，当前期权价格为 0.2 元，当前 50ETF 的价格为 2.6 元。若假设期权到期时，50ETF 的价格分别为 2.3 元、2.5 元、2.7 元、2.9 元和 3.0 元，则期权买卖双方的到期损益情况如何呢？

如果 C_t 表示看涨期权在 t 时刻的价格，X 表示期权的执行价格，T 表示期权的到期日，S_t 表示 t 时刻标的资产的价格，根据题目信息，设 t 表示当前时刻，则：

$$C_t=0.2,\ S_t=2.6,\ X=2.5,\ T-t=0.5$$

S_T 表示标的资产在期权到期日的价值。结合看涨期权的定义，它给予期权持有者在到期日以执行价格买入标的资产的权利而非义务，因此期权持有者会以执行期权是否对自己有益为标准选择是否执行。

若 $S_T=2.3<X$，这意味着持有者可以在市场上以 2.3 元/股的价格购买 50ETF，比执行期权时 2.5 元/股的购买成本更低，因此期权买方不会行权，期权到期作废，此时期权卖方无须偿付，期权买方获得偿付为 0，但期初买方已经支付了期权费 0.2 元/股，卖方已经收取了期权费，故期权买方净损益为 −0.2 元/股，卖方净损益为 0.2 元/股。

若 $S_T=2.5$，此时期权买方即使行权，也不会得到任何偿付收益，因此，期权买方到期获得偿付为 0，净损益仍然为 −0.2 元/股，卖方净损益为 0.2 元/股。但在此价位，如果投资者看好 50ETF 未来的行情，而市场流动性此时不足，比如 50ETF 目前处于涨停板，买方也有可能行权，可以确保以2.5元/股的价格买到标的资产，解决市场流动性不足带来的价格冲击成本问题。

若$S_T=2.7>X$，此时期权买方行权，可以以2.5元/股买入标的资产，比按照市价2.7元/股购买节约了0.2元/股，因此我们可以说买方行权带来的偿付损益为2.7－2.5＝0.2元/股，考虑到期初支付的期权费，净损益为0；而此时卖方必须履行义务，以2.5元/股出售标的资产，相对于市价2.7元/股，其出售标的资产的收入减少了0.2元/股，因此我们说卖方因为行权损失了0.2元/股，考虑到期初的期权费收入，卖方净损益也是0。

类似地，$S_T=2.9$或3.0时都高于期权执行价格，期权买方通过行权可以获得更多的收益，弥补期权费的损失，而期权卖方则需要承担更多的偿付亏损。上述情况总结如表9-3所示。

表9-3 看涨期权买卖双方的到期偿付与到期损益 单位：元/股

到期日标的价格	期权多头偿付	期权多头损益	期权空头偿付	期权空头损益
2.3	0	−0.2	0	0.2
2.5	0	−0.2	0	0.2
2.7	0.2	0	−0.2	0
2.9	0.4	0.2	−0.4	−0.2
3.0	0.5	0.3	−0.5	−0.3

由表9-3我们可以看到：

(1) 从到期偿付可知，$S_T=X$是期权是否执行的转折点，$S_T>X$，买方会选择执行期权，而$S_T\leqslant X$，买方会放弃执行期权。

(2) 从到期损益可知，$S_T=2.7$是期权买卖双方的损益平衡点；$S_T>2.7$，买方开始获益，标的价格越高，获益越多，而卖方开始亏损，标的价格越高，亏损越多；$S_T<2.7$，买方开始亏损，最大亏损限于期权费，而卖方开始盈利，最高盈利限于期权费。

(3) 结合第(2)点分析，我们发现看涨期权买方和卖方的损益是不对称的，买方损失有限，收益可能无限，而卖方收益有限，损失可能无限。

(4) 无论是到期偿付还是到期损益，无论标的资产价格是多少，期权买卖双方的偿付或者损益加在一起总是等于0，这就是期权的零和博弈。

根据分析，不考虑期初期权费的时间价值，看涨期权多头的期末偿付值和到期损益写成一般性公式为：

$$\text{期末偿付值}=C_T=\max(S_T-X,\ 0) \tag{9-1}$$

$$\text{到期损益}=C_T-C_t=\max(S_T-X,\ 0)-C_t \tag{9-2}$$

其中，C_T表示期权到期偿付。对应地，看涨期权空头的期末偿付值和到期损益写成一般性公式为：

$$\text{期末偿付值}=-C_T=-\max(S_T-X,\ 0) \tag{9-3}$$

$$\text{到期损益}=-C_T+C_t=-\max(S_T-X,\ 0)+C_t \tag{9-4}$$

利用买方的到期损益公式，可以发现$S_T=X+C_t$就是看涨期权的损益平衡点。

利用上述结论，以到期日标的资产价格为自变量（横轴），以期权到期损益为因变量（纵轴），绘制看涨期权到期损益图如图 9－1 所示。

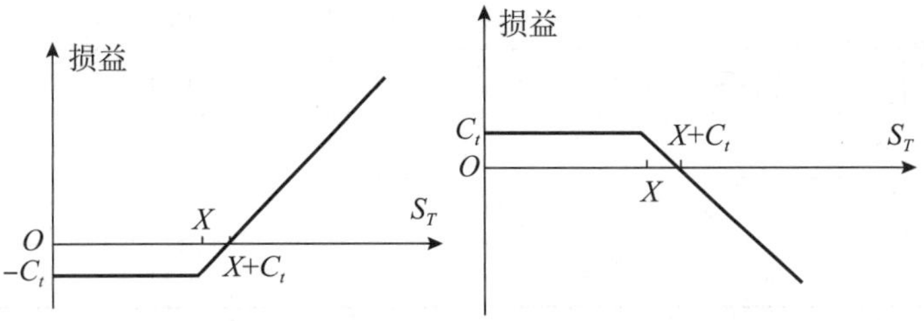

图 9－1　看涨期权多头（左）和空头（右）的到期损益图

（二）看跌期权的损益特征

【例 9－3】 2024 年 1 月 10 日，设有一个 6 个月期、以 50ETF 为标的、执行价格为 2.5 元的看跌期权，当前期权价格为 0.15 元，当前 50ETF 的价格为 2.6 元。若假设期权到期时，50ETF 的价格分别为 2.2 元、2.35 元、2.5 元、2.7 元、2.9 元，则看跌期权买卖双方的到期损益情况如何呢？

如果 P_t 表示看跌期权在 t 时刻的价格，X 表示期权的执行价格，T 表示期权的到期日，S_t 表示 t 时刻标的资产的价格，根据题目信息，设 t 表示当前时刻，则：

$$P_t=0.2,\ S_t=2.6,\ X=2.5,\ T-t=0.5$$

S_T 表示标的资产在期权到期日的价值，结合看跌期权的定义，它给予期权持有者在到期日以执行价格卖出标的资产的权利而非义务。

若 $S_T=2.2<2.5=X$，这意味着看跌期权持有者在市场上出售 50ETF 只能获得 2.2 元/股的收入，而执行期权可以获得 2.5 元/股的收入，即期权买方执行期权可以获得 0.3 元的偿付收益，扣除期初支付的 0.15 元/股的期权费，可以获得 0.15 元/股的净收益。而看跌期权卖方因为行权，必须以 2.5 元/股的价格买入市价只有 2.2 元/股的标的资产，故到期偿付使其亏损 0.3 元/股，扣除期初 0.15 元/股的期权费收入，净损失为 0.15 元/股。

若 $S_T=2.35<2.5$，通过类似分析可知期权买方执行期权可以获得 0.15 元/股的偿付收益，扣除期初支付的期权费，净损益为 0。而看跌期权卖方因为行权，到期偿付亏损 0.15 元/股，扣除期初 0.15 元/股的期权费收入，净损益也是 0。

若 $S_T=2.5=X$，此时看跌期权买方即使行权也不会得到任何偿付收益，完全损失期权费 0.15 元/股，相应地，卖方净收益为 0.15 元/股。不过，若在此价位，投资者看空 50ETF 未来的行情，而市场流动性此时不足，比如 50ETF 处于跌停板，买方也有可能行权，可以确保以 2.5 元/股的价格出售标的资产止损。

若 $S_T=2.7>2.5$，此时按市价出售标的资产可以获得 2.7 元/股的收入，高于行权收入 2.5 元/股，因此理性的期权买方不会行权，损失全部期权费，此时卖方不需要到期偿付，保住了期权费收入。

类似地，$S_T=2.9$ 高于期权执行价格，期权买方放弃行权，损失全部期权费，卖方获得的期权费落袋为安。上述情况总结如表 9－4 所示。

表 9-4 看跌期权买卖双方的到期偿付与到期损益 单位：元/股

到期日标的价格	期权多头偿付	期权多头损益	期权空头偿付	期权空头损益
2.2	0.3	0.15	−0.3	−0.15
2.35	0.15	0	−0.15	0
2.5	0	−0.15	0	0.15
2.7	0	−0.15	0	0.15
2.9	0	−0.15	0	0.15

由表 9-4 我们可以看到，$S_T=X=2.5$ 同样是期权是否执行的转折点，$S_T=2.35$ 是看跌期权的损益平衡点，买卖双方仍然存在非对称的损益特征，且满足零和博弈特点。

根据分析，不考虑期初期权费的时间价值，看跌期权买方的期末偿付值和到期损益写成一般性公式为：

$$期末偿付值=P_T=\max(X-S_T,0) \tag{9-5}$$

$$到期损益=P_T-P_t=\max(X-S_T,0)-P_t \tag{9-6}$$

其中，P_T 表示期权到期偿付。对应地，看跌期权卖方的期末偿付值和到期损益写成一般性公式为：

$$期末偿付值=-P_T=-\max(X-S_T,0) \tag{9-7}$$

$$到期损益=-P_T+P_t=-\max(X-S_T,0)+P_t \tag{9-8}$$

利用买方的到期损益公式，可以发现 $S_T=X-P_t$ 就是看跌期权的损益平衡点。

利用上述结论，以到期日标的资产价格为自变量（横轴），以期权到期损益为因变量（纵轴），绘制看跌期权到期损益图如图 9-2 所示。

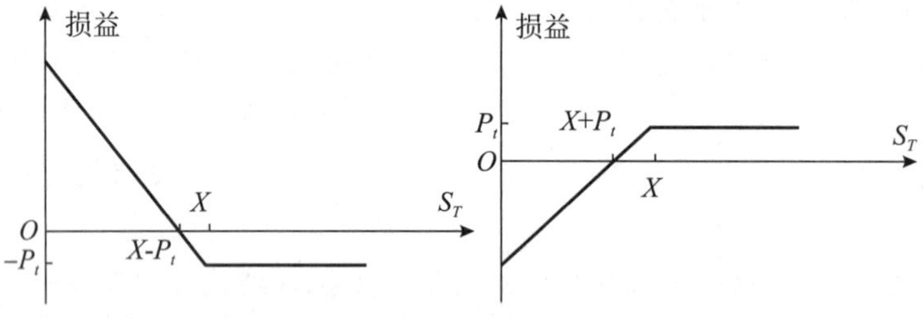

图 9-2 看跌期权多头（左）和空头（右）的到期损益图

结合图 9-1 和图 9-2，以及式（9-1）～式（9-4）可以看出看涨期权买方在未来价格上涨时获益，自然会在预期未来价格上涨时买入，因此称为看涨期权，而看跌期权买方在未来价格下跌时获益，自然会在预期未来价格下跌时买入，因此称为看跌期权，直观且形象。

同时，看涨期权多头和看跌期权空头都属于价格上涨时获益；看涨期权空头和看跌期权多头都属于价格下跌时获益。因此，根据投资者预期后市上涨还是下跌的观点，期权的操作选择可以分成两类：

上涨（牛市）观点投资者：可以买入看涨期权，也可以出售看跌期权；

下跌（熊市）观点投资者：可以买入看跌期权，也可以出售看涨期权。

使用何种策略与投资者本身的风险承受能力、预期未来价格涨跌的幅度大小有关。

三、期权的杠杆特征

(一) 期权卖方的杠杆偿付风险

期权卖方虽然能够获得期权费，但未来面临的只有偿付风险。以看涨期权为例，结合式（9-2）和表9-1，虽然看涨期权空头期初获得了0.2元的期权费，但如果50ETF价格大幅上涨，其最大损失可能是无穷的。显而易见，裸卖期权会面临高杠杆的偿付损失风险。

案例 9-1 裸卖期权的杠杆风险——中航油事件

2004年12月2日，在新加坡上市的航空燃料供货商中国航油股份有限公司（简称“中航油”）表示该公司正在寻求法院保护自己免受债权人起诉，原因是此前公司出现了5.5亿美元的衍生工具交易亏损。公司公告显示，2004年10月26日—11月29日，中航油已经平仓的石油期货合约累计亏损约3.9亿美元，而将要平仓的剩余石油期货合约亏损约1.6亿美元。当时，陈九霖和日本三井银行、法国兴业银行、英国巴克莱银行、新加坡星展银行和新加坡麦戈利银行等在期货交易以外，还签订了期权合同。

中航油认为原油价格会下跌，于是卖出大量中远期原油看涨期权，想大肆赚取期权费收入，来支撑年度利润的快速增长。在2003年下半年，中航油先后卖出涉及200万桶石油的看涨期权，并在交易中获利。以后，公司又陆续以每桶30～38美元的执行价格卖空2004年第四季度原油看涨期权。

2004年第一季度，油价攀升导致公司亏损80万美元。伦敦国际石油交易所1981年开始做期货，纽约商品交易所1978年开始做期货，陈久霖对这两个交易所历年来的油价，包括航煤、WTI轻油、布伦特原油三种价格进行综合分析，认为在过去的21年间，平均油价没有超过30美元，即使在战争年代也没有超过34美元。他觉得把盘位往后挪可能是所有方案中的最佳选择，并判断该方案没有太大风险，不会亏损，甚至可能盈利。为弥补现金的不足，该公司不得不继续卖出更多的看涨期权，以期市场油价下跌而出现转机。从7月到9月，随着油价上升，中航油唯有继续加大卖空量，整个交易已成狂赌。

2004年10月，油价再创新高，中航油此时的交易盘口高达5 200万桶石油（最初卖出看涨期权而持有的空头寸为200万桶），远远超过了公司每年的实际进口量（1 500万桶）。

这些合约分散在2005年和2006年的12个月。其中2006年为3 412万桶，占总盘位的79%。

2004年下半年以来，原油价格一路走高，最高时曾达到55.67美元/桶（见图9-3）。中航油因此陷入困境。根据其签订的合约，每桶石油每上涨1美元，中航油需要向交易对方支付5 200万美元的保证金，这导致其现金流枯竭。

为了追加保证金，中航油已耗尽了2 600万美元的营运资本、1.2亿美元的银团贷款和8 000万美元的应收账款。

中航油的交易量之所以从200万桶增加到5 200万桶，与期权卖方的杠杆偿付有非常大的关系，一般期权费低于标的资产价值的10%，这意味着为了偿付80万美元资金亏损，需要卖出800万美元的以原油为标的的期权，甚至更多，这自然会带来标的原油数量的极度扩张。

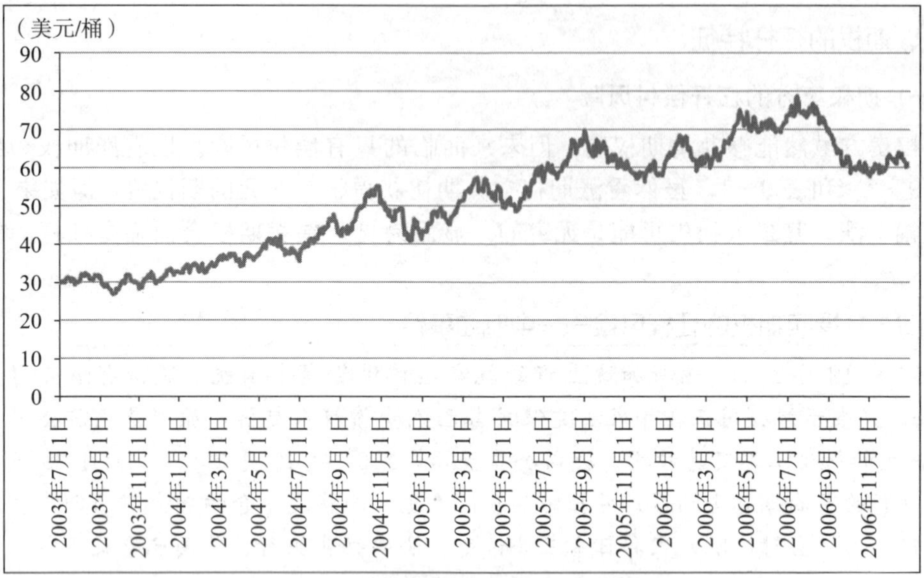

图 9-3 NYMEX 的原油收盘价时序图

资料来源：Wind 资讯终端。

(二) 期权买方的价格波动杠杆风险

期权买方虽然不承担未来的偿付义务，但同样存在杠杆风险。如果投资者将期权像股票等资产一样进行期权价格的趋势投机，期权买方也会面临高杠杆的价格波动风险。

以我国 2023 年 9 月到期的 50ETF 期权与现货上证 50ETF 在 2023 年 7 月的价格涨跌幅度为例：2023 年 7 月 25 日，50ETF 价格上升 3.19%，而执行价格为 2.5 元的看跌期权（即沽 9 月 2 500①）价格下跌 51.35%，执行价格为 3 元的看涨期权（即购 9 月 3 000）价格上升 152%；7 月 27 日，50ETF 现货价格上升 0.04%，而执行价格为 3 元的看涨期权价格下降 19.64%（见表 9-5）。这充分说明期权的价格波动幅度要比现货大得多。

表 9-5 50ETF 期权与上证 50ETF 的日涨跌幅比较

	50ETF 看涨期权		50ETF 看跌期权		上证 50ETF	
日期	购 9 月 3 000	购 9 月 2 500	沽 9 月 3 000	沽 9 月 2 500	涨跌幅（%）	收盘价
2023 年 7 月 21 日	−9.68	2.650 0	−6.18	−10.97	0.39	2.586
2023 年 7 月 24 日	−10.71	−8.420 0	−0.24	6.47	−0.50	2.573
2023 年 7 月 25 日	152	49.460 0	−21.19	−51.35	3.19	2.655
2023 年 7 月 26 日	−11.11	−0.220 0	−0.96	−9.03	−0.11	2.652
2023 年 7 月 27 日	−19.64	−2.720 0	−2.30	−9.16	0.04	2.653
2023 年 7 月 28 日	144.44	40.080 0	−22.05	−43.70	2.79	2.727
2023 年 7 月 31 日	25.45	3.200 0	−7.14	0	0.15	2.731

① 为了方便，50ETF 期权的名称在原执行价格的基础上乘以 1 手期权合约的标的资产规模，1 手 50ETF 期权标的是 10 000 单位 50ETF，因此 9 月到期、执行价格为 2.5 元/股的 50ETF 看涨期权名称为：购 9 月 2 500，其他期权名称以此类推。

用期权和标的资产价格变动幅度的比值作为期权价格变动杠杆大小的代表，称为期权杠杆倍数，那么对于看涨期权来说，

$$期权杠杆倍数=\frac{\Delta C/C}{\Delta S/S} \tag{9-9}$$

其中，S 表示标的资产的价格，C 表示看涨期权的期权费，图 9-4 就是我国 50ETF 期权某一日交易行情中杠杆倍数的截图，杠杆倍数可以达到 213！由此可见裸买期权的趋势投机策略的杠杆风险是巨大的。

代码	名称	现价	涨跌	涨跌幅	今开	最高	最低	换手率	成交量	成交额	时间
510	50ETF	2.806	0.015	0.54%	2.785	2.813	2.785	0.00%	5.57	15.60	10/

认购						认沽				
最新	涨跌	价值状	实际杠杆	保证金	执行价格	最新	涨跌	价值状	实际杠杆	保证金
▼ 2017年10月 (到期日 2017-10-25; 剩余1个自然日、1个交易日; 合约乘数 10000)										
0.19	3.40	实值	14.21	5427.20	2.600	0.00	0.00	虚值	0.00	1821.00
0.14	5.18	实值	18.92	4927.20	2.650	0.00	0.00	虚值	0.00	1856.00
0.09	8.79	实值	28.34	4427.20	2.700	0.00	0.00	虚值	0.00	2308.20
0.04	20.4	实值	56.63	3927.20	2.750	0.00	-75.0	虚值	-86.75	2808.20
0.00	70.8	实值	213.66	3449.20	2.800	0.00	-56.9	虚值	-155.00	3375.20
0.00	-25.0	虚值	183.75	2930.20	2.850	0.04	-22.0	实值	-57.91	3842.20
0.00	0.00	虚值	0.15	2428.20	2.900	0.09	-12.6	实值	-29.02	4334.20
▼ 2017年11月 (到期日 2017-11-22; 剩余29个自然日、21个交易日; 合约乘数 10000)										
0.20	4.01	实值	13.48	5443.20	2.600	0.00	57.1	虚值	-7.40	1832.00
0.15	5.31	实值	17.36	4954.20	2.650	0.00	10.5	虚值	-23.98	1876.00
0.11	7.44	实值	23.38	4479.20	2.700	0.00	2.13	虚值	-43.01	2355.20
0.06	12.9	实值	31.93	4063.20	2.750	0.01	3.15	虚值	-44.57	2938.20
0.03	22.4	实值	42.76	3744.20	2.800	0.03	0.32	虚值	-38.26	3619.20
0.01	50.3	虚值	49.22	3118.20	2.850	0.06	-2.49	实值	-29.81	3993.20
0.00	73.4	虚值	50.06	2512.20	2.900	0.10	-8.85	实值	-23.59	4376.20

图 9-4 50ETF 期权的实际杠杆倍数

资料来源：Wind 资讯终端。

那么，实际投资中具体是选择标的资产进行交易，还是选择期权进行交易呢？我们可以看下面的一个例子。

【例 9-4】 假设股票现在的价格为 94 美元，以该股票为标的资产的看涨期权的执行价格为 95 美元，期限为 3 个月，期权价格为 4.7 美元。一位投资者认为股票价格将要上升，犹豫是购买 100 股股票，还是购买 20 份看涨期权（每份合约标的为 100 股），两种方式成本都是 9 400 美元。你会给他什么样的建议？当股票价格上升到多少的时候，购买期权会有更大的盈利呢？

$$股票的净收益=100\times(S_T-94)-9\,400 \tag{9-10}$$

$$看涨期权买方净收益=100\times 20\times\max(S_T-95,\ 0)-9\,400 \tag{9-11}$$

S_T 是到期时标的资产的价格，令式（9-11）为 0，可以得出 $S_T=99.7$ 美元，也就是说，如果投资者预期标的资产价格高于 99.7 美元，他就可以选择购买期权，盈利相对于购买股票会以 20 倍的速度增长，但若未来股价窄幅震荡，则购买股票更合适，尤其是若未来股价低于 95 美元，投资者购买期权将血本无归，图 9-5 是两种投资策略的收益比较。

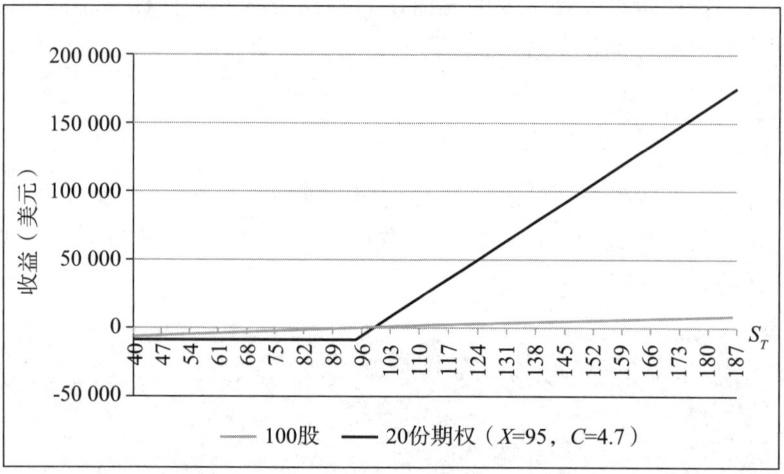

图 9-5　投资股票与期权的收益差异

四、期权的分类

根据要素差异，期权可以有很多分类方式，如表 9-6 所示。

表 9-6　不同方式下期权的分类

划分方式	期权种类		
交易者权利	看涨期权	看跌期权	
执行时限	欧式期权	百慕大期权	美式期权
价值状态	实值期权	平值期权	虚值期权
交易场所	场内期权	场外期权	
偿付条款复杂度	普通期权	奇异期权	
标的资产	现货期权	期货期权	

（一）欧式期权、美式期权与百慕大期权

按照不同的执行时限，我们可以将期权分为欧式期权、美式期权和百慕大期权（Bermudan option）。欧式期权规定只有在到期日才可以行权；美式期权允许在到期日及到期之前的任意时间行权；**百慕大期权**的执行时限介于欧式期权与美式期权之间，即允许期权持有者在期权有效期内一系列时间点或者一段时间内行权，比如一个有效期为 3 年的期权，规定在每年的最后 1 个月可以行权。我们国家推出的金融期权如 50ETF 期权、沪深 300 股指期权等都是欧式期权，大商所、郑商所、上期所、广期所等推出的商品期权基本是美式期权，而百慕大期权常出现在场外期权市场或者结构化证券中，如可转债的转股权就是百慕大期权。

（二）实值期权、平值期权与虚值期权

期权分类中的价值状态是指期权立即执行是否可以获得偿付。可以获得偿付的称为**实值期权**（in the money，ITM）；无偿付也无亏损的称为**平值期权**（at the money，ATM）；执行反倒需要赔付，因此不适合执行的称为**虚值期权**（out of the money，OTM）。就普通期权而

言，结合式（9－1）和式（9－5），将标的资产的到期价格 S_T 替换为当前价格 S_t，则

执行价格＞标的资产当前价格，看涨期权为虚值期权，看跌期权为实值期权；

执行价格＝标的资产当前价格，看涨期权和看跌期权均为平值期权；

执行价格＜标的资产当前价格，看涨期权为实值期权，看跌期权为虚值期权（见表 9－7）。

表 9－7　普通看涨看跌期权的价值状态定义

	看涨期权	看跌期权
$X>S_t$	虚值期权	实值期权
$X=S_t$	平值期权	平值期权
$X<S_t$	实值期权	虚值期权

上述分类可以在图 9－4 期权的行情截图中得到验证。

期权价值状态分类的作用有两个：

其一，平值、虚值、实值的区分为场内期权上市规则的制定带来便利。新到期期限的期权品种上市时，会同时上市不同执行价格的期权。为了使得期权的执行价格能够在一定程度上覆盖标的资产价格的波动范围，交易所通常会基于当前标的资产价格确定不同期权的执行价格间距和不同执行价格的数量。如上交所规定上证 50ETF 期权新月份合约首次上市，会上市 1 个平值合约、4 个实值合约、4 个虚值合约，如表 9－8 所示。由于看涨期权和看跌期权的实值和虚值完全对称，因此这一规定对看涨期权和看跌期权是等同的。

表 9－8　上证 50ETF 期权合约部分基本条款

上证 50ETF 期权合约基本条款	
合约标的	上证 50 交易型开放式指数证券投资基金（50ETF）
合约类型	看涨期权和看跌期权
合约单位	10 000 份
合约到期月份	当月、下月及随后 2 个季月
执行价格	9 个（1 个平值合约、4 个虚值合约、4 个实值合约）
执行价格间距	3 元或以下为 0.05 元，3 元至 5 元（含）为 0.1 元，5 元至 10 元（含）为 0.25 元，10 元至 20 元（含）为 0.5 元，20 元至 50 元（含）为 1 元，50 元至 100 元（含）为 2.5 元，100 元以上为 5 元
行权方式	到期日行权（欧式）
交割方式	实物交割（业务规则另有规定的除外）
到期日	到期月份的第 4 个星期三（遇法定节假日顺延）
行权日	同合约到期日，行权指令提交时间为 9:15—9:25，9:30—11:30，13:00—15:30
交收日	行权日次一交易日

资料来源：2023 年 8 月摘自上海证券交易所网站。如果有变动，请以上海证券交易所网站为准。
本条款于 2017 年 12 月 29 日生效，在此之前规定为 1 个平值合约、2 个实值合约、2 个虚值合约。

其二，市场参与者对不同价值状态的期权会表现出不同的偏好，因此做期权交易必须了解这一术语的概念。如套期保值者会倾向于虚值期权，这样可以以更低的费用获得极端风险下的保护，而波动率交易者可能会偏向平值期权，因为价格波动给平值期权带来的价值是最大的。同时投资者对不同期限也会有不同价值状态的期权选择，如投资者对近月合约会偏向接近平值的合约，而对远月合约更偏向虚值期权的合约。图 9-6 展示的是 2023 年 8 月 17 日的 50ETF 期权的交易行情，图 9-6（a）是 8 月合约的交易情况，图 9-6（b）是 12 月合约的交易情况。很明显，8 月合约成交量较大的发生在 2.6 元执行价格附近，而 12 月合约则集中在虚值程度较大的期权。

拓展阅读

到期月份及执行价格间距的含义和作用

认购						认沽				
代码	最新价	价值状态	成交量	持仓量	执行价格	代码	最新价	价值状态	成交量	持仓量
˅ 2023年8月 (到期日 2023-08-23; 剩余7个自然日、5个交易日; 合约乘数 10000)								F 2.615	ATM IV 19.38%	
˅ 2023年9月 (到期日 2023-09-27; 剩余42个自然日、30个交易日; 合约乘数 10000)								F 2.628	ATM IV 16.79%	
˄ 2023年12月 (到期日 2023-12-27; 剩余133个自然日、89个交易日; 合约乘数 10000)								F 2.650	ATM IV 16.99%	
10005475	0.3577	实值	192	1645	2.300	1000547(	0.0115	虚值	2.3万	1.7万
10005459	0.3040	实值	185	1441	2.350	1000546(	0.0166	虚值	1.6万	1.7万
10005329	0.2700	实值	226	2497	2.400	1000533!	0.0234	虚值	1.3万	1.4万
10005330	0.2341	实值	237	2494	2.450	1000533!	0.0334	虚值	9496	1.2万
10005331	0.1956	实值	402	3212	2.500	1000534(	0.0466	虚值	9715	1.2万
10005332	0.1622	实值	728	3672	2.550	1000534	0.0624	虚值	6396	1.5万
10005333	0.1339	实值	1826	6529	2.600	1000534,	0.0834	虚值	5062	1.3万
10005334	0.1075	实值	3564	9044	2.650	1000534:	0.1077	虚值	1942	9121
10005335	0.0865	虚值	4020	8862	2.700	1000534·	0.1349	实值	1171	4614
10005336	0.0691	虚值	4532	9068	2.750	1000534!	0.1667	实值	602	3242
10005337	0.0543	虚值	6374	1.2万	2.800	1000534(	0.2020	实值	254	2027
10005383	0.0422	虚值	5497	9866	2.850	1000538·	0.2416	实值	94	1426
10005385	0.0339	虚值	7778	1.7万	2.900	1000538(	0.2817	实值	112	1631
10005859	0.0268	虚值	1.1万	1.4万	2.950	1000586(	0.3241	实值	79	441

（a）

代码	名称	现价	涨跌	涨跌幅	今开	最高	最低	换手率	成交量	成交额	期权成交量	期权持仓量	成交量PCR	时间
51005(	上证50ET	2.610	0.006	0.23%	2.594	2.618	2.583	3.28%	8.04亿	20.87亿	251.05万	300.44万	82.62%	15:0

认购						认沽				
代码	最新价	价值状态	成交量	持仓量	执行价格	代码	最新价	价值状态	成交量	持仓量
˄ 2023年8月 (到期日 2023-08-23; 剩余7个自然日、5个交易日; 合约乘数 10000)								F 2.615	ATM IV 19.38%	
10005643	0.2700	实值	464	911	2.350	1000565;	0.0001	虚值	1420	1.2万
10005644	0.2142	实值	546	2009	2.400	1000565:	0.0002	虚值	342	1.5万
10005645	0.1648	实值	2495	2566	2.450	1000565·	0.0003	虚值	9646	2.3万
10005646	0.1169	实值	2.9万	1.2万	2.500	1000565!	0.0012	虚值	4.3万	4.1万
10005647	0.0700	实值	13万	3.2万	2.550	1000565(	0.0054	虚值	20万	7.1万
10005648	0.0345	实值	32万	11万	2.600	1000565:	0.0198	虚值	31万	11万
10005649	0.0148	虚值	24万	21万	2.650	1000565(	0.0489	实值	14万	10万
10005650	0.0060	虚值	14万	22万	2.700	1000565!	0.0902	实值	5.8万	6.6万
10005651	0.0028	虚值	6.7万	21万	2.750	1000566(	0.1383	实值	1.8万	4.9万
10005733	0.0015	虚值	3.1万	14万	2.800	1000573·	0.1862	实值	3335	2.7万
10005763	0.0009	虚值	1.7万	9.5万	2.850	1000576·	0.2356	实值	845	9113
10005855	0.0006	虚值	8013	5.7万	2.900	1000585:	0.2844	实值	619	2223
10005856	0.0004	虚值	8358	8.0万	2.950	1000585(	0.3320	实值	1762	1313

（b）

图 9-6　50ETF 期权的交易情况

（三）场内期权与场外期权

场内期权是指在交易所内交易的期权产品，如在我国上交所、深交所、中金所、大商所、郑商所、上期所、广期所等交易所交易的期权。场外期权又称 OTC 期权（over the counter option），是指在交易所之外的场所交易的期权，例如各证券公司、期货资产管理公司推出的各种期权产品，如雪球期权、鲨鱼鳍期权等。

（四）普通期权与奇异期权

按照期权的复杂程度来划分，除了普通期权（如标准的欧式期权或者美式期权），还有一类叫作奇异期权。奇异期权是比普通期权更复杂的衍生期权产品，如亚式期权、障碍期权、回望期权、二值期权、多资产期权、巴黎期权、选择期权、延展期权、呼叫期权等。具体的常见奇异期权类型我们在本章第二节介绍。

（五）现货期权与期货期权

期权也可以按照标的资产不同分类，如股票期权、利率期权、外汇期权、天气期权、信用价差期权等。期权的标的资产不但可以是股票、债券、基金、外汇等现货资产，也可以是期货、互换、期权等衍生产品。如商品期权基本以商品期货为标的，场内的利率期权则以国债期货为标的。下面仅介绍三种现货期权和期货期权。

1. *股票期权*

股票期权广义上包括个股、股票指数和股票投资组合形成的以 ETF 为标的的期权产品。我国上交所推出的上证 50ETF 期权、中证 500ETF 期权、沪深 300ETF 期权、科创 50ETF 期权、科创板 50ETF 期权，深交所推出的创业板 ETF 期权、深圳 100ETF 期权都属于以权益类 ETF 为标的的现货期权产品，而中金所推出的沪深 300 指数期权、上证 50 指数期权、中证 1 000 指数期权等都是以股票指数为标的的现货期权产品。当然，我国场内目前还缺乏个股期权产品，但在场外，个股期权产品自 2017 年已经开始交易了。

股票期权可以是欧式期权，也可以是美式期权。如美国芝加哥期权交易所交易的标准普尔 100 期权是美式期权，而标准普尔 500 指数期权是欧式期权。我国目前交易的场内股票期权全部都是欧式期权。

类似于期货，一份期权合约称为一手，股票期权的规模因产品和市场而定。美国的个股期权一份合约规模通常是 100 股股票，而我国个股期权的规模并不一致，上交所 2013 年以来进行仿真交易的中国平安个股期权，规模为 1 000 股股票（见表 9－9），而上汽集团的个股期权规模为 5 000 股股票。ETF 基金的单位面值一般较小，因此 1 份期权合约包含的 ETF 数量较大，如 1 份 50ETF 期权的标的是 10 000 单位的 50ETF。股指期权则类似于股指期货，以现货指数为标的，通过 1 个指数点的价值体现合约规模，称为指数点乘数。如表 9－10 所示，1 手沪深 300 股指期权的指数点乘数是 100 元，而 1 手沪深 300 股指期货的指数点乘数是 300 元，因此 1 手沪深 300 股指期货是 1 手沪深 300 股指期权的标的规模的 3 倍。

表 9－9　中国平安全真模拟交易期权部分条款

合约标的	中国平安（601318）
合约类型	看涨期权、看跌期权
合约单位	1 000
最小变动价位	0.001 元
申报单位	张
合约到期月份	当月、下月及随后两个季月
最后交易日	到期月份的第四个星期三（遇国家法定节假日顺延）
合约到期日	同最后交易日
行权日	同最后交易日
履约方式	欧式

资料来源：上海证券交易所。如有变动，以交易所官网为准。

表 9-10　沪深 300 股指期权的部分条款

合约标的	沪深 300 指数
合约乘数	每点 100 元
合约类型	看涨期权、看跌期权
报价单位	指数点
最小变动价位	0.2 点
合约月份	当月、下两个月及随后三个季月
行权方式	欧式

资料来源：中国金融期货交易所。如有变动，以交易所官网为准。

2. 外汇期权

外汇期权也称为货币期权（currency option），是以外汇为基础资产的期权合约。外汇期权既有场内交易又有场外交易。场内交易的是标准外汇期权，分为现汇期权和外汇期货期权。最著名的外汇期权交易所是美国费城证券交易所（PHLX），在芝加哥商品交易所的国际货币市场和纽约证券交易所的 Finex 市场交易的主要是货币期货期权。我国的外汇期权为现汇期权，在银行间市场进行场外交易。截至 2023 年，我国交易的品种有 USD/CNY、EUR/CNY、JPY/CNY、HKD/CNY、GBP/CNY 等货币对。

3. 期货期权

期货期权是以期货为标的的期权合约，场内期货期权通常与标的期货在同一交易所交易。根据期货标的不同，可以进一步分为股指期货期权、利率期货期权、外汇期货期权、商品期货期权等。在发达国家市场，大部分期货都有相应的期货期权合约。截至 2023 年底，我国场内只推出了商品期货期权合约。自 2017 年 3 月 31 日在大商所和郑商所分别推出豆粕期权和白糖期权以来，截至 2023 年底，我国在四大商品交易所已经推出了 40 个商品期权品种，均为期货期权，尤其是 2021 年成立的广州期货交易所，其上市的工业硅和碳酸锂期货均上市了相应的期权合约。

考虑到大部分期货提前平仓的交易特点，期货期权一般是美式期权，我国目前所有的交易所商品期货期权均为美式期权。上海期货交易所在 2018 年推出铜期权和在 2019 年推出黄金期权时，曾将其设计为欧式期权，但在 2021 年改成了美式期权。表 9-11 是我国豆粕期货期权合约的部分条款。

表 9-11　豆粕期货期权的合约条款

标的合约	DCE 豆粕期货
合约类型	看涨期权、看跌期权
合约单位	10 吨
申报单位	元/吨
最小变动价位	0.5 元/吨
合约月份	1月、3月、5月、7月、8月、9月、11月、12月

续表

交易时间	每周一至周五 9:00—11:30，13:30—15:00，21:00—23:00（夜盘）
行权方式	美式
到期日	标的期货合约交割月份前 1 个月的第 5 个交易日
行权日	到期日 15:30 之前任意交易日的交易时间
交易代码	看涨期权：M-合约月份-C-执行价格　看跌期权：M-合约月份-P-执行价格
上市交易所	大连商品交易所

资料来源：大连商品交易所。

仔细观察表 9-11 可以看到：

首先，期货期权的标的资产一般都是一份期货合约，这里合约单位 10 吨也是 1 手豆粕期货的标的资产数量，期货以 1 吨豆粕为单位进行报价，期货期权的报价也是 1 吨豆粕期货对应的期权价值。

其次，根据豆粕期权的到期日“标的期货合约交割月份前 1 个月的第 5 个交易日”，可知**期货期权的到期日由标的期货的到期日唯一决定**，因此表 9-11 中的合约月份并不是期权的到期月份，而是豆粕期货的到期月份。所以豆粕期权的交易代码由“标的期货的代码＋看涨看跌标识＋执行价格”构成，无须标明期权的到期日。

【例 9-5】 当前大商所豆粕期权 M2312-C-4250 报价为 145.5 元/吨，上述信息表示以 M2312 期货（2023 年 12 月到期的豆粕期货）为标的，执行价格为 4 250 元/吨的看涨豆粕期货期权的期权费为 145.5 元/吨，1 手期权标的是 10 吨，因此购买 1 手 M2312-C-4250 的期权费为 1 455 元。

需要注意的是，因为期货期权进行实物行权，即如果期权持有者执行期权，他会获得相应的期货头寸，看涨期货期权行权会获得期货多头头寸，看跌期货期权行权会获得期货空头头寸，为防止期货交割风险，**期货期权到期日一般在期货交割月之前**，因此期权到期日早于期货到期日。

最后，根据行权规则和行权方式可以看到豆粕期权就是美式期权，这意味着购买期权当天就可以行权。

期货期权行权损益公式与现货期权类似，只是将现货价格 S_T 替换为行权时的期货结算价 F_τ，因此不考虑期权费的行权损益为：

$$\text{看涨期货期权行权损益：} C_F(\tau)=\max(F_\tau - X,\ 0) \tag{9-12}$$

$$\text{看跌期货期权行权损益：} P_F(\tau)=\max(X - F_\tau,\ 0) \tag{9-13}$$

其中，τ 表示期权行权的时间点。

4. 利率期权

利率期权合约是指在约定的期限内，以与利率相关的金融工具为标的资产，以商定的价格和数量进行看涨期权或看跌期权交易的合约。场内交易的利率期权一般都是利率期货期权合约，场外的利率期权一般是多期性质的利率期权，包括利率上限（cap）、利率下限（floor）、利率双限（collar）以及互换期权。2020 年 3 月 23 日，我国在全国银行间市场开始试运行利率期权交易及相关服务，推出的交易品种为挂钩 LPR1Y/LPR5Y（贷款基准利率）的利率互换期权、利率上/下限期权。

利率上限期权可以看作相同协议利率、不同到期日的利率看涨期权的组合，每个利率看涨期权称为一个利率上限元。对于协议利率为 K 的利率上限期权多头而言，已知上一偿付日 t_{i-1} 的参考利率为 $S_{t_{i-1}}$，则在任意偿付日 t_i 的偿付损益为：

$$\text{payoff}_i = A \times \max(S_{t_{i-1}} - K, 0) \times \frac{\text{Days}}{\text{Basis}} \tag{9-14}$$

其中，Days 表示 $[t_{i-1}, t_i]$ 的付息间隔时间，Basis 为年计息基准。利率上限期权的偿付见图 9-7。

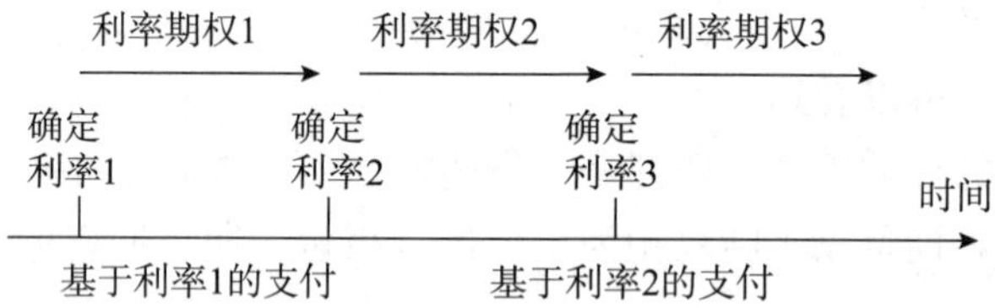

图 9-7　利率上限期权的偿付示意图

利率上限期权与利率看涨期权的关系类似于利率互换与 FRA 的关系，自然利率上限期权的价值可以通过将多个利率看涨期权价值加总计算。利率上限期权给予持有者未来利率上涨时获得赔付的机会，同时保留了未来利率下跌时可能获得的成本降低的好处，因此适用于防范利率上涨的风险，如未来需要借款的客户、拥有浮动利率债务或者固定利率贷款的银行。

相应地，**利率下限期权**可以看作相同协议利率、不同到期日的利率看跌期权的组合，每个利率看跌期权称为一个利率下限元。对于协议利率为 K 的利率下限期权多头而言，在任意偿付日 t_i 的偿付损益为：

$$\text{payoff}_i = A \times \max(K - S_{t_{i-1}}, 0) \times \frac{\text{Days}}{\text{Basis}} \tag{9-15}$$

公式中的符号含义与式（9-14）一致，利率下限的价值可以通过将多个利率看跌期权价值加总计算。利率下限期权给予持有者未来利率下跌时获得赔付的机会，相对于利率互换空头，保留了未来利率上涨时可能获得的收益增加的好处，因此适用于防范利率下跌的风险，如未来需要投资的客户、拥有固定利率债务或者浮动利率贷款的银行。

利率双限由一个利率上限期权多头和一个利率下限期权空头组成。为公司或银行的借款成本（浮动利率）设定了一个下限和上限。因此

利率双限损益＝利率上限期权多头的收益＋利率下限期权空头的收益

$$\text{payoff}_i = A \times [\max(S_{t_{i-1}} - K_2, 0) - \max(K_1 - S_{t_{i-1}}, 0)] \times \frac{\text{Days}}{\text{Basis}} \tag{9-16}$$

其中，$K_2 > K_1$。

互换期权是标的资产为利率互换的期权，期权的执行价格相当于行权时签订的利率互换设定的协议利率。看涨互换期权持有者（多头）具有以期权执行价格为互换协议利率，作为互换买方签订利率互换的权利（即支付方互换期权，支付协议利率，获得参考利率）。

互换期权行权一般也会基于名义本金的利差交易，而非实物交割。下面通过一个示例来了解互换期权的损益。

【例 9-6】 互换看涨期权。设某机构持有 1 份 6 个月后到期的互换欧式看涨期权，期权执行价格为年利率 3%，标的为 3 年期利率互换，每年偿付一次，互换参考利率为 1 年期 LPR（LPR1Y，我国贷款基准利率），名义本金为 1 000 万元。

若 6 个月后期权到期时，3 年期利率互换的市场报价是 3.5%，投资者执行期权，获得一份支付 3%固定利率，收入 LPR1Y 的利率互换，同时在市场上作为空头签订一份利率互换，则可以每年支付 LPR1Y，收入 3.5%。因此通过执行期权，该投资者每年可以稳定获得 0.5%的价差收益。

为了方便起见，互换期权和利率上限期权、利率下限期权类似，一般采取利差现金交易。根据图 9-8，互换期权的利差收益应该是期权到期日市场上利率互换的报价和期权执行价格之间的价差在互换持有期间带来的收益现值，表示为：

$$\text{payoff}=\sum\nolimits_{i=1}^{n}A\times\max(S_T-K,0)\times\frac{\text{Days}_i}{\text{Basis}}\times D(T,t_i) \tag{9-17}$$

其中，n 是标的利率互换未来偿付的次数，S_T 是期权到期日（T）标的利率互换的市场报价，K 是期权的执行价格，A 是利率互换的名义本金，Days_i 是利率互换第 i 个付息间隔 $[t_{i-1}, t_i]$ 的时间长度，$D(T, t_i)$ 是 $[T, t_i]$ 的贴现因子，含义如图 9-9 所示。

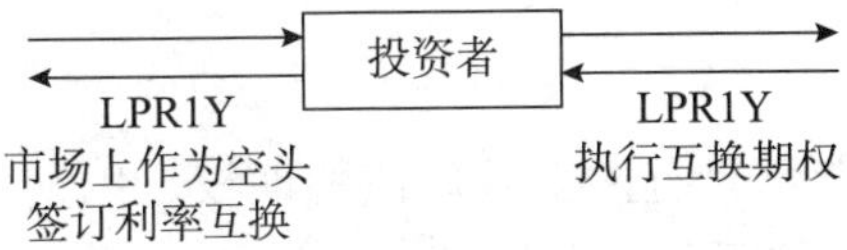

图 9-8　看涨互换期权执行获益示意图

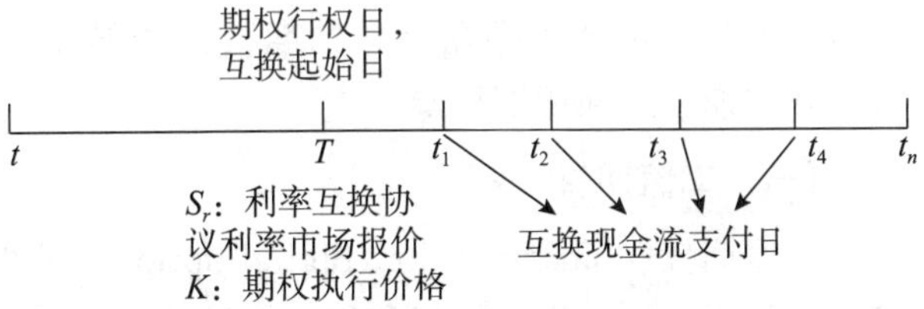

图 9-9　互换期权偿付示意图

看跌互换期权持有者（多头）具有以期权执行价格为互换协议利率，作为互换卖方签订利率互换的权利（即收入方互换期权，获得协议利率，支付参考利率），因此在到期日 T，其行权偿付公式为：

$$\text{payoff}=\sum\nolimits_{i=1}^{n}A\times\max(K-S_T,0)\times\frac{\text{Days}_i}{\text{Basis}}\times D(T,t_i) \tag{9-18}$$

第二节　期权产品的创新与应用

一、期权产品创新的方式

通过更改期权合约的决定要素，即标的资产、执行价格、执行期限、到期日等，可以设计出很多种期权合约。因此相比期货，期权合约的种类要多得多。也正是由于这种灵活性，期权在场外交易市场的交易非常活跃，期权产品的类型更加丰富。表 9-12 总结了期权产品的各个要素更改的方式。

表 9-12　期权产品创新的方式

标的资产			生效日期	执行价格	执行期限	到期日
价格	种类					
期末价格	衍生产品	商品、利率、外汇、股票（含股指、信用）	立即生效、标的资产价格的函数	常数、有效期内标的资产价格的函数	到期日当天、期权有效期、期权有效期内的部分时段	确定日期、标的资产价格的函数
有效期内标的资产价格的函数	现货					

从表 9-12 可以看到股票期权、外汇期权、期货期权、互换期权等是通过更改标的资产种类创新的期权类型，而按执行期限可分为欧式期权、美式期权和百慕大期权。除此以外，更改期权对于标的资产价格的依赖方式也是很重要的期权创新方式，甚至可以影响期权合约的生效日期和失效日期。因为期权的差异本质上是期权提供给持有者权利大小的差异，而权利本身可以根据多头的需求定制，所以这也决定了期权产品种类的丰富性。

无论期权条款如何更改，看涨期权和看跌期权的含义在很多期权中仍然是一致的，期权偿付公式也只是在普通看涨看跌期权公式的基础上做出更改。

二、奇异期权

很多通过更改期权条款得到的期权不在交易所交易，偿付公式也有较大区别，我们称与普通期权偿付公式存在差异的期权为奇异期权，常见的奇异期权有二值期权、障碍期权、亚式期权、回望期权等。

（一）二值期权

二值期权（binary option/digital option）是指到期偿付只有两个常数值的期权，以期权执行价格为界，高于执行价格是一种偿付，低于执行价格是另一种偿付。

【例 9-7】 假设一个投资者购买一个股票的看涨二值期权，股票当前价格为 10 元，期权执行价格为 12 元。合约规定若在期权到期日，未来股价大于或等于 12 元，则投资者获得 1 元偿付，否则没有偿付。不考虑期权费，写出期权的到期损益公式，并绘制其损益图。

根据题目信息，单位股票的二值看涨期权的到期偿付为：

$$\text{payoff}=\begin{cases}1, & S_T\geqslant 12\\ 0, & S_T<12\end{cases}=1_{\{S_T\geqslant 12\}}$$

到期损益图见图 9-10。

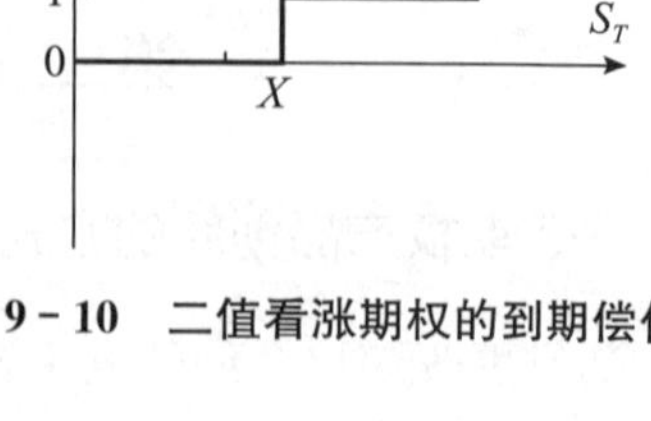

图 9-10　二值看涨期权的到期偿付

例 9-7 是一个简单的二值看涨期权示例，可以看出二值期权到期只取两个偿付值。作为期权，偿付值自然是非负的。写成一般性的公式如下。

二值看涨期权的损益公式为：

$$\text{payoff}=\begin{cases}1, & S_T\geqslant X\\ 0, & S_T<X\end{cases}\tag{9-19}$$

二值看跌期权的损益公式为：

$$\text{payoff}=\begin{cases}0, & S_T>X\\1, & S_T\leqslant X\end{cases} \tag{9-20}$$

当然，二值期权可以有很多变形，比如行权时可以获得一个常数金额 A 的收益，而不一定是单位 1 的收益，或者期权偿付可以被分成更多情况，每种情况下收益仍然是常数。这些条款改变都可以通过对上述简单二值期权赋予一定倍数或者进行多个二值期权的组合得到。

另外，容易看出，二值期权的偿付比普通期权更直观，也更容易理解，因此二值期权经常被用于理财产品的设计。

案例 9-2 我国基金业首个期权合成产品

农银汇理基金管理有限公司在 2012 年 12 月推出了我国业内第一批基于期权技术的股指挂钩专户产品。宣传说明，该产品具有低风险特点，期望收益与沪深 300 指数挂钩，且投资具有一定门槛，此产品仅针对 100 万元以上客户。产品的封闭期为 12 个月。

该产品的收益条款是：在产品存续结束之日，

如果沪深 300 指数≥成立日指数，持有人就可以获得 7%的预期年化收益率；

如果沪深 300 指数<成立日指数，偿还持有人本金。

假设成立日为 0，到期日是 1 年后，记为 T，成立日的指数记为 S_0，到期日指数记为 S_T。根据以上产品条款，如果期初投资 100 元，则到期日的价值 V_T 为

$$V_T=\begin{cases}107, & S_T\geqslant S_0\\100, & S_T<S_0\end{cases}=100+\begin{cases}7, & S_T\geqslant S_0\\0, & S_T<S_0\end{cases}$$

因此该产品相当于“一个零息债＋一个二值期权”。

案例 9-3 多个二值组合的理财产品

2014 年，招商银行发行了一个挂钩黄金的结构性存款（91 天）产品，其偿付条款要求在到期日（2014 年 4 月 24 日）：

若期初价格－40 美元<黄金价格<期初价格＋40 美元，则到期年化收益率为 4.2%；

突破上述范围，但期初价格－500 美元<黄金价格<期初价格＋500 美元，则到期年化收益率为 4.0%；

突破上述大的范围，则到期年化收益率为 2.86%。

根据上述条款，同样按照投资 100 美元本金计算，由于存款期限为 91 天，一年按照 365 天算，则产品到期价值为：

$$V_T=100+\frac{91}{365}\times100\times\begin{cases}4.2\%, & S_0-40<S_T<S_0+40\\4.0\%, & S_0-500<S_T\leqslant S_0-40\\4.0\%, & S_0+40\leqslant S_T<S_0+500\\2.86\%, & \text{其他情况}\end{cases}$$

该理财产品的损益图如图 9-11 所示。

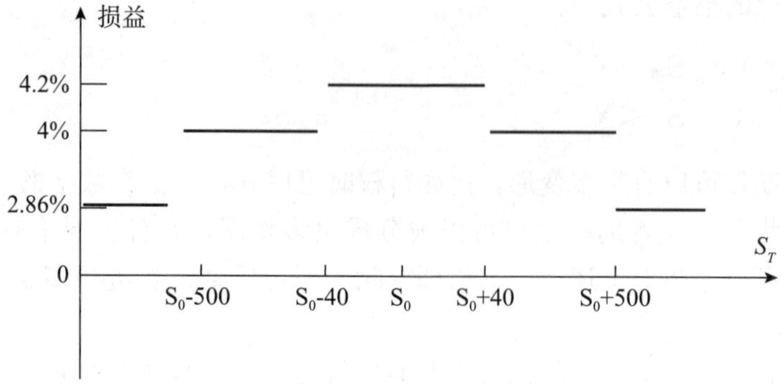

图 9-11　招商银行黄金理财产品损益图

如此复杂的多分段期权其实可以拆分为 4 个二值期权头寸：

$$V_T=100+\frac{91}{365}\times[4.2-0.2\times 1_{\{S_T>S_0+40\}}-1.14\times 1_{\{S_T>S_0+500\}}$$
$$-0.2\times 1_{\{S_T<S_0-40\}}-1.14\times 1_{\{S_T<S_0-500\}}]$$

虽然二值期权与普通期权损益公式不同，但其看涨期权仍然是在高于执行价格时行权获益，看跌期权仍然是在低于执行价格时行权获益，因此其看涨和看跌的含义没有改变。

（二）障碍期权

障碍期权（barrier option）的偿付取决于标的资产价格在一段指定时间内是否达到特定水平，是一种与标的资产价格变动路径有关的期权。具有标的资产历史价格路径依赖特征的期权统称为路径依赖期权（path-dependent option），包括回望期权和亚式期权等，而障碍期权仅取决于是否触及某个价格水平点，属于弱路径依赖期权。

由于设置障碍的方式不同，障碍期权的类型非常丰富，是场外期权市场品种最纷繁复杂的期权类型。因为障碍期权相对于普通期权更便宜，所以它颇受投资者的青睐。

障碍期权根据生效方式不同可以分为敲出期权（knock-out option）和敲入期权（knock-in option）两类：在敲出期权达到触发条件时，期权失效，期权偿付条款不再起作用；在敲入期权达到触发条件时，期权才会生效，买卖双方按照期权偿付条款执行后面的权利和义务。根据障碍水平与当前标的资产价格的关系，障碍期权分为向上（up）期权和向下（down）期权。再结合看涨和看跌的权利，三种分类方式的复合使得最基本的障碍期权就有 8 个品种（见表 9-13），其中 H 表示障碍水平，S_t 表示期权有效期内标的资产的价格。

表 9-13　障碍期权的基本分类

条件关系	障碍期权
$H\geqslant S_t$，期权失效	向上敲出看涨期权（up-out call，UOC） 向上敲出看跌期权（up-out put，UOP）
$H\geqslant S_t$，期权生效	向上敲入看涨期权（up-in call，UIC） 向上敲入看跌期权（up-in put，UIP）

续表

条件关系	障碍期权
$H<S_t$，期权失效	向下敲出看涨期权（down-out call，DOC） 向下敲出看跌期权（down-out put，DOP）
$H<S_t$，期权生效	向下敲入看涨期权（down-in call，DIC） 向下敲入看跌期权（down-in put，DIP）

普通的欧式看涨期权在到期日的损益公式是 $\max(S_T-X, 0)$，将这个公式里的损益跟障碍水平的作用结合起来就可以获得障碍期权的损益公式。

以向上障碍看涨期权为例，欧式向上敲出看涨期权的到期损益公式为：

$$\text{payoff}_{\text{UOC}}=\max(S_T-X, 0)1_{\{\max(S_t, 0\leqslant t\leqslant T)<H\}} \quad (9-21)$$

欧式向上敲入看涨期权的到期损益公式为：

$$\text{payoff}_{\text{UIC}}=\max(S_T-X, 0)1_{\{\max(S_t, 0\leqslant t\leqslant T)\geqslant H\}} \quad (9-22)$$

即在普通看涨期权到期损益的基础上加了约束条件，其中式（9-21）中的约束条件表示若在期权有效期内标的资产价格没有触及障碍水平 H，则到期可以获得普通看涨期权的收益，而式（9-22）表示若在期权有效期内标的资产价格触及或超过障碍水平 H，持有者可以获得普通看涨期权的收益。

因此，UOC 和 UIC 的损益相加就是普通看涨期权的损益（见图 9-12）。

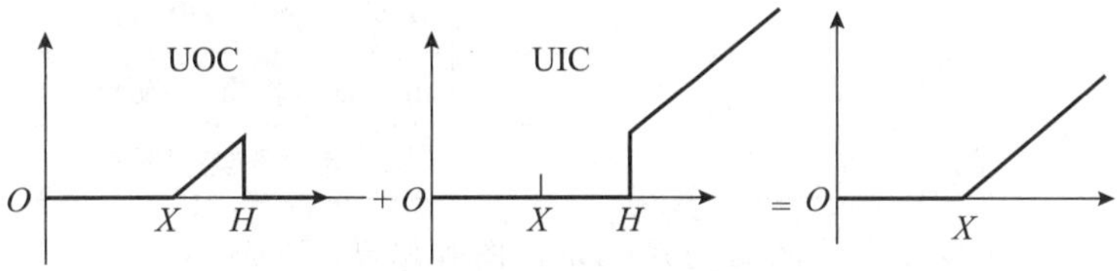

图 9-12 障碍期权与普通期权的损益关系

从图 9-12 可以看出，障碍水平把一个普通的欧式看涨期权的损益拆分成两部分：一个是向上敲出看涨期权，因为达到障碍水平之后直接失效，所以价值为 0。而在达到障碍水平之前，该期权的损益就是一个普通看涨期权的损益。而另外一个向上敲入看涨期权在达到障碍水平之后才会变成一个普通看涨期权，否则因为没有生效，它的价值一直为 0。

障碍期权的创新，一是更改了期权生效或者失效的时间；二是将一个普通期权的收益拆分成了两种不同的产品，这就是通过更改条款进行的一种期权创新。障碍期权由于在场外，不是必须满足上述结构，很多产品可能是多个障碍条款的复合，我国的鲨鱼鳍期权、雪球期权、牛熊证，以及在贸易领域较流行的累销累购期权等都是障碍期权的应用。

案例

交通银行“得利宝私银慧享”黄金挂钩（双向鲨鱼鳍）

案例 9-4 雪球期权

雪球期权属于自动敲入敲出的期权产品，这类收益结构通过内嵌一系列期权组合实现，其本质是投资者卖出带有一系列触发条款的看跌期权并获得期权费作为收益来源。

雪球结构产品最大的特点是特定挂钩标的价格的变化可以触发敲入和敲出两类事件，产品收益随事件触发而变化。

（1）敲出机制：产品约定有一系列敲出价格，当标的价格上涨且在敲出观察日达到敲出价格时，触发敲出事件，产品立即结束并获得约定的年化票息收益。

（2）敲入机制：产品约定有一系列敲入价格，当标的价格下跌且在敲入观察日低于敲入价格时，触发敲入事件。敲入意味着看跌期权空头生效，因此是产品产生亏损的重要因素。以表 9-14 的示例说明雪球的损益。

表 9-14　中证 500 雪球结构化产品示例

挂钩标的	中证 500 指数	
存续期限	2 年	
敲出观察频率	每月	
敲入观察频率	每日	
敲入界限	70%	
敲出界限	100%	
敲出票息	15%（年化）	
红利票息	15%（年化）	
投资本金	100 万元	
产品回报	敲出	100%本金+敲出票息
	敲入	min(期末价格/期初价格，100%)
	未敲出且未敲入	100%本金+红利票息

根据上述条款画出偿付年化收益的简化示意图如图 9-13 所示。

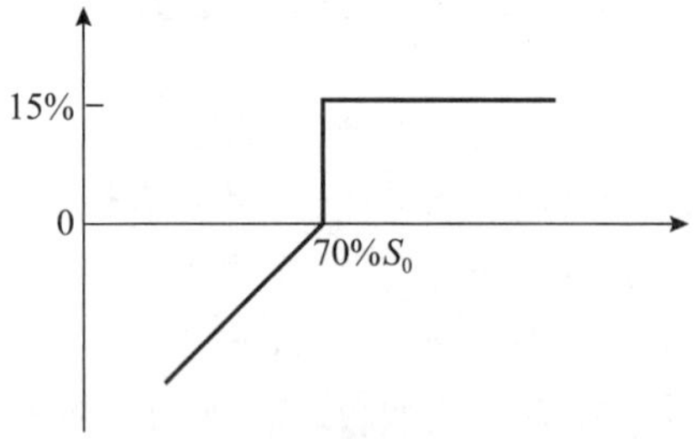

图 9-13　雪球期权收益率结构简易图

从图 9-13 中可以看出，这就是向下敲入看跌期权空头+固定收益的产品。很显然，这种产品在窄幅震荡的市场可以获得 15%的高收益，但一旦市场大幅下跌，持有者将面临期权空头巨亏的风险，这一风险在 2024 年初我国 A 股市场体现得淋漓尽致，类似地，在 2008 年全球金融危机中也有诸多企业因为组合期权的空头头寸受损。

（三）亚式期权

亚式期权（Asian option）又称为平均值期权，它给予持有人的回报取决于标的资产价格在某约定时段中的平均值，属于强路径依赖期权。

亚式期权的分类主要来自两个方面：在普通期权的损益公式中，将哪个价格替换为平均值？如何取平均值？

针对平均值的计算，亚式期权可以分为算术平均值亚式期权和几何平均值亚式期权。

针对平均值的作用，如果将平均值作为执行价格，则是浮动执行价格的亚式期权；如果将平均值作为标的资产偿付时的价格，则是固定执行价格的亚式期权。因此，结合普通期权的公式，替换相应的变量，我们就可以得到亚式期权的偿付公式。以欧亚式期权（即到期才可行权的亚式期权）为例，公式如表 9-15 所示，其中 $\overline{S}$ 表示标的资产价格在规定时间段的平均值。

拓展阅读

2024 年 1 月的“雪球敲入‘风波’”

表 9-15　不同亚式期权的偿付公式

	类型	到期偿付公式
用固定执行价格平均值替换 S_T	亚式看涨期权	$\max(\overline{S}-X，0)$
	亚式看跌期权	$\max(X-\overline{S}，0)$
用浮动执行价格平均值替换 X	亚式看涨期权	$\max(S_T-\overline{S}，0)$
	亚式看跌期权	$\max(\overline{S}-S_T，0)$

（四）回望期权

回望期权（lookback option）的收益依赖于期权有效期内标的资产达到的最大或最小价格，也称为极值期权，同样是强路径依赖期权。一般为了使持有者获得更大的权益，回望期权在设计时价值通常高于普通期权。

同样，按照使用极值替换哪个价格，回望期权分为固定执行价格的回望期权和浮动执行价格的回望期权。以欧式回望期权为例，其到期损益公式如表 9-16 所示，其中 S_{max} 表示规定时间段内标的资产价格的最大值，S_{min} 表示规定时间段内标的资产价格的最小值，而使用最大值还是最小值依赖于期权价值最大化原则。

表 9-16　不同回望期权的偿付公式

	类型	到期偿付公式
用固定执行价格极值替换 S_T	回望看涨期权	$\max(S_{max}-X，0)$
	回望看跌期权	$\max(X-S_{min}，0)$
用浮动执行价格极值替换 X	回望看涨期权	$\max(S_T-S_{min}，0)$
	回望看跌期权	$\max(S_{max}-S_T，0)$

除此以外，场外市场还有很多奇异期权如期权的期权即复合期权、呼叫期权、巴黎期权、多资产期权等等①，在此不再赘述。

除了更改期权的条款，还可以通过组合多个期权来获得价差期权。无论设计什么样的期权，期权的设计者都必须了解以下几个要素：

① 希望了解更多奇异期权的读者，可以参考郑振龙和陈蓉的《金融工程》（第五版）或约翰·赫尔的《期权、期货及其他衍生产品》（第 11 版）。

（1）设计出来的期权的损益状况如何？这关系到期权怎么管理风险，以及本身的风险点。
（2）期权适合何种投资者？了解新的期权面向的需求对象。
（3）期权适合何种走势的市场？了解新的产品与市场环境的匹配度。
（4）期权价值如何？了解产品本身合理的价值，确定合理的市场价格。

三、“保险＋期货”中的期权设计

前面我们已经学习了诸多期权品种，为什么期权会有如此丰富的类别和如此纷繁复杂的条款？其实这些条款的设计更多来自实际应用的需求，这里我们以“保险＋期货”中的期权设计为例了解期权创新的目的和实践应用。

（一）“保险＋期货”的运作流程

“保险＋期货”是中国期货业与保险业为解决农民收入保障问题而合作探索出的一种新型助农模式，最早由大连商品交易所于 2015 年联合会员单位探索实施，助力我国脱贫攻坚，称为“期货精准扶贫”，目前已成为我国大力推广的一种助力乡村产业发展的农业帮扶模式。图 9－14 给出了“保险＋期货”的运作流程。

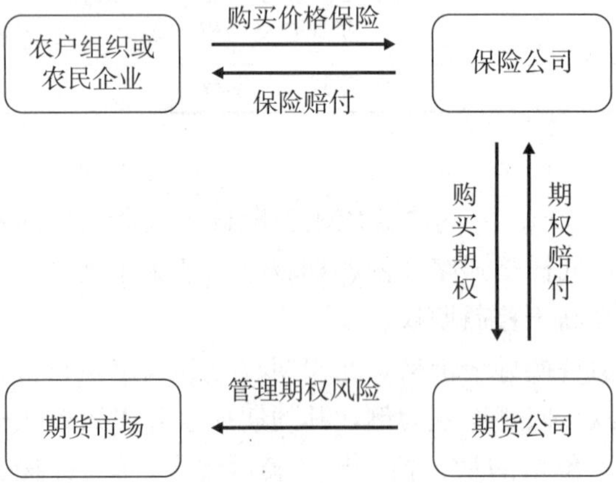

图 9－14　“保险＋期货”的运作流程

结合图 9－14，在这种模式下，由保险公司向农户组织或农户企业提供农业保险，比如价格保险。当农产品未来价格下跌为农户带来损失时，由保险公司向农户进行赔付，以此保证农户的收入。然后保险公司向期货公司，一般是期货公司的资产管理子公司购买场外期权，通常是看跌期权，来转移未来的赔付风险，而期货公司的资产管理子公司对出售的期权会进一步通过期货市场进行风险管理。

通过这种方式，在价格下跌时，农户通过价格保险获赔，保险公司通过执行期权获赔，期货公司利用自己的专业技术在期货市场上对冲赔付风险，也能在一定程度上获益。因此在这种模式下，期权、期货起到了重要的风险转移作用，让专业的人做专业的事，达到了多方共赢的效果。

（二）“保险＋期货”在我国的应用

在“保险＋期货”的运营模式中，有三个问题需要解释：
（1）精准帮扶体现在哪里？
（2）保险公司为何不用传统手段管理价格保险的风险？

（3）为何提到期货公司的资产管理子公司？

首先，在精准帮扶方面。从“保险＋期货”的运营过程可以看到，农户从保险公司获取价格保险需要支付保费，但所有保费都由农户承担是不切实际的，农户不会愿意还没播种就先支付一笔费用。因此这部分费用80%左右来自帮扶单位如大商所等交易所、期货公司、龙头企业或者政府财政补贴，农户只需支付20%左右的资金，这样可以激励农户进行农业生产。这部分保费补贴只有真正从事农业生产的农户才可以获得，未来的赔付也只有从事农业生产的农户才能根据实际收入获取，也就达到了精准帮扶的目标。图9-15（a）给出了2023年“保险＋期货”的保费负担比例情况，可以看到农户自担比例增大，而“保险＋期货”的规模在稳步扩大［见图9-15（b）］，说明这一模式越来越被农户所认可，因此农户承担保费、参与业务的意愿增强。

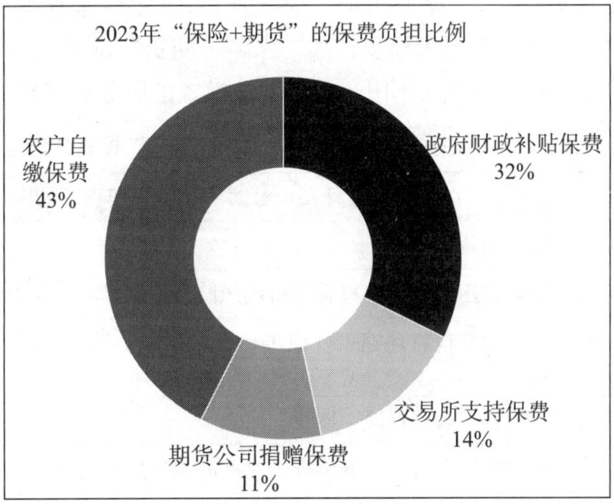

（a）

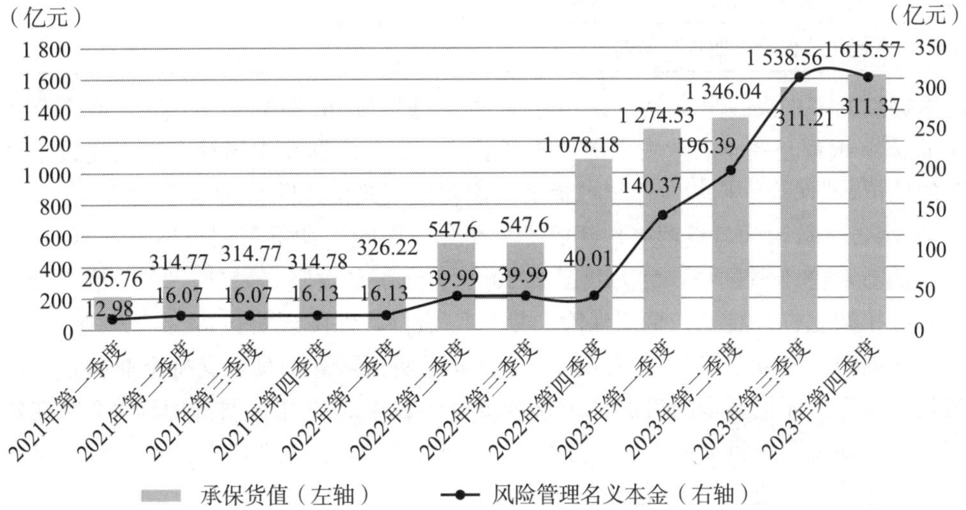

（b）

图9-15 “保险＋期货”的保费负担比例及规模发展

资料来源：中国期货业协会。

其次，针对保险公司为何选择购买期权的问题，我们知道，保险公司的传统保险业务如寿险或者财险，更多是通过风险分散化的方式进行风险管理，参保的客户越多，风险分散效果越好。由于不可能所有的参保客户同时死亡或者财产受损，因此可以用众多参保客户的保费支付可能发生的少量赔付。但价格保险不同，因为农产品价格是市场化的，其价格波动具有一致性，一旦价格下跌，所有该产品的保单都要赔付，而这个风险无法通过增加参保客户去分散。无法分散的风险可以通过金融工程的风险转移技术进行管理，这就是场外期权起到的作用。

最后，为了保护投资者利益，从事经纪业务的期货公司本身不能直接从事期权的买卖业务，为此期货公司一般通过成立独立运营的资产管理子公司来进行场外期权的交易，所以在“保险＋期货”模式中，真正参与其中的是期货公司的资产管理子公司。

这种帮扶模式使得真正进行农业生产的农民获得了保障，达到了精准帮扶的目标，因此获得了我国政府的大力支持。“保险＋期货”模式从 2016 年以来连续被写入“中央一号文件”。2016 年，“中央一号文件”要求稳步扩大“保险＋期货”试点，2021 年发展为发挥“保险＋期货”在服务乡村产业发展中的作用，拓展了该模式的服务广度和宽度，见表 9－17。

表 9－17 “中央一号文件”对“保险＋期货”模式的肯定

年份	“中央一号文件”中针对“保险＋期货”的内容
2016	稳步扩大“保险＋期货”试点
2017	积极引导涉农企业利用期货、期权管理市场风险，稳步扩大“保险＋期货”试点
2018	深入推进农产品期货期权市场建设，稳步扩大“保险＋期货”试点，探索“订单农业＋保险＋期货（权）”试点
2019	扩大农业大灾保险试点和“保险＋期货”试点
2020	优化“保险＋期货”试点模式，继续推进农产品期货期权品种上市
2021	发挥“保险＋期货”在服务乡村产业发展中的作用
2022	优化完善“保险＋期货”模式
2023	优化“保险＋期货”模式

这里提到的“中央一号文件”是指中共中央每年发布的第一份文件，而这份文件自 1982 年以来一般都是关于农业发展的，体现了“三农”问题在中国社会主义建设中“重中之重”的地位。“保险＋期货”连续被提及，说明该模式的风险管理效果被认可。2020 年，我国在 26 个省（自治区、直辖市）开展了 210 个“保险＋期货”试点项目，惠及 93.5 万农户、40 万建档立卡贫困户，助力我国 2020 年全面脱贫攻坚。另外，2020 年新冠疫情期间，大商所在湖北省开展了 7 个“保险＋期货”项目，保障现货供应 9.7 万吨，赔付 835 万余元；并创新“口罩期权”“手套期权”“消毒液期权”等工具，支持企业稳定价格、保障防疫物资生产。而据新华网报道，2022 年 5 月 1 日—2023 年 4 月 30 日，67 家期货公司开展“保险＋期货”项目 2 357 个，为大豆、玉米、生猪等 18 个农业产业品种提供价格风险保障，累计承保货值 559.85 亿元。

因此，围绕实体经济需求，设计有针对性的期权产品，可以让金融工程更好地为实体经济服务，为企业稳健经营保驾护航。

(三)“保险＋期货”中的期权设计实践

如何设计有针对性的期权产品呢？我们以浙商期货和中粮期货的“保险＋期货”实践

项目为例探讨期权产品的设计问题。

案例 9-5 美式期权应用于价格保险

2015 年浙商期货推出了一个嫩江大豆的项目，产品信息如表 9-18 所示。

表 9-18　2015 年浙商期货的嫩江大豆项目简化信息

标的资产	2 000 吨大豆
执行价格	4 250 元/吨
保险时间	2015 年 7 月 8 日—11 月 30 日
执行方式	美式，农民通过点价执行价格保险
偿付公式	max(4 250－Su，0)，Su 为点价当日期货的盘面价
结果	农户最多获赔 350 元/吨

从表 9-18 可以看出，这个项目的标的资产是 2 000 吨大豆，保障价格等于 4 250 元/吨，保险周期是大豆收获之后的销售期，这里是 2015 年 7 月 8 日—11 月 30 日，执行方式是美式，即农户在整个保险期间，可以根据自己每天对价格的预判来决定是否要赔付。如果农户想以某天的价格为准获得赔付，就可以在这一天进行点价。比如在大豆期货价格等于4 000 元时进行点价，则最终的赔付额等于（4 250－4 000)元/吨，1 吨可以获赔 250 元。因此，它的偿付公式是 max(4 250－Su，0)，Su 就是农户点价当日期货的盘面价。这个产品最终使得有些农户最多 1 吨获赔 350 元。

这一产品的优点是美式期权使得农户可以自主地选择赔付的时点和市场价格。这一产品的缺点在于：一是它过度依赖农户个人的行情判断，所以每一个参与保险的农户获得的赔付收入可能是不一样的；二是它只是以某一时点的价格为基准进行赔付，没有覆盖整个种植季平均销售收入的变动。

案例 9-6 欧亚式期权应用于价格保险

针对这个问题，浙商期货在 2016 年的嫩江大豆项目中，使用了欧亚式期权，如表 9-19 所示。

表 9-19　2016 年浙商期货的嫩江大豆项目简化信息

标的资产	14 500 吨大豆
执行价格	3 750 元/吨
保险时间	2016 年 6 月 24 日—11 月 30 日
执行方式	欧亚式，到期偿付
收益公式	3 750－$\overline{S}$，$\overline{S}$ 为保险期内期货结算价平均值
结果	大豆价格大涨，无赔付

该项目的标的资产是 14 500 吨大豆，保价水平是 3 750 元/吨。产品赔付不再依赖于农户点价，而是依赖于整个有效期内大豆价格的平均值。当平均值低于保价水平时，农户统一获得赔付。这个项目因为当年大豆价格大涨，最终并没有产生任何的赔付。

这个产品的优点是：它解决了 2015 年项目没有覆盖整个种植期内销售收入的问题，更贴近农户的实际销售收入风险；不足之处是：它依赖于到期前所有时点的价格变动，这可能使得农户错过最佳的赔付时机。

案例 9-7 美式期权＋欧亚式期权的组合应用

2017 年，浙商期货进一步改进项目条款，将赔付方式改成美式期权和欧亚式期权结合的方式，如表 9-20 所示。

表 9-20 2017 年浙商期货的嫩江大豆项目简化信息

标的资产	14 500 吨大豆
执行价格	3 874 元/吨
保险时间	2017 年 6 月 25 日—11 月 30 日
执行方式	美式＋欧亚式
收益公式	max(3 874－Su，0) 或 max(3 874－$\overline{S}$，0)，$\overline{S}$ 为 11 月期货日结算价平均值

该项目的标的资产为 14 500 吨大豆，保价水平为 3 874 元/吨，而赔付额度会根据农户选择的方式变化。如果农户在保险期间的某一天进行了点价，这时候的赔付就是 max(3 874－Su，0)；如果农户在到期之前没有进行点价，赔付就是 max(3 874－$\overline{S}$，0)。

最终这个产品的赔付是 2017 年 9—10 月，有很多农户通过点价的方式得到了一定的获赔金额，累计达 174 万元，具体如表 9-21 所示。

表 9-21 项目赔付情况

点价日期	点价农户数	规模（吨）	获赔金额（万元）
9 月 11—13 日	3	4 400	40.62
9 月 21 日	1	240	2.86
10 月 17—18 日	10	7 660	96.66
10 月 20 日	1	500	5.20
10 月 24—26 日	3	1 700	29.10

当然，案例 9-5～9-7 都是对价格做的保险，但是在实践中我们发现对价格做保险还不能够完全满足保障农户收入的需求。比如 2016 年大豆产区遭遇干旱减产，导致价格上涨，而亩产量下降，农户总体收入下降，价格保险此时失去了作用。

案例 9-8 价格保险改为收入保险

2017 年，浙商期货在宝泉岭农场的大豆项目改成了收入保险，如表 9-22 所示。

表 9-22 2017 年浙商期货的收入保险＋期货项目简化信息

标的资产	6 000 吨大豆，承保面积 4.3 万亩
保障收入	491 元/亩
产品设计示例	假设大豆保障亩产量为 0.148 吨/亩，保险责任水平为 85%，约定价格为 3 900 元/吨，那么保额＝0.148×0.85×3 900＝491 元/亩

标的资产是 6 000 吨的大豆和 4.3 万亩的承保面积。保障的收入按 1 亩的收入来算，也就是说，如果未来农户 1 亩的收入低于 491 元，保险公司就可以对农户进行赔付。由示例可以看出，491 元的金额来自对实际亩产量和大豆实际价格的衡量。当然，这个案例给保险公司

的风险转移带来了一点难度，因为在期货市场上只有价格的变动，并不能体现亩产量的变化，所以在这里保险公司需要通过多个渠道转移风险。比如在价格方面，可以通过跟期货公司签订保障价格是 3 900 元/吨的看跌期权来形成保护；而在亩产量方面，需要通过再保险公司进行风险转移，由再保险公司承担亩产量降低带来的额外赔付风险（见图 9－16）。

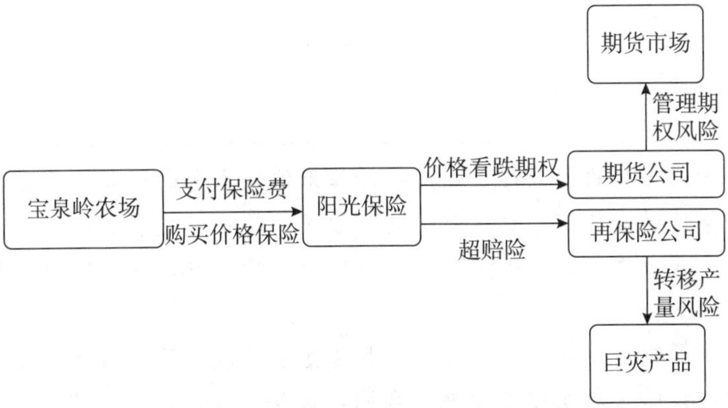

图 9－16　收入保险的风险转移示意图

当然，对于再保险公司，我们还需要思考它能够使用什么金融手段去管理这部分超额赔付。为此，我们可以继续设计如天气衍生产品，因为这种亩产量的波动与天气有关。如果市场上有相应的天气期货或者巨灾期货、巨灾债券等金融产品，保险公司也可以转移这部分产量的风险。最终结果是在产量和价格一起下跌的情况下，这个产品使得农户总共获赔了 309 万元，达到了很好的避险效果。

案例 9－9　全产业链闭合式创新——中粮期货的“订单＋保险＋期货＋信贷”

保险公司仅能够解决生产环节的收入保障和价格保障问题，而在农业生产中还需要解决生产成本的融资问题和生产产品的销售问题。作为“保险＋期货”的升级模式，“订单＋保险＋期货＋信贷”的模式为农户从生产到销售、从成本融资到收入保障提供了全产业链的保障服务。

2019 年以来，中粮期货实施全国商业性“订单＋保险＋期货＋信贷”项目共计覆盖大豆约 35 万亩、玉米约 25 万亩，保险金额逾 3 亿元。自项目实施以来，利用收入险保单和粮食订单的增信功能，光大银行和中国邮政储蓄银行为参保合作社发放共计 3 亿元低息贷款，有效保障了合作社的种植收益，解决了其可能面临的“贷款难”“售粮难”等问题，实现了金融服务实体的全产业链闭合式发展的创新模式。

以 2022 年项目为例，中粮期货与中国太平洋财产保险股份有限公司设计的北安大豆和玉米项目覆盖约 3 万亩大豆和 3.4 万亩玉米，总保额近 4 000 万元。具体项目条约如表 9－23 所示。

表 9－23　北安“保险＋期货”项目产品要素

项目名称	北安大豆项目	北安玉米项目
标的合约	A2301（黄大豆 1 号 2023 年 1 月期货）	C2301（2023 年 1 月玉米期货）
承保数量（亩）	30 903	34 910

续表

项目名称	北安大豆项目	北安玉米项目
保障期限	2022年1—10月	2022年1—10月
保险产量（斤/亩）	220	530
保障水平（%）	100	100
目标收入（元/亩）	566.61	636.8
保险金额（万元）	1 750.99	2 223.05

该项目选择中国邮政储蓄银行和光大银行作为信贷资金的提供方。在确定贷款额度的过程中，中粮期货协助银行以“解剖产业链”方式，逐一对接潜在的项目主体，收集分析上游农户、农民专业合作社、农业核心企业的生产经营数据，围绕风险与收益进行科学论证，并最终发放贷款。

中粮期货风险管理子公司——中粮祈德丰商贸除了作为项目的再保险方，也是项目的订单企业，通过与投保农户签订粮食收购合同，提供“保底收购”“提前点价”“粮食银行”等多种收购方式，解决农户卖粮难题，如图9-17所示。

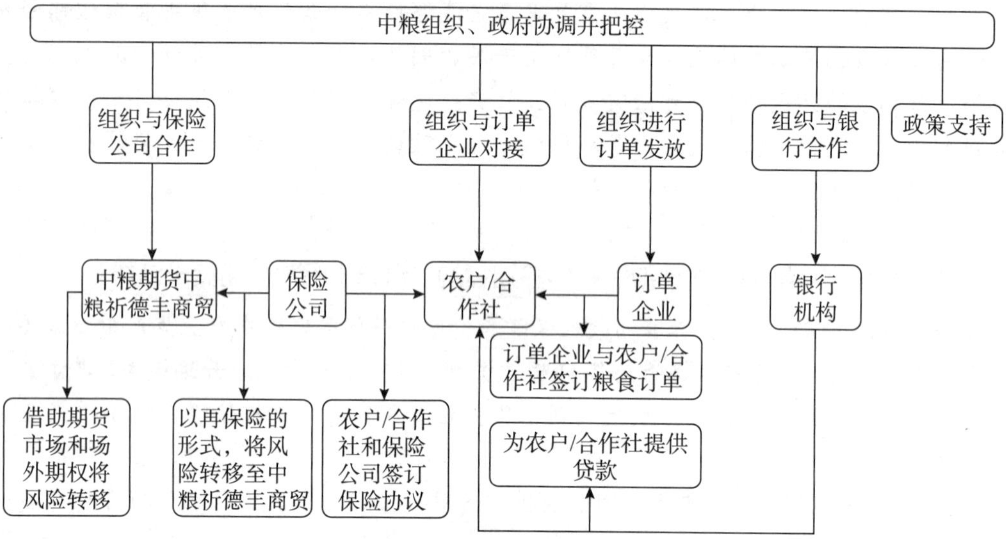

图9-17 项目实施流程

2022年，该项目最终为大豆农户赔付185.4万元，促使银行为农户提供低息贷款2 300万元；为玉米农户赔付124.7万元，促使银行为农户提供低息贷款2 800万元。

项目的运行取得了以下具体成效：

一是农业收益有保障。期货和保险联合为农民专业合作社设计“保险+期货”产品，降低了农业种植风险。项目共计产生赔付逾800万元。

二是生产资金有供给。通过保单和订单的增信措施，银行为农民专业合作社提供了生产资金支持，共计发放低息贷款约3亿元；不再要求“强担保”，解决了农民专业合作社的“融资难”问题。

三是粮食销售有兜底。中粮贸易有限公司、中粮祈德丰商贸作为中粮集团成员企业，运用订单模式搭建农业供应体系，帮助农民专业合作社实现订单对接，解决“卖粮难”问题。

四是信贷风控有抓手。银行与保险合作建立风险机制，分担信贷风险，又通过期货转嫁经营风险，切实提升银行信贷风险管控成效。

从上述期权条款的改变过程，我们可以看到期权条款的设计更多来自实际需求；商品的金融化带来了这种风险管理的需求，而实际需求的差异化又带来了我们丰富的金融产品创新。

四、应用领域的创新

金融工程的产品设计理念、风险管理方式、定价思想等可以推广到其他领域，用期权的视角解决问题，如投融资中的实物期权、解决员工激励问题的雇员期权以及解决我国股权分置改革问题的权证。

（一）实物期权

实物期权是指在将来一定时间内，以一定的成本进行某种行为的权利。现实的项目投融资过程中存在非常多的选择权，我们称之为实物期权，它可能来自三个方面：

（1）项目本身的特点。在项目的投资或融资过程中可能需要改变某些条件。例如增加项目的投资、减少项目的投资或者延长项目的投资时间等。

（2）投资者所具有的可变柔性的监管策略。投资者在决策时可能会改变项目的投融资过程。

（3）投资者所创造的合约。投资者在投融资的合约中加入了一些选择权，这些权利如果用传统的净现值方法是没办法体现的。

具体地，这种实物期权可以有项目延期的权利、项目中止的权利，也可以有增加或减少投资的权利以及项目投资延长的权利、转换的权利等。实物期权的种类非常丰富，而这些权利的种类都来自实际的项目投融资过程中产生的需求。

在传统的投资决策理论中，我们一般假设或者马上进行投资，或者永远放弃投资。这其实是不符合实际的，因为实际的投融资会存在一些不确定性。新的实物期权理论就允许决策者面临多种选择，在未来可以进行动态决策，这些动态决策的权利通过实物期权方式就可以体现在投融资项目的估值中。

（二）雇员期权

为解决委托代理问题，以及为激励公司的经理人为公司的发展付出更多努力，公司授予职工以本公司股票为标的的看涨期权，以吸引和挽留优秀的人才，这种看涨期权就是雇员期权。雇员期权可以激励职工以及经理人更好地为公司服务。

微软是最早使用股权激励的公司之一。当微软股价上升时，至少 1 万人成了百万富翁。雇员期权也很受新公司的欢迎。如果公司业绩好，在它首次公开募股时，期权就会变得非常有价值。

（三）权证与股权分置改革

权证在我国的股权分置改革中起到了非常重要的作用。股权分置是我国资本市场上独有的现象。由于特殊的历史原因，我国的上市公司内部同时存在流通股和非流通股两种不同性质的股票。为了完善市场机制，2005 年 4 月我国正式启动了股权分置改革的试点。

股权分置改革的基本思想是将非流通股变为流通股，这样做会稀释流通股的权益，因此非流通股股东需要向流通股股东支付对价，弥补流通股股东的损失。发行权证尤其是认沽权证成为一种颇受欢迎的解决方式。权证的作用可以通过图 9-18 表示。

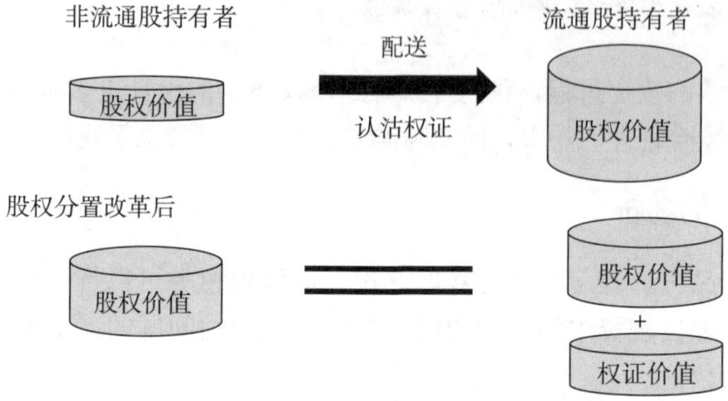

图 9-18　权证在我国股权分置改革中的作用

从图 9-18 可以看到，非流通股持有者的股权价值相对于流通股持有者会小一些。因此在进行股权分置改革时，通过发行权证由非流通股持有者向流通股持有者配送认沽权证。股权分置改革完成之后，非流通股变成了流通股，非流通股持有者的股权价值和流通股持有者的股权价值完全相等。此时它们的价值会被整体稀释，即股权价值会降低。此时通过执行认沽权证，流通股持有者就可以获得补偿。利用这种认沽权证，既达到了非流通股向流通股的转变，又为流通股弥补了这部分股权稀释所带来的损失。

2005 年 8 月 22 日，宝钢权证上市，成为首个股权分置改革期间发行的权证。2007 年 12 月 31 日，完成股权分置改革的公司市值占比为 98%，股权分置改革接近尾声，权证市场逐渐萎缩。2008 年 6 月 13 日，南航权证正式终结交易，认沽权证暂时从股市消失。

权证作为一种衍生产品，除了在股权分置改革中起到很重要的作用外，也是一种很好的风险管理工具。在我国的香港市场中权证市场依然非常火爆。

第三节　期权的交易机制

一、期权的场内交易机制

本节以 50ETF 期权合约为例，了解期权的场内交易机制。

50ETF 期权在 2015 年 2 月 9 日上市，是我国第一个上市交易的场内交易期权，开启了我国期权市场新纪元。表 9-24 展示了 50ETF 期权的合约条款。

表 9-24　50ETF 期权的合约条款

合约标的	上证 50 交易型开放式指数证券投资基金（50ETF）
合约类型	看涨期权和看跌期权
合约单位	10 000 份
合约到期月份	当月、下月及随后两个季月
执行价格	9 个（1 个平值合约、4 个虚值合约、4 个实值合约）

续表

执行价格间距	3元或以下为0.05元，3元至5元（含）为0.1元，5元至10元（含）为0.25元，10元至20元（含）为0.5元，20元至50元（含）为1元，50元至100元（含）为2.5元，100元以上为5元
行权方式	到期日行权（欧式）
交割方式	实物交割（业务规则另有规定的除外）
到期日	到期月份的第四个星期三（遇法定节假日顺延）
行权日	同合约到期日，行权指令提交时间为9:15—9:25，9:30—11:30，13:00—15:30
交割日	行权日次一交易日
交易时间	9:15—9:25，9:30—11:30（9：15—9：25为开盘集合竞价时间） 13:00—15:00（14：57—15：00为收盘集合竞价时间）
委托类型	普通限价委托、市价剩余转限价委托、市价剩余撤销委托、全额即时限价委托、全额即时市价委托以及业务规则规定的其他委托类型
买卖类型	买入开仓、买入平仓、卖出开仓、卖出平仓、备兑开仓、备兑平仓以及业务规则规定的其他买卖类型
最小报价单位	0.000 1元
申报单位	1张或其整数倍
涨跌幅限制	看涨期权最大涨幅＝max{合约标的前收盘价×0.5%，min[（2×合约标的前收盘价－执行价格），合约标的前收盘价]×10%} 看涨期权最大跌幅＝合约标的前收盘价×10% 看跌期权最大涨幅＝max{执行价格×0.5%，min[（2×执行价格－合约标的前收盘价），合约标的前收盘价]×10%} 看跌期权最大跌幅＝合约标的前收盘价×10%
熔断制度	连续竞价期间，期权合约盘中交易价格较最近参考价格涨跌幅度达到或者超过50%且价格涨跌绝对值达到或者超过10个最小报价单位时，期权合约进入3分钟的集合竞价交易阶段
开仓保证金最低标准	看涨期权义务仓开仓保证金＝[合约前结算价＋max(12%×合约标的前收盘价－看涨期权虚值，7%×合约标的前收盘价)]×合约单位 看跌期权义务仓开仓保证金＝min[合约前结算价＋max(12%×合约标的前收盘价－看跌期权虚值，7%×执行价格)，执行价格]×合约单位
维持保证金最低标准	看涨期权义务仓维持保证金＝[合约结算价＋max(12%×合约标的收盘价－看涨期权虚值，7%×合约标的收盘价)]×合约单位 看跌期权义务仓维持保证金＝min[合约结算价＋max(12%×合约标的收盘价－看跌期权虚值，7%×执行价格)，执行价格]×合约单位

资料来源：2023年8月摘自上海证券交易所网站。如有变动，请以交易所网站为准。

从50ETF期权的条款可以看出期权同样有交割方式、涨跌停板以及保证金要求。

（一）期权的挂牌、摘牌与到期

与期货类似，不同标的资产的期权上市需要经过监管机构的审批程序，如50ETF期权上市、沪深300股指期权上市等，但不同到期月份和执行价格的期权在交易所挂牌，就由交易所按照上述规则并考虑市场流动性决定。期权合约到期后，交易所会按照递归规则持续增加新到期日和执行价格的合约挂牌上市。

当期权合约标的资产价格发生了比较大的变化，从而导致已挂牌合约中的虚值合约或者实值合约数量不足时，期权交易所将会在下一交易日依据执行价格间距，依序增加挂牌新执行价格的期权合约。

如 50ETF 期权会同时上市 4 个月份的合约，一旦有合约退市，就会按照机制推出新月份合约。新月份合约首日会挂牌 9 个执行价格的合约。之后若实值或虚值合约不足 4 个，则会依据新的执行价格增挂新的合约。

商品期权新月份合约的上市时间，不同交易所有所差异。大商所新月份期权合约的推出紧跟标的期货，在标的期货合约上市第二天就会推出相应的期权合约。郑商所则在推出最近两个月份期货的期权后，结合新上市期货的持仓量确定是否推出以该月份期货为标的的期权产品。若其后月份的标的期货合约结算后持仓量达到 5 000 手（单边），郑商所就会在该期货满足条件的第二个交易日挂牌对应的期权合约，上期所的规则与郑商所类似（见表 9 - 25）。

表 9 - 25　不同交易所商品期权的合约月份规定

交易所	合约月份条款
大连商品交易所	新上市期货合约成交后，相应期权合约于下一交易日上市交易
郑州商品交易所	标的期货合约中的连续两个近月，其后月份在标的期货合约结算后持仓量达到 5 000 手（单边）之后的第二个交易日挂牌
上海期货交易所	最近两个连续月份合约，其后月份在标的期货合约结算后持仓量达到一定数值之后的第二个交易日挂牌。具体数值交易所另行发布

资料来源：大连商品交易所、郑州商品交易所和上海期货交易所期权合约细则。

值得注意的是，由于商品期权品种繁多，不同月份的商品期货流动性差异较大，对应期权的流动性差异也比较大，甚至可能出现部分期权上市期间没有成交的情况，因此商品期权合约也有可能因为标的期货流动性问题或者自身无交易问题提前在市场上摘牌。

（二）期权的报价

期权报价与期货不同，期货报价类似于远期合约的协议价，而期权报价是指买卖期权合约的期权费，即期权产品本身的价值。

期权的报价单位依赖于标的资产的价格单位，比如股票期权的价格单位采用“元/股”，股指期权采用“指数点”，商品期权的报价单位中国一般采用“元/吨”，美国则采用“美分/蒲式耳”和“美元/吨”，但对于原油和黄金，中美统一采用每桶的价格和每克的价格做报价单位。

一份期权合约的价值＝期权报价×合约规模

【例 9 - 8】 2023 年 8 月 21 日，9 月到期、执行价格为 3 700 点的沪深 300 指数看涨期权 IO2309 - C - 3700 报价为 120，期权乘数为 100；9 月到期、执行价格为 3.7 的上交所沪深 300ETF 看涨期权 300ETF 购 9 月 3700 报价为 0.182 5，期权规模为 10 000 份沪深 300ETF；以 M2401 豆粕期货为标的，执行价格为 4 000 元/吨的豆粕看涨期权 M2401 - C - 4000 报价为 206.5 元/吨，期权规模为 10 吨。则 1 手上述期权的期权费分别为多少？

购买 1 手沪深 300 指数期权 IO2309 - C - 3700 的期权费为：120×100＝12 000 元；

购买 1 手沪深 300ETF 看涨期权 300ETF 购 9 月 3700 的期权费为：0.182 5×10 000＝1 825 元；

购买 1 手豆粕看涨期权 M2401 - C - 4000 的期权费为：206.5×10＝2 065 元。

期权报价的最小变动单位与期货类似，意味着期权价格必须是最小报价单位的整数倍，期权到期日的结算价也满足这一规则。如大商所、郑商所、上期所等都规定：

看涨期权结算价＝max(标的期货结算价－执行价格，最小报价单位)
看跌期权结算价＝max(执行价格－标的期货结算价，最小报价单位)　　(9-23)

(三) 期权的交易时间

期权的交易时间与相应交易所的交易时间一致。商品期权的交易时间则与标的期货的交易时间一致。这就意味着，有些期货如原油期货、豆粕期货为了与国际接轨，都存在夜盘交易，因此其相应的期权合约也规定了夜盘交易。如豆粕期权因为豆粕期货开启了夜盘交易，其交易时间为每周一至周五 9:00—11:30、13:30—15:00，以及夜盘交易时间为21:00—23:00。

(四) 期权的行权

期权头寸了结有三种方式：平仓、行权和放弃。

期权行权分为实物行权和现金行权。股指期权、商品指数期权一般都是现金行权，即通过结算价差完成行权了结，无须进行标的指数成分的交易。而个股期权、ETF 期权、商品期货期权等其他期权一般进行实物行权，实物行权也体现了期权作为标的资产风险管理工具的作用。

指数期权采用现金行权方式，行权当日就可以完成现金交割，了结持仓。以我国中金所的指数期权为例，中金所规定客户可以在期权到期日 9：30—15：15 期间提出行权申请，行权结算按照下式执行，直接现金交割，了结持仓：

看涨期权行权收益＝max(期权交割结算价－期权执行价格，0)　　(9-24)
看跌期权行权收益＝max(期权执行价格－期权交割结算价，0)　　(9-25)

其中，股指期权合约交割结算价为最后交易日标的指数最后 2 小时的算术平均价。计算结果保留至小数点后两位。

股票期权如 ETF 期权采用实物行权方式。**看涨期权多头和看跌期权空头都是以执行价格买入标的资产，看跌期权多头和看涨期权空头则以执行价格出售标的资产**。

期货期权行权，买卖双方都会增加期货头寸：

看涨期货期权多头和看跌期货期权空头以执行价格建仓标的期货多头；

看涨期货期权空头和看跌期货期权多头以执行价格建仓标的期货空头。

不考虑其他因素的影响，上述交易使得投资者获得的净损益与普通期权的到期损益是相同的。

但实际上，相对于现金行权，实物行权的过程比较烦琐。买方如果要行权，看涨期权买方必须在结算账户中具有足够的资金用于支付标的资产的价值，看跌期权买方的证券账户中要有足够的标的资产用于出售，商品期权则需要买卖双方结算账户的余额不能低于行权所得期货头寸的保证金需求。同时期权行权势必会带来买方和卖方标的资产头寸的变动，而持有的标的资产头寸是否会因为行权而超出交易所的限仓规定也是需要考虑的问题。

因此，每个交易所对于如何提交行权指令、如何处理行权指令、行权后的标的资产头寸如何处置等都给出了细致的规定。同时考虑到投资者可能存在的行权疏漏，很多交易所规定了在期权到期日对实值期权设置自动行权制度。如大商所、上期所等规定了自动行权制度，上交所规定了协议行权制度，这些都是客户授权交易所在其适合行权而未行权情况下的保护措施，而郑商所则规定了经纪公司在期权到期日临近时提醒投资者提交行权指令的义务。如大商所规定：期权买方在交易日的交易时间和到期日的 15:00—15:30 都可以提出行权。除非投资者在规定时间内人为取消自动行权，否则实值期权持仓在到期日闭市后会自动申请行权。①

实物行权一般需要两天来完成交割过程。第一天，买方提出行权申请，交易所在收市后进行行权配对，核算买卖双方的结算金额和标的资产头寸，因此，买卖双方第二天才可以处理行权之后的头寸。因此，无论是现货期权，还是期货期权，实际市场在行权后都会面临两个风险：一个是提出行权后，当日收盘期权结算价不利变动的风险；一个是行权所得标的资产的隔夜风险。

为了解决第一个风险，投资者可以在提交行权申请后做一个锁仓策略，如行权后投资者可能获得豆粕期货多头，则提出行权申请后，投资者建仓同等数量的豆粕期货空头，以对冲多头价格波动风险。

为了解决第二个风险（隔夜风险），一般交易所也会允许投资者提交行权对冲的申请，既包括投资者自身持有的期权多头和空头的对冲，也包括行权后获得的标的资产头寸与已持有标的资产头寸的对冲。如一个商品看涨期权的投资者在行权时，如果同时持有标的商品期货的空头头寸，则他可以提出行权平仓申请，交易所当日会将投资者行权获得的期货多头头寸与其持有的期货空头头寸安排对冲平仓。

因此，期货期权到期行权的占比并不高，更多的场内期权以提前平仓离场。

（五）期权的风险控制制度

期权交易的风险相当大，特别是对于深度虚值的期权，标的资产较小的波动常常导致其价格的巨大波动；并且期权的种类繁多导致有的期权缺乏流动性，也容易造成期权价格的巨大波动。为了保护期权投资者免受价格巨大波动带来的损失，也为了防止在资金量上占优的投资者操纵期权价格从而对标的资产价格变化形成反馈，影响期权及其标的资产的价格效率，交易所设置了一系列风险控制制度，包括涨跌停板和熔断制度、保证金制度和盯市结算制度、限仓制度、大户报告制度、强行平仓制度和风险预警制度等。

1. 涨跌停板和熔断制度

为了防止单日价格波幅过大和异常操作引起的价格异常波动，我国期权市场上有涨跌停板制度，其中上交所制定了熔断制度。

如表 9-24 对 50ETF 期权的熔断制度做出了规定：在连续竞价期间，期权合约盘中交易价格较最近参考价格涨跌幅度达到或者超过 50%且价格涨跌绝对值达到或者超过 10 个最小报价单位时，期权合约进入 3 分钟的集合竞价交易阶段。集合竞价结束后，合约继续进行连续竞价交易。

值得注意的是期权合约的涨跌幅不仅与期权价格相关，还与标的资产的价格波动幅度相关。这是由期权价格与标的资产价格的无套利关系决定的，因为期权价格与标的资产价格的内在关系，即使设定涨跌停板，期权一日的涨跌幅度仍然很大。如 50ETF 期权规定：

---

① 参考大连商品交易所期权业务指南。

$$\begin{matrix}看涨期权\\最大涨幅\end{matrix}=\max\left\{\begin{matrix}合约标的\\前收盘价\end{matrix}\times 0.5\%，\min\left[\left(2\times\begin{matrix}合约标的\\前收盘价\end{matrix}-\begin{matrix}执行\\价格\end{matrix}\right)，\begin{matrix}合约标的\\前收盘价\end{matrix}\right]\times 10\%\right\} \tag{9-26}$$

$$看涨期权最大跌幅=合约标的前收盘价\times 10\% \tag{9-27}$$

$$\begin{matrix}看跌期权\\最大涨幅\end{matrix}=\max\left\{\begin{matrix}执行\\价格\end{matrix}\times 0.5\%，\min\left[\left(2\times\begin{matrix}执行\\价格\end{matrix}-\begin{matrix}合约标的\\前收盘价\end{matrix}\right)，\begin{matrix}合约标的\\前收盘价\end{matrix}\right]\times 10\%\right\} \tag{9-28}$$

$$看跌期权最大跌幅=合约标的前收盘价\times 10\% \tag{9-29}$$

按照上述规定，如果 50ETF 前收盘价为 2.5 元，当天执行价格为 2.55 元的看涨期权，目前结算价为 0.045 5 元，则该期权当日涨停板为 0.25 元，跌停板由于最小变动价位要求为 0.000 1 元，这意味着该期权当日涨幅最高可以达到 549%，最大跌幅可以达到几乎 100%。

股指期权、期货期权的涨跌幅同样与标的资产的涨跌幅相关，如沪深 300 指数期权规定指数期权的涨跌幅等于“标的指数收盘价±10%”，同样，豆粕期权的涨跌幅与豆粕期货合约的涨跌幅相同。这些规定都意味着在涨跌停板制度下，大部分期权当日价格允许翻倍，也允许一跌到底。因此即使有涨跌停板，期权价格波动的风险仍然是巨大的。

2. 保证金制度和盯市结算制度

期权采用和期货交易相似的保证金制度和盯市结算制度来预防期权买卖双方的违约风险。不同的是，**期权只有卖方缴纳保证金，买方支付权利金后不需要缴纳保证金**。因为期权买方的全部义务就是权利金，类似于全款购买的股票，无须其他担保；而对于期权卖方来说，他有义务支付合约未来可能产生的赔付，而赔付金额可能远大于他所获得的权利金，为了保证他能够履行这样的义务，卖方需要支付一定的保证金。

期权保证金的计算相对复杂，对于不同的标的资产类型、不同价值状态、不同的期权组合头寸或者是不同的经纪公司，期权保证金的计算方法都是不同的。制定保证金要求的总体原则为：鉴于不同类型头寸具有不同的风险特征，针对不同的头寸规定不同的保证金要求。

以 50ETF 期权卖方的保证金为例，这里期权卖方即期权的空头也叫期权的义务仓，而期权买方即期权的多头也叫期权的权利仓，如表 9-24 所示。

如果是看涨期权义务仓，保证金计算公式为：

$$\begin{matrix}看涨期权义务\\仓开仓保证金\end{matrix}=\left[\begin{matrix}合约前\\结算价\end{matrix}+\max\left(12\%\times\begin{matrix}合约标的\\前收盘价\end{matrix}-\begin{matrix}看涨\\期权虚值\end{matrix}，7\%\times\begin{matrix}合约标的\\前收盘价\end{matrix}\right)\right]\times\begin{matrix}合约\\单位\end{matrix} \tag{9-30}$$

如果是看跌期权，保证金计算公式为：

$$\begin{matrix}看跌期权义务\\仓开仓保证金\end{matrix}=\min\left[\begin{matrix}合约前\\结算价\end{matrix}+\max\left(12\%\times\begin{matrix}合约标的\\前收盘价\end{matrix}-\begin{matrix}看跌\\期权虚值\end{matrix}，7\%\times\begin{matrix}执行\\价格\end{matrix}\right)，\begin{matrix}执行\\价格\end{matrix}\right]\times\begin{matrix}合约\\单位\end{matrix} \tag{9-31}$$

这里，看涨期权虚值$=\max(X-S_t，0)$，看跌期权虚值$=\max(S_T-X，0)$。

【例 9-9】 设 2017 年 3 月 23 日，50ETF 前收盘价为 2.344 0 元，50ETF 购 5 月 2.35 合约结算价为 0.043 1 元，前结算价为 0.030 4 元，50ETF 期权合约规模为 10 000 份 50ETF，则卖出 1 手 50ETF 购 5 月 2.35 期权需要交多少保证金呢？

根据看涨期权的保证金计算公式（9-30），

$$
\begin{aligned}
\text{初始保证金} &= [0.030\,4+\max(0.12\times 2.344\,0-(2.35-2.344\,0),\\
&\quad 0.07\times 2.344\,0)]\times 10\,000\\
&= 3\,056.8\text{ 元}
\end{aligned}
$$

因此，为了获得期权费 431 元，期权空头需要支付的初始保证金就是 3 056.8 元，故在平仓之前，期权费是没有办法作为他用的。

从保证金金额与期权费的对比也可以看出出售期权带来的风险。

期货期权的保证金设定也是如此，如豆粕期权的保证金会选择下面两种计算方式，期权卖方交易保证金按两者中较大者收取：

（1）期权合约结算价×标的期货合约交易单位＋标的期货合约交易保证金－1/2×期权虚值额；

（2）期权合约结算价×标的期货合约交易单位＋1/2×标的期货合约交易保证金。

这里，看涨期货期权虚值＝max(执行价格－标的期货合约结算价，0)；看跌期货期权虚值＝max(标的期货合约结算价－执行价格，0)。

在这样的规则下，期权的保证金可以远远大于卖方获得的期权费，尤其是虚值期权，如图 9-19 所示，执行价格为 3 300 元/吨的豆粕期权报价 8.5 元，意味着卖出 1 手期权获得 85 元期权费，但需要质押 14 387 元保证金（豆粕期权规模为 10 吨）。

代码	名称	现价	涨跌	涨跌幅	今开	最高	最低	换手率	成交量	成交额	期权成交量	期权持仓量	成交量PCR	时间
M2401	豆粕2401	4088	106	2.66%	3990	4125	3986	0.00%	174万	709.17亿	10.95万	20.63万	163.14%	15:0

看涨				看跌		
最新价	保证金	价值状态	执行价格	最新价	保证金	价值状态
820.0	9637.40	实值	3300	8.5	1438.70	虚值
747.0	9157.40	实值	3350	10.0	1463.70	虚值
-	8687.40	实值	3400	11.0	1493.70	虚值
-	8227.40	实值	3450	13.0	1533.70	虚值
559.0	7782.40	实值	3500	15.5	1583.70	虚值
-	7347.40	实值	3550	18.0	1648.70	虚值
512.0	6927.40	实值	3600	23.5	1728.70	虚值
465.0	6527.40	实值	3650	28.5	1823.70	虚值
430.0	6142.40	实值	3700	36.0	1938.70	虚值
378.0	5782.40	实值	3750	45.5	2312.40	虚值
340.0	5442.40	实值	3800	56.5	2722.40	虚值
310.0	5127.40	实值	3850	69.5	3152.40	虚值
270.0	4837.40	实值	3900	85.0	3612.40	虚值
239.0	4572.40	实值	3950	102.5	4092.40	虚值
214.5	4237.40	实值	4000	124.5	4507.40	虚值
185.5	3772.40	实值	4050	148.0	4787.40	虚值
162.5	3327.40	虚值	4100	173.0	5092.40	实值
142.5	2902.40	虚值	4150	203.0	5417.40	实值
123.5	2502.40	虚值	4200	235.0	5762.40	实值
107.5	2117.40	虚值	4250	-	6132.40	实值
91.0	1953.70	虚值	4300	-	6512.40	实值

图 9-19　豆粕期权的保证金

另外，买方权利金账户变动和卖方保证金账户变动都会采取盯市结算制度，每日根据期权结算价计算期权买卖双方账户变动。

值得一提的是，考虑到期权合约繁多，流动性差异较大，价格异动较多，因此，期权的结算价计算与期货结算价有所不同，并且不同的交易所、不同的期权品种结算价的计算方式也不同。

中金所的股指期权除最后交易日外，当日结算价为期权收盘前的集合竞价，类似于股票收盘价的确定。

大商所规定：除最后交易日外，交易所利用 BAW 理论定价模型计算期权合约的当日结算价，无风险利率参考 1 年期定期存款基准利率。交易所可以在结算价计算过程中对异常数据进行剔除或整理。而且 BAW 理论定价模型采用的波动率首选期权隐含波动率，在确实缺乏期权成交数据的情况下才会采用标的期货的历史波动率。

上期所同样采用理论定价模型和期权隐含波动率计算期权当日的结算价，但对于欧式期权采用 Black 模型进行定价，对于美式期权采用二叉树模型进行定价。

BAW 模型、二叉树模型都是美式期权的定价模型，也是金融工程学科重要的期权理论模型，而隐含波动率同样需要在期权定价模型下推导。因此，期权定价模型在实际市场上的应用非常广泛。

另外，保证金不一定都是按照头寸单独计算的。在不同的套利模式、不同的期权模式下，保证金收取的方式可能是不一样的。

3. 限仓制度、大户报告制度、强行平仓制度

为了防止价格操纵和过度波动，期权交易的风险控制除了保证金制度，还有限仓制度、大户报告制度、强行平仓制度等。

持仓限额包括头寸限额和行权限额。头寸限额（position limit）是指交易所为每种期权都规定了期权交易的头寸限额，即每个投资者在市场的一方中所能持有的期权头寸的最大限额。行权限额（exercise limit）是指一个期权买方在规定的一段时间内所能执行的期权合约的最大限额。

一般限仓会将看涨期权多头＋看跌期权空头看作同方向持仓，合并累计；将看涨期权空头＋看跌期权多头看作同方向持仓，合并累计。

限仓额度在不同的交易所、不同的期权、不同的市场状况下会发生变动。有的交易所以合约的数量作为限制，有的则以合约的总金额作为限制；在期货期权中，有的交易所将期权头寸与相应的期货头寸合并计算，如郑州商品交易所；有的交易所则分开计算，如大连商品交易所。比如豆粕期权在 2017 年上市时，期权和期货头寸限额分开计算，期权单方向头寸限仓 500 手，而 2023 年扩展为 40 000 手①，随着市场的成熟和活跃度提高，限仓数量都会发生变化。

限仓制度更多作用于投机持仓，比如大连商品交易所就有三种持仓豁免方式，包括套期保值持仓豁免、套利持仓豁免和做市商持仓豁免。

期权的大户报告制度与期货类似。为了降低违约风险，期权同样规定有强行平仓制度。期权被强行平仓的情形更丰富：除了保证金不足未及时追加导致的强行平仓外，行权交割账户留存的标的证券不足且未及时补足的也会被强行平仓。大连商品交易所规定了五种可能被强行平仓的情形：

（1）会员结算准备金余额小于零，并且未能在规定期限内补足的；

（2）非期货公司会员或客户持仓量超出限仓规定的；

---

① 大连商品交易所交易参数。

(3) 因违规受到交易所强行平仓处罚的;

(4) 根据交易所的紧急措施应予强行平仓的;

(5) 其他应予强行平仓的。

为了避免实施强行平仓为交易所带来的损失，交易所认为必要时，可以分别或者同时采取要求报告情况、谈话提醒、发布风险提示函等措施中的一种或者多种，以警示和化解风险。

4. 投资者适当性制度

在全球的衍生产品交易市场上，期权交易实行投资者适当性管理是普遍做法。为了维护市场的公平、公正，成熟市场设计了一系列制度来保护投资者权益。投资者适当性制度就是其中的一项基础性制度，它同时也能降低市场的非理性投机风险。以美国为例，根据投资者知识水平、资产状况和投资经验等不同，有的经纪商把股票期权投资者的交易权限分为五个等级。第一级交易权限只能进行备兑开仓；第二级交易权限可以买入期权，或在100%现金担保时卖出看跌期权；第三级交易权限可以进行净支出权利金的价差交易（类似于期权的买方）；第四级交易权限可以进行净收入权利金的价差交易（类似于期权的卖方）；第五级交易权限可以进行保证金卖出开仓。

我国自 2018 年起在期货和期权市场普遍实施了投资者适当性制度，要求投资者必须满足一定的专业条件，包括考试、交易经验、资金门槛等，才能开设期货和期权账户。

(六) 期权的做市商制度

丰富的期权品种在提供多样化的风险管理工具的同时，也弱化了单个期权合约交易的活跃度。为了避免期权流动性不足影响价格发现效率，期权交易一般会引入做市商制度。我国目前交易期权的 7 个交易所都制定了做市商制度。

做市商具有为市场提供流动性的义务。若行情中没有出现买卖报价，投资者可以进行询价，做市商针对询价需求在规定时间内给出自己的买卖双边报价。因此我国期权市场是竞价和询价共存的，其中竞价分为集合竞价和连续竞价，做市商则提供询价服务。

金融机构承担做市商义务，不但可以从买卖价差中获益，也可以获得交易所提供的成交手续费减收优惠、持仓限额减免优惠等。在对客户的买卖中，如果做市商手中最后持有期权的净头寸，他一般会把净头寸指令下达到交易所。

(七) 期权的交易指令

期权的交易和期货的交易类似，根据买或卖、开仓或平仓，交易所向投资者交易期权（无论是看涨期权还是看跌期权）提供四种基本交易类型：

(1) 买入开仓 (open a position with a purchase)：即买入一个期权，建立一个新多头头寸；

(2) 卖出平仓 (close a position with a sale)：即卖出一个期权，对冲原有的多头头寸；

(3) 卖出开仓 (open a position with a sale)：即卖出一个期权，建立一个新空头头寸；

(4) 买入平仓 (close a position with a purchase)：即买入一个期权，对冲原有的空头头寸；

有的交易所根据特定标的资产的期权还会增加一些其他类型的交易，比如对于股票期权的交易，交易所还会提供备兑开仓和备兑平仓两种交易类型：

备兑开仓，即投资者在持有足额标的证券的基础上，卖出相应数量的看涨期权合约；

备兑平仓，即投资者在持有备兑持仓头寸时，申请买入相应期权将备兑头寸平仓的指令。

在表 9-24 中，50ETF 期权就提供了备兑开仓和备兑平仓这两种交易类型。除此以外，2019 年 11 月，上交所发布通知：将提供六种常用组合策略（看涨牛市价差策略、看跌牛市价差策略、看涨熊市价差策略、看跌熊市价差策略、跨式空头策略与宽跨式空头策略）及看涨期权保证金开仓转备兑开仓功能。此外，大商所、郑商所也提供了套利组合策略指令，如牛市价差策略、熊市价差策略、跨式套利策略等。

无论哪种交易类型，投资者都是通过向交易所的集中撮合平台提交交易指令实现成交。类似于股票交易所的集中撮合成交机制，目前期权交易所的交易机制主要有两种：(1) 公开喊价（open outcry）机制：在有形的交易大厅内使用喊价和手势等方式进行报价和交易；(2) 电子交易系统（electronic trading system）。无论哪种交易机制，交易指令都包括限价指令（limit order）和市价指令（market order）两种基本类型。限价指令向其他投资者提供流动性，市价指令则消耗市场流动性。为了方便投资者更加高效地进行期权交易，很多交易所还提供一些具有其他属性的指令类型，比如全部成交则自动撤销指令、立即成交剩余自动撤销指令、限价止盈指令、限价止损指令、市价剩余转限价指令、市价剩余撤销指令、全额即时限价指令、全额即时市价指令以及其他指令类型。

（八）分红对期权价格的影响

股票会产生分红、配股、拆股等行为，ETF 基金也会定时分红，这些行为都会降低股票、ETF 等产品的内在价值，使得期权以原有执行价格购买的股票价值缩水。为此，在标的资产产生分红行为时，需要对相应的期权条款进行调整，保证分红前后投资者持有的期权价值的等值性。

在国外，股票期权派发现金红利时交易所不会对期权的条款进行调整，但当股票拆股或者配股时，交易所一般规定期权要进行调整。

我国上交所和深交所的 ETF 期权都存在分红带来的期权调整问题。两个交易所规定：期权合约标的发生除权、除息时，在除权、除息当日，对该合约标的的所有未到期合约单位、执行价格进行调整，并对除权、除息后的合约标的重新挂牌新的期权合约，保证具有标准化条款的合约在市场上继续存在。

调整公式如下：

$$\begin{aligned}\begin{matrix}\text{新合约}\\\text{单位}\end{matrix}=&\left[\begin{matrix}\text{原合约}\\\text{单位}\end{matrix}\times\left(1+\begin{matrix}\text{流通股份实际}\\\text{变动比例}\end{matrix}\right)\times\begin{matrix}\text{除权(息)前一日}\\\text{合约标的收盘价}\end{matrix}\right]\Big/\\&\left[\left(\begin{matrix}\text{除权(息)前一日}\\\text{合约标的收盘价}\end{matrix}-\begin{matrix}\text{现金}\\\text{红利}\end{matrix}\right)+\begin{matrix}\text{配股}\\\text{价格}\end{matrix}\times\begin{matrix}\text{流通股份}\\\text{实际变动比例}\end{matrix}\right]\end{aligned}\tag{9-32}$$

$$\text{新执行价格}=\text{原执行价格}\times\text{原合约单位}/\text{新合约单位}\tag{9-33}$$

调整后的合约单位按照四舍五入的原则取整数；调整后的执行价格按照四舍五入的原则取小数，合约标的为股票的，保留两位小数，合约标的为交易所交易基金的，保留三位小数。

经过这样的调整，原期权合约持有者的期权价值在调整前后可以保持不变。

图 9 - 20 是 2019 年 10 月 31 日，50ETF 公布的分红方案。

图 9 - 21（a）是在分红之前上市的期权调整后的结果，合约乘数和执行价格都不再满足 50ETF 标准化条款，1 份期权的合约乘数，即 50ETF 的数量变成 10 163。从图 9 - 21（b）中可以看到，在 2019 年 12 月 2 日上市了 9 个新的合约，合约执行价格是规范的，合约乘数为 10 000。

值得注意的是，因为我国上交所和深交所的 ETF 期权都会对除权除息进行期权合约的调整，因此定价时无须重复考虑红利带来的影响。

华夏上证50ETF（510050.OF）- 分红/拆分

收益分配基准日	2019-10-31
分红方案进度	实施
单位分红	0.0470
基准日单位净值	3.0030
分红比例(%)	1.57
权益登记日	2019-11-29
除息日	2019-12-02
除息日(场外)	--
派息日	2019-12-05
派息日(场外)	--
基准份额(份)	14,134,986,079
分红实施公告日	2019-11-15
分红公告原文	--

图 9-20　50ETF 的分红方案

认购						
代码	上市日	最新价	价值状态	理论杠杆倍数	保证金	行权价
^ 2020年6月（到期日 2020-06-24；剩余39个自然日、28个交易日；合约乘数 10163）						
10002009	20191125	0.1220	实值	16.39	4669.29	2.706
10001989	20191024	0.0873	实值	20.19	4316.63	2.755
10001990	20191024	0.0603	实值	25.06	4042.23	2.804
10001991	20191024	0.0396	虚值	31.78	3414.16	2.853
10001992	20191024	0.0251	虚值	40.34	2759.66	2.903
10001993	20191024	0.0158	虚值	50.23	2165.13	2.952
10001994	20191024	0.0065	虚值	68.48	2067.56	3.050
10001995	20191024	0.0032	虚值	68.69	2033.01	3.149
10001996	20191024	0.0021	虚值	46.39	2021.83	3.247
10001997	20191024	0.0020	虚值	19.36	2018.78	3.345
10002007	20191104	0.0017	虚值	8.09	2017.76	3.444

（a）分红前上市，分红时仍在交易的期权合约

认购							
代码	上市日	最新价	价值状态	理论杠杆倍数	保证金	行权价	最新价
^ 2020年6月（到期日 2020-06-24；剩余39个自然日、28个交易日；合约乘数 10000）							
10002421	20200320	0.4520	实值	6.17	7994.40	2.350	0.002
10002401	20200319	0.3995	实值	6.92	7494.40	2.400	0.003
10002402	20200319	0.3538	实值	7.69	6994.40	2.450	0.003
10002291	20200204	0.3039	实值	8.73	6494.40	2.500	0.005
10002292	20200204	0.2578	实值	9.91	5994.40	2.550	0.008
10002293	20200204	0.2092	实值	11.55	5494.40	2.600	0.011
10002294	20200204	0.1651	实值	13.57	5025.40	2.650	0.018
10002083	20191202	0.1253	实值	16.18	4627.40	2.700	0.028
10002084	20191202	0.0900	实值	19.86	4274.40	2.750	0.043
10002085	20191202	0.0620	实值	24.70	3994.40	2.800	0.065
10002086	20191202	0.0405	虚值	31.45	3399.40	2.850	0.093
10002087	20191202	0.0260	虚值	39.49	2754.40	2.900	0.128
10002088	20191202	0.0156	虚值	51.41	2150.40	2.950	0.167
10002089	20191202	0.0101	虚值	60.10	2069.40	3.000	0.211
10002090	20191202	0.0047	虚值	67.32	2015.40	3.100	0.303
10002091	20191202	0.0026	虚值	56.13	1994.40	3.200	0.400
10002107	20191209	0.0018	虚值	33.29	1986.40	3.300	0.486
10002115	20191216	0.0017	虚值	12.97	1985.40	3.400	0.601
10002213	20191231	0.0015	虚值	4.89	1983.40	3.500	0.700

9个合约

（b）除权除息日上市的新的期权合约

图 9-21　调整后的和新的期权合约

二、期权的场外交易机制

场外期权市场是更丰富和更广阔的期权市场，场外期权市场自 20 世纪 80 年代开始变得十分重要，应该说全球场外期权市场的规模已经超过交易所市场，期权交易的标的资产品种、条款种类等都非常丰富。我国场外期权市场自 2014 年起步，2016 年开始蓬勃发展，但考虑到个体投资者的风险管理能力，目前我国不允许个体投资者进入场外期权市场交易。国际上，场外期权市场的参与者也主要是金融机构、企业资金部主管与基金经理。

总的来看，场外期权市场具有以下特点：

（1）交易对象和标的资产：场外期权的交易对象可以多样化，包括股票、商品、外汇等各类金融资产。交易双方自行协商确定标的资产，并在协议中明确约定。

（2）合约设计和交易期限：交易双方根据自身需求和市场情况，共同设计合约条款。合约中包括期权类型（看涨或看跌）、执行价格、交割方式、交割日期等内容。交易期限

一般由双方协商确定，可以是短期或长期。

（3）交易方式和交易对手选择：场外期权交易通常通过电话、电子邮件、在线平台等方式进行。交易双方可以自行选择对手方，也可以通过交易平台进行撮合，比如大连商品交易所、郑州商品交易所、银行间市场都设有场外期权的撮合平台。

（4）报价和交易确认：买方和卖方会提供各自的报价，交易双方在报价基础上进行协商，并最终确定交易价格。交易确认一般通过书面形式进行，包括交易合同和其他协议文件。

（5）交易保证金和风险管理：场外期权的卖方也需要向中介商缴纳保证金，保证金金额一般根据标的资产的价格和合约规模确定。

（6）行权和交割：如果期权到期，行权权利被行使，则双方需要按照约定进行实物交割或现金结算，交割方式和交割日期在合约中都有明确规定。

场外期权交易规则具有一定的灵活性和个性化特点，可以根据投资者的需求进行定制化交易，但这也会导致更大的违约风险和对冲风险，因此场外期权的买卖报价价差通常大于交易所内交易的期权品种。在参与场外期权交易时，投资者应当了解并遵守相应的规则和制度，合理配置风险，以实现投资目标和保护自身权益。

三、期权交易与期货交易的区别

对比期权交易和期货交易，可以看到二者具有如下区别：

（1）在权利义务方面，期货的买卖双方风险是对称的，都有执行的权利和义务，但期权的权利和义务是分离的，买方只有执行合约的权利，而卖方只有执行合约的义务。

（2）在产品类别方面，期货一般根据标的资产和到期期限区分合约，而期权的分类方式更丰富，除了标的资产和到期期限，还可根据执行价格、执行方式、偿付条款、到期方式等分类，因此期权的品种更加丰富。

（3）在保证金方面，就场内交易而言，期货买卖双方都需要缴纳保证金，保证金要求是相同的，期权只有卖方需要缴纳保证金，买方全额支付期权费后不需要缴纳保证金。此外，保证金的计算方式也不同，期货的保证金计算相对简单直观，期权由于其非线性特征，保证金计算比较复杂，不同价值状态、不同组合、不同市场行情下期权的保证金都会有差异。

（4）在交易场所方面，期货均在场内交易，而期权可以在交易所交易，也可在场外柜台交易。

（5）在履约方式方面，期货交易一般通过对冲或平仓方式了结合约，个体投资者一般不允许到期交割，且期货的滚动交割一般由卖方发起；而期权交易既可以提前平仓了结，也可以执行合约交割了结，任何期权持有者均可以行权，行权交割完全由买方发起。

（6）在杠杆性方面，期货交易的杠杆性由保证金比率决定，买卖双方的杠杆是相同的，而期权买卖双方面临的杠杆是不同的，且杠杆率随多个因素变动，包括标的资产价格、标的资产波动率、到期期限、执行价格、红利率等。

（7）在报价方式方面，期货报价相当于确定合约的协议价格，而期权报价一般是购买期权需要支付的期权费，协议价格是已经确定的。

本章小结

1. 期权可分为看涨期权和看跌期权。看涨期权持有者有权在将来某时刻以指定价格买入标的资产，看跌期权持有者有权在将来某时刻以指定价格卖出标的资产。

2. 期权市场上有四种可能的交易头寸：看涨期权多头、看涨期权空头、看跌期权多头、看跌期权空头。

3. 期权市场的标的资产包括股票、股指、外汇、期货以及其他资产。

4. 按照不同的分类方式，期权可分为欧式期权和美式期权，实值期权、平值期权和虚值期权，场内期权和场外期权，普通期权和奇异期权，现货期权和期货期权。

5. “保险+期货”模式中的期权创新应用，围绕实体经济需求，设计有针对性的期权产品，可以让金融工程更好地为实体经济服务。

6. 期权的交易机制包括场内交易和场外交易两种机制。在场内交易中，期权头寸了结有三种方式，即平仓、行权和放弃，而期权行权分为实物行权和现金行权。目前我国的场外交易不允许个体投资者进入场外期权市场交易。国际上，场外期权市场的参与者也主要是金融机构、企业资金部主管与基金经理。

7. 期权的保证金制度与期货的保证金制度不同，期权只有卖方需要缴纳保证金，买方全额支付期权费后不需要缴纳保证金。此外，期权的保证金计算较为复杂，总体原则为：鉴于不同类型头寸具有不同的风险特征，针对不同的头寸规定不同的保证金要求。

本章术语

看涨期权　看跌期权　欧式期权　美式期权　平值期权　虚值期权　实值期权　股票期权　利率期权　期货期权　二值期权　障碍期权　亚式期权　回望期权　“保险+期货”期权　杠杆性　期权头寸　期权到期损益　保证金制度　备兑开仓

扩展阅读

思考题

一、简答题

1. 卖出一个看跌期权和买入一个看涨期权的区别有哪些？

2. 期权与期货有何区别？

3. 什么是“保险+期货”？

二、计算题

1. 假定某欧式看跌期权的价格为 10 元，该期权买方有权以 80 元的价格卖出股票。假定该期权一直被持有至到期日。在什么情况下期权卖方会盈利？在什么情况下期权会被执行？

2. 某投资者以 3 元/股的价格买入 1 份欧式看跌期权，标的资产价格为 42 元，执行价格为 40 元。设到期时股价降为 35 美元。试讨论投资者是否执行该期权，以及损益情况（考虑期权费，1 份期权含 100 单位标的资产）。

3. 设我国白糖期权的卖方保证金收取公式为：

$$\max\left(\frac{\text{期权合约}}{\text{成交价}}\times\frac{\text{标的期货}}{\text{合约规模}}+\frac{\text{标的期货}}{\text{交易保证金}}-1/2\times\frac{\text{期权}}{\text{虚值}},\ \frac{\text{期权合约}}{\text{成交价}}\times\frac{\text{标的期货}}{\text{合约规模}}+1/2\times\frac{\text{标的期货合约}}{\text{交易保证金}}\right)$$

假设一个投资者卖出了一份白糖看跌期权，期权报价为 200 元/吨，执行价格为 5 400 元/吨，期货当时报价为 5 500 元/吨，期货保证金比率为 5%，单位期货合约规模为 10 吨，试计算卖出一份白糖看跌期权需要缴纳的保证金（一份期权标的为一份期货合约）。

4. 设某风险管理子公司为某大豆的“保险+期货”出售了一份具有如下期权条款的合约：

标的资产：5 000 吨大豆；

执行价格：4 450 元/吨；

执行方式：欧亚式；

偿付公式：4 450$-s$，s 为保险期内期货平均结算价；

若在到期日，大豆的平均价格为 4 200 元/吨，该公司是否需要赔付？赔付金额是多少？

三、讨论题

1. 除了本章介绍的期权，你还知道哪些奇异期权？列出并对其进行简单介绍。

2. 结合我国最新的市场发展，列出我国目前在交易所推出的期权产品。

3. 讨论为何期货期权通常选择设计为美式期权。提示：本题需要结合期货的提前平仓交易机制进行分析。

4. 一家企业的资金部主管试图采用期权或者远期合约来对公司的外汇风险进行对冲，请说明两种方法的优缺点。

5. 相对于传统的政府补贴手段，你认为“保险+期货”在农业帮扶方面有哪些优势？

6. 2008 年 3 月，高盛旗下的商品交易公司杰润公司找上了深南电，与其签订了一纸合约，为深南电做 480 万桶头寸的套期保值。第一份确认书具体如下：

第一份确认书，有效期为 2008 年 3 月 3 日至 2008 年 12 月 31 日，内容如下：

双方规定当浮动价（每个决定期限内纽约商品交易所当月轻质原油期货合约的收市结算价的算术平均数）高于 63.5 美元/桶时，深南电每月可获 30 万美元的收益；

当浮动价低于 63.5 美元/桶且高于 62 美元/桶时，深南电每月可得（浮动价$-$62 美元/桶）×20 万桶的收益；

而当浮动价低于 62 美元/桶时，深南电每月需向杰润公司支付与（62 美元/桶$-$浮动价）×40 万桶等额的美元。

设浮动价为 X，作为横轴，以深南电每一期的损益作为纵轴，画出该合约每次偿付的深南电的损益图，并分析该合约对深南电的风险点和收益情况。

第十章

期权价格的无套利关系

本章导读

为何交易所在规定期权价格每日涨跌幅限制时需要依赖标的资产价格的涨跌幅度？原因就在于期权价格与标的资产价格之间的无套利关系，这也是本章的重点内容。本章将学习期权价格的六个影响因素；期权的内在价值与时间价值；期权价格的上下限；欧式看涨看跌期权的平价关系，美式看涨看跌期权的平价关系，其中包括期货期权的相关无套利关系，以及美式看涨看跌期权的提前执行问题。希望本章的学习能够让学生对期权价格的无套利关系有全面的了解，并能够对无套利定价原理的应用有更深一步的认识。

学习要求

了解期权价格的六个影响因素，掌握期权的内在价值与时间价值的概念，理解时间价值与内在价值的关系，掌握欧式期权、美式期权和期货期权的上下限及平价关系及其证明方式，可以在不等关系不成立时设计套利策略并获得无风险利润，能理解不同情景下的美式期权执行问题，举一反三，能够应用无套利定价原理分析给出的其他价格无套利关系。

知识结构图

第一节　期权价格的影响因素分析

一、期权价格的影响因素[①]

结合普通欧式期权或美式期权的合约条款，很容易理解期权的理论价格必然与标的资产当前的价格、执行价格、剩余期限有关。除此以外，由于期权具有非对称的风险特征，标的资产价格的波动率也会影响期权的价格；标的资产红利率可能会影响标的资产的价格，进而影响期权价格；无风险利率则体现了货币的时间价值，会对所有金融产品产生影响。因此总结而言，期权价格会受到以下六个因素的影响：

（1）标的资产价格；

（2）执行价格；

① 此处期权价格是指在有效市场条件下期权的理论价格，不考虑投资者行为、市场流动性等因素对期权价格的影响。

（3）剩余期限；
（4）标的资产价格的波动率；
（5）无风险利率；
（6）标的资产红利率。

二、期权价格与各影响因素的关系

在保持其他因素不变的情况下，仅考虑单个影响因素的影响，欧式期权和美式期权与上述六个因素的关系可以总结如表 10－1 所示。

表 10－1 期权价格与其影响因素的关系

因素	欧式期权		美式期权	
	看涨期权	看跌期权	看涨期权	看跌期权
标的资产价格	正	负	正	负
执行价格	负	正	负	正
剩余期限	不确定	不确定	正	正
标的资产价格的波动率	正	正	正	正
无风险利率	正	负	正	负
标的资产红利率	负	正	负	正

（一）标的资产价格

对于看涨期权而言，无论是欧式期权还是美式期权，结合其到期损益公式（9－1）容易理解，当前标的资产价格越高，未来标的资产价格就可能越高，未来执行期权获益的机会就越大，因此看涨期权当前的价格应该越高。所以看涨期权价格与当前标的资产价格正相关。

对于看跌期权而言，当前标的资产价格越高，到期日标的资产价格可能越高，这使得执行看跌期权获益的机会越小，因此当前看跌期权的价格就越低。所以看跌期权价格与当前标的资产价格负相关。图 10－1 是通过数值实验绘制的期权价格与标的资产价格的关系。

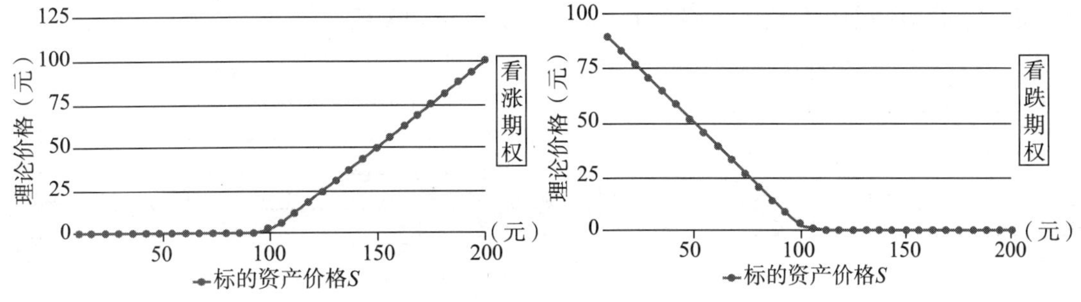

图 10－1 标的资产价格与期权价格的关系

（二）执行价格

结合第九章期权的到期损益公式，看涨期权到期损益与执行价格负相关，看跌期权到期损益与执行价格正相关，因此看涨期权的价格也与执行价格负相关，看跌期权的价格与执行价格正相关。直观地说，执行价格越高，看涨期权持有者行权购买标的资产的成本越高，看跌期权持有者行权出售标的资产的收益越高，因此看涨期权多头支付的期权费越低，看跌期权多头支付的期权费越高。图 10－2 是通过数值实验绘制的期权价格与执行价格的关系。

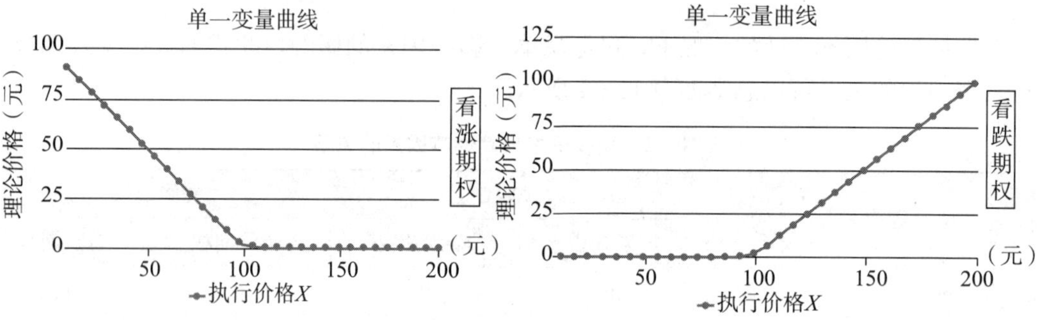

图 10－2　执行价格与期权价格的关系

（三）剩余期限

剩余期限即期权的有效期，期权有效期对于美式期权和欧式期权价值的影响有所不同。

对于美式期权，由于它可以在有效期内任何时间执行，有效期越长，多头获利机会就越多，而且有效期长的期权包含了有效期短的期权的所有执行机会，因此无论美式看涨期权还是美式看跌期权，其有效期越长，行权获益的机会越大，期权价格自然越高，二者呈正相关关系。

对于欧式期权，由于它只能在期末执行，因此有效期长的期权不一定包含有效期短的期权的所有执行机会，这就使欧式期权的有效期与期权价格之间的关系存在不确定性。

譬如一种极端的情况：一只股票当前价格为 10 元，且预期其未来 1 年价格波动几乎为 0，一个投资者持有 1 个月到期和 6 个月到期的该股票的看跌期权，执行价格均为 20 元。在未来价格波动性很小的情况下，1 个月时行权获得每股 20 元的收益，比 6 个月后行权获得每股 20 元的收益更有利。此时 1 个月到期的看跌期权价格就可能高于 6 个月到期的看跌期权价格。图 10－3 绘制的就是欧式期权与剩余期限的关系，可以看到随着剩余期限的增加，欧式实值看跌期权价格先下降后上升，二者并非单调关系。

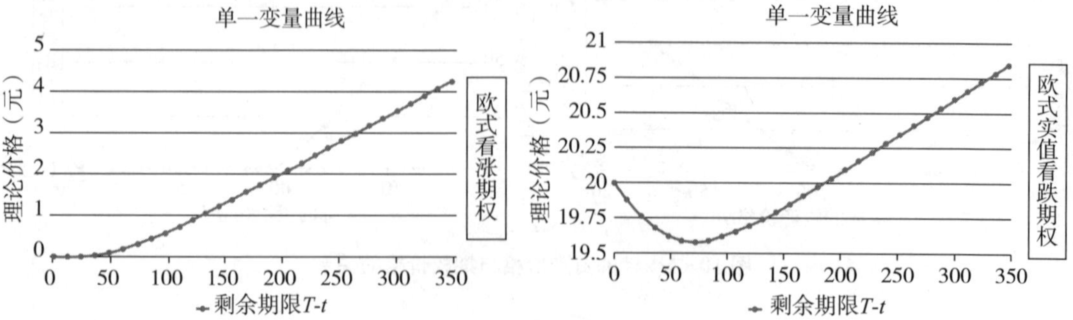

图 10－3　剩余期限与期权价格的关系

（四）标的资产价格的波动率

无论看涨期权还是看跌期权，由于期权多头的最大亏损额仅限于期权价格，而最大盈利额则取决于行权时标的资产价格与协议价格的差额，因此波动率越大，未来行权获利的机会越大，对期权多头越有利，期权价格也越高。所以看涨期权和看跌期权价格与标的资产价格的波动率都是正相关，如图 10－4 所示。

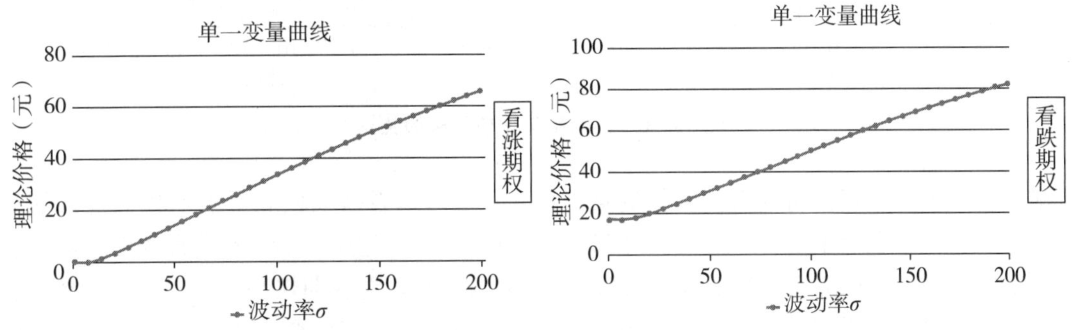

图 10－4　波动率与期权价格的关系

（五）无风险利率

一方面，无风险利率越高，标的资产未来的预期收益率应该越高，也就意味着未来标的资产的价格越高，此时看跌期权的价值越低，而看涨期权的价值越高。因此无风险利率与看涨期权价格正相关，与看跌期权价格负相关。

另一方面，以看涨期权为例，无风险利率越高，意味着未来行权所需支付的执行价格当前的现值越低，意味着行权的成本越低，因此对看涨期权越有利，看涨期权的价格会越高；而看跌期权则相反，这意味着未来行权的获益更低，因此看跌期权的价格越低，如图 10－5 所示。

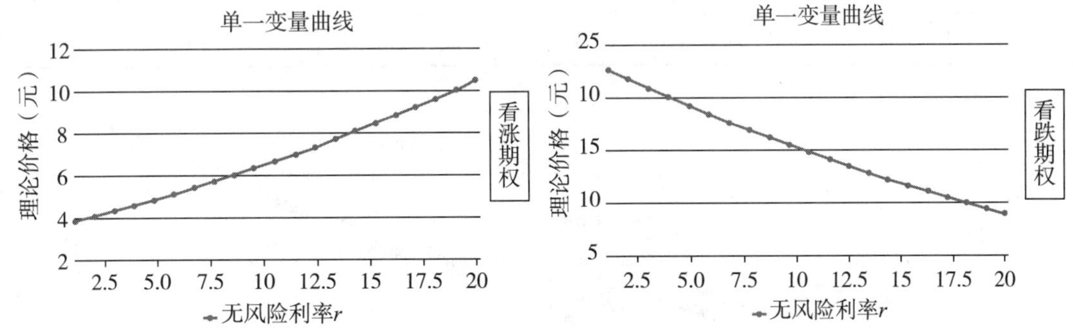

图 10－5　无风险利率与期权价格的关系

（六）标的资产红利率

由于标的资产分红付息等将降低标的资产的价格，若期权的协议价格不调整，则标的资产产生收益将使看涨期权价格下降，而使看跌期权价格上升，如图 10－6 所示。

（七）实际市场中不同因素的交叉影响

当然，在实际市场中，我们很难保持仅有一个因素发生变化。如股票价格下跌，同时其波动率可能上涨，而剩余期限也会自然而然地随着时间的流逝而变小。多个因素的交叉

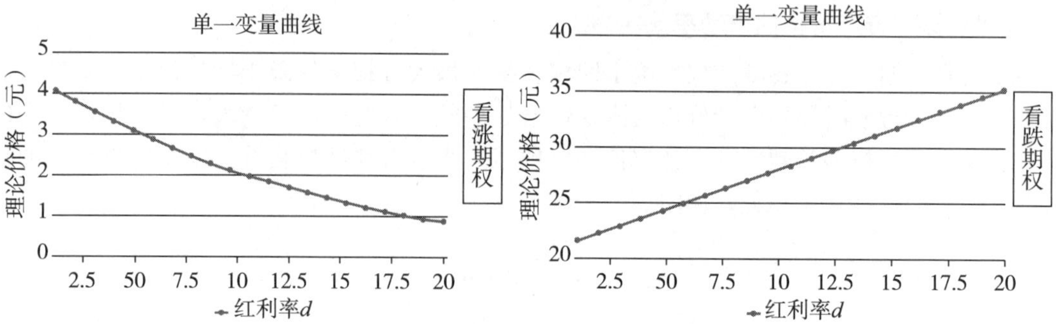

图 10-6　红利率与期权价格的关系

影响使得我们在市场上可能看到当标的资产价格上涨时，看跌期权和看涨期权的价格都在下跌。表 10-2 展示了 2023 年 7 月 50ETF 期权和标的资产上证 50ETF 同日的涨跌幅。可以看到 2023 年 7 月 27 日，当上证 50ETF 上涨 0.04%时，看涨期权和看跌期权的价格都发生了下跌。进一步进行数值实验，结果如图 10-7 所示。我们同样可以发现，波动率和标的资产价格的交叉影响会使得高资产价格的看涨期权的价值低于低资产价格的看涨期权。

表 10-2　50ETF 期权与上证 50ETF 的日涨跌幅（%）

50ETF 期权与 50ETF 的日涨跌幅					
	50ETF 看涨期权		50ETF 看跌期权		上证 50ETF
日期	购 9 月 3 000	购 9 月 2 500	沽 9 月 3 000	沽 9 月 2 500	
2023 年 7 月 21 日	−9.68	2.65	−6.18	−10.97	0.39
2023 年 7 月 24 日	−10.71	−8.42	−0.24	6.47	−0.50
2023 年 7 月 25 日	152.00	49.46	−21.19	−51.35	3.19
2023 年 7 月 26 日	−11.11	−0.22	−0.96	−9.03	−0.11
2023 年 7 月 27 日	−19.64	−2.72	−2.30	−9.16	0.04

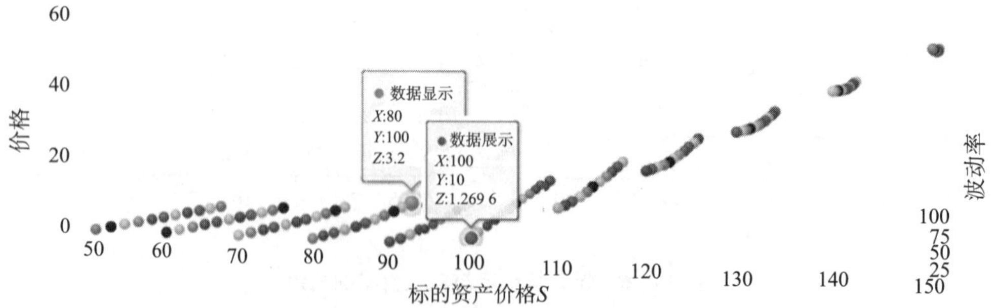

图 10-7　标的资产价格与波动率对看涨期权价格的交叉影响

第二节　期权价值的构成

在现实的期权交易中，期权价格会受到很多因素的影响，但最终价格是由价值决定的。期权价值从理论上来讲由两部分构成，期权的内在价值和期权的时间价值，即：

期权价值＝期权的内在价值＋期权的时间价值

一、期权的内在价值

期权的内在价值（intrinsic value）体现了期权行权能够获得的价值①，普通美式看涨期权和美式看跌期权可以立即行权，因此

$$\text{美式看涨期权的内在价值}=\max(S_t-X,\ 0) \tag{10-1}$$

$$\text{美式看跌期权的内在价值}=\max(X-S_t,\ 0) \tag{10-2}$$

这一定义容易理解，也直观形象，以交易品种分类的方式更容易实施，故交易所在推出不同执行价格的期权时采取了这种方式来定义平值期权、实值期权、虚值期权。即使是欧式期权也采取了这种方式来定义期权的价值状态，如上交所就采取这种方式来定义 50ETF 期权的平值合约、实值合约和虚值合约，并在此基础上确定上市期权的执行价格（见表 10－3）。

表 10－3　上交所 50ETF 期权条款（部分）

合约标的	上证 50 交易型开放式指数证券投资基金（50ETF）
合约类型	看涨期权和看跌期权
合约单位	10 000 份
合约到期月份	当月、下月及随后两个季月
执行价格	9 个（1 个平值合约、4 个虚值合约、4 个实值合约）

但欧式期权只能到期行权，无法立即行权，因此上述定义无法体现欧式期权真正的行权价值。考虑到远期价格可以体现当前对到期日标的资产价格的无套利预期，因此交易员习惯使用执行价格等于远期价格即 $X=F_t$ 作为欧式期权的平值期权②，其中 F_t 表示与期权具有相同到期期限、相同标的资产的远期价格，因为期权执行价格是到期行权的成本或者收益，使用远期价格则体现了在同一时间点的价值比较，所以这样做更具合理性。同时交易员将二者差值的现值作为欧式期权的内在价值，即：

$$\text{欧式看涨期权的内在价值}=\max((F_t-X)e^{-r(T-t)},\ 0) \tag{10-3}$$

$$\text{欧式看跌期权的内在价值}=\max((X-F_t)e^{-r(T-t)},\ 0) \tag{10-4}$$

考虑到不同情况下远期价格与标的资产现价的关系，欧式期权的内在价值使用标的资产的现价可以表示为：

（1）标的资产无收益时，

$$\text{欧式看涨期权的内在价值}=\max(S_t-Xe^{-r(T-t)},\ 0) \tag{10-5}$$

$$\text{欧式看跌期权的内在价值}=\max(Xe^{-r(T-t)}-S_t,\ 0) \tag{10-6}$$

---

①　约翰·赫尔在《期权、期货及其他衍生产品》（第 10 版）第 10 章中以此定义期权的内在价值，并借此定义实值期权、平值期权、虚值期权。我国交易所定义期权的价值状态也是基于这个定义来区分的。

②　约翰·赫尔在《期权、期货及其他衍生产品》（第 10 版）第 20 章介绍隐含波动率时介绍到交易员的这种处理方式，我国很多与衍生工具相关的书籍也采用这种定义。

（2）标的资产有现金收益时，设 I_t 为期权有效期内标的资产现金收益的贴现值，则

$$欧式看涨期权的内在价值=\max(S_t-I_t-Xe^{-r(T-t)},0) \quad (10-7)$$

$$欧式看跌期权的内在价值=\max(Xe^{-r(T-t)}-(S_t-I_t),0) \quad (10-8)$$

（3）标的资产有红利时，设 q 为标的资产的连续红利率，则

$$欧式看涨期权的内在价值=\max(S_te^{-q(T-t)}-Xe^{-r(T-t)},0) \quad (10-9)$$

$$欧式看跌期权的内在价值=\max(Xe^{-r(T-t)}-S_te^{-q(T-t)},0) \quad (10-10)$$

无论如何定义，我们可以看到期权的内在价值都是大于等于零的。

【例 10-1】 欧式期权的内在价值。设当前上证 50ETF 的价格为 3 元，无红利支付，无风险连续复利为 2.5%，则 6 个月期、执行价格为 2.9 元的 50ETF 看涨期权的内在价值为：

$$\max(S_t-Xe^{-r(T-t)},0)=\max(3-2.9e^{-0.025\times0.5},0)=0.136\text{ 元/股}$$

二、期权的时间价值

（一）期权的时间价值的定义

期权的时间价值是指在期权有效期内标的资产价格波动为期权持有者带来的价值，也体现了期权持有者愿意为未来标的资产价格波动所支付的成本。在期权有效期内，期权价格超过期权的内在价值的部分即期权的时间价值。

$$期权的时间价值=期权价格-期权的内在价值 \quad (10-11)$$

由于期权多头未来只有权利，没有义务，因此有利的波动会给期权多头带来正向收益，而不利的波动因为多头放弃行权，不会带来负向价值，因此从理论上讲，期权的时间价值是非负的。

【例 10-2】 欧式期权的时间价值。设当前上证 50ETF 的价格为 3 元，无红利支付，无风险连续复利为 2.5%，6 个月期、执行价格为 2.9 元的 50ETF 看涨期权当前报价为 0.2 元，则该期权的时间价值为：

$$C-\max(S_t-Xe^{-r(T-t)},0)=0.2-\max(3-2.9e^{-0.025\times0.5},0)=0.064\text{ 元/股}$$

（二）时间价值与期权价值状态的关系

时间价值的大小与期权价值状态有关，在其他条款相同的情况下，平值期权没有内在价值，期权费完全体现了标的资产未来价格的波动，且行权获益对标的资产的价格波动最为敏感，故平值期权的时间价值是最大的。深度实值的期权更多体现了内在价值，资产价格的小范围波动改变不了期权行权的可能性，而深度虚值的期权需要资产价格更大程度的波动才可能达到行权水平，因此深度实值的期权和深度虚值的期权的时间价值都比较小。图 10-8 体现了欧式期权的时间价值与标的资产价格的关系。当标的资产价格等于执行价格的现值时，欧式期权内在价值为 0，此时时间价值最大。随着标的资产价格变小或者变大，期

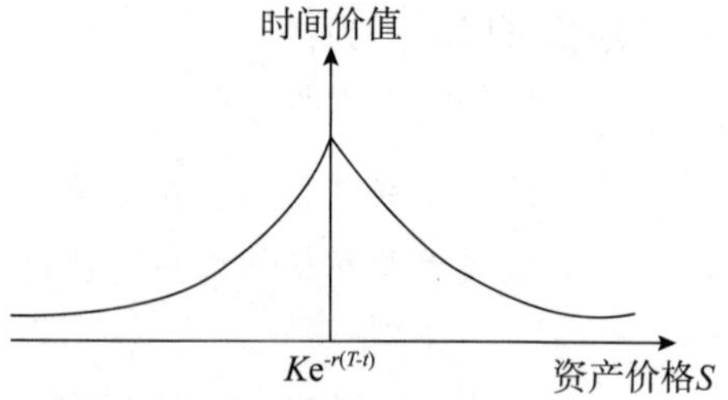

图 10-8 无收益资产看涨期权的时间价值与标的资产价格的关系图

权的虚值程度或实值程度都会提高，时间价值则会随之减小。

若将 $X=F_t$ 作为欧式期权的平值期权，则不同情况下期权的时间价值最大的条件见表 10－4。

表 10－4　期权的时间价值最大的条件

无收益	$S_t=Xe^{-r(T-t)}$
有现金收益	$S_t=I_t+Xe^{-r(T-t)}$
有红利	$S_t=Xe^{-(r-q)(T-t)}$

（三）期权时间价值的衰减性

期权的时间价值是期权有效期内标的资产价格波动带来的价值，在标的资产价格的波动状态不变的情况下，到期期限越短，标的资产价格的波动性越小，时间价值自然越低，期权到期，时间价值也就降低为 0。因此，随着到期期限的临近，期权的时间价值具有衰减性，如图 10－9 所示。图 10－9 假设标的资产的价格为 100 元，三条曲线分别表示执行价为 80 元、100 元、120 的欧式看涨期权的时间价值，代表实值期权、平值期权和虚值期权，横轴自左而右表示到期期限临近，期权有效期由长变短。可以看出三种价值状态的期权的时间价值都具有时间衰减性，而平值期权的时间价值衰减速度和程度无疑是最大的。

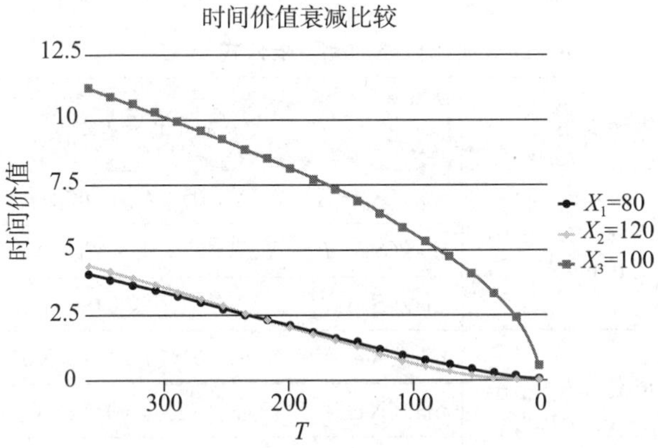

图 10－9　欧式看涨期权时间价值的衰减性

拓展阅读

期权内在价值的定义分歧

第三节　期权价格的上下限

为便利起见，我们在本章后续章节使用如表 10－5 所示的符号。

表 10－5　符号表示

符号	含义	符号	含义
$C_E(t)$	欧式看涨期权 t 时刻的价格	X	期权执行价格
$P_E(t)$	欧式看跌期权 t 时刻的价格	T	期权到期日
$C_{US}(t)$	美式看涨期权 t 时刻的价格	t	计算价值特征的时刻

续表

符号	含义	符号	含义
$P_{US}(t)$	美式看跌期权 t 时刻的价格	r	无风险利率，假设为连续复利常数
S_t	标的资产在 t 时刻的即期价格	I_t	期权有效期内标的资产现金红利的现值
F_t	t 时刻的期货价格或者 t 时刻计算的远期价格	q	标的资产的红利率，假设为连续复利

一、欧式期权价格的上下限

（一）欧式期权价格上下限的结论

直观理解，根据期权的价值结构，如果时间价值是非负的，则期权的价格一定不会低于内在价值；同时单位资产的欧式看涨期权到期行权最多获得 1 单位标的资产，单位资产的欧式看跌期权到期行权最多获得 X 的收入，期权的价格不应该高于行权的最大获益，因此欧式期权的上下限可以总结为：

欧式看涨期权：不低于远期价格定义的内在价值，不高于远期价格的现值；或者等价描述为不低于远期价格定义的内在价值，不高于去除红利的标的资产价格。

欧式看跌期权：不低于远期价格定义的内在价值，不高于执行价格的现值。

使用公式表示，如表 10－6 所示。

表 10－6　欧式期权价格的上下限公式

期权类型	标的情景	远期价格表示	现货价格表示
欧式看涨期权	无收益	$\max((F_t-X)e^{-r(T-t)},0)\leqslant C_E(t)\leqslant F_te^{-r(T-t)}$	$\max(S_t-Xe^{-r(T-t)},0)\leqslant C_E(t)\leqslant S_t$
	有现金收益		$\max(S_t-I_t-Xe^{-r(T-t)},0)\leqslant C_E(t)\leqslant S_t-I_t$
	有红利率		$\max(S_te^{-q(T-t)}-Xe^{-r(T-t)},0)\leqslant C_E(t)\leqslant S_te^{-q(T-t)}$
欧式看跌期权	无收益	$\max((X-F_t)e^{-r(T-t)},0)\leqslant P_E(t)\leqslant Xe^{-r(T-t)}$	$\max(Xe^{-r(T-t)}-S_t,0)\leqslant P_E(t)\leqslant Xe^{-r(T-t)}$
	有现金收益		$\max(Xe^{-r(T-t)}-(S_t-I_t),0)\leqslant P_E(t)\leqslant Xe^{-r(T-t)}$
	有红利率		$\max(Xe^{-r(T-t)}-S_te^{-q(T-t)},0)\leqslant P_E(t)\leqslant Xe^{-r(T-t)}$

结合欧式看涨、看跌期权的上下限，绘制欧式期权价格的曲线，以无收益标的资产为例，如图 10－10 和图 10－11 所示。

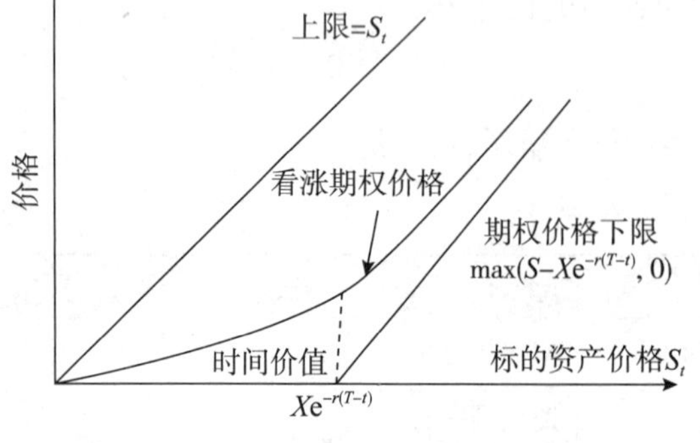

图 10－10　欧式看涨期权的价格与上下限

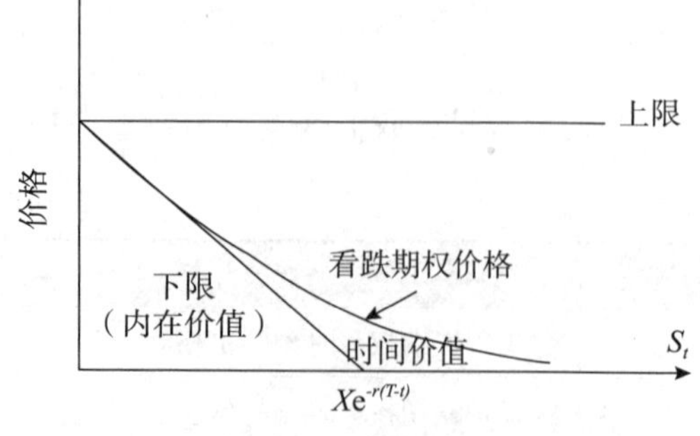

图 10－11　欧式看跌期权的价格与上下限

欧式看涨期权的价格曲线特征为：上限为 S_t，下限为 $\max(S_t - Xe^{-r(T-t)},0)$，看涨期权价格的下限就是期权的内在价值。当内在价值等于 0 时，期权价格就等于时间价值；时间价值在 $S_t = Xe^{-r(T-t)}$ 时最大；此外，无风险利率越高、期权期限越长、标的资产价格的波动率越高，则期权价格曲线以零点为中心越往右上方旋转，但基本形状不变，而且不会超过上限。当 S_t 趋于 0 时，时间价值也趋于 0，此时看涨期权价值分别趋于 0 和 $S_t - Xe^{-r(T-t)}$。特别地，当 $S_t=0$ 时，$C_E(t)=0$。

欧式看跌期权的价格曲线特征为：上限为 $Xe^{-r(T-t)}$，下限为 $\max(Xe^{-r(T-t)} - S_t,0)$，看跌期权价格的下限同样是期权的内在价值。当内在价值等于 0 时，期权价格就等于时间价值；当 $S_t = Xe^{-r(T-t)}$ 时，时间价值最大。当 S_t 趋于 0 和 $Xe^{-r(T-t)}$ 时，期权价格分别趋于 $Xe^{-r(T-t)} - S_t$ 和 0。特别地，当 $S_t=0$ 时，$P_E(t)=Xe^{-r(T-t)}$。无风险利率越低、期权期限越长、标的资产价格的波动率越高，看跌期权价值以零点为中心越往右上方旋转，但不会超过上限。

（二）欧式看涨期权价格的上下限的证明

欧式看涨期权价格的上下限可以通过风险中性定价方法证明，也可以使用无套利定价原理证明。

1. 使用风险中性定价方法

证明：

由欧式看涨期权到期偿付 $C_E(T)$ 的表达式，得到

$$S_T - X \leqslant C_E(T) = \max(S_T - X,0) \leqslant S_T$$

利用期望的不等式性质，我们得到在风险中性环境下：

$$E^*(S_T - X)e^{-r(T-t)} \leqslant E^*(C_E(T))e^{-r(T-t)} \leqslant E^*(S_T)e^{-r(T-t)}$$

即：

$$E^*(S_T)e^{-r(T-t)} - Xe^{-r(T-t)} \leqslant C_E(t) \leqslant E^*(S_T)e^{-r(T-t)}$$

又 $F_t = E^*(S_T)$，且 $C_E(t) \geqslant 0$，故

$$\max(F_t e^{-r(T-t)} - Xe^{-r(T-t)},0) \leqslant C_E(t) \leqslant F_t e^{-r(T-t)}$$

即：

$$\max((F_t - X)e^{-r(T-t)},0) \leqslant C_E(t) \leqslant F_t e^{-r(T-t)}$$

进一步基于标的资产价格与远期价格的关系，我们可以得到欧式看涨期权价格与标的资产价格之间的不等关系。

证毕。

2. 使用无套利定价原理

证明：

欧式看涨期权价格的下限，无收益情况

由于 $C_E(t) \geqslant 0$，故只需证明：

$$C_E(t) \geqslant S_t - Xe^{-r(T-t)}$$

即：

$$C_E(t) + Xe^{-r(T-t)} \geqslant S_t$$

构造以下两个组合：

A：一单位标的资产的欧式看涨期权$+Xe^{-r(T-t)}$ 现金；

B：一单位标的资产。

则在期权到期日：

$$V_A(T)=\max(S_T-X,0)+X=\max(S_T,X)$$
$$V_B(T)=S_T$$

因此，无论到期日标的资产的价格如何变化，都有：$V_A(T)\geqslant V_B(T)$。

基于无套利定价原理，必然有当前价值也满足上述不等关系，即：

$$V_A(t)\geqslant V_B(t)$$

即：$C_E(t)+Xe^{-r(T-t)}\geqslant S_t$

欧式看涨期权价格的上限，无收益情况

假设标的资产的价格恒大于零，构建如下组合：

A：一单位标的资产的欧式看涨期权；

B：一单位标的资产。

在期权到期日，$V_A(T)=\max(S_T-X,0)\leqslant S_T=V_B(T)$，故当前两个组合的价值在无套利条件下应满足上述不等关系，故

$$V_A(t)\leqslant V_B(t)$$

即：

$$C_E(t)\leqslant S_t$$

证毕。

针对**有现金收益时，欧式看涨期权价格的上下限**，我们只要将上述组合 B 改为"一单位标的资产$+I_t$ 的负债"，通过 I_t 的负债对冲掉标的资产在期权有效期内产生的现金收益，这样在期权有效期内就不需要考虑现金收益发放时的现金流，只需要考虑期权到期日两个组合的价值是否存在恒定的不等关系即可。推导和无收益情况下类似，在此不再赘述，需要了解全过程的读者可以扫描二维码了解。

拓展阅读

有现金收益和有红利率资产的欧式看涨期权上下限证明

针对**有连续红利率时，欧式看涨期权价格的上下限**，我们只要将上述组合 B 改为"$e^{-q(T-t)}$ 单位标的资产，并考虑红利再投资"，这样同样只需要考虑期权到期日两个组合的价值是否存在恒定的不等关系即可。推导和无收益情况下类似，在此不再赘述，需要了解全过程的读者可以扫描二维码了解。

（三）欧式看跌期权价格的上下限的证明

欧式看跌期权价格的上下限同样可以通过风险中性定价方法证明，也可以使用无套利定价原理证明。

拓展阅读

使用风险中性定价方法证明价格上下限

使用无套利定价原理

证明：

欧式看跌期权价格的下限，无收益情况

由于 $P_E(t)\geqslant 0$，故只需证明：$P_E(t)\geqslant Xe^{-r(T-t)}-S_t$，即

$P_E(t)+S_t \geqslant X\mathrm{e}^{-r(T-t)}$

构造以下两个组合：

A：一单位标的资产的欧式看跌期权＋一单位标的资产；

B：$X\mathrm{e}^{-r(T-t)}$ 现金。

则在期权到期日：

$$V_A(T)=\max(X-S_T,\ 0)+S_T=\max(S_T,\ X)$$
$$V_B(T)=X$$

因此，无论到期日标的资产的价格如何变化，都有：$V_A(T) \geqslant V_B(T)$。

基于无套利定价原理，必然有当前价值也满足上述不等关系，即：

$$V_A(t) \geqslant V_B(t)$$

即：

$$P_E(t)+S_t \geqslant X\mathrm{e}^{-r(T-t)}$$
$$P_E(t) \geqslant X\mathrm{e}^{-r(T-t)}-S_t,$$

又因为

$$P_E(t) \geqslant 0$$

故：

$$P_E(t) \geqslant \max(X\mathrm{e}^{-r(T-t)}-S_t,\ 0)$$

欧式看跌期权价格的上限，无收益情况

在期权到期日，$P_E(T)=\max(X-S_T,\ 0) \leqslant X$，故当前看跌期权的价值也应该满足：

$$V_A(t) \leqslant V_B(t)$$

即：

$$P_E(t) \leqslant X\mathrm{e}^{-r(T-t)}$$

证毕。

针对**有现金收益时，欧式看跌期权价格的下限**，我们只要将上述组合 A 改为“一单位标的资产的欧式看跌期权＋一单位标的资产＋I_t 的负债”，通过 I_t 的负债对冲掉标的资产在期权有效期内产生的现金收益，这样在期权有效期内就不需要考虑现金收益发放时的现金流，只需要考虑期权到期日两个组合的价值是否存在恒定的不等关系即可。推导和无收益情况下类似，和上限的推导过程完全相同，在此不再赘述。

针对**有连续红利率时，欧式看跌期权价格的下限**，我们只要将上述组合 A 改为“一单位标的资产的欧式看跌期权＋$\mathrm{e}^{-q(T-t)}$ 单位标的资产，并考虑红利再投资”，这样同样只需要考虑期权到期日两个组合的价值是否存在恒定的不等关系即可。推导和无收益情况下类似，和上限的推导过程完全相同，在此不再赘述。

（四）欧式期权价格的上下限不成立时的套利策略设计

当上述上下限关系不成立时，我们可以通过买入低估组合、卖出高估组合的方式设计套利策略进行无风险套利。

【例 10-3】 欧式看涨期权被低估。假设某股票当前价格为 50 元，以该股票为标的、

6 个月到期、执行价格为 40 元的欧式看涨期权的期权费为 10 元，无风险连续复利为 10%，试问不考虑交易摩擦的情况，是否存在套利机会？如果存在，如何套利？

根据题目条件，$C_E=10$，$S_t=50$，$X=40$，$r=0.1$，$T-t=0.5$，则

$$S_t-Xe^{-r(T-t)}=50-40e^{-0.1\times0.5}=11.95>C_E$$

因此，欧式看涨期权的价格低于下限，存在套利机会，可以通过买入看涨期权、卖空标的资产获利，具体套利过程如表 10-7 所示，期末至少可获益 2.05 元。

表 10-7 欧式看涨期权被低估时的套利策略实施过程

	初始时刻（t）	到期时刻（T）
策略操作	1. 卖空 1 单位标的资产，获益 50 元 2. 买入 1 单位标的资产的看涨期权，支付 10 元 3. 将剩余收入投资无风险资产	若 $S_T>40$： 取出无风险投资，执行看涨期权，以 X 买入标的资产，平仓标的资产空头 若 $S_T\leqslant40$： 取出无风险投资，在市场上买入标的资产，平仓标的资产空头
净现金流	50－10－40＝0	若 $S_T>40$： $40e^{0.1\times0.5}-40=42.05-40=2.05$ 元 若 $S_T\leqslant40$： $40e^{0.1\times0.5}-S_T\geqslant42.05-40=2.05$ 元

【例 10-4】 欧式看跌期权被低估。假设某股票当前价格为 50 元，以该股票为标的、6 个月到期、执行价格为 60 元的欧式看跌期权的期权费为 5 元，无风险连续复利为 10%，试问不考虑交易摩擦的情况，是否存在套利机会？如果存在，如何套利？

根据题目条件，$P_E=5$，$S_t=50$，$X=60$，$r=0.1$，$T-t=0.5$，则

$$Xe^{-r(T-t)}-S_t=60e^{-0.1\times0.5}-50=7.07>P_E$$

因此，欧式看跌期权的价格低于下限，存在套利机会，可以通过借入资金买入看跌期权和标的资产获利，具体套利过程如表 10-8 所示，期末至少可获益 2.18 元。

表 10-8 欧式看跌期权被低估时的套利策略实施过程

	初始时刻（t）	到期时刻（T）
策略操作	1. 借入 55 元资金 6 个月 2. 买入 1 单位标的资产，支付 50 元 3. 买入一单位标的资产的看跌期权，支付 5 元	若 $S_T\geqslant60$： 在市场上卖出标的资产，偿还借款 若 $S_T<60$： 执行看跌期权，卖出标的资产，偿还借款
净现金流	55－50－5＝0	若 $S_T\geqslant60$： $S_T-55e^{0.1\times0.5}=S_T-57.82\geqslant60-57.82=2.18$ 元 若 $S_T<60$： 60－57.82＝2.18 元

【例 10-5】欧式看涨期权被高估。假设某不支付红利的股票当前价格为 50 元，以该股票为标的、6 个月到期、执行价格为 40 元的欧式看涨期权的期权费为 55 元，无风险连续复利为 10%，试问不考虑交易摩擦的情况，是否存在套利机会？如果存在，如何套利？

根据题目条件，$C_E=55$，$S_t=50$，$X=40$，$r=0.1$，$T-t=0.5$，则

$$C_E>S_t$$

因此，欧式看涨期权的价格高于上限，存在套利机会，可以通过卖出看涨期权、买入标的资产获利，具体套利过程如表 10-9 所示。显然，在市场上几乎不会出现期权价格高于上限的情况。

表 10-9　欧式看涨期权被低估时的套利策略实施过程

	初始时刻（t）	到期时刻（T）
策略操作	1. 卖出 1 单位标的资产的看涨期权，获益 55 元 2. 买入 1 单位标的资产，支付 50 元 3. 将剩余收入投资无风险资产	若 $S_T>40$： 取出无风险投资，看涨期权被执行，以 40 元出售标的资产 若 $S_T\leqslant 40$： 取出无风险投资，看涨期权没有被执行，在市场上出售标的资产
净现金流	55－50－5＝0	若 $S_T>40$： $5e^{0.1\times 0.5}+40=45.256$ 元 若 $S_T\leqslant 40$： $(5e^{0.1\times 0.5}+S_T)>S_T$

二、美式期权价格的上下限

（一）美式期权价格的上下限的结论

美式期权的时间价值同样是非负的，因此，美式期权的价值自然不低于其内在价值，同时由于美式期权可以提前行权，在极端情形下，当执行价格为 0 时，美式看涨期权立即行权可以获得 1 单位标的资产；而当标的资产价格为 0 时，美式看跌期权立即行权可以获得 X 的收益。结合上述分析，对于任何情形下的标的资产，美式看涨期权和美式看跌期权价值的下述不等关系都是成立：

$$\text{美式看涨期权：}\max(S_t-X,\ 0)\leqslant C_{US}(t)\leqslant S_t \tag{10-12}$$

$$\text{美式看跌期权：}\max(X-S_t,\ 0)\leqslant P_{US}(t)\leqslant X \tag{10-13}$$

当然，对于无收益的标的资产，由于

$$\max(S_t-X,\ 0)\leqslant \max(S_t-Xe^{-r(T-t)},\ 0)$$

且在相同条款下，美式期权相对于欧式期权拥有更多行权的时间选择权，因此**无收益资产的美式看涨期权价格的上下限**可以修改为：

$$\max(S_t-Xe^{-r(T-t)},\ 0)\leqslant C_{US}(t)\leqslant S_t \tag{10-14}$$

值得一提的是，考虑到美式期权相对于欧式期权具有更多的时间选择权，美式期权价格的下限一定不小于欧式期权价格的下限，并且美式期权包含了其有效期内到期的所有欧式期权的权利，因此，针对有现金收益标的资产的美式期权和有红利率标的资产的美式期权，有更精准的下限计算方法，本书对此不再赘述。有兴趣了解的读者可以参阅郑振龙和陈蓉的《金融工程》（第五版）。

（二）美式期权价格的上下限的无套利证明

无套利分析方法还可以通过反证法进行结论证明，上述美式期权的价格上限明显成立，而下限使用反证法也很容易验证。

证明思路为：在市场无套利假设下，假设反向结论成立，此时如果能够构造出可以获得无风险利率的套利策略，则说明反向结论与无套利假设是矛盾的，因此原结论成立。

证明：

有收益资产的美式看涨期权价格下限的证明

在市场无套利时，假设 $C_{US}(t)<S_t-X$，则在 t 时刻构建如下策略：

t 时刻策略：卖空 1 单位标的资产，获得 S_t 的收入，支付 $C_{US}(t)$，买入 1 单位美式看涨期权，立即执行美式看涨期权，支付 X 买入标的资产，平仓标的资产空头。

则策略净收益为：$S_t-C_{US}(t)-X>0$。

因此，当下限不成立时，存在套利机会，这与市场无套利矛盾，反向结论在市场无套利时不成立，故

$$C_{US}(t)\geqslant S_t-X$$

有收益资产的美式看跌期权下限的证明

在市场无套利时，假设 $P_{US}(t)<X-S_t$，则在 t 时刻构建如下策略：

t 时刻策略：借钱（$P_{US}(t)+S_t$）买入 1 单位标的资产和 1 单位美式看跌期权，立即执行美式看跌期权，以 X 出售标的资产，偿还借款。

则策略净收益为：$X-(S_t+P_{US}(t))>0$。

因此，当下限不成立时，存在套利机会，这与市场无套利矛盾，反向结论在市场无套利时不成立，故

$$P_{US}(t)\geqslant X-S_t$$

证毕。

【例 10-6】 美式期权的上下限计算。假设某只付连续红利率 $q=3\%$ 的股票当前价格为 50 元，无风险连续复利为 10%，试计算以该股票为标的、6 个月到期、执行价格为 40 元的美式看涨期权和美式看跌期权的上下限。

基于题目信息，$S_t=50$，$X=40$，$r=0.1$，$q=0.03$，$T-t=0.5$，根据公式，美式期权的上下限为：

美式看涨期权：$\max(S_t-X, 0)\leqslant C_{US}\leqslant S_t$，即 $10\leqslant C_{US}\leqslant 50$；

美式看跌期权：$\max(X-S_t, 0)\leqslant P_{US}\leqslant X$，即 $0\leqslant P_{US}\leqslant 40$。

三、美式期权提前执行问题

（一）无收益资产的美式期权提前执行问题

针对美式看涨期权，由于现金会产生收益，而提前执行看涨期权得到的标的资产无收益，再加上美式期权的时间价值总是非负的，因此我们可以直观地判断提前执行无收益资产的美式看涨期权是不明智的。

对上述猜测的无套利证明思路：我们尝试构建两个组合，其中一个组合包含美式看涨期权，通过比较两个组合的价值进行验证。若包含美式看涨期权的组合到期日价值高于另一个组合，而提前行权会导致前者的价值低于后者，就说明提前行权使美式看涨期权相对于另一个组合降低了自身的价值，因此美式看涨期权不适宜提前执行。

证明：构建如下两个组合：

组合 A：一份美式看涨期权加上金额为 $Xe^{-r(T-t)}$ 的现金；

组合 B：一单位标的资产。

（1）若美式期权不提前行权，则在 T 时刻：

$$V_A(T)=\max(S_T-X, 0)+X=\max(S_T, X)$$
$$V_B(T)=S_T$$

故 $V_A(T)\geqslant V_B(T)$。

（2）若美式期权提前行权，不妨设在 $\tau(<T)$ 时刻行权，此时期权必然是实值的，因此 $S_\tau>X$，此时

$$V_A(T)=S_\tau-X+Xe^{-r(T-t)}e^{r(\tau-t)}=S_\tau-X(1-e^{-r(T-\tau)})$$
$$V_B(T)=S_\tau$$

由于 $\tau<T$，故 $V_A(\tau)<V_B(\tau)$。

根据无套利分析原理，若到期日 $V_A(T)\geqslant V_B(T)$，则在到期前任意时刻 t，A 组合的价值 $V_A(t)$ 都应该大于等于 B 组合的价值 $V_B(t)$，但提前行权却使得 A 组合的价值小于 B 组合的价值，这说明提前行权会降低 A 组合的价值，因此美式看涨期权提前行权是不明智的。

因此，无收益资产的美式看涨期权和欧式看涨期权的价值是相同的，即

$$C_{US}(t)=C_E(t)$$

针对美式看跌期权，情况相反，提前执行看跌期权就可以提前出售资产得到现金，而现金会产生收益，因此我们可以直观地判断无收益资产的美式看跌期权有可能提前执行。

对上述猜测的无套利证明思路：我们同样构建两个组合，其中一个组合包含美式看跌期权，通过比较两个组合的价值进行验证。若包含美式看跌期权的组合到期日价值高于另一个组合，而提前行权没有改变不等关系，就说明提前执行美式看跌期权并没有降低自身的价值，因此我们不能拒绝美式看跌期权提前行权的可能性。

证明：构建如下两个组合：

组合 A：一单位资产的美式看跌期权加上一单位标的资产；

组合 B：金额为 $Xe^{-r(T-t)}$ 的现金。

（1）若美式看跌期权不提前行权，则在 T 时刻：

$$V_A(T)=\max(X-S_T, 0)+S_T=\max(S_T, X)$$
$$V_B(T)=X$$

故 $V_A(T)\geqslant V_B(T)$。

（2）若美式看跌期权提前行权，不妨设在 $\tau(<T)$ 时刻行权，此时期权必然是实值的，因此 $S_\tau<X$，此时

$$V_A(T)=X-S_\tau+S_\tau=X$$
$$V_B(T)=Xe^{-r(T-t)}e^{r(\tau-t)}=Xe^{-r(T-\tau)}$$

由于 $\tau<T$，故 $V_A(\tau)\geqslant V_B(\tau)$。

这说明提前行权并不会使得 A 组合的价值相对于 B 组合缩水，因此我们不能拒绝美式看跌期权提前执行的可能性。

是否提前执行无收益资产的美式看跌期权，主要取决于期权的实值程度（$X-S$）、无风险利率水平、标的资产的波动率等因素。一般来说，只有当 S 相对于 X 来说较低，或者 r 较高、标的资产波动率较低时，提前执行无收益资产的美式看跌期权才可能是有利的。

（二）有红利收益的美式期权

针对美式看涨期权，由于提前执行有收益资产的美式看涨期权可较早获得标的资产，从而获得红利收益，因此在一定条件下，提前执行有收益资产的美式看涨期权有可能是合理的。

这里我们以有现金收益的标的资产为例，讨论红利满足什么条件会使得美式看涨期权有可能提前执行。我们假设在期权有效期 $[t, T]$ 内，标的资产有 n 个除权日，t_1，t_2，…，t_n 为除权前的瞬时时刻，S_1，S_2，…，S_n 为发放红利前这些时刻标的资产的价格，这些时刻将发放的现金红利分别为 D_1，D_2，…，D_n。

由于在无收益的情况下，不应提前执行美式看涨期权，我们可以据此得到一个推论：只有在除权前的瞬时时刻有可能提前执行美式看涨期权，因此我们只须推导在每个除权日前提前执行的可能性。

首先，考察在最后一个除权日（t_n）提前执行美式看涨期权的条件。如果在 t_n 时刻提前执行期权，则期权多头方获得 S_n-X 的收益，而美式看涨期权价格一定大于等于欧式看涨期权价格，自然也大于等于欧式看涨期权的下限。T 时刻到期的欧式看涨期权在 t_n 时刻的价格下限为：

$$C_{US}(t_n) \geqslant C_E(t_n) \geqslant \max(S_n - D_n - Xe^{-r(T-t_n)}, 0)$$

因此，如果美式看涨期权在 t_n 时刻提前行权，则必须有：

$$S_n - X > S_n - D_n - Xe^{-r(T-t_n)}$$

即：

$$D_n > X(1 - e^{-r(T-t_n)})$$

因此，只有当 t_n 时刻的红利大到超过执行价格的剩余期限的时间价值时，美式看涨期权才有可能提前执行。

其次，对于任意一个其他除权日 $t_i(1 \leqslant i < n)$，同样地，如果在 t_i 时刻提前执行美式看涨期权，则期权多头方获得 S_i-X 的收益。由于美式期权包含在有效期内任何时刻行权的权利，则

$$C_{US}(t_i, T) \geqslant C_E(t_i, \tau), \ \forall t_i \leqslant \tau \leqslant T$$

其中，$C_{US}(t_i, T)$ 表示 T 时刻到期的美式看涨期权在 t_i 时刻的价格，$C_E(t_i, \tau)$ 表示 τ 时刻到期的欧式看涨期权在 t_i 时刻的价格。则 T 时刻到期的美式看涨期权一定大于等于任何在 T 时刻以及在 T 时刻之前到期的欧式看涨期权的价值，自然也大于等于在 t_{i+1} 时刻红利发放前到期的欧式看涨期权 $C_E(t_i, t_{i+1})$ 的价值，而 t_{i+1} 时刻到期的欧式看涨期权在 t_i 时刻红利发放前的价格下限为：

$$C_{US}(t_i) \geqslant C_E(t_i, t_{i+1}) \geqslant \max(S_i - D_i - Xe^{-r(t_{i+1}-t_i)}, 0)$$

因此，如果美式看涨期权在 t_i 时刻提前行权，则必须有：

$$S_i - X > S_i - D_i - Xe^{-r(t_{i+1}-t_i)}$$

也即：

$$D_i > X(1-e^{-r(t_{i+1}-t_i)})$$

因此，只有当 t_i 时刻的红利大到超过执行价格在两次红利发放之间的时间价值时，美式看涨期权才有可能提前执行。

由于存在提前执行更有利的可能性，有收益资产的美式看涨期权价格下限更精确的取值应该是所有在有效期内到期的欧式期权价格下限和美式期权立即行权价格的最大值，本书只以其内在价值作为美式期权价格的下限，即：

$$C_{US}(t) \geqslant \max(S_t - X, 0)$$

针对美式看跌期权，由于提前执行有收益资产的美式期权意味着提前放弃持有标的资产的收益权，因此红利收益会降低美式看跌期权提前行权的可能性，但不会完全排除。当期权为深度实值期权且未来标的资产波动性比较小时，美式看跌期权仍然可能提前行权。同时由于美式看跌期权在标的资产无收益时也可能提前行权，因此我们无法使用红利的大小判断美式期权的提前行权点。

最后，如果标的资产存在红利率，尤其是连续红利率，我们同样不能排除美式看涨期权和美式看跌期权提前行权的可能性，但也无法确定美式看涨期权和美式看跌期权提前行权的时间点。

四、期货期权价格的上下限

我国目前在交易所推出的商品期权都是期货期权，因此我们有必要了解期货期权的价格特征。场内交易的期货期权大部分是美式期权，少数是欧式期权，如上海期货交易所在 2018 年推出的铜期权和在 2019 年推出的黄金期权在 2022 年 11 月合约之前就是欧式期货期权。既然同属于欧式期权或美式期权，期货期权的上下限就是上述欧式期权或美式期权的特殊情形。

如果把期货看作有红利率的标的资产，假设其红利率为 q，则期货可以看作红利率等于无风险利率的标的资产，即 $q=r$。

证明：根据风险中性定价原理，我们有：

$$F_t = e^{-(r-q)(T-t)} E^*(F_T)$$

这里 T 表示期货的到期日，由于期货到期时，期货价格会收敛到标的现货价格，即：

$$F_T = S_T$$

因此，

$$F_t = e^{-(r-q)(T-t)} E^*(F_T) = e^{-(r-q)(T-t)} E^*(S_T)$$

又根据远期价格与标的现货价格的关系：

$$F_t = E^*(S_T)$$

因此，若两式同时成立，则必有 $q=r$。　　证毕。

（一）欧式期货期权价格的上下限

针对欧式期货期权，其价格的上下限等价于有红利率标的资产的欧式期权的上下限，

只须将 q 替换成无风险利率 r，将现货价格替换为期货价格，即：

欧式看涨期货期权价格的上下限为：

$$\max((F_t-X)e^{-r(T-t)},\ 0)\leqslant C_E(t)\leqslant F_t e^{-r(T-t)} \tag{10-15}$$

欧式看跌期货期权价格的上下限为：

$$\max((X-F_t)e^{-r(T-t)},\ 0)\leqslant P_E(t)\leqslant X e^{-r(T-t)} \tag{10-16}$$

可以看出欧式期货期权价格的上下限与欧式现货期权使用远期价格形式表达的上下限完全相同，因为期货价格理论上就等于远期价格。

其实在实践中，相对于现货资产，现货期权与相同标的资产的期货交易机制会更加接近，交易策略的构建也更加灵活，因此市场交易者在实践中更偏好利用相同标的资产的期货和期权价格的关系来发现市场上的套利机会。

需要注意的是，如果通过无套利分析方法证明上述不等关系，由于期货在任何时刻的价值为 0，因此 $F_t e^{-r(T-t)}$ 需要通过同等价值的现金来体现，类似 $X e^{-r(T-t)}$ 表示执行价格在当前时刻的现值，$F_t e^{-r(T-t)}$ 则表示了期货锁定的远期价格在当前的现值。此处以欧式看涨期货期权的下限为例，给出证明过程，其他情形请读者自行证明。

证明：欧式看涨期货期权价格的下限。

要证 $\max((F_t-X)e^{-r(T-t)},\ 0)\leqslant C_E(t)$，只需要证明

$$(F_t-X)e^{-r(T-t)}\leqslant C_E(t)$$

即：

$$F_t e^{-r(T-t)}\leqslant C_E(t)+X e^{-r(T-t)}$$

在 t 时刻构建如下两个组合：

组合 A：1 单位资产的欧式期货期权 $+X e^{-r(T-t)}$ 的现金；

组合 B：1 单位资产的期货多头 $+F_t e^{-r(T-t)}$ 的现金。

则在期权到期日 T，

$$V_A(T)=\max(F_T-X,\ 0)+X=\max(F_T,\ X)$$
$$V_B(T)=F_T-F_t+(F_t e^{-r(T-t)})e^{r(T-t)}=F_T$$

故 $V_A(T)\geqslant V_B(T)$。

依据无套利定价原理，我们有：

$$V_A(t)\geqslant V_B(t)$$

即：

$$C_E(t)+X e^{-r(T-t)}\geqslant F_t e^{-r(T-t)}$$
$$C_E(t)\geqslant F_t e^{-r(T-t)}-X e^{-r(T-t)}$$

又因为 $C_E(t)\geqslant 0$，故

$$C_E(t)\geqslant \max((F_t-X)e^{-r(T-t)},\ 0)$$

证毕。

（二）美式期货期权价格的上下限

针对美式期货期权，其价格的上下限等价于有红利率标的资产的美式期权的上下限，只须将 q 替换成无风险利率 r，将现货价格替换成期货价格，即：

美式看涨期货期权价格的上下限为：

$$\max(F_t - X,\ 0) \leqslant C_{US}(t) \leqslant F_t \tag{10-17}$$

美式看跌期货期权价格的上下限为：

$$\max(X - F_t,\ 0) \leqslant P_{US}(t) \leqslant X \tag{10-18}$$

【例 10－7】 期货期权价格的上下限计算。假设 6 个月到期的豆粕期货当前价格为 2 000 元/吨，无风险连续复利为 5%，试计算以该豆粕期货为标的、还有 5 个月到期、执行价格为 2 200 元/吨的欧式豆粕看跌期权和美式豆粕看跌期权的价格上下限分别是多少。

基于题目信息，$F_t=2\ 000$，$X=2\ 200$，$r=0.05$，$T-t=5/12$，根据公式，美式看跌豆粕期权价格的上下限为：$\max(X-F_t,\ 0)\leqslant P_{US}\leqslant X$，即 $200\leqslant P_{US}\leqslant 2\ 200$，欧式看跌豆粕期权价格的上下限为：$\max((X-F_t)e^{-r(T-t)},\ 0)\leqslant P_E\leqslant Xe^{-r(T-t)}$。

即 $200e^{-0.05\times5/12}\leqslant P_{US}\leqslant 2\ 200e^{-0.05\times5/12}$，得：

$$195.87\leqslant P_{US}\leqslant 2\ 154.64$$

第四节　看涨看跌期权平价关系

交易所在推出期权品种时，相同标的资产、相同到期日、相同执行价格的看涨期权和看跌期权总是同时上市，因此研究具有相同条款的看涨看跌期权价格的内在联系对于发现市场上的套利机会、挖掘更多期权价格信息具有重要价值。

一、欧式看涨看跌期权的平价关系

（一）欧式看涨看跌期权的平价关系汇总

各种情形下欧式看涨看跌期权的平价关系（call-put parity）总结如表 10－10 所示。

表 10－10　欧式看涨看跌期权的平价关系

无收益资产	$C_E(t)+Xe^{-r(T-t)}=P_E(t)+S_t$
有现金收益资产	$C_E(t)+Xe^{-r(T-t)}=P_E(t)+S_t-I_t$
有红利率资产	$C_E(t)+Xe^{-r(T-t)}=P_E(t)+S_te^{-q(T-t)}$

（二）欧式看涨看跌期权的平价关系的应用

欧式看涨看跌期权的平价关系在实践中可以有很多应用，具体包括：

（1）减少期权定价工作量，只须考虑欧式看涨期权定价。由于欧式看涨看跌期权存在上述等价关系，因此进行期权定价时，可以在完成看涨期权的定价推理后，使用欧式看涨期权的价格和平价关系推导欧式看跌期权的价格，简化了欧式看跌期权的推理过程。

（2）看涨期权和看跌期权的隐含波动率应该相等。看涨期权和看跌期权与波动率呈现单调关系。理论上，同一标的资产在同一时间段的波动率只有一个，而平价关系中波动率只影响期权的价格，由此推断，理论上的平价关系成立时，用于计算看涨期权和看跌期权的波动率应该相等。因此，若实践中两个具有相同条款的看涨期权和看跌期权的隐含波动率不同，则可能存在套利机会。

(3) 平价关系不成立时，可构造套利策略。平价关系是在市场无套利的假设下成立的，因此，若在允许卖空且市场无摩擦的情况下平价关系不成立，则可以构造套利策略。

(4) 利用看涨看跌期权的价值可以倒推隐含无风险利率。我们经常假设无风险利率为常数，但在实践中，无风险利率也是不可观测的量，我们只是用国债到期收益率、回购利率等作为无风险利率的替代指标。而根据看涨看跌平价关系，如果假设期权价格和标的资产价格是合理的，则可以反推市场交易者对无风险利率的态度。

(5) 利用看涨看跌期权的价值反推标的资产价格。为了验证期权市场的有效性，我们也可以通过平价关系反推隐含的标的资产价格，并基于隐含的标的资产价格研究期权市场的价格发现功能。

(6) 看涨期权和看跌期权可以相互复制，因此可以用流动性好的期权复制流动性差的期权。虽然交易所会同时推出相同条款的看涨看跌期权，但两种期权在市场中的流动性仍然存在差异，流动性差的期权定价效率会被降低，根据看涨看跌期权的平价关系，我们可以利用流动性好的期权来估计流动性差的期权的合理价值。比如在2006年我国股权分置改革期间，认沽权证的活跃度远远高于认购权证，而且很多股票仅发行了认沽权证。为了获得对应的认购权证的价值，一种方式就是利用看涨看跌期权的平价关系，通过认沽权证的价格计算相同条款的认购权证的隐含价格。

(三) 无收益资产的欧式期权平价关系

假设标的资产不分红，那么：

$$C_E(t)+Xe^{-r(T-t)}=P_E(t)+S_t \tag{10-19}$$

要证明这种关系，考虑下面两个投资组合：

组合 A：一份欧式看涨期权+金额为 $Xe^{-r(T-t)}$ 的现金；

组合 B：一份标的资产、有效期和协议价格与看涨期权相同的欧式看跌期权+一单位标的资产。

在期权到期时，两个组合的价值均为 $\max(S_T, X)$。由于欧式期权不能提前执行，因此两个组合在时刻 t 必须具有相等的价值，即：$C_E(t)+Xe^{-r(T-t)}=P_E(t)+S_t$。

这就是无收益资产欧式看涨期权与看跌期权之间的平价关系。

如果上式不成立，则存在无风险套利机会。

套利策略如下：

(1) 如果 $C_E(t)+Xe^{-r(T-t)}<P_E(t)+S_t$，相对于组合 A 来说，组合 B 被高估了，则套利策略为：买入组合 A，卖空组合 B，即卖空看跌期权和标的资产，买入看涨期权。

【例 10-8】 欧式看涨看跌期权的平价关系不成立的套利策略。假设某不支付红利的股票当前价格为50元，以该股票为标的、6个月到期、执行价格为40元的欧式看涨期权的价格为12元，欧式看跌期权的价格为5元，无风险连续复利为10%，试问不考虑交易摩擦的情况下，是否存在套利机会？如果存在，如何套利？

根据题目条件，$C_E(t)=12$，$P_E(t)=5$，$S_t=50$，$X=40$，$r=0.1$，$T-t=0.5$，则

$$C_E(t)+Xe^{-r(T-t)}-P_E(t)-S_t=12+40e^{-0.1\times0.5}-5-50=-4.95<0$$

这说明组合 B 的价值高于组合 A，看跌期权被高估，可以卖出看跌期权，卖空标的资产，买入看涨期权获益。具体套利过程如表 10-11 所示。

表 10-11　看跌期权被高估的平价关系套利策略实施过程

	初始时刻（t）	到期时刻（T）
策略操作	1. 卖出 1 单位标的资产的看跌期权，获益 5 元 2. 卖空 1 单位标的资产，获益 50 元 3. 买入 1 单位标的资产的看涨期权，支付 12 元 4. 将剩余收入 43 元投资无风险资产	若 $S_T>40$： 看跌期权失效，取出无风险投资 $43e^{0.1\times0.5}$，执行看涨期权，支付 40 元买入标的资产，平仓标的空头 若 $S_T\leqslant40$： 看涨期权不执行，取出无风险投资 $43e^{0.1\times0.5}$，执行看跌期权，以 40 元买入标的资产，平仓标的空头
净现金流	$5+50-12-43=0$	$43e^{0.1\times0.5}-40=5.2$ 元

（2）如果 $C_E(t)+Xe^{-r(T-t)}>P_E(t)+S_t$，相对于组合 A 来说，组合 B 被低估了，则套利策略为：借入资金，卖出组合 A，买入组合 B，即买入看跌期权和标的资产，卖出看涨期权。

【例 10-9】 欧式看涨看跌期权的平价关系不成立的套利策略。假设某不支付红利的股票当前价格为 50 元，以该股票为标的、6 个月到期、执行价格为 40 元的欧式看涨期权的价格为 20 元，欧式看跌期权的价格为 5 元，无风险连续复利为 10%，试问不考虑交易摩擦的情况下，是否存在套利机会？如果存在，如何套利？

根据题目条件，$C_E(t)=20$，$P_E(t)=5$，$S_t=50$，$X=40$，$r=0.1$，$T-t=0.5$，则

$$C_E(t)+Xe^{-r(T-t)}-P_E(t)-S_t=20+40e^{-0.1\times0.5}-5-50=3.05\text{ 元}>0$$

这说明组合 B 的价值低于组合 A，看跌期权被低估，可以买入看跌期权和标的资产，卖出看涨期权获益。具体套利过程如表 10-12 所示。

表 10-12　看跌期权被低估的平价关系套利策略实施过程

	初始时刻（t）	到期时刻（T）
策略操作	1. 卖出 1 单位标的资产的看涨期权，获益 20 元 2. 借入 38.05 元（$=40e^{-r(T-t)}$） 3. 买入 1 单位标的资产，支付 50 元 4. 买入 1 单位标的资产的看跌期权，支付 5 元	若 $S_T>40$： 看跌期权失效，执行看涨期权，以 40 元出售标的资产，偿还借款本息 40 元 若 $S_T\leqslant40$： 看涨期权不执行，执行看跌期权，以 40 元出售标的资产，偿还借款本息 40 元
净现金流	$20+38.05-50-5=3.05$ 元	$40-40=0$ 元

此时，在期初就可以获得 3.05 元的净收益，而期末零负债。

（四）有收益资产欧式期权的平价关系

在标的资产有现金收益的情况下，我们只要把前面的组合 B 中的标的资产改为：一份标的资产、有效期和协议价格与看涨期权相同的欧式看跌期权+一单位标的资产+I_t 的负债。其中 I_t 为期权有效期内，标的资产产生的现金收益的现值。

我们就可推导有现金收益资产欧式看涨期权和看跌期权的平价关系：

$$C_E(t)+Xe^{-r(T-t)}=P_E(t)+S_t-I_t \tag{10-20}$$

在标的资产有红利率的情况下，我们只要把前面的组合 B 中的标的资产改为：一份标的资产、有效期和协议价格与看涨期权相同的欧式看跌期权 $+e^{-q(T-t)}$ 单位标的资产并考虑红利再投资。

我们就可推导有红利率资产欧式看涨期权和看跌期权的平价关系：

$$C_E(t)+Xe^{-r(T-t)}=P_E(t)+S_t e^{-q(T-t)} \tag{10-21}$$

需要指出的是，如果使用远期价格，则式（10-19）、式（10-20）和式（10-21）可以统一为：

$$C_E(t)+Xe^{-r(T-t)}=P_E(t)+F_t e^{-r(T-t)} \tag{10-22}$$

将远期价格 F_t 在不同情况下与标的资产的等价关系代入上述公式，就可以得到不同情况下欧式看涨看跌期权的平价关系。同时，用远期价格表达的上述关系也可以通过无套利方式证明。

拓展阅读

远期价格表达的欧式看涨看跌期权平价关系证明

期货价格可以看作远期价格的市场报价，因此市场交易者可以利用相同标的资产的看涨看跌期权的价格以及期货价格发现市场上的套利机会，构造套利策略。如中金所的沪深 300 股指期货和沪深 300 股指期权，二者都以沪深 300 指数为标的，且在同一交易所交易，这为策略的实施带来了便利。我们可以通过上述平价关系发现沪深 300 股指期货和沪深 300 股指期权之间的套利机会。

【例 10-10】 假设某日，6 个月到期的沪深 300 股指期货报价为 3 000 点，同样剩余 6 个月到期、执行价格为 2 900 点的沪深 300 股指看涨期权报价为 300 点，相同条款的沪深 300 股指看跌期权报价为 200 点，无风险连续复利为 5%，试问不考虑交易摩擦的情况下，是否存在套利机会？如果存在，假设股指期货每个指数点为 300 元，股指期权每个指数点为 100 元，以 1 手股指期货为例，如何套利？

根据题目条件，$C_E(t)=300$，$P_E(t)=200$，$F_t=3\ 000$，$X=2\ 900$，$r=0.05$，$T-t=0.5$，则

$$C_E(t)-P_E(t)-(F_t-X)e^{-r(T-t)}=300-200-(3\ 000-2\ 900)e^{-0.05\times0.5}=2.47>0$$

说明沪深 300 股指看涨期权被高估，可以买入沪深 300 股指看跌期权和沪深 300 股指期货，卖出沪深 300 股指看涨期权获益。考虑到股指期货规模是股指期权规模的 3 倍，不考虑保证金，具体套利过程如表 10-13 所示。

表 10-13 看涨期权被高估的平价关系套利策略实施过程

	初始时刻（t）	到期时刻（T）
策略操作	1. 买入 1 手沪深 300 股指期货 2. 买入 3 手沪深 300 股指看跌期权，支付 200×100×3=60 000 元 3. 卖出 3 手沪深 300 股指看涨期权，获益 300×100×3=90 000 元 4. 将所得收入投资无风险资产	股指期货盯市结算累计损益+股指期货交割损益+看跌期权多头损益+看涨期权空头损益+无风险资产投资本息 $=N_FQ_F[(F_T-F_t)+(S_T-F_T)]+N_OQ_O[\max(X-S_T,0)-\max(S_T-X,0)+(C_E(t)-P_E(t))e^{-r(T-t)}]$ $=N_FQ_F(S_T-F_t)+N_OQ_O[X-S_T+(C_E(t)-P_E(t))e^{r(T-t)}]$ $=N_OQ_O(C_E(t)-P_E(t))e^{r(T-t)}-N_FQ_F(F_t-X)$
净现金流	−60 000+90 000−30 000=0 元	$30\ 000\times e^{0.05\times0.5}-300\times(3\ 000-2\ 900)=759.45$ 元

注：其中，N_F、Q_F、N_O、Q_O 分别表示股指期货的份数、1 份股指期货中指数点乘数、期权的份数和 1 份期权合约中指数点乘数。

二、美式看涨看跌期权的平价关系

（一）美式看涨看跌期权的平价关系汇总

由于美式期权存在提前执行的可能性，美式看涨看跌期权的平价关系是一种不等关系，总结如表 10-14 所示。

表 10-14　美式看涨看跌期权的平价关系

无收益资产	$S_t-X\leqslant C_{US}(t)-P_{US}(t)\leqslant S_t-Xe^{-r(T-t)}$
有现金收益资产	$S_t-I_t-X\leqslant C_{US}(t)-P_{US}(t)\leqslant S_t-Xe^{-r(T-t)}$
有红利率资产	$S_te^{-q(T-t)}-X\leqslant C_{US}(t)-P_{US}(t)\leqslant S_t-Xe^{-r(T-t)}$

【例 10-11】 美式期权的平价关系计算。设某股票当前价格为 50 元，当前无风险连续复利为 10%，股票在 3 个月后支付一次现金红利，每股 3 元，第二次红利支付将在 1 年之后，试计算执行价格为 40 元、剩余期限为 6 个月、以该股票为标的资产的美式看涨看跌期权的平价关系。

根据题目条件，$S_t=50$，$X=40$，$r=0.1$，$T-t=0.5$，$I_t=3\times e^{-0.1\times\frac{3}{12}}=2.93$，则

$$S_t-I_t-X\leqslant C_{US}(t)-P_{US}(t)\leqslant S_t-Xe^{-r(T-t)}$$

代入数据得，

$$50-2.93-40\leqslant C_{US}(t)-P_{US}(t)\leqslant 50-40e^{-0.1\times 0.5}$$

即：

$$7.07\leqslant C_{US}(t)-P_{US}(t)\leqslant 11.95$$

（二）平价关系证明

为了避免美式看涨期权和美式看跌期权的提前行权带来讨论的困难，在证明上述关系时可以通过一定的数学技巧来完成。

以无收益资产的美式看涨看跌期权为例。

无收益资产的美式看涨看跌期权的平价关系下限证明

要证 $C_{US}(t)-P_{US}(t)\geqslant S_t-X$，即证

$$S_t+P_{US}(t)\leqslant C_{US}(t)+X$$

由于 $C_{US}(t)\geqslant C_E(t)$，如果 $S_t+P_{US}(t)\leqslant C_E(t)+X$，则必有 $S_t+P_{US}(t)\leqslant C_{US}(t)+X$。

因此，构建如下两个组合：

组合 A：1 单位标的资产的**欧式**看涨期权$+X$ 现金；

组合 B：1 单位标的资产$+1$ 单位标的资产的**美式**看跌期权。

（1）若美式看跌期权不提前行权，则在到期日（T）：

$$V_A(T)=\max(S_T-X,0)+Xe^{r(T-t)}=\max(S_T,X)+Xe^{r(T-t)}-X\geqslant\max(S_T,X)$$
$$V_B(T)=\max(X-S_T,0)+S_T=\max(S_T,X)$$

故 $V_A(T)\geqslant V_B(T)$。

（2）若美式看跌期权提前行权，不妨设在 $\tau(t<\tau<T)$ 时刻行权，此时 $S_\tau<X$，则

$$V_A(\tau)=C_E(\tau)+Xe^{r(\tau-t)}>X$$
$$V_B(\tau)=X-S_\tau+S_\tau=X$$

故 $V_A(\tau)\geqslant V_B(\tau)$。

因此，在任意情况下，组合 A 未来的价值都大于等于组合 B 未来的价值，因此组合 A 当前的价值也应该大于等于组合 B 当前的价值，即：

$$V_A(t)\geqslant V_B(t)$$

即：

$$C_E(t)+X\geqslant S_t+P_{US}(t)\text{，又 } C_{US}(t)\geqslant C_E(t)\text{，故}$$
$$C_{US}(t)+X\geqslant S_t+P_{US}(t)$$

即：$S_t-X\leqslant C_{US}(t)-P_{US}(t)$

无收益资产的美式看涨看跌期权的平价关系上限证明

要证 $C_{US}(t)-P_{US}(t)\leqslant S_t-Xe^{-r(T-t)}$，即证

$$C_{US}(t)+Xe^{-r(T-t)}\leqslant S_t+P_{US}(t)$$

由于在无收益情况下，

$$C_{US}(t)=C_E(t)$$

利用欧式看涨看跌期权的平价关系，有

$$C_{US}(t)+Xe^{-r(T-t)}=C_E(t)+Xe^{-r(T-t)}=S_t+P_E(t)$$

由于 $P_{US}(t)\geqslant P_E(t)$，故：

$$C_{US}(t)+Xe^{-r(T-t)}=S_t+P_E(t)\leqslant S_t+P_{US}(t)$$

即：

$$C_{US}(t)-P_{US}(t)\leqslant S_t-Xe^{-r(T-t)}$$

拓展阅读

有现金收益和有红利率资产的美式看涨看跌期权平价关系证明

证毕。

有现金收益和有红利率资产的情况证明思路类似，感兴趣的同学可以扫描二维码了解证明过程。

【例 10-12】 美式期权的平价关系不成立的套利策略。设某股票当前价格为 50 元，当前无风险连续复利为 10%，无红利支付。若执行价格为 40 元、剩余期限为 6 个月、以该股票为标的资产的美式看涨期权的价格为 20 元，相同条款的美式看跌期权的价格为 5 元，试分析是否存在套利机会。如果存在，请设计套利策略。

根据题目条件，$S_t=50$，$X=40$，$r=0.1$，$T-t=0.5$，$C_{US}(t)=20$，$P_{US}(t)=5$，则 $C_{US}(t)-P_{US}(t)=20-5=15$，而 $S_t-Xe^{-r(T-t)}=11.95$。

故 $C_{US}(t)-P_{US}(t)>S_t-Xe^{-r(T-t)}$，即 $C_{US}(t)+Xe^{-r(T-t)}>S_t+P_{US}(t)$。

美式看涨期权被高估，可以卖出美式看涨期权，买入标的资产和美式看跌期权获益。具体套利策略实施过程如表 10-15 所示。

表 10-15　美式看涨期权被高估的套利策略设计

	初始时刻（t）	若美式看涨期权 不提前行权（T）	若美式看涨期权提前行权 （设在 τ 时刻，$S_\tau>40$）
策略操作	1. 卖出 1 单位标的资产的美式看涨期权，获益 20 元 2. 借入 35 元现金 6 个月 3. 买入 1 单位标的资产，支付 50 元 4. 买入 1 单位标的资产的美式看跌期权，支付 5 元	若 $S_T>40$： 看跌期权失效，执行看涨期权，以 40 元出售资产，偿还借款 若 $S_T\leqslant 40$： 看涨期权失效，执行看跌期权，以 40 元出售资产，偿还借款	行权时，以 40 元出售标的资产，并同时以 $P_{US}(\tau)$ 出售美式看跌期权，将所得收入累计至到期，偿还借款
净现金流	$20+35-50-5=0$	$40-35e^{0.1\times 0.5}=3.206$ 元	$(40+P_{US}(\tau))e^{r_\tau\times(T-\tau)}-35e^{0.1\times 0.5}>$ $40-35e^{0.1\times 0.5}=3.206$ 元

对于美式期权的套利策略设计，需要注意的是，实践中，如果套利者的对手方是某个期权头寸的买方，则套利者无法预测期权买方的行为，因此需要考虑对手方提前行权和不提前行权两种情形，而套利者对于所持有的期权多头头寸则可以自主决策是否提前行权。

三、期货期权的平价关系

类似于期货期权价格的上下限，期货期权的平价关系也可以利用上述关系推演。

（一）欧式期货期权的平价关系

利用有红利率资产的欧式看涨看跌期权平价关系，令红利率 q 等于无风险利率 r，将现货价格替换为期货价格，则可以得到**欧式看涨看跌期货期权的平价关系**为：

$$C_E(t)+Xe^{-r(T-t)}=P_E(t)+F_te^{-r(T-t)} \tag{10-23}$$

证明：

构建如下两个组合：

组合 A：一份欧式看涨期货期权$+Xe^{-r(T-t)}$的现金；

组合 B：一份欧式看跌期货期权＋一单位标的资产的期货多头$+F_te^{-r(T-t)}$的现金。

则在期权到期日：

$$V_A(T)=\max(F_T-X,\ 0)+X=\max(F_T,\ X)$$

$$V_B(T)=\max(X-F_T,\ 0)+(F_T-F_t)+F_t=\max(F_T,\ X)$$

此处，$-F_t$ 为期货多头累计的盯市结算额，因为期权到期时期货尚未到期，所以仅有盯市结算损益。

显然，$V_A(T)=V_B(T)$，故两个组合在当前的价值相等，即 $V_A(t)=V_B(t)$。

由于期货建仓时价值为 0，故

$$V_A(t)=C_E(t)+Xe^{-r(T-t)}$$

$$V_B(t)=P_E(t)+F_te^{-r(T-t)}$$

因此，$C_E(t)+Xe^{-r(T-t)}=P_E(t)+F_te^{-r(T-t)}$。

证毕。

（二）美式期货期权的平价关系

利用有红利率资产的美式看涨看跌平价关系，令红利率 q 等于无风险利率 r，将现货价格替换为期货价格，则可以得到**美式看涨看跌期货期权的平价关系**为：

$$F_t e^{-r(T-t)} - X \leqslant C_{US}(t) - P_{US}(t) \leqslant F_t - X e^{-r(T-t)} \tag{10-24}$$

在实际交易中，因为活跃的期货期权一般到期期限较短，因此交易者在使用上述公式时，经常忽略利率的影响。若令 $r=0$，则上述不等关系就会变为相等关系：

$$C_{US}(t) - P_{US}(t) = F_t - X \tag{10-25}$$

部分交易者利用这一关系来简单判断商品期权市场上的套利机会。

拓展阅读

下限证明

【例 10-13】 美式期货期权的平价关系不成立的套利策略。设 7 个月期的豆粕期货当前价格为 3 000 元/吨，以其为标的、执行价格为 3 100 元、剩余期限为 6 个月的美式豆粕看涨期权的价格为 200 元/吨，相同条款的美式豆粕看跌期权的价格为 500 元/吨。设当前无风险连续复利为 10%，试分析是否存在套利机会。如果存在，请设计套利策略。

根据题目条件，$F_t=3\,000$，$X=3\,100$，$r=0.1$，$T-t=0.5$，$C_{US}(t)=200$，$P_{US}(t)=500$，则

$$C_{US}(t) - P_{US}(t) = 200 - 500 = -300，而 F_t - X = 3\,000 - 3\,100 = -100$$

故 $C_{US}(t) - P_{US}(t) < F_t - X$，即 $C_{US}(t) + X < F_t + P_{US}(t)$。

美式看涨期货期权被低估，可以卖出美式看跌期货期权和标的期货，买入美式看涨期货期权获益。具体套利策略实施过程如表 10-16 所示。

表 10-16 美式看涨期货期权被高估的套利策略设计

	初始时刻(t)	若美式看跌期货期权 不提前行权(T)	若美式看跌期货期权提前行权 （设在 τ 时刻，$F_\tau<3\,100$）
策略 操作	1. 卖出 1 吨豆粕美式看跌期货期权，获益 500 元 2. 卖出 1 吨豆粕期货 3. 买入 1 吨豆粕美式看涨期货期权，支付 200 元 4. 将剩余收入 300 元投资无风险资产 6 个月	策略到期损益＝看跌期货期权空头损益＋期货空头盯市损益＋看涨期货期权多头损益＋无风险投资本息，即 $-\max(X-F_T,0)+F_t-F_T+\max(F_T-X,0)+300\times e^{0.1\times 0.5}$ $=F_t-X+315.38$	行权时，以 3 100 元平仓期货空头，并同时以 $C_{US}(\tau)$ 出售豆粕看涨期货期权，所得现金流累计至到期
净现 金流	500－200－300＝0 元	3 000－3 100＋315.38＝215.38 元	$(3\,000-3\,100+C_{US}(\tau))e^{0.1\times(T-\tau)}$ $+315.38>300-3\,100+315.38=$ 215.38 元

本章小结

本章主要介绍了期权价格的影响因素及期权价值的构成。在掌握基本的金融产品定价的基础上，本章还讨论了欧式期权和美式期权的定价及其各种数量关系，分析了欧式期权和美式期权的看涨看跌平价关系，从而使读者对期权产品有更加深入的认识和了解。

1. 通过对期权的内在价值与时间价值的讨论，我们发现内在价值定义的不统一会使得

平值、实值、虚值的概念有一定的偏差，同时也会使得时间价值的最高点在不同的定义下有所差异。但无论何种定义，时间价值都具有时间衰减性，并且距离平值越近，时间价值越高。

2. 以欧式期权为例，总结本章期权价格的无套利关系证明思路可以看出：

(1) 对于看涨期权，我们一般使用“看涨期权$+Xe^{-r(T-t)}$现金”与“标的资产”作为两个组合进行价值比较。这说明在看涨期权的套利策略设计中，看涨期权头寸和标的资产是反方向构建的。

(2) 对于看跌期权，我们一般使用“看跌期权+标的资产”与“$Xe^{-r(T-t)}$现金”作为两个组合进行价值比较。这说明在看跌期权的套利策略设计中，看跌期权头寸与标的资产是同方向构建的。

在市场实践中，期权的价格鲜有突破上限的情况，但经常出现突破下限的情况，因此寻找考虑交易摩擦时的期权价格下限就更加重要。本章的证明思路不但适用于无交易摩擦的市场，也适用于无套利假设下有交易摩擦的市场。受上述思路启发，我们若在考虑摩擦的情况下寻找期权价格的无套利关系，可以通过让“买入看涨期权，卖空标的资产”的策略无法获得套利收益计算看涨期权的价格下限，而通过让“借钱买入标的资产和看跌期权”的策略无法获得套利收益计算看跌期权的价格下限。

3. 本章内容体现了期权价格与标的资产价格的无套利关系，也进一步诠释了为何交易所在指定期权价格的涨跌幅时，会依赖标的资产价格的涨跌幅。

本章术语

内在价值　时间价值　时间价值衰减　期权价格的上下限　看涨看跌期权的平价关系　美式期权提前行权

扩展阅读

思考题

一、简答题

1. 什么是期权的内在价值和时间价值？各自有什么特点？

2. “提前执行美式看跌期权是在货币的时间价值与看跌期权的保险价值之间的权衡”，试解释这一观点。

二、计算题

1. 一个无股息股票的看涨期权的期限为 4 个月，执行价格为 25 元，股票的当前价格为 28 元，无风险连续复利为每年 8%，期权价格的下限为多少？

2. 一个无股息股票的价格为 19 元，以该股票为标的、期限为 3 个月的欧式看涨期权的执行价格为 20 元，期权费为 1 元，无风险利率为连续复利，每年 4%，设看涨看跌期权的平价关系满足，试计算以该股票为标的、期限为 3 个月、执行价格为 20 元的看跌期权价格。

3. 某无红利股票当前价格为 47 元，以该股票为标的、到期期限为 1 个月、执行价格为 50 元的欧式看跌期权当前价格为 2.5 元，已知无风险连续复利为每年 6%，试问是否存在套利机会？

4. 一个无股息股票的美式看涨期权的价格为 4 元，执行价格为 30 元，期限为 3 个月，无风险连续复利为 8%，股票价格为 31 元，利用美式看涨看跌期权的平价关系，推出具有相同股票价格、相同执行价格及相同期限的美式看跌期权价格的上下限。如果美式看跌期权价格高于其上限，说明这时会存在什么样的套利机会。

5. 假设 C_1、C_2、C_3 分别代表执行价格为 K_1、K_2、K_3 的欧式看涨期权的价格，执行价格满足 $K_3 \geqslant K_2 \geqslant K_1$ 和 $K_3-K_2=K_2-K_1$。所有期权具有相同的期限，证明 $2C_2 \leqslant (C_1+C_3)$。

6. 若令内在价值为立即执行期权的价值，解释为何在无收益情况下，相同标的资产、到期日、执行价格的欧式看涨期权的时间价值大于看跌期权。

7. 一个期限为 4 个月的无红利支付股票的欧式看涨期权现价为 5 元，股票价格为 64 元，执行价格为 60 元，1 个月后发放红利 0.8 元，对所有期限的无风险年利率为 12%。对套利者而言存在什么样的机会？

8. 证明：对一个欧式看涨期权，若有 L 在到期日 T 时满足 $S_T \geqslant L$，$X \geqslant L$，则有

$$c \leqslant S - L\mathrm{e}^{-rT}$$

9. 证明：对一个欧式看跌期权，若有 U 在到期日 T 时满足 $S_T \leqslant U$，$X \leqslant U$，则有

$$p \leqslant U\mathrm{e}^{-rT} - S$$

10. 证明：两种除执行价格外，其他条件均相同的欧式看涨期权（或欧式看跌期权）的价格差的绝对值不会超过它们执行价格的现值之差的绝对值，即

$$|C_1-C_2| \leqslant |(X_2-X_1)|\mathrm{e}^{-rT}$$

11. 在无套利市场中，设 C_1、C_2、C_3 分别是执行价格为 X_1、X_2、X_3 的同一标的资产的欧式看涨期权的价格，到期日均相同，且

$$X_1 < X_2 < X_3,\ X_1+3X_3=4X_2$$

证明：$4C_2 \leqslant C_1+3C_3$。

12. 假设你是一家杠杆比例很高的公司的经理及唯一的所有者，公司所有的债务一年后到期。如果那时公司的价值高于债务的面值，你就可以偿还债务。如果公司的价值小于债务的面值，你就必须宣布破产，让债务人拥有公司。

(1) 将公司价值作为期权的标的物，描述你的头寸状况。

(2) 按照以公司价值为标的物的期权的形式，描述债务人的头寸状况。

(3) 你应当如何提高你头寸的价值？

拓展阅读

期权价格特征虚拟仿真实验任务

13. 做期权价格特征虚拟仿真实验任务，扫描二维码了解实验要求，完成实验任务。

第十一章

期权交易策略

本章导读

由于期权损益的非线性，多个期权组合在一起可以表现出截然不同的风险特征，因此可以根据投资者对市场的判断，使用积木分析法构建丰富的期权交易策略。本章主要介绍基于欧式期权的常见期权交易策略，通过图表分析其潜在的盈亏特征、策略特点、适应的市场环境，并通过与其相关的案例了解期权交易策略在实践中的应用。

学习要求

了解积木分析法的概念以及积木分析法在产品创新和估值中的应用；了解期货、期权组合的套利策略——转换套利与反向转换套利；理解转换套利和反向转换套利的理论依据和实施条件；理解备兑看涨期权策略受业界欢迎的原因；掌握各种期权组合策略的构成、风险损益情况和适用的市场情景；理解牛市价差常被用于结构化产品设计的原因；能够根据投资者需求，利用积木分析法设计合适的期权组合产品。

知识结构图

第一节　积木分析法简介

组合现有金融产品（相当于积木块）来生产“新”的金融产品，把两种或更多的积木块组合在一起来构造一份个性化的产品，这种技术通常称为积木分析法。

我们已经了解基础资产、远期、期货、互换和期权的到期损益图，其中基础资产、远期、期货和互换都属于具有线性风险特征的产品，因此到期损益图具有类似的形状，而期权由于具备非线性特征，因此具有4个不同形状的到期损益图。金融工程师常用的6种积木如图11－1所示。

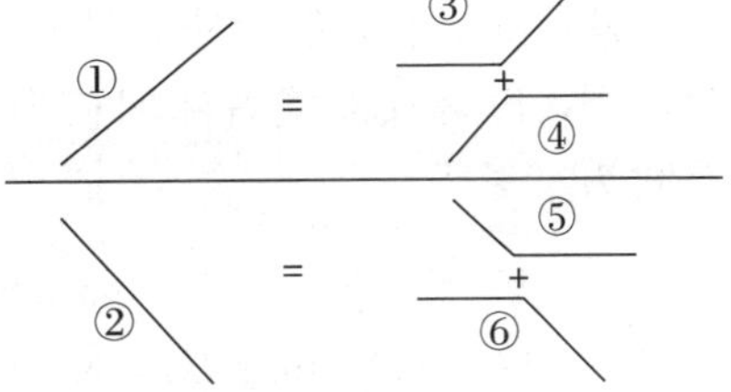

图11－1　金融工程师常用的6种积木

其中①②两个图形既代表基础资产的损益曲线，又代表远期、期货等线性远期类产品的到期损益曲线，而③～⑥则分别代表看涨期权多头、看跌期权空头、看跌期权多头和看涨期权空头，因此，“2＋6”中“2”表示基础资产的多头和空头的损益，“6”中包含了远期或期货多头和空头的损益以及 4 个期权头寸的损益。

积木分析法利用“2＋6”到期损益的积木可以组合出具有不同损益结构、应用于不同市场情景的期权组合交易策略，达到市场套利、组合增益或者更精准表达投资者对未来价格趋势及波动性的态度的目的。

为了更直观地描述期权交易策略潜在的损益状态，我们一般利用**到期损益图**来帮助理解，并分析组合的最大亏损、最大盈利、损益平衡点和适用的市场情景。在组合策略中，使用虚线表示该组合中单个证券的损益分布，使用实线表示组合策略的损益分布。在本章的讨论中，用来表示交易策略损益的图和表都不考虑资金的时间成本，到期损益由最终偿付减去初始成本得到。

第二节　与基础资产组合的策略

期权与标的资产组合的策略既可以是购买期权获得对标的资产头寸的保护，也可以是通过标的资产头寸为期权的空头头寸提供保护，后者称为**有保护的期权交易策略**，如标的资产多头＋看涨期权空头、标的资产空头＋看跌期权空头的策略。

另外，期货与期权通常在同一个交易所交易，通过期货和期权组合的方式可以更容易构造可实施的套利策略，即**转换套利**和**反向转换套利**。

一、现货与期权组合的策略

（一）备兑看涨期权策略

备兑看涨期权策略，也叫有保护的看涨期权策略，是指卖出看涨期权的同时，持有同等数量的标的资产的头寸。如一单位股票的多头加上一单位股票的看涨期权空头，就构成了备兑期权策略。该策略的到期损益如图 11－2 所示。

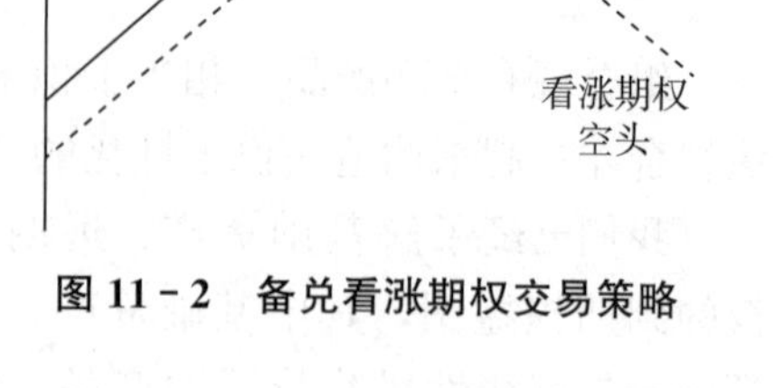

图 11－2　备兑看涨期权交易策略

1. 策略到期损益特征

从图 11－2 中可以看出，该策略的合成损益类似看跌期权空头的损益图形，在未来市场价格上涨时，收益封顶，而未来价格产生大幅下跌时会出现亏损。

从公式上看，假设股票持仓的成本为 S_0，不支付红利，以普通欧式看涨期权为例，策略到期损益公式为：

$$\begin{aligned}V_T &=(S_T-S_0)-\max(S_T-K,\ 0)+C \\ &=C+\min(S_T,\ K)-S_0\end{aligned} \tag{11-1}$$

因此，该策略的最大价值为“执行价格＋期权费－股票持仓成本”，而最小价值则依赖于未来标的资产价格下跌的幅度，损益平衡点相较于原股票持有成本 S_0 下降为（S_0-C）。

2. 策略的应用效果

结合备兑看涨期权策略的到期损益公式（11－1）可知：在标的资产价格低于执行价格 K 时，策略获得的期权费为投资者持有的资产头寸可以达到的增益效果；在未来标的资产价格高于执行价格 K 时，标的资产头寸又能够对看涨期权空头起到保护作用，不会产生更大的亏损。

这一策略在实践中受到很多金融机构，如对冲基金、资产管理公司等的欢迎，因为很多机构投资者是天然的股票多头持有者，其资产配置中通常包含股票投资组合，因此机构投资者不担心出售相应股票的看涨期权，在股价小幅震荡时可以达到增益效果。

如果机构投资者持有一种运行较平稳的股票而且想长期持有，他可以以月为单位出售该股票的虚值看涨期权，则看涨期权空头达到增益的效果。当然，备兑看涨期权策略也限制了投资者的潜在盈利，因为投资者在卖出看涨期权合约中承担了按约定价格出售股票的义务，所以他可能无法完全参与到标的股票价格的大幅运动中。

【例 11－1】 某大股东持有一个公司的股票，成本为 10 元/股。现在该股票价格涨到 20 元/股，他打算在 3 个月后股票解禁时减持股票，但认为减持时未来价格不会超过 25 元/股，于是当前卖出了执行价格为 25 元/股的看涨期权，获得期权费 3 元。此时该股东相比于仅持有股票，可以增加 3 元的期权收益。若未来价格上涨超过 25 元，通过行权出售股票，他还可以避免市场大规模减持带来的价格冲击。

（二）标的资产空头与看跌期权空头组合

标的资产空头与看跌期权空头组合是指持有一只标的股票空头加上一份看跌期权空头的组合策略。该策略是一个潜在盈利有限的交易策略，到期损益如图 11－3 所示。

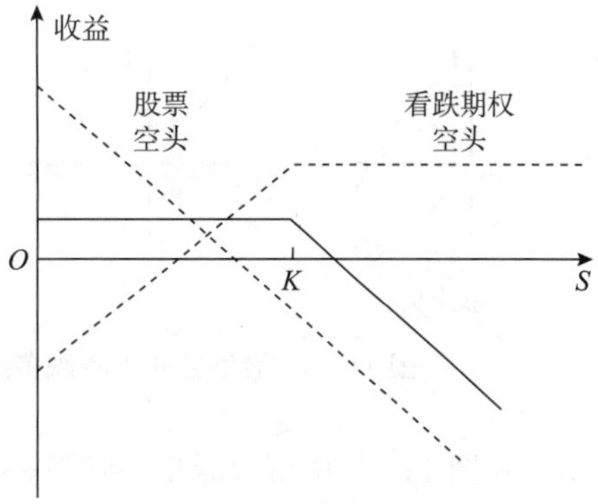

图 11－3　标的资产空头与看跌期权空头组合的损益

从图 11－3 中可以看出，该策略的合成损益类似看涨期权空头的损益图形，在未来市场价格下跌时，收益封顶，而在未来价格产生大幅上涨时会出现亏损。

从公式上看，假设股票卖空获益为 S_0，不支付红利，以普通欧式看跌期权为例，策略到期损益公式为：

$$V_T=(S_0-S_T)-\max(K-S_T,\ 0)+P=P+S_0-\max(S_T,\ K) \qquad (11-2)$$

因此，如果标的股票价格在期权到期日低于看跌期权的执行价格 K，就能实现这个盈利。而组合在价格上行方向有无限大的风险，因为如果股票价格上升，卖空股票的交易就会积累亏损，而组合卖出看跌期权得到的收入是有限的。

相较于备兑看涨期权策略，标的资产空头与看跌期权空头的策略就不是那么流行了。一方面，股票卖空在很多市场会受到限制，或者需要更高的卖空成本；另一方面，资产管理公司或者基金公司更多是天然的股票多头持有者，因此它们更担心未来价格下跌的风险，所以更偏好发挥看跌期权多头的价格保护功能，而通过看涨期权空头增加收益。

上述两个策略的损益和适合的市场状况汇总见表 11－1。

表 11-1　与基础资产组合的有保护的期权交易策略

交易策略	有保护的看涨期权空头	标的资产空头与看跌期权空头
适用市场预期	股票窄幅震荡	股票窄幅震荡
潜在最大损失	$C-S_0$	无限
潜在最大盈利	$C+K-S_0$	$P+S_0-K$
损益平衡价格	S_0-C	$P+S_0$

二、期货与期权组合的策略

(一) 转换套利策略

转换套利是相同执行价格的看涨期权空头和看跌期权多头与期货多头构造的策略。该策略使用的期权和期货可以是相同标的资产的，如股指期货和同股指的期权，也可以是期货和以期货为标的的期权。结合图 11-4，我们可以得到：

相同执行价格的看涨期权空头+看跌期权多头=报价为 K 的期货空头

因此，如果构造相同标的资产数量的“看涨期权空头+看跌期权多头+期货多头”，就可以达到完全风险对冲的效果，此时扣除交易成本和净期权费，若策略仍然存在大于零的收益，我们就可以发现期权市场和期货市场之间的套利机会，如图 11-5 所示。

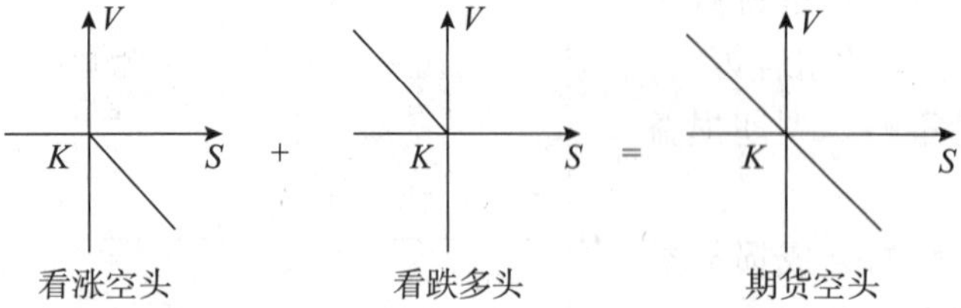

图 11-4　看涨空头+看跌多头的组合损益

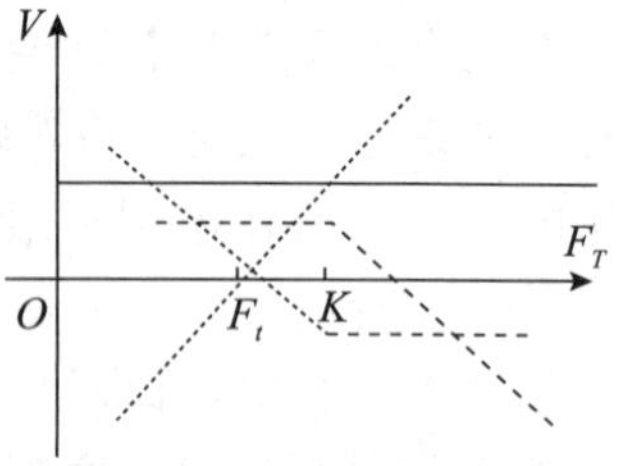

图 11-5　期权与期货的转换套利组合

从图 11-5 中可以看出，该策略的合成损益就是一条水平线，即可以获得无风险收益，这自然是一个无风险套利策略。

以期货和期货期权的组合为例，从公式上看，假设期货当前报价为 F_t，在期权到期日价格为 F_T，以该期货为标的的看涨期权和看跌期权的执行价格为 K，则策略到期损益公式为：

$$\begin{aligned} V_T &=(F_T-F_t)+\max(K-F_T,\ 0)-\max(F_T-K,\ 0)+C-P \\ &=C-P+K-F_t \end{aligned} \tag{11-3}$$

因此，若 $C-P+K-F_t>0$，则市场上存在这一转换套利机会：

$$\text{转换套利的利润}=\left(\begin{matrix}\text{看涨期权}\\ \text{期权费 } C\end{matrix}-\begin{matrix}\text{看跌期权}\\ \text{期权费 } P\end{matrix}\right)-\left(\begin{matrix}\text{期货}\\ \text{价格 } F_t\end{matrix}-\begin{matrix}\text{期权执行}\\ \text{价格 } K\end{matrix}\right)$$

因此，转换套利的原理正是看涨看跌期权的平价关系。转换套利可以用于期货期权和期货之间的套利，也可以用于现货期权与现货之间的套利。

【例 11-2】 投资者以 5 美元/盎司的价格买进 1 手执行价格为 500 美元/盎司的 6 月黄金看跌期权，又以 5.5 美元/盎司的价格卖出 1 手执行价格为 500 美元/盎司的 6 月黄金看涨期权，再以市场价格 499.50 美元/盎司买进 1 手 6 月黄金期货合约。如果是欧式期权，不论 6 月期货市场价格如何，套利者均可以获得 1 美元/盎司的恒定收益；如果是美式期权，则最低收益为 1 美元/盎司。请说明原因。

因为期货期权通常为美式期权，投资者作为看涨期权的出售者，可能会面临看涨期权提前行权的风险。若看涨期权提前行权，设在 τ 时刻行权，则必有 $F_\tau > 500$。设此时看跌期权价格为 P_τ，看涨期权行权，所有头寸平仓，策略结束，则总损益为：

$$K-F_\tau+P_\tau+(C-P)+F_\tau-F_t=500-499.5+P_\tau+(5.5-5)=1+P_\tau\geqslant 1$$

若看涨期权不提前行权，所有头寸均持有到期，则总损益为：

$$C-P+K-F_t=1$$

案例 11-1 转换套利的损益

拉塞尔·塞奇（Russel Sage）是 19 世纪的金融专家。他认为持有贷款相当于拥有一份看跌期权以及一种股票，同时出售看涨期权。一个客户持有 45 美元股票，但是需要现金 50 美元。该金融专家为其设计了一个融资方案：以 45 美元买入其股票，以 30 美元从客户手里买入看跌期权，并以 25 美元向客户出售看涨期权，期权执行价格为 70 美元。上述融资方案如果获得客户同意，结果如何？

结果，该金融专家将获得高达 40%的收益，而 19 世纪的法定最高利率仅为 7%。

因为该金融专家初始投资为股票成本（45 美元）+净期权费（30−25=5 美元）=50 美元，而整个组合的到期价值为：

股票多头损益+看涨期权空头损益+看跌期权多头损益

$$=S_T-\max(S_T-70,0)+\max(70-S_T,0)$$

=70 美元

因此，该金融专家投资 50 美元，稳赚 70 美元，收益率为（70−50)/50=40%。

此处该金融专家使用的恰恰是转换套利。他用看涨期权空头+看跌期权多头构造了执行价格为 70 美元的现货空头，再加上一个执行价格为 45 美元的现货多头，扣除净期权费 5 美元，自然稳赚 20 美元。

（二）反向转换套利策略

同样，利用图 11-6 可以得到，在相同到期日、相同标的资产、相同执行价格的情况下，看涨期权多头+看跌期权空头=期货多头。如果增加一个期货空头，扣除净期权费，可以获得正的净收益，则市场上存在反向转换套利机会。

故反向转换套利为买进 1 手看涨期权，卖出 1 手看跌期权，同时卖出 1 手期货合约的套利方式，如图 11-7 所示。和转换套利策略类似，可得：

反向转换套利的利润=（看跌期权期权费−看涨期权期权费）+（期货价格−期权执行价格）

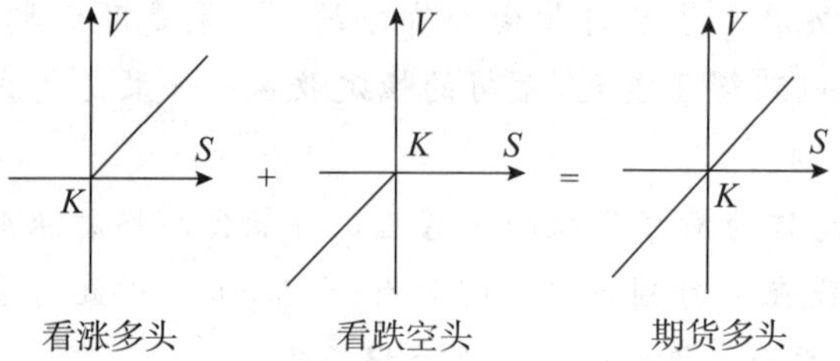

图 11-6 看涨多头+看跌空头的组合损益

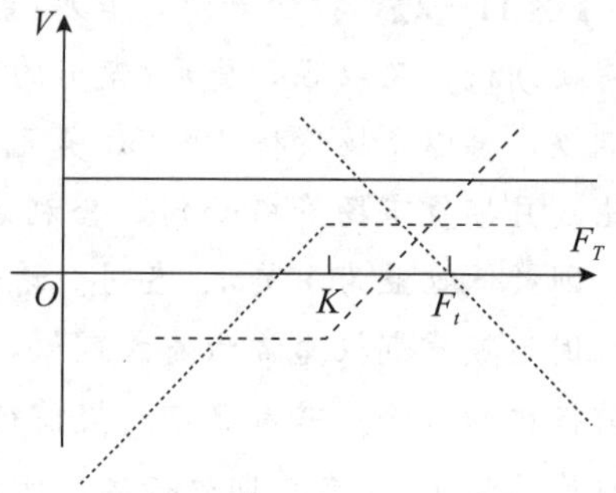

图 11-7 期权与期货的反向转换套利组合

案例 11-2 海通期货对转换套利和反向转换套利的观点

转换套利和反向转换套利大有可为。例如，当现货或期货遇到涨跌停板时，其定价功能就会暂时失效，然而我们仍然可以利用对应标的资产的期权复制出现货或是期货，从而了解市场对标的资产的实际报价是多少。

转换套利还可以处理流动性不好的持仓。例如，我们拥有已获利的期货多头持仓，却由于没有对手方报价而无法平仓，我们就可以利用期权复制出期货的空头，从而将盈利锁住，这样即便未来期货行情下跌也不用担心了。

资料来源：期权妙用 转换套利与逆转换套利．期货日报，2015-01-12.

第三节 期权的趋势交易策略

标的资产相同的看涨期权（或看跌期权）称为同一类期权，而同一类期权中又包含执行价格和到期日不同的多种期权。价差组合交易策略就是指投资者在买入某种执行价格的一种（看涨或看跌）期权的同时，卖出另一种执行价格的同一类（看涨或看跌）期权。能够体现作者对趋势预测观点的价差组合有两个：牛市价差组合和熊市价差组合。

采用价差组合交易策略而不是单纯地买入一个看涨期权或看跌期权，原因主要有两个：一是期权价格可能比较高，如果能够卖出一个期权做对冲，就能在一定程度上降低买入期权的成本与风险；二是提高盈利的可能性，采用价差组合交易策略可以改变损益平衡点，从而增大盈利的可能性。

一、牛市价差组合

牛市价差（bull spreads）组合是最普遍的价差组合类型之一。该类型组合由一份较低执行价格（K_1）的看涨期权多头与一份相同期限的较高执行价格（$K_2>K_1$）的看涨期权空头组成；或由一份较低执行价格的看跌期权多头与一份相同期限的较高执行价格的看跌期权空头组成。

相同期限但不同的执行价格会导致两份期权的价格不同。随着执行价格的上升，看涨期权的价格往往会下降。所以，卖出的看涨期权价格总是低于买入看涨期权的价格，而卖出的看跌期权价格总是高于买入看跌期权的价格。这意味着，看涨期权形成的牛市价差组合的投资者在开始时会得到一个负的现金流；而看跌期权形成的牛市价差组合的投资者在开始时会得到一个正的现金流。

（一）看涨期权形成的牛市价差组合

（1）组合构造：由一份较低执行价格的看涨期权多头与一份相同期限的较高执行价格的看涨期权空头组成。

（2）组合的损益：该组合的损益如图 11－8 所示。

由于看涨期权的执行价格越高，期权费就越低，买入看涨期权的期权费大于卖出看涨期权的期权费，所以建立该策略需要一笔初始投资。

设 K_1 和 K_2 分别是买入看涨期权和卖出看涨期权的执行价格，$K_1<K_2$，C_1 和 C_2 分别对应看涨期权的期权费，则 $C_1>C_2$，S_T 是期权到期日标的资产的市场价格。

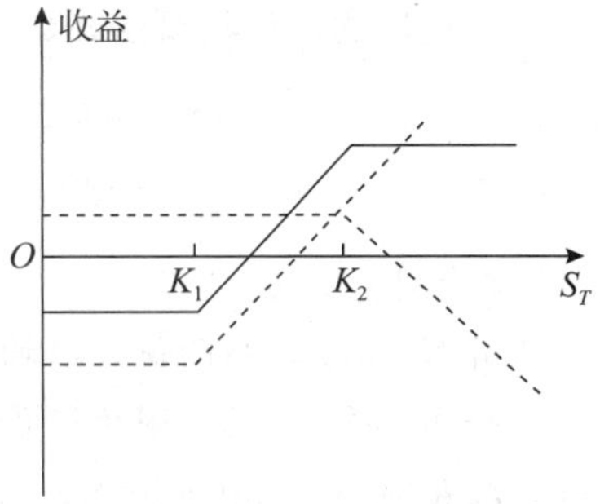

图 11－8 看涨期权形成的牛市价差组合的损益

（3）组合的损益公式为：

$$V_T=\max(S_T-K_1, 0)-\max(S_T-K_2, 0)+C_2-C_1 \quad (11-4)$$

结合到期日标的资产的价格，分解损益公式如表 11－2 所示。

表 11－2 看涨期权形成的牛市价差组合的损益

股票价格范围	看涨期权多头	看涨期权空头	组合损益
$S_T\leqslant K_1$	$-C_1$	C_2	C_2-C_1
$K_1<S_T<K_2$	$S_T-K_1-C_1$	C_2	$S_T-K_1+C_2-C_1$
$S_T\geqslant K_2$	$S_T-K_1-C_1$	$K_2-S_T+C_2$	$K_2-K_1+C_2-C_1$

在期权到期时：

如果 $S_T\leqslant K_1$，则执行价格为 K_1 和 K_2 的看涨期权多头的投资者都会放弃执行，该策略持有者的总收益为 $(C_2-C_1)<0$；

如果 $K_1<S_T<K_2$，则执行价格为 K_1 的看涨期权会被执行，协议价格为 K_2 的看涨期权是虚值期权，不会被执行，该策略持有者获得 $S_T-K_1+C_2-C_1$ 的总收益；

如果 $S_T\geqslant K_2$，则两份看涨期权都被执行，该组合策略的总收益为：

$$S_T-K_1-C_1+K_2-S_T+C_2=K_2-K_1-(C_1-C_2) \quad (11-5)$$

因此，该策略的**最大损失**为期初的净期权费 (C_2-C_1)；**最大收益**为 $[K_2-K_1-(C_1-C_2)]$；**损益平衡点**存在于 $[K_1, K_2]$，令 $S_T-K_1+C_2-C_1=0$，则 $S_T=K_1+C_1-C_2$ 时，策略盈亏相抵。

（4）组合适用的市场环境：该策略的潜在盈利和亏损都是有限的，在谨慎看多的市场环境下表现最好。牛市价差组合策略在限制了投资者未来股价上涨时的潜在收益的同时，也限制了投资者因未来股价下降遭受的亏损，因此该策略是一个双限策略（即最大收益有限，最大亏损有限）。当标的资产价格变动比较小时，与仅购买看涨期权的策略相比，该策略抵御时间价值衰减的能力更强。因此，与仅买入看涨期权相比，牛市价差组合策略是一个进可攻、退可守的策略，它以牺牲上端收益的代价降低了做多的成本，抵御了一部分时间价值的衰减，同时也锁定了标的资产价格持续下行的风险。

【例 11-3】 假设某投资者以 5 元/股的价格买入一份执行价格为 30 元/股、到期期限为 3 个月的欧式股票看涨期权，同时以 3 元/股的价格卖出一份相同标的、相同到期期限、执行价格为 35 元/股的欧式看涨期权，试分析该期权组合的损益结构。

根据题意，该期权组合的到期损益公式为：

$$V_T = \max(S_T - 30, 0) - \max(S_T - 35, 0) + 3 - 5$$
$$= \max(S_T - 30, 0) - \max(S_T - 35, 0) - 2$$

3 个月后，

若 $S_T \geqslant 35$，则两份期权均被执行，投资者获益：35－30－2＝3 元；

若 $30 \leqslant S_T < 35$，则执行价格为 30 元的期权被执行，执行价格为 35 元的期权放弃执行，收益为 $S_T - 30 - 2 = S_T - 32$；

若 $S_T < 30$，则两份期权均不被执行，投资者损失 2 元。

上述组合为看涨期权形成的牛市价差组合，最大收益为 3 元，最大损失为 2 元，损益平衡点为 $S_T = 32$。

（二）看跌期权形成的牛市价差组合

（1）组合构造：与看涨期权类似，看跌期权牛市价差同样由一份较低执行价格的看跌期权多头与一份较高执行价格的看跌期权空头组成。

（2）组合的到期损益图：其到期损益如图 11-9 所示。

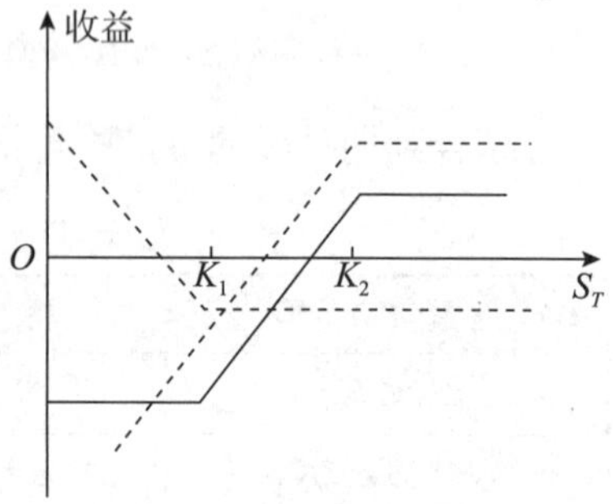

图 11-9 看跌期权形成的牛市价差组合的损益

K_1 和 K_2 分别是买入看跌期权和卖出看跌期权的执行价格，$K_1 < K_2$。P_1 和 P_2 分别是执行价格为 K_1 和 K_2 的看跌期权的价格。由于看跌期权价格与执行价格正相关，因此 $P_1 < P_2$，$P_2 - P_1 > 0$。S_T 是期权到期日股票的实际价格。

（3）组合的到期损益公式为：

$$V_T = \max(K_1 - S_T, 0) - \max(K_2 - S_T, 0) + P_2 - P_1 \tag{11-6}$$

结合到期日标的资产的价格分解损益公式如表 11-3 所示。

表 11-3 看跌期权形成的牛市价差组合的损益

股票价格范围	看跌期权多头	看跌期权空头	组合损益
$S_T \geqslant K_2$	$-P_1$	P_2	$P_2 - P_1$
$K_1 < S_T < K_2$	$-P_1$	$-(K_2 - S_T) + P_2$	$S_T - K_2 + P_2 - P_1$
$S_T \leqslant K_1$	$K_1 - S_T - P_1$	$-(K_2 - S_T) + P_2$	$K_1 - K_2 + P_2 - P_1$

在期权到期时：

如果 $S_T \leqslant K_1$，则执行价格为 K_1 和 K_2 的看跌期权都会被执行，该策略发生最大亏损，即 $K_1 - K_2 + P_2 - P_1$。

如果 $K_1 < S_T < K_2$，则执行价格为 K_1 的看跌期权不被执行，执行价格为 K_2 的看跌期权被执行，该策略持有者获得 $S_T - K_2 + P_2 - P_1$ 的总收益；

如果 $S_T \geqslant K_2$，则两份看跌期权都是虚值期权，均不被执行，该组合策略的总收益为

P_2-P_1；

因此，该策略的**最大损失**为 $K_1-K_2+P_2-P_1$；**最大收益**为 P_2-P_1；**损益平衡点**存在于 $[K_1, K_2]$，令 $S_T-K_2+P_2-P_1=0$，则当 $S_T=K_2+P_1-P_2$ 时，策略盈亏相抵。

(4) 组合适用的市场环境：很显然，该策略通过卖出看跌期权获得净期权费来获益，适用于未来价格可能上涨但不会大涨的情形，但同时投资者担心未来价格大跌带来空头的巨额亏损，因此买入一个更加虚值的看跌期权，起到止损的效果。因此，相对于单独卖出一个看跌期权头寸，该策略损失风险更小，收到的期权费也会因此降低。

(三) 两种牛市价差组合的比较

比较看涨期权形成的牛市价差组合和看跌期权形成的牛市价差组合，二者的异同如表 11-4 所示。

表 11-4　两种牛市价差组合的比较

交易策略	看涨期权形成的牛市价差组合	看跌期权形成的牛市价差组合
相同点	1. 适用于股票小幅看涨的情况 2. 组合潜在的最大收益和风险都被限制在一定额度内 3. 都是通过买入较低执行价格期权、卖出较高执行价格期权建立组合（买低卖高）	
不同点	最大损失来自净期权费，期末可能获益，“先苦后甜”	最大收益来自净期权费，期末可能亏损，“先甜后苦”

(四) 牛市价差组合在产品设计中的应用

牛市价差组合由于能够实现收益保底，而且满足了通过价格上涨获得更高收益的常规心理，因此容易被市场投资者接受；同时由于其收益封顶，对于发行者而言可以避免价格大幅波动带来的更高的赔付风险，因此也受到发行者的青睐。所以牛市价差组合经常被用于结构化证券或者结构化理财产品的构造。

案例 11-3 中广核风电碳债券

2014 年 5 月 12 日，中广核风力发电有限公司（简称“中国核风电”）附加碳收益中期票据在我国银行间市场成功发行。该笔碳债券的发行金额为 10 亿元，发行期限为 5 年。主承销商为浦发银行和国家开发银行，由中广核财务及深圳排放权交易所担任财务顾问。

该债券利率采用“固定利率+浮动利率”的形式，固定利率部分为 5.65%，主要由发行人评级水平、市场环境和投资者碳收益预期来判定。浮动利率与发行人下属 5 家风电项目实现的碳交易收益**正向关联**，浮动利率的区间设定为 5～20bp。具体而言，浮动利率的定价机制是（见图 11-10）：

(1) 当碳收益率等于或低于 0.05%（含募集说明中约定碳收益率确定为 0 的情况）时，当期浮动利率为 5bp；

(2) 当碳收益率等于或高于 0.20% 时，当期浮动利率为 20bp；

(3) 当碳收益率介于 0.05%和 0.20%之间时，按照碳收益率换算为 bp 的实际数值确定当期浮动利率。

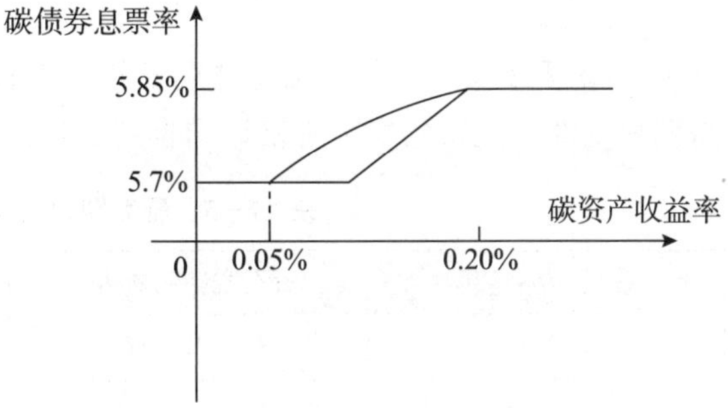

图 11-10　中广核风电碳债券的收益图

根据产品收益条款，可以绘制出该产品的到期收益曲线如图 11－10 所示。

从图中可以看出，中广核风电碳债券嵌入的碳收益正是牛市价差期权，可以看作买入一个执行价格为 100.05%初始碳资产价值的看涨期权，同时卖出一个执行价格为 100.2%初始碳资产价值的看涨期权，使得投资者既可以获得碳资产价值增长带来的浮动收益，又不会过度分享碳资产的高收益。

根据评估机构的测算，当 CCER[①] 市场均价为 8～20 元/吨时，上述项目每年的碳收益都将超过 50 万元的最低限额，最高将超过 300 万元。碳债券作为一类全新的基础资产，其成功发行不仅是首次在银行间市场引入跨市场要素产品的债券组合创新，更是对未来国内碳衍生工具发展的一次大胆尝试。

二、熊市价差组合

熊市价差（bear spreads）组合由一份较低执行价格（K_1）的看涨期权空头与一份相同期限的较高执行价格（$K_2>K_1$）的看涨期权多头组成；或由一份较低执行价格的看跌期权空头与一份相同期限的较高执行价格的看跌期权多头组成。

拓展阅读

牛市价差的 Vega 变化

与牛市价差组合相反，卖出的看涨期权的价格总是高于买入的看涨期权的价格，而卖出的看跌期权的价格总是低于买入的看跌期权的价格。这意味着，看涨期权形成的熊市价差组合的投资者开始时会得到一个正的现金流；而看跌期权形成的熊市价差组合的投资者开始时会得到一个负的现金流。

（一）看涨期权形成的熊市价差组合

（1）组合构造：由一份看涨期权多头和一份相同期限但执行价格较低的看涨期权空头组成的交易组合，就是看涨期权形成的熊市价差组合。

（2）组合的到期损益图：其损益图如图 11－11 所示。

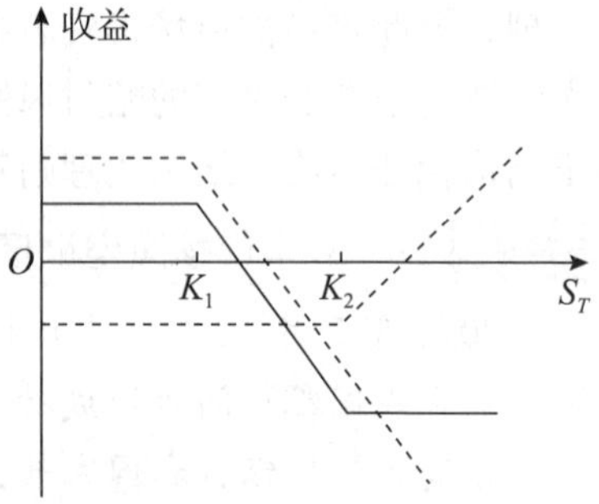

图 11－11　看涨期权形成的熊市价差组合的损益

由于执行价格越低，看涨期权的价格就越高，因此该策略中卖出看涨期权的价格高于买入看涨期权的价格，所以看涨期权形成的熊市价差组合的初始现金流为正。

（3）组合到期损益公式为：

$$V_T=\max(S_T-K_2, 0)-\max(S_T-K_1, 0)+C_1-C_2 \tag{11-7}$$

其中，K_1 和 K_2 分别是卖出看涨期权和买入看涨期权的执行价格，$K_1<K_2$，$C_1>C_2$，S_T 是期权到期日股票的实际价格，结合到期日标的资产的价格分解损益公式如表 11－5 所示。

表 11－5　看涨期权形成的熊市价差组合损益

股票价格范围	看涨期权多头	看涨期权空头	组合损益
$S_T\geqslant K_2$	$S_T-K_2-C_2$	$K_1-S_T+C_1$	$K_1-K_2+C_1-C_2$

① CCER：中国核证减排量，是在我国全国碳排放权市场交易的碳排放权产品，我国在 2021 年 6 月 25 日开启了全国统一的碳排放权市场交易。

续表

股票价格范围	看涨期权多头	看涨期权空头	组合损益
$K_1<S_T<K_2$	$-C_2$	$K_1-S_T+C_1$	$K_1-S_T+C_1-C_2$
$S_T\leqslant K_1$	$-C_2$	C_1	C_1-C_2

可见，在期权到期日，

如果 $S_T\leqslant K_1$，则两份看涨期权都不会被执行，该组合获得最大收益 C_1-C_2；

如果 $K_1<S_T<K_2$，则执行价格为 K_1 的看涨期权被执行，而执行价格为 K_2 的看涨期权放弃执行，导致该策略持有者获得 $K_1-S_T+C_1-C_2$ 的总收益；

如果 $S_T\geqslant K_2$，则两份看涨期权都执行，此时该价差组合产生最大亏损，总损失为 $K_1-K_2+C_1-C_2$。

因此，该策略的**最大损失**为 $K_1-K_2+C_1-C_2$；**最大收益**为 C_1-C_2；**损益平衡点**存在于 $[K_1, K_2]$，令 $K_1-S_T+C_1-C_2=0$，则当 $S_T=K_1+C_1-C_2$ 时，策略盈亏相抵。

因此，熊市价差组合其实就是牛市价差组合的空头头寸，二者的损益正好相反。

(4) 组合适用的市场环境：很显然该策略投资者预期未来市场可能会小幅下跌，因此通过卖出看涨期权获益，同时投资者担心未来价格大涨带来看涨期权空头的风险，因此买入一个更加虚值的看涨期权，起到止损的效果。因此相对单独卖出一个看涨期权头寸，其损失风险更小，收到的期权费也会因此降低。所以熊市价差组合同样限制了投资者在股价向有利方向变动时的潜在收益，也限制了投资者在股价向不利方向变动时的潜在损失。

(二) 看跌期权形成的熊市价差组合

(1) 组合构造：由一份看跌期权多头和一份相同期限但执行价格较低的看跌期权空头组成的组合，就是看跌期权形成的熊市价差组合。

(2) 组合的到期损益图：其损益图如图 11-12 所示。

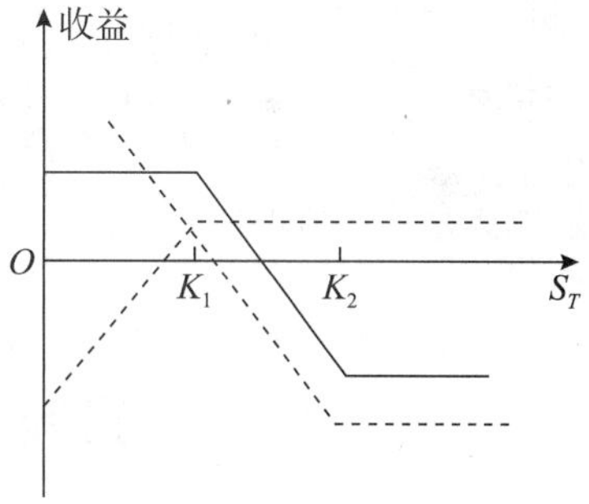

图 11-12 看跌期权形成的熊市价差组合的损益

看跌期权形成的熊市价差组合与看涨期权形成的熊市价差组合有类似的潜在收益和风险，二者都是有限的。

(3) 组合的到期损益公式为：

$$V_T=\max(K_2-S_T, 0)-\max(K_1-S_T, 0)+P_1-P_2 \tag{11-8}$$

其中，K_1 和 K_2 分别是卖出看跌期权和买入看跌期权的执行价格，$K_1<K_2$，$P_1<P_2$，S_T 是期权到期日股票的实际价格，结合到期日标的资产的价格分解损益公式如表 11-6 所示。

表 11-6 看跌期权形成的熊市价差组合的损益

股票价格范围	看跌期权多头	看跌期权空头	组合损益
$S_T\geqslant K_2$	$-P_2$	P_1	P_1-P_2
$K_1<S_T<K_2$	$K_2-S_T-P_2$	P_1	$K_2-S_T+P_1-P_2$
$S_T\leqslant K_1$	$K_2-S_T-P_2$	$S_T-K_1+P_1$	$K_2-K_1+P_1-P_2$

看跌期权形成的熊市价差组合同样是看跌牛市价差组合的空头头寸，因此其**最大收益**

就是看跌牛市价差组合的最大损失的相反值，即 $K_2-K_1+P_1-P_2$；**最大损失**为 P_1-P_2；**损益平衡点**为 $S_T=K_2+P_1-P_2$。

（4）组合适用的市场环境：该策略适用于谨慎看空的市场环境。如果投资者预期未来市场可能会下跌，他会通过买入较高执行价格的看跌期权获益。同时，如果他认为未来标的资产价格下跌可能存在支撑位，因此会通过卖出支撑位处的看跌期权来弥补一部分购买期权的成本，那么其收益和风险仍然是有限的。

【例 11-4】 某投资者以 5 元/股的价格买入一份执行价格为 35 元/股的 6 个月期某股票看跌期权，同时以 3 元/股的价格卖出一份执行价格为 30 元/股的同一标的资产的 6 个月期看跌期权，构成一个看跌期权形成的熊市价差组合。

6 个月后，若 $S_T\geqslant 35$，两份期权均不被执行，投资者损失：$5-3=2$ 元；

若 $30<S_T<35$，则执行价格为 35 元/股的看跌期权被执行，执行价格为 30 元/股的看跌期权放弃被执行，收益为 $35-S_T-2=33-S_T$；

若 $S_T\leqslant 30$，两份期权均被执行，投资者收益为：$(35-S_T)+(S_T-30)-5+3=3$ 元。

因此，看跌期权形成的熊市价差组合的最大收益为 3 元，最大损失为 2 元，损益平衡点为 $S_T=33$。

（三）两种熊市价差组合的比较

两种熊市价差组合的比较如表 11-7 所示。

表 11-7 两种熊市价差组合的比较

交易策略	看涨期权形成的熊市价差组合	看跌期权形成的熊市价差组合
相同点	1. 适用于股票温和看跌的情况 2. 组合的潜在最大收益和风险都被限制在一定额度内 3. 都是通过买入较高执行价格期权、卖出较低执行价格期权建立组合（买高卖低）	
不同点	初始现金流为正	初始现金流为负

第四节 期权的波动性交易策略

利用期权组合不但可以制定精准的趋势策略，还可以根据对市场波动性的估计构造精准的波动率策略，如跨式组合多头和宽跨式组合多头都属于大波动性策略，而蝶式价差多头和鹰式价差多头都属于小波动性策略。

一、跨式组合

（一）跨式组合构造

跨式组合（straddle）由具有相同标的资产、相同执行价格、相同期限的一份看涨期权和一份看跌期权组成。跨式组合多头是同时买入同等数量的看涨期权和看跌期权，空头则相反。

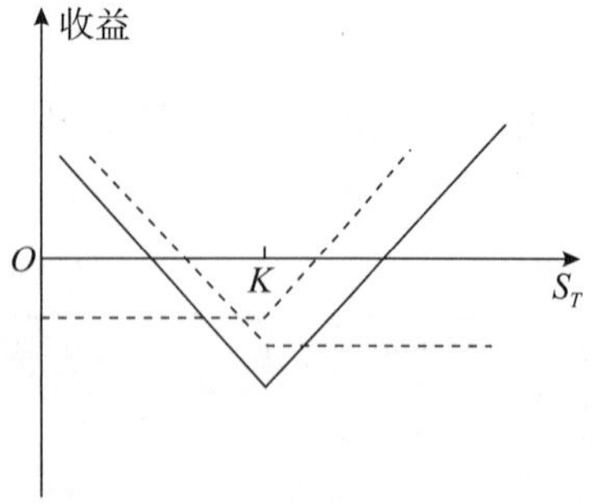

图 11-13 跨式组合多头的到期损益图

（二）跨式组合多头的到期损益图

跨式组合多头的到期损益图如图 11-13 所示。设 K 为期权执行价格。

（三）跨式组合的到期损益公式

该期权组合的到期损益公式为：

$$V_T = \max(S_T - K, 0) + \max(K - S_T, 0) - P - C \tag{11-9}$$

如果期权到期时股票价格在执行价格附近，则该组合出现损失。如果期权到期时股票价格远高于或者远低于执行价格，则利用该组合策略能够获得大量盈利。其损益情况如表 11-8 所示。

表 11-8　跨式组合损益情况

股票价格范围	看涨期权多头	看跌期权多头	组合损益
$S_T \leqslant K$	$-C$	$K-S_T-P$	$K-S_T-C-P$
$S_T > K$	S_T-K-C	$-P$	$S_T-K-C-P$

由表 11-8 可知，跨式组合的**最大损失**就是两个期权的期权费（$P+C$），而**最大收益**无限，其**损益平衡点**在 K 的左右两边各有一个，分别为（$K-C-P$）和（$K+C+P$）。

该策略出售执行价格相同的看涨期权和看跌期权，二者或者同为平值期权，或者一个是实值期权，一个是虚值期权。该策略是成本比较高昂的期权交易策略。

（四）跨式组合适用的市场环境

投资者愿意购买看涨、看跌两份期权，必然是因为投资者无法确认未来价格波动的方向，但认为未来出现大幅波动的可能性比较大。如在重大消息公布之前，明星股票经常会表现出“暴风雨前的平静”，而消息一经发布，股价就会突然大幅下跌或上升，这取决于这个消息对股票发行公司是利好还是利空，此时因为无法确定消息的好坏，购买双保险就成为比较好的选择。技术性交易者也经常会购买跨式组合，他们察觉到某股票处于一个关键的支撑位或阻力位，并预期该股票会突破支撑或大力反弹。

相反，如果投资者预测标的资产价格在一定期限内会保持稳定，他就可能同时卖出看涨期权和看跌期权，形成跨式组合空头策略，获得两份期权的收入，损益图如图 11-14 所示。

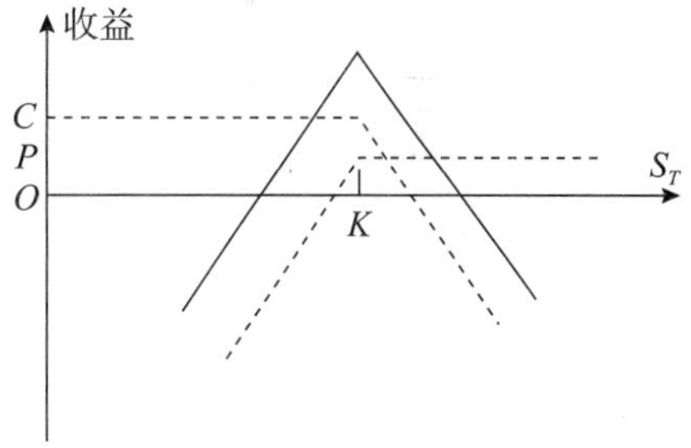

图 11-14　跨式组合空头的到期损益图

案例 11-4　巴林银行破产案

截至 1995 年，巴林银行已有 233 年历史，该银行是英国女王的理财机构。1995 年 2 月一个年仅 28 岁的交易员里森在新加坡从事东京证券的日经 225 股指期货交易以及跨式组合空头交易，交易量巨大，同时私设“88888”账户进行操作，导致公司损失 14 亿美元，而巴林银行资本金只有 8 亿美元，这一事件直接导致了巴林银行的倒闭。1995 年 3 月 6 日，荷兰银行业巨头——荷兰国际集团（ING）同意以 1 英镑的象征性价格购买巴林银行，承担了巴林银行的全部巨额负债。

起因是在 1994 年下半年，里森根据对日本经济的分析，认为日本经济将走出衰退，日元会坚挺，日本股市必大有可为。因此他看好日本股市，但认为短期内日本股市很难有大幅上涨；同时他认为在股市上涨的同时，日本债券市场价格会下跌。基于此分析，他在新加坡国际金融交易所（SIMEX）进行了日经225股指期货合约、期货期权合约以及日本政府债券期货的交易，头寸如表11-9所示。

表11-9　里森持有的资产组合头寸

合约	头寸	时间
日经225股指期货	61 039手多头	1995年2月
日经225股指期货期权（看涨）	20 000多张空头	1995年2月
日经225股指期货期权（看跌）	20 000多张空头	1995年2月
日本政府债券期货	26 079手空头	1995年1月

从表11-9可以看到，里森持有的日经225股指期货期权组合正是跨式组合空头。里森所持有的头寸方向与其对日本经济的预测态度完全一致，且头寸数量巨大，这体现了里森对自己分析能力的高度自信。

不幸的是，里森遇到了天灾。1995年1月18日，日本发生了阪神大地震，导致股市暴跌，日本政府债券走强，因此其持有的股指期货多头、国债期货空头都产生了巨亏。同时由于市场发生的大幅波动，跨式组合中的看跌期权同样发生巨亏。里森所持合约均为1995年3月到期，在其面临巨额亏损的情况下，新加坡国际金融交易所和大阪证券交易所都向其发出追加保证金的通知，但两家交易所发出的追加保证金通知均没有兑现。

1995年2月26日深夜，在英国财政部及英格兰银行向英国政府发出紧急呼吁以图调资补救、阻止银行倒闭的努力失败后，英格兰银行宣布，巴林银行进入财产清点阶段。

因此，虽然跨式组合空头可以获得两份期权费，但其亏损的风险也是巨大的，在构建这种策略的同时必须做好应对极端风险的风险管理方案。

二、宽跨式组合

（一）组合构造

宽跨式组合（strangle），又称底部垂直价差组合（bottom vertical spread combination）或勒式组合，由具有相同期限但不同执行价格的一份看涨期权多头和一份看跌期权多头组成，其中看涨期权的执行价格高于看跌期权，一般使用虚值看跌期权+虚值看涨期权来构建该组合。

（二）宽跨式组合多头的到期损益图

宽跨式组合的到期损益图如图11-15所示，其中K_1为看跌期权的执行价格，K_2为看涨期权的执行价格，$K_1<K_2$。

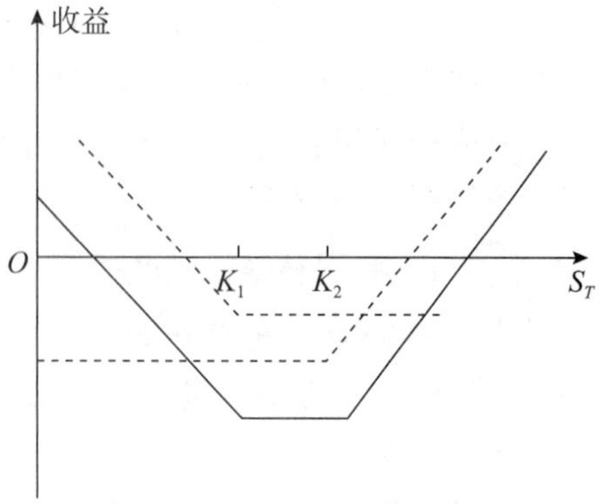

图11-15　宽跨式组合多头的到期损益图

（三）宽跨式组合的到期损益公式

该期权组合的到期损益公式为：

$$V_T=\max(S_T-K_2,0)+\max(K_1-S_T,0)-P-C \tag{11-10}$$

宽跨式组合的损益状况如表 11－10 所示。

表 11－10　宽跨式组合的损益状况

股票价格范围	看涨期权多头	看跌期权多头	组合损益
$S_T \leqslant K_1$	$-C$	K_1-S_T-P	K_1-S_T-P-C
$K_1<S_T<K_2$	$-C$	$-P$	$-P-C$
$S_T \geqslant K_2$	S_T-K_2-C	$-P$	S_T-K_2-C-P

由表 11－10 可知，宽跨式组合的**最大损失**依然是两个期权的期权费（$P+C$），**最大收益无限**，**损益平衡点**分别为（K_1-C-P）和（K_2+C+P）。

（四）宽跨式组合适用的市场环境

相对于跨式组合，由于看跌期权和看涨期权一般均为虚值期权，期权费相对于跨式组合更便宜，但同样能够在未来标的资产价格发生大幅波动时获得收益，因此宽跨式组合和跨式组合都适用于未来股价有大幅波动但变动方向不确定的情况。

宽跨式期权空头则适用于预期未来股价保持相对稳定的情况，并且相对于跨式组合，其获得最高收益的价格区间拉大，使得发生损失的概率变小。宽跨式组合的空头到期损益图见图 11－16。

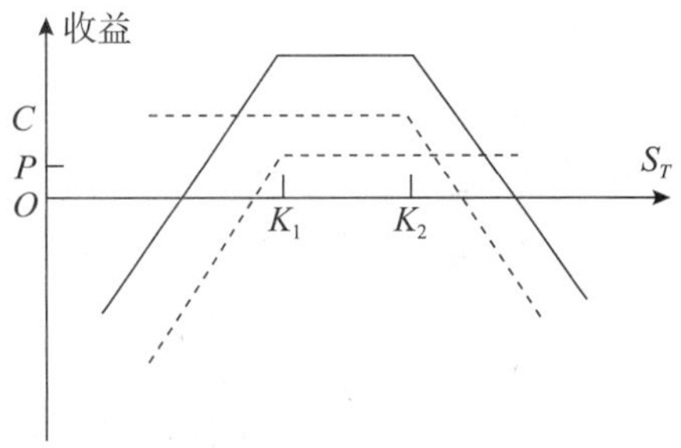

图 11－16　宽跨式组合的空头到期损益图

三、蝶式价差组合

跨式组合空头和宽跨式组合空头虽然都可以在市场小幅波动时获益，但其预测失误面临的损失风险也是巨大的。如何能够在市场小幅波动时获益，而在大幅波动时止损呢？蝶式价差（butterfly spread）组合和鹰式价差组合就是达到这一目的的小波动性策略。

（一）蝶式价差组合构造

蝶式价差组合类似于牛市价差组合和熊市价差组合，可以利用看涨期权来构造，也可以利用看跌期权来构造，不同期权构造的方向类似。假设 K_1、K_2、K_3 为期权执行价格，$K_1<K_2<K_3$，且 $2K_2=K_1+K_3$，则：

看涨期权的蝶式价差组合由 1 份执行价格为 K_1 的看涨期权多头＋1 份执行价格为 K_3 的看涨期权多头＋2 份执行价格为 K_2 的看涨期权空头组成。

看跌期权的蝶式价差组合由 1 份执行价格为 K_1 的看跌期权多头＋1 份执行价格为 K_3 的看跌期权多头＋2 份执行价格为 K_2 的看跌期权空头组成。

（二）蝶式价差组合的到期损益图

虚线表示组合中单个期权的损益状况，实线表示组合整体的损益与标的资产价格的关系。

图 11－17（a）代表看涨期权的蝶式价差组合多头，如果到期日标的资产价格维持在 K_2 附近，则运用该策略就会盈利；如果到期日标的资产价格在任何方向上有较大波动，则运用该策略会出现少量可控制的损失，该投资策略需要一个较小数额的初始投资。

图 11－17（b）代表看涨期权的蝶式价差组合空头，其损益状态与看涨期权的蝶式价

差组合多头正好相反，适用的市场预期也相反。如果到期日标的资产价格在任何方向上有较大波动，则运用该策略会获利，该策略的初始现金流为正，数额较小。

图 11-17（c）和图 11-17（d）分别是看跌期权的蝶式价差组合多头和空头，其到期损益图和适用的市场环境与看涨期权的组合类似。

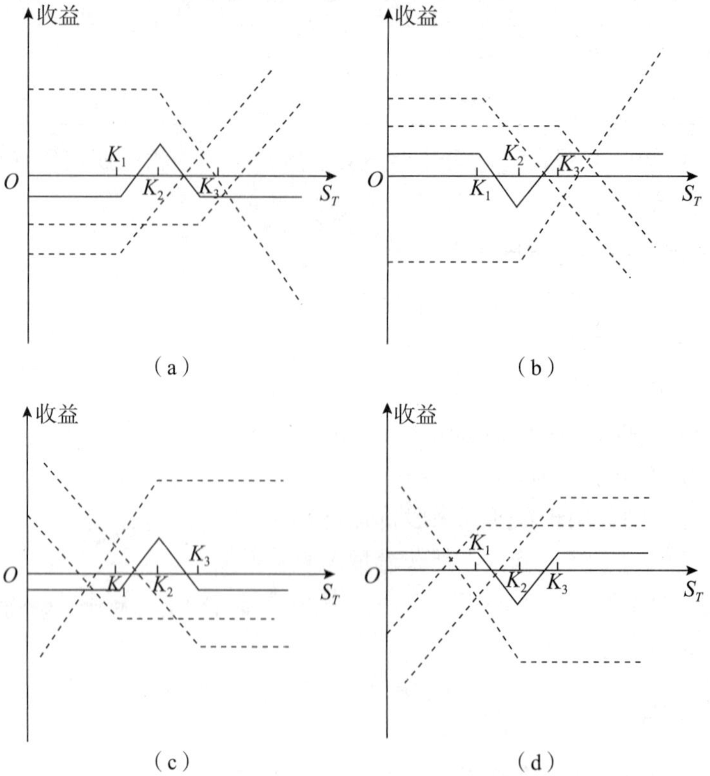

图 11-17　蝶式价差组合的到期损益图

（三）蝶式价差组合的损益公式

看涨蝶式价差组合到期的损益公式为：

$$V_T = \max(S_T - K_1, 0) + \max(S_T - K_3, 0) - 2\max(S_T - K_2, 0) + 2C_2 - C_1 - C_3 \tag{11-11}$$

看跌蝶式价差组合到期的损益公式为：

$$V_T = \max(K_1 - S_T, 0) + \max(K_3 - S_T, 0) - 2\max(K_2 - S_T, 0) + 2P_2 - P_1 - P_3 \tag{11-12}$$

结合公式，根据标的资产价格取值范围，看涨蝶式价差组合和看跌蝶式价差组合的损益状况分别如表 11-11 和表 11-12 所示。

表 11-11　看涨蝶式价差组合的损益状况

股票价格范围	1 份看涨多头(K_1)	1 份看涨多头(K_3)	2 份看涨空头(K_2)	组合损益
$S_T \leqslant K_1$	$-C_1$	$-C_3$	$2C_2$	$2C_2 - C_1 - C_3$

续表

股票价格范围	1份看涨多头(K_1)	1份看涨多头(K_3)	2份看涨空头(K_2)	组合损益
$K_1<S_T\leqslant K_2$	$S_T-K_1-C_1$	$-C_3$	$2C_2$	$S_T-K_1+2C_2-C_1-C_3$
$K_2<S_T\leqslant K_3$	$S_T-K_1-C_1$	$-C_3$	$2(K_2-S_T+C_2)$	$K_3-S_T+2C_2-C_1-C_3$
$S_T>K_3$	$S_T-K_1-C_1$	$S_T-K_3-C_3$	$2(K_2-S_T+C_2)$	$2C_2-C_1-C_3$

表 11-12 看跌蝶式价差组合的损益状况

股票价格范围	1份看跌多头(K_1)	1份看跌多头(K_3)	2份看跌空头(K_2)	组合损益
$S_T\leqslant K_1$	$K_1-S_T-P_1$	$K_3-S_T-P_3$	$2(S_T-K_2+P_2)$	$2P_2-P_1-P_3$
$K_1<S_T\leqslant K_2$	$-P_1$	$K_3-S_T-P_3$	$2(S_T-K_2+P_2)$	$S_T-K_1+2P_2-P_1-P_3$
$K_2<S_T\leqslant K_3$	$-P_1$	$K_3-S_T-P_3$	$2P_2$	$K_3-S_T+2P_2-P_1-P_3$
$S_T>K_3$	$-P_1$	$-P_3$	$2P_2$	$2P_2-P_1-P_3$

由上述分析可知，蝶式价差组合的**最大损失**是期初的净期权费，**最大收益**为 K_2-K_1+净期权费，**损益平衡点**分别为 K_1+净期权费和 K_3−净期权费，其中净期权费 $\Delta C=2C_2-C_1-C_3$，$\Delta P=2P_2-P_1-P_3$ 均为负值。

【例 11-5】 假设某投资者使用以某只股票为标的、到期日均为 3 个月的欧式看跌期权构建了蝶式价差组合，以 1 元的价格买入一份执行价格为 18 元的看跌期权，以 3.5 元的价格买入一份执行价格为 22 元的看跌期权，同时以 2 元的价格卖出两份执行价格为 20 元的看跌期权。试分析该蝶式价差组合的到期损益。

3 个月后，若股票价格小于等于 18 元，四份期权均被执行。该投资者在看跌期权多头上的损益为 $(18-S_T)+(22-S_T)=40-2S_T$，在看跌期权空头上的损益为 $2S_T-40$，则整个组合的损益为 $(40-2S_T)+(2S_T-40)-3.5-1+4=-0.5$ 元。

若股票价格大于 18 元且小于等于 20 元，则执行价格为 18 元的看跌期权多头不被执行，执行价格为 22 元的看跌期权多头的损益为 $22-S_T$，看跌期权空头的损益为 $2S_T-40$，整个组合的损益为 $(22-S_T)+(2S_T-40)-3.5-1+4=S_T-18.5$。

若股票价格大于 20 元且小于等于 22 元，则只有执行价格为 22 元的看跌期权多头被执行，损益为 $22-S_T$，看跌期权空头不被执行，整个组合的损益为 $(22-S_T)-3.5-1+4=21.5-S_T$。

若股票价格大于 22 元，则所有看跌期权均不被执行，整个组合的损益为 $-3.5-1+4=-0.5$ 元。

汇总损益如表 11-13 所示。

表 11-13 整个组合的损益

股票价格变动范围	损益状态
$S_T\leqslant 18$	-0.5
$18<S_T\leqslant 20$	$S_T-18.5$
$20<S_T\leqslant 22$	$21.5-S_T$
$S_T>22$	-0.5

（四）蝶式价差组合适用的市场环境

蝶式价差组合中的 K_2 为中间执行价格，在操作中应该非常接近股票现价。如果到期时股票价格保持在 K_2 附近，则蝶式价差组合获利。如果股票价格在任何方向上有较大波动，则蝶式价差组合会有少量损失。对于认为股票价格不会发生较大波动的投资者而言，这是非常适当的策略，但是需要少量的初始投资。

因此，蝶式价差组合多头是一个看淡波动率的策略，而蝶式价差组合空头是一个看增波动率的策略，也就是只有在波动幅度增大时才会存在盈利空间。蝶式价差组合风险有限，同样利润也有限，构建蝶式价差组合的投资者看重的是后市突破的方向和成本的控制问题。在突破方向不太明了的情况下，投资者会获得相对少的利润，等待趋势形成再更改策略进行投资，这样期权的魅力就体现出来了。

四、鹰式价差组合

鹰式价差（condor spread）组合，也叫秃鹫式价差期权，类似于跨式组合与宽跨式组合的区别，鹰式价差组合和蝶式价差组合同样是在小幅波动时增益，在大幅波动时损失有限，区别在于鹰式价差组合是卖出两个不同中间执行价格的期权，而蝶式价差组合卖出的是两个相同中间执行价格的期权。

（一）鹰式价差组合构造

鹰式价差组合同样既可以利用看涨期权来构造，也可以利用看跌期权来构造，不同期权构造的方向类似。假设 K_1、K_2、K_3、K_4 为期权执行价格，$K_1<K_2<K_3<K_4$，且 $K_2+K_3=K_1+K_4$，则：

看涨期权的鹰式价差组合由 1 份执行价格为 K_1 的看涨期权多头+1 份执行价格为 K_4 的看涨期权多头+1 份执行价格为 K_2 的看涨期权空头+1 份执行价格为 K_3 的看涨期权空头组成。

看跌期权的鹰式价差组合由 1 份执行价格为 K_1 的看跌期权多头+1 份执行价格为 K_4 的看跌期权多头+1 份执行价格为 K_2 的看跌期权空头+1 份执行价格为 K_3 的看跌期权空头组成。

（二）鹰式价差组合的到期损益图

虚线表示组合中单个期权的损益状况，实线表示组合整体的损益与标的资产价格的关系。

图 11－18（a）代表看涨期权的鹰式价差组合多头。如果到期日标的资产价格维持在 $[K_2, K_3]$ 附近，则运用该策略会盈利；如果到期日标的资产价格在任何方向上有较大波动，则运用该策略会出现少量可控制的损失。该投资策略需要较少的初始投资。

图 11－18（b）代表看涨期权的鹰式价差组合空头，其损益状态与看涨期权的鹰式价差组合多头正好相反，适用的市场预期也相反。如果到期日标的资产价格在任何方向上有较大波动，则运用该策略会获利。该策略的初始现金流为正，数额较小。

图 11－18（c）和图 11－18（d）分别是看跌期权的鹰式价差组合多头和空头，其到期损益图和适用的市场预期情况与看涨期权的组合类似。

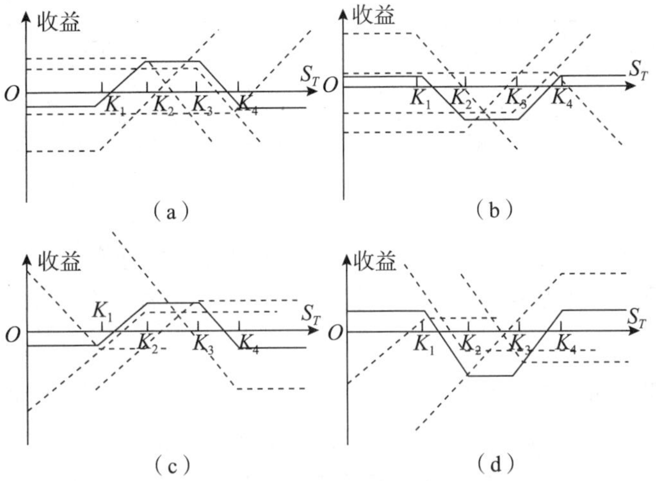

图 11-18　鹰式价差组合的到期损益图

(三) 鹰式价差组合的损益公式

令 $\Delta C=C_2+C_3-C_1-C_4$，$\Delta P=P_2+P_3-P_1-P_4$，则 $\Delta C<0$，$\Delta P<0$。

看涨鹰式价差组合的到期损益公式为：

$$V_T=\max(S_T-K_1,0)+\max(S_T-K_4,0)-\max(S_T-K_2,0)-\max(S_T-K_3,0)+\Delta C \tag{11-13}$$

看跌鹰式价差组合的到期损益公式为：

$$V_T=\max(K_1-S_T,0)+\max(K_4-S_T,0)-\max(K_2-S_T,0)-\max(K_3-S_T,0)+\Delta P \tag{11-14}$$

结合公式，根据标的资产价格取值范围，看涨鹰式价差组合和看跌鹰式价差组合的损益状况分别如表 11-14 和表 11-15 所示。

表 11-14　看涨鹰式价差组合的损益状况

股票价格范围	看涨多头(K_1)	看涨多头(K_4)	看涨空头(K_2)	看涨空头(K_3)	组合损益
$S_T\leqslant K_1$	$-C_1$	$-C_4$	C_2	C_3	ΔC
$K_1<S_T\leqslant K_2$	$S_T-K_1-C_1$	$-C_4$	C_2	C_3	$S_T-K_1+\Delta C$
$K_2<S_T\leqslant K_3$	$S_T-K_1-C_1$	$-C_4$	$K_2-S_T+C_2$	C_3	$K_2-K_1+\Delta C$
$K_3<S_T\leqslant K_4$	$S_T-K_1-C_1$	$-C_4$	$K_2-S_T+C_2$	$K_3-S_T+C_3$	$K_4-S_T+\Delta C$
$S_T>K_4$	$S_T-K_1-C_1$	$S_T-K_4-C_4$	$K_2-S_T+C_2$	$K_3-S_T+C_3$	ΔC

表 11-15　看跌鹰式价差组合的损益状况

股票价格范围	看跌多头(K_1)	看跌多头(K_4)	看跌空头(K_2)	看跌空头(K_3)	组合损益
$S_T\leqslant K_1$	$K_1-S_T-P_1$	$K_4-S_T-P_4$	$S_T-K_2+P_2$	$S_T-K_3+P_3$	ΔP
$K_1<S_T\leqslant K_2$	$-P_1$	$K_4-S_T-P_4$	$S_T-K_2+P_2$	$S_T-K_3+P_3$	$S_T-K_1+\Delta P$

续表

股票价格范围	看跌多头(K_1)	看跌多头(K_4)	看跌空头(K_2)	看跌空头(K_3)	组合损益
$K_2<S_T\leqslant K_3$	$-P_1$	$K_4-S_T-P_4$	P_2	$S_T-K_3+P_3$	$K_2-K_1+\Delta P$
$K_3<S_T\leqslant K_4$	$-P_1$	$K_4-S_T-P_4$	P_2	P_3	$K_4-S_T+\Delta P$
$S_T>K_4$	$-P_1$	$-P_4$	P_2	P_3	ΔP

由上述分析可知，鹰式价差组合的**最大损失**也是期初的净期权费，**最大收益**为 K_2-K_1＋净期权费，**损益平衡点**分别为 K_1＋净期权费和 K_4－净期权费，其中净期权费 ΔC、ΔP 均为负值。

（四）鹰式价差组合适用的市场环境

鹰式价差组合适用的市场环境与蝶式价差组合类似，只是由于出售的两份期权的执行价格不同，拉大了最高收益区间，使得未来发生更大范围的波动才可能发生亏损，即只要未来价格在小范围波动，鹰式价差组合的持有者就可以赢回期权费。鹰式价差组合在限制收益的同时也限制了亏损，因此出售鹰式价差组合的损失和收益有限。

拓展阅读

其他期权组合策略

本章小结

本章丰富的期权交易策略使我们看到期权的非线性确实给予了投资者无限可能和无穷尽的创新！而策略创新的目的只有一个——用最少的钱，干最多的事！因此，如果投资者对于市场有更精准的趋势预期或者波动性预期，结合投资者自身的风险承受程度，就可以利用期权设计出符合投资者预期的策略，这就是期权非线性的魅力所在。

除此之外，由于期权的组合策略可以在一定程度上起到策略内风险相互对冲的作用，因此很多交易所不仅提供了期权组合交易的指令，还提供了相应的保证金优惠，如我国上交所、深交所对于个股期权都允许直接提交期权组合交易指令，而大商所、郑商所、上期所等在期权保证金制度中也规定了保证金的优惠措施。具体可以参考各交易所的期权业务指南，也可以扫描二维码了解部分交易所有关期权组合业务的交易指令和保证金规则。

拓展阅读

我国交易所的期权组合交易指令和期权组合保证金规则

本章所介绍的这些交易策略满足了我们对未来股价不同预期（看涨、看跌、波动幅度等）进行不同投资的要求。当然，现实中的期权策略远不止这些，根据期权头寸的多样性和灵活性可以设计出更多的期权组合，何况本章只考虑了欧式期权和常见的期权，并没有仔细探讨美式期权和奇异期权。从这些期权策略组合丰富多样的损益图中可以窥见金融工程的本质意义，那就是对现金流进行各种可能的分割和组合，并将其提供给具有不同需求、不同风险偏好的投资者，而期权头寸自身的灵活性保证了这一目标的实现。

本章术语

备兑看涨期权策略　转换套利　反向转换套利　牛市价差组合　熊市价差组合　跨式组合　宽跨式组合　蝶式价差组合　鹰式价差组合

扩展阅读

思考题

一、简答题

1. 假定你从父母那里得到了一些股票，近期该股票的表现不尽如人意，但通过分析你认为该股票在未来具有上涨的潜力，你打算卖出针对该股票的看涨期权，构造一份有保护的看涨期权。你应该卖出怎样的看涨期权，才能使得期权被执行的可能性较低？

2. 分析看跌期权形成的牛市价差组合和看涨期权形成的牛市价差组合之间的不同点。

二、计算题

1. 有效期为3个月的股票看涨期权分别有8元、9元和10元的执行价格，其期权价格分别为1.75元、1元和0.5元。解释如何应用这些期权构造蝶式价差组合。列表说明蝶式价差组合的损益如何随股价的变化而变化。

2. 假设执行价格分别为30元和40元的看跌期权的成本分别为4元和9元，怎样用期权构造（a）牛市价差组合和（b）熊市价差组合？列表说明这两份期权组合的损益状况。

3. 三种同一股票的看跌期权有相同的到期日。执行价格分别为50元、60元和70元，市场价格分别为3元、5元和8元。解释如何构造蝶式价差组合。列表说明这种策略带来的损益。请问：股票价格在什么范围时，蝶式价差组合将导致损失？

4. 假设执行价格为60元的看涨期权的成本为6元，相同执行价格和到期日的看跌期权的成本为4元。列表说明跨式组合的损益状况。请问：股票价格在什么范围时，跨式组合将导致损失？

5. 一个欧式看涨期权的执行价格为50元，期权价格为3元。相同标的资产和到期日的欧式看跌期权的执行价格为50元，期权价格为4元。已知期权标的资产的到期价格是52元，那么考虑到期权费的成本，一个跨式组合多头的损益是多少？

6. 执行价格为50元的某股票的看涨期权成本为2元，执行价格为45元的该股票相同到期日的看跌期权成本为3元。解释由这两种期权如何构造宽跨式组合。宽跨式组合的损益状况是怎么样的？

三、讨论题

1. 假设你正在关注某公司的股票，该公司不巧出现了一些严重的问题，破产清算迫在眉睫，除非它有能力得到政府担保的贷款。一旦公司经营失败并进行清算，股价会深度下跌；但如果公司获得贷款，股价就可能快速上涨。在这种情况下，请说明投资者能采用哪几种不同的期权投资策略并解释它们之间的不同点。

2. 构建如下期权组合：一个执行价格为 K_1 的看涨期权多头＋一个执行价格为 K_3 的看跌期权多头＋一个执行价格为 K_2 的看涨期权空头＋一个执行价格为 K_2 看跌期权空头。设上述期权具有相同的到期日、相同的标的资产，则上述组合同样可以构造蝶式价差组合。试分析上述策略的到期损益公式，并画出该产品在到期日的损益图。其中 $K_1<K_2<K_3$，$2K_2=K_1+K_3$。

3. 利用看涨看跌期权平价关系证明：在相同标的资产、相同执行价格、相同到期期限的情况下，欧式看跌期权构造的蝶式价差组合的成本与欧式看涨期权构造的蝶式价差组合的成本是相等的。

4. 运用期权如何构造出具有确定交割价格和交割日期的股票远期合约？

第十二章

期权的二叉树定价模型

本章导读

二叉树模型是在实践中被广泛应用于期权定价的数值模型，相对于 Black-Scholes 期权定价理论，二叉树模型更清晰地解释了套利定价和风险中性定价在期权估值中的应用，以及二者的关系，直观展现了期权动态套期保值的过程。并且，该模型的实现原理简单、估值效率高、数值近似收敛速度快，因此在场外期权市场和场内商品期货期权估值和风险指标计算中都有广泛应用。本章主要学习二叉树模型的市场假设、模型特点、期权定价实施过程和实际应用的参数设置等内容，并通过期权套利策略设计、期权套期保值比率计算理解期权动态套期保值的思想。

学习要求

了解二叉树模型的特点和应用价值，掌握如何通过套利定价方法和风险中性定价方法使用二叉树模型为欧式期权、美式期权进行数值定价，理解套利定价和风险中性定价两种原理的内在联系，理解期权动态套期保值的思想，能够利用二叉树模型设计期权的动态套期保值策略，并计算策略的实施效果，能够使用实际数据应用二叉树模型为欧式期权和美式期权定价。

知识结构图

第一节　二叉树模型简介

二叉树（binomial tree）模型是被广泛应用于期权定价的数值模型，最早由考克斯等人于 1979 年在风险中性定价理论的基础上提出。二叉树模型在对具有提前执行特征的美式期权定价方面具有独特的优势。

一、二叉树模型的市场假设

为方便定价，二叉树模型做出如下市场简化假设：

（1）市场不存在交易摩擦，即没有任何交易费用和税收。

（2）市场不存在无风险套利机会。

（3）无风险利率为常数，投资者可以以无风险利率进行任意借贷。

（4）市场允许卖空。

（5）资产价格变动符合多步二项式模型。如图 12-1 所示，每一步标的资产价格的变动只有两个可能值。

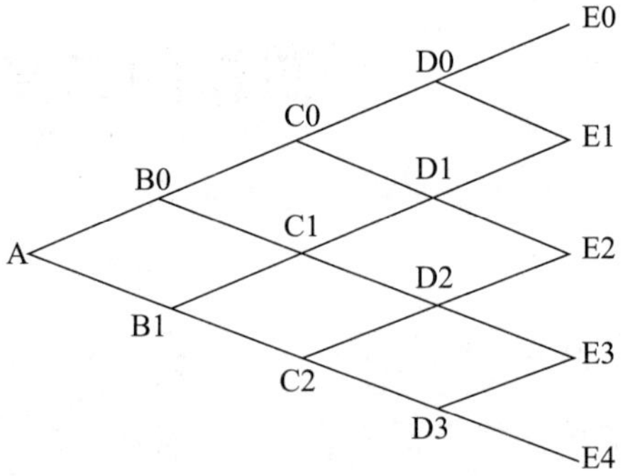

图 12-1　简单二叉树图

上述假设中，除了最后一条是二叉树模型为了进行数值定价设定的特殊假设外，其他假设都与 Black-Scholes-Merton 期权定价模型的假设相同。

二、二叉树模型的特点

二叉树模型相对于期权的解析定价模型（Black and Scholes，1973）以及其他期权定价的数值算法，具有如下特点。

第一，二叉树模型相对简单。二叉树模型假设在每一个时间间隔内，资产价格只有两个可能值，模型简单直观。例如，在图 12-1 中，当前资产价格处于 A 位置，经过一步之后，价格可能上涨到 B0 或者下跌到 B1。依赖于第一步变动的结果，若第一步变动到 B0，则资产价格在第二步时可能上涨到 C0 或者下跌到 C1，后续变动遵循同样的规律。因此，标的资产价格的变动直观可见，更容易形象地解释期权定价的原理。

第二，二叉树模型容易解释套利定价与风险中性定价之间的内在联系。

第三，二叉树模型容易解释期权动态复制的思想。二叉树模型作为离散模型，可以通过每一步的计算看到期权复制策略的动态变化，更容易理解期权动态复制的思想。

第四，二叉树模型是实践中被广泛应用的期权定价方法。二叉树模型虽然简单，但其中标的资产价格（例如股价）遵循离散的随机游走（random walk），描述了价格可能遵循的路径，它是对真实资产价格变动的近似建模。当二叉树每步变动的时间间隔足够小时，该模型能够很好地近似真实的资产价格变动，因此在实践中是一种高效的期权定价方法。

第五，二叉树模型解决了如美式期权等具有提前行权特征的期权定价问题。这一点是 Black-Scholes 期权解析定价公式无法解决的，因此其在具有提前行权特征的商品期权、场外期权中具有广泛应用。

第二节　单步二叉树模型

我们用一个简单的例子描述二叉树模型在衍生产品以及期权定价中的应用。

【例 12-1】 假设风险资产为不支付红利的股票，当前价格为 20 元，并且已知该股票的价格在 3 个月后只有 22 元和 18 元两种可能。假设无风险年利率为 10%（连续复利），现在我们需要计算一份 3 个月到期、协议价格（执行价格）为 21 元的该股票欧式看涨期权的价值，即期权费。

该期权的价值依赖于股票的价格变动，在 3 个月后也只有两种可能：当股票价格上涨到 22 元时，期权价值将为 1 元；当股票价格下跌为 18 元时，期权价值将为 0 元。其收益如图 12-2 所示。

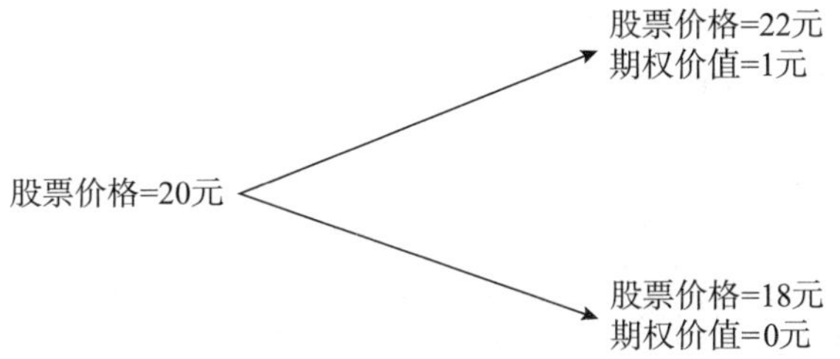

图 12-2　股票价格的路径图

图 12-2 中期权当前的价值，可以通过无套利定价和风险中性定价两种方式来求出。

一、单步二叉树模型的无套利定价

（一）构造无风险组合定价期权

无套利定价的关键技术是复制，可以使用无风险资产和标的股票构建组合复制期权的价值，也可以利用股票和期权构造无风险投资组合。若股票和期权组合可以复制无风险资产，则该组合的收益率一定等于无风险利率，此时组合期初的价值就应该等于到期价值的无风险贴现，进而求得期权的价值。

具体地，我们构造一个由 Δ 单位股票多头和一份看涨期权空头组成的投资组合，则：当股票价格由 20 元变成 22 元时，所持有股票的价值为 22Δ，期权价值为 1 元，该组合的价值为 $22\Delta-1$；当股票价格由 20 元变成 18 元时，所持有股票的价值为 18Δ，期权价值为 0 元，该组合的价值为 18Δ。

要使投资组合为无风险组合，则组合在到期日对于任何市场情景，价值都是相等的，即 Δ 必须满足下列等式：

$$22\Delta-1=18\Delta$$

解之，得

$$\Delta=0.25$$

这样，该无风险投资组合中包括：0.25 单位标的股票多头和 1 单位股票的看涨期权空头。

当股票价格上涨到 22 元时，该组合的价值为：

$$22\times 0.25-1=4.5 \text{ 元}$$

当股票价格下跌到 18 元时，该组合的价值为：

$18\times0.25=4.5$ 元

因此，不管股票价格上涨还是下跌，该投资组合在 3 个月后的价值恒为 4.5 元。由于该组合是无风险的，其收益率应该等于无风险利率 10%，故该组合的当前价值（即贴现值）为：

$4.5\times e^{-0.10\times0.25}=4.39$ 元

已知当前的股票价格为 20 元，令期权当前的价值（期权费）为 f，那么构造该组合的成本为：

$20\times0.25-f=4.39$

从而求得期权价值为：

$f=0.61$ 元

（二）推广至一般情形

上述推导过程对于任意一个未定权益的价值计算均可实现。不失一般性，假设一个不支付红利的标的资产，当前时刻 t 的价格为 S，基于该标的资产的某个衍生产品当前的价值为 f，到期时间为 T。在 T 时刻标的资产价格可能上涨至 $S_u=u\times S$，也可能下跌至 $S_d=d\times S$，其中 $u>1$ 称为上涨因子，$d<1$ 称为下降因子，并且满足

$$d<e^{r(T-t)}<u \tag{12-1}$$

令标的资产价格上涨至 S_u 时衍生产品的价值为 f_u，标的资产价格下跌至 S_d 时衍生产品的价值为 f_d。其价值变动如图 12－3 所示。

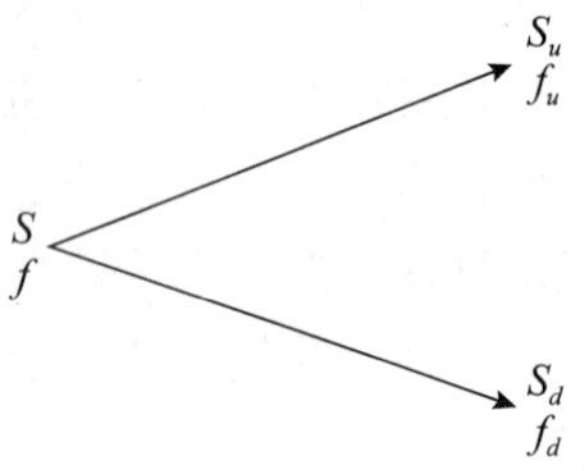

图 12－3　单步二叉树的价格路径

考虑如下的投资组合：Δ 单位标的资产多头和一份衍生产品空头，使得该投资组合无风险。

当标的资产价格上涨至 S_u 时，所持有标的资产的价值为 ΔS_u，衍生产品的价值为 f_u，投资组合的价值为 ΔS_u-f_u；

当标的资产价格下跌至 S_d 时，所持有标的资产的价值为 ΔS_d，衍生产品的价值为 f_d，投资组合的价值为 ΔS_d-f_d。

要使得投资组合无风险，则需要满足：

$$\Delta S_u-f_u=\Delta S_d-f_d$$

由此得到满足条件的 Δ 值：

$$\Delta=\frac{f_u-f_d}{S_u-S_d} \tag{12-2}$$

Δ 恰好是在衍生产品到期日，衍生产品的价值变化与标的资产价格变化的比值。此时的投资组合无风险，其贴现率一定等于无风险利率，故该投资组合在期初的价值为：

$$(\Delta S_u-f_u)e^{-r(T-t)}$$

其中，r 表示无风险利率。已知期初构造该组合的成本为：

$$\Delta S-f$$

所以，

$$(\Delta S_u-f_u)e^{-r(T-t)}=\Delta S-f$$

求得：

$$f=e^{-r(T-t)}[pf_u+(1-p)f_d] \tag{12-3}$$

其中，

$$p=\frac{e^{r(T-t)}-d}{u-d} \tag{12-4}$$

二、单步二叉树模型的风险中性定价

（一）风险中性定价过程

设 p 为风险中性环境下股票价格上涨的概率，$(1-p)$ 是股票价格下跌的风险中性概率。由于在风险中性环境下股票的期望收益率等于无风险利率，这就意味着：

$$22p+18(1-p)=20e^{0.1\times 3/12}$$

因此，

$$p=0.626\ 6$$

所以，在风险中性环境下，看涨期权在到期时价值为 1 的概率为 0.626 6，价值为 0 的概率为 0.373 4，看涨期权的收益期望值为：

$$0.626\ 6\times 1+0.373\ 4\times 0=0.626\ 6$$

将该期望值按无风险利率进行贴现，得到看涨期权的当前价格为：

$$0.626\ 6e^{-0.1\times 3/12}=0.61$$

这与我们在前面求出的值相等，说明无套利定价方法和风险中性定价方法求出的结果是一致的。

（二）风险中性定价与无套利定价的关系

回顾一般情形下无套利定价推导出的未定权益的定价公式（12-3）。根据式（12-1），有 $0<p<1$，满足概率的特征，因此衍生产品的价值等价于在概率 $(p,\ 1-p)$ 下计算得到未来价值期望的无风险贴现。即：$f=e^{-r(T-t)}E^*[\tilde{f}]$，其中 $\tilde{f}=(f_u,\ f_d)$ 为衍生产品到期可能的收益。

进一步地，我们可以验证在上述概率 $(p,\ 1-p)$ 下，标的资产当前的价格也等于其未来价值期望的无风险贴现。即：

$$S=e^{-r(T-t)}[pS_u+(1-p)S_d] \tag{12-5}$$

因为，若股票价格上涨概率是 p，则股票在 T 时刻的期望收益可以表示成：

$$E^*(S_T)=pS_u+(1-p)S_d$$

也即：

$$E^*(S_T)=pS(u-d)+Sd \tag{12-6}$$

把 p 的表达式（12-4）代入式（12-6）得到：

$$E^*(S_T)=Se^{r(T-t)} \tag{12-7}$$

故 $S=E^*(S_T)e^{-r(T-t)}$。

因此，$(p, 1-p)$ 正是风险中性概率，它使得任何风险资产当前的价值都等于其未来价值期望的无风险贴现，或者说它使得任何风险资产的期望收益率都等于无风险利率。

因此，利用无套利定价方法得到的式（12-3）和利用风险中性定价方法得到的定价公式是完全一致的，式（12-3）中的参数 $p=\dfrac{e^{r(T-t)}-d}{u-d}$ 就是风险中性环境下股票价格上涨的概率，而 $1-p$ 则是股票价格下跌的概率。

由此可以看出风险中性定价与无套利定价是内在统一的，风险中性定价是为定价便利而在无套利定价中总结出的一种简便的定价方法，风险中性概率是在一定的数学理论支持下人为设定的概率环境，这一概率环境剔除了风险溢价的影响，使得所有风险资产的期望收益均为无风险收益。罗斯于 1976 年提出的资产定价基本定理（fundamental theorem of asset pricing）从概率的角度论证了风险中性定价与无套利定价的关系。

资产定价基本定理：无套利假设等价于存在对未来不确定状态的某一等价概率测度，使得每一种金融资产对该等价概率测度的期望收益率都等于无风险证券的收益率。

因此，当假设市场无套利时，我们就可以使用风险中性定价方法，所以风险中性定价也是以市场无套利为前提假设的。

在用二叉树模型进行期权定价时，需要注意两点：第一，我们所强调的 p 是风险中性概率，它只依赖于标的资产价格的变动幅度，即 u 和 d 的值，与标的资产价格的波动率相关，与标的资产在实际概率环境下的期望收益无关。

第二，无论是无套利定价方法，还是风险中性定价方法，其计算公式中都没有出现股票价格实际上涨和下跌的概率，也没有描述投资者风险偏好程度的指标。换句话说，无论投资者对于未来股票价格的涨跌概率有什么预期以及他的风险厌恶程度如何，他都能对衍生产品“公平”或“正确”的价格达成一致。

（三）欧式期权和美式期权的单步二叉树定价

从一般性公式（12-3）的推导看，单步二叉树不但可以定价期权，也可以定价任何其他未定权益产品，其前提假设是未定权益到期偿付，不会提前终止。

因此，针对其他欧式期权，使用风险中性定价方法的定价过程类似例 12-1，首先使用标的资产价格计算风险中性概率，然后基于期权到期损益计算期权期末价值的期望，最后通过无风险利率贴现即可得到当前期权的价值。

【例 12-2】 接例 12-1，不支付红利的股票的当前价格为 20 元，该股票的价格在 3 个月后可能为 22 元或者 18 元。假设无风险年利率为 10%（连续复利），尝试计算一份 3 个月到期、执行价格为 22 元的该股票欧式看跌期权的价值。

题目中标的股票的二叉树、无风险利率和到期期限均与例 12-1 相同，风险中性概率的计算仅依赖这三者，因此股价上涨的概率 p 仍然为 0.626 6，$1-p=0.373\,4$，该看跌期

权执行价格 $K=22$，故到期损益为：

$$f_u=\max(22-S_u,0)=0,\ f_d=\max(22-S_d,0)=4$$

根据风险中性定价原理，欧式看跌期权当前的价值为：

$$\begin{aligned} f &= e^{-r(T-t)}[pf_u+(1-p)f_d] \\ &= e^{-0.1\times0.25}[0.626\,6\times0+0.373\,4\times4]\approx1.46\text{ 元} \end{aligned}$$

但针对美式期权，在使用二叉树模型时，我们假设期权持有者仅在二叉树的节点上考虑提前执行问题。此时对于同样的二叉树模型，风险中性概率无须重新计算，但美式期权给予期权持有者在任何时刻提前行权的权利，有可能提前终止，而期权持有者必然选择最大化自身价值的方式。因此期权的价值除了计算期末价值的贴现值，还需要考虑每一步提前执行带来的价值，选择二者的最大值作为美式期权在当前节点的价值。这里我们将贴现值称为“期权持有价值”，即当前节点不执行继续持有期权的价值。

【例 12-3】 股票价格的二叉树与例 12-2 相同，股票不支付红利，当前价格为 20 元，3 个月后股价可能为 22 元或者 18 元，无风险年利率为 10%（连续复利）。尝试计算一份 3 个月到期、执行价格为 22 元的该股票美式看跌期权的价值。

根据题目信息，风险中性概率与例 12-2 完全相同，股价上涨的概率 p 仍然为 0.626 6，$1-p=0.373\,4$，首先计算期权的持有价值，即假设美式期权当前时刻不执行，则在单步二叉树下，美式看跌期权当前的持有价值与例 12-2 中欧式看跌期权的价值完全相同，即：

$$f_1=e^{-r(T-t)}[pf_u+(1-p)f_d]\approx1.46\text{ 元}$$

若美式期权在当前时刻提前行权，则期权行权价值为：

$$f_2=\max(K-S,0)=\max(22-20,0)=2\text{ 元}$$

因此该美式看跌期权的价值为：$f=\max(f_1,f_2)=\max(1.46,2)=2$ 元。美式看跌期权的价值显然大于等于同条款的欧式看跌期权的价值。

第三节　多步二叉树模型

我们将上述单步二叉树模型推广至两步和多步二叉树模型，以对到期时间较长的期权给予更加精确的定价。

一、两步二叉树模型的期权定价

同样通过一个示例来说明两步二叉树模型下期权的定价过程。

【例 12-4】 已知某不付红利的股票的初始价格是 20 元，未来 6 个月的价格波动满足两步二叉树模型，每步步长为 3 个月，在任意一步，股票价格上涨和下跌的幅度均是 10%，无风险利率仍是 10%。同时存在一份 6 个月后到期的该股票的欧式看涨期权，其执行价格是 21 元，求该期权的期初价格。

（一）两步二叉树模型的无套利定价方法

根据题意可以绘制出股票价格的二叉树如图 12-4（a）所示。为不失一般性，绘制一般的两步二叉树如图 12－4（b）所示。其中 $Su=S\times u$、$Suu=S\times u^2$ 表示标的资产价格的变动，f_u、f_d、f_{ud}、f_{du}、f_{uu}、f_{dd} 中的 u，d 为下标，表示相应节点上期权的价格，f 表示当前时点期权的价格。

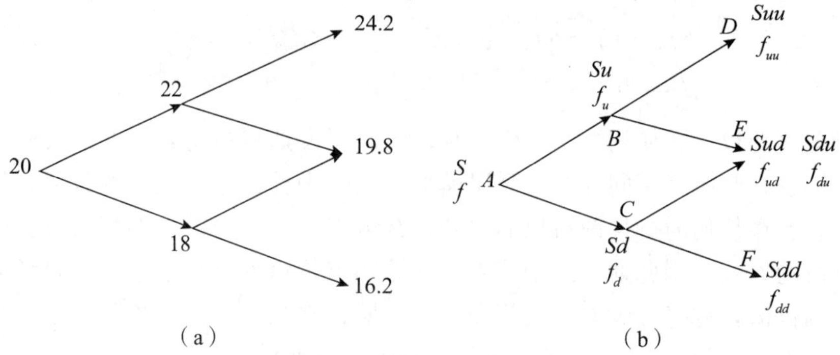

图 12－4　两步二叉树模型

我们仍然使用无套利定价方法，通过复制无风险投资组合的方式完成期权的定价。设当前时点为 0，下一步时点为 1，第二步时点为 2，相邻时点的间隔时间为 Δt。假设在 0 时点构建包含 Δ 份股票和 1 单位股票的期权空头的投资组合，为了使得该组合在 1 时点为无风险组合，组合在 1 时点的价值必须满足：

$$\Delta Su-f_u=\Delta Sd-f_d \tag{12-8}$$

根据无套利定价原理，组合在 0 时点的价值必然满足：

$$\Delta S-f=(\Delta Su-f_u)\mathrm{e}^{-r\Delta t} \tag{12-9}$$

这里，为了保证组合为无风险投资组合，我们允许在 1 时点对组合中的股票头寸价值进行调整：

（1）若股价在 1 时点涨到 Su，则将股票头寸调整为 Δ_u，此时投资组合在 2 时点仍然满足无风险投资组合的要求，即：

$$\Delta_u Suu-f_{uu}=\Delta_u Sud-f_{ud} \tag{12-10}$$

根据无套利定价原理，组合在 1 时点的价值必然满足：

$$\Delta_u Su-f_u=(\Delta_u Suu-f_{uu})\mathrm{e}^{-r\Delta t} \tag{12-11}$$

（2）若股价在 1 时点涨到 Sd，则将股票头寸调整为 Δ_d，此时投资组合在 2 时点仍然满足无风险投资组合的要求，即：

$$\Delta_d Sdu-f_{du}=\Delta_d Sdd-f_{dd} \tag{12-12}$$

根据无套利定价原理，组合在 1 时点的价值必然满足：

$$\Delta_d Sd-f_d=(\Delta_d Sdu-f_{du})\mathrm{e}^{-r\Delta t} \tag{12-13}$$

需要指出的是，$Sdu=Sud$，但如果期权存在历史路径依赖，则 f_{du} 与 f_{ud} 未必相等。另外，结合期权到期损益条款和股票价格波动信息，式（12－8）至式（12－13）中，S、u、d、f_{uu}、f_{ud}、f_{du}、f_{dd} 的取值是已知的，因此我们需要求解 Δ、Δ_u、Δ_d、f、f_u、

f_d 共 6 个未知数。

通过式（12－12）和式（12－13），可得：

$$\Delta_d=\frac{f_{du}-f_{dd}}{Sdu-Sdd} \tag{12-14}$$

$$f_d=e^{-r\Delta t}[pf_{du}+(1-p)f_{dd}] \tag{12-15}$$

其中，

$$p=\frac{e^{r\Delta t}-d}{u-d} \tag{12-16}$$

通过式（12－10）和式（12－11），可得：

$$\Delta_u=\frac{f_{uu}-f_{ud}}{Suu-Sud} \tag{12-17}$$

$$f_u=e^{-r\Delta t}[pf_{uu}+(1-p)f_{ud}] \tag{12-18}$$

将 f_u 和 f_d 代入式（12－8）和式（12－9），可得：

$$\Delta=\frac{f_u-f_d}{Su-Sd} \tag{12-19}$$

$$f=e^{-r\Delta t}[pf_u+(1-p)f_d] \tag{12-20}$$

针对例 12－4，$S=20$，$u=1.1$，$d=0.9$，$r=10\%$，$\Delta t=0.25$

$$f_{uu}=\max(24.2-21,0)=3.2,$$
$$f_{ud}=f_{du}=\max(19.8-21,0)=0,$$
$$f_{dd}=\max(16.2-21,0)=0$$

故

$$\Delta_u=\frac{3.2-0}{24.2-19.8}\approx 0.73,\ p=\frac{e^{0.1\times 0.25}-0.9}{1.1-0.9}=0.626\,6,\ 1-p=0.373\,4$$

$$f_u=e^{-0.1\times 0.25}[3.2\times 0.626\,6+0.347\,7\times 0]\approx 1.96$$

$$\Delta_d=\frac{0-0}{19.8-16.2}=0$$

$$f_d=e^{-0.1\times 0.25}[0\times 0.626\,6+0.347\,7\times 0]=0$$

$$\Delta=\frac{1.96-0}{22-18}=0.49$$

$$f=e^{-0.1\times 0.25}[1.96\times 0.626\,6+0.347\,7\times 0]$$
$$\approx 1.198$$

计算结果汇总如图 12－5 所示。

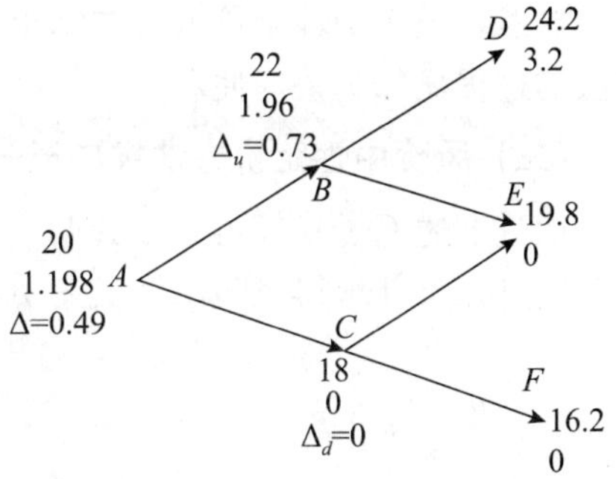

图 12－5　无套利定价下的期权定价结果

从求解结果可以发现：

首先，每一步构建无风险组合需要的股票头寸满足共同的规律，都等于下一步期权价值变动与股票价格变动的比值，这与单步二叉树模型的规律是一致的。

其次，在上述规律下，很显然，股票头寸在每一步都可能发生变动。如在例 12-4 中，初始组合需要 0.49 单位股票，在第一步股价上升时，需要调整为 0.73 单位，而在第一步股价下跌时，需要清仓股票头寸，这体现了期权价格波动的风险需要动态对冲的特点。

最后，每一步计算的参数 p 和（$1-p$）都满足式（12-16），且如果进一步计算股票的价格，我们会发现每一步的股票价格也等于（p，$1-p$）概率下，下一步股价期望价值的无风险贴现。

$$S=e^{-r\Delta t}[pSu+(1-p)Sd]$$
$$Su=e^{-r\Delta t}[pSuu+(1-p)Sud]$$
$$Sd=e^{-r\Delta t}[pSud+(1-p)Sdd]$$

（二）两步二叉树模型的风险中性定价方法

针对例 12-4，根据模型设定：$u=1.1$，$d=0.9$，$r=10\%$，$\Delta t=0.25$，股票价格的二叉树如图 12-4(a) 所示。根据欧式看涨期权的条款，结合股票在到期日的价格，可以计算出期权在 2 时点的所有可能取值。计算过程与前述类似：

$$f_{uu}=3.2,\ f_{ud}=f_{du}=0,\ f_{dd}=0$$

根据风险中性定价原理，股票当前的价格应该等于下一步价格期望的无风险贴现，因此设从 Su 变动为（Suu，Sud）的风险中性概率为（p，$1-p$），则：

$$Su=e^{-r\Delta t}[pSuu+(1-p)Sud]$$

解之，得

$$p=\frac{e^{r\Delta t}-d}{u-d}=0.626\ 6,\ 1-p=0.373\ 4$$

类似地，通过计算，可以发现从 Sd 变动为（Sdu，Sdd）的风险中性概率，以及从 S 变动为（Su，Sd）的风险中性概率均为（0.626 6，0.373 4）。

同样，使用风险中性定价方法，可以通过时间倒序的方式依此求得各个点上期权的价值，因此在图 12-5 中，B 点的期权价值为：

$$e^{-0.1\times0.25}(0.626\ 6\times3.2+0.373\ 4\times0)=1.955\ 6$$

由于 E 点和 F 点的期权价值为 0，C 点的期权价值也为 0，接下来计算出 A 点的期权价值为：

$$e^{-0.1\times0.25}(0.626\ 6\times1.955\ 6+0.373\ 4\times0)=1.198$$

显然，风险中性定价方法的结果与无套利定价方法的结果完全一致，但风险中性定价方法的过程显然更快捷便利。

（三）风险中性定价方法推广至一般情形

通过上述例子我们可以得到两步二叉树模型定价的一般结论。结合图 12-4（b），首先利用已知条件求得风险中性概率 p：

$$p=\frac{e^{r\Delta t}-d}{u-d} \tag{12-21}$$

其次，根据式（12-3）得到在 B 点和 C 点的衍生产品价值为：

$$f_u=e^{-r\Delta t}[pf_{uu}+(1-p)f_{ud}] \tag{12-22}$$

$$f_d=e^{-r\Delta t}[pf_{ud}+(1-p)f_{dd}] \tag{12-23}$$

应用式（12－3）得到期初 A 点的衍生产品价格为：

$$f=e^{-r\Delta t}[pf_u+(1-p)f_d] \tag{12-24}$$

将式（12－22）和式（12－23）代入式（12－24），可以得到：

$$f=e^{-2r\Delta t}[p^2f_{uu}+2p(1-p)f_{ud}+(1-p)^2f_{dd}] \tag{12-25}$$

其中，p^2、$2p(1-p)$ 和 $(1-p)^2$ 分别对应到期时股价在 D 点、E 点、F 点三个节点的风险中性概率。因此，无论是单步二叉树模型还是两步二叉树模型，期权价格都等于其在风险中性概率下的预期收益以无风险利率贴现的现值。

（四）欧式期权的两步二叉树定价方法

上述两步二叉树定价方法不仅适用于欧式看涨期权，也适用于欧式看跌期权。

【例 12－5】 考虑一份 6 个月后到期的欧式看跌期权，初始的股票价格是 20 元，股价在每一步上涨或下跌的幅度都是 10%，期权的执行价格是 21 元。假设无风险利率是 10%，步长都为 3 个月，求该欧式看跌期权的期初价格。

因为股价的变动和无风险利率以及步长与例 12－4 完全相同，因此股票价格二叉树与图 12－4（a）完全相同，风险中性概率 p 的计算也完全相同，故 $p=0.6266$，$1-p=0.3734$。

分别计算看跌期权在 D 点、E 点、F 点的期权价值，然后根据式（12－22）给出 B 点的期权价值：

$$\begin{aligned}f_u&=e^{-0.1\times0.25}(0.6266\times0+0.3734\times1.2)\\&=0.4370\end{aligned}$$

根据式（12－23）给出 C 点的期权价值为：

$$\begin{aligned}f_d&=e^{-0.1\times0.25}(0.6266\times1.2+0.3734\times4.8)\\&=2.4814\end{aligned}$$

应用式（12－24）得到：

$$\begin{aligned}f&=e^{-0.1\times0.25}(0.6266\times0.4370+0.3734\times2.4814)\\&=1.1707\end{aligned}$$

因此，通过两步二叉树模型可以求得欧式看跌期权的期初价格是 1.170 7 元，计算结果汇总如图 12－6 所示。

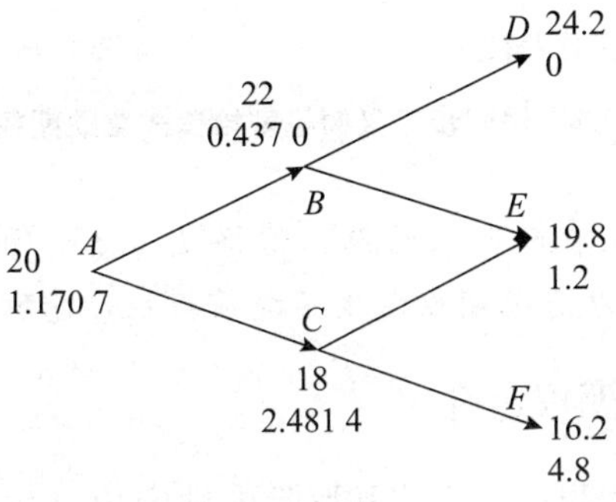

图 12－6　用两步二叉树模型给欧式看跌期权定价

（五）美式期权的两步二叉树定价方法

用两步二叉树模型对美式期权定价的过程与单步二叉树模型类似，只是在图 12－6 中，我们不但需要考虑美式期权在 A 点的提前执行问题，还需要考虑在 B 点和 C 点的提前执行问题。

【例 12－6】 接例 12－5，股票价格的二叉树与例 12－4 相同，股票不支付红利，当前价格为 20 元，股价 6 个月的价格变动满足两步二叉树模型，股价在每一步上涨或下跌的幅度都是 10%。以该股票为标的的 6 个月期美式看跌期权的执行价格是 21 元，无风险年利率为 10%（连续复利）。试计算该美式看跌期权在当前时刻的价格。

图 12－7（a）是股票价格的变化路径，与图 12－4（a）完全相同，且无风险利率和步长也完全相同，因此风险中性概率无须重复计算，$p=0.626\ 6$，$1-p=0.373\ 4$。

在图 12－7（b）中标出在到期日的美式看跌期权价格，代入式（12－23）和式（12－24），分别得到 B 点和 C 点的期权持有价值：

$$f_{u1}=\mathrm{e}^{-0.1\times 0.25}(0.626\ 6\times 0+0.373\ 4\times 1.2)=0.437\ 0$$

$$f_{d1}=\mathrm{e}^{-0.1\times 0.25}(0.626\ 6\times 1.2+0.373\ 4\times 4.8)=2.481\ 4$$

由于美式期权可以提前行权，所以需要在每一个时点考虑投资者是否会提前行权。在 B 点，美式看跌期权为虚值期权，故不会提前行权，因此 $f_{u2}=\max(21-22,0)=0$；在 C 点，$f_{d2}=\max(21-18,0)=3$。故 B 点价值为 $f_u=\max(0.437\ 0,0)=0.437\ 0$；$C$ 点价值为 $f_d=\max(2.481\ 4,3)=3$。

代入式（12－24）可以得到 A 点的期权持有价值为：

$$f=\mathrm{e}^{-0.1\times 0.25}(0.626\ 6\times 0.437\ 0+0.373\ 4\times 3)=1.359\ 6$$

同样，若在 A 点提前行权，则行权价值为 $\max(21-20,0)=1<1.359\ 6$，故 A 点价值为 1.359 6。

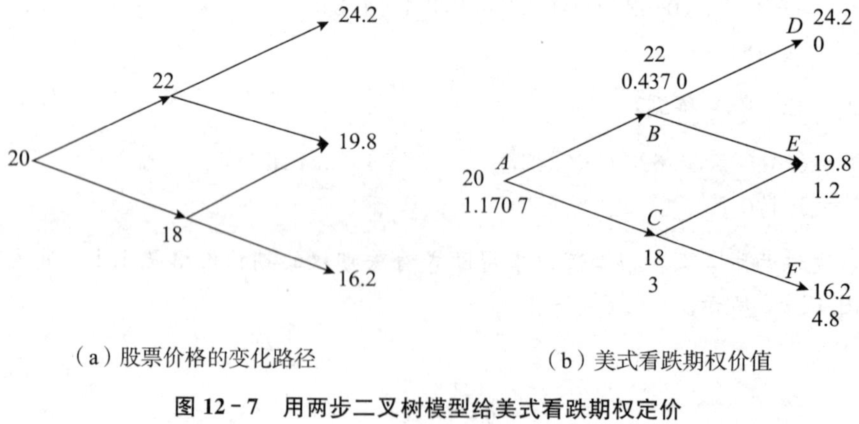

图 12－7 用两步二叉树模型给美式看跌期权定价

因此，相同条件下的美式看跌期权的期初价格是 1.359 6 元，明显比欧式看跌期权价格（1.170 7）高，这正是因为美式期权发生了提前行权，而欧式期权只能在到期日行权。

二、多步二叉树模型的期权定价

由两步二叉树模型的无套利定价方法和风险中性定价方法的比较可以明显看出风险中

性定价方法的便利性，因此在进一步推广至多步二叉树模型时，使用风险中性定价方法会更加便捷。

总结二叉树模型的特点，我们发现若假设当前时点为 0 时刻，此时标的资产价格为 S。又设当每步步长为 Δt 时，每一步标的资产价格可能上涨到原来的 u 倍，或者下跌到原来的 d 倍，u 和 d 满足市场无套利的条件，即：$d<e^{r\Delta t}<u$，则在 Δt 时刻，标的资产价格有两种可能，即 Su 或者 Sd；当每步步长为 $2\Delta t$ 时，标的资产价格有三种可能，分别是：Su^2、Sud 和 Sd^2。以此类推，在 $i\Delta t$ 时刻，标的资产价格有 $i+1$ 种可能，可以用符号表示为：

$$S_{ij}=Su^{i-j}d^j \quad (j=0, 1, \cdots, i) \tag{12-26}$$

标的资产的多步二叉树模型如图 12-8 所示。

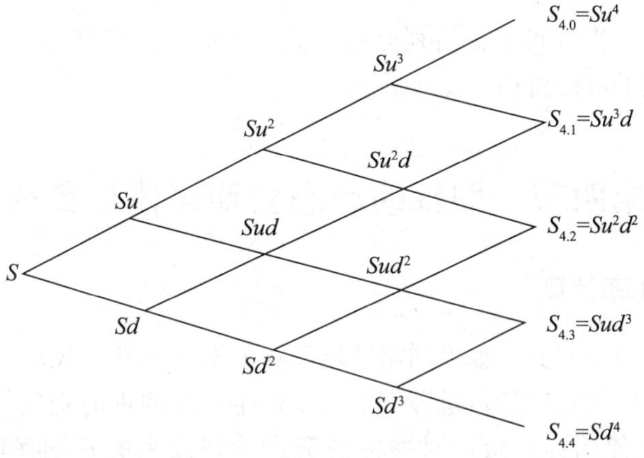

图 12-8　标的资产的多步二叉树模型

得到每个节点的标的资产价格之后，可以通过式（12-21）首先计算每一步的风险中性概率（p，$1-p$）。然后结合期权的到期损益公式，可进行期权的倒推定价。

（一）普通欧式期权的倒推定价

N 步二叉树模型的普通欧式期权定价过程总结如下。

$$p=\frac{e^{r\Delta t}-d}{u-d},\ \Delta t=\frac{T}{N} \tag{12-27}$$

$$f_{Nj}=\begin{cases}\max(S_{Nj}-K, 0), & \text{欧式看涨期权}\\ \max(K-S_{Nj}, 0), & \text{欧式看跌期权}\end{cases},\ 0\leqslant j\leqslant N \tag{12-28}$$

$$f_{ij}=e^{-r\Delta t}(pf_{i+1,j}+(1-p)f_{i+1,j+1}),\ 0\leqslant i<N,\ 0\leqslant j\leqslant i \tag{12-29}$$

其中，$S_{Nj}=Su^{N-j}d^j$。

由于欧式期权没有提前行权的问题，因此也可以通过到期日价值直接计算当前时刻的期权价值，即：

$$f=e^{-rT}\sum_{j=0}^{N}\binom{N}{j}p^{N-j}(1-p)^j f_{Nj} \tag{12-30}$$

（二）普通美式期权的倒推定价

在使用 N 步二叉树模型给美式期权定价时，需要在到期日前的每一个时点考虑投资者是否会提前行权，比较在当前时刻行权和继续持有至下一时刻的期权持有价值，选择较大者作为本时点的期权价值，用倒推定价法为普通美式期权定价。N 步二叉树模型的美式期权定价过程总结如下。

$$p=\frac{e^{r\Delta t}-d}{u-d},\ \Delta t=\frac{T}{N}$$

$$f_{Nj}=\begin{cases}\max(S_{Nj}-K,\ 0), & \text{美式看涨期权}\\ \max(K-S_{Nj},\ 0), & \text{美式看跌期权}\end{cases},\ 0\leqslant j\leqslant N \tag{12-31}$$

$$f_{ij}=\begin{cases}\max\{S_{ij}-K,\ e^{-r\Delta t}(pf_{i+1,j}+(1-p)f_{i+1,j+1})\}, & \text{美式看涨期权}\\ \max\{K-S_{ij},\ e^{-r\Delta t}(pf_{i+1,j}+(1-p)f_{i+1,j+1})\}, & \text{美式看跌期权}\end{cases} \tag{12-32}$$

其中 $0\leqslant i<N$，$0\leqslant j\leqslant i$，$S_{Nj}=Su^{N-j}d^{j}$

根据这种倒推法，当时间步长的划分趋于无穷大时，或者当每一步步长 Δt 趋于无穷小时，可以求出期权的准确价格。

第四节　期权的动态套期保值与套利

一、套期保值比率计算

在前文中，我们可以看到，如果利用期权和标的资产构造无风险投资组合，那么衍生产品每一步所需要的标的资产的数量等于下一步衍生产品的价值变化与标的资产的价格变化之比，这就是期权使用标的资产对冲标的资产价格波动的套期保值比率，记为 Delta（Δ），Delta 也是度量衍生产品风险的重要指标。

衍生产品的 Delta 是衍生产品价值变化与标的资产的价格变化之比，它是为了构造无风险证券组合，每一个期权空头应当持有的标的资产的数量。Delta 与我们前面在无套利定价方法下计算的标的资产的头寸相同，即：

$$\text{Delta}(\Delta)=\frac{\Delta f}{\Delta S} \tag{12-33}$$

在 N 步二叉树模型下，在 S_{ij}（$0\leqslant i<N$，$0\leqslant j\leqslant i$）处的 Delta 记为 Δ_{ij}，则对冲 1 单位期权头寸需要的标的资产数量的计算公式为：

$$\Delta_{ij}=\frac{f_{i,j}-f_{i,j+1}}{S_{i,j}-S_{i,j+1}} \tag{12-34}$$

$\Delta_{ij}>0$ 表示要买入标的资产，$\Delta_{ij}<0$ 表示要卖空标的资产，构造无风险投资组合有时也被称为 Delta 对冲（Delta hedging）。

在图 12－2 中，我们可以计算出相应的看涨期权 Delta 为：

$$\frac{1-0}{22-18}=0.25$$

同样，在图 12－5 中，对应于股票价格在第一步的变化的 Delta 为：

$$\frac{1.96-0}{22-18}=0.49$$

如果在第一步变化后股价上涨为 Su，则第二步相应的 Delta 为：

$$\frac{3.2-0}{24.2-19.8}=0.73$$

如果在第一步变化后股价下跌为 Sd，则第二步相应的 Delta 为：

$$\frac{0-0}{19.8-16.2}=0$$

可以发现，在两步二叉树模型的例子中（见图 12-5），Delta 的值会随时间的推移而变化。因此，在利用股票和期权构造无风险组合时，需要根据不同时期的股价变化不断调整持有的股票数量，现实的期权套期保值策略就是一个动态调整的过程。

二、期权的动态对冲

【例 12-7】 考虑一个不支付红利的股票，当前市场价格为 50 元，其 6 个月期价格波动满足两步二叉树模型，每步步长为 3 个月，每步上涨倍数 $u=1.1519$，下跌倍数 $d=0.8681$，无风险年利率为 12%（连续复利）。试设计 6 个月后到期、执行价格为 50 元的欧式看涨期权的套期保值策略。

首先根据题意，$S=50$，$\Delta t=0.25$，$r=0.12$，$u=1.1519$，$d=0.8681$，$K=50$，根据式（12-21）计算出风险中性概率：

$$p=\frac{e^{r\Delta t}-d}{u-d}=0.5722,\ 1-p=0.4278$$

将股票价格的变化路径用两步二叉树表示出来，如图 12-9（a）所示。使用欧式看涨期权的到期损益公式，可以计算出欧式期权在 D 点、E 点、F 点的价值。进一步使用式（12-22）～式（12-25），可以得到期权价值的二叉树如图 12-9（b）所示。

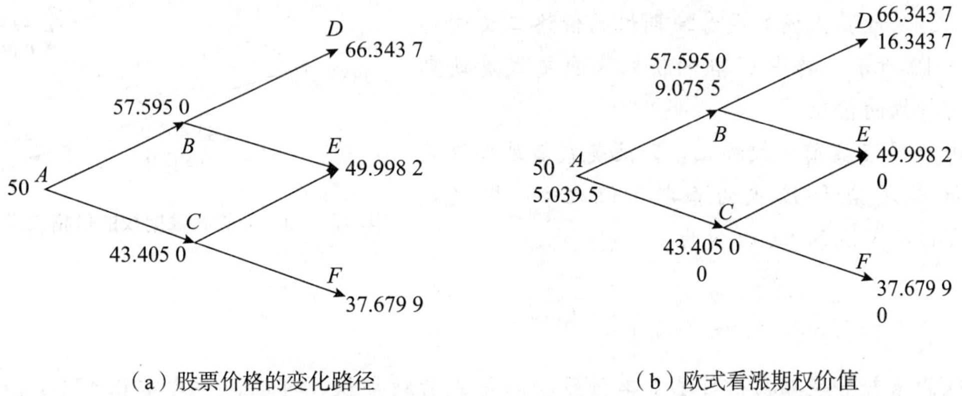

图 12-9　用二叉树模型给欧式看涨期权定价

根据式（12-34），可以计算出 A 点、B 点、C 点的 Delta 值。A 点的 Delta 值为：

$$\Delta=\frac{9.0755-0}{57.5950-43.4050}=0.6396$$

这意味着如果期初出售了 1 单位股票的欧式看涨期权，可以通过购买 0.639 6 份股票对冲期权价值下一步变动的风险。

如果在第一步变化后股价上涨为 57.595 0，则第二步对应的 Delta 为：

$$\Delta_u=\frac{16.3437-0}{66.3437-49.9982}\approx 1$$

这意味着在第一步股价上涨以后，如果想保持投资组合是无风险的，则需要继续买入 0.360 4 单位股票头寸，共持有 1 单位股票。

如果在第一步后股价下跌为 43.405 0，第二步对应的 Delta 为：

$$\Delta_d=\frac{0-0}{49.9982-37.6799}=0$$

这意味着在第一步股价下跌以后，如果想保持证券组合是无风险的，则需要将持有的股票头寸全部平仓。

因此，若未来股价上涨，则对冲欧式看涨期权的空头风险需要购买更多的股票；若未来股价下跌，则对冲欧式看涨期权的空头风险需要出售股票。所以看涨期权空头的风险对冲在标的资产市场的操作存在“追涨杀跌”的行为，即在资产价格上涨时买入更多资产，在资产价格下跌时卖出更多资产。

对应地，看跌期权的对冲会是什么样的情况呢？

【例 12-8】 美式看跌期权的套期保值。股票的价格波动与例 12-7 类似，当前股价为 50 元，其 6 个月期价格波动满足两步二叉树模型，每步步长为 3 个月，每步上涨倍数 $u=1.1519$，下跌倍数 $d=0.8681$，无风险年利率为 12%（连续复利）。若投资者出售了 6 个月后到期、执行价格为 50 元的美式看跌期权，试设计该期权的套期保值策略。

根据题意，$S=50$，$\Delta t=0.25$，$r=0.12$，$u=1.1519$，$d=0.8681$，$K=50$。由例 12-7，$p=0.5722$，$1-p=0.4278$。利用式（12-31）～式（12-32），计算出该美式看跌期权的价格二叉树如图 12-10 所示，其中 C 点的价格来自美式看跌期权提前行权的价值。

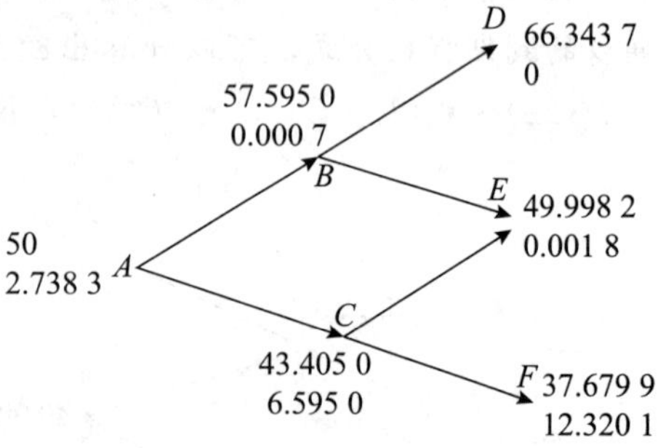

图 12-10 美式看跌期权的价格二叉树

由于 C 点提前行权终止，因此美式看跌期权只需要计算 A 点和 B 点的套期保值比率。根据式（12-34），A 点的 Delta 值为：

$$\Delta=\frac{0.0007-6.595}{57.5950-43.4050}=-0.4647$$

这意味着如果期初出售了 1 单位股票的美式看跌期权，可以通过卖空 0.464 7 份股票对冲期权价值下一步变动的风险。

如果在第一步变化后股价上涨为 57.596 0 元，则第二步对应的 Delta 为：

$$\Delta_u=\frac{0-0.0018}{66.3437-49.9982}\approx -0.0001$$

这意味着在第一步股价上涨以后，要想保持投资组合是无风险的，需要买入平仓 0.464 6 份股票（$=0.4647-0.0001$），剩余 0.000 1 份股票空头。

如果在第一步后股价下跌为 43.405 0 元，由于美式期权提前行权，无须进一步持有股票头寸，将股票全部平仓即可。

当然，如果是欧式看跌期权，则第一步后股价下跌为 43.405 0 元时，其 Delta 头寸需要调整为：

$$\Delta_d = \frac{0.0018 - 12.3201}{49.9982 - 37.6799} = -1$$

因此，对于欧式看跌期权，需要继续卖空 0.535 3 份股票。所以对于欧式看跌期权，对冲期权空头需要的股票市场的操作仍然是“追涨杀跌”的行为。

三、期权的动态套利策略设计

期权的套利策略就是通过上述对冲方式发现市场上的无套利机会，因此过程与动态对冲类似。

【例 12-9】 考虑一个不支付红利的股票，当前市场价格为 20 元，6 个月期的股票价格满足两步二叉树模型，每步步长为 3 个月，股价在每一步上涨和下跌的幅度为 10%，无风险利率是 12%（连续复利）。一个以该股票为标的、执行价格为 21 元的欧式看涨期权当前的价格为 1 元，试问是否存在套利机会？

由题意，$S=20$，$\Delta t=0.25$，$r=0.12$，$u=1.1$，$d=0.9$，$K=21$。根据式（12-21）计算风险中性概率为：

$$p=\frac{e^{12\%\times 0.25}-0.9}{1.1-0.9}=0.6523,\ 1-p=0.3477$$

使用式（12-22）～式（12-25），可以计算出该看涨期权的价格二叉树，如图 12-11 所示。由于 $1.2823>1$，故该欧式看涨期权存在套利机会，可以买入欧式看涨期权，增加股票头寸，构建无风险组合。

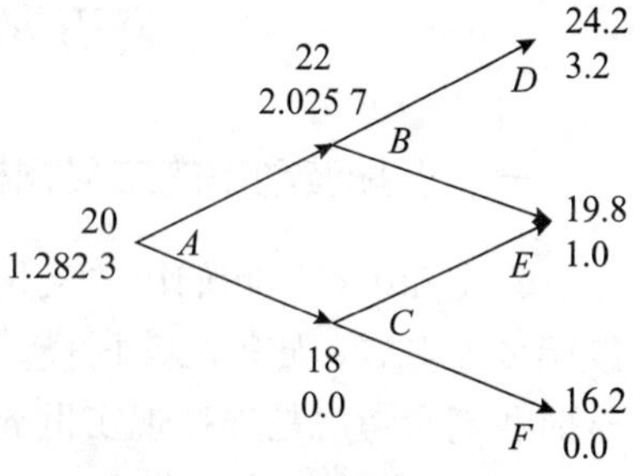

图 12-11 欧式看涨期权定价

根据式（12-34），可以求出在 B 点的 Delta 值为：

$$\frac{3.2-0}{24.2-19.8}=0.73$$

C 点的 Delta 值为 0，A 点的 Delta 值为：

$$\frac{2.0257-0}{22-18}=0.51$$

由于期权头寸为多头，因此股票头寸也与期权空头套期保值的头寸相反，故构建如下套利策略：

当前时刻：买入 1 份期权，卖空 0.51 份股票，净收入为：$0.51\times 20-1=9.2$ 元，将净收入 9.2 元以无风险利率 12%投资到策略结束。

3 个月后：

(1) 若股价上升为 22 元，根据 B 点的 Delta 值，继续卖空 0.22 份股票（$=0.73-0.51$），将所得收入 $0.22\times 22=4.84$ 元继续投资无风险资产到策略结束。

(a) 6 个月后，若股价为 24.2 元，平仓所有头寸，获益为：

$$\frac{\text{初始无风险}}{\text{投资终值}}+\frac{\text{3个月时无风险}}{\text{投资终值}}+\frac{\text{1单位期权}}{\text{多头损益}}+\frac{\text{0.73份股票}}{\text{空头平仓成本}}$$
$$=9.2\times e^{0.12\times 0.5}+4.84\times e^{0.12\times 0.25}+\max(24.2-21,0)-24.2\times 0.73$$
$$=0.29\text{ 元}$$

(b) 6 个月后，若股价为 19.8 元，平仓所有头寸，获益为：

$$9.2\times e^{0.12\times 0.5}+4.84\times e^{0.12\times 0.25}+\max(19.8-21,0)-19.8\times 0.73=0.30\text{ 元}$$

(2) 若 3 个月后股价下降为 18 元，由于 C 点的 Delta 为 0，故直接买入 0.51 份股票，平仓股票空头，需要借入 $0.51\times 18=9.18$ 元到策略结束。这样在 6 个月后，无论股价上升为 19.8 元还是下跌为 16.2 元，期权都不会被执行，获益均为：

$$9.2\times e^{0.12\times 0.5}-9.18\times e^{0.12\times 0.25}=0.31\text{ 元}$$

故在上述策略下，套利者最终获利近似为：

$$(1.282\,3-1)\times e^{0.12\times 0.5}=0.30\text{ 元}$$

通过上述套利过程，完全对冲风险下的期权价格套利也需要动态调整标的资产的头寸。

第五节　二叉树模型的实际应用

一、匹配波动率的二叉树模型

在实际中，当我们用二叉树模型描述股票价格的变化时，通常会选择合适的上涨和下跌幅度 u 和 d，使得二叉树模型下的价格与股票实际价格的漂移率 μ 和波动率 σ 相吻合。这时我们会考虑是选择现实世界的波动率还是风险中性世界的波动率。答案是，对于一小段时间 Δt 和给定的 u 和 d，我们所假定的波动率在现实世界和风险中性世界都是一样的。接下来，我们将证明这一结论。

图 12-12 (a) 描述的是现实世界中的股票价格变化，图 12-12 (b) 描述的是风险中性世界中的股票价格变化。在两幅图中，股票价格都是从 S 开始，可能上涨至 $S_u=S\times u$，也可能下跌至 $S_d=S\times d$，时间间隔都是 Δt。唯一不同的是，在现实世界中，股票价格上涨的概率是 p^*，下跌的概率是 $1-p^*$；而在风险中性世界中，股票价格上涨的概率是 p，下跌的概率是 $1-p$。

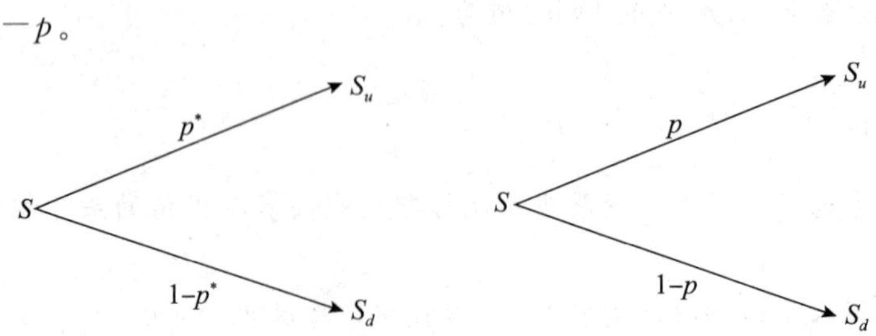

(a) 现实世界　　(b) 风险中性世界

图 12-12　二叉树上的股票价格变化

在现实世界中，经过 Δt 时间后，股票价格的期望是 $Se^{\mu\Delta t}$；在二叉树模型中，相应的股票价格的期望是：

$$p^* S_u + (1-p^*) S_d$$

为了使二叉树模型中的股票价格期望和现实世界中一样，需要满足：

$$p^* S_u + (1-p^*) S_d = S\mathrm{e}^{\mu\Delta t}$$

化简得到：

$$p^* = \frac{\mathrm{e}^{\mu\Delta t} - d}{u-d} \tag{12-35}$$

设股票收益率的年波动率为 σ，为了匹配股票收益率的波动率，需要使得股票在 Δt 内收益率的方差是 $\sigma^2\Delta t$。根据图 12－12（a），股票收益率的方差①是：

$$p^* u^2 + (1-p^*) d^2 - [p^* u + (1-p^*) d]^2$$

为了使股票收益率的波动率与二叉树模型的参数一致，需要满足：

$$p^* u^2 + (1-p^*) d^2 - [p^* u + (1-p^*) d]^2 = \sigma^2 \Delta t$$

代入 p^* 的表达式，化简得到：

$$(\mathrm{e}^{\mu\Delta t} - d)(u - \mathrm{e}^{\mu\Delta t}) = \sigma^2 \Delta t \tag{12-36}$$

通过泰勒展开并忽略 Δt 和 Δt^2 的高级项后②，求得该方程的解为：

$$u = \mathrm{e}^{\sigma\sqrt{\Delta t}},\ d = \mathrm{e}^{-\sigma\sqrt{\Delta t}} = \frac{1}{u} \tag{12-37}$$

上述通过匹配现实波动率和收益率的方式来选择 u 和 d 的方法是由考克斯（Cox）、罗斯（Ross）和鲁宾斯坦（Rubinstein）提出的。

接下来，我们计算在风险中性世界中股票收益率的波动率。如图 12－12（b）所示，经过 Δt 后，在风险中性世界中股票价格的期望值是 $S\mathrm{e}^{r\Delta t}$，收益的方差是：

$$pu^2 + (1-p) d^2 - [pu + (1-p) d]^2 = (\mathrm{e}^{r\Delta t} - d)(u - \mathrm{e}^{r\Delta t}) \tag{12-38}$$

将之前求得的 $u = \mathrm{e}^{\sigma\sqrt{\Delta t}}$ 和 $d = \mathrm{e}^{-\sigma\sqrt{\Delta t}}$ 代入，同样关于 Δt 进行泰勒展开，忽略 Δt 和 Δt^2 的高级项，可以得到：

$$pu^2 + (1-p) d^2 - [pu + (1-p) d]^2 \approx \sigma^2 \Delta t \tag{12-39}$$

通过上述分析可以发现，当我们从现实世界转换到风险中性世界时，股票收益的期望值会发生变化，但它的波动率却保持不变（至少在 Δt 趋于零时的极限是不变的），即波动率不会随着概率的变化而变化，这就是概率论中著名的哥萨诺夫定理（Girsanov's theorem）结论之一。

因此，当我们应用二叉树模型对金融衍生产品进行定价时，在知道标的资产收益率波动率的情况下，可以利用如下公式进行计算：

$$u = \mathrm{e}^{\sigma\sqrt{\Delta t}},\ d = \mathrm{e}^{-\sigma\sqrt{\Delta t}},\ p = \frac{\mathrm{e}^{r\Delta t} - d}{u-d} \tag{12-40}$$

---

① 一个随机变量 X 的方差为：$\mathrm{Var}(X) = E(X^2) - [E(X)]^2$。

② 借助级数展开式：$\mathrm{e}^x = 1 + x + \frac{x^2}{2!} + \frac{x^3}{3!} + \cdots$。

其中，σ 为已知的标的资产收益的年化波动率，Δt 为二叉树的时间步长，同样以年为单位，这正是 CRR（Cox，Ross and Rubinstein）二叉树设定的实际参数。

不管时间步长是多少，在每一步长内，我们都假设股票价格只有两个可能值，只是相应的参数值发生变化。当步数增加至足够大（从而 Δt 足够小）并用二叉树模型对普通欧式期权定价时，所得到的期权价格将收敛于连续时间模型下的 BSM 模型价格。

【例 12-10】 假设标的资产为不付红利股票，其当前市场价为 100 元，波动率为每年 20%，无风险连续复利为 10%。试用两步二叉树计算该股票 6 个月期、执行价格为 95 元的美式看跌期权的价格。

根据题意，$S=100$，$\Delta t=0.25$，$\sigma=0.2$，$r=0.12$，$K=95$，由式（12-40），

$$u=e^{\sigma\sqrt{\Delta t}}=e^{0.2\times\sqrt{0.25}}=1.105\,2,\ d=\frac{1}{u}=0.904\,8$$

故由式（12-21），

$$p=\frac{e^{r\Delta t}-d}{u-d}=\frac{e^{0.1\times 0.25}-0.904\,8}{1.105\,2-0.904\,8}=0.601\,4,\ 1-p=0.398\,6$$

股票价格的二叉树和看跌期权价格的二叉树的计算过程与第三节类似，不再赘述，结果如图 12-13 所示。

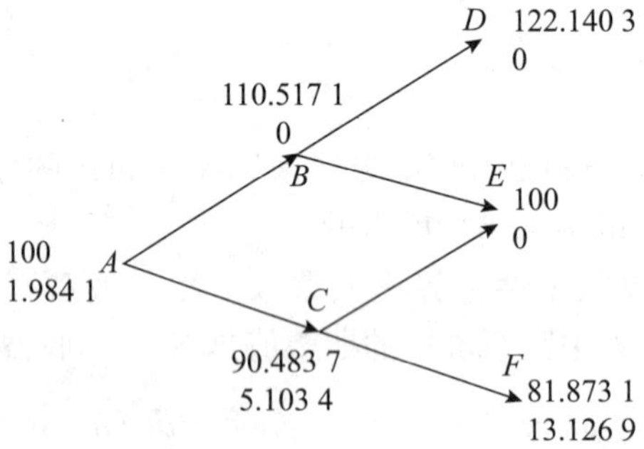

图 12-13 美式看跌期权在实际参数下的两步二叉树定价

当然，实践中为了确定例 12-10 中美式看跌期权的准确价值，我们需要更多步的二叉树才可以提高精度，如 100 步的二叉树。这显然不是手动计算能实现的，此时我们可以借助计算机编程完成。读者可以扫描二维码获得二叉树模型实现的 Excel 实验软件。通过该软件，我们可以得到 100 步二叉树模型下，该美式看跌期权的价值为 2.101 3 元（见图 12-14）。

输入参数						
股票初始价格	执行价格	无风险利率	波动率	到期期限	期数	红利率
S0	X	R	σ	T(year)	N	q
100.000 0	95.00	0.10	0.200 0	0.500	100	0.000 0
计算结果						
步长	上升因子	下降因子	exp（r△t）	上升概率	下降概率	
△t	u	d	a	p	1-p	
0.005 0	1.014 2	0.986 0	1.000 5	0.514 1	0.485 9	
股票看跌期权二叉树图		BS欧式看跌期权理论价值				
欧式期权价值	1.867 6	1.865 9				
美式期权价值	2.101 3					

拓展阅读

普通欧式期权、美式期权的二叉树模型

图 12-14 二叉树定价模型软件计算的美式看跌期权的价值截图

二、红利的影响与调整

前面的分析都是考虑无红利支付的欧式期权或美式期权，而在实际市场中，我们经常需要给支付红利率资产的期权定价。假设在期权有效期内支付的红利金额和支付时刻是可知的。

（一）支付连续红利率资产的二叉树模型

当标的资产支付红利率时，二叉树模型经过微调就可以为普通欧式期权、美式期权进行定价。设标的资产支付连续红利率，年利率为 q，则进行风险中性定价时，只需要令标的资产价格上涨的概率调整为：

$$p=\frac{e^{(r-q)\Delta t}-d}{u-d} \tag{12-41}$$

其他定价过程与前文类似。这样就可以完成支付红利率的资产的欧式期权、美式期权的定价，这种情况同样可以通过二叉树模型的定价软件实现。

（二）支付离散红利率资产的二叉树模型

如果标的资产在未来某一确定时间将支付已知红利率 δ（即红利与标的资产价格之比），则只须调整在支付红利率后的各个时点上的标的资产价格，就能求出调整后的期权价格。具体调整方法如下：

如果时刻 $i\Delta t$ 在除权日之前，则节点处的标的资产价格保持不变，仍为：

$$Su^{i-j}d^{j} \quad (j=0, 1, \cdots, i)$$

如果时刻 $i\Delta t$ 在除权日之后，那么时刻 $i\Delta t$ 对应二叉树节点处的证券价格应调整为（后面时刻点对应的节点价格调整方式相同）：

$$S(1-\delta)u^{i-j}d^{j} \quad (j=0, 1, \cdots, i)$$

在期权有效期内有多个已知红利率支付时，也可采取同样的处理方法。例如 δ_m（$m=1, 2, \cdots, K$）为 0 时刻到 $i\Delta t$ 时刻之间第 k 个除权日的红利率支付，那么 $i\Delta t$ 时刻节点的证券价格变为：

$$S\prod_{m=1}^{K}(1-\delta_m)u^{i-j}d^{j} \quad (j=0, 1, \cdots, i)$$

（三）期货期权的定价

由于期货可以看作红利率等于无风险利率的资产，因此利用二叉树模型为期货期权定价，只需要令 $q=r$，此时将每一步标的资产价格上涨的风险中性概率调整为：

$$p=\frac{1-d}{u-d} \tag{12-42}$$

就可以定价期货期权，如商品期权。

【例 12-11】 假设大商所某玉米期货当前价格为 2 400 元/吨，还有 7 个月到期，其未来 6 个月的价格服从两步二叉树模型，每步步长为 3 个月，在每个单步二叉树中，期货价格或者按比率上升 5%，或者按比率下降 5%，无风险连续复利为 3%。又假设投资者可以以无风险利率进行任意借贷。试计算以该铁矿石期货为标的、执行价格为 2 300 元/吨、剩余期限为 6 个月的玉米看涨期权的价格。

由题意，$F=2\ 400$，$\Delta t=0.25$，$u=1.05$，$d=0.95$，$r=0.03$，$K=2\ 300$，由式（12-42）可知，在风险中性环境下，玉米期货单步上涨的概率为：

$$p=\frac{1-d}{u-d}=\frac{1-0.95}{1.05-0.95}=0.5，1-p=0.5$$

两步二叉树模型中，期货价格的取值为：

$$F_u=2\ 400\times1.05=2\ 520，F_d=2\ 400\times0.95=2\ 280$$
$$F_{uu}=2\ 400\times1.05^2=2\ 646$$
$$F_{ud}=2\ 400\times1.05\times0.95=2\ 394$$
$$F_{dd}=2\ 400\times0.95^2=2\ 166$$

故在到期日，玉米期权的到期损益为：

$$f_{uu}=\max(F_{uu}-K，0)=346$$
$$f_{ud}=\max(F_{ud}-K，0)=94$$
$$f_{dd}=\max(F_{dd}-K，0)=0$$

由于玉米期权为美式期货期权，故

$$\begin{aligned}f_u&=\max(F_u-K，e^{-r\Delta t}(pf_{uu}+(1-p)f_{ud}))\\&=\max(2\ 520-2\ 300，e^{-0.03\times0.25}(0.5\times346+0.5\times94))\\&=\max(220，218.36)=220\end{aligned}$$
$$\begin{aligned}f_d&=\max(F_d-K，e^{-r\Delta t}(pf_{ud}+(1-p)f_{dd}))\\&=\max(2\ 280-2\ 300，e^{-0.03\times0.25}(0.5\times94+0.5\times0))=46.65\end{aligned}$$
$$\begin{aligned}f&=\max(F-K，e^{-r\Delta t}(pf_u+(1-p)f_d))\\&=\max(2\ 400-2\ 300，e^{-0.03\times0.25}(0.5\times220+0.5\times46.65))\\&=\max(100，132.33)=132.33\end{aligned}$$

汇总结果如图 12-15 所示，每个节点上方为玉米期货价格，下方为玉米期权价值。

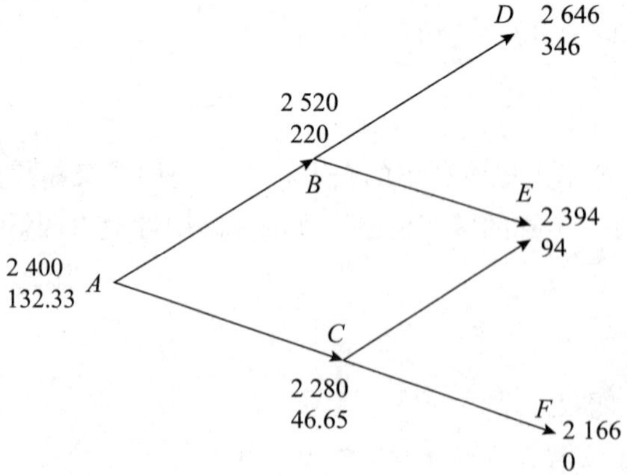

图 12-15 玉米看涨期权的定价

拓展阅读

支付已知现金红利资产的期权定价

三、二叉树模型的其他应用

(一) 结构化产品的二叉树定价

二叉树模型不但可以为普通欧式期权、美式期权定价，也很容易为其他非路径依赖的结构化产品定价，只要这些产品的价格依赖单个标的资产未来的价值，定价过程除损益计算公式不同外，其他与普通欧式期权、美式期权类似。

【例 12-12】 一款理财产品的估值。2012 年 12 月，农银汇理基金管理有限公司推出一款结构化专户产品，仅针对 100 万元以上的客户，产品的封闭期为 12 个月。产品收益为：一年后客户获得本金以及额外收益，该额外收益条款为："若产品存续期结束之日，沪深 300 指数相比成立日没有下跌，则持有人可以获得 7%的预期收益率；若指数跌破成立日的水平，则投资者没有额外收益。"据此分析：设客户资金为 100 万元，年初沪深 300 指数为 2 000 点，无风险连续利率为 3%，沪深 300 指数年波动率为 20%，指数在一年内的波动满足三步的二叉树模型，计算该结构化产品在年初的无套利价值。

根据题意，$S=2\ 000$，$\Delta t=\frac{1}{3}$，$\sigma=0.2$，$r=0.03$，$K=2\ 000$，则

$$u=e^{\sigma\sqrt{\Delta t}}=1.122\ 4,\ d=\frac{1}{u}=0.890\ 9,\ p=\frac{e^{r\Delta t}-d}{u-d}=\frac{e^{0.03\times\frac{1}{3}}-0.890\ 9}{1.122\ 4-0.890\ 9}=0.515$$

故标的资产的二叉树为：

$S=2\ 000$

$Su=2\ 244.8$，$Sd=1\ 781.8$

$Suu=2\ 519.564$，$Sud=1\ 999.892$，$Sdd=1\ 587.406$

$Su^3=2\ 827.958$，$Su^2d=2\ 244.679$，$Sud^2=1\ 781.704$，$Sd^3=1\ 414.22$

根据条款，以 100 元本金为例，该理财产品到期损益公式为：

$$f_T=100+7\times 1_{\{S_T\geqslant K\}}$$

故结合第三步标的指数的价值，得：

$$f_{u^3}=f_{u^2d}=107,\ f_{ud^2}=f_{d^3}=100$$

该产品为到期偿付的结构化产品，故利用式（12-30）可得

$$\begin{aligned}f&=e^{-rT}[p^3f_{u^3}+3p^2(1-p)f_{u^2d}+3(1-p)^2pf_{ud^2}+(1-p)^3f_{d^3}]\\&=e^{-0.03}[(0.515^3+3\times0.515^2\times0.485)\times107+(3\times0.485^2\times0.515+0.485^3)\times100]\\&=100.593\ 9\end{aligned}$$

若按照式（12-29）逐步倒推，则二叉树如图 12-16 所示。

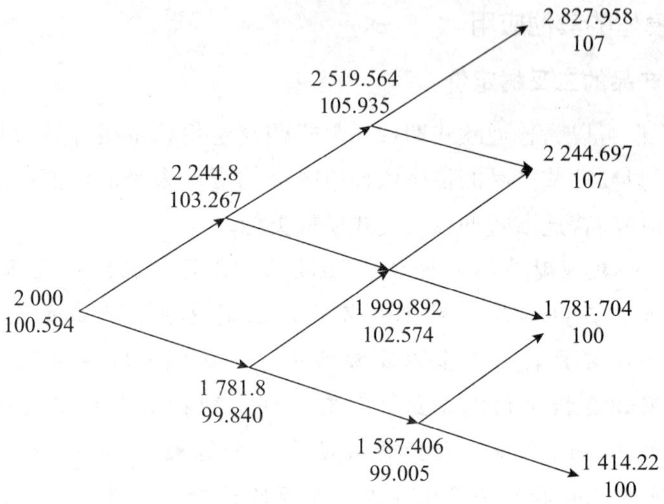

图 12-16　结构化理财产品的二叉树定价

（二）路径依赖期权的二叉树模型定价

二叉树模型定价路径依赖期权如亚式期权、回望期权、障碍期权等会增加计算复杂度，因为路径依赖期权的价值不但依赖当前时点标的资产的价值，还依赖走过的历史路径，而二叉树的一个节点可以通过多条路径到达，因此定价路径依赖期权需要将重合的二叉树改成不重合的二叉树进行计算，这会大大增加计算机的计算量。

【例 12-13】 考虑一个不支付红利的股票，股票的初始价格是 100 元，股价在每一步上涨和下跌的幅度为 10%，期权在到期日的执行价格是 105 元。假设无风险利率是 5%，利用三步二叉树计算到期日为 3 年的固定执行价格的欧式回望看涨期权的价格。

首先将 $u=1.1$ 和 $d=0.9$ 代入式（12-10）可以得到：

$$p=\frac{e^{r\Delta t}-d}{u-d}=0.76$$

将股票价格的变化路径用三步不重合的二叉树表示出来，如图 12-17（a）所示。图中 $Su^2d=108.9$ 可以通过 $u\to u\to d$、$u\to d\to u$、$d\to u\to u$ 三条涨跌路径得到与第三步相同的股价，但在不重合的二叉树中表示三个节点。这里 $u\to u\to d$ 分别表示第一步、第二步和第三步的涨跌倍数。

所以不重合的三步二叉树有 $2^3=8$ 条路径，第三步有 8 个节点，而重合的三步二叉树第三步仅有 $3+1=4$ 个节点。

针对不重合的二叉树到期日的节点，可以根据固定执行价格的欧式回望看涨期权的到期偿付公式 $\max(\max_{0\leqslant t\leqslant T}(S_t)-K,\ 0)$ 计算期权在到期日的价值。如图 12-17（b）所示，可以看到针对到期日股价为 108.9 元的路径，回望期权的价值有 $f_{uud}=16$、$f_{udu}=5$ 和 $f_{duu}=3.9$ 三种情形，体现了回望期权的价值具有强历史路径依赖特征。

根据到期日的股票价格以及每条路径上的最大股票价值，计算出到期日的回望期权的价值，再代入式（12-29）不断向前迭代，可以得到欧式回望看涨期权当前的价格是 13.78 元。

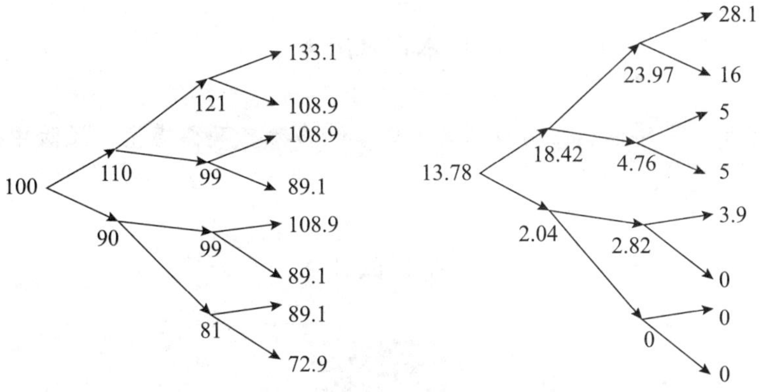

（a）股票价格的变化路径　　（b）欧式回望看涨期权价值

图 12-17　用二叉树模型给欧式回望看涨期权定价

显然，使用一般的二叉树模型定价强路径依赖期权，计算量会呈指数型增长，计算机需要存储的节点数量从 $O(n)$ 升级为 $O(2^n)$。在计算机领域，这种复杂度的增长称为不可实现的算法。为了降低计算复杂度，很多学者尝试通过改进二叉树模型来应对路径依赖期权的定价问题。如郑振龙就对浮动执行价格的回望期权进行了二叉树模型的优化，赫尔和怀特（White）通过取典型值的方法解决回望期权、亚式期权的定价问题，博伊尔（Boyle）和劳（Lau）通过调整二叉树步数的方式解决障碍期权的定价问题等。而针对依赖多资产的期权，还有学者提出了三叉树、五叉树等树图模型方法（具体文献可参考章末扩展阅读内容）。

本章小结

本章介绍了基于股票及其他标的资产的期权的二叉树定价模型。在单步二叉树模型下讨论了风险中性定价和无套利定价的关系，引出了资产定价基本定理。在两步二叉树模型下考察了风险中性定价方法的便利性以及期权风险对冲的动态性。最后讨论了实践中使用的二叉树模型的参数设置问题和二叉树模型在其他领域的应用。

总而言之，二叉树模型具有模型简单、易于理解和应用广泛的特点，但同时在定价路径依赖期权、多资产期权方面存在一定的复杂度增加的困难，因此二叉树模型更适合依赖单个标的资产的衍生产品的定价。

二叉树模型作为一种数值方法，不但可以用于期权定价，也可以用于利率建模和信用风险度量等领域。它只是连续模型的一种离散化方式，结合价格过程的分布特征，只要定价过程能够离散化为二叉树形式，就都可以使用二叉树模型。

需要说明的是，二叉树模型其实是树图模型的一种。根据定价需求，还可以使用三叉树、五叉树等树图方式解决衍生产品定价问题。

拓展阅读

二叉树模型的误差分析

本章术语

二叉树模型　单步二叉树模型　两步二叉树模型　多步二叉树模型　风险中性概率　CRR 二叉树

扩展阅读

思考题

一、简答题

1. 二叉树模型的基本假设有哪些?

2. 请谈谈你对无套利定价与风险中性定价的关系的看法。

3. 在二叉树模型中，当二叉树步数增加时，为期权进行套期保值，标的资产头寸的 Delta 是否会变化?

4. 对于二叉树模型的应用，除了给期权定价，你还能想到什么?

5. 请简要谈谈二叉树模型的优点与不足。

二、计算题

1. 当前的股票价格为 40 元，已知在 1 个月后这只股票的价格将变成 42 元或 38 元，年无风险利率为 8%（连续复利），执行价格为 39 元。1 个月期限的欧式看涨期权价格是多少?

2. 某股票的当前价格为 50 元，已知在 6 个月后该股票的价格将变成 45 元或 55 元，年无风险利率是 10%（连续复利）。那么执行价格为 50 元、6 个月期限的欧式看跌期权价格是多少?

3. 一个 9 个月期美式看跌期权的执行价格为 20 元。股票价格为 20 元，年无风险利率为 3%（连续复利），年化波动率为 25%。试用三步二叉树计算该美式看跌期权价格，并计算如果对该期权进行套期保值，每一步 1 单位期权空头需要的标的资产的数量。

4. 某股票的价格为 40 元，未来 6 个月的价格服从两步二叉树，每步步长为 3 个月，每一步股票价格要么上涨 10%，要么下跌 10%，年无风险利率为 12%（连续复利）。试计算:

(1) 执行价格为 42 元、6 个月期的欧式看跌期权价格。

(2) 执行价格为 42 元、6 个月期的美式看跌期权价格。

5. 考虑一个股票的期权，当前该股票价格为 50 元，期权执行价格为 52 元。假设未来股票价格变化服从按比率上升或下降 20%的两步二叉树，每步步长为一年，无风险连续复利为 5%。

（1）试求风险中性概率；

（2）如果为美式看涨期权，确定其价格；

（3）假设美式看涨期权的价格为 12 元，有无套利机会？若有，请给出套利策略。

6. 假设大连商品交易所某豆粕期货当前价格为 2 000 元/吨，豆粕期货收益波动率为 20%，该期货的看涨期权还有 2 个月的剩余期限，执行价格为 1 800 元/吨。又假设豆粕期货的价格服从两步二叉树模型，上升因子 $u=e^{\sigma\sqrt{\Delta t}}$，$d=1/u$，无风险连续复利为年化 3%。试计算该期货期权的期权价格。（注：豆粕期权为美式期权。）

7. 考虑一个股票的期权，当前该股票价格为 50 美元。假设未来股票价格变化服从或者按比率上升 20%，或者按比率下降 20% 的三步二叉树，每步步长为 3 个月，无风险利率为 5%。已知某 9 个月期、挂钩该股票的结构化产品的到期损益为：

$$\max(\text{average}(S_t)-50, 50-\text{average}(S_t))$$

（1）如果为欧式期权，试计算该产品当前的价值；

（2）如果为美式期权，试计算该产品当前的价值。

第十三章

随机积分与资产价格建模

本章导读

随机过程是随样本点和时间变动而发生变动的函数。布朗运动和泊松过程是最基础的两个过程，布朗运动是连续变动的随机过程，泊松过程是纯跳跃的随机过程，因此价格过程的连续变动通常表示为布朗运动的积分。通过布朗运动的函数来描述价格过程的连续变动已经得到了金融学界的普遍认同。为方便对标的资产价格进行连续时间下的建模，进一步定价期权，本章将介绍布朗运动和伊藤公式，并通过伊藤公式求解常用于资产价格建模的几何布朗运动，最后学习几何布朗运动在不同资产价格建模中的应用。本章将奠定 Black-Scholes-Merton 期权定价模型的数学基础。

知识结构图

学习要求

本章要求学生了解 Black-Scholes 公式的数学理论基础——随机积分的相关知识，包括一元和二元伊藤公式的定义和应用，布朗运动和几何布朗运动的定义、特征及其在资产价格建模中的应用。

第一节　布朗运动与伊藤公式

1826 年，英国植物学家布朗（Brown）用显微镜观察悬浮在水中的花粉时发现，花粉的运动并不遵循某种规则的模式，而是一种永不停歇的无规则运动。后来，这种无规则的运动就以布朗的名字命名，被称为布朗运动。数学家维纳（Wiener）首次给出了布朗运动这种随机过程在数学上的严格定义，因此布朗运动又被称为维纳过程。

一、布朗运动

若一个随机过程 $\{W(t),\ t\geqslant 0\}$ 满足以下四个条件：

(1) $\{W(t)\}$ 是一个独立增量过程。即对于任意的 Δt 和 Δs，$t<t+\Delta t\leqslant s<s+\Delta s$ 都有

$$P(\Delta W(t)\leqslant x,\ \Delta W(s)\leqslant y)=P(\Delta W(t)\leqslant x)P(\Delta W(s)\leqslant y)$$

其中，$\Delta W(t)=W(t+\Delta t)-W(t)$，$\Delta W(s)=W(s+\Delta s)-W(s)$。

（2）$\{W(t)\}$ 是一个平稳增量和正态增量过程。对于任意 s，$t>0$，有 $W(s+t)-W(s)\sim N(0, t)$，即 $W(s+t)-W(s)$ 服从期望为 0、方差为 t 的正态分布。

（3）$W(t)$ 是关于时间 t 的连续函数，也称为具有连续轨道。

（4）$W(0)=0$。

则称 $\{W(t), t\geqslant 0\}$ 是标准维纳过程（standard Wiener process）或标准布朗运动（standard Brownian motion）。

条件（1）为布朗运动的独立增量性，条件（2）表明布朗运动在任何有限时间上的变化都服从正态分布，其方差随时间区间的长度变化而线性增加。即在某个很小的时间间隔长度 Δt 内，布朗运动的变动量可以表示为：

$$\Delta W(t)=z_t\sqrt{\Delta t}$$

其中，$\Delta W(t)=W(t+\Delta t)-W(t)$，$z_t$ 是服从标准正态分布的随机变量，即 $z_t\sim N(0, 1)$。

标准布朗运动的独立增量性也暗含着其满足**马尔可夫性**（Markov property），即布朗运动未来时点的取值分布只与最近时点的变量取值有关，与历史路径无关。用公式表示为：对于任意 $s<t$，

$$P(W(t)\leqslant x\,|\,W(u), u\leqslant s)=P(W(t)\leqslant x\,|\,W(s))$$

股票价格的马尔可夫性与弱式市场有效是一致的。弱式市场有效指出，股票的当前价格包含了过去价格的所有信息，因此对于历史价格进行的任何技术分析都无法获得期望的超额收益，自然基于当前价格信息对未来价格进行预测就是最好的预测。

除了马尔可夫性，布朗运动还具有一次变差无限、二次变差有限的特点。其中一次变差无限表明布朗运动虽然是时间 t 的连续函数，但它处处不可导，路径非常粗糙；而二次变差有限则说明关于布朗运动积分，我们不能忽略其二阶微分项，这正是伊藤（Itô）积分与普通黎曼积分的差异。

二、伊藤积分

对于给定的时间 T，我们希望定义如下关于布朗运动的随机积分：

$$\int_0^T f(t)\mathrm{d}W(t)$$

其中，被积函数 $f(t)$ 可以是 $(t, W(t))$ 及之前时间点处 $(s, W(s))$ $(s\leqslant t)$ 的函数，$W(t)$ 是标准的布朗运动。

由于布朗运动轨道的粗糙性，我们不能像普通微积分那样定义上述积分。下面我们简要介绍伊藤积分定义的思想和一些基本性质，数学细节可以在经典的随机过程教材中查询。

为了解决布朗运动路径的不可微性，我们首先定义简单函数的伊藤积分，再根据简单函数积分的极限将其推广到一般被积函数。

（一）简单函数的伊藤积分

在定义简单函数的伊藤积分之前，我们先给出简单函数的定义，即对于区间 $[0, T]$ 的任意一个划分 $\Pi=\{t_0, t_1, \cdots, t_n\}$，函数 $f(t)$ 在每个子区间 $[t_j, t_{j+1})$ $(j=0,1,\cdots,n-1)$ 上的取值都是一个常数，这样的函数 $f(t)$ 被称为简单函数。

现在我们将上述积分中的布朗运动 $W(t)$ 看作金融资产在 t 时的价格，每一个划分的时间点 t_0，t_1，…，t_{n-1} 可以看作金融资产交易的时点，$f(t_0)$，$f(t_1)$，…，$f(t_n)$ 可看作从每个交易日持有至下一个交易日的资产份额。对于 $t_k \leqslant t \leqslant t_{k+1}$，每个时刻 t 的收益为：

$$I(t)=\sum_{j=0}^{k-1} f(t_j)[W(t_{j+1})-W(t_j)]+f(t_k)[W(t)-W(t_k)]$$

上式中的过程 $I(t)$ 就是简单函数 $f(t)$ 的伊藤积分，我们将其记为：

$$I(t)=\int_0^t f(u)\mathrm{d}W(u) \tag{13-1}$$

（二）简单函数的伊藤积分的性质

（1）鞅性：由 $I(t)$ 定义的简单函数的伊藤积分是一个鞅过程；

（2）伊藤等距：由 $I(t)$ 定义的简单函数的伊藤积分满足：

$$EI^2(t)=E\int_0^t f^2(u)\mathrm{d}u \tag{13-2}$$

接下来，我们将其定义和性质推广到被积函数是一般函数时的情形。

（三）一般函数的伊藤积分

我们假定被积函数 $f(t)$（$t \geqslant 0$）是一个适应过程。所谓适应过程，即 $f(t)$ 可以通过 t 时刻之前的信息完全确定取值，并且 $f(t)$ 满足平方可积条件：

$$E\left[\int_0^T f^2(t)\mathrm{d}t\right]<+\infty \tag{13-3}$$

此时，一般被积函数 $f(t)$ 的伊藤积分定义为：

$$\int_0^t f(u)\mathrm{d}W(u)=\lim_{n\to\infty}\int_0^t f_n(u)\mathrm{d}W(u),\ 0\leqslant t\leqslant T$$

其中，f_n 是逼近 f 的简单函数序列，即使得

$$\lim_{n\to\infty}E\left[\int_0^T (f_n(u)-f(u))^2\mathrm{d}u\right]=0$$

（四）一般函数的伊藤积分的性质

（1）连续性：作为积分上限 t 的函数，$I(t)$ 的路径连续；

（2）适应性：对每个 t，$I(t)$ 为可测的；

（3）线性性：如果 $I(t)=\int_0^t f(u)\mathrm{d}W(u)$，$J(t)=\int_0^t \Gamma(u)\mathrm{d}W(u)$，则

$$I(t)\pm J(t)=\int_0^t (f(u)\pm\Gamma(u))\mathrm{d}W(u) \tag{13-4}$$

（4）对于任意常数 c，有

$$cI(t)=\int_0^t cf(u)\mathrm{d}W(u) \tag{13-5}$$

（5）鞅性质：$I(t)$ 是鞅；

（6）伊藤等距：$EI^2(t)=E\int_0^t f^2(u)\mathrm{d}u$。（13-6）

三、伊藤过程

我们可以通过把漂移率和波动率纳入一般的布朗运动得到如下随机过程，称为伊藤过程：

$$\begin{cases}\mathrm{d}X_t=a(t,X)\cdot\mathrm{d}t+b(t,X)\cdot\mathrm{d}W_t\\ X_0=x_0\end{cases}\tag{13-7}$$

其中，a，b 是 X 和 t 的二元函数，W_t 是标准布朗运动。a 刻画了随机过程 X_t 的漂移性，b 刻画了随机过程 X_t 的波动性。式（13-7）是伊藤积分的微分方程表达形式，其实质含义是伊藤积分。由伊藤过程的定义可知，布朗运动是伊藤过程在 $a=0$、$b=1$ 时的一个特例。

【例 13-1】 假设一个资产的价格满足如下随机过程：

$$\begin{cases}\mathrm{d}S_t=\mu\mathrm{d}t+\sigma\mathrm{d}W_t\\ S_0=s_0\end{cases}\tag{13-8}$$

试求解 S_t 的表达式和概率分布。

根据表达式，微分方程两边在 $[0,t]$ 区间求积分，可得：

$$\int_0^t\mathrm{d}S_u=\int_0^t\mu\mathrm{d}u+\int_0^t\sigma\mathrm{d}W_u=\mu t+\sigma(W_t-W_0)$$

即：$S_t-S_0=\mu t+\sigma W_t$，$S_t=S_0+\mu t+\sigma W_t$。（13-9）

因此，S_t 服从均值为 $S_0+\mu t$、方差为 $\sigma^2 t$ 的正态分布，该过程也被称为广义布朗运动。

显然，在这个过程中，标的资产价格可能变为负值。巴舍利耶曾经以该过程为股票价格建模，研究期权定价问题。[①] 后来在 2020 年 CME 原油期货价格出现负值时，CME 规定此时的原油期权通过巴舍利耶的模型来确定期权的理论价格。

四、伊藤引理

伊藤引理是连续时间模型在金融工程中应用的最重要的工具之一。我们可以利用它推导和求解随机微分方程。

伊藤引理：$(X_t)_{t\geqslant 0}$ 为满足如下方程的伊藤过程：

$$\begin{cases}\mathrm{d}X_t=a(t,X)\cdot\mathrm{d}t+b(t,X)\cdot\mathrm{d}W_t\\ X_0=x_0\end{cases}$$

$G(x,t)$ 是二阶连续可导的二元函数，则随机过程 $G(X_t,t)$ 的随机微分方程为：

---

① Bachelier, L., "Theory of Speculation," in P. Cootner (ed.), *The Random Character of Stock Market Prices*, Cambridge, MA: MIT Press, 1900: 17-78.

$$dG=\left(\frac{\partial G}{\partial t}+\frac{\partial G}{\partial x}a+\frac{1}{2}\frac{\partial^2 G}{\partial x^2}b^2\right)\cdot dt+\frac{\partial G}{\partial x}b\cdot dW_t \tag{13-10}$$

在 $G(X_t, t)$ 的变动过程中，$\frac{\partial G}{\partial t}+\frac{\partial G}{\partial x}a+\frac{1}{2}\frac{\partial^2 G}{\partial x^2}b^2$ 和 $\frac{\partial G}{\partial x}b$ 都是随机变量 X_t 和时间 t 的函数。因此，$G(X_t, t)$ 是漂移项为 $\frac{\partial G}{\partial t}+\frac{\partial G}{\partial x}a+\frac{1}{2}\frac{\partial^2 G}{\partial x^2}b^2$，波动项为 $\left(\frac{\partial G}{\partial x}b\right)^2$ 的伊藤过程。

第二节　几何布朗运动

一、几何布朗运动的定义

假设标的资产价格过程 $\{S_t\}$ 满足

$$\begin{cases}dS_t=\mu S_t\cdot dt+\sigma S_t\cdot dW_t\\ S_0=s_0\end{cases} \tag{13-11}$$

其中，$\{W_t\}$ 是标准布朗运动，μ 是标的资产的期望收益率，σ 是标的资产收益率的波动率，则上述过程被称为几何布朗运动（geometric Brownian motion）。

二、几何布朗运动的特性

（1）给定初始值 S_0，根据伊藤公式可以得到上述随机微分方程的解为：

$$S_t=S_0\exp\left[\left(\mu-\frac{1}{2}\sigma^2\right)t+\sigma W_t\right] \tag{13-12}$$

证明：我们令 $V=V(S, t)=\ln(S_t)$，则 $V(S, t)$ 满足二阶连续可导，此时

$$\frac{\partial V}{\partial t}=0,\ \frac{\partial V}{\partial S}=\frac{1}{S},\ \frac{\partial^2 V}{\partial S^2}=-\frac{1}{S^2} \tag{13-13}$$

根据伊藤引理可得

$$dV=\left[\frac{\partial V}{\partial t}+\frac{\partial V}{\partial S}\mu S+\frac{1}{2}\frac{\partial^2 V}{\partial S^2}\sigma^2 S^2\right]dt+\frac{\partial V}{\partial S}\sigma S\,dW_t \tag{13-14}$$

将 $\frac{\partial V}{\partial t}$，$\frac{\partial V}{\partial S}$ 和 $\frac{\partial^2 V}{\partial S^2}$ 的表达式代入式（13-14），化简可得

$$d(\ln(S_t))=\left(\mu-\frac{1}{2}\sigma^2\right)dt+\sigma dW_t \tag{13-15}$$

在积分区间 $[t, T]$ 上对式（13-15）进行积分，可得

$$\int_t^T d(\ln(S_u))=\int_t^T\left[\left(\mu-\frac{1}{2}\sigma^2\right)du+\sigma dW_u\right]$$

即：

$$\ln(S_T)-\ln(S_t)=\left(\mu-\frac{1}{2}\sigma^2\right)(T-t)+\sigma(W_T-W_t) \tag{13-16}$$

根据标准布朗运动的性质可得

$$W_T-W_t=\varepsilon\sqrt{T-t}$$

所以

$$\ln(S_T)=\ln(S_t)+\left(\mu-\frac{1}{2}\sigma^2\right)(T-t)+\sigma\varepsilon\sqrt{T-t} \tag{13-17}$$

其中，ε 是服从标准正态分布的随机变量。故标的资产价格的对数 $\ln(S_T)$ 服从期望为 $\ln(S_t)+\left(\mu-\frac{1}{2}\sigma^2\right)(T-t)$、标准差为 $\sigma\sqrt{T-t}$ 的正态分布，即：

$$\ln(S_T)\sim N\left(\ln(S_t)+\left(\mu-\frac{1}{2}\sigma^2\right)(T-t),\ \sigma^2(T-t)\right) \tag{13-18}$$

此时，我们就说标的资产价格 S_T 服从对数正态分布。

（2）对于任意给定的时间 t，标的资产价格 S_t 是一个服从对数正态分布的随机变量，其期望和方差分别为：

$$E(S_t)=S_0e^{\mu t} \tag{13-19}$$

$$\mathrm{Var}(S_t)=S_0^2e^{2\mu t}(e^{\sigma^2 t}-1) \tag{13-20}$$

（3）将式（13-11）微分方程两边同除以 S_t，并对方程进行简单的欧拉离散化，我们有

$$\frac{\Delta S_t}{S_t}=\mu\Delta t+\sigma\Delta W_t=\mu\Delta t+\sigma\varepsilon\sqrt{\Delta t}$$

其中 $\varepsilon\sim N(0,1)$ 为标准正态分布。因此，

$$E\left[\frac{\Delta S_t}{S_t}\right]=\mu\Delta t,\ \mathrm{Var}\left[\frac{\Delta S_t}{S_t}\right]=\sigma^2\Delta t$$

从而收益率 $\frac{\Delta S_t}{S_t}$ 服从均值为 $\mu\Delta t$、方差为 $\sigma^2\Delta t$ 的正态分布，即：

$$\frac{\Delta S_t}{S_t}\sim N(\mu\Delta t,\ \sigma^2\Delta t) \tag{13-21}$$

三、几何布朗运动的应用

几何布朗运动在 Black-Scholes 期权定价模型中被用来描述股票价格的变动过程。之所以这样做，主要有以下几个原因：

（1）只要初始值为正值，几何布朗运动描述的资产价格就都为正，这与现实金融市场中股票的价格总为正的情况相符。

（2）几何布朗运动同样具有马尔可夫性，这一点与有效市场假设是相符的。

（3）与其他具有马尔可夫性的随机过程相比，几何布朗运动的解析表达式为定价带来

了便利。

（4）从式（13-21）可以看出，使用几何布朗运动描述的价格过程，其收益率序列满足独立增量性和平稳增量性，这与我们假设股票日收益率独立同分布是一致的。

虽然几何布朗运动能较好地刻画金融资产价格的变动情况，但是采用几何布朗运动对金融资产价格的变动进行建模仍然存在以下缺点：

（1）我们假定几何布朗运动中标的资产价格的波动率是常数，即标的资产价格的波动不随时间的变动而变动，但是在实际金融市场中，真实股票价格的波动都是随时间推移而变动的。

（2）我们从几何布朗运动的特性可知，几何布朗运动描述的资产价格的收益率服从正态分布，但是在真实的股票价格中，收益率通常不服从正态分布的假定，而是具有尖峰和厚尾的特征。

（3）标的资产价格有时候也可能出现负值，如2020年4月CME的原油期货价格就出现了负值，而几何布朗运动无法产生负油价。

【例13-2】 假设某只股票的价格服从几何布朗运动，且该股票不存在任何形式的分红和股息派发。如果该股票收益率的年化波动率为24%，预期收益率为18%，该股票当前价格为200元，求1个月后该股票价格变动值的概率分布。

根据题意，$\sigma=0.24$，$\mu=0.18$，$S_0=200$，$T=\frac{1}{12}$，股票价格服从的随机过程为：

$$\begin{cases} dS_t=0.18S_t dt+0.24S_t dW_t \\ S_0=200 \end{cases}$$

由式（13-19）和式（13-20）可以得到：

$$E(S_T)=S_0 e^{\mu T}=200e^{0.18\times 1/12}=203.023$$

$$\mathrm{Var}(S_t)=S_0^2 e^{2\mu t}(e^{\sigma^2 t}-1)=198.323$$

另外，由式（13-18）可以得到：

$$\ln(S_T)\sim N\left(\ln(S_0)+\left(\mu-\frac{1}{2}\sigma^2\right)(T-t),\ \sigma^2(T-t)\right)\sim N(5.31,\ 0.004\,8)$$

因此，1个月后的股票价格服从均值为203.023、方差为198.323的对数正态分布，或者说其对数服从均值为5.31、方差为0.004 8的正态分布。

【例13-3】 我们假设某只股票的价格服从几何布朗运动，不考虑股票支付红利的情形，如果该股票的预期收益率为10%，年化波动率为15%，该股票当前价格为150元，求标的资产一周后价格取值的95%置信区间。

由已知条件可知，$\sigma=0.15$，$\mu=0.10$，$S=150$，$\Delta t=7/250=0.028$。此时，股票价格对数的分布为：

$$\ln(S_T)\sim N\left(\ln(150)+\left(0.10-\frac{1}{2}\times 0.15^2\right)\times 0.028,\ 0.15^2\times 0.028\right)$$

即

$$\ln(S_T)\sim N(5.013\,8,\ 0.000\,6)$$

已知标准正态分布95%的置信区间为［−1.96，1.96］，故标的资产价格的对数在置信度为95%下的置信区间为

$$5.0138-1.96\times\sqrt{0.0006}<\ln(S_T)<5.0138+1.96\times\sqrt{0.0006}$$

即

$$143.42<S_T<157.88$$

所以，标的资产价格在一周后在95%的置信度下的分布区间为（143.42，157.88）。

【例 13-4】 期货价格所遵循的随机过程。假设现货资产的价格 S_t 在风险中性概率环境下服从如下几何布朗运动：

$$dS_t=rS_t\cdot dt+\sigma S_t\cdot dW_t \tag{13-22}$$

其中，r 和 σ 都是常数，r 为无风险连续复利，$\{W_t\}$ 为标准布朗运动。根据无套利原理可知，到期日为 T，以该现货资产为标的的期货的价格 F_t 和现货资产的价格 S_t 之间满足 $F_t=S_t e^{r(T-t)}$。利用伊藤引理我们可得

$$\frac{\partial F}{\partial S}=e^{r(T-t)},\ \frac{\partial F}{\partial t}=-rF_t,\ \frac{\partial^2 F}{\partial S^2}=0$$

故 F_t 的随机微分可以表示为：

$$\begin{aligned}dF_t&=\left(\frac{\partial F}{\partial S}rS_t+\frac{\partial F}{\partial t}+\frac{1}{2}\frac{\partial^2 F}{\partial S^2}(\sigma S_t)^2\right)\cdot dt+\frac{\partial F}{\partial S}\sigma S_t\cdot dW_t\\&=(rS_t e^{r(T-t)}-rF_t)dt+e^{r(T-t)}\sigma S_t\cdot dW_t=(rF_t-rF_t)dt+\sigma F_t\cdot dW_t\\&=\sigma F_t\cdot dW_t\end{aligned}$$

因此，在风险中性概率环境下，期货价格只有波动性，没有期望收益，并且从推导结果看，期货收益的波动率和标的资产价格收益的波动率是相同的，即

$$dF=\sigma F\cdot dW_t \tag{13-23}$$

本章小结

本章主要介绍了布朗运动、标准布朗运动、几何布朗运动、伊藤积分、伊藤引理及几何布朗运动的应用。布朗运动是一个描述正态分布变量序列变化的马尔可夫过程，标准布朗运动在单位时间的漂移率为0，方差为1。布朗运动具有独立增量性、平稳增量性、正态增量性和马尔可夫性等特点，在金融资产价格建模中有广泛应用。

伊藤引理提供了随机积分的求解方法，在后续的章节中我们会发现衍生产品定价时伊藤引理的重要性。

通常假设资产价格的随机过程为几何布朗运动。这样，在很小的时间区间内，股票持有者的收益大致服从正态分布，且在任意两个不相重叠的时间区间内的收益相互独立。股票价格在未来时刻的分布为对数正态分布。在下一章中我们所研究的期权定价模型就是建立在几何布朗运动的假设之上。

本章术语

标准布朗运动　伊藤引理　伊藤积分　几何布朗运动　漂移项　波动项　漂移率　波动率

扩展阅读

思考题

一、简答题

1. 布朗运动具有什么特点?

2. 简要说明几何布朗运动被用来描述股票价格的变动过程的原因。

二、计算题

1. 假定股票价格服从几何布朗运动，收益率期望为每日 0.08%，波动率为每日 1.9%。当股票价格在某一天末的价格为 50 元时，计算

(1) 在第二天股票价格的期望值。

(2) 在第二天股票价格的标准差。

(3) 在第二天股票价格的 95%置信区间。

2. 假定一家公司的现金头寸（以百万元计）服从广义布朗运动，每个月的漂移项系数为 0.1，每月波动方差为 0.16，初始现金头寸为 2。

(1) 现金头寸在 1 个月、6 个月以及 1 年时的概率分布是什么?

(2) 现金头寸在 6 个月末和 1 年末时有负现金头寸的概率为多少?

(3) 在将来哪个月公司具有负现金头寸的概率最大?

3. 假定股票价格过程 $\{S_t\}$ 服从几何布朗运动。利用伊藤引理计算下述过程满足的随机微分方程。

(1) $Y_t = 2S_t$；

(2) $Y_t = S_t^2$；

(3) $Y_t = e^{r(T-t)}/S_t$。

第十四章

Black-Scholes-Merton 期权定价模型

本章导读

在衍生产品市场发展的过程中，如何对期权进行合理有效的定价是困扰学术界和实务界的一大问题。伴随着期权市场的迅速发展，期权定价理论的研究也取得了突破性的进展。1973 年布莱克和斯科尔斯利用动态套期保值思想提出了著名的 Black-Scholes 期权定价模型，奠定了期权定价研究的理论基础。同年，默顿殊途同归得到了相似的结论。因此，这一模型也被称为 Black-Scholes-Merton（BSM）期权定价模型，简称 BSM 期权定价模型。斯科尔斯和默顿在 1997 年因为这一贡献获得诺贝尔经济学奖。本章将从标的资产价格建模、期权定价公式的推导以及扩展应用等多个角度对 BSM 期权定价模型进行详细的介绍。

学习要求

掌握各种资产情形下欧式看涨期权、看跌期权的定价公式及其应用，理解公式推导的定价思想，了解如何利用实际市场数据估计定价公式中的参数，了解 BSM 期权定价模型的应用范围和拓展应用领域，客观看待 BSM 期权定价理论对于金融工程发展的贡献。

知识结构图

第一节 标的资产价格建模

从标的资产（如股票）价格的变动规律可知，标的资产价格的变动是随机的，我们可以采用一个随机过程来刻画标的资产价格的变动。相应地，受标的资产价格变动影响的期权价格必然受到随机因素的影响。几何布朗运动常用来刻画标的资产价格的变动过程。

一、标的资产价格过程选择

我们通常假设标的资产价格 $\{S_t\}$ 服从如下几何布朗运动：

$$\frac{\mathrm{d}S_t}{S_t}=\mu\cdot \mathrm{d}t+\sigma\cdot \mathrm{d}W_t \tag{14-1}$$

其中，S_t 表示标的资产在 t 时的价格，μ 和 σ 都是常数，$\{W_t\}$ 为标准布朗运动。标的资产价格是一个漂移率为 μ、波动率为 σ 的伊藤过程。根据伊藤引理，我们得到：

$$\mathrm{d}\ln(S_t)=\left(\mu-\frac{\sigma^2}{2}\right)\cdot \mathrm{d}t+\sigma\cdot \mathrm{d}W_t \tag{14-2}$$

从式（14-2）可知，标的资产对数价格过程 $\{\ln(S_t)\}$ 服从漂移项为$\left(\mu-\frac{\sigma^2}{2}\right)$、波动项为 σ 的广义布朗运动。考虑对该式两边同时在 $[t, T]$ 上积分：

$$\int_t^T \mathrm{d}\ln(S_u)=\int_t^T\left(\mu-\frac{\sigma^2}{2}\right)\mathrm{d}u+\int_t^T\sigma \mathrm{d}W_u$$

得到

$$\ln(S_T)-\ln(S_t)=\left(\mu-\frac{\sigma^2}{2}\right)(T-t)+\sigma(W_T-W_t) \tag{14-3}$$

即：

$$S_T=S_t \mathrm{e}^{\left(\mu-\frac{\sigma^2}{2}\right)(T-t)+\sigma(W_T-W_t)} \tag{14-4}$$

根据式（13-19）和式（13-20），标的资产在 T 时刻的价格 S_T 的均值和方差分别是

$$E(S_T)=S_t\mathrm{e}^{\mu(T-t)}, \ \mathrm{Var}(S_T)=S_t^2\mathrm{e}^{2\mu(T-t)}[\mathrm{e}^{\sigma^2(T-t)}-1] \tag{14-5}$$

二、资产价格过程的参数

式（14-1）中有两个重要的未知参数 μ 和 σ，参数 μ 是标的资产在短时间内年化收益率的期望值，σ 是标的资产收益率的年化标准差。

（一）标的资产价格的漂移率

标的资产价格的漂移率 μ 体现的是实际市场中标的资产的期望收益率，它取决于市场的无风险利率、标的资产的系统性风险和市场的风险偏好。无风险利率越大，标的资产的风险越大，期望收益率也越高。幸运的是，通过无套利定价原理对金融衍生产品的定价与标的资产价格实际的期望无关，因此我们不需要考虑 μ 的取值。

根据式（14-1）的欧拉离散化，我们得到：

$$\frac{\Delta S_t}{S_t}=\mu\cdot\Delta t+\sigma\cdot\Delta W_t\sim N(\mu\Delta t, \sigma\Delta t)$$

因此，$\mu\Delta t$ 体现了标的资产在较短时间 Δt 内的平均收益率，由此可以假设 μ 是标的资产连续复利的期望收益率，但事实并非如此，通过伊藤引理，我们得到式（14-2）。将式（14-2）欧拉离散化，得到：

$$\Delta\ln(S_t)=\left(\mu-\frac{\sigma^2}{2}\right)\cdot\Delta t+\sigma\cdot\Delta W_t$$

若令 $\Delta\ln(S_t)=\ln(S_{t+\Delta t})-\ln(S_t)=r_t$，则 $S_{t+\Delta t}=S_t\mathrm{e}^{r_t}$，因此，$r_t$ 表示标的资产价格在 t 时刻 Δt 时间区间的连续复利收益率。结合 $\Delta\ln(S_t)$ 的表达式，其单位时间内的连续复利期望收益率为$\left(\mu-\frac{\sigma^2}{2}\right)$，并非 μ。

因此，若使用标的资产价格，如股票价格的日数据计算参数 μ，并令 $r_t=\ln(S_{t+\Delta t})-$

$\ln(S_t)$，$\{r_t\}$的均值记为$\bar{r}$，则$\bar{r}=\left(\mu-\frac{\sigma^2}{2}\right)\Delta t$。其中，$\Delta t$ 是以年为单位表示的一日的时间长度。若假设 1 年的交易日为 250 日，则 $\Delta t=\frac{1}{250}$。

（二）标的资产价格的波动率

在二叉树模型部分我们已经看到，在风险中性环境下和在实际概率环境下，标的资产价格的波动率相同，未来资产价格的可能取值和风险中性概率的计算都与波动率 σ 相关，因此标的资产价格的波动率 σ 对金融衍生产品的定价结果有重要的影响。在几何布朗运动中，标的资产价格的波动率 σ 为常数。实际上，标的资产价格的波动率是随时间推移而不断变化的。因此，我们在用标的资产价格的历史数据估计波动率 σ 的取值时，应该尽可能地选取离定价区间近的历史数据。

三、衍生产品的随机过程

当标的资产价格过程 $\{S_t\}$ 服从如下几何布朗运动

$$\begin{cases}\mathrm{d}S_t=\mu S_t\cdot \mathrm{d}t+\sigma S_t\cdot \mathrm{d}W_t\\ S_0=s_0\end{cases}\tag{14-6}$$

时，对于某一金融衍生产品的价格 $\{V_t\}$，其是依赖标的资产价格 $\{S_t\}$ 和时间 t 的二元函数，即 $V_t=V(S_t, t)$。假设 $V(S_t, t)$ 关于 t 存在一阶连续偏导，关于 S_t 存在二阶连续偏导。根据伊藤引理，金融衍生产品价格过程 $\{V_t\}$ 遵循如下随机过程

$$\mathrm{d}V_t=\left(\frac{\partial V_t}{\partial t}+\frac{\partial V_t}{\partial S}\mu S_t+\frac{1}{2}\frac{\partial^2 V_t}{\partial S^2}\sigma^2 S_t^2\right)\cdot \mathrm{d}t+\frac{\partial V_t}{\partial S}\sigma S_t\cdot \mathrm{d}W_t\tag{14-7}$$

通过比较标的资产价格和衍生证券价格服从的随机过程，我们可知，金融衍生产品价格过程 $\{V_t\}$ 和标的资产价格过程 $\{S_t\}$ 都受到同一个布朗运动 $\{W_t\}$ 的影响。

第二节 Black-Scholes-Merton 期权定价公式

在本节，我们采用两种不同的方法来推导著名的 BSM 期权定价公式。

一、无套利定价方法

无套利定价方法的基本思路为：构建两种不同的投资组合，让其终值相等，则其现值一定相等；否则就可以进行套利，即卖出现值较高的投资组合，买入现值较低的投资组合，并持有到期末，套利者就可赚取无风险收益。在利用无套利定价方法推导著名的 BSM 期权定价公式之前，我们先给出 BSM 偏微分方程。

（一）定价思路和基本假设

在几何布朗运动的假设下，从标的资产和金融衍生产品服从的随机过程来看，这两者的价格都受到同一种布朗运动 $\{W_t\}$ 的影响。这说明如果我们选取合适的投资组合，就可以消除随机项 W_t 的影响。因此，为了消除 W_t 的影响，我们用一单位衍生证券的空头和若

干单位标的资产的头寸建立一个短期的无风险投资组合。结合第十二章二叉树模型的无套利分析以及式（14－7）可以看到，我们无法构建一个静态的组合，让它始终保持无风险，但可以通过不断地动态调整，保持在每个较短时间 Δt 内组合是无风险的。那么，根据无套利定价的基本思路，该投资组合在时间 Δt 内的收益率必定等于无风险利率。

为了简化推导的过程，我们做出如下市场假设：

（1）标的资产价格服从几何布朗运动，并且 μ 和 σ 均为常数；

（2）证券市场不存在卖空限制，即投资者可以任意地买卖股票；

（3）证券市场是无摩擦的，没有交易费用和税收，所有的证券都是完全可分的；

（4）标的资产在衍生证券的持有期内没有任何形式的分红；

（5）市场不存在任何形式的套利机会；

（6）证券交易是连续的，价格变动也是连续的；

（7）无风险利率 r 是常数，投资者可以以无风险利率进行任意借贷。

以上假设使复杂的问题简化，BSM 期权定价公式的推导思路也为金融衍生产品的定价提供了一个研究范式，奠定了衍生产品定价的基石。后来，学者对这些假设条件进行了放松，对 BSM 期权定价公式的应用进行了扩展。

（二）BSM 偏微分方程的推导

对式（14－6）和式（14－7）进行欧拉离散化，分别为：

$$\Delta S_t = \mu S_t \cdot \Delta t + \sigma S_t \cdot \Delta W_t \tag{14-8}$$

和

$$\Delta V_t = \left(\frac{\partial V_t}{\partial t} + \frac{\partial V_t}{\partial S}\mu S_t + \frac{1}{2}\frac{\partial^2 V_t}{\partial S^2}\sigma^2 S_t^2\right) \cdot \Delta t + \sigma S_t \frac{\partial V_t}{\partial S} \cdot \Delta W_t \tag{14-9}$$

其中，ΔS_t、ΔV_t 可以看作变量在一个较短时间 Δt 内的变化量。为了消除随机变动项 $\{\Delta W_t\}$，我们在 t 时刻持有一单位该衍生产品的空头头寸和$\frac{\partial V_t}{\partial S_t}$单位标的资产的头寸，则该投资组合 Π 在 t 时刻的价格为：

$$\Pi_t = -V_t + \frac{\partial V}{\partial S} S_t \tag{14-10}$$

同理，该投资组合的价格在 Δt 内的变化为：

$$\Delta \Pi_t = -\Delta V_t + \frac{\partial V}{\partial S} \cdot \Delta S_t \tag{14-11}$$

将式（14－8）和式（14－9）代入式（14－11），我们可得

$$\Delta \Pi_t = \left(-\frac{\partial V}{\partial t} - \frac{1}{2}\frac{\partial^2 V}{\partial S^2}\sigma^2 S_t^2\right) \cdot \Delta t \tag{14-12}$$

式（14－12）中不含任何随机项，表明该投资组合在 Δt 时间内是无风险的。根据无套利定价原理，该投资组合在 Δt 时间内的收益率必定等于市场的无风险利率 r。因此，我们有

$$\Delta\Pi_t = r\Pi_t\Delta t \tag{14-13}$$

将 Π_t 和 $\Delta\Pi_t$ 的表达式即式（14－10）、式（14－12）代入式（14－13），则有

$$\left(\frac{\partial V}{\partial t}+\frac{1}{2}\frac{\partial^2 V}{\partial S^2}\sigma^2 S_t^2\right)\cdot\Delta t = r\left(V_t-\frac{\partial V}{\partial S}S_t\right)\cdot\Delta t$$

因此

$$\frac{\partial V}{\partial t}+rS_t\frac{\partial V}{\partial S}+\frac{1}{2}\sigma^2 S_t^2\frac{\partial^2 V}{\partial S^2}=rV_t \tag{14-14}$$

式（14－14）就是著名的 BSM 偏微分方程，它描述了衍生产品的价格 $\{V_t\}$ 所满足的微分方程。

此外，我们还需要注意的是，当标的资产价格随时间的推移而变化时，构造无风险投资组合的数量 $\frac{\partial V_t}{\partial S}$ 的值也会随着时间的推移而变动。因此，我们构建的投资组合只能说在较短的时间 Δt 内是无风险的。在较长的时间区间内，要保持该投资组合无风险，我们必须根据 $\frac{\partial V_t}{\partial S}$ 的变化对标的证券的头寸数量进行相应的调整。这一过程也称为 **Delta 动态对冲**。

值得一提的是，式（14－14）不但适用于普通欧式期权，也适用于美式期权。任何一个 t 时刻的价值仅依赖 t 和 S_t 的衍生产品的价格都会满足式（14－14），不同期权的价值表达式则依赖不同的边界条件。

（三）BSM 期权定价公式的推导

对于执行价格为 K、到期时间为 T 的欧式看涨期权，偏微分方程（14－14）求解的边界条件是：

$$V(S_T, T)=\max(S_T-K, 0) \tag{14-15}$$

对于欧式看跌期权，偏微分方程（14－14）求解的边界条件是：

$$V(S_T, T)=\max(K-S_T, 0) \tag{14-16}$$

结合上述边界条件，利用热传导方程的求解方法，可以得到欧式看涨期权和欧式看跌期权的定价公式分别为：

$$C_t=S_tN(d_1)-K\mathrm{e}^{-r(T-t)}N(d_2) \tag{14-17}$$

$$P_t=K\mathrm{e}^{-r(T-t)}N(-d_2)-S_tN(-d_1) \tag{14-18}$$

其中

$$d_1=\frac{\ln\left(\frac{S_t}{K}\right)+\left(r+\frac{1}{2}\sigma^2\right)(T-t)}{\sigma\sqrt{T-t}} \tag{14-19}$$

$$d_2=\frac{\ln\left(\frac{S_t}{K}\right)+\left(r-\frac{1}{2}\sigma^2\right)(T-t)}{\sigma\sqrt{T-t}}=d_1-\sigma\sqrt{T-t} \tag{14-20}$$

二、风险中性定价方法

（一）BSM 期权定价公式的推导

在风险中性定价方法下，假设所有风险资产的期望收益均为无风险收益，则在风险中性环境下，无红利标的资产的价格过程应该满足：

$$dS_t = rS_t \cdot dt + \sigma S_t \cdot dW_t \tag{14-21}$$

利用伊藤引理，类似于式（14－1）的求解过程，可得：

$$S_T = S_t e^{\left(r-\frac{\sigma^2}{2}\right)(T-t)+\sigma(W_T-W_t)} = S_t e^{\left(r-\frac{\sigma^2}{2}\right)(T-t)+\sigma z\sqrt{T-t}} \tag{14-22}$$

其中，z 为服从标准正态分布的随机变量。

在风险中性环境下，欧式看涨期权在到期时的期望值为：

$$E^*[\max(S_T-K, 0)] \tag{14-23}$$

其中，E^* 表示风险中性概率下的期望值，T 表示欧式期权的到期日，S_T 为标的资产在期权到期日 T 时的价格。因此，欧式看涨期权在 t 时的价格 C_t 为：

$$\begin{aligned} C_t &= e^{-r(T-t)}E^*[\max(S_T-K, 0)] = e^{-r(T-t)}E^*[(S_T-K)1_{\{S_T\geqslant K\}}] \\ &= e^{-r(T-t)}E^*[(S_T)1_{\{S_T\geqslant K\}}] - Ke^{-r(T-t)}P(S_T\geqslant K) \end{aligned} \tag{14-24}$$

对于式（14－24），利用式（14－22）分别计算 $E^*[(S_T)1_{\{S_T\geqslant K\}}]$ 和 $P(S_T\geqslant K)$

$$\begin{aligned} P(S_T\geqslant K) &= P\left(S_t e^{\left(r-\frac{\sigma^2}{2}\right)(T-t)+\sigma z\sqrt{T-t}} \geqslant K\right) \\ &= P\left(z \geqslant \frac{\ln\left(\frac{K}{S_t}\right) - \left(r-\frac{\sigma^2}{2}\right)(T-t)}{\sigma\sqrt{T-t}}\right) = P(z\geqslant -d_2) \\ &= N(d_2) \end{aligned} \tag{14-25}$$

其中，

$$d_2 = \frac{\ln\left(\frac{S_t}{K}\right) + \left(r-\frac{\sigma^2}{2}\right)(T-t)}{\sigma\sqrt{T-t}}$$

$$\begin{aligned} E^*[(S_T)1_{\{S_T\geqslant K\}}] &= E^*\left[S_t e^{\left(r-\frac{\sigma^2}{2}\right)(T-t)+\sigma z\sqrt{T-t}} 1_{\left\{S_t e^{\left(r-\frac{\sigma^2}{2}\right)(T-t)+\sigma z\sqrt{T-t}}\geqslant K\right\}}\right] \\ &= E^*\left[S_t e^{\left(r-\frac{\sigma^2}{2}\right)(T-t)+\sigma z\sqrt{T-t}} 1_{\{z\geqslant -d_2\}}\right] \\ &= \int_{-d_2}^{+\infty} S_t e^{\left(r-\frac{\sigma^2}{2}\right)(T-t)+\sigma x\sqrt{T-t}} \frac{1}{\sqrt{2\pi}} e^{-\frac{x^2}{2}} dx \\ &= S_t e^{\left(r-\frac{\sigma^2}{2}\right)(T-t)} \int_{-d_2}^{+\infty} \frac{1}{\sqrt{2\pi}} e^{-\frac{1}{2}(x-\sigma\sqrt{T-t})^2+\frac{1}{2}\sigma^2(T-t)} dx \\ &= S_t e^{r(T-t)} \int_{-d_2}^{+\infty} \frac{1}{\sqrt{2\pi}} e^{-\frac{1}{2}(x-\sigma\sqrt{T-t})^2} dx \end{aligned}$$

令 $y = x - \sigma\sqrt{T-t}$，则 $dx = dy$，当 x 的取值区间为 $[-d_2, +\infty)$ 时，y 的取值区

间为 $[-d_2-\sigma\sqrt{T-t},+\infty)$，故

$$
\begin{aligned}
E^*[(S_T)1_{\{S_T\geqslant K\}}] &= S_t e^{r(T-t)}\int_{-d_2-\sigma\sqrt{T-t}}^{+\infty}\frac{1}{\sqrt{2\pi}}e^{-\frac{1}{2}y^2}dy \\
&= S_t e^{r(T-t)}[1-N(-d_2-\sigma\sqrt{T-t})] \\
&= S_t e^{r(T-t)}N(d_2+\sigma\sqrt{T-t})
\end{aligned}
$$

令 $d_1=d_2+\sigma\sqrt{T-t}=\dfrac{\ln\left(\dfrac{S_t}{K}\right)+\left(r+\dfrac{\sigma^2}{2}\right)(T-t)}{\sigma\sqrt{T-t}}$，

则

$$
E^*[(S_T)1_{\{S_T\geqslant K\}}]=S_t e^{r(T-t)}N(d_1) \tag{14-26}
$$

将式（14-25）、式（14-26）代入式（14-24），得

$$
\begin{aligned}
C_t &= e^{-r(T-t)}E^*[(S_T)1_{\{S_T\geqslant K\}}]-Ke^{-r(T-t)}P(S_T\geqslant K) \\
&= e^{-r(T-t)}S_t e^{r(T-t)}N(d_1)-Ke^{-r(T-t)}N(d_2) \\
&= S_t N(d_1)-Ke^{-r(T-t)}N(d_2)
\end{aligned} \tag{14-27}
$$

拓展阅读

BSM 期权定价公式的 Excel 计算软件

由欧式看涨看跌期权的平价关系

$$
C_t+Ke^{-r(T-t)}=P_t+S_t
$$

可得，欧式看跌期权在 t 时刻的价格为：

$$
P_t=Ke^{-r(T-t)}N(-d_2)-S_t N(-d_1) \tag{14-28}
$$

这与无套利定价方法的结论同样一致。

（二）BSM 期权定价公式的应用

BSM 期权定价公式的推导过程较烦琐，但作为解析定价公式，其应用非常便利且高效，因此 BSM 期权定价公式在实践中的应用非常广泛。

拓展阅读

标准正态分布累积概率分布表

【例 14-1】 假设沪深 300 现货指数当前报价为 3 800 点，指数收益年波动率为 20%，无风险连续复利为 2.5%，试计算以其为标的、到期期限为 6 个月、执行价格为 3 750 点的沪深 300 看涨指数期权的理论价格。

根据题意，$S_t=3\,800$，$K=3\,750$，$T-t=0.5$，$r=0.025$，$\sigma=0.20$，则：

$$
d_1=\frac{\ln\left(\dfrac{S_t}{K}\right)+\left(r+\dfrac{\sigma^2}{2}\right)(T-t)}{\sigma\sqrt{T-t}}=\frac{\ln\left(\dfrac{3\,800}{3\,750}\right)+\left(0.025+\dfrac{0.2^2}{2}\right)\times 0.5}{0.2\times\sqrt{0.5}}=0.253
$$

$$
d_1=d_1-\sigma\sqrt{T-t}=0.253-0.2\times\sqrt{0.5}=0.112
$$

查标准正态分布累积概率分布表，可得 $N(d_1)=0.599\,9$，$N(d_2)=0.544\,6$，故

$$
\begin{aligned}
C_t &= S_t N(d_1)-Ke^{-r(T-t)}N(d_2) \\
&= 3\,800\times 0.599\,9-3\,750\times e^{-0.025\times 0.5}\times 0.544\,6=262.7
\end{aligned}
$$

三、BSM 期权定价模型的金融学理解与评价

（一）BSM 期权定价模型的金融学理解

我们采用两种不同的方法推导了普通欧式期权的 BSM 期权定价公式，定价公式在形式上看起来复杂，但在直观上还是比较容易理解的。

一方面，以欧式看涨期权的定价公式为例，根据式（14－24），K 是执行期权购买资产需要支付的成本，因此 $K\mathrm{e}^{-r(T-t)}P(S_T\geqslant K)$，即 $K\mathrm{e}^{-r(T-t)}N(d_2)$ 可以看成执行期权所需要支付现金的期望现值。同理，$\mathrm{e}^{-r(T-t)}E^*[(S_T)1_{\{S_T\geqslant K\}}]$，即 $S_tN(d_1)$ 则体现了期权持有者预期执行期权所得收入的现值。因此，整个欧式看涨期权的定价公式就是期权未来期望收益的现值。类似地，对于欧式看跌期权，$K\mathrm{e}^{-r(T-t)}N(-d_2)$ 体现了看跌期权到期行权获得收入的现值，而 $S_tN(-d_1)$ 表示行权所需要的资产购买成本在当前的现值，因此整个欧式看跌期权的定价公式同样是期权未来期望收益的现值。

另一方面，同样分析欧式看涨期权的定价公式，从投资组合的角度来讲，BSM 期权定价公式（14－17）等号右边 $S_tN(d_1)-K\mathrm{e}^{-r(T-t)}N(d_2)$ 可以看成由股票和负债两部分组成的可复制期权的投资组合。从利用无套利定价方法推导 BSM 期权定价公式的过程可知，在构造无风险投资组合时，我们假定持有股票空头的份额为 $\frac{\partial C}{\partial S}$。又根据 BSM 期权定价公式可以计算出 $\frac{\partial C}{\partial S}=N(d_1)$，即 $S_tN(d_1)$ 是复制无风险投资组合头寸中股票的市值。将式（14－17）中 C_t 的表达式代入 $S_tN(d_1)-C_t$，得到：

$$S_tN(d_1)-C_t=S_tN(d_1)-[S_tN(d_1)-K\mathrm{e}^{-r(T-t)}N(d_2)]=K\mathrm{e}^{-r(T-t)}N(d_2)$$

因此，$K\mathrm{e}^{-r(T-t)}N(d_2)$ 就是股票头寸和期权空头复制的无风险投资组合在当前的价值，自然，$S_tN(d_1)-K\mathrm{e}^{-r(T-t)}N(d_2)$ 可以看成股票头寸和无风险负债构成的组合，该组合复制了期权的价值。值得注意的是，这种复制策略并不是一成不变的，而是随着时间的推移不断变化的，因此股票的份额和负债的价值都是时变的。故我们将这种复制策略称为动态复制策略。

（二）BSM 期权定价模型的评价

1997 年，斯科尔斯和默顿获得诺贝尔经济学奖时，瑞典皇家科学院赞誉 BSM 期权定价模型是今后 25 年经济科学中的最杰出贡献。该模型为新兴衍生金融市场的各种以市价变动定价的衍生金融工具的合理定价奠定了基础，具体贡献可以概括如下。

其一，BSM 期权定价模型为金融衍生产品的定价奠定了坚实的理论基础。它通过数学公式和模型，解决了之前难以准确衡量期权等金融衍生产品价值的问题。

其二，其给出的欧式期权的解析定价公式提高了市场的定价效率，为场内交易的期权提供了合理的理论价值参考。相对于用数值方法计算期权定价，BSM 期权定价模型虽然推导过程复杂，但使用非常便利，利用模型计算期权的风险指标也非常方便，这无疑提高了市场应用效率。对市场而言，效率是第一位的。因此，目前几乎所有场内交易的期权都会计算其对应的理论价值。当期权实际价格大幅偏离理论价值时，交易所或者公司还可能会发出风险提示，提示投资者关注期权的合理价值。如 2007 年 6 月 1 日，当我国青海盐湖钾

肥公司的认沽权证大幅偏离其理论价格时，青海盐湖钾肥公司就发布了如下公告①：

鉴于公司认股认沽权证钾肥 JTP1 的执行价格 15.1 元与公司正股“盐湖钾肥（代码：000792）”的二级市场价格的差距巨大，最近三个交易日钾肥 JTP1 认沽权证日换手率均超过 1 000%。如果截至 2007 年 6 月 22 日，公司正股收盘价在 15.1 元以上，钾肥 JTP1 将没有任何投资价值和行权价值，敬请广大本公司权证投资者注意投资风险和行权风险。

本公告前一交易日（6 月 1 日），盐湖钾肥的收盘价格为 40.75 元，“钾肥 JTP1”认沽权证的执行价格为 15.1 元，内在价值为 0.000 元。采用 BSM 期权定价公式，以本公告前一交易日盐湖钾肥收盘价格 40.75 元、盐湖钾肥股价波动率 49.90%、无风险利率 3.06%计算，“钾肥 JTP1”认沽权证的理论价值为 0.000 元。

因此，BSM 期权定价公式也是定价模型中每日被使用频率最高的理论模型。

其三，布莱克和斯科尔斯提出的动态套期保值思想对于其他类型期权的定价、放松市场条件后的期权合理价格计算等都提供了重要的解决思路。

其四，布莱克和斯科尔斯得到的 BSM 偏微分方程不但适用于欧式期权，而且适用于美式期权和具有类似特征的其他期权，其适用范围更加广泛，包括欧式期权、欧式回望期权等都可以通过类似的推导过程得到其偏微分方程，进一步进行价格公式的求解，或者选择有限差分等数值方法近似计算。

当然，由于 BSM 期权定价模型基于一系列假设条件，如市场无摩擦、无风险利率恒定、波动率恒定等，这些假设在现实中并不总是成立，因此模型的预测结果可能与实际市场情况存在偏差；同时该模型没有考虑市场的微观结构，如交易者的行为、市场流动性等因素，这些因素在实际市场中可能对期权价格产生重要影响。另外，该模型对于一些更复杂的路径依赖期权和提前行权的期权无法给出解析表达式，低于标的资产价格、不满足几何布朗运动的情况也没有讨论。所以后来的学者对于这些问题开展了丰富的期权定价模型的拓展研究。

总体而言，BSM 期权定价模型确实对推动金融衍生产品的创新和市场繁荣做出了不可磨灭的贡献，因此该模型也被称为“华尔街的第二次革命”，华尔街的第一次革命来源于夏普的 CAPM 的贡献。

第三节 波动率的概念和计算

一、波动率的相关概念

从期权定价公式可以看出，波动率有着至关重要的作用。波动率是金融资产价格的波动程度，是对资产收益率不确定性的衡量，用于反映金融资产的风险水平。波动率越大，金融资产价格的波动越剧烈，资产收益率的不确定性就越强；波动率越小，金融资产价格的波动越平缓，资产收益率的确定性就越强。

但资产的实际波动率在市场中无法直接观测，因此经常采取一些计算方法从标的资产

① 盐湖钾肥提示投资者：钾肥 JTP1 内在价值为零．央视网，2007－06－04.

价格或者衍生产品价格信息中获取实际波动率的近似取值。常用的波动率概念包括已实现波动率、隐含波动率和预测波动率，已实现波动率经常通过历史波动率计算，隐含波动率经常利用期权价格计算，而预测波动率则借助波动率建模，根据市场信息挖掘波动率随时间推移而变化的规律。

二、历史波动率

在计算期权的理论价格时，通常采用标的资产的历史波动率。历史波动率是由标的资产价格过去一段时间的历史数据所反映出的价格波动情况。可以根据资产价格的时间序列数据，计算出相应的历史波动率。在一段时间内，假设我们观测到价格的历史数据为 S_i，$i=0, 1, 2, \cdots, n$，Δt 表示相邻价格之间的时间间隔，以年为单位。考虑如下对数收益率：

$$r_i=\ln\left(\frac{S_i}{S_{i-1}}\right),\ i=1,\ 2,\ 3,\ \cdots,n \tag{14-29}$$

r_i 标准差的估计值 s 为：

$$s=\sqrt{\frac{1}{n-1}\sum_{i=1}^{n}(r_i-\bar{r})^2} \tag{14-30}$$

由几何布朗运动可知，r_i 的标准差为 $\sigma\sqrt{\Delta t}$。因此，变量 s 是 $\sigma\sqrt{\Delta t}$ 的估计值，所以 σ 可以被估计为 $\bar{\sigma}$：

$$\bar{\sigma}=\frac{s}{\sqrt{\Delta t}} \tag{14-31}$$

一般来讲，数据越多，估计的精确度就越高，但距离太久的历史数据包含的信息可能和未来市场变化的关联度较小。因此实践中，常采用最近 60～180 天的价格数据。数据的频率可以是日频、分钟、秒级等。用日频数据估计历史波动率更为常见，因为虽然更高频率的数据如分笔或者分时取样的数据的信息含量更大，但偶发的异常交易带来的数据噪声也更多，所以对于高频数据，在实践中会采用一些多重抽样和平滑的方式来降低噪声的影响。

三、交易天数与日历天数

在计算和使用波动率参数时，一个很重要的问题是在进行日和年的时间单位换算时，我们应该使用日历天数还是交易日天数。研究结果表明交易所开盘交易时的波动率比休市时的波动率要大很多。因此，在用历史数据计算年波动率以及期权期限时，往往会去掉交易所休市的日期，即：

$$\text{年波动率}=\text{每个交易日的波动率}\times\sqrt{\text{每年的交易日天数}} \tag{14-32}$$

对于股票，我们通常假设每年的交易日天数为 250 天或者 252 天。

拓展阅读

为何使用交易天数

期权期限通常也用交易日天数来度量，用 T 来表达，其中距到期日的交易日天数

$$T=\frac{\text{距离到期日的交易天数}}{252} \tag{14-33}$$

四、隐含波动率与 VIX 指数

（一）隐含波动率

隐含波动率是期权市场投资者在进行期权交易时对标的资产实际波动率认知的体现，由于期权的价格受标的资产波动率的影响，因此投资者对波动率的态度会反映在期权的价格上。从理论上讲，要获得隐含波动率的值并不困难。由于普通欧式期权和美式期权都是波动率的单增函数，而期权定价模型给出了期权价格与五个基本参数之间的定量关系，只要将除波动率以外的四个基本参数（无风险利率、到期期限、执行价格、标的资产价格）及期权的实际市场价格作为已知量代入期权定价模型，就可以解出唯一的未知量——σ，其大小就是隐含波动率。因此，隐含波动率又可以理解为市场对实际波动率的预期。

【例 14-2】 假设一个不付股息股票的欧式看涨期权价格为 1.875，$S_t=21$，$K=20$，$r=0.1$，$T=0.25$，如何通过上述信息计算隐含波动率？

利用期权价格计算隐含波动率可以假设 BSM 期权定价模型成立，即：

$$1.875=21\times N(d_1)-20\mathrm{e}^{-0.1\times 0.25}N(d_2)$$

$$d_1=\frac{\ln\left(\frac{21}{20}\right)+\left(0.01+\frac{\sigma^2}{2}\right)\times 0.5}{\sigma\times\sqrt{0.25}}$$

$$d_2=d_1-\sigma\sqrt{T-t}=0.253-\sigma\times\sqrt{0.25}$$

显然，上述等式是 σ 的隐性方程式，可以通过数值迭代的方法计算 σ 的取值，此时得到的 σ 就是通过期权价格计算得到的隐含波动率。这一过程通常通过计算机编程实现，如 Excel 的规划求解、MATLAB 软件的非线性方程求解等都可以用于计算隐含波动率。

隐含波动率在实践中应用非常广泛，因为历史波动率体现的是过去的交易信息，而期权价格体现的是更及时的市场交易信息，所以隐含波动率更体现了市场交易者对标的资产价格未来波动的观点，所以时效性更强。在实践中，交易员特别关注隐含波动率，如我国的外汇期权在报价时，交易商一般首先报价隐含波动率，在波动率达成一致的情况下，再确定期权的其他条款，进一步根据期权定价模型确定期权的合理价格。① 场外期权在交易时，交易商通常根据相同标的资产的场内期权的价格计算标的资产的隐含波动率，然后将隐含波动率作为输入参数计算场外期权的理论价值，参考理论价值进行场外期权的报价。

（二）波动率微笑与波动率曲面

由于市场上存在相同标的资产的多个执行价格、多个到期期限的看涨期权和看跌期权，使用不同执行价格和不同到期期限的期权计算出的隐含波动率经常是不一样的，所以关于隐含波动率还有波动率微笑（volatility smile）、波动率期限结构和波动率曲面（volatility surface）的概念。

---

① 具体可以参考中国外汇交易中心 2023 年 10 月发布的《中国外汇交易中心产品指引 V4.2》。

波动率微笑是指不同执行价格的期权计算出的隐含波动率与相应执行价格之间的关系。学术研究发现，市场上越实值和越虚值的期权对应的隐含波动率越大，接近平值的期权隐含波动率更小，因此期权的隐含波动率关于期权的价值状态的图像呈现两端翘起的微笑形状，故隐含波动率与期权执行价格之间的关系被取名为波动率微笑。图 14－1 展示的是 3 个月期沪深 300 指数期权在 2024 年 4 月 19 日的波动率微笑曲线，图中横轴表示执行价格（K）与当前标的资产价格（S）的比值。

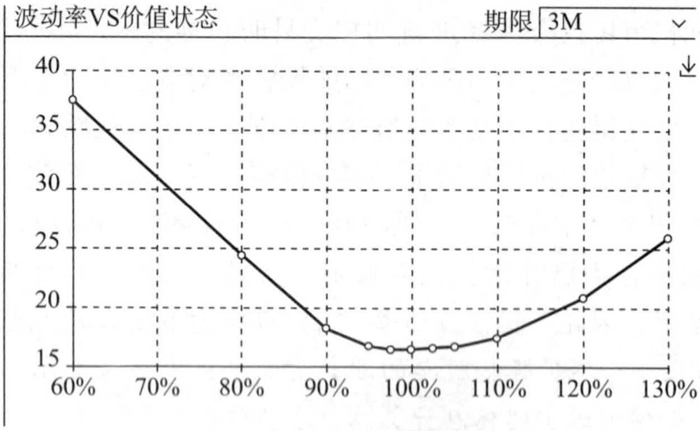

图 14－1　波动率微笑曲线

当然不是所有期权产品的波动率微笑都如此“完美”，由于不同标的资产的投资者交易偏好存在差异，波动率微笑的形状千差万别。图 14－2 分别展示了 2024 年 4 月 19 日上海黄金期权和深交所中证 500ETF 期权的波动率微笑曲线。

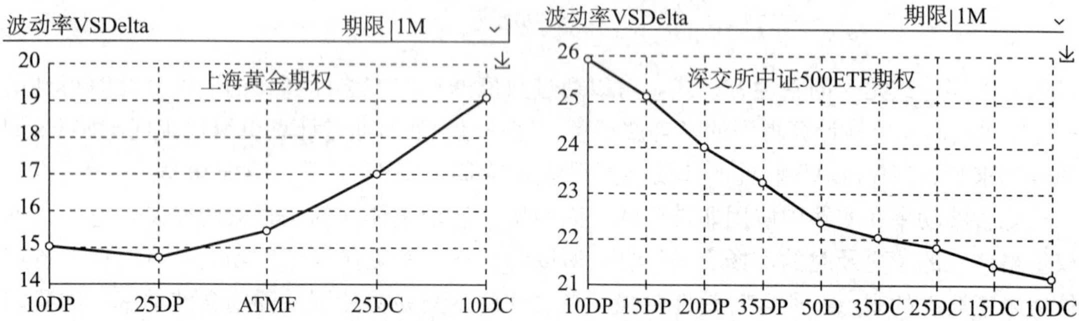

图 14－2　不对称的波动率微笑曲线

至于产生波动率微笑的原因，可能包括以下两个方面：

（1）实际标的资产价格不服从对数正态分布。众多实证研究表明，外汇、利率、股票等资产的收益率并不服从正态分布，更多呈现厚尾特征，尤其是左尾更厚，即资产价格下跌到更低值的概率高于上升到更高值的概率。而为了达到相同的概率取值，假设在正态分布的情况下，波动率会变大，因此离平值越远，隐含波动率越大，且深度虚值看跌（深度实值看涨）期权的隐含波动率常常大于深度实值看跌（深度虚值看涨）期权的隐含波动率。

（2）实际标的资产价格可能产生跳跃。跳跃会使得资产出现极端价值的概率增加，因此在几何布朗运动假设下，就体现为隐含波动率的增大。

除此以外，投资者的交易偏好、市场价格涨跌的不对称性、投资者的暴跌恐惧症也会导致不同执行价格期权的隐含波动率有所差异。

拓展阅读

暴跌恐惧症

除了执行价格，使用不同到期期限、相同执行价格的期权计算的隐含波动率也会不同，隐含波动率与到期期限之间的关系就成为波动率的期限结构。而同时反映隐含波动率、到期期限和执行价格三者关系的三维曲面就称为“波动率曲面”。图 14－3 是我国上交所交易的 50ETF 期权在 2024 年 4 月 19 日的隐含波动率曲面。

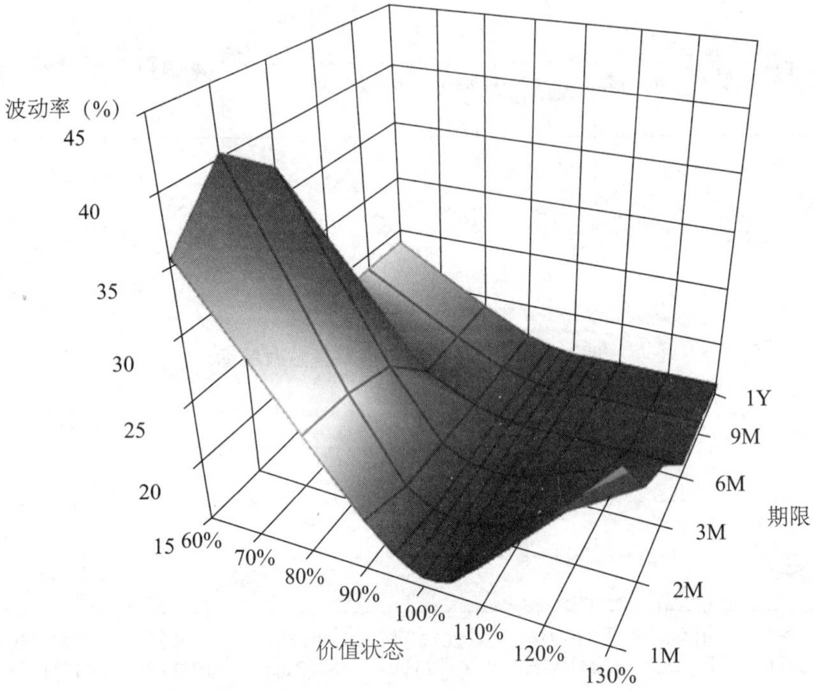

图 14－3　2024 年 4 月 19 日 50ETF 期权的隐含波动率曲面

（三）波动率指数（VIX 指数）

为了通过期权市场的价格更全面地反映市场波动性的变化，交易所通过编制隐含波动率指数（implied volatility index，简称 VIX 指数）监控市场的波动性。有很多交易所为了规避波动率变化带来的风险，还开发了 VIX 指数期货、VIX 指数期权等隐含波动率相关产品。如芝加哥期权交易所起初选取标准普尔 100 指数期权的近月与次月最接近平价的看涨期权及看跌期权共八个序列，分别计算期权价格的隐含波动率，之后再加权平均所得出的指数。后来该指数在 2003 年进行了修正，将选取标的改为标准普尔 500 指数并将期权品种改为 30 日期限的所有看涨和看跌期权序列，同时为了避免模型风险，将计算方式改为无模型隐含波动率计算方法。由于当市场波动加剧时，该指数会明显增加，如图 14－4 所示，在 2020 年 3 月美国新冠疫情暴发时，美国股市的大波动体现为 VIX 指数的急剧上涨，因此这一指数也被称为“恐慌指数”。芝加哥期权交易所在 2004 年推出了基于 VIX 指数的

拓展阅读

中国波动率指数的编制规则——隐含波动率的无模型方法

期货，于 2006 年推出了 VIX 指数期权。我国上海证券交易所在 2015 年推出 50ETF 期权后，在 2016 年也推出了基于 50ETF 期权的 VIX 指数，称为中国波动率指数（50ETF IVIX 指数)。图 14－5 中的指数更新到 2018 年 2 月 13 日，其编制方法参考了美国 SPX VIX 指数的编制方法。感兴趣的读者可以查阅上海证券交易所网站或扫描二维码了解。

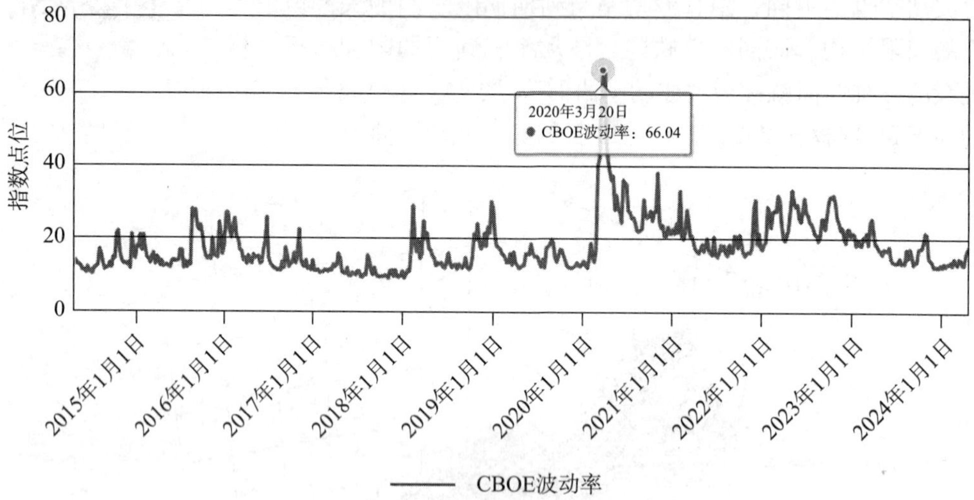

图 14－4　CBOE 的波动率指数时序图

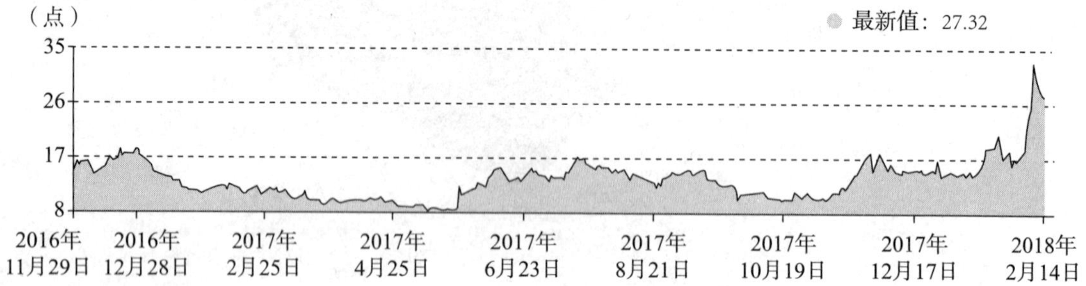

图 14－5　50ETF 波动率指数

第四节　Black-Scholes-Merton 期权定价模型的扩展应用

BSM 期权定价模型的初步假设是标的资产没有分红，实际上，这一假设放松后，BSM 期权定价模型仍然适用。另外，BSM 期权定价模型也适用于其他可以转换为含权问题的金融问题。

一、有收益资产的期权定价

一般而言，若股票发放现金红利或者发放股票红利，则股价会因股权价值降低或者股权稀释向下“跳跃”，相应地也会影响期权的价值。但如果股票发放的现金红利或者股票红利都是可预期的和确定的，则现金收益只会使得股票价格在除息日的下跌幅度等于股息量，红利率会使得股价的增长幅度平行地减少确定的比例。这都不会影响股价的随机波动程度，为处理股息的影响提供了便利。

(一) 有红利率标的资产的期权定价

假设在欧式期权合约的有效期 $[t, T]$ 内，标的资产连续付息，并假设标的资产连续付息的年收益率为 q，则连续红利率 q 会使得标的资产价格的增长幅度比无红利率的同样标的资产价格增长幅度减少 q。如果支付连续红利率 q，标的资产价格从期初的 S_t 增长到 T 时刻的 S_T，那么在没有红利率支付的情况下，标的资产价格应该从 S_t 增长到 T 时刻的 $e^{q(T-t)}S_T$。换句话说，在没有红利率时，若标的资产的初始价格为 $e^{-q(T-t)}S_t$，则 T 时刻会增长到 S_T。

这一分析说明，以下两种情形下标的资产价格在 T 时刻会有相同的概率分布：

(1) 标的资产初始价格为 S_t，支付连续红利率 q；

(2) 标的资产初始价格为 $e^{-q(T-t)}S_t$，无红利支付。

由于欧式期权仅仅与期权到期日标的资产价格分布相关，我们可以得出一个简化定价方式：当对期限为 $(T-t)$、以支付红利率 q 的资产为标的的欧式期权进行定价时，我们可以将其等价为对以 t 时刻价格为 $e^{-q(T-t)}S_t$ 的无红利收益资产为标的的欧式期权进行定价的问题。因此，在 BSM 期权定价公式中，只需要将 S_t 替换为 $e^{-q(T-t)}S_t$，即可得到有红利率支付的资产的欧式看涨和看跌期权的定价公式：

$$C_t = S_t e^{-q(T-t)}N(d_1) - Ke^{-r(T-t)}N(d_2) \tag{14-34}$$

$$P_t = Ke^{-r(T-t)}N(-d_2) - S_t e^{-q(T-t)}N(-d_1) \tag{14-35}$$

其中

$$d_1 = \frac{\ln\frac{S_t e^{-q(T-t)}}{K} + \left(r + \frac{1}{2}\sigma^2\right)(T-t)}{\sigma\sqrt{T-t}} = \frac{\ln\frac{S_t}{K} + \left(r - q + \frac{1}{2}\sigma^2\right)(T-t)}{\sigma\sqrt{T-t}} \tag{14-36}$$

$$d_2 = d_1 - \sigma\sqrt{T-t} \tag{14-37}$$

当然，严格推导，由于存在连续红利率时，在每个 Δt 时间内，标的资产会发放 $qS_t\Delta t$ 红利，因此资产价格增长会减少 $qS_t\Delta t$，故在风险中性环境下，标的资产价格 S_t 的变化可以用如下随机过程来表示：

$$dS_t = (r-q)S_t \cdot dt + \sigma S_t \cdot dW_t \tag{14-38}$$

此时，通过伊藤引理求解，可得

$$S_T = S_t e^{\left(r-q-\frac{\sigma^2}{2}\right)(T-t)+\sigma(W_T-W_t)} \tag{14-39}$$

因此，欧式看涨期权在 t 时刻的价格 C_t 在风险中性环境下仍然满足式 (14-24)：

$$C_t = e^{-r(T-t)}E^*[\max(S_T - K, 0)]$$

类似于式 (14-24) 的计算过程，可得到此时欧式看涨期权的价格满足式 (14-34)。进一步利用有红利率的欧式看涨看跌期权平价公式，可以得到欧式看跌期权的价格公式 (14-35)。

【例 14-3】 外汇期权定价。类似于第六章的讨论，外汇可以看作支付红利率的标的资产。如果把外币作为标的货币，其无风险利率可以看作红利率，记为r_f，本币作为报价货币，利率为r，则欧式外汇期权的定价类似于有红利率资产的欧式期权定价。定价公式为：

$$C_t=S_t e^{-r_f(T-t)}N(d_1)-Ke^{-r(T-t)}N(d_2) \tag{14-40}$$

$$P_t=Ke^{-r(T-t)}N(-d_2)-S_t e^{-r_f(T-t)}N(-d_1) \tag{14-41}$$

$$d_1=\frac{\ln\frac{S_t}{K}+\left(r-r_f+\frac{1}{2}\sigma^2\right)(T-t)}{\sigma\sqrt{T-t}}$$

$$d_2=d_1-\sigma\sqrt{T-t}$$

这正是加曼（Garman）和科尔哈根（Kolhagen）在1983年提出的外汇期权定价公式。

【例14-4】 设美元兑人民币的即期汇率为1美元=7.0元人民币，美元的无风险利率为3.5%（连续复利），人民币的无风险利率为1.5%（连续复利），美元兑人民币的汇率年波动率为10%，美元兑人民币汇率波动满足几何布朗运动。又设存在6个月期、执行价格为美元兑人民币6.9的欧式看涨美元外汇期权，试计算该期权当前的价格。（以1美元为例。）

根据题意，$S_t=7$，$K=6.9$，$T-t=0.5$，$r=0.015$，$r_f=0.035$，$\sigma=0.10$，则：

$$d_1=\frac{\ln\frac{S_t}{K}+\left(r-r_f+\frac{1}{2}\sigma^2\right)(T-t)}{\sigma\sqrt{T-t}}=\frac{\ln\left(\frac{7}{6.9}\right)+\left(0.015-0.035+\frac{0.1^2}{2}\right)\times 0.5}{0.1\times\sqrt{0.5}}$$

$$=0.097\,4$$

$$d_2=d_1-\sigma\sqrt{T-t}=0.097\,4-0.1\times\sqrt{0.5}=0.026\,7$$

查标准正态分布表，可得$N(d_1)=0.538\,8$，$N(d_2)=0.510\,7$，故

$$C_t=S_t e^{-r_f(T-t)}N(d_1)-Ke^{-r(T-t)}N(d_2)$$

$$=7\times e^{-0.035\times 0.5}\times 0.538\,8-6.9\times e^{-0.015\times 0.5}\times 0.510\,7=0.208\,7$$

【例14-5】 假设某投资者现在持有一份欧式看跌期权合约，该合约将在1年后到期。其标的股票在期权持有期内连续支付股息，其年红利率为4%。该股票当前的价格为50元，期权执行价格为50元，股票价格的年化波动率为20%，市场的无风险利率为5%。求该欧式看跌期权合约的价格。

根据题意，$S_t=50$，$K=50$，$T-t=1$，$q=0.04$，$r=0.05$，$\sigma=0.20$。将股息的年红利率4%代入标的资产价格支付连续股息的欧式看跌期权定价公式，我们有：

$$d_1=\frac{\ln\frac{50}{50}+\left(0.05-0.04+\frac{1}{2}\times 0.2^2\right)\times 1}{0.2\times\sqrt{1}}=0.150\,0$$

$$d_2=\frac{\ln\frac{50}{50}+\left(0.05-0.04-\frac{1}{2}\times 0.2^2\right)\times 1}{0.2\times\sqrt{1}}=-0.050$$

故

$$N(-d_1)=N(-0.1500)=0.4404$$
$$N(-d_2)=N(0.0500)=0.5199$$

将其代入

$$P_t=Ke^{-r(T-t)}N(-d_2)-S_t e^{-q(T-t)}N(-d_1)$$

可得

$$P_t=50\times e^{-0.05\times 1}\times 0.5199-50\times e^{-0.04\times 1}\times 0.4404=3.5706\text{ 元}$$

即该欧式看跌期权合约当前的价格为 3.570 6 元。

(二) 支付现金红利资产的期权定价

类似地，对于支付现金红利的资产，其未来价格相对于不支付红利的资产价格下降的幅度应该等于现金红利的数量，因此，如果标的资产在 t 时刻的价格为 S_t，T 时刻的资产价格为 S_T，则不支付现金红利的资产在 t 时刻的价格为 S_t-I_t，T 时刻的资产价格也会变成 S_T，其中 I_t 表示期权持有期内标的资产所支付的全部现金红利以无风险利率进行贴现后的现值。因此我们可以认为以下两个资产在到期日 T 具有相同的价格分布：

(1) 标的资产初始价格为 S_t，支付现金红利，现金红利的现值为 I_t；

(2) 标的资产初始价格为 (S_t-I_t)，无红利支付。

因此在 BSM 期权定价公式中，只需要将 S_t 替换为 (S_t-I_t)，即可得到有现金红利资产的欧式看涨和看跌期权的定价公式：

$$C_t=(S_t-I_t)N(d_1)-Ke^{-r(T-t)}N(d_2) \tag{14-42}$$

$$P_t=Ke^{-r(T-t)}N(-d_2)-(S_t-I_t)N(-d_1) \tag{14-43}$$

其中

$$d_1=\frac{\ln\frac{S_t-I_t}{K}+\left(r+\frac{1}{2}\sigma^2\right)(T-t)}{\sigma\sqrt{T-t}},\ d_2=d_1-\sigma\sqrt{T-t} \tag{14-44}$$

【例 14-6】 假设某投资者现在持有一份欧式看涨期权合约，该合约将在 1 年后到期。在此期间，标的股票分别在 3 个月后、6 个月后和 9 个月后各支付定额现金红利，每次支付的金额为 1.5 元。该股票当前的价格为 50 元，期权执行价格为 50 元，股票价格的年化波动率为 20%，市场的无风险利率为 5%。求该期权合约当前的理论价格。

根据题意，$S_t=50$，$K=50$，$T-t=1$，$r=0.05$，$\sigma=0.20$，故有

$$I_t=1.5e^{-\frac{3}{12}\times 0.05}+1.5e^{-\frac{6}{12}\times 0.05}+1.5e^{-\frac{9}{12}\times 0.05}=4.3891\text{ 元}$$

故标的资产“除权”后的价格为：

$$S_t-I_t=50-4.3891=45.6109\text{ 元}$$

将上式的计算结果直接代入标的资产价格支付固定金额现金红利的欧式看涨期权定价公式，我们有

$$d_1=\frac{\ln\frac{45.6109}{50}+\left(0.05+\frac{1}{2}\times 0.2^2\right)\times 1}{0.2\times\sqrt{1}}=-0.1094$$

$$d_2=\frac{\ln\frac{45.6109}{50}+\left(0.05-\frac{1}{2}\times0.2^2\right)\times1}{0.2\times\sqrt{1}}=-0.3094$$

故

$$N(d_1)=N(-0.1094)=0.4564$$
$$N(d_2)=N(-0.3094)=0.3785$$

将其代入

$$C_t=(S_t-I_t)N(d_1)-K\mathrm{e}^{-r(T-t)}N(d_2)$$

可得

$$C_t=45.6109\times0.4564-50\times\mathrm{e}^{-0.05\times1}\times0.3785=0.9892\text{ 元}$$

即该看涨期权当前的价格应为 0.989 2 元。

二、权证定价

股票期权的发行对公司股票数量不会产生影响，因为它以上市公司已经上市流通的股票为标的，但股本权证的发行可能影响上市公司流通股的数量。如果公司发行认购权证，则当权证执行时，公司通过股票增发，以执行价格将增发的股票出售给期权持有者。由于期权执行价格低于股票市场价格，因此这些期权的执行会对市场上现有股票持有者的利益产生稀释效应，导致股价下跌。此时如何为认购权证定价呢?

其实，如果市场是有效的，则在权证发行时，市场就会对权证的影响做出反应，及时体现在当前的股价上，并不会对权证定价带来更复杂的影响。

比如考虑某家想发行新权证（或雇员期权）的公司的情形。在发行新权证没能增加公司价值的假设下，公司想计算发行权证的费用。假定这家公司已经发行了 N 股股票，每股价格为 S_0，公司考虑发行 M 份欧式认购权证，每份权证可以使期权持有者以 K 的价格买入 1 股股票。则在不考虑权证发行的情况下，公司在今天的市值为 NS_0。假设在没有发行权证的前提下，股票价格在权证到期时刻 T 的价格为 S_T。这表明，在时刻 T 公司股权价值为 NS_T。如果权证被执行，由执行价格所带来的资金流会使股权的价值总和变为 NS_T+MK，这一价值会在 $N+M$ 股股票上进行分配。因此，在权证被执行后，股票价格变为:

$$\frac{NS_T+MK}{N+M} \tag{14-45}$$

因此，若 $S_T>K$ 时，期权持有者执行期权，其所得收益为:

$$\frac{NS_T+MK}{N+M}-K=\frac{N}{N+M}(S_T-K) \tag{14-46}$$

因此，认购权证的行权收益相当于$\frac{N}{N+M}$倍普通股票期权的价值，故认购权证当前的价值应该等于$\frac{N}{N+M}$倍普通股票期权的价值。公司发行权证的总费用就等于单份权证的价值乘以 M。若公司没有通过发行权证获得权证价格收益，则一旦市场知道了公司发行权证的消息，公司股票价值会马上下降，下降的价值应该等于权证的总费用，因此单只股票的价格会下降：$\frac{M}{N}\times\frac{N}{N+M}C_{B\text{-}S\text{-}M}=\frac{M}{N+M}C_{B\text{-}S\text{-}M}$，其中 $C_{B\text{-}S\text{-}M}$ 为执行价格为 K 的公司股票的普通欧式看涨期权的价格。

【例 14-7】 某公司共发行 100 万股股票，每股价格为 40 美元。该公司正在考虑发行 20 万份权证，每份权证给权证持有者在 5 年后可以以每股 60 美元的价格买入股票的权利。假定无风险连续复利为每年 3%，波动率为每年 30%，公司不支付股息，则公司发行权证的消息公布后，公司股价会变动多少？

根据题意，$S_0=40$，$K=60$，$r=0.03$，$\sigma=0.30$，$T=5$，故

$$d_1=\frac{\ln\frac{40}{60}+\left(0.03+\frac{1}{2}\times 0.3^2\right)\times 5}{0.3\times\sqrt{5}}=-0.0454$$

$$d_2=\frac{\ln\frac{40}{60}+\left(0.03-\frac{1}{2}\times 0.3^2\right)\times 5}{0.3\times\sqrt{5}}=-0.7162$$

故

$$\begin{aligned}N(d_1)&=N(-0.0454)=0.4819\\N(d_2)&=N(-0.7162)=0.2369\\C_{B\text{-}S\text{-}M}&=S_tN(d_1)-K\mathrm{e}^{-r(T-t)}N(d_2)\\&=(40\times 0.4819-60\times \mathrm{e}^{-0.03\times 5}\times 0.2369)\\&=7.0419\text{ 美元}\end{aligned}$$

公司已发行的股票数量为 $N=1\,000\,000$、发行的权证数量为 $M=200\,000$，故每份权证的价格为：

$$\frac{1\,000\,000}{1\,000\,000+200\,000}\times 7.0419=5.87\text{ 美元}$$

所以发行权证的总费用为 $200\,000\times 5.87=117$ 万美元。假定市场认为发行权证不会带来其他好处，则预计公司股票价格会下降 1.17 美元到 38.83 美元。

三、信用风险度量 KMV 模型

KMV 模型沿用 Merton（1974）的违约风险度量思想。Merton（1974）将公司股票当成以公司资产为标的的看涨期权，为了便于讨论，假设公司发行了一个零息债券，债券到期时间为 T。定义：

$\{V_A(t)\}$：公司资产的价值过程；

$\{V_E(t)\}$：公司股票的价值过程；

D：公司债券的到期价值；

σ_A：公司资产价值的波动率；

σ_E：公司股票价值的波动率；

r：无风险连续复利。

Merton（1974）定义，当 $V_A(T)<D$ 时，公司资不抵债，将无法偿还所有债务，发生违约，此时公司股票价值为 0；当 $V_A(T)\geqslant D$ 时，公司可以偿还债务，剩余价值为股票价值，因此：

$$V_E(T)=\max(V_A(T)-D,\ 0) \tag{14-47}$$

这表示公司的股票可以看作公司资产上的看涨期权，期权的执行价格为公司应偿还的债务价值，因此若假设在风险中性环境下，公司资产价值服从几何布朗运动：

$$\begin{cases}\mathrm{d}V_A(t)=rV_A(t)\cdot \mathrm{d}t+\sigma_A V_A(t)\cdot \mathrm{d}W_t\\ V_A(0)=V_A(0)\end{cases} \tag{14-48}$$

则公司股票价值可以通过 BSM 期权定价模型得到：

$$V_E(0)=V_A(0)N(d_1)-D\mathrm{e}^{-rT}N(d_2) \tag{14-49}$$

$$d_1=\frac{\ln\dfrac{V_A(0)}{D}+\left(r+\dfrac{1}{2}\sigma_A^2\right)T}{\sigma_A\sqrt{T}}$$

$$d_2=d_1-\sigma_A\sqrt{T}$$

此时公司在风险中性环境下，T 时刻的违约概率为：

$$P(V_A(T)<D)=N\left(-\frac{\ln\dfrac{V_A(0)}{D}+\left(r-\dfrac{1}{2}\sigma_A^2\right)T}{\sigma_A\sqrt{T}}\right)=N(-d_2) \tag{14-50}$$

考虑到公司资产价值是不可交易的，因此在市场上无法观测到公司资产的公允价值，但公司股票价值可以在市场上获取，并且风险中性环境下的违约概率并不等于实际环境下的违约。因此穆迪公司（Moody's）在 Merton（1974）的基础上开发了 KMV 模型，进一步假设公司股票价值同样满足几何布朗运动，且受同样的随机因素影响，即在风险中性环境下：

$$\mathrm{d}V_E(t)=rV_E(t)\cdot \mathrm{d}t+\sigma_E V_E(t)\cdot \mathrm{d}W_t \tag{14-51}$$

$V_E(t)$ 作为 $V_A(t)$ 的函数，利用伊藤引理，可得

$$\mathrm{d}V_E(t)=\left(\frac{\partial V_E}{\partial t}+\frac{\partial V_E}{\partial V_A}rV_A(t)+\frac{1}{2}\frac{\partial^2 V_E}{\partial V_A^2}\sigma^2 V_A^2(t)\right)\cdot \mathrm{d}t+\frac{\partial V_E}{\partial V_A}\sigma_A V_A(t)\cdot \mathrm{d}W_t$$

结合式（14-49）和式（14-51），得：

$$\frac{\partial V_E}{\partial V_A}\sigma_A V_A(t)=N(d_1)\sigma_A V_A(t)=\sigma_E V_E(t)$$

故

$$N(d_1)\sigma_A V_A(0)=\sigma_E V_E(0) \tag{14-52}$$

则通过联立式（14-49）和式（14-52），

$$\begin{cases}V_E(0)=V_A(0)N(d_1)-D\mathrm{e}^{-rT}N(d_2)\\ N(d_1)\sigma_A V_A(0)=\sigma_E V_E(0)\end{cases} \tag{14-53}$$

可以通过股票价值 $V_E(0)$ 和股票波动率 σ_E 计算出公司资产价值 $V_A(0)$ 和公司资产的波动率 σ_A，进而计算出风险中性环境下的违约概率 $N(-d_2)$。

由于风险中性环境是通过概率测度的改变得到的，因此风险中性环境下的违约概率与实际市场的违约概率存在差异。为了反映实际市场的违约情况，穆迪公司借助上述模型计算出公司资产价值和公司资产的年化波动率后，定义如下公式为**1 年期的违约距离**：

$$DD=\frac{V_A(0)-DEP}{V_A(0)\sigma_A} \tag{14-54}$$

其中，DEP 表示穆迪公司计算的公司的违约临界值。穆迪公司经实证分析发现，当公司价值低于负债价值时，公司并未违约，违约发生最频繁的临界点大约在公司资产价值等于流动负债加 50%的长期负债处，于是将其定义为违约点（default exercise point，DEP)。

进一步，穆迪公司基于包括大量公司违约信息的历史数据库，把违约距离与经验违约概率的关系映射成一条光滑曲线，从而找出 DD 与经验违约概率（experience default probability，EDP）的映射以便基于每家公司的 DD 估计其实际的违约概率。

四、实物期权定价——资本投资评估

评估资本投资项目的传统处理方式是净现值（net present value，NPV）法。一个项目的 NPV 是其未来预期现金流增值的贴现值。计算贴现值所用贴现率是经过风险调整的贴现率，反映项目的风险程度，同时也是公司（或公司股东）投资所需求的收益率。利用传统 NPV 法所遇到的一个难题是许多项目都含有隐含期权。例如，某家公司正在考虑建造一个工厂来加工一种新产品，当情况不如预期时，公司常常有放弃这个项目的权利；而当市场上对其新产品的需求超出预期时，公司同样有扩大工厂的权利。隐含在投资项目里的期权可能包括以下几种：

（1）放弃期权（abandonment option)。这是指转让或关闭项目的权利。它是项目价值上的美式看跌期权，期权的执行价格是项目的清仓（或转让）价值减去清仓时的所有费用。当清仓价值很低时，执行价格可能为负值。放弃期权可以减轻非常糟糕的投资结果对项目的影响，从而增加项目的最初估值。

（2）扩大期权（expansion option)。这是指当条件有利时增加投资，从而增加生产的权利。它是增加生产能力价值上的美式看涨期权。期权的执行价格是增加生产能力的成本被贴现到行使期权时的价值。执行价格常常与最初的投资有关。如果在最初选择建造时管理层计划的生产规模已经超过预期的水平，那么执行价格会相对小。

（3）缩减期权（contraction option)。这是减小项目规模的权利，它是在所浪费的生产能力价值上的美式看跌期权。期权的执行价格是在行使时所有将被节省的未来支出的贴现值。

（4）推迟期权（option to defer)。对于管理人而言，一项非常重要的权利是能够推迟项目。这是项目价值上的美式看涨期权。

（5）延期期权（option to extend life)。有时在付出一笔固定费用后可以延长一项资产的寿命，这是在资产未来价值上的欧式看涨期权。

这些权利都是具有价值的，忽略这些权利将会低估项目的价值。利用期权定价模型就可以估计这些权利带来的影响，这种估计项目价值的方法就叫“实物期权定价法”。

本章小结

在这一章里，我们解释了用几何布朗运动刻画股票价格变化的合理性。在无套利假设下，通过动态复制的思想和风险中性定价两种方法对衍生产品进行了定价研究。基于此，我们推导出了欧式看涨和看跌期权的 BSM 期权定价公式，并展开讨论了模型中波动率参数的估计问题，以及期权在隐含波动率计算、波动率指数构建方面的应用。最后考虑了有红利支付资产的期权定价问题。此外，我们还给出了外汇期权、实物期权、权证的定价公式，并介绍了信用风险评估的 KMV 模型。

本章术语

欧式期权　风险中性定价　无套利定价　Black-Scholes-Merton 偏微分方程　几何布朗运动　Black-Scholes-Merton 期权定价公式　历史波动率　隐含波动率　波动率指数　交易天数　日历天数　支付现金红利资产的期权定价　支付红利率资产的期权定价　外汇期权定价　实物期权定价　权证定价　KMV 模型

扩展阅读

思考题

一、简答题

1. BSM 期权定价模型对于 1 年后股票价格概率分布的假设是什么？对于 1 年内连续复利收益率分布的假设是什么？

2. 简述 BSM 期权定价模型的应用范围。

二、计算题

1. 若股票价格的波动率为每年 30%，在一个交易日内价格百分比变化的标准差为多少？

2. 计算一个 3 个月期的不支付红利的股票欧式看跌期权的价格，这里期权执行价格为 50 元，股票当前价格为 50 元，无风险利率为每年 10%，波动率为每年 30%。

3. 什么是隐含波动率？如何计算？

4. 一只不付红利的股票，当前价格是 50 元，无风险利率为 14%，股价收益波动率为 30%。若以该股票为标的，到期期限为 6 个月、执行价格为 52 元的欧式看涨期权的当前价值为 10 元，请问期权的定价是否合理？如果不合理，你能给出套利的过程吗？

5. 考虑一个不支付股利的股票期权，股票价格是 30 美元，执行价格为 29 美元，无风险利率为每年 5%，波动率为每年 25%，到期期限为 4 个月。

(1) 如果期权是欧式看涨期权，期权价格是多少？

(2) 如果期权是美式看涨期权，期权价格是多少？

(3) 如果期权是欧式看跌期权，期权价格是多少？

(4) 验证看涨看跌期权平价关系是否成立。

6. 假设加元的即期价格为 0.75 美元，加元/美元汇率的波动率为年 4%，加拿大和美国的无风险利率分别为年 9%和年 7%。计算在 9 个月后以 0.75 美元购买 1 加元的欧式看涨期权的价值。使用看涨看跌期权平价关系计算在 9 个月后以 0.75 美元出售 1 加元的欧式看跌期权的价格。在 9 个月后以 1 加元购买 0.75 美元的看涨期权的价值是多少？

7. 根据欧式看涨期权的 BSM 期权定价公式，

(1) 证明：$SN(d_1)=Xe^{-rT}N(d_2)$，其中标的资产不支付红利，T 为到期期限。

(2) 计算期权价值关于标的资产价格 S 的一阶和二阶导数。

(3) 计算期权价值关于股票波动率的一阶导数。

(4) 计算期权价值关于到期期限的一阶导数。

提示：注意利用第 (1) 题的关系式去除相等的项。

8. 假设标的资产价格在风险中性环境下满足几何布朗运动：

$$\begin{cases} dS_t=rS_t\,dt+\sigma S_t\,dW_t \\ S_0=s_0 \end{cases}$$

(1) 设以该资产为标的、执行价格为 X、到期期限为 T 的欧式二值看涨期权的到期损益公式为：

$$C_T=1_{\{S_T\geqslant X\}}$$

试推导该欧式看涨期权当前的价格。

(2) 计算相同条款下欧式看跌二值期权的价格，已知该二值期权的到期损益为：

$$P_T=1_{\{S_T\leqslant X\}}$$

第十五章

期货期权定价模型及其应用

本章导读

1982 年 10 月 1 日，美国长期国债期货期权合约在芝加哥期货交易所上市，为其他商品期货和金融期货交易开辟了一方新天地，使得期货期权成为继 20 世纪 70 年代金融期货之后的又一次期货革命。相较于现货期权，期货期权为期货商提供了规避风险的工具，并具有资金使用效益高、交易方便、信用风险小等优点。Black（1976）从期货建模角度解决了欧式期货期权的定价问题，并借此简化了现货期权的定价过程，但考虑到大部分期货期权为美式期权，因此本章首先对欧式期货期权定价的 Black 模型进行了介绍，学习 Black 模型在现货期权定价中的应用，同时进一步讨论了美式期货期权的近似解析模型——BAW（Barone-Adesi-Whaley）模型的计算过程和应用效果。

知识结构图

学习要求

掌握欧式期货期权定价公式，理解利用 Black 模型定价现货期权的原理和避繁就简的应用思想，了解 BAW 模型的近似思想和它在现实中的应用。

第一节 Black 模型简介

一、风险中性下的期货价格模型

在使用风险中性定价方法推导 Black 公式前，我们需要探究风险中性条件下的期货价格特点。在第十章，我们已经证明期货价格的变化等价于支付红利率为无风险利率 r 的标的资产。根据第十四章的推理，若假设期货价格在风险中性环境下服从几何布朗运动，红利率 $q=r$，则基于有红利率资产的价格过程：

$$dS_t=(r-q)S_t\,dt+\sigma S_t\,dW_t^Q \tag{15-1}$$

我们有在风险中性环境下：

$$dF_t=(r-r)F_t\,dt+\sigma F_t\,dW_t^Q=\sigma F_t\,dW_t^Q \tag{15-2}$$

在例 13-4 中，我们通过标的资产的价格过程也推导过无红利支付资产的期货价格过程，同样发现期货价格过程满足式（15-2）。事

拓展阅读

风险中性环境下的期货价格证明

实上，无论标的资产是否支付红利率，若假设期货价格满足几何布朗运动，则在风险中性环境下都满足式（15-2）。

【例 15-1】 假设在风险中性环境下，期货的价格过程满足：$dF_t=\sigma F_t dW_t^Q$。运用伊藤公式，推导 $\ln(F_t)$ 的概率分布。

令 $V_t=\ln(F_t)$，则 $\frac{\partial V_t}{\partial t}=0$，$\frac{\partial V_t}{\partial F}=\frac{1}{F_t}$，$\frac{\partial^2 V_t}{\partial F^2}=-\frac{1}{F_t^2}$，由伊藤公式

$$
\begin{aligned}
dV_t &=\frac{\partial V_t}{\partial t}dt+\frac{\partial V_t}{\partial F}dF_t+\frac{1}{2}\frac{\partial^2 V_t}{\partial F^2}(\sigma F_t)^2 dt \\
&=\frac{1}{F_t}dF_t-\frac{1}{2}\frac{1}{F_t^2}(\sigma F_t)^2 dt=-\frac{1}{2}\sigma^2 dt+\sigma dW_t^Q
\end{aligned}
$$

对上述微分方程在 $[0,\ t]$ 上进行积分，

$$\ln(F_t)=\ln(F_0)-\frac{1}{2}\sigma^2 t+\sigma W_t^Q$$

因此，$\ln(F_t)$ 服从以 $\ln(F_0)-\frac{1}{2}\sigma^2 t$ 为均值、以 $\sigma^2 t$ 为方差的正态分布，即：

$$\ln(F_t)\sim N\left(\ln(F_0)-\frac{1}{2}\sigma^2 t,\ \sigma^2 t\right) \tag{15-5}$$

且

$$F_t=F_0 e^{-\frac{1}{2}\sigma^2 t+\sigma W_t^Q}=F_0 e^{-\frac{1}{2}\sigma^2 t+\sigma z\sqrt{t}} \tag{15-6}$$

其中，z 服从标准正态分布。

二、Black 偏微分方程的推导

与推导 BSM 期权定价模型中的偏微分方程的思想类似，考虑包含一份期货期权 $f(t,\ F_t)$ 和 Δ_t 份期货合约的无风险投资组合 Π_t 在一个微小时间区间 $[t,\ t+dt]$ 的价值变化。为了构造这样一个无风险投资组合，期货合约的份数 Δ_t 是随时间推移而变化的，因此这是一个动态对冲的过程。若 Δ_t 为正，这意味着期货合约为多头；若 Δ_t 为负，这意味着期货合约为空头，由伊藤公式：

$$
\begin{aligned}
d\Pi_t &=df(t,\ F_t)+\Delta_t dF_t \\
&=\frac{\partial f}{\partial t}dt+\frac{\partial f}{\partial F_t}dF_t+\frac{1}{2}\frac{\partial^2 f}{\partial F_t^2}(dF_t)^2+\Delta_t dF_t \\
&=\frac{\partial f}{\partial t}dt+\frac{\partial f}{\partial F_t}\sigma F_t dW_t^Q+\frac{1}{2}\frac{\partial^2 f}{\partial F_t^2}\sigma^2 F_t^2 dt+\Delta_t\sigma F_t dW_t^Q \\
&=\left(\frac{\partial f}{\partial t}+\frac{1}{2}\frac{\partial^2 f}{\partial F_t^2}\sigma^2 F_t^2\right)dt+\left(\frac{\partial f}{\partial F_t}\sigma F_t+\Delta_t\sigma F_t\right)dW_t^Q
\end{aligned}
$$

要使得投资组合无风险，需要满足：

$$\frac{\partial f}{\partial F_t}\sigma F_t+\Delta_t\sigma F_t=0 \tag{15-7}$$

因此：

$$\Delta_t = -\frac{\partial f}{\partial F_t} \tag{15-8}$$

此时，由于期货在任何时点的价值均为零，故 $\Pi_t = f(t, F_t)$，因此无风险投资组合在微小时间区间的价值变动为：

$$\mathrm{d}\Pi_t = \left(\frac{\partial f}{\partial t} + \frac{1}{2}\frac{\partial^2 f}{\partial F_t^2}\sigma^2 F_t^2\right)\mathrm{d}t = r\Pi_t \mathrm{d}t = rf(t, F_t)\mathrm{d}t \tag{15-9}$$

由此得到：

$$\frac{\partial f}{\partial t} + \frac{1}{2}\frac{\partial^2 f}{\partial F_t^2}\sigma^2 F_t^2 = rf \tag{15-10}$$

利用上述偏微分方程和期货期权到期损益公式，类似先前 BSM 期权定价公式的推导，可以得到不同类型期货期权的定价公式。对于欧式期货期权，我们能够得到定价的解析表达式，但是对于美式期货期权，我们依然无法得到它的解析表达式。

三、欧式期货期权定价公式

根据式（15－6），运用风险中性定价方法，我们可以求得欧式看涨期货期权和看跌期货期权价格。

对于欧式看涨期货期权，根据其到期损益，由风险中性定价原理，有

$$\begin{aligned} C &= \mathrm{e}^{-rT}E^Q(\max(F_T - K, 0)) \\ &= \mathrm{e}^{-rT}E^Q[(F_T)1_{\{F_T \geqslant K\}}] - K\mathrm{e}^{-rT}P(F_T \geqslant K) \end{aligned}$$

又有 $P(F_T \geqslant K) = P(F_0 \mathrm{e}^{-\frac{1}{2}\sigma^2 T + \sigma z\sqrt{T}} \geqslant K) = P\left(z \geqslant \dfrac{\ln\left(\dfrac{K}{F_t}\right) + \left(\dfrac{\sigma^2}{2}\right)T}{\sigma\sqrt{T}}\right) = N(d_2)$

其中，$d_2 = \dfrac{\ln\left(\dfrac{S_t}{K}\right) - \dfrac{\sigma^2}{2}T}{\sigma\sqrt{T}}$。

此外，

$$\begin{aligned} E^Q[(F_T)1_{\{F_T \geqslant K\}}] &= E^Q\left[F_0 \mathrm{e}^{\left(-\frac{\sigma^2}{2}\right)T + \sigma z\sqrt{T}} 1_{\left\{F_0 \mathrm{e}^{\left(-\frac{\sigma^2}{2}\right)T + \sigma z\sqrt{T}} \geqslant K\right\}}\right] \\ &= E^Q\left[F_0 \mathrm{e}^{\left(-\frac{\sigma^2}{2}\right)T + \sigma z\sqrt{T}} 1_{\{z \geqslant -d_2\}}\right] = F_0 N(d_1) \end{aligned}$$

其中，$d_1 = \dfrac{\ln\left(\dfrac{S_t}{K}\right) + \dfrac{\sigma^2}{2}T}{\sigma\sqrt{T}}$。

因此，欧式看涨期货期权的价格为：

$$C = F_0 \mathrm{e}^{-rT}N(d_1) - K\mathrm{e}^{-rT}N(d_2) \tag{15-11}$$

其中，$N(\cdot)$ 为标准正态分布的累积分布函数：

$$d_1=\frac{\ln\frac{F_0}{K}+\frac{1}{2}\sigma^2T}{\sigma\sqrt{T}},\ d_2=\frac{\ln\frac{F_0}{K}-\frac{1}{2}\sigma^2T}{\sigma\sqrt{T}}=d_1-\sigma\sqrt{T}$$

运用期货期权的看涨看跌平价关系式

$$C+Ke^{-rT}=P+F_0e^{-rT},$$

我们可以求得欧式看跌期货期权的价格为：

$$P=Ke^{-rT}N(-d_2)-F_0e^{-rT}N(-d_1) \tag{15-12}$$

【例 15-2】 某期货当前价格为 2 500 元，年化波动率为 10%，年化无风险利率为 5%（连续复利）。以该期货为标的资产、期限为 9 个月、执行价格为 2 600 元的欧式看涨期货期权的价格是多少？

$$d_1=\frac{\ln\frac{F_0}{K}+\frac{1}{2}\sigma^2T}{\sigma\sqrt{T}}=-0.409\ 6$$

$$d_2=d_1-\sigma\sqrt{T}=-0.496\ 2$$

$$C=F_0e^{-rT}N(d_1)-Ke^{-rT}N(d_2)=45.9\text{ 元}$$

换一个角度看，如果期货可以看作红利率等于无风险利率的资产，则欧式期货期权可以使用有红利率资产的 BSM 期权定价公式即式（14-34）和式（14-35）确定。用 F_t 替换 S_t 且将 $q=r$ 代入式（14-34）和式（14-35），同样可以得到式（15-11）和式（15-12），因此，欧式期货期权定价可以看作 BSM 期权定价模型的特殊应用情形。

第二节　Black 模型在现货期权定价中的应用

期货价格和现货价格本身存在理论上的定价关系，因此不仅可以使用 BSM 期权定价公式为欧式期货期权定价，还可以用 Black 模型为现货期权定价，并且在很多情形下，Black 模型还可以大大简化现货期权定价的过程，因此 Black 模型不仅是 BSM 期权定价模型的特例，更提供了期权定价的一个新的视角。

一、期货期权与现货期权的比较

（一）现货期权与期货期权的等价关系

现货期权的标的资产是现货资产，期货期权的标的资产是期货，而期货价格又与现货价格存在依赖关系，并且根据期货的交易机制，在有效市场中，在期货到期日，期货价格会收敛到现货价格。因此利用期货价格和现货价格的关系，我们可以从期货期权定价视角解决现货期权定价问题。

首先，以欧式看涨期权为例，比较如下两个期权的到期损益：

期权 A：到期日为 T，执行价格为 K，标的资产为现货的欧式看涨期权，设现货在期

权到期日价格为 S_T。

期权 B：到期日为 T，执行价格为 K，标的资产为以该现货为标的的期货的欧式看涨期货期权，假设该期货的到期日同样为 T，期货在到期日的价格为 F_T。

则：

$$\text{期权}A\text{的到期损益}=\max(S_T-K,0)$$
$$\text{期权}B\text{的到期损益}=\max(F_T-K,0)$$

由于期货价格在到期日会收敛到现货价格，即 $F_T=S_T$，故 $\max(F_T-K,0)=\max(S_T-K,0)$。因此，基于无套利定价原理，期权 A 和期权 B 当前应该具有相同的价值，故：

$$C_A(t)=C_B(t)$$

类似地，当期货与期权同时到期时，欧式看跌现货期权与欧式看跌期货期权的价格也应该相等。表 15-1 给出了现货期权与期货期权的可比相似条件。

表 15-1 期货期权与现货期权价值的可比相似条件

1	期货的标的资产与现货期权的标的资产一致
2	期货期权的到期日与期货的到期日、现货期权的到期日相同
3	期货期权与现货期权执行价格相同

由上述分析可得，当期货与期权同时到期时，期货期权和现货期权的价格应该相等，因此，可以使用欧式期货期权的定价模型——Black 模型确定现货资产的欧式期权价格。

（二）用 Black 模型定价现货期权

以欧式看涨期权为例，设当前时刻为 t，利用式（5-11）可以将欧式现货期权的价格表示为：

$$C_A(t)=C_B(t)=F_t\mathrm{e}^{-r(T-t)}N(d_1)-K\mathrm{e}^{-r(T-t)}N(d_2) \tag{15-13}$$

$$d_1=\frac{\ln\frac{F_t}{K}+\frac{1}{2}\sigma^2(T-t)}{\sigma\sqrt{(T-t)}},\ d_2=d_1-\sigma\sqrt{(T-t)}$$

无论现货资产是何种情形，式（15-13）都成立。如果将期货价格与现货价格之间的关系代入式（15-13），则可以得到用现货价格表示的欧式看涨期权的价格。

当现货资产无收益时，$F_t=S_t\mathrm{e}^{r(T-t)}$，代入式（15-13）可得：

$$\begin{aligned}C_A(t)&=S_t\mathrm{e}^{r(T-t)}\mathrm{e}^{-r(T-t)}N(d_1)-K\mathrm{e}^{-r(T-t)}N(d_2)\\&=S_tN(d_1)-K\mathrm{e}^{-r(T-t)}N(d_2)\end{aligned} \tag{15-14}$$

$$d_1=\frac{\ln\frac{S_t\mathrm{e}^{r(T-t)}}{K}+\frac{1}{2}\sigma^2(T-t)}{\sigma\sqrt{(T-t)}}=\frac{\ln\frac{S_t}{K}+\left(r+\frac{1}{2}\sigma^2\right)(T-t)}{\sigma\sqrt{(T-t)}}$$

$$d_2=d_1-\sigma\sqrt{(T-t)}$$

当现货资产在期权有效期内有现金收益时，$F_t=(S_t-I_t)\mathrm{e}^{r(T-t)}$，代入式（15-13）可得：

$$C_A(t)=(S_t-I_t)e^{r(T-t)}e^{-r(T-t)}N(d_1)-Ke^{-r(T-t)}N(d_2)$$
$$=(S_t-I_t)N(d_1)-Ke^{-r(T-t)}N(d_2) \tag{15-15}$$
$$d_1=\frac{\ln\frac{(S_t-I_t)e^{r(T-t)}}{K}+\frac{1}{2}\sigma^2(T-t)}{\sigma\sqrt{(T-t)}}=\frac{\ln\frac{(S_t-I_t)}{K}+\left(r+\frac{1}{2}\sigma^2\right)(T-t)}{\sigma\sqrt{(T-t)}}$$
$$d_2=d_1-\sigma\sqrt{(T-t)}$$

当现货资产有红利率收益时，$F_t=S_te^{(r-q)(T-t)}$，代入式（15-13）可得：

$$C_A(t)=S_te^{(r-q)(T-t)}e^{-r(T-t)}N(d_1)-Ke^{-r(T-t)}N(d_2)$$
$$=S_te^{-q(T-t)}N(d_1)-Ke^{-r(T-t)}N(d_2) \tag{15-16}$$
$$d_1=\frac{\ln\frac{S_te^{(r-q)(T-t)}}{K}+\frac{1}{2}\sigma^2(T-t)}{\sigma\sqrt{(T-t)}}=\frac{\ln\frac{S_t}{K}+\left(r-q+\frac{1}{2}\sigma^2\right)(T-t)}{\sigma\sqrt{(T-t)}}$$
$$d_2=d_1-\sigma\sqrt{(T-t)}$$

显然，式（15-14）～式(15-16）正是在不同资产情形下，欧式现货期权的BSM期权定价公式。

由此我们可以看到，利用Black模型可以更简洁地表达期权定价公式。该模型可以把不同资产情形下的期权定价问题统一在一个公式框架下，将不同资产情形体现在远期价格与现货价格之间的关系中。因此，使用Black模型可以避免考虑标的资产在期权有效期内产生的红利收益。

【例15-3】 某1年期限关于墨西哥比索的远期价格为1比索=0.0750美元，美国的年化无风险利率为1.25%（连续复利），墨西哥的年化无风险利率为4.5%（连续复利），汇率的年化波动率为13%。试计算1年期执行价格为0.0800美元的欧式看跌墨西哥比索外汇期权的价格。(要求分别使用BSM期权定价模型和Black模型解答。)

根据题意，$F_0=0.075$，$r=0.0125$，$r_f=0.045$，$\sigma=0.13$，$K=0.08$，$T=1$。

方法1：使用BSM期权定价模型，利用远期汇率与即期汇率的关系计算即期汇率：

$$S_0=F_0e^{-(r-r_f)T}=0.075\times e^{-(0.0125-0.045)}=0.0775\text{ 美元}$$

利用式（14-41），

$$d_1=\frac{\ln\frac{S_0}{K}+\left(r-r_f+\frac{1}{2}\sigma^2\right)T}{\sigma\sqrt{T}}=\frac{\ln\frac{0.0775}{0.08}+\left(0.0125-0.045+\frac{1}{2}\times0.13^2\right)}{0.13}$$
$$=-0.4292$$
$$d_2=d_1-\sigma\sqrt{T}=-0.4292-0.13=-0.5592$$

故$N(-d_1)=N(0.4292)=0.6661$，$N(-d_2)=N(0.5592)=0.7120$。

解得欧式看跌墨西哥比索外汇期权的价格为：

$$P=Ke^{-rT}N(-d_2)-S_0e^{-r_fT}N(-d_1)$$
$$=0.08\times e^{-0.0125}\times0.7120-0.0775\times e^{-0.045}\times0.6661=0.0069\text{ 美元}$$

方法 2：使用 Black 模型：

$$d_1=\frac{\ln\frac{F_0}{K}+\frac{1}{2}\sigma^2 T}{\sigma\sqrt{T}}=\frac{\ln\frac{0.075}{0.08}+\left(\frac{1}{2}\times 0.13^2\right)}{0.13}=-0.4315$$

$$d_2=d_1-\sigma\sqrt{T}=-0.4315-0.13=-0.5615$$

故 $N(-d_1)=N(0.4315)=0.6669$，$N(-d_2)=N(0.5615)=0.7128$。

解得欧式看跌墨西哥比索外汇期权的价格为：

$$\begin{aligned}P&=e^{-rT}(KN(-d_2)-F_0N(-d_1))\\&=e^{-0.0125}\times(0.08\times 0.7128-0.075\times 0.6669)=0.0069\text{ 美元}\end{aligned}$$

在使用 Black 模型时，墨西哥比索的年化无风险利率并没有用到，这是因为远期价格中已经包含了这一信息。

（三）Black 模型实践应用的方式

Black 模型除了可以规避对标的资产红利收益的讨论，其最重要的贡献是转变了建模价格过程的角度。这是因为期货价格与现货价格的内在联系其实是远期价格与现货即期价格的关系。对于固定到期日为 T 的现货期权而言，需要到期日为 T 的远期价格，无论在 T 时刻之前的任何时刻计算远期价格，都是对相同时刻（T）远期价格的计算。因此在本质上，远期价格本身的波动不存在货币的时间价值，其价格变动仅仅来自交易信息差别带来的价格波动，故而为远期价格过程建模不需要考虑时间变动带来的红利收益，只需要考虑价格波动性问题。通过将现货资产的红利收益隐藏在远期价格中，可以去繁就简，这样无论是商品、外汇、利率还是股票，其远期价格都可以采用类似的价格过程，不需要考虑基础资产本身的特征。

因此，即使现实中现货期权的标的现货没有相应的期货交易，也可以通过现货价格计算与期权相同到期日的远期价格，为现货的远期价格序列进行建模，然后计算现货期权的价格。步骤总结如下：

设当前时刻为 t，存在以某现货资产为标的资产、到期日为 T、执行价格为 K 的欧式看涨（看跌）期权，$\{S_u\}$ 为标的资产的价格过程，则：

步骤 1：利用标的资产的历史价格时序数据 $\{S_u\}_{u\leqslant t}$，计算 T 时刻资产的远期价格，记为 $\{F(u,T)\}_{u\leqslant t}$。

步骤 2：利用 $\{F(u,T)\}_{u\leqslant t}$ 计算远期价格的对数收益率，并以对数收益率计算远期价格收益率的波动率 σ。

步骤 3：假设 $\{F(u,T)\}_{u\leqslant t}$ 满足布朗运动，价格过程满足式（15－2），将当前时刻远期价格 $F(t,T)$、波动率 σ、无风险利率 r、到期期限（$T-t$）、执行价格 K 代入式（15－11），可以计算欧式现货看涨期权的价格，代入式（15－12）可以计算相同条款的欧式现货看跌期权的价格。

当然，对于美式期权以及路径依赖期权，我们无法使用 Black 模型计算现货期权的价值，因为其涉及的不是一个时点的资产价格，而是需要使用标的资产的整条路径。

二、Black 模型用于指数期权

在实践中，很多股票指数期权的交易员更偏好使用 Black 模型为指数现货期权定价。

如我国中金所同时存在 2024 年 9 月到期的、以沪深 300 现货指数为标的的沪深 300 股指期货，和以沪深 300 现货指数为标的的沪深 300 股指期权，则交易员更乐意使用 9 月到期的沪深 300 股指期货定价 9 月到期的沪深 300 股指期权。因为交易员认为使用股指期货为股指期权定价有以下优势：

（1）股指期货和股指期权在同一交易所进行交易；

（2）二者同为衍生产品，都是 $T+0$ 的交易制度，且采取保证金交易，交易时间也完全一致；

（3）二者的交易机制和交易参与者更加一致；

（4）使用股指期货和股指期权制定组合策略更加便利；

（5）使用股指期货定价股指期权不需要考虑指数发放红利的问题。

所以交易员认为使用股指期货为股指现货期权定价更有效。

【例 15-4】 设目前是 2025 年 4 月，在中金所存在 2025 年 9 月到期的沪深 300 股指期货，剩余期限为 5 个月，当前报价为 3 500 点，股指期货的年化波动率为 25%，无风险利率为 1.5%（连续复利），同时在中金所存在 2025 年 9 月到期、以沪深 300 指数为标的、执行价格为 3 500 点的沪深 300 看涨期权，则该看涨期权的价值是多少？相同到期日、相同执行价格的沪深 300 看跌期权的价值是多少？

根据题意，股指期货和股指期权同为 9 月到期，因此股指期权可以看作以该股指期货为标的的期货期权。由于 $F_t=3\ 500$，$K=3\ 500$，$\sigma=0.25$，$T-t=5/12$，$r=0.015$，故：

$$d_1=\frac{\ln\frac{F_t}{K}+\frac{1}{2}\sigma^2 T}{\sigma\sqrt{T}}=\frac{\ln\frac{3\ 500}{3\ 500}+\frac{1}{2}\times 0.25^2\times\frac{5}{12}}{0.25\times\sqrt{5/12}}=0.080\ 7$$

$$d_2=d_1-\sigma\sqrt{T}=0.080\ 7-0.25\times\sqrt{\frac{5}{12}}=-0.080\ 7$$

$$N(d_1)=0.532\ 2,\ N(d_2)=0.467\ 8$$

故看涨期权的价值为：

$$\begin{aligned}C&=F_t\mathrm{e}^{-rT}N(d_1)-K\mathrm{e}^{-rT}N(d_2)\\&=3\ 500\times\mathrm{e}^{-0.015\times\frac{5}{12}}\times 0.532\ 2-3\ 500\times\mathrm{e}^{-0.015\times\frac{5}{12}}\times 0.467\ 8\\&=223.68\end{aligned}$$

期货期权的平价公式为：

$$C+K\mathrm{e}^{-rT}=P+F_t\mathrm{e}^{-rT}$$

由于本例中，$F_t=K$，故 $P=C=223.68$。

拓展阅读

如何使用 MATLAB 实现 BAW 模型期权定价

三、Black 模型用于利率期权

（一）利率期权定价的困难

利率期权的定价相对于其他期权如股指期权、外汇期权等更复杂和困难，原因在于：

（1）单一利率的变化比单一股票价格或汇率的变化更复杂。

（2）利率衍生产品定价需要建立一个利率的随机模型，描述整个利率期限结构。

(3) 利率曲线上的每个点都可能有不同的波动率。

(4) 利率不但被用来确定期权未来的收益，还被用于贴现，不能再被当作常数对待。

除此以外，债券作为常用的利率期权标的之一，其价值变动规律与股票价格变动不同。债券有到期日，尤其是当债券接近到期时，债券价格会回归面值，并不服从几何布朗运动，此时如何为债券价格建模来计算债券期权的价值呢?

这些困难对于欧式利率期权而言，都可以通过 Black 模型轻松化解。

(二) 用 Black 模型定价债券期权

虽然债券具有面值回归特征，但剩余期限较长的债券仍然可以使用几何布朗运动建模，而剩余期限较短的债券就不适合用几何布朗运动建模了。对于欧式债券期权，我们可以为债券在期权到期日的远期价格建模。假设债券远期价格在某个概率测度下满足不包含漂移项的几何布朗运动，如式 (15－2) 所示。

设债券当前的价格为 B_0，债券在 T 时刻到期的远期价格为 $F_B(0)$，$\{F_B(t)\}$ 表示 T 时刻到期的债券远期价格的价格过程，设其满足:

$$dF_B(t)=\sigma F_B(t)dW_t^Q$$

其中，σ 为债券远期价格的收益波动率。由于 $F_B(T)=B_T$，即 T 时刻计算的 T 时刻到期的远期价格等于即期债券价格，故欧式债券期权在到期日的价值记为 $V_B(B_T, T)=V_B(F_B(T), T)$。

此处，若期权为欧式看涨债券期权，则

$$V_B(B_T, T)=\max(B_T-K, 0)=\max(F_B(T)-K, 0)$$

若期权为欧式看跌债券期权，则

$$V_B(B_T, T)=\max(K-B_T, 0)=\max(K-F_B(T), 0)$$

因此，债券期权当前的价值使用 Black 模型计算为:

$$C=P(0, T)[F_B(0)N(d_1)-KN(d_2)] \tag{15－17}$$

$$P=P(0, T)[KN(-d_2)-F_B(0)N(-d_1)] \tag{15－18}$$

$$d_1=\frac{\ln\frac{F_B(0)}{K}+\frac{1}{2}\sigma^2T}{\sigma\sqrt{T}},\ d_2=\frac{\ln\frac{F_B(0)}{K}-\frac{1}{2}\sigma^2T}{\sigma\sqrt{T}}=d_1-\sigma\sqrt{T} \tag{15－19}$$

式中，$P(0, T)$ 是 $[0, T]$ 时间内的贴现因子，也可以看作 T 时刻到期的面值 1 元的零息债券在当前时刻的价格，其中 $P(T, T)=1$。$P(0, T)$ 相当于式 (15－11) 中的 e^{-rT}，只是在利率期权中，利率不再为常数，因此这里用更一般的贴现因子形式表示。

$F_B(0)$ 作为债券的远期价格，可以利用远期价格的计算公式通过债券现券价格计算:

$$F_B(0)=\frac{B_0-I}{P(0, T)} \tag{15－20}$$

其中，I 为期权有效期内债券发放利息的贴现值，$\frac{1}{P(0, T)}$则表示了 $[0, T]$ 区间的累计因子。

【例 15－5】 考虑一个 10 月期的欧式看涨期权，标的资产是期限为 9.75 年、面值为 1 000 美元的债券。假设债券当前全价为 960 美元，期权执行价格为 1 000 美元，10 个月期无风险利率为10%（年化，连续复利），该债券远期价格的年波动率为9%，债券息票率为10%，每半年支付一次，3个月期和9个月期无风险利率分别为9%和9.5%，计算该看涨期权的价格。

根据题意，$B_0=960$，$r_{10/12}=0.1$，$r_{0.25}=0.09$，$r_{0.75}=0.095$，$\sigma=0.09$，$K=1\,000$，$T=\frac{10}{12}$。

首先计算债券的远期价格。债券剩余期限为9.75年，故3个月、9个月均有一次利息支付，1 000美元面值的债券每次支付利息1 000×0.1×0.5=50美元，故债券在期权有效期内支付的利息现值为：

$$I=50\times e^{-0.09\times 0.25}+50\times e^{-0.09\times 0.75}=95.45$$

因此：

$$F_B(0)=\frac{B_0-I}{P(0,\ T)}=\frac{960-95.45}{e^{-0.1\times 10/12}}=939.68$$

由式（15-17）和式（15-19），

$$d_1=\frac{\ln\frac{F_B(0)}{K}+\frac{1}{2}\sigma^2 T}{\sigma\sqrt{T}}=\frac{\ln\left(\frac{939.68}{1\,000}\right)+0.5\times 0.09^2\times\frac{10}{12}}{0.09\times\sqrt{10/12}}=-0.716\,2$$

$$d_2=d_1-\sigma\sqrt{T}=-0.716\,2-0.09\times\sqrt{\frac{10}{12}}=-0.798\,4$$

$$N(d_1)=N(-0.716\,2)=0.236\,9,\ N(d_2)=N(-0.798\,4)=0.212\,3$$

故债券看涨期权的价值为：

$$\begin{aligned}C&=P(0,\ T)[F_B(0)N(d_1)-KN(d_2)]\\&=e^{-0.1\times 10/12}(939.68\times 0.236\,9-1\,000\times 0.212\,3)=9.49\text{ 美元}\end{aligned}$$

（三）用Black模型定价利率上限期权和利率下限期权

回顾第九章关于利率期权的介绍，利率上限期权是不同到期日、相同协议利率的利率看涨期权的组合。对于协议利率为R_K的利率上限期权多头而言，已知上一偿付日t_{i-1}的参考利率为R_{i-1}，则在任意偿付日t_i的偿付损益为：

$$\text{payoff}_i=A\times\max(R_{i-1}-R_K,\ 0)\times\delta_i \tag{15-21}$$

其中，δ_i表示$[t_{i-1},\ t_i]$以年为单位的付息间隔时间，δ_i是根据合约中规定的计息基准计算的，一般在一年以内，R_{i-1}表示t_{i-1}时刻确定的$[t_{i-1},\ t_i]$区间的即期利率，A表示期权的名义本金。

若令$F(t,\ t_{i-1},\ t_i)$表示t时刻计算的$[t_{i-1},\ t_i]$区间的远期利率，$t\leqslant t_{i-1}$，则$F(t_{i-1},\ t_{i-1},\ t_i)=R_{i-1}$，因此，$\text{payoff}_i=A\times\max(F(t_{i-1},\ t_{i-1},\ t_i)-R_K,\ 0)\times\delta_i$。

利率上限期权第i次现金流可以看作以$[t_{i-1},\ t_i]$区间的远期利率为标的的欧式看涨期权。若令$\{F(t,\ t_{i-1},\ t_i)\}$满足：

$$dF(t,\ t_{i-1},\ t_i)=\sigma_{i-1}F(t,\ t_{i-1},\ t_i)dW_t^Q \tag{15-22}$$

其中，σ_{i-1} 表示远期利率 $\{F(t, t_{i-1}, t_i), t \leqslant t_{i-1}\}$ 的波动率，则由 Black 模型，利率上限期权的第 i 个利率看涨期权当前的价值为：

$$C_i(0) = A\delta_i P(0, t_i)[F(0, t_{i-1}, t_i)N(d_1) - R_K N(d_2)] \tag{15-23}$$

$$d_1 = \frac{\ln \dfrac{F(0, t_{i-1}, t_i)}{R_K} + \dfrac{1}{2}\sigma_{i-1}^2 t_i}{\sigma_{i-1}\sqrt{t_i}}, \quad d_2 = d_1 - \sigma_{i-1}\sqrt{t_i} \tag{15-24}$$

其中，$P(0, t_i)$ 表示 $[0, t_i]$ 区间的无风险贴现因子。类似地，类似条款下利率下限期权的第 i 个利率看跌期权当前的价值为：

$$P = A\delta_i P(0, t_i)[R_K N(-d_2) - F(0, t_{i-1}, t_i)N(-d_1)] \tag{15-25}$$

类似地，我们也可以通过 Black 模型解决欧式利率互换期权的定价问题，感兴趣的读者可以阅读《期权、期货及其他衍生产品》一书关于“利率期权”章节的内容，此处不再赘述。

第三节　BAW 模型及其应用

拓展阅读

大连商品交易所的期权结算价计算

需要指出的是，期货期权，包括我国的商品期货期权更多是美式期权。在第十二章中，我们已经给出了利用二叉树定价美式期权和美式期货期权的方法。美式期权由于存在提前执行特征，无法得到类似欧式期权的 BSM 期权定价公式，但仍有很多学者尝试寻找更高效的美式期权定价方式。1987 年，巴龙-阿德西（Barone-Adesi）和惠利（Whaley）提出了 BAW 模型，给出了美式期权近似的解析解。这一模型目前被业界广泛应用于商品期货期权的定价。例如：我国大连商品交易所规定期权结算价通过 BAW 模型结合市场参数计算，用于期权每日的盯市结算；Wind 资讯终端则通过 BAW 模型计算所有商品期货期权的相关风险指标和理论价值。[①] 本节将介绍 BAW 模型的定价思路，并给出 BAW 模型应用的实际例子。

一、美式看涨期权的 BAW 模型

在第十四章，我们已经给出了 BSM 偏微分方程：

$$\frac{\partial V}{\partial t} + (r-q)S_t\frac{\partial V}{\partial S} + \frac{1}{2}\sigma^2 S_t^2\frac{\partial^2 V}{\partial S^2} = rV \tag{15-26}$$

其中，r 为无风险利率，q 为红利率。美式看涨期权相对于欧式看涨期权增加的是提前执行的权利，因此一份美式看涨期权的价值可以看作相同条款的欧式看涨期权的价值加上提前执行所获得的溢价。用公式表示就是

---

① 大连商品交易所相关规则可以参考《大连商品交易所期权业务指南》（2019 年版本），Wind 资讯终端算法可以参阅 Wind《期权指标算法说明》（2024 年 2 月版本）。

$$c_{US}=c_E+\varepsilon_c \tag{15-27}$$

其中，c_{US} 表示美式期权的价格，c_E 表示欧式期权的价格，ε_c 表示美式看涨期权提前执行的溢价。

BAW 模型通过偏微分方程的推导，对 ε_c 的表达式进行了计算，并通过设定提前行权临界值降低计算复杂度，达到使用近似解析解计算美式期权价格的效果。经过推导，BAW 模型得到美式看涨期权的近似定价公式为：

$$c_{US}(S_t,t^*)=\begin{cases}c_E(S_t,t^*)+A_2(S_t/S^*)^{q_2}, & S_t<S^*\\ S_t-X, & S_t\geqslant S^*\end{cases} \tag{15-28}$$

其中，c_{US} 为美式期权价格，c_E 为与被定价美式期权参数相同的欧式期权通过 BSM 期权定价公式计算出的价格，S 为标的资产价格，X 为期权的执行价格，t^* 表示到期期限，即 $t^*=T-t$。同时，

$$A_2=(S^*/q_2)[1-e^{-qT}N(d_1(S^*))]$$

且 S^* 由下式迭代求解：

$$S^*-X=c_E(S^*,t^*)+[1-e^{-qT}N(d_1(S^*))]S^*/q_2$$

其中，

$$d_1(S^*)=\frac{\ln(S^*/X)+(r-q+1/2\sigma^2)t^*}{\sigma\sqrt{t^*}}$$

$$q_2=[-(N-1)+\sqrt{(N-1)^2+4M/K}]/2$$

$$M=\frac{2r}{\sigma^2},\ N=\frac{2(r-q)}{\sigma^2},\ K=1-e^{-rt^*}$$

需要说明的是，当 $q>0$ 时，S^*、q_2、$1-e^{-qT^*}N(d_1(S^*))$ 均为正数。此时，$A_2>0$。当 $q\leqslant 0$ 时，美式看涨期权没有提前行权的可能（参见第十章）。此时，美式看涨期权与欧式看涨期权价格相等；我们没有必要应用 BAW 模型，直接使用 BSM 期权定价公式定价 c_E 即可。因此，在运用此模型进行期权定价时，需要先行判断 $q\leqslant 0$ 是否成立，以免无谓地使定价工作复杂化。

另外，在目前的模型中，S^* 仍然是一个非解析的表达式。我们可以应用牛顿法求解该表达式，但是这样做仍比较复杂。记 $t^*\to\infty$ 时 S^* 的极限为 $S^*(\infty)$，则当 $q>0$ 时，S^* 的近似解析表达式为：

$$S^*=X+[S^*(\infty)-X][1-e^{h_2}] \tag{15-29}$$

其中，

$$h_2=-((r-q)t^*+2\sigma\sqrt{t^*})\frac{X}{S^*(\infty)-X}$$

$$S^*(\infty)=\frac{X}{1-1/q_2(\infty)}$$

$$q_2(\infty)=[-(N-1)+\sqrt{(N-1)^2+4M}]/2$$

该式的推导过程我们略去，感兴趣的读者可参考 Barone-Adesi 和 Whaley（1987）（见章末扩展阅读），需要说明的是，式（15－29）求出的 S^* 也可以作为牛顿法迭代的初值，以加快收敛速度。

二、美式看跌期权的 BAW 模型

由于美式期权没有像欧式期权一样的等式平价关系，因此，对于看跌期权，需要讨论其近似定价过程中与看涨期权的差异，然后给出看跌期权的 BAW 模型定价公式。通过类似看涨期权的求解和分析过程，BAW 模型中美式看跌期权的近似定价公式为：

$$p_{US}(S,t^*)=\begin{cases}p_E(S,t^*)+A_1(S/S^{**})^{q_1}, & S>S^{**}\\ X-S, & S\leqslant S^{**}\end{cases} \tag{15-30}$$

其中，p_{US} 为美式期权价格，p_E 为与被定价美式期权参数相同的欧式期权通过 BSM 公式计算出的价格，S 为标的资产价格，X 为期权的执行价格。同时，

$$A_1=-(S^{**}/q_1)[1-e^{-qt^*}N(-d_1(S^{**}))]$$

S^{**} 由下式迭代求解获得：

$$X-S^{**}=p_E(S^{**},t^*)-[1-e^{-qT}N(-d_1(S^{**}))]S^{**}/q_1 \tag{15-31}$$

$$d_1(S^{**})=\frac{\ln(S^{**}/X)+(r-q+1/2\sigma^2)t^*}{\sigma\sqrt{T}}$$

$$q_1=[-(N-1)-\sqrt{(N-1)^2+4M/K}]/2$$

$$M=\frac{2r}{\sigma^2},\ N=\frac{2(r-q)}{\sigma^2},\ K=1-e^{-rt^*}$$

此外，S^{**} 的近似表达式为：

$$S^{**}\approx S^{**}(\infty)+[X-S^{**}(\infty)]e^{h_1} \tag{15-32}$$

其中，

$$h_1=[(r-q)t^*-2\sigma\sqrt{t^*}]\frac{X}{X-S^{**}(\infty)}$$

$$S^{**}(\infty)=\frac{X}{1-1/q_1(\infty)}$$

$$q_1(\infty)=[-(N-1)-\sqrt{(N-1)^2+4M}]/2$$

对美式期权的 BAW 模型推导全过程感兴趣的读者可以扫描二维码了解。

拓展阅读

美式期权的 BAW 模型推导全过程

三、BAW 模型的定价效果

下面通过一个示例，比较 BAW 模型和二叉树模型的计算结果，了解 BAW 模型的定价效果。

【例 15－6】 假设现在是 2024 年 1 月 10 日，当天玉米期货 C2403 的结算价为 2 332 元/吨。大商所的玉米看涨期权 C2403－C－2420 将在 28 天后到期（对应日期为 2024 年 2 月 7 日，假设使用 $A/365$ 年化）；其执行价格为 2 420 元/吨，波动率为 11.39%。若无风

险利率为 2%（连续复利），请使用 BAW 模型计算该期权的价格。

根据题目条件可知

$$S=2\ 332,\ X=2\ 420,\ t^*=\frac{28}{365}\approx 0.076\ 7,\ \sigma=0.113\ 9$$

由于待定价的期权是美式期货期权，根据前面章节给出的等价关系，令 $q=r=2\%$。因此，对应欧式期货期权的价格为：

$$c_E=Se^{-qt^*}N(d_1)-Xe^{-rt^*}N(d_2)=4.425\ 0$$

根据 $q>0$，期权可能提前行权，使用 BAW 模型是有意义的。接下来，我们求解提前行权溢价。首先，根据题设，

$$M=\frac{2r}{\sigma^2}=3.083\ 3\ ,N=\frac{2(r-q)}{\sigma^2}=0,\ K=1-e^{-rt^*}=0.001\ 533$$

$$q_2=[-(N-1)+\sqrt{(N-1)^2+4M/K}]/2=45.349\ 0$$

同时，根据

$$h_2=-((r-q)t^*+2\sigma\sqrt{t^*})\frac{X}{S^*(\infty)-X}=-0.083\ 7$$

$$q_2(\infty)=[-(N-1)+\sqrt{(N-1)^2+4M}]/2=2.325\ 7$$

$$S^*(\infty)=\frac{X}{1-1/q_2(\infty)}=4\ 245.414$$

可计算得：

$$S^*\approx X+[S^*(\infty)-X][1-e^{h_2}]=2\ 566.475$$

因此，

$$A_2=(S^*/q_2)[1-e^{-qt^*}N(d_1(S^*))]=1.790\ 5$$

现在，我们已经计算出了所有需要的变量。由于 $S<S^*$，

$$c_{US}=c_E(S,\ t^*)+A_2(S/S^*)^{q_2}=4.448\ 2$$

这里，由于期权是相对深度虚值的，因此提前行权的溢价应该不会太大。计算结果证实了我们的直觉。

需要注意的是，在 BAW 模型推导过程中，根据距离到期时间很短和很长两种情况，对 BSM 偏微分方程进行了近似。因此，该模型应用于距离到期时间较短和较长的期权定价较为准确。图 15－1 展示了 BAW 模型与 100 步二叉树模型的定价结果对比。绘图除到期时间外沿用了例 15－6 的参数。此处，根据二叉树模型的收敛性，我们以 2 000 步二叉树作为期权的基准价格。

从图 15－1 中可以看出，BAW 模型在时间较短（大约 1 年以内）或时间相当长的情况下，定价结果和较高步数的二叉树模型相似。但是，在时间为数年至数十年的区间，BAW 模型的定价结果精确性略低。而我们交易的场内期权大部分是 1 年以内到期的期权产品，因此 BAW 模型可以在降低计算复杂度的情况下达到更好的估值效果。

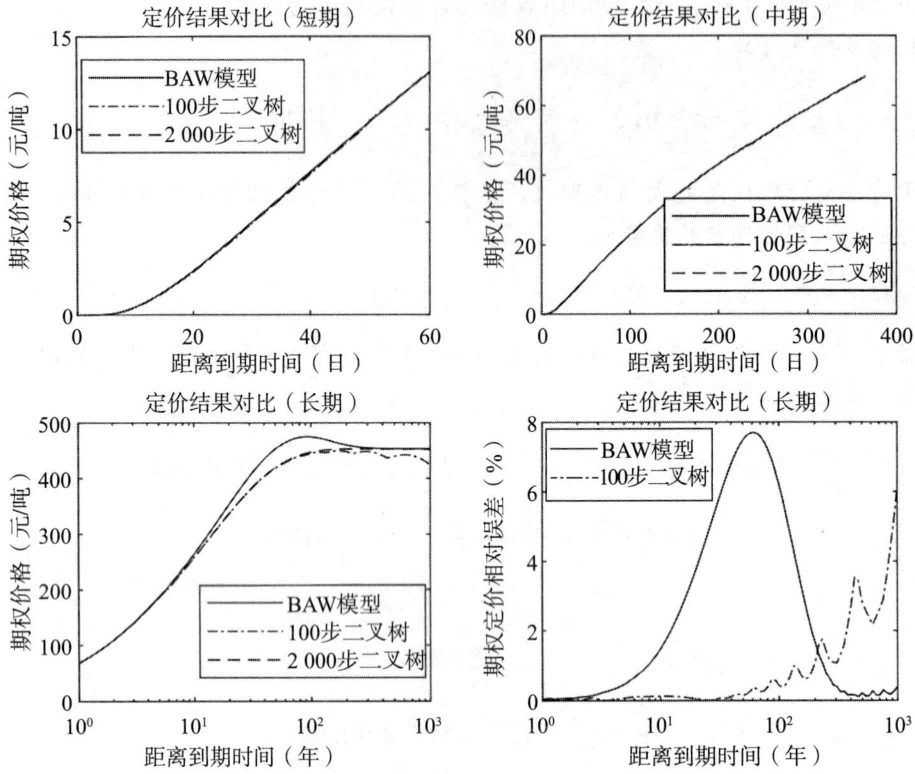

图 15-1　BAW 模型与 100 步二叉树模型的定价结果对比

此外，需要讨论的是，使用近似的 S^* 代替迭代法求解的精确度如何呢？为此，我们计算在不同执行价格的情况下二者的差异，作图如图 15-2 所示。作图所使用的数据与例 15-6 相同。

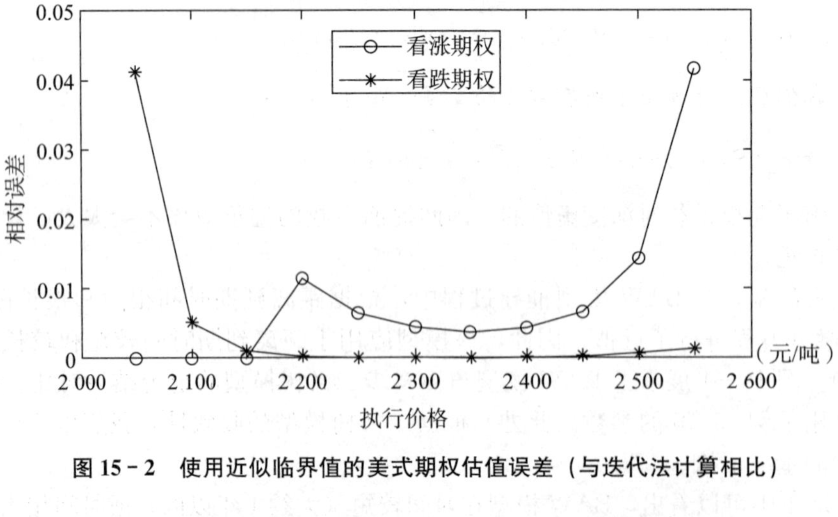

图 15-2　使用近似临界值的美式期权估值误差（与迭代法计算相比）

根据图 15-2，我们可以发现：当期权处于深度实值或平值状态时，S^* 的数值估计出的期权价格精确度较高；而当期权趋向于深度虚值时，精确度迅速降低。

本章小结

期货可以看作支付红利率等于无风险利率的资产，利用这一等价关系很容易通过 BSM 期权定价公式计算欧式期货期权的价格。但 Black（1976）通过对期货价格（远期价格）建模专门讨论了期货期权的定价问题，并从期货期权的角度出发简化了现货期权如债券期权、外汇期权、利率上限期权等的定价。

考虑到期货期权更多是美式期权，本章介绍了被广泛应用的 BAW 模型。该模型利用美式期权价格等于欧式期权价格加上提前行权所带来的溢价的事实，将美式期权定价问题转化为提前行权溢价定价问题，并利用期权行权与时间和标的资产价格的关系获得了美式期权的近似解析解，提高了美式期权的计算效率。BAW 模型不但给出了通过迭代求解行权临界值的美式期权近似定价方法，还进一步给出了固定临界值的解析定价公式，虽然后者和 BSM 期权定价模型一样高效，但使用时与迭代法还存在一定的差距。

本章术语

期货的价格过程　欧式期货期权　美式期货期权　Black 模型　BAW 模型

扩展阅读

思考题

1. 若把期货价格类比于支付连续红利率的标的资产，则这里的红利率应当是多少？为什么？

2. 一般情况下期货的到期日会晚于期权的到期日。对于不存在相应到期日期货的现货期权，如何使用 Black 模型为欧式现货期权进行定价？

3. 请解释一个标的资产为美元兑人民币现汇的看涨期权和标的资产为美元兑人民币外汇期货的看涨期权在行权时的不同。

4. “一个平值欧式看涨期货期权的价格理论上总是等于一个具有相同条款的平值欧式看跌期货期权的价格。”这句话如何理解？

5. 通过期货期权在风险中性环境下满足的价格过程，你得到了什么启发？

第十六章

期权的套期保值策略

本章导读

期权的作用和保险类似，因此期权可以成为很好的风险规避工具，同时期权本身的非线性特征和高杠杆性导致期权头寸本身的风险管理也是很值得关注的事情。因此，期权的套期保值从含义上讲可以区分为期权在风险管理中的应用和期权头寸本身的风险管理问题。对于实体企业和面临风险敞口的机构而言，期权是风险管理的工具，体现了期权自身的风险管理功能；对于期权交易者而言，他必须关注和及时管理期权本身的风险敞口，这就是期权头寸的风险管理问题。因此，本章将区分期权在风险管理中的应用和期权自身的风险管理——希腊字母，来学习期权的套期保值策略。

学习要求

理解期货与期权风险管理的差异，理解期权的保险作用；能够使用期货和期权组合管理价格风险；掌握风险逆转组合的构造、管理风险的优势和不足，了解我国风险逆转组合的应用情况；掌握希腊字母的含义和计算方式，能够通过对组合希腊字母的计算，设计满足条件的对冲策略。

知识结构图

第一节　期权在风险管理中的应用

期货和期权在风险管理方面存在很大的差异，对比如表 16－1 所示。

表 16－1　期货和期权在风险管理方面的差异

	期货	期权
风险管理方式	线性管理，现货收益也会被对冲	非线性管理，保留现货收益机会，对冲现货受损风险
保护价格	确定性价格	多种可选保护价格
成本	保证金；保证金利息；未来的潜在亏损	期权费

购买期权类似于为现货的风险敞口买入一个保险，对可能的现货受损风险起到很好的保护作用。当现货价格未来的走势不明朗或者未来的波动性比较大的时候，支付期权费购

买期权为现货设置避风港是很好的风险管理方式。

一、期权的保护作用

(一) 期权保护的适用情形

首先，看涨期权多头的适用情景主要包括以下几种：

(1) 当预计市场会发生大涨，但是市场的波动性又比较大时，如果单独购买一个资产，收益经常会被吞噬掉；

(2) 未来计划买入资产，而未来资产的价格上涨会增加成本，为未来资产价格上升带来的成本增加提供保护；

(3) 现在卖空资产，未来需要买回资产平仓，未来的资产价格上涨会带来成本的增加。

在上述情况下，可以买入看涨期权作保护。

相应地，看跌期权多头的适用情景主要包括以下几种：

(1) 预计市场会大跌，但是市场的波动性比较大；

(2) 未来计划出售资产，资产价格下跌会带来亏损；

(3) 现在借钱买入资产，未来需要卖出资产偿还借款，如果未来资产价格下跌，卖出资产会受损。

在上述情况下，可以买入看跌期权作保护。

(二) 看涨期权的应用

假设投资者持有一只股票，该股票价格已经上涨了一段时间，投资者预期股价存在进一步上涨的可能性，又担心可能会大幅回调，因此希望在锁定既得利润的情况下获得进一步上涨的收益。此时，投资者可以卖出股票，买入等量的个股看涨期权。这样通过卖出股票可锁定既得收益；再用股票已经获得的部分收益购买看涨期权。如果未来价格继续上涨，则通过看涨期权获益；如果未来价格下跌，则仅损失期权费。

(三) 看跌期权的应用

无论是生产经营者还是股票投资者，他们都更多会持有资产的多头头寸，因此更加担心资产价格下跌带来的收益降低，看跌期权此时可以起到很好的避险效果。

案例 16-1 钢厂如何锁住利润

图 16-1 展示了螺纹钢期货 RB1610 合约在 2016 年 1—6 月的价格走势。显然，2016 年 1—4 月螺纹钢经历了持续的价格大幅上涨，上涨幅度高达 55.7%，从 1 766 元/吨涨到 2 750 元/吨，如果钢厂在此阶段销售产品，则利润空前诱人；但如果钢厂 1 月开始生产，4 月之后出售，即在市场价格上涨时生产，在价格下跌时出售，那么收入势必大受影响。在这种情形下如何留住这种诱人的高利润呢？

针对未来出售产品存在的价格风险，公司可以有两个选择：

(1) 做空期货。这是最直接的方法，但受到体制束缚，如果预测趋势准确，钢厂可以获益，但如果预测趋势失误，期货本身也会带来亏损，此时解释期货亏损吞噬现货盈利在很多实体企业中是比较困难的事情，因此公司管理层在使用期货的时候顾虑重重。

(2) 买入看跌期权。相比于期货的线性管理，期权的使用可以让企业在行情下跌时以协议价格卖出期权，达到保值的目的；而在行情上涨时仅支付期权费，享受现货以市场价出售的高额收益。另外，如果把看跌期权作为收益保底的方式，则更适合使用虚值期权，

图 16－1　螺纹钢期货价格走势图

这样期权费用不高，但在极端市场行情下却可以得到很好的保底效果。

看跌期权保底收益的效果也可以为企业质押融资带来更好的融资增信效果。

案例 16－2　企业贷款难问题

仓单质押是以仓单为标的物的一种质权。作为一种新型的服务项目，仓单质押为仓储企业拓展服务项目以及开展多种经营业务提供了广阔的舞台，特别是在传统仓储企业向现代物流企业转型的过程中得到广泛应用。货品的仓单分为**非标准仓单**和**标准仓单**。非标准仓单是金融机构向客户发放的，以仓储公司为货主出具的不可转让、不具有货权性质的仓库保管单、入库单。标准仓单是由期货交易所指定交割仓库按照交易所规定的程序签发的符合合约规定质量的实物提货凭证。由于标准仓单是一种流通工具，因此它可以用作借款的质押品或用于金融衍生工具如期货合约的交割。

标准仓单质押融资也是我国目前开展的一种新型企业融资方式，但仓单的价值易受仓储货品市场价格的影响，市场价格的剧烈波动可能会给银行带来贷款违约。比如，假设 2014 年 4 月初某铁矿石的贸易商向银行质押 10 万吨的铁矿石融资 1 年，当时铁矿石的价格为 800 元/吨，贸易商可以从银行获得 70%的贷款资金即 5 600 万元。2015 年 4 月，铁矿石的价格从 800 元/吨降为 400 元/吨。如果客户违约，银行会出现 20%的亏损。这时银行怎么办?

常见的方法是：其一，降低融资比例。比如将融资率从 70%降低到 50%，这样虽然降低了银行面临的信用风险和价格风险，但对于企业而言，同时也大大降低了仓单质押的融资效率。其二，增加保证金额度。这种方法同样增加了企业的融资成本，降低了仓单质押的融资效率。

使用场外期权市场可以考虑第三种方法——使用看跌期权。在期初进行质押时，客户可以向场外期权交易商或者风险管理子公司购买一份有效期为 1 年、标的资产为 10 万吨铁矿石的看跌期权，执行价格为 560 元/吨，即：如果未来铁矿石价格高于 560 元/吨，则期权作废，不进行赔付；若未来铁矿石价格低于560元/吨，则企业可以通过执行看跌期权获得每吨铁矿石（560－铁矿石参考价）的收益。通过看跌期权，铁矿石企业可以保证抵押的铁矿石仓单价值不会低于5 600万元。根据期权定价公式计算，该期权保费大约为10元/吨（年息1.25%）。

此时，企业向银行做铁矿石质押融资时，可出具该期权合同，使银行能放心地向客户放贷70%的货款。当铁矿石价格跌至560元/吨时，银行无须要求客户追加保证金，因为如果价格持续下跌，看跌期权可以赔付亏损。例如，假设2015年4月铁矿石价格跌至400元/吨，1年到期后执行看跌期权，银行可以获得160元/吨的赔付，从而确保收回本金。

对企业而言，它只需要支付一定金额的保险费（10元/吨，相当于年息1.25%），就可保证铁矿石仓单质押获得较高的质押率，达到双赢的效果。

由此可见，期货市场的发展为企业融资提供了仓单质押融资的新渠道，而场外期权的简单应用能为企业仓单质押融资提供良好的保值效果。

（四）看涨看跌期权的综合应用

看涨期权使得投资者在资产价格上涨时获得补偿，可以用于封顶原材料购买成本；看跌期权使得投资者在资产价格下跌时获得补偿，可以用于保底产品销售收入。利用看涨期权和看跌期权的这些特点，贸易商可以发现一种稳定货源、拓宽销路的方式——含权贸易。

含权贸易是一种将期货和期权衍生产品与现货贸易结合的新型贸易模式，将期权以及期权组合转换成现货定价，并在现货购销合同中予以体现，帮助企业实现价格的风险管理。

以下是含权贸易的简化流程。

假设一个贸易商需要从上游企业进货，并将货物出售给下游企业。

当贸易商从上游企业进货时，如果货物未来价格下跌，上游企业的利润将会减少。为稳定上游企业的货源，贸易商可与上游企业签订保价合同。如果未来价格下跌超过一定水平，贸易商可通过保价合同按固定价格从上游企业进货；但如果未来价格上升，贸易商仍按市价进货。这相当于贸易商向上游企业出售一个看跌期权，当价格下跌时，上游企业通过执行看跌期权获得收益保底。

相应地，当贸易商向下游企业出售货物时，如果未来价格上涨，下游企业的进货成本增加，可能会影响贸易商的销路。贸易商也可与下游企业签订保价合同，如果货物未来价格上涨，贸易商按固定价格出售给下游企业；如果未来价格下跌，贸易商按市价出售给下游企业，保证下游企业的成本封顶。这相当于贸易商向下游企业出售一个看涨期权，当价格上涨时，下游企业通过执行看涨期权获得成本封顶，通过这种方式贸易商就可以广开销路。

此时，贸易商既出售看跌期权又出售看涨期权，这种裸期权的头寸风险非常大，贸易商可通过与期权交易商进行相反交易来对冲空头风险。例如，贸易商对上游企业的保价合同购买一个看跌期权，对下游企业的保价合同购买一个看涨期权，可以规避期权风险，同时获得稳定的价差盈利。

上述含权贸易的过程如图16－2所示。

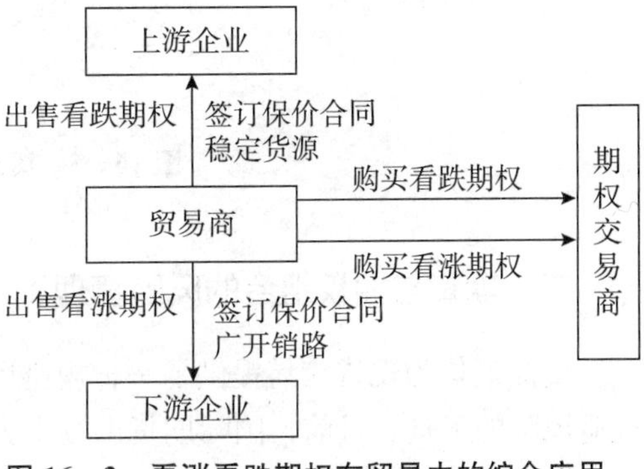

图16－2 看涨看跌期权在贸易中的综合应用

对于上述操作，可以通过情景分析进一步具象化。

【例 16－1】 设2016年2月18日，螺纹钢期货RB1605价格为1 862元/吨，贸易商与上游企业约定：1个月后购买1 000吨螺纹钢。若市价跌破1 850元/吨，贸易商以1 800元/吨进货；若市价超过1 850元/吨，贸易商以（市价－50）元/吨进货。然后从风险管理公司买入执行价格为1 850元/吨的看跌期权，每吨期权费为46.11元，共计46 110元。合成风险敞口如图16－3中的虚线所示。

若同日，贸易商与下游企业约定：1个月后供货1 000吨螺纹钢。若市价高于1 900元/吨，以1 950元/吨出货；若市价低于1 900元/吨，以（市价＋50）元/吨出货。同时，贸易商从风险管理公司买入一个执行价格为1 900元/吨的看涨期权。每吨期权费为35元，共计35 000元。合成收入如图16－4中的虚线所示。

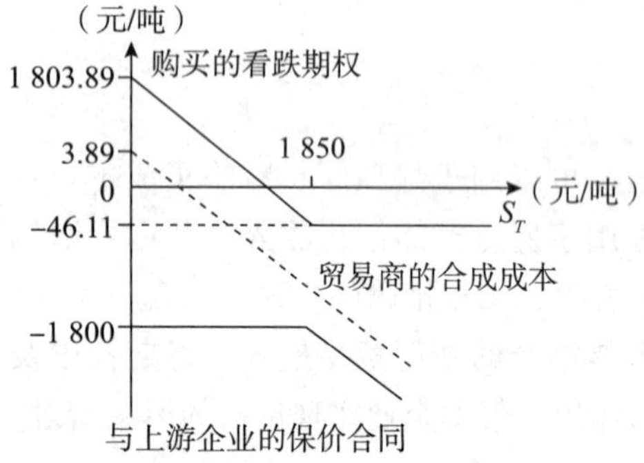

图 16－3 贸易商进货的合成成本

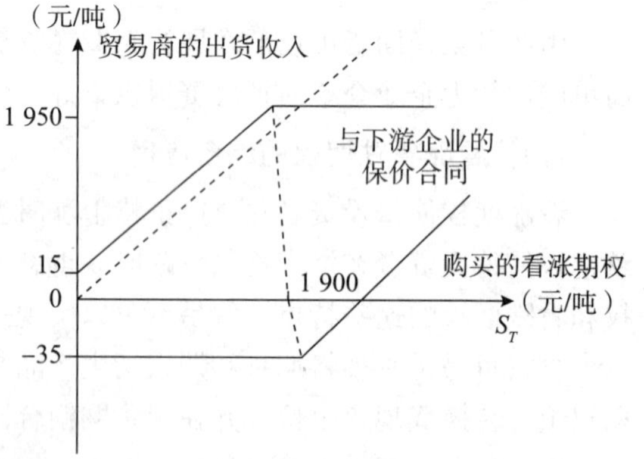

图 16－4 贸易商合成的出货收入

这样，贸易商的销售净利润如图16－5所示，这样做既可以稳货源、保供货，又可以稳定收益。

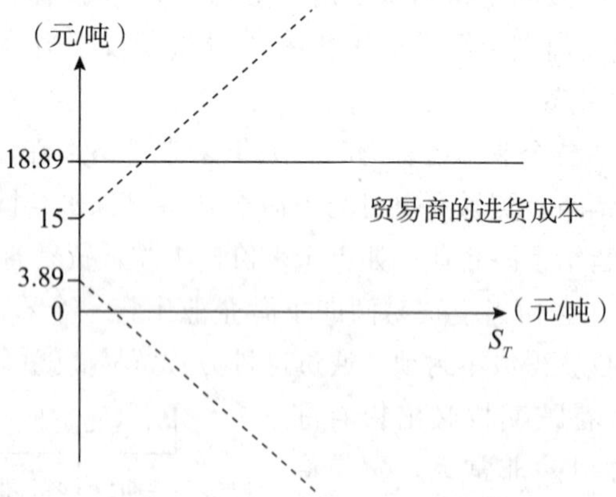

图 16－5 贸易商合成的销售净利润

案例

"基差＋含权"助产业链企业全面受益

二、期货与期权组合的风险管理

商品期货为现货交易提供了一种规避风险的工具，商品期货的期权则为期货交易提供了规避风险的工具。目前，国际期货市场上大部分期货交易品种都引进了期货期权交易。我国也陆续推出商品的期货期权，比如说豆粕期权、白糖期权、玉米期权、棉花期权、橡胶期权、铜期权等。截至 2024 年 3 月，我国四大商品期货交易所已经推出了 40 个商品期权品种。

根据套期保值的头寸不同，期货分成买期保值和卖期保值，相应地，期货和期权结合的策略也分为买期保值策略和卖期保值策略。

（一）买期保值策略

买期保值策略是指生产者计划购进原材料，担心未来原材料价格上涨，因此买入期货来管理原材料价格上涨的风险，但如果价格没有上涨，这部分期货头寸可能受损。所以生产者会在买进期货合约来为现货做未来价格上涨的风险套期保值的同时，买进相关期货的看跌期权，为期货价格下跌带来的亏损提供保障。一旦价格下跌则执行看跌期权，用期权的获益对冲期货多头的亏损；当价格上升时，用期货的盈利对冲现货的亏损，期权仅损失期权费。

【例 16-2】 铜加工企业的买期保值。假设一个铜加工企业在 9 月初预计在 10 月会进口一批铜作为生产原料，企业不确定未来铜价的走势，故采用期货和期权结合的套期保值策略：在 9 月初以 3 600 美元/吨的价格买入伦敦金属交易所 11 月到期的铜期货合约，同时买入 11 月铜期货的看跌期权，执行价格是 3 640 美元/吨，支付的期权费为 60 美元/吨。

情景分析：

（1）若在 10 月末，期货价格上涨至 4 000 美元/吨，现货价格为 3 970 美元/吨，则

$$合成成本=-3\ 970+(4\ 000-3\ 600)-60=-3\ 630\ 美元/吨$$

期货起到了很好的价格保障作用。

（2）若在 10 月末，期货价格下跌至 3 300 美元/吨，现货价格为 3 290 美元/吨，则

$$合成成本=-3\ 290+(3\ 300-3\ 600)-60+(3\ 640-3\ 300)=-3\ 310\ 美元/吨$$

此时如果没有期权的这部分套期保值，相比现货的成本将高出 300 美元，而有了期权头寸，这 300 美元的期货亏损中的一大部分就可以由看跌期权的收益补偿。

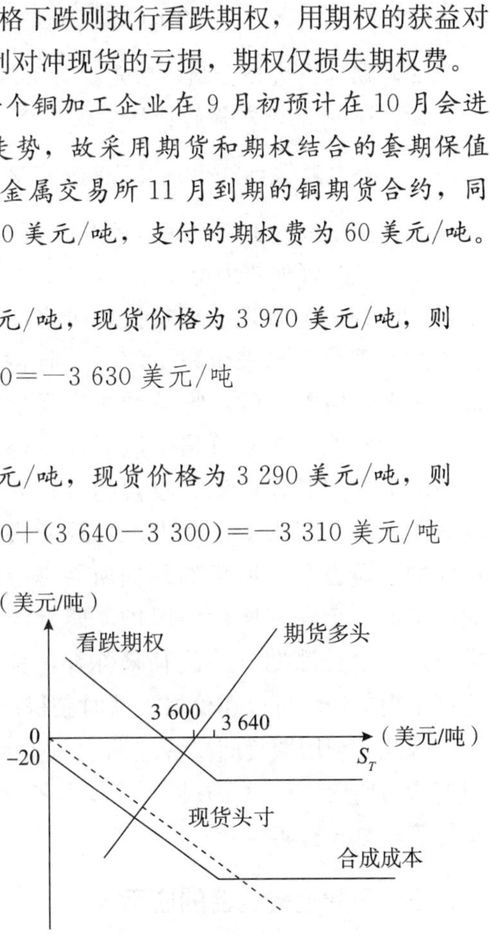

图 16-6　风险管理效果

上述风险管理效果见图 16-6。如果贸易商只是以市价购买铜而没有进行风险管理，未来价格的风险如图中虚线所示。未来价格上涨时，现货成本增加；未来价格下跌时，现货成本减少。现增加一个期货多头，可以完全对冲现货头寸的价格波动，但当未来价格下跌的时候，现货的成本节约也被对冲掉了，因此在期货多头的基础上增加一个看跌期权，当未来的价格低于 3 640 元/吨时可以行权，这部分收益可以对冲期货部分的亏损。由此达到了图中的合成成本效果，即：当未来价格上涨时，期货合约带来了成本保底；当未来价格下跌时，通过期权对冲期货亏损，保证企业现货方面成本的节约。

（二）卖期保值策略

卖期保值策略是指企业未来要出售产品，担心价格下跌，因此通常卖出期货合约进行套期保值，同时买入相关期货的看涨期权，规避期货价格上涨的亏损风险。当未来价格上涨的时候，通过看涨期权的盈利补偿期货空头的亏损。若价格下跌，用期货盈利对冲现货

亏损，期权仅损失期权费。

【例 16-3】 铜销售企业的卖期保值。假设一个铜销售企业在 9 月初签订了一份 10 月按市价出售的铜的订单，但是由于未来的铜价不明朗，所以企业决定采用期货的空头和看涨期权的多头结合的方式来进行套期保值：在 9 月初以 3 600 美元/吨的价格卖出 LME 11 月的铜期货，同时买入 11 月到期的铜期货的看涨期权，执行价格是 3 640 美元/吨，期权费为 40 美元/吨。

情景分析：

(1) 10 月末，期货的价格上涨到 4 000 美元/吨，现货的价格是 3 970 美元/吨，则

$$合成收入=3\,970+(3\,600-4\,000)-40+(4\,000-3\,640)=3\,890\ 美元/吨$$

这时期货空头会受损，但是执行看涨期权可以弥补这部分亏损。

(2) 10 月末，期货的价格下跌至 3 300 美元/吨，现货价格为 3 290 美元/吨，则

$$合成收入=3\,290+(3\,600-3\,300)-40=3\,550\ 美元/吨$$

相比直接进行现货的买卖收益更高。

上述风险管理效果可见图 16-7。如果不做任何的风险管理，现货投资带来的收益为虚线部分，未来价格上涨时，收益增加；未来价格下跌时，收益减少。现加入一个期货空头，未来价格下跌时，可通过期货空头的获益弥补现货收益的亏损来实现收益保底，但未来价格上涨，现货头寸增加的收益也会被期货的亏损所吞噬。因此，增加一个看涨期权作保护，期货的亏损可以通过看涨期权的盈利来弥补，从而达到了现货仍然可以在价格上涨时获得高收益的效果。

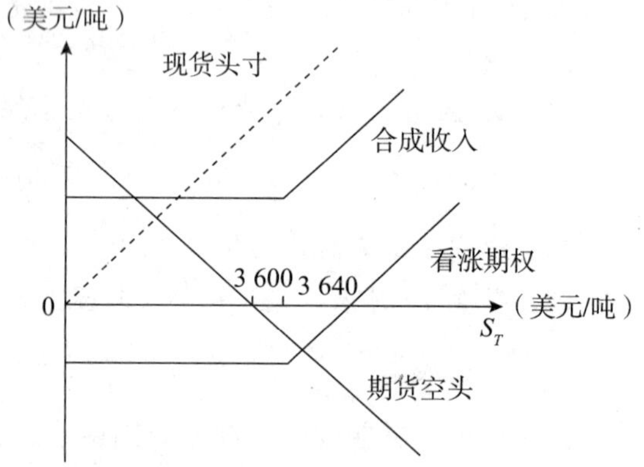

图 16-7 风险管理效果

因此，利用期货期权管理期货风险是一种弥补行情误判所导致期货亏损的有效方法。而期货与期货期权通常在同一个交易所交易，交易时间相同，买卖方式相似，二者结合的交易策略更容易实施。

三、风险逆转组合的应用

风险逆转组合又称为“双限期权”或“领式期权”，是一个很特殊但又很受业界欢迎的组合。风险逆转组合的价值一般很小，甚至能够做到零成本，但是它却可以锁定企业的成本或收益区间，同时也可以反映市场对波动率变动的预期。

(一) 风险逆转组合分类

风险逆转组合具体有两种：一种叫看涨风险逆转组合，另一种叫看跌风险逆转组合，如图 16-8 所示。

看涨风险逆转组合由一个看跌期权的空头和一个看涨期权的多头构成，无论是看跌期权还是看涨期权都是虚值期权。买入一个看涨期权所需要支付的期权费有一部分会被看跌期权空头的期权费所抵补，所以它本身的价值一般很小。

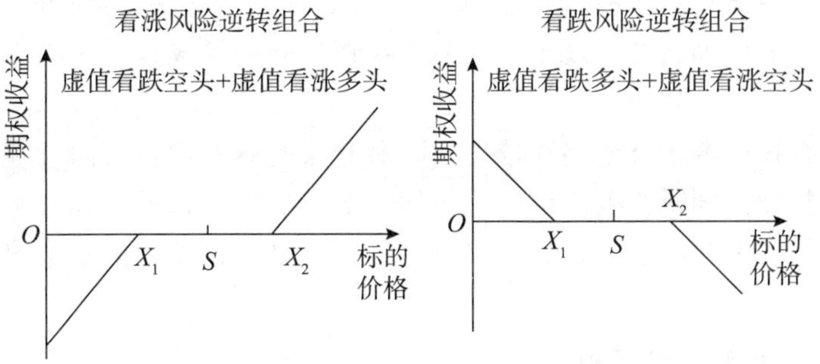

图 16-8　风险逆转组合分类

看跌风险逆转组合由一个看跌期权的多头和一个看涨期权的空头构成，这两个期权同样都是虚值期权。

（二）看涨风险逆转组合应用

看涨风险逆转组合的风险管理大部分是针对未来可能需要购买现货的情况。如图 16-9 所示，现货的成本随着未来的资产价格涨跌如长虚线部分所示。未来价格上涨时，现货成本增加，我们可以购买一个执行价格为 X_2 的看涨期权来为现货做保护；相应地，如果企业认为未来的现货价格不可能跌破 X_1，可以卖出一个执行价格为 X_1 的看跌期权，用看跌期权的期权费抵补看涨期权的期权费，由此可以将现货的成本约束在 $[X_1, X_2]$。从 X_1、X_2 的选择上我们也能够看到企业对于未来价格走势的态度，因此风险逆转组合能够体现投资者对未来市场波动性的预期。

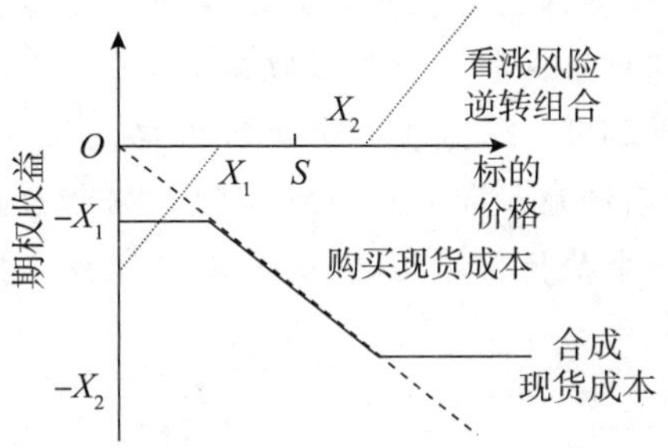

图 16-9　看涨风险逆转组合的风险管理效果

【例 16-4】　领式期权降成本。如图 16-10 所示，假设一个棉花商认为棉花的储备库存下降，同时市场上存在供需缺口，目前价格为 15 500 元，已经接近底部 15 000 元。在这种市场背景下，棉花商预计未来棉花的价格会上升，认为三个月期的价格可能会涨到 18 000 元甚至会更高。如何利用期权控制棉花储备成本？

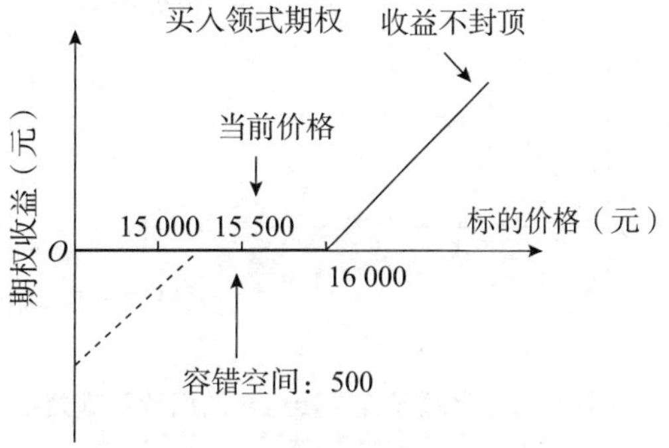

图 16-10　领式期权降成本的收益情况

为了防止未来购进棉花的成本增加，购买一个执行价格为 16 000 元/吨的看涨期权。同时，棉花商预测未来的价格不会跌破15 000元/吨，所以出售一个执行价格为15 000元/吨的看跌期权，利用看跌期权的期权费来弥补看涨期权的购买成本。这样它的总期权费就可以降到200元/吨。

这种情况适合投资者预计价格在较长的期限上涨的概率比较大而且顶部很难预测的情况，因此收益不封顶。同时当前的价格是相邻底部，所以下跌的空间有限，因此这时可以卖出一个看跌期权来抵补看涨期权的期权费。这种策略在盘整、波动率比较低的时候买入成本会更低。

（三）看跌风险逆转组合应用

看跌风险逆转组合的风险管理一般针对未来出售现货的需求。如果未来现货的价格下跌，出售现货的收益会降低，可以用一个看跌期权做保护。如图16-11所示。假设看跌期权的执行价格是 X_1，同时如果企业认为未来的价格不会超过 X_2，这时可以在 X_2 的位置出售一个看涨期权，用看涨期权的期权费来抵补看跌期权的期权费，从而达到以较低的成本对未来价格下跌的风险做保护的目的。

结合看跌风险逆转组合，我们就可以将未来的收益锁定在 X_1 和 X_2 之间，X_1 和 X_2 的设置也体现了企业对未来价格涨跌幅度的观点。

【例16-5】 看跌风险逆转组合在外汇风险管理中的应用。如图16-12所示，假设一位资金部主管说，在6个月时，我需要卖出100万英镑。如果英镑兑美元的汇率小于2.02，我希望汇率为2.02；如果汇率大于2.09，我将接受2.09的汇率；如果汇率位于2.02和2.09之间，我将利用市场汇率卖出英镑。如何利用期权产品组合满足上述套期保值要求？

资金部主管未来想要出售英镑获得收入，若汇率下跌则收入减少，因此他可以买入一个执行价格为2.02的看跌期权做保护，当汇率跌破2.02时可以把汇率锁定在2.02。同时他认为未来的价格不会超过2.09，则出售一个执行价格为2.09的看涨期权，用看涨期权的期权费来抵补看跌期权的期权费。即采用看跌风险逆转组合的方式，买入一个执行价格为2.02的看跌期权，出售一个执行价格为2.09的看涨期权，将未来的汇率锁定在2.02和2.09之间。

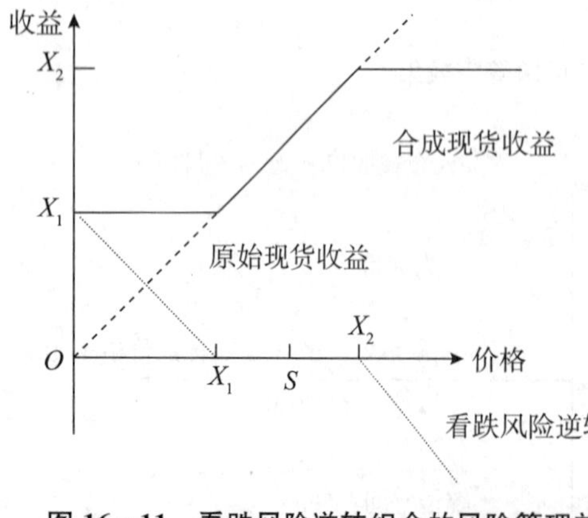

图16-11 看跌风险逆转组合的风险管理效果

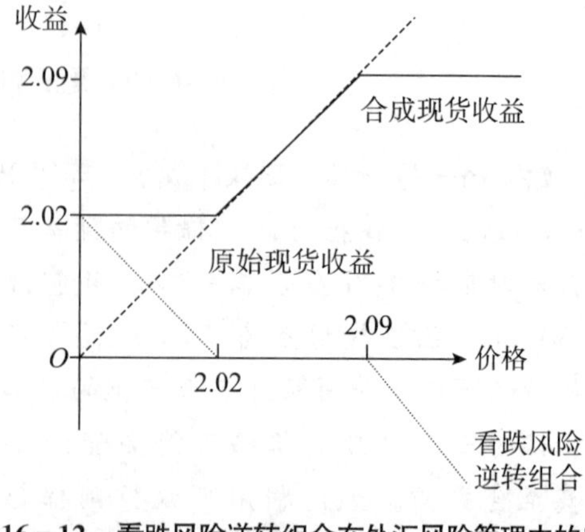

图16-12 看跌风险逆转组合在外汇风险管理中的应用

（四）风险逆转组合的应用案例

这种区间式风险管理需求可用于股权、外汇、利率或者商品等多个市场。

案例 16－3 风险逆转组合应用——从外汇期权推出看我国审慎的风险管理

为进一步发展外汇市场，为企业和银行提供更多的汇率避险保值工具，2011 年 2 月 14 日，国家外汇管理局（简称“外管局”）发布《关于人民币对外汇期权交易有关问题的通知》。该通知指出允许具备资格的银行自 2011 年 4 月 1 日起对客户办理人民币外汇期权业务，交易币种包括 USD/CNY、EUR/CNY、JPY/CNY、HKD/CNY、GBP/CNY，并采取隐含波动率报价，交易双方就波动率达成一致后，再根据即期汇率、执行价格、期限、金额、本外币利率等定价参数，就期权费进行双边询价并达成交易。

2011 年 12 月，我国进一步推出人民币的外汇期权组合交易，这也是我国首推的一种将几个期权组合在一起进行交易的期权产品。具体包括以下两种类型：

（1）外汇看跌风险逆转期权组合。

客户针对未来的实际结汇需求，买入一个执行价格较低的外汇看跌期权，同时卖出一个执行价格较高的外汇看涨期权，组合的到期损益图如图 16－13 所示。

（2）外汇看涨风险逆转期权组合。

客户针对未来的实际购汇需求，卖出一个执行价格较低的外汇看跌期权，同时买入一个执行价格较高的外汇看涨期权，组合的到期损益图如图 16－14 所示。

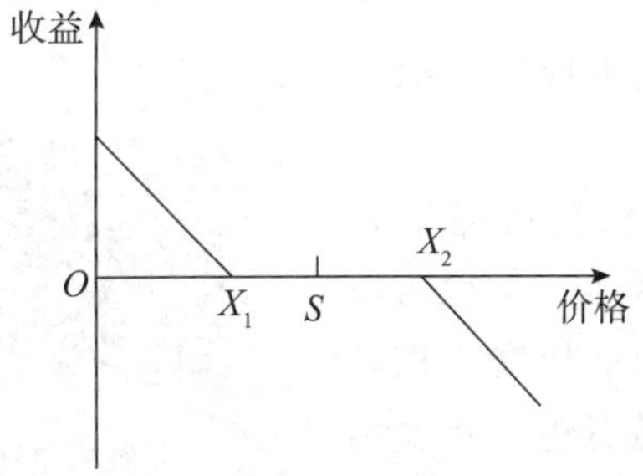

图 16－13　看跌风险逆转期权组合的到期损益图

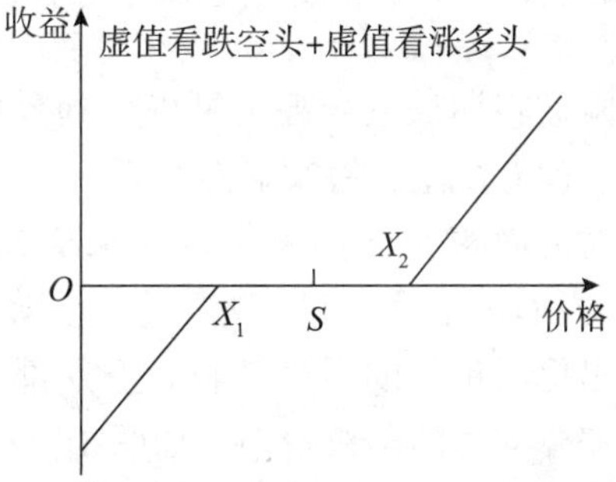

图 16－14　看涨风险逆转期权组合的到期损益图

为何在推出外汇期权后，我国又推出外汇期权组合业务呢？原来，为了防止客户应用期权进行外汇投机，2011 年初推出外汇期权时，国家外汇管理局要求：银行只能办理客户买入外汇看涨或看跌期权业务，除对已买入的期权进行反向平仓外，不得办理客户卖出期权业务。[①] 即客户使用外汇期权进行风险管理，只能买入期权保护，不能卖出期权来降低成本。这一规定体现了我国希望发挥期权的保险作用，但希望完全杜绝卖出期权的投机行为。但这一规定也使得客户在使用外汇期权避险时需要支付更高的保护成本，在一定程度上打击了客户的积极性。

为了进一步降低客户风险管理成本，同时限制客户利用外汇期权进行纯粹投机交易，2011 年 11 月，外管局下发了《关于银行办理人民币对外汇期权组合业务有关问题的通知》。我国自 2011 年 12 月 1 日起推出外汇风险逆转期权组合，使得客户在获得期权保护的同时可以通过卖出不同执行价格的反向期权来抵补期权费成本，并要求出售的期权的期权费不得高于购买的期权的期权费，借此降低客户的风险管理费用。

我们知道，风险逆转期权组合由虚值期权构成，虚值期权的期权费本身就比较低，

① 参见《关于人民币对外汇期权交易有关问题的通知》，该通知由于后续外汇期权交易制度变更，目前已废止。

同时，该组合又通过期权的一买一卖进一步中和了期权成本，因此组合的期权费更低。这样既满足了客户降低风险管理成本的需求，又限制了客户利用期权空头投机导致的巨亏风险。

直到 2014 年 8 月，在客户对外汇期权有了足够的了解和交易经验后，我国才允许客户进行单独卖出期权头寸的业务，恢复了正常的外汇期权买卖交易。2014 年 6 月外管局颁布的《银行对客户办理人民币与外汇衍生产品业务管理规定》指出：银行可以基于普通欧式期权为客户办理买入或卖出期权业务，以及包含两个或多个期权的期权组合业务。由此行文可见，新的规定不但允许客户单独卖出期权，还拓展了银行办理的期权组合的业务形式，不再局限于风险逆转期权组合。即使如此，在新的文件中仍然要求银行在办理客户外汇期权业务时，期权合约行权所产生的客户外汇收支，不得超出客户真实需求背景所支持的实际规模，秉承了我国衍生产品应用的审慎监管原则。上述规范结合了我国对外汇掉期、外汇远期等产品的交易规则修订，以及中国人民银行 2014 年 6 月发布的《银行办理结售汇业务管理办法》，最终汇总在外管局 2015 年 1 月 1 日开始实施的《银行办理结售汇业务管理办法实施细则》中。目前，我国最新的外汇期权产品可参见《中国外汇交易中心产品指引 V4.2》（2023 年 10 月 23 日发布）。该指引不但放开了普通期权的买卖，还增加了亚式期权、障碍期权、数字期权等奇异期权品种。

风险逆转期权组合甚至可以做到零成本签约，但零成本的组合是否代表没有风险？答案显然为否。

针对前面棉花商的例子，如果交易者预计未来棉花可能只有 2 000 元左右的上涨空间，为了进一步降低风险管理成本，他也可以选择卖出更高价位的看涨期权，用这部分看涨期权的期权费来抵补原来所需要支付的期权费用。如图 16－15 所示，交易者进一步卖出一个执行价格为 17 000 元的看涨期权，期权费由原来的 200 元降为 100 元，同时交易者的收益封顶。

案例

东方航空航油套期保值

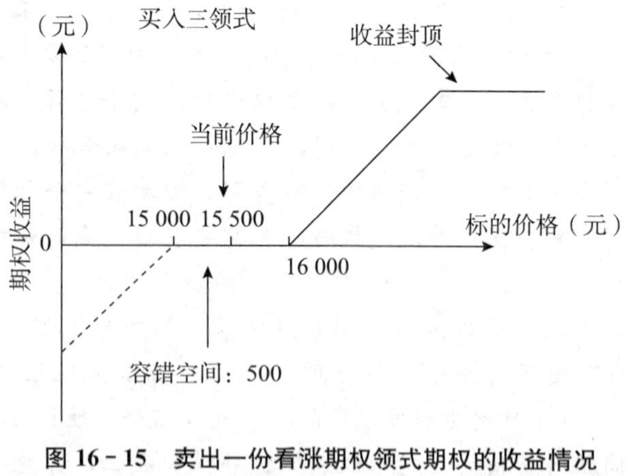

图 16－15　卖出一份看涨期权领式期权的收益情况

如果这个交易者更自信，他还可以再冒险一点，卖出两份执行价格为 17 000 元的看涨期权，这样就完全抵补了剩余的期权费。这个产品对客户就变成了零成本组合，如图 16－16 所示。当然，此时交易者面临价格大幅下跌和大幅上涨两种情况的亏损风险。

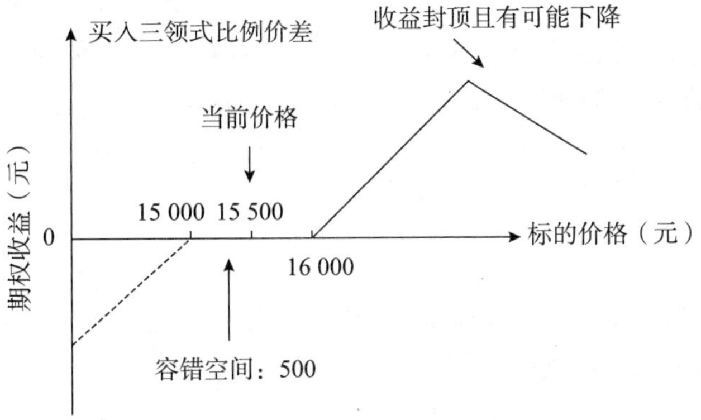

图 16-16　卖出两份看涨期权领式期权的收益情况

因此，在使用这种策略的时候，一定要注意风险管理和估值是不等同的，因为估值是在平均意义上的收益，但大的风险来自小概率事件；同时，波动率的建模和尾部风险的控制是非常重要的。在签订这种合约的时候，一定要未雨绸缪，想到极端风险的处理方式，设置灵活的对冲策略和风险预警机制。

第二节　期权希腊字母

一、期权希腊字母简介

（一）期权希腊字母的定义

类比债券的风险指标——久期和凸度，期权的风险指标就是所谓的**希腊字母**。每一个希腊字母衡量了期权对特定市场因素的敏感性，代表着期权头寸的某种特定风险。期权做市商和交易员每天的一个重要目标就是管理这些希腊字母，以便将风险控制在可以接受的范围之内。

期权价格的决定因素包括：标的资产价格（S_t）、波动率（σ_t）、无风险利率（r）、剩余期限（$T-t$）和执行价格（K）。因此，固定执行价格 K 的期权价格可以写成如下函数：

$$V_t=f(S_t,\ \sigma_t,\ r,\ t) \tag{16-1}$$

应用泰勒展开，可以得到：

$$dV_t=\frac{\partial f_t}{\partial S_t}dS_t+\frac{\partial f_t}{\partial \sigma_t}d\sigma_t+\frac{\partial f_t}{\partial r}dr+\frac{\partial f_t}{\partial t}dt+\frac{1}{2}\frac{\partial^2 f_t}{\partial S_t^2}(dS_t)^2+\cdots \tag{16-2}$$

希腊字母就是期权价格对这些因素的偏导数，定义如下：

Delta：Delta 用于衡量期权价格对标的资产价格变动的线性敏感性，是期权价格对标的资产价格的一阶偏导数。如期权 Delta 值为 0.5，则在其他条件不变时，若标的资产价格变动 1 元，则期权价格变动 0.5 元。

$$\Delta=\frac{\partial f_t}{\partial S_t} \tag{16-3}$$

Gamma：Gamma 用于衡量期权的 Delta 值对标的资产价格变动的非线性特征，是期权价格对标的资产价格的二阶偏导数。在其他条件不变时，若标的资产价格变动 1 元，期权 Gamma 值为 0.25，则期权的 Delta 值变动 0.25。该指标度量了标的资产价格对期权价格的二阶影响。当标的资产价格发生较大变化时，Gamma 值可以弥补 Delta 值对期权价格线性近似的不足。

$$\Gamma=\frac{\partial^2 f_t}{\partial S_t^2} \tag{16-4}$$

Vega：Vega 用于衡量期权价格对标的资产价格波动率变动的敏感性，是期权价格对标的资产价格波动率的一阶偏导数。

$$\nu=\frac{\partial f_t}{\partial \sigma_t} \tag{16-5}$$

Rho：Rho 衡量期权价格对无风险利率变化的敏感性，是期权价格对无风险利率的一阶偏导数。

$$\rho=\frac{\partial f_t}{\partial r} \tag{16-6}$$

Theta：Theta 用于衡量期权价格对时间变化的敏感性，是期权价格对时间的一阶偏导数。

$$\theta=\frac{\partial f_t}{\partial t}$$

t 表示当前时间，因此 $T-t$ 表示到期期限。 (16-7)

希腊字母的计算依赖期权定价模型的选择：BSM 期权定价模型和 Black 模型给出了欧式期权价格的计算方法；二叉树模型和 BAW 模型可以用于美式期权的定价。在计算希腊字母值时，通常将标的资产价格波动率设置为隐含波动率，此时模型给出的期权价格与市场价格相等。

（二）组合的希腊字母计算

希腊字母都是基于偏导数计算的线性性质，组合希腊字母与每个资产的希腊字母存在如下关系：

$$\text{希腊字母}_{\text{port}}=\sum_{i=1}^{n} w_i\ \text{希腊字母}_i \tag{16-8}$$

其中，w_i 为每个资产的数量，希腊字母$_i$ 为第 i 个资产对应的希腊字母。公式表明组合的希腊字母值等于各资产的希腊字母值与其资产数量乘积的加总，具体地：

组合的 Delta 值：$\Delta_{\text{port}}=\sum_{i=1}^{n} w_i\Delta_i$

组合的 Gamma 值：$\Gamma_{\text{port}}=\sum_{i=1}^{n} w_i\Gamma_i$

组合的 Vega 值：$\nu_{\text{port}}=\sum_{i=1}^{n} w_i\nu_i$

组合的 Theta 值：$\theta_{\text{port}}=\sum_{i=1}^{n} w_i\theta_i$

组合的 Rho 值：$\rho_{\text{port}}=\sum_{i=1}^{n} w_i\rho_i$

【例 16-6】 设一资产组合由以下三项组成：（1）10 000 份股票，$\Delta_s=1$；（2）100 份

看涨期权空头，执行价格为 50，$\Delta_c=0.214$；（3）50 份看跌期权多头，执行价格为 40，$\Delta_p=-0.108$。其中每份期权标的资产的规模为 100 份股票，Δ_s、Δ_c、Δ_p 分别表示股票、看涨期权空头和看跌期权多头头寸的 Delta 值，并且看涨期权和看跌期权的 Delta 值表示单位股票对应期权头寸的 Delta 值。试计算该资产组合的 Delta 值。

根据式（16－8），组合的 Delta 头寸为：

$$\Delta=10\,000\times1-100\times100\times0.214+50\times100\times(-0.108)=7\,320$$

Delta 值表明该资产组合的风险相当于 7 320 份股票的价格波动风险。

（三）希腊字母中性策略

希腊字母体现了资产组合受其价值影响因素影响的程度。为了对冲这些因素的影响，若通过加入其他资产，使得调整后的资产组合的某个希腊字母为 0，则表示调整后的资产组合短期内不受这一影响因素微小变化的影响。这种调整策略称为希腊字母中性策略。如例 16－6 中，如果在组合中增加一个金融产品，使得调整后组合的 Delta＝0，就称这一调整为 **Delta 中性策略**。因此，顾名思义，Delta 中性策略是使得调整后组合的 Delta 为 0 的策略，**Delta-Gamma 中性策略**是使得调整后组合的 Delta 和 Gamma 同时为 0 的策略，以此类推，还有 Vega 中性策略、Theta 中性策略等。

根据式（16－8），在已知所有资产的希腊字母取值的情况下，加入其他资产来调整原资产组合的希腊字母的过程就是简单的线性方程组求解过程。

【例 16－7】 设某个交易员持有法国电信的股票和基于该股票的 3 个月期期权，因为该交易员在度假，公司希望帮助他建立一个 Delta-Gamma 中性策略，来中和他目前持有的资产组合的 Delta 和 Gamma。设该交易员持有 10 万股法国电信的股票和表 16－2 中的期权头寸，其中“－”表示空头，“＋”表示多头，每份期权包含 10 股法国电信股票。

表 16－2　交易员持有的期权头寸

数量	执行价格（欧元）	Delta	Gamma
－10 000 份看涨期权	18	0.381 9	0.159 6
＋20 000 份看涨期权	19	0.146 9	0.096 2

为了中和组合中的 Delta 和 Gamma，除了法国电信的股票，还可以使用市场上存在的 1 个月期、执行价格为 17 欧元的看跌期权，该期权的 Delta 为－0.475 6，Gamma 为 0.289 8。试计算为达到 Delta-Gamma 中性，对原资产组合的调整情况。

设需要使用执行价格为 17 欧元的看跌期权 x 份，需要法国电信的股票 y 份。根据式（16－8），首先计算出已持有组合的 Delta 和 Gamma 为：

$$\Delta_\pi=100\,000\times1+(-10\,000)\times10\times0.381\,9+20\,000\times10\times0.146\,9=91\,190$$

$$\Gamma_\pi=(-10\,000)\times10\times0.159\,6+20\,000\times10\times0.096\,2=3\,280$$

因此，要使得调整后组合达到 Delta-Gamma 中性，即要求

$$\begin{cases}10x\times(-0.475\,6)+y=-91\,190\\10x\times0.289\,8=-3\,280\end{cases}$$

解之，得：

$$\begin{cases}x=-1\ 131\\ y=-96\ 569\end{cases}$$

因此，出售 1 131 份执行价格为 17 欧元的看跌期权，出售 96 569 股法国电信股票可以使得调整后组合达到 Delta-Gamma 近似中性。经过计算，调整后组合的 Delta 为 0.036，Gamma 为 2.362，没有达到 0 是考虑到实际交易中头寸必须取整的影响。

二、Delta 及其应用

（一）Delta 的特征

Delta 为期权价格变动与其标的资产价格变动的比率，如式（16-3）所示，是期权价格对标的资产价格的一阶偏导数。它描述了期权价格与标的资产价格之间关系曲线的切线斜率。图 16-17 描述了普通期权价格与其标的股票价格间的关系。

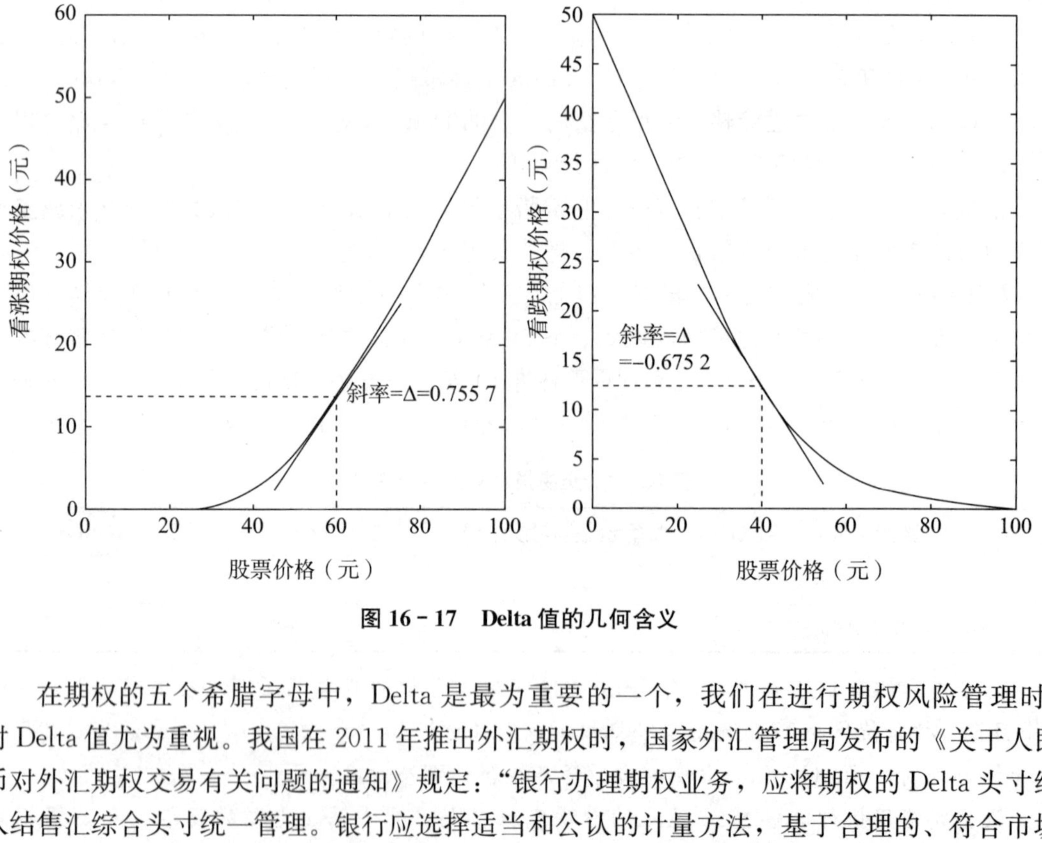

图 16-17　Delta 值的几何含义

在期权的五个希腊字母中，Delta 是最为重要的一个，我们在进行期权风险管理时，对 Delta 值尤为重视。我国在 2011 年推出外汇期权时，国家外汇管理局发布的《关于人民币对外汇期权交易有关问题的通知》规定："银行办理期权业务，应将期权的 Delta 头寸纳入结售汇综合头寸统一管理。银行应选择适当和公认的计量方法，基于合理的、符合市场水平的假设前提和参数，准确计量 Delta 头寸。"《中国外汇交易中心产品指引 V4.2》将 Delta 作为期权价值状态的重要分类依据。《大连商品交易所期权交易管理办法》第六十七条指出，每日期权交易信息在每日交易结束后发布，主要内容有每日行情：交易代码、开盘价、最高价、最低价、收盘价、前结算价、结算价、涨跌、成交量、持仓量、持仓量变化、成交额、Delta、隐含波动率和行权量。

如果将式（16-3）描述的 Delta 的计算公式进行差分近似，则可以改为：

$$\Delta\approx\frac{\Delta f_t}{\Delta S_t}$$

因此

$$\Delta f_t \approx \Delta \times \Delta S_t \tag{16-9}$$

式（16－9）表明：若资产组合的 Delta 值为 Δ，则 1 单位资产组合价格的变动与 Δ 单位标的资产价格的变动是近似相等的，这也是利用标的资产对冲期权价值变动的原理。即如果我们出售了 1 单位期权，则可以结合式（16－9），使用 Δ 单位的标的资产来对冲期权由标的资产价格变动导致的风险。若 Δ 为正，则表示在出售期权时，通过购买标的资产对冲；若 Δ 为负，则表示在出售期权时，通过卖空标的资产对冲。我们可以从图 16－17 直观地得出如下结论：看涨期权价格的斜率为正，因此看涨期权多头的 Delta 值为正；看跌期权价格的斜率为负，因此看跌期权多头的 Delta 值为负。

因此，若假设在图 16－17 中当前股票价格为 60 元，看涨期权的价格为 14 元，则 Delta＝0.755 7。如果某投资者卖出 100 份该股票的欧式看涨期权合约，每份期权包含 100 股股票，则该投资者可以通过购买 7 557(＝0.755 7×100×100) 股股票来进行 Delta 对冲。当股票价格上涨 1 元时，看涨期权的价格上涨 0.755 7 元，期权头寸产生 7 557 元的亏损，而股票头寸盈利 7 557 元；当股票价格下跌 1 元时，看涨期权的价格下跌 0.755 7 元，期权头寸产生 7 557 元的盈利，而股票头寸亏损 7 557 元。

期权的 Delta 值会随时间变化，因此 Delta 中性组合的状态只能维持较短的时间，对冲策略需要不断地进行调整，这种策略便是**动态对冲策略**。投资组合的调整过程称为**再平衡**。BSM 偏微分方程的推导便与 Delta 对冲密切相关。通过不断调整标的股票的数量与期权构建 Delta 中性的头寸后，交易组合的瞬时收益率等于无风险利率。在第十章推导看涨看跌期权平价关系时，我们使用的是**静态对冲策略**，这种策略在一开始确定资产头寸后无须再进行调整。

（二）欧式期权的 Delta

根据 BSM 期权定价公式，无红利资产欧式看涨期权和看跌期权的 Delta 值为：

$$\Delta_t^{\text{call}} = N(d_1) \tag{16-10}$$

$$\Delta_t^{\text{put}} = N(d_1) - 1 \tag{16-11}$$

$$d_1 = \frac{\ln\left(\frac{S_t}{K}\right) + \left(r + \frac{\sigma^2}{2}\right)(T-t)}{\sigma\sqrt{T-t}}$$

式（16－10）和式（16－11）表明：看涨期权多头的 Delta 值介于 0 和 1 之间，意味着在对单位资产的看涨期权多头做对冲时，需要持有 $N(d_1)$ 单位资产的空头以构建 Delta 中性状态；看跌期权多头的 Delta 值介于－1 和 0 之间，意味着在对一个看跌期权多头做对冲时，需要持有 $1-N(d_1)$ 单位资产的多头以构建 Delta 中性状态。图 16－18 展示了看涨期权与看跌期权多头的 Delta 值和股票价格之间的变化关系（以股票期权为例）。

图 16－19 呈现了实值期权、平值期权和虚值期权的 Delta 值和期权剩余期限之间的变化关系。

根据图 16－18 可以发现，使用股票对冲看涨期权空头的风险或者对冲看跌期权空头的风险，对股票的操作都是追涨杀跌。即如果股价上涨，看涨期权的 Delta 值增大，则需要购买的股票数量增加；而如果股价下跌，看涨期权的 Delta 值减小，则需要持有的股票数量减少，故股价上涨时需要买入股票，股价下跌时需要卖出股票。对于看跌期权空头，则需要建立股票空头头寸，但头寸的数量在股价上涨时减少，在股价下跌时增加，因此股价上涨时需要买入股票平仓部分空头，股价下跌时需要卖空股票增加空头头寸。而图 16－19 表明即使标的资产价格不变，随着到期期限的临近，Delta 头寸仍然需要动态调整。

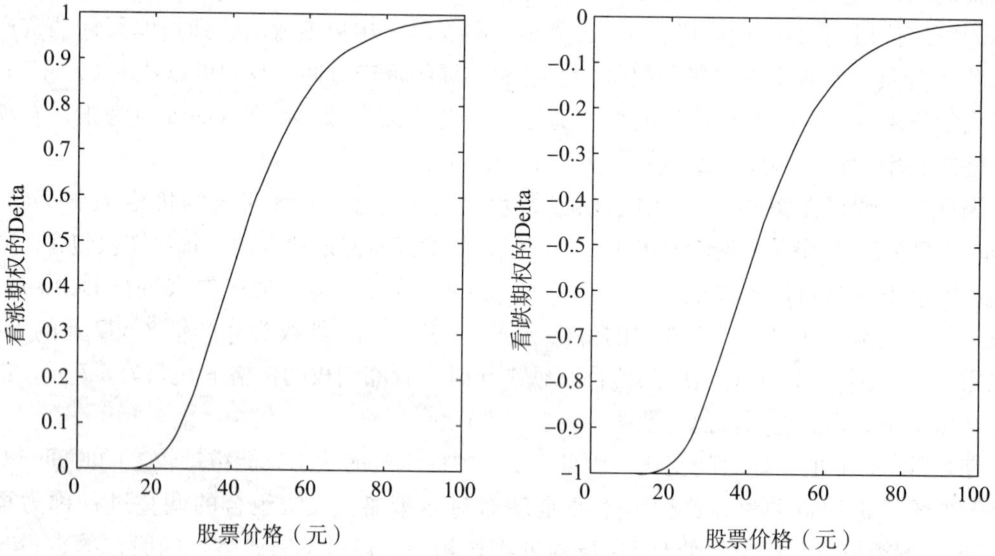

图 16－18　Delta 值和股票价格之间的变化关系

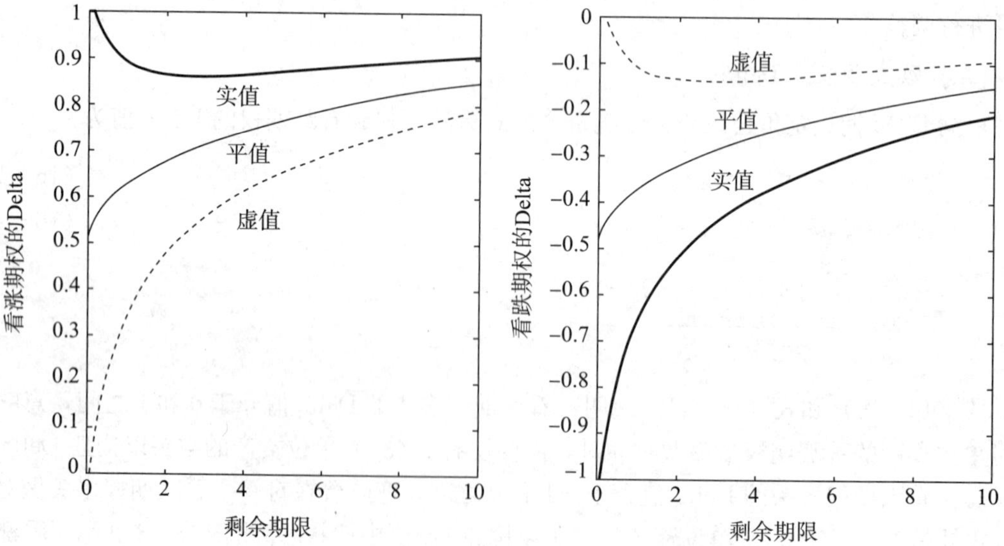

图 16－19　Delta 值和期权剩余期限之间的变化关系

针对股指期权，令连续红利为 q，则根据式（14－34）和式（14－35），得到：

$$\Delta_t^{\text{call}}=e^{-q(T-t)}N(d_1)$$

$$\Delta_t^{\text{put}}=e^{-q(T-t)}(N(d_1)-1)$$

$$d_1=\frac{\ln\left(\frac{S_t}{K}\right)+\left(r+\frac{\sigma^2}{2}\right)(T-t)}{\sigma\sqrt{T-t}}$$

（三）Delta 中性与动态套期保值

现在我们从另一个角度考察 BSM 期权定价公式，将欧式看涨期权的 BSM 期权定价公式改写为：

$$-C_t+S_tN(d_1)-K\mathrm{e}^{-r(T-t)}N(d_2)=0 \qquad (16-12)$$

从式（16－12）可知，一个拥有股票账户和现金账户的交易者可以持有 $N(d_1)$ 股股票并持有 $K\mathrm{e}^{-r(T-t)}N(d_2)$ 负债，从而对冲一个看涨期权空头。由于 $N(d_1)$ 和 $K\mathrm{e}^{-r(T-t)}N(d_2)$ 会随市场的变化而变化，因此持有的股票数量和现金账户资金会不断进行调整。看涨期权空头、股票多头和现金账户的负债构成了一个 Delta 中性投资组合。

案例 16－4 期权的 Delta 动态对冲过程

表 16－3 给出了一个对看涨期权空头做 Delta 对冲的例子。假设现在是第 0 周，某投资者进入一份执行价格为 2.45 元、剩余期限为 20 周、合约乘数为 10 000 的上证 50ETF 看涨期权空头，现在投资者采用 Delta 对冲的方式对看涨期权空头做动态套期保值，每个星期再平衡一次。假设当前上证 50ETF 的价格为 2.35 元，波动率为 20%，市场无风险利率为 5%。

表 16－3　Delta 对冲模拟

周数	上证 50ETF 价格（元）	Delta 值	交易标的数量	购买标的费用（元）	总费用（元）	利息费用（元）
0	2.35	0.452 7	4 527	10 637.77	10 637.77	10.23
1	2.46	0.594 3	1 416	3 481.32	14 129.32	13.59
2	2.47	0.607 2	129	317.77	14 460.68	13.90
3	2.37	0.470 0	−1 371	−3 255.87	11 218.72	10.79
4	2.33	0.398 9	−711	−1 657.36	9 572.15	9.20
5	2.27	0.297 5	−1 014	−2 299.02	7 282.33	7.00
6	2.43	0.534 0	2 365	5 736.96	13 026.3	12.53
7	2.39	0.470 4	−637	−1 521.97	11 516.85	11.07
8	2.44	0.558 3	879	2 149.06	13 676.98	13.15
9	2.44	0.541 2	−171	−416.11	13 274.03	12.76
10	2.50	0.654 8	1 136	2 843.31	16 130.1	15.51
11	2.46	0.569 1	−857	−2 104.04	14 041.57	13.50
12	2.37	0.381 6	−1 875	−4 438.80	9 616.28	9.25
13	2.28	0.197 9	−1 837	−4 189.36	5 436.16	5.23
14	2.32	0.239 9	420	973.21	6 414.6	6.17
15	2.31	0.200 2	−397	−917.55	5 503.22	5.29
16	2.30	0.152 8	−474	−1 090.24	4 418.27	4.25

续表

周数	上证 50ETF 价格（元）	Delta 值	交易标的数量	购买标的费用（元）	总费用（元）	利息费用（元）
17	2.40	0.364 1	2 113	5 070.52	9 493.04	9.13
18	2.42	0.420 8	567	1 374.73	10 876.89	10.46
19	2.44	0.477 2	564	1 378.78	12 266.13	11.79
20	2.56	1	5 228	13 373.20	25 651.12	—

注：表中利息费用＝总费用×5%×$\frac{1}{52}$，其中$\frac{1}{52}$表示1周按年计算的时间长度。

表 16-3 的计算过程如下：

(1) 采用数值模拟方法给出上证 50ETF 在第 1～20 周的价格走势。

(2) 在当前时刻，投资者收到的期权费为 927.77 元，看涨期权多头的 Delta 值为 0.452 7，因此该投资者期权空头的 Delta 值为－4 527。投资者为了构建 Delta 中性组合，必须购买 4 527 份上证 50ETF，可以从货币账户借入 10 637.77 元用来购买标的资产。此时该投资者进行 Delta 对冲产生的总费用为 10 637.77 元，在下一次再平衡前会产生 10.23 元的利息费用。

(3) 在第 1 周时，上证 50ETF 的价格涨到 2.46 元，看涨期权多头的 Delta 值增加到 0.594 3。为了保持 Delta 中性，该投资者需要持有 5 943 份上证 50ETF，因此他需要再购买 1 416 份上证 50ETF，产生的交易费用为 3 481.32 元。此时，投资者进行 Delta 对冲的总费用为 14 129.32 元(＝10 637.77＋10.23＋3 481.32)。

(4) 以此类推，在第 20 周时，由于看涨期权处于实值状态，投资者的交易对手选择行权，投资者此时持有的上证 50ETF 总数量（第四列求和）恰好为 10 000 份。行权后，投资者收到 24 500 元(＝2.45×10 000)。算上这笔收入，此时他进行 Delta 对冲的总费用为 1 151.12 元（＝25 651.12－24 500)，而投资者在一开始收到的期权费按照无风险利率计算是 945.61 元，与 Delta 对冲的总费用基本持平。

上述案例分析表明，Delta 对冲成本很接近 BSM 公式给出的理论价格。事实上，如果对冲是完美的，对每一组使用几何布朗运动模拟的标的资产价格变化，贴现后的对冲费用与理论价格应当完全相等。Delta 对冲成本与理论值之间的差别是因为对冲交易的频率仅为一周一次。当对冲再平衡的频率增大时，对冲费用与理论值之间的差距将会进一步减小。在表 16-3 中我们可以发现，对期权空头进行的对冲会导致在价格下跌时卖出标的，而在价格上涨时买进标的，买高卖低的交易行为是 Delta 对冲费用的来源之一。

(四) 远期和期货的 Delta 值

Delta 值的概念也适用于期权以外的其他金融产品，标的资产以及该标的资产上的远期和期货合约都有相应的 Delta 值。

标的资产的 Delta 值等于 1，即：

$$\Delta_s = 1 \tag{16-13}$$

由远期合约价值公式 $f = S_t - Ke^{-r(T-t)}$ 可知，远期合约多头的 Delta 值也为 1，即：

$$\Delta_f = 1 \tag{16-14}$$

期货合约的 Delta 值与远期合约稍有不同，期货合约的每日结算制度使得期货合约的持有者几乎能够立即获得期货价格变动带来的损益。由期货价格公式 $F_{t,T}=S_t e^{r(T-t)}$ 可知，期货合约的 Delta 值为 $e^{r(T-t)}$，即：

$$\Delta_F=e^{r(T-t)} \tag{16-15}$$

由于期货合约的交易成本较低、场内交易具有较好的流动性且本身具有杠杆性，因此除了使用标的资产来构建 Delta 中性组合外，我们还可以使用期货合约来构建 Delta 中性组合。假设 Δ 为某期权组合的 Delta 值，N_A 为 Delta 对冲所需要的标的资产数量，N_F 为 Delta 对冲所需要的期货合约数量，则有如下等式成立：

$$\begin{cases}\Delta+1\times N_A=0\\ \Delta+e^{r(T-t)}\times N_F=0\end{cases} \tag{16-16}$$

因此，$N_F=e^{-r(T-t)}\times N_A$。

（五）Delta 的风险管理应用

案例 16-5 利用期权管理股票风险

假定在 1 月 26 日，某资产管理者持有 10 000 股艾冯公司的股票，现行股价为每股 33 美元。

一、初步的风险管理计划和实施策略

市场条件的变化使资产管理者决定将手中持有的股票风险降低至原先风险水平的 90%，投资者可以使用股票本身，也可以使用该股票的看涨期权或者看跌期权。

分析：艾冯股票的头寸 Delta 值是 10 000，现在的目标是要将头寸 Delta 值降低至 90%，即 9 000，可供选择的方法有三种：

（1）出售 1 000 股艾冯股票即兑现；

（2）买入看跌期权；

（3）出售看涨期权。

若采用第一种方法，一方面，股票买卖成本较高；另一方面，在出售股票后，投资者的投资观点可能会发生变化，使得原投资计划更改。若采用第二种方法，买入看跌期权需要支付期权费。而若采用第三种方法，出售看涨期权既可以降低 Delta 值，还可以赚取期权费，同时由于投资者持有艾冯股票，并不担心未来看涨期权行权的风险。基于此，艾冯公司决定采取第三种方法。

具体策略是：如果艾冯股票的 3 个月期看涨期权的执行价格为 35 美元，期权费为每股 2 美元，Delta 值为 0.441，则资产管理者决定出售 23 份这种看涨期权合约（每份期权含有 100 股股票），从而使得调整后组合的 Delta 头寸为：

$$10\,000\times1.0-2\,300\times0.441=8\,986$$

与初始头寸 Delta 值 10 000 相比，现在的资产组合具有 89.86% 的牛市倾向，达到了初始风控目标，并且管理者通过出售看涨期权获得的期权费收入为 4 600 美元。

二、市场信息变化带来的策略调整

1 周以后，艾冯股票的市场价格为 32.5 美元。执行价格为 35 美元的 3 个月期看涨期权的 Delta 值为 0.404，头寸 Delta 也从 8 986 变动为 9 071：

10 000×1.0−2 300×0.404=9 071

公司资产管理者打算进一步降低持有艾冯股票的风险，目标是要降低到原先风险水平的50%。要达到这个目标，依然有三种方法可供选择：

(1) 出售4 071股艾冯股票；

(2) 买入看跌期权；

(3) 出售更多的看涨期权。

该资产管理者决定采用出售更多看涨期权的方法来降低整个组合的价格风险。仍然使用执行价格为35美元的3个月期看涨期权，期权此时价格为1.625美元（每股股票）。因此，资产管理者出售了77份这种看涨期权合约，调整后的Delta值为：

9 071+0.404×(−7 700)=5 960.2

出售期权获得的收益为：7 700×1.625=12 512.5美元。

与初始状态相比，现在的资产头寸具有59.60%的牛市倾向，尚未达到50%的头寸调整目标，为此，资产管理者进一步采取买入看跌期权的方法，降低风险头寸。他买入执行价格为30美元的4月到期的看跌期权，期权费为每股1.95美元，Delta值为−0.310。该资产管理者经过计算，买入31份看跌期权合约可以使头寸Delta值达到所要求的水平：

9 071+0.404×(−7 700)+(−0.310)×3 100=4 999.2

购买看跌期权需要支付的费用为：1.95×3 100=6 045美元。

三、风险管理效果

3个月期权到期时，艾冯股票价格为33美元。持有艾冯股票的资产管理者持有使资产头寸恢复到原先的100%牛市倾向，此时资产管理者只需要平仓所有期权头寸即可。此时，执行价格为35美元的3个月期看涨期权到期时无价值，执行价格为30美元的4个月期看跌期权可以被出售。该期权价格为0.96美元，收回本金0.96×3 100=2 976美元。汇总资产管理者风险管理过程获得的收益或支付的成本如下：

1月26日出售23份看涨期权：+4 600美元。

1周以后：出售77份看涨期权：+12 512.5美元；买入31份看跌期权：−6 045美元。

3月平仓风险管理头寸：出售31份看跌期权：+2 976美元。

风险管理过程净现金流=4 600+12 512.5−6 045+2 976=14 043.5美元

四、案例小结

在本案例中，当资产管理者进行第二次调整时，为何出售77份看涨期权后，不再继续出售看涨期权来降低组合的Delta值呢？因为资产管理者已经累计出售了100份看涨期权，相当于持有了1万股股票的看涨期权空头，如果继续出售看涨期权，这部分看涨期权执行后，投资者手中并无股票作为保护，因此变成了无抵补的看涨期权，为了降低期权空头风险，资产管理者选择了买入看跌期权。

拓展阅读

“保险+期货”中期权的风险管理

总体而言，股票价格期末回到了期初水平，但通过期权操作不但达到了风险管理的目标，而且获得了适当的盈利。因此，资产管理者需要经常利用期权工具来改变既定资产组合所面临的风险，以满足敞口需求。

三、Gamma 及其应用

（一）Gamma 的特征

Gamma 是期权价格对标的资产价格的二阶偏导数，同时也是期权的 Delta 值对标的资产价格的一阶偏导数，可以认为它衡量的是期权的 Delta 值对标的资产价格变化的敏感性。

$$\Gamma=\frac{\partial^2 f_t}{\partial S_t^2}$$

期权价格与标的资产价格之间呈现非线性关系。因此，期权的 Gamma 值反映了这种非线性关系的凸度。由于看涨期权和看跌期权的价格均是标的资产价格的凸函数，因此看涨期权和看跌期权多头的 Gamma 值总为正。

当标的资产价格发生微小变化时，我们通过使用 Delta 值对期权价格曲线做局部的线性近似便能够很好地量化期权价格的变动。但当标的资产价格发生较大变化时，这种局部的线性近似会产生较大的误差，此时 Gamma 便可以对套期保值效果做出有效改进。

【例 16－8】 假定某一标的资产上的期权组合为 Delta 中性，Gamma 值为－10 000。如果在较短时间内，标的资产价格变化＋2 或－2，其他因素保持不变，期权组合价值变动为多少？

我们可以使用式（16－2）来解答这个问题。由题目已知，Delta 中性意味着$\frac{\partial f_t}{\partial S_t}=0$，其他因素保持不变意味着 $d\sigma_t=0$，$dt=0$，$dr=0$。因此期权组合价值变动为：

$$\frac{1}{2}\frac{\partial^2 C_t}{\partial S_t^2}(dS_t)^2=\frac{1}{2}\times\text{Gamma}\times(\pm 2)^2=-20\ 000$$

（二）欧式期权的 Gamma 值

式（16－10）和式（16－11）给出了欧式期权 Delta 表达式，对式（16－10）和式（16－11）继续关于 S_t 求偏导数可以得到欧式看涨期权和看跌期权的 Gamma 值：

$$\frac{\partial^2 C_t}{\partial S_t^2}=\frac{\partial^2 P_t}{\partial S_t^2}=\frac{N'(d_1)}{\sigma S_t\sqrt{T-t}} \tag{16-17}$$

$$d_1=\frac{\ln\left(\frac{S_t}{K}\right)+\left(r+\frac{\sigma^2}{2}\right)(T-t)}{\sigma\sqrt{T-t}}$$

因此，欧式看涨期权和看跌期权的 Gamma 值相等且均为正值。Gamma 值和标的资产价格之间的变化关系如图 16－20 所示（以普通欧式股票期权为例）。

在图 16－20 中，设期权的执行价格为 50 元，可以发现平值期权附近的 Gamma 值较大，实值期权和虚值期权的 Gamma 值都会降低。图 16－21 展示了实值期权、平值期权和虚值期权的 Gamma 值和剩余期限之间的变化关系。

从图 16－21 可以看出，实值期权和虚值期权在接近到期日时 Gamma 都会趋近于 0，表明接近到期日时，标的资产对实值期权和虚值期权的非线性影响在消失，但对于平值期权，Gamma 值随期限的缩短而增大（图形自右向左，剩余期限在缩短），这意味着平值期权的价值变动程度对于标的资产价格的变动在接近到期日时更加敏感。

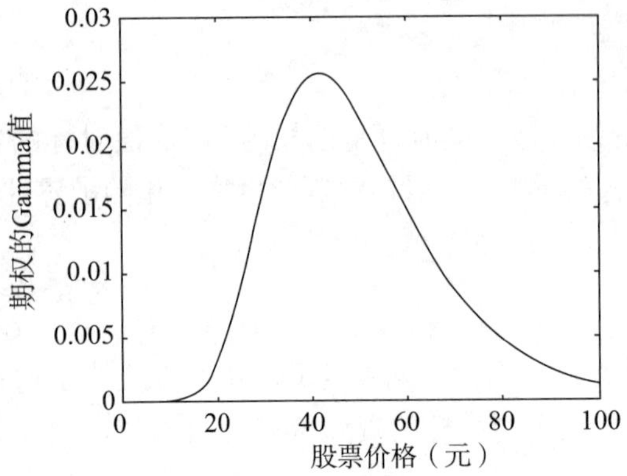

图 16-20　欧式期权 Gamma 值和标的资产价格之间的变化关系

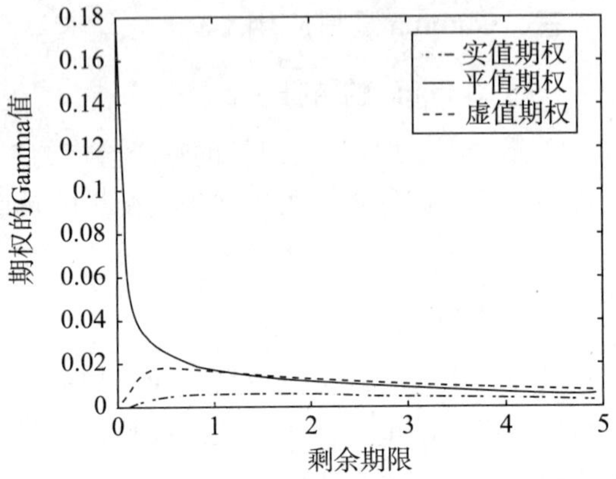

图 16-21　Gamma 值和剩余期限之间的变化关系

（三）Gamma 中性与套期保值

Gamma 值为 0 的投资组合称为 Gamma 中性组合。由于标的资产、远期和期货合约的 Gamma 值均为 0，因此在投资组合中添加这些金融产品不能改变整个投资组合的 Gamma 值。要想改变投资组合的 Gamma 值，必须引入价格和标的资产价格呈现非线性关系的金融产品，例如期权。当引入的期权使得投资组合处于 Gamma 中性状态时，原有投资组合的 Delta 值也会发生改变，此时可以再引入标的资产、远期或期货合约来使投资组合同时处于 Delta 中性状态和 Gamma 中性状态。

【例 16-9】 假设某投资组合为 Delta 中性的，Gamma 值为 −3 000。某期权的 Delta 值和 Gamma 值分别为 0.62 和 1.50。

(1) 要想使得投资组合处于 Gamma 中性状态，需要交易的期权数量是多少？

(2) 要想使得投资组合处于 Delta 中性状态和 Gamma 中性状态，还需要交易的标的资产数量是多少？

向该投资组合中加入 2 000 份期权多头，整个投资组合便处于 Gamma 中性状态：

$$-3\,000+1.5\times 2\,000=0$$

但此时整个投资组合不再是 Delta 中性的，Delta 值为：

$$0+0.62\times 2\,000=1\,240$$

因此，需要向投资组合中加入 1 240 份标的资产空头头寸，才可以使得调整后的组合处于 Delta 中性状态和 Gamma 中性状态。

（四）Gamma 如何减少 Delta 调整需求的数值分析

为直观观察通过调整 Gamma 达到的套期保值效果，根据式（16-2），假设其他参数保持不变，仅标的资产的价格发生变化。通过 Delta 和 Gamma 估计期权的价值变化，有：

$$f(S+\Delta S)\approx f(S)+\frac{\partial f}{\partial S}\Delta S+\frac{1}{2}\frac{\partial^2 f}{\partial S^2}\Delta S^2$$

$$=f(S)+\text{Delta}\times\Delta S+\frac{1}{2}\times\text{Gamma}\times\Delta S^2 \tag{16-18}$$

因此，如果仅仅考虑标的资产的一阶变动，即 Delta 的影响，则有：

$$f(S+\Delta S)\approx f(S)+\frac{\partial f}{\partial S}\Delta S=f(S)+\text{Delta}\times\Delta S \tag{16-19}$$

则式（16－19）与式（16－18）估计值的差异就体现了 Gamma 的影响。同时我们加入 BSM 公式计算的期权理论价值，比较三者可以看出 Delta 估计的期权价格、考虑 Delta 和 Gamma 后估计的期权价格和期权的准确价格之间的关系。

设数值实验的初始参数如表 16－4 所示，考虑基于该资产的欧式看涨期权。

表 16－4　数值实验的情景参数

指标	数值	指标	数值
标的资产初始价格 S_0	1 200	执行价格	1 200
标的资产波动率	20%	看涨期权初始价格 C_0	60.31
无风险利率	2.75%	期权 Delta Δ_0	0.554
红利率	0	期权 Gamma Γ_0	0.002 9
到期期限	0.33 年	标的资产变动区间 S_1	[1 100，1 300]

图 16－22 中有三条价值曲线，计算方式分别为：

期权理论价值：由 BSM 欧式看涨期权定价公式计算；

Delta 调整期权价值$=C_0+\Delta_0(S_1-S_0)$；

Gamma 调整期权价值$=C_0+\Delta_0(S_1-S_0)+0.5\Gamma_0(S_1-S_0)^2$。

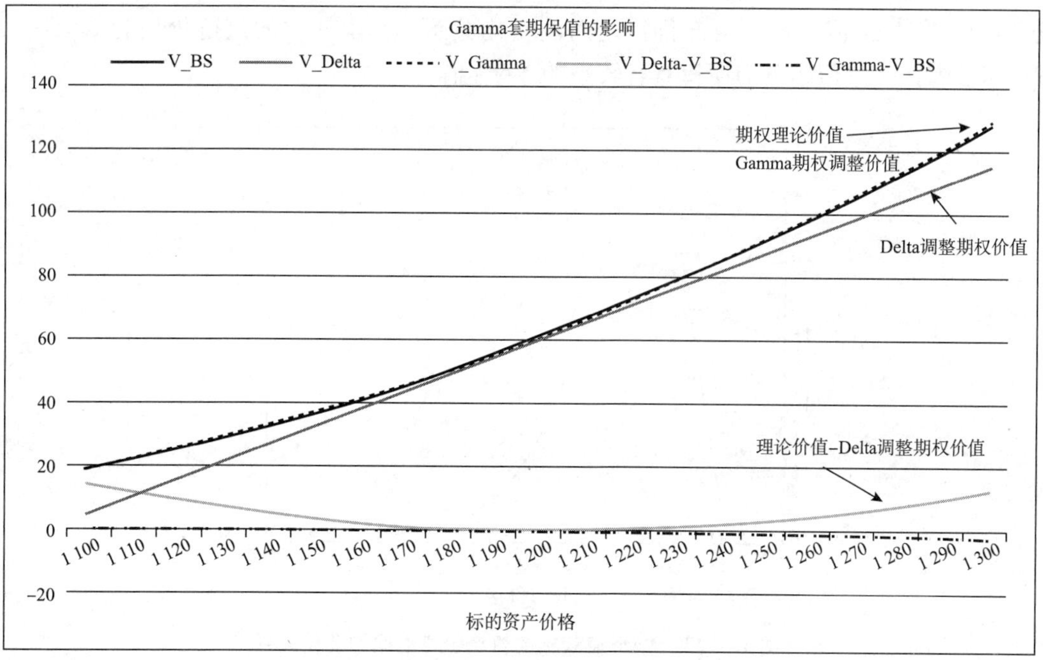

图 16－22　考虑 Gamma 的期权价值估计效果

从图 16－22 中可以发现，将标的资产的价格从 1 200 降到 1 100 或升到 1 300，无论未来的价格是下降还是上升，仅通过 Delta 调整之后得到的期权价值跟真实的理论价值之间的差距会慢慢拉大，而差值体现的就是 Delta 计算的价值和理论价值之间的差值。理论价值和通过 Gamma 调整之后的价值没有特别明显的差距，也就是说，通过 Gamma 调整之后的价值是非常接近理论价值的。

由此可以得到，通过降低组合的 Gamma 值，甚至达到 Gamma 中性状态，可以大大降低 Delta 的调整频率，进而降低调仓成本。

四、Vega 及其应用

（一）Vega 值的计算

Vega 指的是投资组合价值变化与标的资产价格波动率变化的比率。

$$\nu=\frac{\partial f_t}{\partial \sigma_t}$$

在式（14－27）和式（14－28）两端同时对 σ 求一阶偏导数可以得到欧式看涨期权和看跌期权的 Vega 值：

$$\frac{\partial C}{\partial \sigma}=\frac{\partial P}{\partial \sigma}=S_t N'(d_1)\sqrt{T-t} \tag{16-20}$$

$$d_1=\frac{\ln\left(\frac{S_t}{K}\right)+\left(r+\frac{\sigma^2}{2}\right)(T-t)}{\sigma\sqrt{T-t}}$$

从式（16－20）可以看出，欧式看涨期权和看跌期权多头的 Vega 值相等且均为正值，说明在第十章分析得到的期权价格与波动率呈单调递增关系的结论是成立的。图 16－23 描绘了期权的 Vega 值和标的资产价格之间的变化关系，其中期权的执行价格为 50 元。从图中可以看出，平值附近的期权具有较高的 Vega 值。

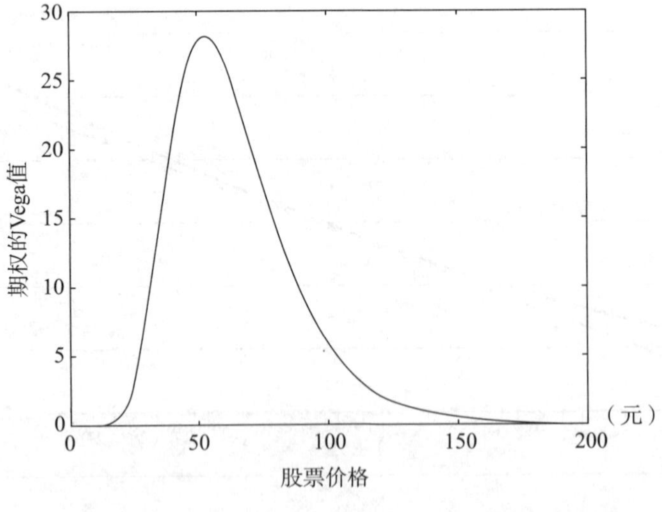

图 16－23　Vega 值和标的资产价格之间的变化关系

（二）Vega 中性与套期保值

由于标的资产、远期和期货合约的 Vega 值都等于 0，因此它们不能用来改变投资组合的 Vega 值。要想改变投资组合的 Vega 值，必须使用那些 Vega 值不等于 0 的金融工具，例如期权。此外，要使一个投资组合同时达到 Gamma 中性状态和 Vega 中性状态，通常必须使用与标的资产相关的两种不同的衍生产品。

【例 16－10】 已知某个投资组合、期权 1 和期权 2 的 Delta 值、Gamma 值和 Vega 值如表 16－5 所示。

表 16－5　各资产的希腊字母取值

	Delta 值	Gamma 值	Vega 值
投资组合	0	−5 000	−8 000
期权 1	0.6	0.5	2.0
期权 2	0.5	0.8	1.2

（1）要想使该投资组合同时达到 Gamma 中性状态和 Vega 中性状态，需要如何交易期权 1 和期权 2？

（2）要想使（1）中的投资组合同时达到 Delta 中性状态、Gamma 中性状态和 Vega 中性状态，还需要进行怎样的交易？

假设需要交易的期权 1 的数量为 x，需要交易的期权 2 的数量为 y，交易的数量为正意味着多头头寸，为负意味着空头头寸。要使该投资组合同时达到 Gamma 中性状态和 Vega 中性状态，可以列出如下线性方程组：

$$\begin{cases}0.5\times x+0.8\times y-5\ 000=0\\2.0\times x+1.2\times y-8\ 000=0\end{cases}$$

解得 $x=400$，$y=6\ 000$。

因此，买进 400 份期权 1 和 6 000 份期权 2，便可以使投资组合同时达到 Gamma 中性状态和 Vega 中性状态，但 Delta 值为 3 240。由于标的资产的 Delta 值为 1，Gamma 值和 Vega 值均为 0，因此向投资组合中加入标的资产不会改变其 Gamma 值和 Vega 值，但会改变其 Delta 值。要使（1）中的投资组合同时达到 Delta 中性状态，还需要卖空 3 240 份标的资产。

五、期权的 Theta 和 Rho

（一）Theta 的特征

Theta 体现了时间流逝对于期权价格的影响。在实践中，Theta 也是交易员特别关注的指标。将式（16－7）进行差分变形，可以得到：

$$\theta=\frac{\Delta f_t}{\Delta t}$$

故

$$\Delta f_t=\theta\Delta t$$

由于 t 表示当前时间，因此 t 增加代表期权的剩余期限在减少，美式期权体现为期权价格与当前时间 t 的增加负相关，即 Theta 为负值；欧式期权的 Theta 在大部分情况下也为负值。因此，若 Theta 是较大的负值，则其他因素不变，期权多头的价值每一天会迅速减少，这就体现为期权时间价值的衰减，而相应地，期权空头可以每天赚取期权的时间价值。

另外，根据 Black-Scholes 偏微分方程式（14－14），

$$\frac{\partial V}{\partial t}+rS_t\frac{\partial V}{\partial S}+\frac{1}{2}\sigma^2S_t^2\frac{\partial^2 V}{\partial S^2}=rV_t$$

若组合 V 为 Delta 中性的，则忽略利率的影响，会发现：

$$\text{Theta}=\frac{\partial V}{\partial t}=-\frac{1}{2}\sigma^2S_t^2\frac{\partial^2 V}{\partial S^2}=-\frac{1}{2}\sigma^2S_t^2\text{Gamma}$$

因此，Theta 和 Gamma 具有一定的镜像关系。

（二）欧式期权 Theta 的计算

在式（14－27）和式（14－28）两端同时对 t 求一阶偏导数可以得到无红利支付的欧式看涨期权和看跌期权多头的 Theta 值：

$$\frac{\partial C}{\partial t}=-\frac{\sigma S_tN'(d_1)}{2\sqrt{T-t}}-rK\mathrm{e}^{-r(T-t)}N(d_2) \tag{16-21}$$

$$\frac{\partial P}{\partial t}=-\frac{\sigma S_tN'(d_1)}{2\sqrt{T-t}}+rK\mathrm{e}^{-r(T-t)}N(-d_2) \tag{16-22}$$

$$d_1=\frac{\ln\left(\frac{S_t}{K}\right)+\left(r+\frac{\sigma^2}{2}\right)(T-t)}{\sigma\sqrt{T-t}},\ d_2=d_1-\sigma\sqrt{T-t}$$

如果式（16－21）和式（16－22）中的单位时间是 1 年，则 Theta 值对应的是期权在 1 年内的价格变化。在实际应用中，我们更想知道期权在 1 天内的价格变化。为了得到每自然日的 Theta 值，我们只需要将式（16－21）和式（16－22）中的 Theta 值乘以$\frac{1}{365}$即可；为了得到每交易日的 Theta 值，我们只需要将 Theta 值乘以$\frac{1}{252}$即可。

从式（16－21）和式（16－22）可以看出，无红利支付的欧式看涨期权的 Theta 值一定为负，无红利支付的欧式看跌期权的 Theta 值通常为负，但当执行价格较高、利率较高时也可能变为正值。这表明随着剩余期限的减少，期权价格一般会降低，反映了期权价格随时间的损耗，即期权时间价值的衰减。

图 16－24 描绘了看涨期权的 Theta 值和标的资产价格之间的变化关系，其中期权的执行价格为 50 元。从图中可以看出，平值附近的期权的 Theta 值很大且为负，因此平值期权的时间价值是衰减得最快的。图 16－25 描绘了实值期权、平值期权和虚值期权的 Theta 值随剩余期限变化的规律，平值期权在接近到期时 Theta 值变动较大应该与平值期权在接近到期时对价格波动更敏感有关。

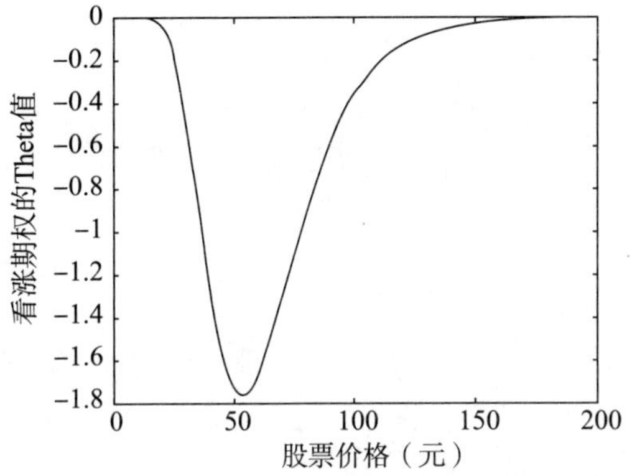

图 16-24　Theta 值和标的资产价格之间的变化关系

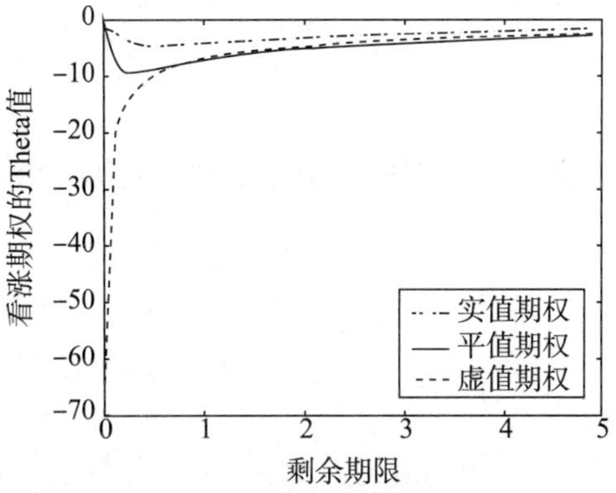

图 16-25　Theta 值和剩余期限之间的变化关系

【例 16-11】 考虑一个无红利支付股票的看涨期权，其中股票价格为 49 元，执行价格为 50 元，无风险利率为 5%，剩余期限为 20 周（=20/52 年），股票价格波动率为 20%，求看涨期权多头的 Theta 值。

取 1 年作为单位时间，根据式（16-28）可得看涨期权多头的 Theta 值为−4.305 3，说明看涨期权的价格在未来 1 年的时间内将下降 4.305 3 元，对应每自然日的期权价格下降是 0.011 8 元，对应每交易日的期权价格下降是 0.017 1 元。

（三）Rho 值的计算

Rho 表示了利率对期权价值的影响。对于股票期权、商品期权而言，交易员经常忽略利率的影响：一方面是因为期权持有期限较短，货币的价值难以体现，另一方面是因为在正常市场情况下，短期内基准利率的变动幅度较小。但对于外汇期权而言，我们需要同时关注外币利率和本币利率两个利率变动对期权价值的影响。

在式（14-27）和式（14-28）两端同时对 r 求一阶偏导数可以得到欧式看涨期权和看跌期权多头的 Rho 值：

$$\frac{\partial C}{\partial r}=K\mathrm{e}^{-r(T-t)}(T-t)N(d_2) \tag{16-23}$$

$$\frac{\partial P}{\partial r}=-K\mathrm{e}^{-r(T-t)}(T-t)N(-d_2) \tag{16-24}$$

$$d_2=\frac{\ln\left(\frac{S_t}{K}\right)+\left(r-\frac{\sigma^2}{2}\right)(T-t)}{\sigma\sqrt{T-t}}$$

如果是外汇期权，我们还需要进一步计算关于外币利率的 Rho 值。根据式（14-40）和式（14-41）可得：

欧式外汇期权关于本币利率 r_e 的 Rho 值：

$$\frac{\partial C}{\partial r_e}=K\mathrm{e}^{-r_e(T-t)}(T-t)N(d_2) \tag{16-25}$$

$$\frac{\partial P}{\partial r_e}=-K\mathrm{e}^{-r_e(T-t)}(T-t)N(-d_2) \tag{16-26}$$

$$d_2=\frac{\ln\left(\frac{S_t}{K}\right)+\left(r-r_e-\frac{\sigma^2}{2}\right)(T-t)}{\sigma\sqrt{T-t}}$$

欧式外汇期权关于外币利率 r_e 的 Rho 值：

$$\frac{\partial C}{\partial r_e}=-S_t\mathrm{e}^{-r_e(T-t)}(T-t)N(d_1) \tag{16-27}$$

$$\frac{\partial P}{\partial r_e}=S_t\mathrm{e}^{-r_e(T-t)}(T-t)N(d_1) \tag{16-28}$$

$$d_1=\frac{\ln\left(\frac{S_t}{K}\right)+\left(r-r_e+\frac{\sigma^2}{2}\right)(T-t)}{\sigma\sqrt{T-t}}$$

从式（16－23）和式（16－24）可以看出欧式看涨期权与无风险利率正相关，欧式看跌期权与无风险利率负相关。图 16－26 和图 16－27 分别给出了欧式看涨期权 Rho 值与标的资产价格的关系，以及平值、虚值、实值看涨期权的 Rho 值与到期期限的关系。

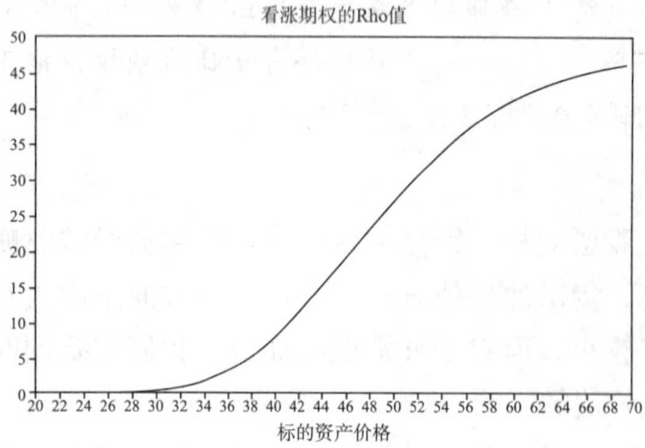

图 16－26　欧式看涨期权 Rho 值与标的资产价格的关系

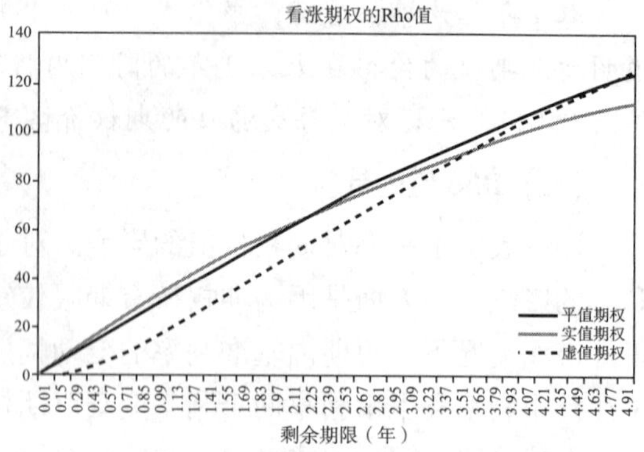

图 16－27　看涨期权 Rho 值与到期期限的关系

【例 16－12】 考虑一个无红利支付股票的看涨期权，其中股票价格为 49 元，执行价格为 50 元，无风险利率为 5%，剩余期限为 20 周（＝20/52 年），股票价格波动率为 20%，求看涨期权多头的 Rho 值。

根据式（16－23）可得看涨期权多头的 Rho 值为 8.907 0。

由于很多编程软件都包含计算期权希腊字母的内置函数，因此我们可以方便和快速地计算期权的各个希腊字母。本章将 MATLAB 中计算各个希腊字母的函数放在了二维码中，这些函数将有助于本章内容的学习。

拓展阅读

使用 MATLAB 完成希腊字母的计算

六、期权收益归因分析

根据希腊字母的定义，我们可以将式（16－2）写成如下形式：

$$\Delta C_t\approx \text{Delta}\cdot\Delta S_t+\text{Vega}\cdot\Delta\sigma_t+\text{Rho}\cdot\Delta r+\text{Theta}\cdot\Delta t+\frac{1}{2}\text{Gamma}\cdot(\Delta S_t)^2 \tag{16-29}$$

式（16－29）可以用于期权收益归因分析，我们将结合一个具体的例子进行阐述。

【例 16－13】 设在 2019 年 12 月 25 日和 2019 年 12 月 26 日，需要进行交易代码为 510050P2006M03100 的期权合约的收益归因分析。从交易代码可知，标的资产为上证 50ETF（510050）的看跌期权（P）将于 2020 年 6 月（2006）到期，执行价格为 3.10 元。设 2019 年两个交易日的市场信息如表 16－6 所示。

表 16－6　2019 年两个交易日的价格信息

日期	期权价格	上证 50ETF 价格（元）	无风险利率（%）	隐含波动率	剩余期限（天）
2019 年 12 月 25 日	0.153 9	2.980	3	0.133 1	182
2019 年 12 月 26 日	0.143 6	3.002	3	0.136 0	181

根据 2019 年 12 月 25 日的信息，我们可以求得当日的各个希腊字母值为：

$$\text{Delta}=-0.5847,\ \text{Vega}=0.8205,\ \text{Rho}=-0.9455,\ \text{Theta}=-0.0526,\ \text{Gamma}=1.3922$$

根据 25 日和 26 日的市场信息，我们可以求得各因素的变动量为：

$$\Delta S_t=0.022,\ \Delta\sigma_t=0.0029,\ \Delta r=0,\ \Delta t=-1/365$$

根据式（16－29）的右端，我们可以求得期权价格变动量近似为：

$$\begin{aligned}\Delta C_t &=-0.5847\times 0.022+0.8205\times 0.0029-0.9455\times 0-0.0526\times\left(-\frac{1}{365}\right)\\&\quad+0.5\times 1.3922\times(0.022)^2\\&=-0.01\end{aligned}$$

期权价格的实际变动量为－0.010 3 元，与近似的结果相差不大，而各希腊字母与各因素变动量的乘积便是期权收益来源的不同组成部分。

本章小结

期权具有类似于保险的功能，是重要的风险管理工具，因此讨论期权的套期保值应该包括期权为基础资产提供的保值功能，这部分功能是实体企业管理经营风险所需要了解的。同时由于期权本身价值的复杂性，了解期权的风险指标——希腊字母，对于交易商和期权投资者而言尤为重要。本章根据这两部分功能进行了期权套期保值应用的介绍。

在期权的风险管理应用方面，单独购买期权类似于为相应的价格趋势变动购买保险，基于这一功能，含权贸易、仓单质押担保都是能很好地助力企业稳健经营的工具。

在期权头寸的风险管理方面，本章介绍了期权的 5 个希腊字母：期权的 Delta 值用于衡量期权价格对标的资产价格变动的线性敏感性，它等于期权价格变动与标的资产价格变动的比率；期权的 Gamma 值用于衡量期权的 Delta 值对标的资产价格变动的敏感性；期权的 Vega 值用于衡量期权价格对标的资产价格波动率变动的敏感性；期权的 Theta 值用于衡量期权价格对时间变化的敏感性，是期权价格变化与时间变化的比率；期权的 Rho 值用于衡量期权价格对无风险利率变化的敏感性。实践中，交易商有时还会关心期权价格与波动率的高阶关系。

Delta 值为 0 的投资组合处于 Delta 中性状态。当投资组合处于 Delta 中性状态时，组合的价值在短时间内就不受标的资产价格变动的影响。此外，我们还可以构造 Gamma 中性和 Vega 中性的投资组合。在实际中，期权交易员通常至少每天都要调整交易组合以保证 Delta 中性；Gamma 和 Vega 指标会受到监控，但这些风险并不一定每天都需要调整。

本章术语

含权贸易　买期保值策略　卖期保值策略　风险逆转组合　领式期权　Delta　Gamma　Vega　Theta　Rho　希腊字母中性策略　再平衡　期权收益归因

扩展阅读

思考题

一、问答题

1. 请说明期权的套期保值策略相较传统期货保值策略的优势。

2. 相较于买期保值策略、卖期保值策略，为何投资者更偏好风险逆转组合策略？

3. 如何解释对普通股票期权空头的套期保值是对股票追涨杀跌的操作？

二、计算题

1. 1 月，PTA 现货价格为 5 000 元/吨，3 月到期的 PTA 期货合约价格为 5 050 元/吨。某公司拟在 2 月购买 1 000 吨 PTA。公司希望杜绝价格波动风险，并保留成本降低的机会。设以 3 月到期期货为标的，执行价格为 5 000 元/吨的 PTA 看跌期权期权费为 110 元/吨。已知一份 PTA 期货的标的为 10 吨 PTA，一份期权的标的是一份 PTA 期货。

(1) 应用买期保值策略应如何设置期货和期权头寸？

(2) 当 2 月期权到期时，若 PTA 现货价格为 5 200 元/吨，3 月到期期货价格为 5 300 元/吨，试分析此时公司套期保值的损益情况。

(3) 当 2 月期权到期时，若 PTA 现货价格为 4 800 元/吨，3 月到期期货价格为 4 750 元/吨，试分析此时公司套期保值的损益情况。

2. 1 月，某 PTA 加工企业计划在 2 月出售 PTA 1 000 吨，已知 3 月到期的 PTA 期货合约当前价格为 5 050 元/吨，现货价格为 5 000 元/吨，以该期货为标的的 PTA 看涨期权，执行价格为 5 100 元/吨，期权费报价为 50 元/吨，企业打算使用期货+期权组合的方式对 PTA 进行套期保值。已知一份 PTA 期货的标的为 10 吨 PTA。一份期权的标的是一份 PTA 期货。

(1) 给出 PTA 应该构建的期货、期权组合的策略。

(2) 当 2 月期权到期时，若 PTA 现货价格为 5 200 元/吨，3 月到期期货价格为

5 300 元/吨，试分析此时公司套期保值的损益情况。

（3）当 2 月期权到期时，若 PTA 现货价格为 4 800 元/吨，3 月到期期货价格为 4 750 元/吨，试分析此时公司套期保值的损益情况。

3. 2023 年 5 月，某甲醇工厂根据市场背景，计划于 6 月卖出 1 万吨甲醇现货。当时甲醇现货价格为 2 600 元/吨，甲醇期货合约价格为 2 650 元/吨，预期未来的甲醇价格会出现较大的波动。为避免甲醇价格下跌的风险，该企业买入了执行价格为 2 500 元/吨的看跌期权 MA2307P2500，支付期权费 72 元/吨；同时，为降低期权费成本，卖出执行价格为 2 800 元/吨的看涨期权 MA2307C2800，收到期权费 66 元/吨。请绘出风险逆转组合损益图与合成现货收益走势图。

4. 设无风险年利率为 10%，股票价格年波动率为 25%，计算剩余期限为 6 个月、标的资产为不支付红利的股票平值欧式看涨期权的 Delta 值。

5. 某金融机构交易员卖出了 20 份关于某股票的看涨期权合约，期权价格为 10 元，股票价格为 100 元，期权的 Delta 值为 0.6。请回答以下两个问题：

（1）如何对冲以生成 Delta 中性？

（2）如果在下一个交易日股票价格涨到 110 元，Delta 值变为 0.65，又该如何对冲以保持 Delta 中性？

6. 某金融机构持有以下有关股票的期权组合：

期权类型	头寸	期权 Delta 值	期权 Gamma 值	期权 Vega 值
看涨期权	−1 000	0.50	2.2	1.8
看涨期权	−500	0.80	0.6	0.2
看跌期权	−2 000	−0.40	1.3	0.7
看涨期权	−500	0.70	1.8	1.4

某交易所里交易另一个以该股票为标的的期权 B 的 Delta 值为 0.6，Gamma 值为 1.5，Vega 值为 0.8，设 1 份期权含有 1 股股票。

（1）应该交易多少的期权 B 和股票现货才能使金融机构持有的期权组合同时实现 Delta 中性和 Gamma 中性？

（2）应该交易多少的期权 B 和股票现货才能使金融机构持有的期权组合同时实现 Delta 中性和 Vega 中性？

（3）假定交易所内交易的另一个以该股票为标的的期权 C 的 Delta 值为 0.1，Gamma 值为 0.5，Vega 值为 0.6，应该交易多少的期权 B、期权 C 和股票现货才能使金融机构持有的期权组合同时实现 Delta 中性、Gamma 中性和 Vega 中性？

三、希腊字母实验任务

了解实验任务，
下载实验软件

延伸学习

金融工程的数值方法

第十七章

金融工程综合应用案例①

本章导读

含权贸易是目前我国场外衍生产品市场服务实体企业的一个典型应用，本章以一个含权贸易方案的买卖双方风险管理方案设计为例，展现金融工程的创新工具——衍生产品、金融工程定价理论和金融工程的积木分析法在服务实体经济方面的综合应用。

学习要求

学习如何根据企业需求设计结构化的金融产品解决方案，了解金融工程的积木分析法在结构化产品中的应用，掌握如何结合衍生产品交易机制和金融工程定价理论设计金融产品的条款和风险管理策略，理解场外衍生产品和场内衍生产品在服务实体企业方面的各自优势。

知识结构图

第一节　含权贸易案例背景

2016 年以来，在大连商品交易所等大型金融机构的积极推动下，在“中央一号文件”的政策鼓励下，“保险＋期货”成为衍生产品服务我国农业发展新模式。与此同时，含权贸易和基差贸易在贸易领域也为实体企业和贸易商的经营风险管理提供了新契机。

2020 年以来，我国玉米深加工市场已经进入饱和期，需求增量大幅放缓，各家果糖企业也迈入转型期，高利润、野蛮式扩张的经营模式的生存空间越来越小。2021 年，随着市场环境和国家政策变化，果糖企业面临上游玉米原材料供给不稳定、原料库存波动性较大、下游果糖销售价格受限和需求不旺等问题。为此，中粮祈德丰作为中粮期货的风险管理子公司，通过现货含权贸易帮助果糖企业锁利，转移价格风险。中粮祈德丰作为含权贸易对手方，也存在合同风险管理的需求。本案例正是针对中粮祈德丰与某果糖企业签署的含权贸易方案，讨论金融工程在含权贸易双方的风险管理方案设计方面的应用。

① 本案例由对外经济贸易大学金融学院教师邓军、冯建芬、王天一，学生陈甜、王润东、张孟婷、易仁杰、李季洺、郭可凡，中粮期货专家李楠、冯昊、王伟涵、张大龙、徐乾程在对外经济贸易大学、大连商品交易所、中粮期货、中粮祈德丰贸易有限公司支持下共同完成。由于企业保密的要求，在本案例中对有关名称、数据等做了必要的掩饰性处理。本案例只供高校教学之用，并无意暗示或说明某种行为是否有效。

一、果糖产业背景

（一）果糖产业简介

用果糖（以 F55 果葡糖浆为主）代替蔗糖能免除化糖、过滤等工序的成本，2002 年中粮可口可乐公司首先将果糖应用在饮料加工中①，目前该方法在可口可乐、康师傅、蒙牛等知名食品饮料企业备受推崇，果糖应用于饮料行业的占比高达 70%以上。2021 年全国果糖产量达到了 452.04 万吨②（见图 17－1）。

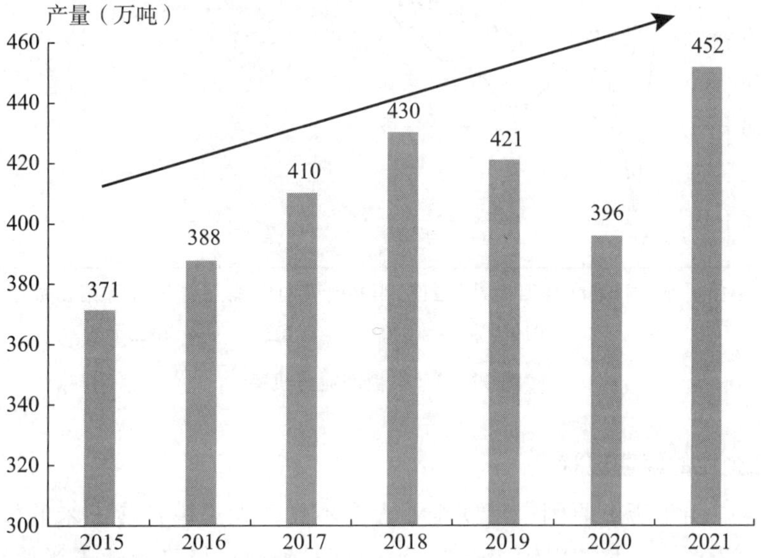

图 17－1 2015—2021 年 F55 果葡糖浆产量

果糖的生产工艺是由玉米作为原材料，经过“玉米→淀粉乳→淀粉糖→果糖”的加工过程得到果糖，也有部分企业直接购买玉米淀粉（干淀粉），加水调配后加工成果糖。图 17－2 展示了两种工艺流程。

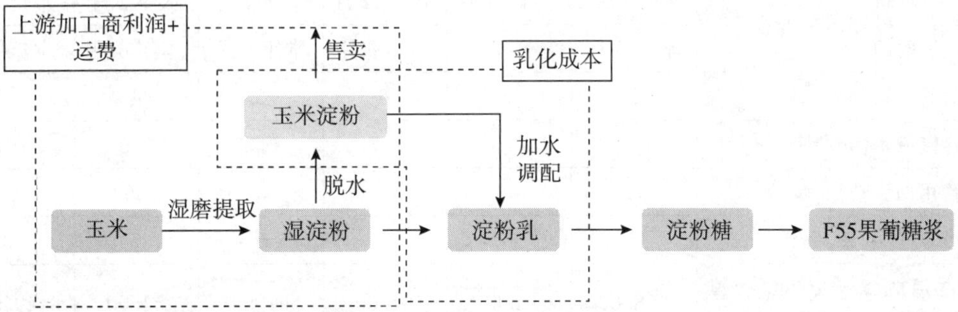

图 17－2 果糖生产工艺流程

与直接使用玉米加工相比，使用玉米淀粉加工果糖需要经历额外的乳化过程，因此，以玉米作为原材料生产的果糖企业会直接购入玉米加工得到果糖。故而，果糖产业利润高

① 经案例项目组成员与中粮可口可乐公司调研访谈确认。

② 本案例数据来源：中粮祈德丰、大连商品交易所、Wind 资讯终端、中国淀粉工业协会、钢联数据。

度依赖玉米行情。另外，在生产季节方面，如图 17－3 所示，受下游食品饮料行业订单需求影响，每年 6—8 月和春节前是果糖产业生产旺季。

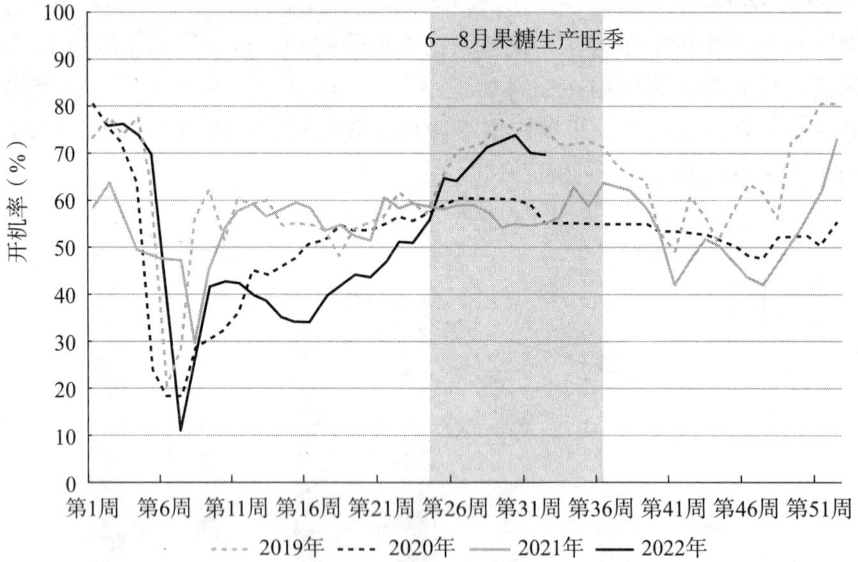

图 17－3 果糖产业开机率

（二）果糖企业的经营现状

在上游方面，由于历史原因，果糖企业大多不具备大规模备货玉米的能力。一方面，果糖企业的主要生产模式是“以销定产”，根据下游果糖订单来备货玉米原材料；另一方面，玉米价格一直以来行情稳定，为降低仓储费用和资金占用成本（平均每生产季约 123.75 元/吨，见表 17－1），果糖企业没有规模存储的仓库条件和习惯。因此，果糖企业一般将果糖订单和订单生产期相结合进行批次玉米采购，不具备大规模原材料库存储备能力。

表 17－1 玉米仓储＋资金占用成本计算表

玉米购买时间	上年 10 月	上年 11 月	上年 12 月	本年 1 月	本年 2 月	本年 3 月
玉米使用时间	本年 6 月	本年 6 月	本年 6 月	本年 6 月	本年 6 月	本年 6 月
仓储时间(月)	8	7	6	5	4	3
每日仓储成本(元/吨)	0.3	0.3	0.3	0.3	0.3	0.3
仓储费用(元/吨)	72	63	54	45	36	27
资金成本(年利率,%)	6	6	6	6	6	6
资金占用成本—2 700 折算(元/吨)	108.00	94.50	81.00	67.50	54.00	40.50
仓储费用＋资金占用总成本(元/吨)	180.00	157.50	135.00	112.50	90.00	67.50
平均仓储费用＋资金占用总成本(元/吨)	123.75					

在下游方面，果糖属于食品生产的中间原材料，没有零售市场，果糖出售常采用**一口价订单**销售模式。下游企业在采购果糖时，首先会根据自身对市场的预估来决定使用季度

订单还是年度订单，再与果糖企业谈判下一季度或年度的供货价格。由于下游企业相对集中，整体议价能力更强，果糖企业缺乏议价权，只能按照既定的价格生产。一口价订单使得果糖企业的销售收入滞后于原料价格的波动，导致了利润的期限错配。

综上，玉米价格的波动加剧和价格高企自然成为影响果糖企业经营利润的关键因素。

（三）2020年以来玉米供需与价格特征

1. 玉米供需缺口特征

我国玉米市场的核心定价逻辑是“政策＋供需”。供应端主要取决于成本、产量、进口及抛储，需求端主要取决于饲用和工业玉米需求。

我国玉米产量在2.2亿～2.6亿吨/年，总需求在2.8亿吨/年左右，每年约形成2 000万～6 000万吨的实际缺口。2016年后玉米需求大增，国家同期抛售临储，市场供应增加，因此玉米价格一直以来维持平稳运行。但2019年后，临储去库存结束，玉米市场供应萎缩，同时从成本角度看，受地租和原油价格上涨冲击，农户玉米生产成本增加，也托高了玉米价格（见表17－2）。

表17－2 玉米生产成本 单位：元/公顷

类别	辽宁玉米				吉林玉米				黑龙江玉米			
年份	2019	2020	2021	2022	2019	2020	2021	2022	2019	2020	2021	2022
地租	5 917	6 149	7 994	8 793	5 923	6 823	7 505	9 006	6 654	6 529	9 403	10 343
种子	700	708	727	763	903	814	798	838	810	733	748	785
化肥	2 342	2 264	2 228	2 896	2 704	2 384	2 531	3 290	2 131	1 841	1 994	2 592
农药	247	268	304	334	208	230	248	273	208	205	204	224
农机	1 884	1 920	1 903	2 284	1 361	1 494	1 430	1 716	1 223	1 273	1 145	1 374
成本	11 090	11 309	13 156	15 070	11 099	11 745	12 512	15 123	11 026	10 581	13 494	15 318

玉米市场供需缺口显现，年度结余恶化（见图17－4），期货收盘价由2016年的1 500元/吨，上升为2022年的3 000元/吨左右（见图17－5）。

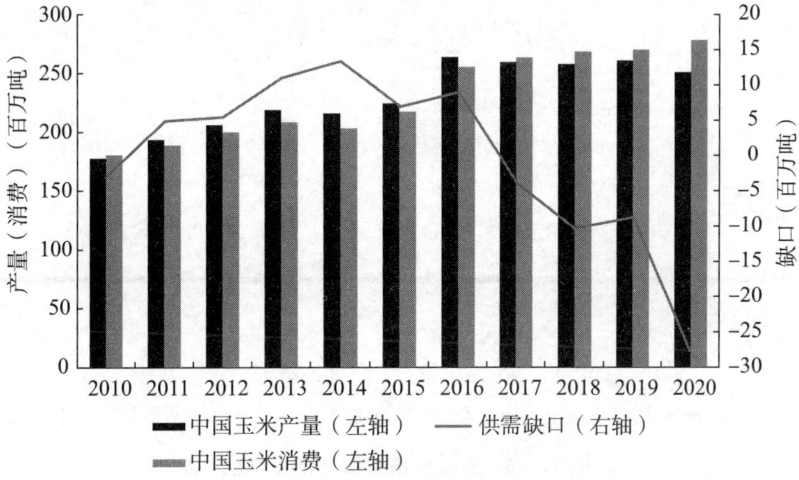

图17－4 我国玉米供需平衡表

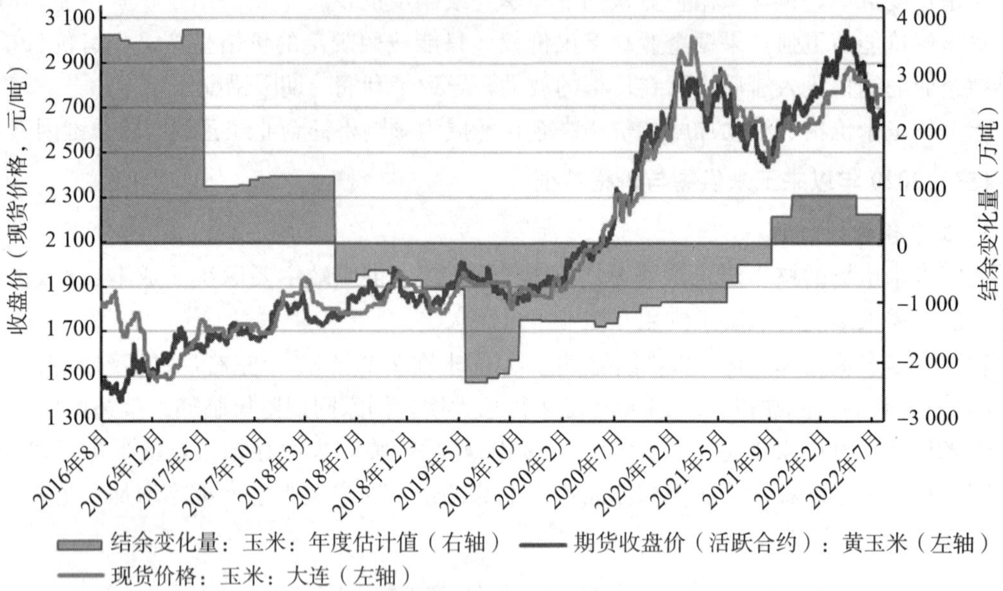

图 17－5　供需缺口与玉米期货、现货价格

2. 供需缺口格局下玉米价格特征

首先，玉米供需缺口支撑了玉米价格高位运转的新常态。就常理而言，玉米 10—12 月收获，市场上玉米供给增加，次年 3 月售粮完成，供给开始减少。对应价格应从 8 月开始下跌，次年 3 月回升（见图 17－6 中虚线）。但是，2020 年后因供需缺口凸显，贸易商和深加工企业从 9 月开始到次年 3 月抢购玉米，推动价格一路升高，因此 2021 年 3 月之前，玉米价格就在高位徘徊，显示出反季节性。

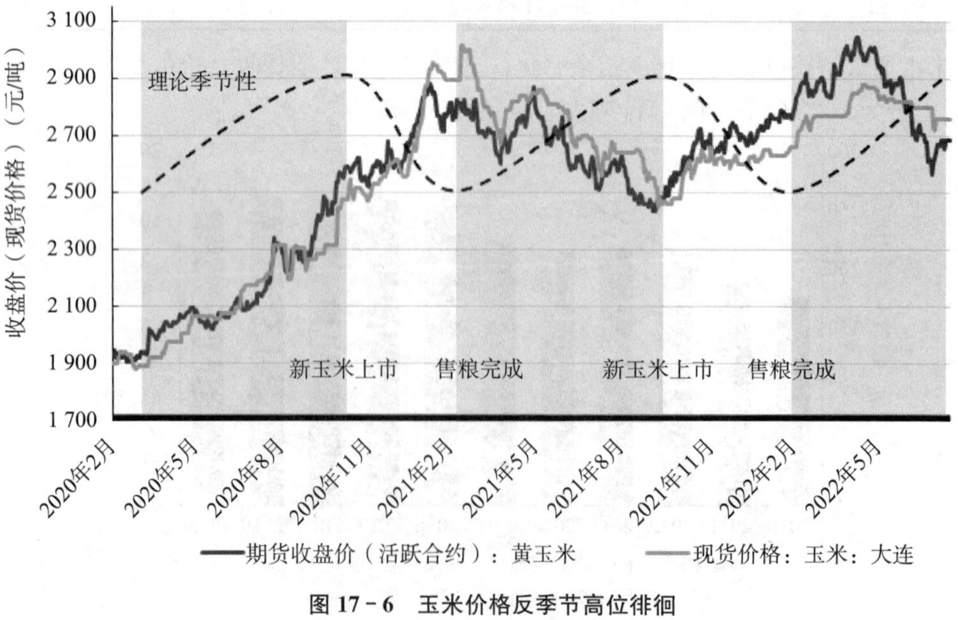

图 17－6　玉米价格反季节高位徘徊

其次，2020 年后玉米价格波动率显著升高。在 2020 年以前，玉米价格受到政策影响在2 000 元/吨以下波动，果糖企业利润稳定。但 2019 年后，国家玉米临时储备被基本清零，玉米价格市场化波动，加之公共卫生事件、中美贸易摩擦等宏观因素冲击，玉米现货与期货面临高波动行情，如图 17－7 所示。2020 年 6 月—2021 年 6 月，玉米平值期权隐含的玉米期货的波动率为 10%～24%，均值为 15.31%，而图 17－8 则说明果糖与玉米现货之间的价差在 2020 年明显缩窄，最窄的地方出现在 2020 年末，不足 300 元/吨，而从玉米到果糖的生产成本约为 500 元/吨。

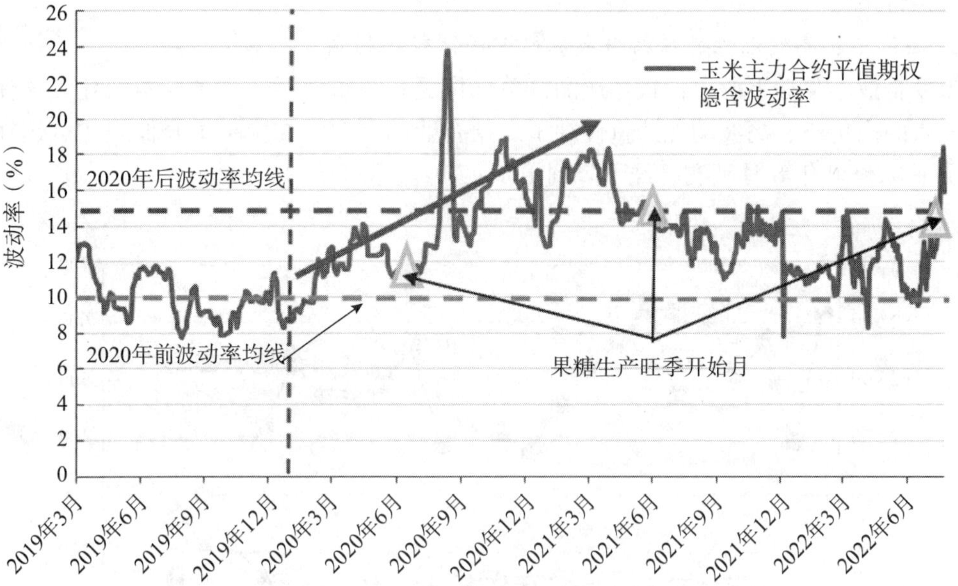

图 17－7 玉米主力合约平值期权隐含波动率

图 17－8 玉米和果糖现货价格走势

（四）果糖企业面临的困境

结合前文的果糖产业现状和玉米价格分析，2020年之后果糖企业在生产经营方面存在以下困境。

1. 销售议价能力弱

我国果糖企业分布较广，中型企业多集中在山东（占比74%），下游主要为可口可乐、蒙牛等大型食品饮料集团，果糖企业整体供过于求，议价能力弱，且多是以固定价招标为主的远期订单。

2. 高价格、高波动性的原材料成本严重侵蚀行业利润

果糖企业不掌握下游定价权，产品订单价格更新严重滞后于生产成本变化，这使得原材料玉米的高价格、高波动性严重侵蚀了果糖企业的利润。在未考虑仓储费用、运输成本的情况下，2020年8月利润已经下降到100元/吨左右（见图17-9）。

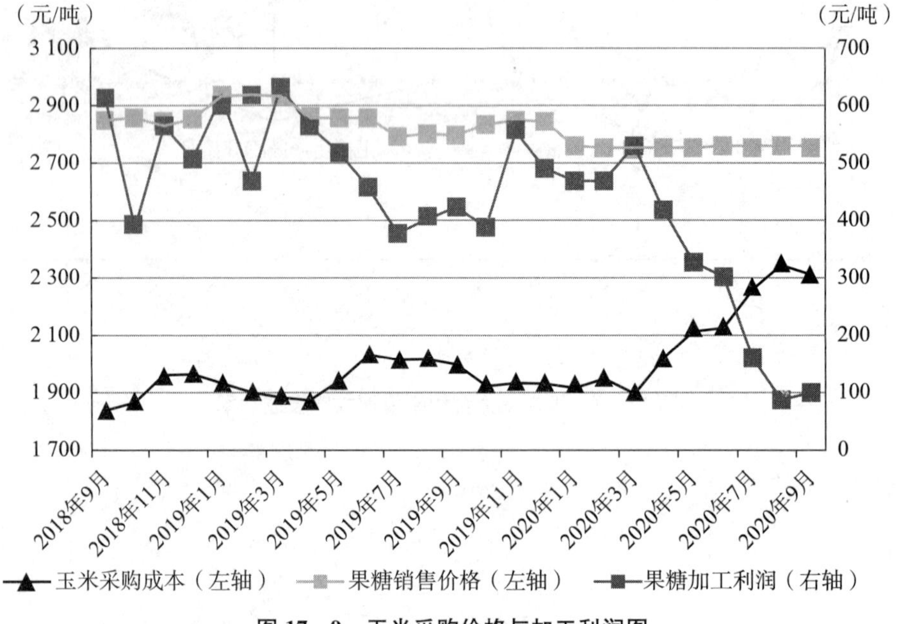

图17-9 玉米采购价格与加工利润图

3. 季节性错配增加了原材料购置风险和成本

受制于运营模式和仓储费用，企业需要对玉米"随用随买"。上季玉米大多在2—3月售粮完成，新季玉米在当年9月后上市，但果糖企业生产旺季在6—8月，在3—8月采购正属玉米青黄不接的时期（见图17-10）。因此，**玉米与果糖的季节性错配使得企业面临"有价无市"或购买价格高昂的窘境，**而这一点反观2021年3月之前的行情尤为明显。

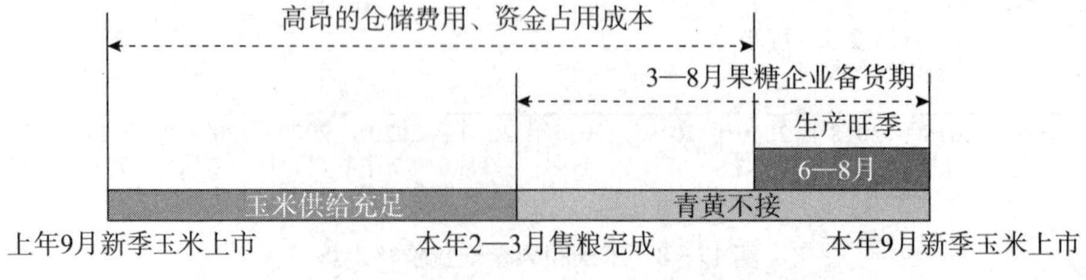

图17-10 果糖生产与玉米供应的季节性错配

4. 果糖企业不具备自行使用衍生工具管理价格风险的能力

我国果糖企业还是以中小型企业为主。一方面，中小型企业不具备能够熟练使用衍生工具的风险管理团队；另一方面，果糖企业由于以前利润稳定，普遍缺乏使用衍生工具管理风险的意识和经验。

（五）果糖企业的风险管理诉求

基于上述产业背景和玉米市场价格特点，果糖企业担心未来玉米价格继续高企，希望在 2021 年 3 月初达到以下目的：

（1）锁定 6—8 月生产旺季较低的玉米采购价格，从而锁定生产利润；

（2）在不增加仓储需求的情况下，在生产旺季（6—8 月）可以保障连续的玉米原材料供应；

（3）不需要果糖企业人员直接参与衍生产品市场交易。

二、风险管理子公司背景

（一）中粮祈德丰贸易服务理念

中粮祈德丰成立于 2005 年，注册资本为 5.05 亿元，是中粮期货旗下的风险管理子公司。中粮祈德丰贯彻中粮期货“一体两翼”的发展战略，坚持产业服务的初心，以衍生产品与贸易结合的方式，有针对性地为客户定制合理的现货购销解决方案，做到“风险入场、人不入场”。也就是说，中粮祈德丰通过与实体企业签订现货购销方案，协助转移或对冲企业的现货运营风险，使得企业人员不需要进入期货或者期权市场进行交易操作就可以达到现货锁利或者降本增益的目的，即“人不入场”；而解决方案中转移的风险由中粮祈德丰承担，中粮祈德丰的风险管理团队会进一步利用期货、期权、基差合同等场内外衍生产品对方案的风险进行管理，即“风险入场”。

（二）中粮祈德丰整体业务介绍

中粮祈德丰目前主要开展基差贸易、仓单服务、场外衍生产品业务、“保险＋期货”等业务。通过这些业务，中粮祈德丰帮助实体企业转移价格风险并通过对冲获得自身稳定收益，做到服务实体、防范风险的目的。中粮祈德丰业务范围见表 17－3。

表 17－3　中粮祈德丰业务范围

<table>
<tr><th>业务名称</th><th colspan="2">子业务</th></tr>
<tr><td rowspan="3">期现业务</td><td rowspan="2">基差贸易</td><td>基差定价服务</td></tr>
<tr><td>含权贸易服务</td></tr>
<tr><td colspan="2">仓单服务</td></tr>
<tr><td rowspan="3">场外业务</td><td colspan="2">场外衍生产品业务</td></tr>
<tr><td colspan="2">场外金融权益衍生产品业务</td></tr>
<tr><td colspan="2">场外互换业务</td></tr>
<tr><td>“保险＋期货”业务</td><td colspan="2">价格险和收入险</td></tr>
</table>

中粮祈德丰期现业务涉及的期货品种主要包含农产品和工业品两大类，在农产品方面具有粮、棉、油、糖的全面优势。近三年该公司期现业务规模增长迅速，其中 2021 年相对于 2020 年增长了 314％，达到 63.08 亿元，基差贸易量达到 12.5 亿元（见图 17－11）。

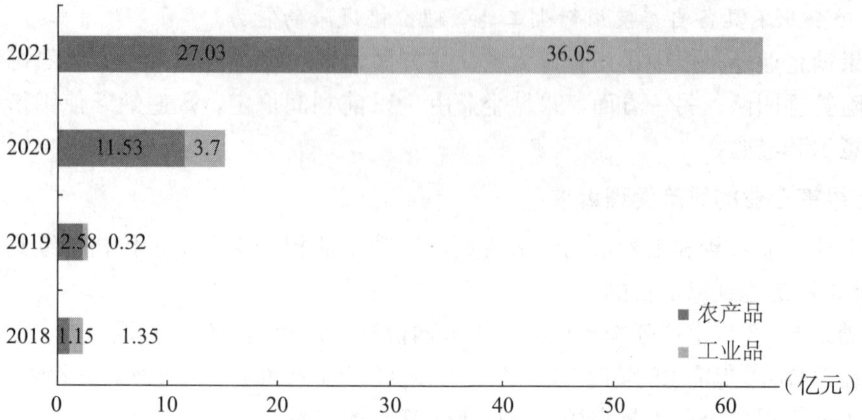

图 17－11　中粮祈德丰期现业务规模情况

(三) 中粮祈德丰玉米贸易业务介绍

中粮祈德丰玉米贸易规模逐年上升，2019—2022 年贸易量累计达到 90 万吨，2021—2022 年达到 50 万吨，其中 40%流向深加工环节，60%流向饲用领域，发往山东地区深加工领域的玉米在 15 万吨左右。在玉米采购方式方面，基差采购占比达 20%（见图 17－12）。

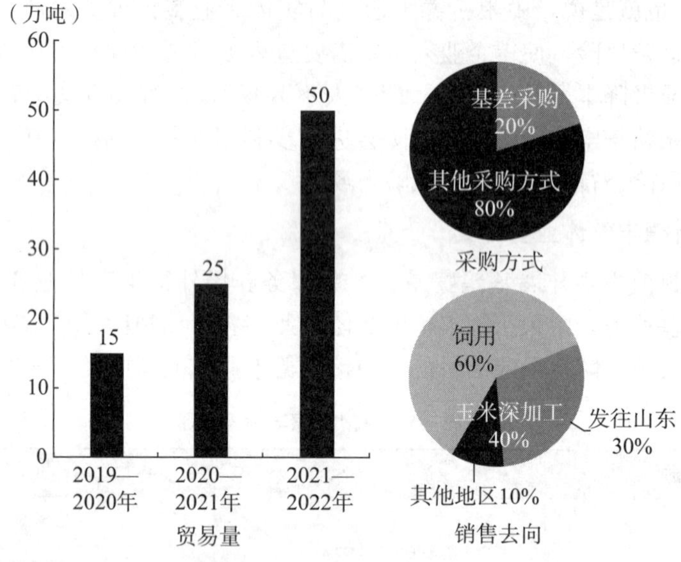

图 17－12　中粮祈德丰玉米贸易量、采购方式和销售去向分布

第二节　果糖企业的含权贸易方案设计

一、含权贸易方案设计

中粮祈德丰在果糖行业的主要服务对象为山东的相关企业。山东果糖企业在生产旺季（6—8 月）一般采用不断购入玉米原料的方式，在保障连续生产的前提下节约仓储、资金等成本。同时，企业一般可以根据下游果糖订单确定原料的需求区间。由于中粮祈德丰需要在 5 月底保证现货供应，期货进入交割月存在无法建新仓的流动性风险，因此中粮祈德丰以2021年9月到期的大连商品交易所玉米期货C2109为挂钩标的，在2021年3月与某山东果糖企业签订了当年旺季（2021年6—8月）供货的远期合约——“一口价不定量”玉米现货合同。

所谓“一口价不定量”合同，就是中粮祈德丰以固定价格（“一口价”）K 为果糖企业在旺季连续提供“不低于最小购买量 Q_{low}，不高于最大购买量 Q_{up}”（不定量）的玉米原料，最终供货量的确定依据C2109在2021年3—4月的每日盘面价变动。具体如式(17-1)和图17-13所示。

$$\text{采购成本}=\underbrace{K}_{\text{一口价}}\cdot\underbrace{\sum_{i=1}^{T}Q_{t_i}}_{\text{不定量}},\tag{17-1}$$

$$Q_{t_i}=\begin{cases}10q, & \text{当 } F_{t_i}\geqslant K_F\\ 10nq, & \text{当 } F_{t_i}<K_F\end{cases}\tag{17-2}$$

这里，K 表示合同约定的玉米购入价，Q_{t_i} 为交易日 t_i 累计的玉米量，则合同期内（T 个交易日）累计总吨数为 $\sum_{i=1}^{T}Q_{t_i}$，果糖企业最终采购成本满足式(17-1)。K_F 为“不定量”所参考的期货价格，在2021年3—4月观察每日C2109的收盘价，根据每日收盘价得出累购合同买卖玉米的数量 Q_{t_i}：若9月玉米期货收盘价 F_{t_i} 大于等于 K_F，则当日累购合同玉米量 $10q$ 吨；若9月玉米期货收盘价 F_{t_i} 小于 K_F，则当日累购合同玉米量 $10nq$ 吨。这里 q 表示玉米期货的手数，1手玉米期货的规模为10吨，n 表示价格下跌时增加的购入倍数，一般 $n>1$。显然

$$10Tq\leqslant\sum_{i=1}^{T}Q_{t_i}\leqslant 10nTq\tag{17-3}$$

为保证果糖企业生产经营顺利进行，合同设定了果糖企业最小购买量 Q_{low} 和最大购买量 Q_{up}，因此累计购买量还需要满足：

$$Q_{\text{low}}\leqslant\sum_{i=1}^{T}Q_{t_i}\leqslant Q_{\text{up}}\tag{17-4}$$

所以，根据最小购买量可以确定 q 的取值，根据最大购买量可以确定 n 的取值（见图17-13）。

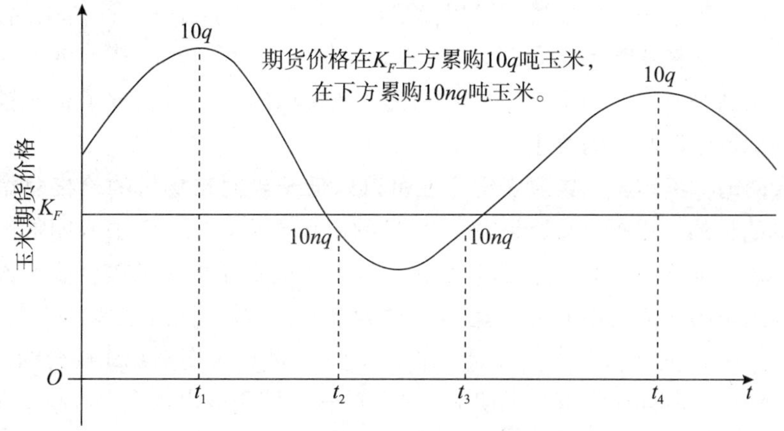

图17-13 “一口价不定量”合同的累购玉米数量

具体合同参数如下：根据 2021 年某果糖企业的玉米需求，玉米总供货量不低于 $Q_{low}=1.5$ 万吨，不高于 $Q_{up}=3$ 万吨。果糖订单出厂价格为 3 600 元/吨，加工成本为 500 元/吨，企业希望锁定 100 元/吨的利润。因此，企业能够接受的“一口价”为 $K=3\ 600-500-100=3\ 000$ 元/吨。

结合以上分析，中粮祈德丰与果糖企业签订了如表 17－4 所示的“一口价不定量”合同。

表 17－4 “一口价不定量”合同主要条款

交易产品	玉米原料
协议价格（K）	3 000 元/吨
标的期货	DCE. C2109
期货参考价（K_F）	2 657 元/吨
供货量区间（$[Q_{low}, Q_{up}]$）	[1.5 万吨，3 万吨]
每日最小供货累计量（q）	42 手
每日最大供货累计量（nq）	84 手（$n=2$）
供货量累计区间	2021 年 3 月 11 日—4 月 30 日（36 个交易日）
供货量确定日期	2021 年 4 月 30 日
交货时间	2021 年 6—8 月，果糖企业根据需求提玉米现货，可分批次提货
交货地点	山东

注：此合同条款为简略条款，并非真实合同全部条款。

二、含权贸易方案的特点

结合表 17－4 的合同条款，可以看到“一口价不定量”合同确实满足了果糖企业稳定供货、锁定利润、节约成本的需求。

第一，合同是现货合同，满足了企业生产的连续供货要求。合同约定在 6—8 月，企业可以从中粮祈德丰获得约定量的玉米，企业可以根据需求分批次在生产期间提货，且提货地点就在山东。这不但直接解决了企业生产旺季玉米现货连续供应问题，而且节约了企业的仓储费用和运输成本，且企业无须参与衍生产品交易，**满足了企业的诉求 2 和诉求 3。**

第二，合同采用了一口价模式，可以满足锁利需求。“一口价”即使用固定协议价格，这就锁定了玉米原材料的购买成本；另外，果糖企业与下游企业已经签订了一口价果糖订单，这就使得果糖企业提前锁定了原材料的成本和果糖的收益，实现了企业锁利，**满足了企业诉求 1 的锁定生产利润的要求。**

第三，合同的“不定量”条款使得企业可以以低于当时市场价的价格获得玉米，达到节约总体成本的目的。根据 2021 年 3 月 10 日的市场数据，C2105 玉米期货市场盘面价为 2 716 元/吨，若企业通过 C2105 合约交割在 5 月获得玉米现货，果糖企业一方面需要支付从交割仓库到山东的交割费用和货物运费，约为 270 元/吨，同时还需要支付 6—8 月的仓储费用，约为每月 40 元/吨，3 个月累计 120 元/吨，因此通过交割 C2105 合约，其玉米原料成本达 3 106 元/吨，其间还没有考虑期货保证金的资金使用成本，完全吞噬了 100 元的利润空间。若企业选择直接在山东购买玉米，山东玉米在 2021 年 3 月的市场价格为 3 010 元/吨，加上 3—5 月 3 个月的仓储费用，相当于 6 月获得玉米的成本就达到 3 130 元/吨，这还没有考虑 6—8 月的仓储费用，同样完全吞噬了企业的生产利润。而“一口价不定量”合同约定的 3 000 元/吨的供货价格本身剔除了运费和仓储费用，使得企业以更低的价格获得原料，达到节约成本的目的。

第四，合同之所以能够降低企业的购买成本，重点在于“不定量”条款。根据案例中的“一口价不定量”合同条款，我们可以发现合同在 9 月期货未来价格超过协议价格时累计 q 手供货量，而在未来价格跌破协议价格时，累计 $2q$ 手供货量，结合期货价格，仅仅从合同本身的每期损益看，其损益图如图 17－14 所示。

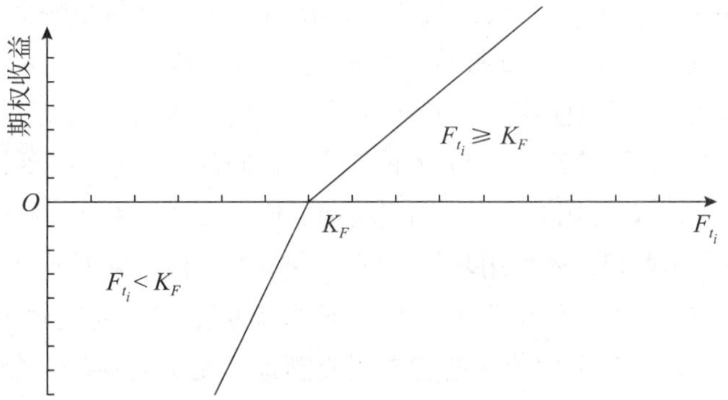

图 17－14　“一口价不定量”合同的每期损益图

因此，投机这种合同会存在高杠杆的亏损风险，也正因如此，相比线性的期货产品，在同样价值为零的情况下，该合同协议价格可以左移，即使合同执行价格低于市场期货价格。但对于实体企业而言，其现货购买量和合同对应的标的资产数量完全对应，而下游企业的出售价格完全确定。企业为了规避风险，目的是锁利而不是从价格波动中获益，**只要合同累计的标的期货总头寸没有超过企业现货头寸**，企业就可以达到部分现货收益锁利的目的，并且可以在当前以低于市场价格的价格锁利。因此，衍生产品的设计和使用不能离开应用环境单独讨论其风险性或者投机性，上述衍生产品对于符合需求的企业而言是良药，但对于纯粹投机的投机者而言则是毒药。

第五，合同挂钩的期货是 C2109 期货，规避了流动性风险和交割风险。合同累计供货量参考的是更长期限的 C2109 期货。因为一方面，C2105 合约在 4 月底接近交割月，市场活跃度会降低，交割风险增加，因此保证金要求也会增加，这导致期货操作的流动性风险和资金使用成本都会增加；另一方面，合同的“不定量”条款隐含期权条款，如果使用玉米期权进行风险对冲，C2105 合约的期权在 4 月初就会到期，会直接暴露 4 月的期货价格风险。因此，合同选择使用 C2109 合约作为供货量的累计基准。

由此也可以看到，“一口价不定量”合同在达到企业目的的基础上，在权利和义务之间进行了权衡。这种权衡是投机还是套期保值，必须结合企业的实际经营进行分析。该合同与投机最大的区别是合同的玉米数量没有超过企业的生产需求，企业通过牺牲价格下跌时的成本节约，换取价格上涨时更低的购买成本，达到综合锁利的目标。

因此，“一口价不定量”合同可以成为果糖企业降低原材料成本的可行方案。在该方案下，果糖企业可以从中粮祈德丰获得一口价＋保供货的保证，不再面临原料价格和供货风险，达到了为果糖企业转移原料价格风险的效果。

第三节　含权贸易卖方的风险管理方案设计

一、风险管理子公司的风险诉求

对中粮祈德丰而言，玉米期货交割地一般选在北港（如锦州港），而向山东企业供货需跨省运输现货。北港地区物流、仓储和资金成本约为 270 元/吨，因此中粮祈德丰在北港购买现货的成本应低于 2 730 元/吨，才可能在保证合同履行的情况下不遭受损失。

2021 年 3 月 10 日期货 C2105 报价为 2 716 元/吨，北港现货价格为 3 000 元/吨，因此期现基差为 184 元/吨，同日 C2109 报价为 2 686 元/吨，基差达 314 元/吨。为了在 5 月备好玉米现货，中粮祈德丰可以使用 C2105 期货或者当前购入北港现货，但中粮祈德丰若单纯使用 C2105 或者基差合同管理“一口价不定量”合同的风险敞口，利润空间显然非常有限，甚至会亏损。因为，若使用 C2105，则当前期货价格过高，为 2 716＋270＝2 986 元/吨，还未考虑 6—8 月的仓储费用；若使用基差合同，将现货价格风险转换为期货价格风险，合同基差过高，如果未来 C2105 价格没有下跌，则中粮祈德丰需要支付的现货成本会更高；若使用 C2109 合约，由于 5 月 C2109 期货未到交割月，无法交割，中粮祈德丰必须拿到玉米现货，因此需要处理期货转现货的问题。

同时由于“一口价不定量”合同的特点，中粮祈德丰无法在期初锁定玉米购买量。除此以外，受政策与市场行情的影响，中粮祈德丰预期玉米价格在 2021 年 3 月依然存在上涨可能，因此其需要规避玉米现货价格上涨的风险。

因此，中粮祈德丰目前面临的处境是：既要管理“一口价不定量”合同的风险敞口，满足对果糖企业的供货量，又要保证自身的稳定盈利。

二、卖方的风险管理方案设计

（一）风险管理方案的设计思路

针对与果糖企业签订的合同，中粮祈德丰的风险管理方案需要对冲 2021 年 3—4 月累积的玉米现货价格风险。中粮祈德丰首先设计了“场外累购期权＋期货”的初步风险管理方案，确保能够以低于期货当前价格的执行价格 K_F 买入合约所需的 C2109 玉米期货，然后通过方案优化，在 4 月底完成期货向现货的转变，保证 5 月可以获取合同需要的现货。

为实现期货转现货，中粮祈德丰需要在 4 月底由 C2109 转仓 C2105，通过 5 月期货在 5 月的交割获得现货，或者通过基差合同完成期货转现货。如果通过 C2109 转仓 C2105，然后等待交割完成期货转现货，则中粮祈德丰需要处理 C2105 和 C2109 合约的价差风险；如果通过基差合同完成期货转现货，则中粮祈德丰需要判断 C2105 的基差走势，选择基差合同的进入时机，以降低基差合同成本。同时结合 4 月山东会向东北运送蔬菜的运输习惯，进一步寻求仓单串换机会以减少后期玉米现货从东北到山东的运输成本。整体风险管理方案设计思路如图 17 - 15 所示，图中的“方案 1”就是中粮祈德丰最终选择的风险管理方案实施方向。

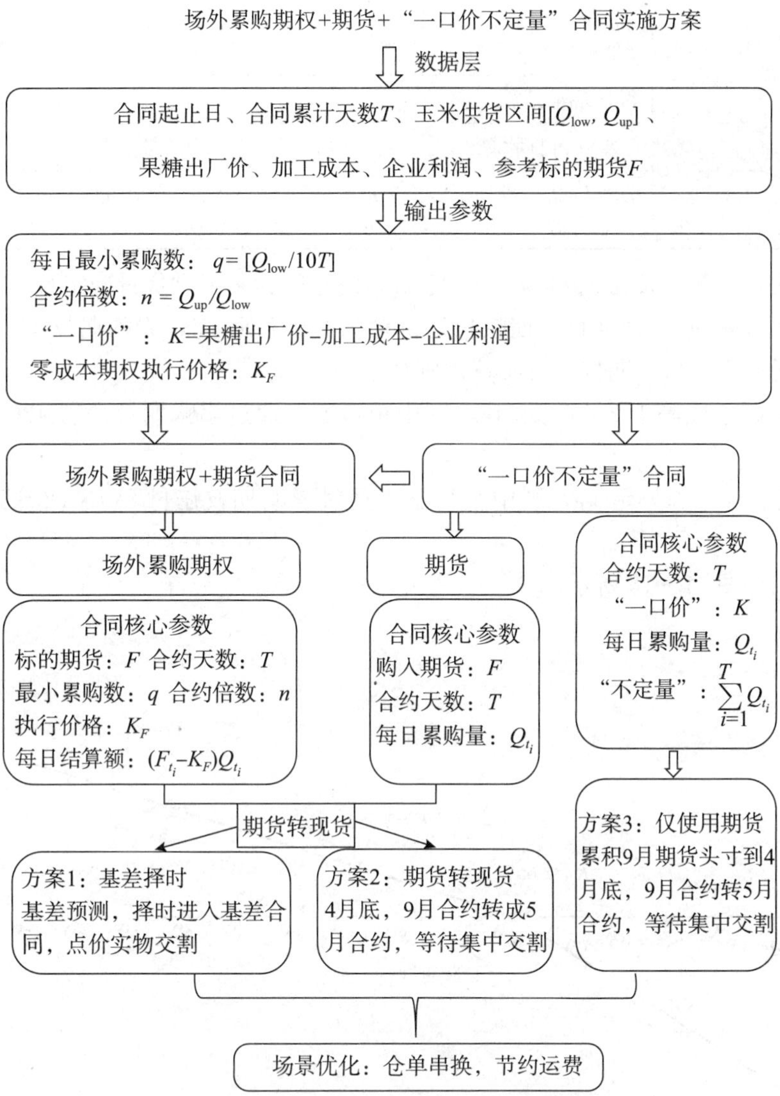

图 17-15　中粮祈德丰风险管理方案设计思路

（二）风险管理方案的累购期权及期货头寸操作

（1）累购期权条款和行权操作。中粮祈德丰向其衍生产品交易部门购买无敵出累购期权，每日根据 C2109 收盘价进行现金行权，累购期权条款如表 17-5 所示。

表 17-5　累购期权条款

标的合约代码	C2109
起始日	2021 年 3 月 11 日
终止日	2021 年 4 月 30 日
有效期（T）	36 个交易日
执行价格（K_F）	2 657 元/吨
每日最小期货手数 q	42

续表

合约倍数 n	2
结算方式	每日现金结算
参考价	C2109 每日收盘价
结算金额	收盘价高于或等于 2 657 元，盈利 420×(期货收盘价－2 657) 元 收盘价低于 2 657 元，赔付 840×(2 657－期货收盘价) 元

累购期权合约起始日为 2021 年 3 月 11 日，终止日为玉米供货量确定日 2021 年 4 月 30 日，合约期间共有 36 个交易日，期权执行价格为 2 657 元/吨，累购期权零成本，因此买卖双方期初无现金交付。期权每日结算规则如下：

若收盘价高于或等于 2 657 元/吨，则中粮祈德丰通过累购期权盈利 420×(期货收盘价－2 657) 元；

若收盘价低于 2 657 元/吨，则中粮祈德丰通过累购期权赔付 840×(2 657－期货收盘价) 元。

其损益图如图 17-16 所示。

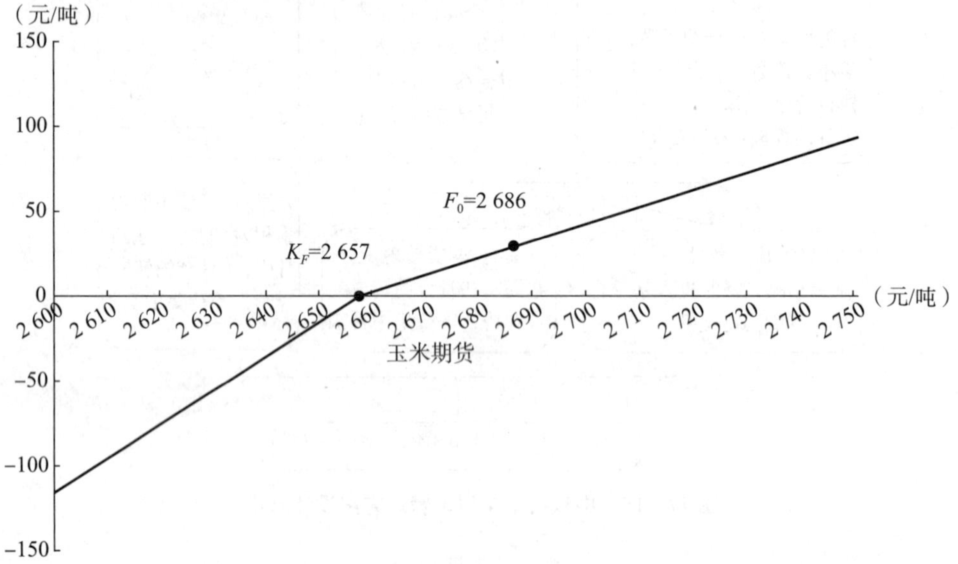

图 17-16　累购期权每日损益图

(2) 期货头寸操作。中粮祈德丰根据每日累购期权结算对应的 C2109 期货头寸数量，在期货市场上增加相应的期货多头头寸，即：当期货价格高于或等于执行价格 2 657 元/吨时，中粮祈德丰开多仓 42 手 C2109 玉米期货；当期货价格低于执行价格 2 657 元/吨时，中粮祈德丰开多仓 84 手 C2109 玉米期货。因此，36 个工作日累计购入期货头寸在 [1 512 手，3 024 手] 区间内，对应标的玉米数量为 [15 120 吨，30 240 吨]，近似等于“一口价不定量”合同中玉米的累计量 [1.5 万吨，3 万吨]。

(三) 期货转现货的操作过程

为保证现货供货，中粮祈德丰需要将上述累积的 C2109 期货头寸完成期货转现货。2021 年 4 月 23 日中粮祈德丰观察到基差有增大信号，当日平仓累积的所有 C2109 期货头寸，以 41 元/吨的基差进入 C2105 合约的基差合同（见图 17－17），通过点价锁定累积头寸的现货价格，并配合之后每日期货行情通过每日点价锁定后续累积的现货头寸价格，直到累购期权到期。

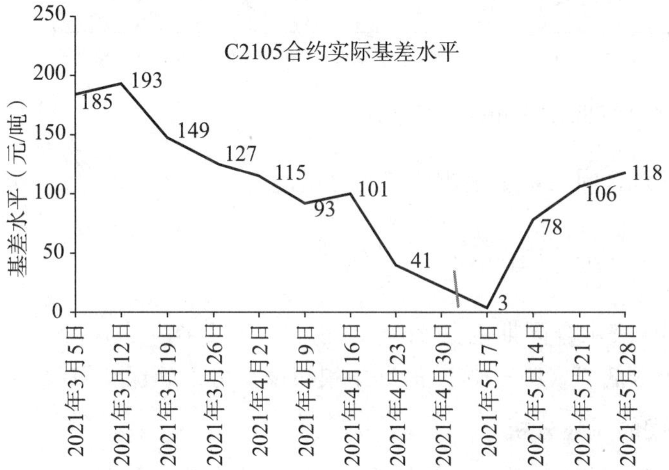

图 17－17　合同期间 C2105 合约实际基差水平

同时，中粮祈德丰在 2021 年 5 月发现一次仓单串换机会，此时山东有蔬菜运输到黑龙江需要返程。于是，中粮祈德丰通过仓单串换，将基差合同累积的北港交割库的现货仓单串换为黑龙江的玉米现货，通过山东蔬菜的返程车辆，将黑龙江现货运到山东，使得运输费用从 270 元/吨缩减到 170 元/吨。

三、卖方方案的设计特点

（一）卖方方案的实施效果理论分析

结合中粮祈德丰与果糖企业签订的合同，以及中粮祈德丰设计的风险管理方案，其共持有四个头寸："一口价不定量"合同现货卖方；场外累购期权多头；C2109 期货多头寸；4 月 23 日签订的基差合同。我们可以结合各头寸的偿付公式，再加上运输成本计算中粮祈德丰的合计损益公式。

用一般性公式表示，假设在第 τ 日（案例中为 4 月 23 日）签订基差合同，合同协议基差为 Basis_{τ}，将 τ 之前累积的期货头寸全部平仓，同时通过点价确定已累积供货量的现货价格。τ 日后中粮祈德丰不再累积期货头寸，而是每天点价，点价交易量仍为 Q_{t_i}。此时，τ 日的累计损益由累购期权每日赔付、期货盯市损益、基差合同成本、"一口价不定量"合同收益和运输成本构成。

故 τ 日签订基差合同后，中粮祈德丰的损益为：

$$\underbrace{\sum_{i=1}^{\tau}(F_{t_i}-K_F)Q_{t_i}}_{\text{累购期权赔付}}+\underbrace{\sum_{i=1}^{\tau}(F_{\tau}-F_{t_i})Q_{t_i}}_{\text{期货多头累计盯市损益}}+\underbrace{\sum_{i=1}^{\tau}(K-(F_{\tau}+\mathrm{Basis}_{\tau})-\mathrm{transFee})Q_{t_i}}_{\text{“一口价不定量”合同损益+基差合同成本+运费成本}}$$

$$=(\mathrm{Basis}_K-\mathrm{Basis}_{\tau}-\mathrm{transFee})\sum_{i=1}^{\tau}Q_{t_i} \tag{17-5}$$

此处，$\mathrm{Basis}_K=(K-K_F)$，K 为"一口价不定量"合同执行价格，K_F 为累购期权执行价格。在 τ 日之后，累积期货头寸。τ 日之后的累计损益为累购期权赔付，基差合同点价购买现货成本和“一口价不定量”合同收益，即：

$$\underbrace{\sum_{i=\tau+1}^{T}(F_{t_i}-K_F)Q_{t_i}}_{\text{累购期权损益}}+\underbrace{\sum_{i=\tau+1}^{T}(K-F_{t_i}-\text{Basis}_\tau-\text{transFee})Q_{t_i}}_{\text{“一口价不定量”合同损益+基差合同成本+运费成本}}$$

$$=(\text{Basis}_K-\text{Basis}_\tau-\text{transFee})\sum_{i=\tau+1}^{T}Q_{t_i}$$

因此，进入基差合同后，中粮祈德丰的总损益为：

$$(\text{Basis}_K-\text{Basis}_\tau-\text{transFee})\sum_{i=1}^{T}Q_{t_i} \tag{17-6}$$

此处，$T=36$，表示合同期内共 36 个交易日，当 $\text{Basis}_\tau+\text{transFee}<\text{Basis}_K$，即基差合同成本＋运费成本低于（$K-K_F$）时，中粮祈德丰可以确保获得盈利。

（二）卖方方案的风险分析

根据式（17－5）可以看到在此方案下，中粮祈德丰的收益取决于：基差合同的协议基差、现货从北港运到山东的费用、最终确定的供货量以及累购期权执行价格（K_F）与一口价（K）之间的差异。在这四个因素中，**有两个关键问题：合同期内是否能够找到基差下降的机会以签署基差合同？最终供货量到底是多少？**这些都是在风险管理方案初期无法确定的因素。除此以外，在 6 月供货之前，**是否有仓单串换机会**也是不确定的。因此，中粮祈德丰为“一口价不定量”合同设计的风险管理方案仍然存在未来的不确定因素，如果有更好的基差预测技术，则可以减少基差不确定性带来的问题。

第四节　含权贸易方案的实施效果

一、含权贸易卖方的方案实施效果

（一）中粮祈德丰风险管理方案总结

案例中果糖企业和中粮祈德丰的风险转移过程如图 17－18 所示，果糖企业通过“一口价不定量”合同将现货价格风险转移到中粮祈德丰，中粮祈德丰通过衍生产品部门签订场外期权合约，结合玉米期货，转移期货价格风险，进一步通过基差合同管理期货转现货的风险，通过仓单串换达到增益效果。

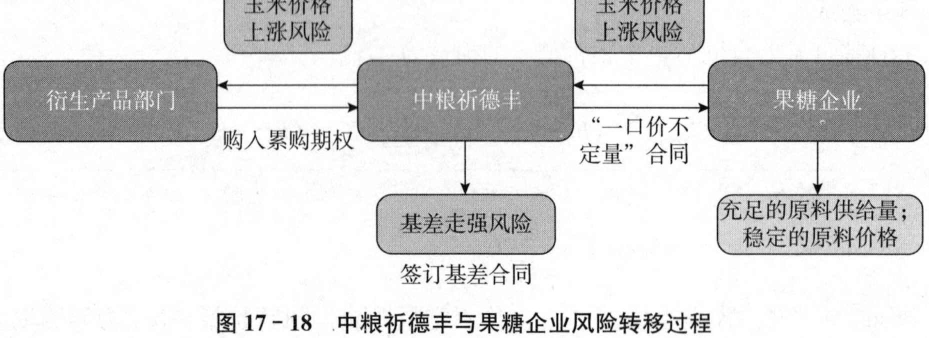

图 17－18　中粮祈德丰与果糖企业风险转移过程

中粮祈德丰对风险管理方案的具体操作过程如表 17－6 所示。

表 17－6　中粮祈德丰风险管理方案具体操作过程

时间节点	具体操作
2021 年 3 月 10 日	购买累购期权
2021 年 3 月 10 日—4 月 23 日	每日根据期货收盘价与执行价格的对比，增仓 42 手或者 84 手 C2109 多单，直到 4 月 23 日
2021 年 4 月 23 日	平仓 C2109 多头，进入基差合同。此时基差为 41 元/吨，每日通过点价累积现货头寸
2021 年 5 月	通过仓单串换，将北港现货串换为黑龙江现货

（二）中粮祈德丰风险管理方案实施效果

根据期货实际盘面行情，2021 年 3 月 11 日—4 月 30 日合同期间，共有 11 个交易日 C2109 收盘价低于 2 657 元/吨，有 25 个交易日高于 2 657 元/吨，故中粮祈德丰累计玉米供货量为：

$$\sum_{i=1}^{T} Q_{t_i} = 840 \times 11 + 420 \times 25 = 19\ 740 \text{ 吨}$$

2021 年 4 月 30 日各变量取值如表 17－7 所示。

表 17－7　2021 年 4 月 30 日各变量取值

变量	数值	变量	数值
合同期总交易日（T）	36 天	每日最小期货合约数（q）	42 手
9 月合约收盘价（F_T）	2 733 元/吨	累购期权执行价格（K_F）	2 657 元/吨
5 月合约收盘价（F'_T）	2 812 元/吨	基差合同协议基差（Basis_τ）	41 元/吨
北港到山东平均运输成本（transFee）	270 元/吨	累计供货量（$\sum_{i=1}^{T} Q_{t_i}$）	19 740 吨
“一口价不定量”合同执行价格（K）	3 000 元/吨		

通过“累购期权＋期货”加基差择时和仓单串换节约成本，使用式（17－6），最终中粮祈德丰保障现货供货后，能够获益：$(3\ 000-2\ 657-41-170)\times 19\ 740=2\ 605\ 680$ 元。

为确认上述优化方案的盈利效果，我们比较“累购期权＋基差择时”、“累购期权＋期货转现货”和“仅使用期货头寸”三种方案的差异，方案细节汇总如表 17－8 所示。

表 17－8　三种方案详情

方案	具体操作
方案 1：累购期权＋基差择时	（1）3 月 10 日购买累购期权 （2）每日根据期货收盘价与执行价格的对比，增仓 42 手或 84 手 C2109 多单，直到 4 月 23 日 （3）4 月 23 日，平仓 C2109 多头，进入基差合同，此时基差为 41 元/吨，每日通过点价积累现货头寸
方案 2：累购期权＋期货转现货	（1）3 月 10 日购买累购期权 （2）每日根据期货收盘价与执行价格的对比，购入 42 手或 84 手 C2109 多单 （3）4 月 30 日，平仓 C2109，开同等 C2105 多仓，持有到 5 月 18 日集中交割

续表

方案	具体操作
方案 3：仅使用期货头寸	(1) 3 月 10 日，买入 1 512 手玉米期货合约 (2) 3 月 11 日—4 月 30 日，若每日 C2109 价格低于 2 657 元/吨，则逢低买入 42 手 C2109 (3) 4 月 30 日，C2109 平仓，开同等 C2105 多仓，持有到 5 月 18 日集中交割

2021 年 4 月 30 日各变量取值见表 17－7，最终损益如表 17－9 所示。表中，$K_c=2\,670.04$ 为方案 3 中 C2109 玉米期货的平均持仓价格。

表 17－9　三种方案的最终损益对比

方案	总累计损益（含“一口价不定量”合同）
方案 1：累购期权＋基差择时	(3 000－2 657－41－270)×19 740＝631 680 元
方案 2：累购期权＋期货转现货	[3 000－2 657－(2 812－2 733)－270]×19 740＝－118 440 元
方案 3：仅使用期货头寸	$[(K-K_c)-(F'_T-F_T)-\text{transFee}]\times 19\,740$ $=[3\,000-2\,670.04-(2\,812-2\,733)-270]\times 19\,740$ $=-375\,850$ 元

结合表 17－9 可以看出，方案 1 获得了正收益并在 4 月 23 日就锁定了利润，方案 2 比方案 3 亏损少。这说明累购期权很好地发挥了平抑价格风险的作用，配合基差择时可以有效提升中粮祈德丰的利润。这一点也可以通过三种方案的累计损益图看到（见图 17－19）。

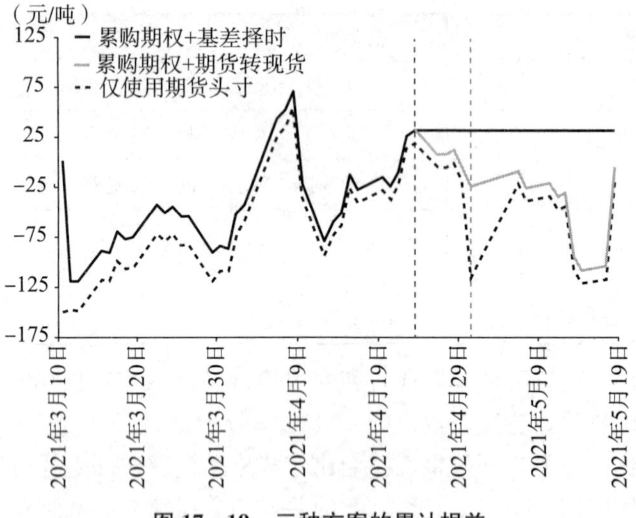

图 17－19　三种方案的累计损益

二、果糖企业的合同实施效果

2021 年 3 月 10 日山东玉米平均价为 3 010 元/吨，如果企业在山东本地购买玉米现货，到进入生产周期前需额外支付 3 个月的仓储成本，该成本按照每月 40 元/吨计算，成本为 120 元/吨。此时原料成本合计为 3 130 元/吨，将完全吞噬利润。通过“一口价不定量”合同，企业在 3 月初就将生产周期内玉米原料的成本锁定在 3 000 元/吨，保障了 100 元/吨的盈利。结合现货供货量，果糖企业共锁利：19 740×100＝1 974 000 元。

第五节 案例条款设计解析

果糖企业的原料价格风险转移给中粮祈德丰后，后者是如何确定风险管理方案中的产品选择和产品条款设计的呢？

一、累购期权＋期货的风险对冲方案

在本案例中，果糖企业通过“一口价不定量”合同将原料玉米的现货价格风险转移给了中粮祈德丰。中粮祈德丰需要对冲的是现货价格的风险，但能够使用的商品衍生产品无论是场外期权、场内期权还是期货，都是与期货价格相关的产品，因此中粮祈德丰同时面临着价格风险管理、期现基差风险管理和期货转现货保证现货按时供应的问题。

为了根据合同累计的现货数量管理现货价格，结合合同条款，中粮祈德丰可以买入一个类似图 17-14 的衍生产品。结合积木分析法，我们很容易看出：

(1) 图 17-14 的产品可以由“以 q 手 9 月玉米期货为标的、执行价格为 K_F 的看涨期权多头＋以 $2q$ 手 9 月玉米期货为标的、相同执行价格的看跌期权空头”的期权组合构成，每个期权组合的到期日为合同期每个交易日。

(2) 如果假设合同期共 n 天，则图 17-14 的合同可以由 n 个不同到期日的上述期权组合构成。

这种期权可以设计为一个场外期权产品，以此减少期权交易摩擦；另外，为了简化每日结算手续，期权可以通过现金结算完成，每日结算金额为：

$$t_i\text{ 日的期权损益}=\begin{cases}10q(F_{t_i}-K_F) & \text{当 } F_{t_i}\geqslant K_F\\ 2\times10q(F_{t_i}-K_F) & \text{当 } F_{t_i}<K_F\end{cases}$$

$$=10q\max(F_{t_i}-K_F,\ 0)-20q\max(K_F-F_{t_i},\ 0) \qquad (17-7)$$

其中，F_{t_i} 为当日期货每吨的盘面价。

很显然，现金结算的期权无法保证现货供应，为此，中粮祈德丰还需要每日累积期货多头头寸，通过期货头寸对冲现货价格风险，同时通过期货转现货方式获得现货供应量。

因此，中粮祈德丰最终使用“累购期权＋期货”的方案来对冲原料玉米的价格风险，并保证对果糖企业的供货。具体的对冲方案如下：

(1) 场外累购期权。

中粮祈德丰向其衍生产品部门购买一份**协议期限在 3、4 月的零成本、无敲出累购期权，每日结算**。“零成本”是为了减少中粮祈德丰使用该期权的成本。在该期权结构下，当交易日收盘价大于等于参考价格 K_F 时，衍生产品部门将向中粮祈德丰支付 $10q(F_{t_i}-K_F)$ 的金额；当交易日收盘价小于参考价格 K_F 时，中粮祈德丰将向衍生产品部门支付 $2\times10q(F_{t_i}-K_F)$ 的金额。

(2) 建立 9 月期货头寸。

当期货价格大于参考价格 K_F 时，中粮祈德丰将开多仓 q 手期货；当期货价格小于执行价格 K_F 时，祈德丰将开多仓 $2q$ 手玉米期货，因此购入数量等于“一口价不定量”合同中玉米的累计量。

(3) 期货转现货交付的成本计算。

此时，中粮祈德丰累积的是期货头寸，而向果糖企业保证在5月底（6月初）交付玉米现货。因此，它需要进行期货转现货的操作，这将面临转仓成本。最简单的方案是在4月底将9月玉米期货换仓为5月的玉米期货，通过5月期货合约交割获得北港玉米现货，再运到山东果糖企业完成合同交割，其间需要承担运输等费用，记为 transFee。此时，中粮祈德丰购买现货的成本为 $F_T^*+\text{transFee}$，其中，F_T^* 为5月玉米期货的建仓价格。

此时，中粮祈德丰将持有四个头寸：对果糖企业的“一口价不定量”合同，场外累购期权、持有的9月期货头寸、9月期货转5月期货的费用及交割成本。我们可以分析中粮祈德丰的损益公式，以评估对冲策略的效果，如表17-10所示。其中，$Q_{t_i}=10q1_{(F_{t_i}\geqslant K_F)}+20q1_{(F_{t_i}<K_F)}$ 表示每日累计供货量。

表 17-10　对冲方案损益评估

持有头寸	损益
“一口价不定量”合同	$\sum_{i=1}^{T}(K-S_T)Q_{t_i}$
场外累购期权	$\sum_{i=1}^{T}(F_{t_i}-K_F)Q_{t_i}$
9月期货头寸	$\sum_{i=1}^{T}(F_T-F_{t_i})Q_{t_i}$
期货转现货损益	$-\sum_{i=1}^{T}F_T^*Q_{t_i}$
运输成本	$-\text{transFee}$
总损益	$[(K-K_F)-\text{transFee}-(F_T^*-F_T)]\sum_{i=1}^{T}Q_{t_i}$

我们可以根据损益公式来分析中粮祈德丰对冲方案的总损益。该总损益取决于三个部分：第一部分 $(K-K_F)$ 是“一口价不定量”合同的协议价格减去参考价格，在对冲方案确定之初就确定了；第二部分 transFee 是运输成本，也是确定的；第三部分 $(F_T^*-F_T)$ 是5月底5月期货的收盘价减去5月底9月期货的收盘价的价差，这一价差是**不确定的**。因此，根据这一分析，中粮祈德丰将玉米的价格风险转化为了玉米期货的5月、9月合约转仓时的价差风险。

为管理第三部分期货转现货的价差风险，如果在4月底之前有合适的机会，中粮祈德丰也可以通过基差合同和点价交易的方式获得现货，避免转仓操作，提前锁定现货获取成本。

为节约第二部分的运输成本 transFee，根据历史经验，如果有山东的蔬菜运输车辆前往黑龙江，则可能存在黑龙江仓单和北港仓单串换的机会，可借此降低运输成本。

二、累购期权的条款取值

(一) 用积木分析法拆解累购期权结构

对于案例中使用的累购期权的结构，我们可以将每日的净赔付拆分成 q 手到期日为 t_i、执行价格为 K_F 的欧式看涨期权多头和 $2q$ 手到期日为 t_i、执行价格为 K_F 的欧式看跌期权空头，t_i 表示合同期内每个交易日，各期权头寸损益如图 17－20 所示。

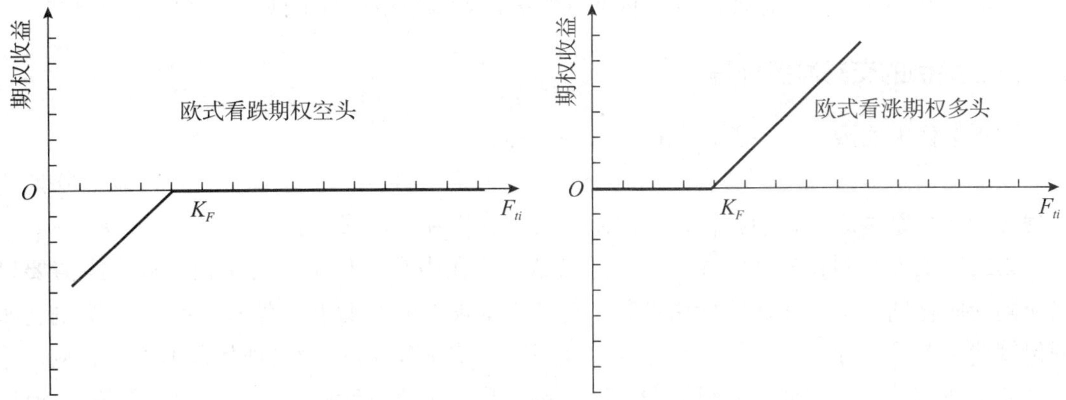

图 17－20　用积木分析法拆解累购期权结构

由此，我们将一个复杂的期权结构拆解成“欧式看涨期权多头＋2 欧式看跌期权空头”的期权组合，而整个合同期的产品就由不同到期日的这种期权组合构成。通过积木分析法，我们大大降低了期权定价的难度，这两个简单期权可以使用 Black 模型直接定价。

（二）为“零成本”累购期权进行定价

在案例中，累购期权的结构由 36 个不同到期日的期权组合组成；每个单日期权组合都由 $10q$ 吨玉米的欧式看涨期货期权多头和 $20q$ 吨玉米的欧式看跌期货期权空头组成。因此，我们得到了一个由 36 个不同期限的欧式看涨期权多头和 72 个不同期限的欧式看跌期权空头组成的期权组合。该期权组合的价值可以表示为：

$$\sum_{i=1}^{T}(C_i-2P_i) \tag{17-8}$$

其中，C_i 表示到期日为 t_i、执行价格为 K_F、标的资产数量为 $10q$ 吨玉米的 C2109 期货的欧式看涨期权当前的价格，P_i 表示到期日为 t_i、执行价格为 K_F、标的资产数量为 $10q$ 吨玉米的 C2109 期货的欧式看跌期权当前的价格。

因此，每个 C_i、P_i 可以通过 Black 模型代入 C2109 期货当前的价格、波动率、无风险利率、到期期限、执行价格、标的资产数量等进行计算，如式（17－9）所示：

$$\begin{cases}C=F_0e^{-rt}N(d_1)-Xe^{-rt}N(d_2)\\P=Xe^{-rt}N(d_2)-F_0e^{-rt}N(-d_1)\end{cases} \tag{17-9}$$

$$d_1=\frac{\ln(F_0/X)+\frac{1}{2}\sigma^2t}{\sigma\sqrt{t}},\ d_2=d_1-\sigma\sqrt{t}$$

根据2021 年 3 月 10 日获得的数据，利用历史 6 个月的期货价格计算波动率，使用 1 年期国债到期收益率作为无风险利率，将 3 月 10 日 C2109 的期货价格 2 686 元/吨作为 F_0，t 为 t_i，转换为以年为单位，将上述参数代入式（17－9），并令式（17－8）为 0，即：

$$\sum_{i=1}^{T}(C_i-2P_i)=0$$

反向推导出 K_F，可以使用 MATLAB、Python 等编程软件，通过数值逼近求解满足条件的执行价格 K_F 的数值。根据 2021 年的实际数据，可以求得执行价格 K_F 为 2 657 元/吨。

三、案例的交易摩擦处理

在本案例的实践中，主要面临两种交易摩擦：

第一，为了对冲风险而持有的大商所 9 月玉米期货转换为玉米现货时，需要面临期货转现货的交易摩擦成本，包括流动性风险、转仓成本和交割成本。

第二，玉米交割仓库在大连北港，但果糖企业在山东，从交割仓库到企业仓库需要付出交割仓库存储管理费和运输费用，其中包括交割现货的交易手续费 1.2 元/吨，交割仓库的保管费 1 个月预计 18 元/吨，北港平仓费用 50 元/吨，海运费（加保险）40 元/吨，潍坊港港杂费 15 元/吨，港到库短运费 15 元/吨，出入库费 15 元/吨，亏耗 15 元/吨，利息 4 个月预计 60 元/吨，合计约 230 元/吨。大连盘 5 月对 9 月当前价差为 40 元/吨，最终交割摩擦确定为 270 元/吨。

在本案例中，中粮祈德丰充分利用实践经验进行了交易摩擦成本的优化。

（一）换仓时点选择避免交割月流动性风险

为了保证 6—8 月的现货连续供应，中粮祈德丰最保险的方式是在 5 月底前备好现货。但 9 月合约无法在 5 月交割变现，因此需要将 9 月合约要么转仓成 5 月合约，要么通过基差合同变现，或者平仓 9 月合约，购买现货。交易所规定为避免交割风险，个体投资者不允许持仓到交割月，故 5 月合约一旦进入交割月，持仓量会大大降低。那么除非中粮祈德丰在 5 月将基差合同变现，或者直接购买现货，否则 9 月合约转 5 月合约就会面临较大的流动性风险，失去了一条变现途径。解决流动性风险的方式就是在 4 月底前进行变现方式的决策；或者将 9 月期货转仓为 5 月期货，通过 5 月期货交割变现，此时还会面临 9 月合约和 5 月合约的价差风险，即转仓成本；或者在合适的时机通过基差合同变现。

（二）“基差合同＋择时”降低期货转现货的交易成本

为避免 9 月转 5 月价差不确定的影响，变现的另一种方式就是使用基差合同，风险管理方案设计了“基差合同＋择时”的方式来对交易进行优化。中粮祈德丰与玉米贸易商在基差低点签订基差合同，以大商所玉米期货 9 月合约的点价价格加上合同约定的基差水平作为现货购买成本。

为了能够判断基差的走势，可以通过一些计量工具进行基差预测，如本案例使用滚动窗口的多元回归模型来预测基差。2019—2020 年基差的时间序列数据显示玉米价差与现货库存、贸易利润、南北港价差存在较强的相关关系。案例利用多元回归模型通过滞后 4 期和 12 期的基本面因素信息，借助滚动窗口动态预测玉米基差的未来走势，2021 年的预测结果如表 17－11 所示。

表 17－11　基差合同进入时机

时间	当期基差	预测基差是否大于当期值	进入基差合同
2021 年 3 月 5 日	185	否	否
2021 年 3 月 12 日	193	否	否

续表

时间	当期基差	预测基差是否大于当期值	进入基差合同
…	…	…	…
2021 年 4 月 16 日	101	否	否
2021 年 4 月 23 日	41	是	是
…	…	…	…

当案例发现所有预测基差都大于当期值时，这就说明未来基差有增大的趋势，当前基差属于低位，则选择当期进入基差合同。案例发现在 2021 年 4 月 23 日选择进入基差合同更合适。随后的收益测算显示，“基差合同＋择时”的期货转现货方案大大降低了交易摩擦成本，有效优化了风险管理的效果。

（三）仓单串换降低运费摩擦

针对从玉米交割地到果糖企业的运费成本，本案例采用仓单串换的方式进行了优化。在案例的实践中，2021 年 5 月正好有一次仓单串换的机会，山东有蔬菜运输到东北需要返程。中粮祈德丰可以进行北港仓单的串换，将现货从东北运到山东的费用从 270 元/吨缩减到 170 元/吨，每吨节约了 100 元的运费。仓单串换的方案大大降低了方案中的交易摩擦成本。

第六节　案例总结

本案例中，中粮祈德丰通过设计“一口价不定量”合同转移了果糖企业原料成本上涨风险，结合果糖企业的下游产品长协订单，达到了为果糖企业锁利的目的。进一步地，中粮祈德丰通过“累购期权＋期货”迎合现货需求敞口，通过基差择时优化基差风险管理方案，通过仓单串换择机增益。最终中粮祈德丰实现了帮助实体企业提前锁定利润和确定原料供给的目的；中粮祈德丰借助有效的风险管理方案保障供货并实现盈利，达到与实体企业的“双赢”。

案例中使用的产品并不复杂，可以通过金融工程的积木分析法将其拆解为基础产品，通过金融工程的期权定价公式计算产品的价值，通过期货的盯市结算公式和期权的到期损益公式解析风险管理方案的损益，真正体现了本书金融工程知识的综合运用。

本章术语

累购期权　基差合同　仓单串换　含权贸易

扩展阅读

思考题

1. 研讨：为何在服务实体企业时，风险管理公司更多使用场外期权？场外期权和场内期权各自有何优势和不足？

2. 案例分析题（雪球期权）。

一、背景知识介绍

（一）雪球产品简介

场外期权为了满足客户定制化的风险收益需求，总是会增加很多奇异的条款或者将多个期权头寸组合构建为结构化的期权产品，如常见的障碍期权、回望期权、亚式期权、巴黎期权等等，其中障碍期权的类型和名目最为繁多，障碍水平的设置、触及障碍后的处理、障碍条款生效的条件等千变万化。我国自2020年起开始盛行的雪球期权产品就是融合了障碍条款、期权空头条款、路径依赖条款的结构化期权产品，其中障碍条款可能被描述为赎回或者触发事件。

若将赎回条款附加到结构化产品中，即产品存续期间挂钩的标的资产满足提前赎回条件，则投资者可以获得较高收益。具有这种特征的产品被称为自动赎回结构化产品。由于赎回条款增强了产品的吸引力，自从法国巴黎银行在2003年8月15日发行了首只自动赎回结构化产品后，自动赎回结构化产品的数量和名义本金不断增加。目前备受关注的**雪球产品**是一类典型的自动赎回结构化产品，当标的资产价格在特定日期超过某约定的水平时，产品触发自动赎回。雪球产品属于路径依赖的产品，每一个产品都有挂钩的标的资产（可以是个股、股票指数或者指定的一篮子股票），且每个产品都有一定的观察期限，标的资产的价格变化路径以及最终表现决定了投资者的收益。

因为雪球产品通常能提供较高的票息，所以它们近年来受到了广大投资者的青睐，市场规模不断扩张。但是雪球产品同时也频频遭到监管窗口指导，这主要是因为其发展过程中逐渐暴露出问题与风险，这与雪球产品的结构有关。

（二）雪球产品的收益结构介绍

表1展示了市面上其中一个雪球产品收益凭证的条款。

表1　雪球产品收益凭证的条款

产品要素	要素性质（示例）
标的资产	中证500指数（000905.SH）
观察期限	360天，从第3个月开始每月观察敲出＋每日观察敲入
期权结构	自动敲入敲出结构
名义本金	100万元
敲出水平	期初价格×103%
敲入水平	期初价格×80%
敲出票息（同红利票息）	25%（年化）
敲出事件（每月观察）	若在任意敲出观察日，挂钩标的收盘价大于等于敲出水平
敲入事件（每日观察）	若在任意敲入观察日，挂钩标的收盘价小于敲入水平

续表

收益计算（不包括本金）	敲出（自动提前终止）：25%×名义本金×计息天数/365
	未敲入未敲出：25%×名义本金×计息天数/365（在此计息天数为 360 天）
	敲入且未敲出（标的期末价格小于期初价格）：(期末价格/期初价格－1)×本金
	敲入且未敲出（标的期末价格处于期初价格与敲出价格之间）：0

资料来源：兴业证券经济与金融研究院。

该产品的观察期限为 360 天，挂钩标的为中证 500 指数。根据产品的条款，敲出水平为标的资产期初价格的 103%，敲入水平为期初价格的 80%。雪球产品将从第 3 个月开始每月观察期权是否敲出，并每日观察期权是否敲入。

若在任意敲出观察日，挂钩标的收盘价大于或等于标的指数的期初价格×103%，则投资者可以获得 100%本金＋敲出票息。

若在观察期内既未发生敲出也未发生敲入，则投资者获得 100%本金＋红利票息。

若在观察期内敲入且未敲出，且标的资产的期末价格小于期初价格，则投资者相当于将名义本金（100 万元）以期初价格买入标的并持有到期，此时投资者发生亏损。

若在观察期内敲入且未敲出，且标的资产的期末价格处于期初价格和敲出价格之间，则投资者全额收回本金，无额外收益。

上述条款解析汇总如表 2 所示。

表 2 雪球产品收益凭证到期收益分析

情况	具体分析	合约实际结束时间	投资者收益（不包括本金）	是否获得正收益
敲出	从第 3 个月开始，10 个敲出观察日中的任何一日标的资产价格大于或等于沪深 300 初始价格的 103%（T 日敲出）	T 日合约提前终止	25%×T/365×本金	是
未敲入且未敲出	标的资产价格每日都不低于初始价格的 80%，且每个敲出观察日都小于初始价格的 103%	合约持有到期	25%×360/365×本金	是（此时收益最高）
敲入且未敲出	任意交易日标的资产价格跌破初始价格的 80%，且 10 个敲出观察日都小于初始价格的 103%，标的资产的期末价格小于期初价格	合约持有到期	(期末价格/期初价格－1)×本金	否（发生亏损）
	任意交易日标的资产价格跌破初始价格的 80%，且 10 个敲出观察日都不高于初始价格的 103%，标的资产的期末价格处于期初价格与敲出价格之间	合约持有到期	0	否（保本）

资料来源：兴业证券经济与金融研究院。

（三）定价算法：蒙特卡洛模拟

对于简单的香草期权，我们通常使用 Black-Scholes 模型定价，但对于上述雪球产品，其强路径依赖特征很难找到解析解，因此经常用数值方法求解。蒙特卡洛模拟是一种通过模拟标的资产价格随机运动路径得到定价产品未来偿付的期望价值，并通过贴现来估计衍生产品价格的数值方法。蒙特卡洛模拟进行衍生产品定价的核心在于生成标的价格的随机过程，如股价运动服从的伊藤过程，只要给出具体表达式即可模拟。以股票价格为例进行说明：在风险中性环境下，通过蒙特卡洛模拟随机产生一组股价运动的路径，即模拟实验。在产生足够多样本路径后，通过期权的偿付公式可以基于标的资产价格的抽样样本计算期权未来的偿付价值，获得期权未来偿付价值的样本，用此样本可以估计期权的收益分布期望，进而通过无风险利率贴现得到衍生产品的价格。蒙特卡洛模拟的实质是对随机变量的概率分布进行有放回抽样，然后用样本的概率特征近似变量本身的概率特征，借此解决金融问题。

蒙特卡洛模拟的优点在于可以对各种复杂衍生产品进行定价，尤其是对于历史路径依赖的期权如雪球产品，其思想较为简单形象；但是蒙特卡洛模拟有时收敛较慢，当设置的路径数量较多时会影响定价的效率。

对于雪球产品，在对价格路径进行模拟之后，根据产品的条款可以知道每一条路径下的收益情况，从而对雪球产品进行贴现，全部路径下的贴现价格均值就是期权的当前价值。

二、案例分析任务

1. 写出案例中雪球产品的到期损益公式，并分析其损益结构和风险特征。

2. 计算雪球产品价值，了解雪球产品敲入和敲出的情景并计算相应的收益。

3. 计算雪球产品的 Delta、Gamma 和 Vega 等希腊字母，分析不同标的价格下这些希腊字母的变化。

4. 分析蒙特卡洛模拟路径的增加对期权价值估计的精确度的影响，并尝试对算法在时间复杂度与收敛性方面进行改进。

三、案例分析方法

在表 2 的参数设置下，假设标的资产遵从 $r=0.03$，$q=0.06$ 的几何布朗运动，通过自主编程或某些软件提供的工具箱，实现：

（1）定价：基于蒙特卡洛模拟，考虑雪球产品在不同情景下的收益结构，实现对雪球产品的基本定价。

（2）希腊字母分析：根据课堂中对希腊字母的学习，计算雪球产品的 Delta、Gamma 和 Vega 值，并分别绘制 Delta、Gamma 和 Vega 与标的资产价格、波动率、到期时间的关系图。

（3）算法收敛性分析：增加模拟路径次数，观察雪球产品的定价结果是否随着模拟轨道数量的增加而收敛。尝试对算法进行调整以优化收敛性。

案例参考资料

徐寅，刘海洋，官民．场外期权系列之五：如何对雪球结构定价．兴业证券，2021.

参考文献

[1] 2022—2027年中国低聚果糖行业运行态势及市场发展潜力预测报告．华经产业研究院，2022.

[2] 赫尔．期权、期货及其他衍生产品：第10版．王勇，索吾林，译．北京：机械工业出版社，2018.

[3] 道尔．互换市场．钱婵娟，译．上海：上海财经大学出版社，2002.

[4] 李洋，郑志勇．量化投资：以MATLAB为工具．2版．北京：电子工业出版社，2016.

[5] 马歇尔，班赛尔．金融工程．宋逢明，译．北京：清华大学出版社，1998.

[6] 钱斯．衍生金融工具与风险管理：第5版．郑磊，译．北京：中信出版社，2004.

[7] 施里夫．金融随机分析．陈启宏，陈迪华，译．上海：上海财经大学出版社，2015.

[8] 斯塔夫里，古德曼．金融数学．蔡明超，译．北京：机械工业出版社，2004.

[9] 孙健．金融衍生品定价模型：数理金融引论．北京：中国经济出版社，2007.

[10] 王晋忠．衍生金融工具．2版．北京：中国人民大学出版社，2019.

[11] 王晋忠．衍生金融工具．北京：高等教育出版社，2019.

[12] 威尔莫特．数量金融：第2卷．郑振龙，陈蓉，陈焕华，等译．北京：机械工业出版社，2015.

[13] 张维，赵颖秀，周终强，等．金融系统工程研究进展与展望．系统科学与数学，2019（10）：1521－1532.

[14] 郑振龙，陈蓉．金融工程．5版．北京：高等教育出版社，2020.

[15] 郑志勇，王洪武．金融数量分析：基于MATLAB编程．4版．北京：北京航空航天大学出版社，2018.

[16] 中国金融期货交易所国债期货开发小组．国债期货产品制度设计及应用策略．北京：中国财政经济出版社，2013.

[17] 中国证券业协会．衍生产品估值与分析．北京：中国财政经济出版社，2013.

[18] 周颖刚，纪洋，倪骁然，等．金融学的发展趋势和挑战与中国金融学的机遇．计量经济学报，2022（3）：465－489.

[19] 朱国华，毛小云．金融互换交易．上海：上海财经大学出版社，2006.

[20] Black，F. and M. Scholes，"The Pricing of Options and Corporate Liabilities，" *Journal of Political Economy*，1973（3）：637－654.

[21] Black，F.，"The Pricing of Commodity Contracts，" *Journal of Financial*

Economics, 1976 (3): 167－179.

[22] Merton, R. C., "On the Pricing of Corporate Debt: The Risk Structure of Interest Rates," *The Journal of Finance*, 1974 (2): 449－470.

[23] Merton, R. C., "The Relationship between Put and Call Price: Comment," *The Journal of Finance*, 1973 (1): 183－184.

[24] Merton, R. C., "Theory of Rational Option Pricing," *The Bell Journal of Economics and Management Science*, 1973 (1): 141－183.

[25] Beder, T. S. and C. M. Marshall. *Financial Engineering: The Evolution of a Profession*. Wiley, 2011.

图书在版编目（CIP）数据

金融工程/冯建芬，邓军，余湄主编. --北京：中国人民大学出版社，2025.3. --(新编 21 世纪金融学系列教材). --ISBN 978-7-300-33620-6

Ⅰ. F830.49

中国国家版本馆 CIP 数据核字第 2025M0B661 号

新编 21 世纪金融学系列教材

金融工程

冯建芬　邓　军　余　湄　主编

Jinrong Gongcheng

出版发行	中国人民大学出版社		
社　　址	北京中关村大街 31 号	**邮政编码**	100080
电　　话	010－62511242（总编室）		010－62511770（质管部）
	010－82501766（邮购部）		010－62514148（门市部）
	010－62515195（发行公司）		010－62515275（盗版举报）
网　　址	http://www.crup.com.cn		
经　　销	新华书店		
印　　刷	北京宏伟双华印刷有限公司		
开　　本	787 mm×1092 mm　1/16	**版　　次**	2025 年 3 月第 1 版
印　　张	26.5 插页 1	**印　　次**	2025 年 3 月第 1 次印刷
字　　数	657 000	**定　　价**	58.00 元

教学支持说明

1. 教辅资源获取方式

为秉承中国人民大学出版社对教材类产品一贯的教学支持，我们将向采纳本书作为教材的教师免费提供丰富的教辅资源。您可直接到中国人民大学出版社官网的教师服务中心注册下载——http://www.crup.com.cn/Teacher。

如遇到注册、搜索等技术问题，可咨询网页右下角在线 QQ 客服，周一到周五工作时间有专人负责处理。

注册成为我社教师会员后，您可长期根据您所属的课程类别申请纸质样书、电子样书和教辅资源，自行完成免费下载。您也可登录我社官网的“教师服务中心”，我们经常举办赠送纸质样书、赠送电子样书、线上直播、资源下载、全国各专业培训及会议信息共享等网上教材进校园活动，期待您的积极参与！

2. 高校教师可加入下述学科教师 QQ 交流群，获取更多教学服务

经济类教师交流群：809471792

财政金融教师交流群：766895628

国际贸易教师交流群：162921240

税收教师交流群：119667851

3. 购书联系方式

网上书店咨询电话：010－82501766

邮购咨询电话：010－62515351

团购咨询电话：010－62513136

中国人民大学出版社经济分社

地址：北京市海淀区中关村大街甲 59 号文化大厦 1506 室　100872

电话：010－62513572　010－62515803

传真：010－62514775

E-mail：jjfs@crup.com.cn